VARIÉTÉS SINOLOGIQUES Nº 12.

LA

STÈLE CHRÉTIENNE

DE

SI-NGAN-FOU

IIÈME PARTIE

HISTOIRE DU MONUMENT

PAR

LE P. HENRI HAVRET, S. J.

CHANG-HAI.

IMPRIMERIE DE LA MISSION CATHOLIQUE.

1897.

VARIÉTÉS SINOLOGIQUES N° 12.

LA

STÈLE CHRÉTIENNE

DE

SI-NGAN-FOU

IIÈME PARTIE

HISTOIRE DU MONUMENT

PAR

LE P. HENRI HAVRET, S. J.

CHANG-HAI.

IMPRIMERIE DE LA MISSION CATHOLIQUE.

1897.

LA STÈLE CHRÉTIENNE DE SI-NGAN-FOU.

IIe PARTIE.

HISTOIRE DU MONUMENT.

L'histoire du Monument chrétien a compté de nombreux écrivains, animés d'intentions bien diverses. Mais même en dehors de la vive polémique que suscita la question de l'authenticité et que peuvent expliquer les passions humaines, les faits matériels eux-mêmes ont été trop souvent décrits avec une incohérence de détails, incapable de satisfaire une critique justement exigeante. Exposer ces divergences, ces oppositions des historiens qui nous ont précédé, indiquer les sources de leurs erreurs, et rétablir d'après les documents les plus sûrs la vérité pure et simple au sujet de la stèle chrétienne, tel sera notre but dans cette seconde partie.

Cinq chapitres la composeront. Les circonstances qui ont précédé, accompagné, suivi la découverte, puis la description de la stèle, ouvriront cette histoire. Viendra ensuite un examen rapide, quoique complet, des ouvrages inspirés par le fait historique : ce sera la partie bibliographique de notre œuvre, avec ses deux annexes, consacrées plus spécialement aux traductions de l'inscription entreprises jusqu'ici, ainsi qu'aux documents de source indigène.

Nous ne pouvons, en classant ces souvenirs jusqu'à présent si méprisés des orgueilleux lettrés, nous défendre d'un secret espoir : c'est que nous trouverons des imitateurs, qui se plairont à mettre en lumière les autres *Monuments du christianisme en Chine;* c'est que Dieu permettra quelque jour la découverte de nouveaux témoignages attestant ses bontés anciennes envers ce peuple sourd à sa voix pendant des siècles ; c'est enfin qu'avant longtemps, sortant de sa torpeur séculaire, cet immense cadavre qui demeurait assis à l'ombre de la mort, se tournant vers son Seigneur et confessant qu'il fut bon pour lui, préfèrera l'humble science de ces souvenirs historiques, au fastueux étalage d'une philosophie aussi vide d'idées qu'elle est vaine pour la réforme des mœurs et la conquête du bonheur éternel.

CHAPITRE I.

LA DÉCOUVERTE.

Le lecteur sera peut-être surpris des proportions que nous comptons donner à ce premier chapitre. Nous estimons toutefois que les détails dans lesquels nous entrerons ne sont pas inutiles; ils seront la première et la meilleure réponse aux reproches d'imposture que des ennemis peu scrupuleux ont adressés aux missionnaires de la Compagnie de Jésus. Si les religieux de cet ordre ont été trop souvent victimes d'accusations passionnées et injustes, basées uniquement sur ce principe trompeur *Ab uno disce omnes,* il leur est bien permis à leur tour de rétorquer cet argument pour démasquer l'ignorance et la mauvaise foi de leurs adversaires : c'est une conclusion qu'il suffit d'avoir indiquée et sur laquelle nous ne reviendrons plus.

Les circonstances de la découverte, groupées sous trois paragraphes, contribueront du reste à établir par des preuves positives, l'authenticité de notre monument; elles constituent un ordre spécial et nullement méprisable de témoignages, sur lesquels nos devanciers n'avaient point assez insisté. Nous les encadrerons d'un double récit, qui manifestera mieux le caractère providentiel de cette découverte : nous dirons comment Dieu l'avait préparée, pour la faire mieux contribuer au salut d'un plus grand nombre d'âmes, et nous ajouterons comment les prédicateurs de l'évangile s'en servirent, pour coopérer à ces desseins providentiels.

§ I. PRÉPARATION.

Caractère providentiel de la découverte. — Michel Ruggieri à Canton. — Matthieu Ricci à *Tchao-k'ing*. — Travaux, succès et épreuves. — Transfert à *Chao-tcheou*. — Premier voyage à *Nan-king*. — Retour et fondation à *Nan-tch'ang*. — Passage à *Nan-king*. — Premier voyage à *Pé-king*. — Retour et fondation à *Nan-king*. — Second voyage à *Pé-king*. — L'eunuque *Ma T'ang*. — Réception à la Cour. — Travaux et succès de Ricci. — Conversions. — Mort de Ricci. — Calomnies contre sa mémoire. — Etat de la chrétienté de Chine en 1610. — Nicolas Longobardi successeur de Ricci. — Persécution de *Nan-king*. — Exil des missionnaires à Macao. — Rétablissement de la paix. — Etat de la mission en 1625.

Pour mieux apprécier le caractère providentiel de cette découverte, il nous paraît utile d'esquisser brièvement les circonstances dans lesquelles elle se produisit : tout critique de bonne foi devra, pensons-nous, confesser que si les hommes n'ont été pour rien dans cet épisode, Dieu du moins l'avait préparé avec un soin spécial et des vues pleines de miséricorde.

C'est l'histoire de près d'un demi-siècle qu'il nous faudra condenser en quelques pages, en attendant qu'une plume autorisée traite un pareil sujet avec la dignité et l'ampleur qu'il mérite (1).

A la fin du XVIe siècle, la Chine avait perdu tout souvenir des apôtres chrétiens venus de la Judée ou pays de *Ta-ts'ing*. Ses Annales étaient muettes sur ce sujet, et les Nestoriens, dont la présence avait été signalée jadis par Marco Polo et le moine Odoric de Pordenone sur différents points de l'empire, avaient eux-mêmes disparu sans laisser trace de leur passage. Seules quelques vagues traditions d'anciens adorateurs de la croix subsistaient au milieu de l'oubli général (2). C'est alors qu'après plusieurs essais peu fructueux des religieux Dominicains, Dieu suscita à la Chine une élite de nouveaux ouvriers dont Ricci fut le précurseur.

---

(1) Nous consacrerons une brève notice à chacun des missionnaires Jésuites qui ont illustré cette période ; ces documents, bien qu'accessoires et secondaires au point de vue spécial de l'inscription de *Si-ngan-fou*, seront favorablement accueillis, nous n'en doutons point, de tous ceux qu'intéresse la question du christianisme en Chine. Du reste, rejetés en notes au bas de chaque page, ils ne retarderont pas le récit principal. Ces notices sont presque exclusivement extraites des manuscrits de notre cher et regretté Père Louis Pfister. Quand il mourut (17 Mai 1891. — *Cf. Aloys Pfister* par H. Cordier. Leyde, 1891), il légua à ses frères, entre autres écrits concernant les missions de Chine, un recueil précieux ayant pour titre : *Notices biographiques et bibliographiques de tous les membres de la Compagnie de Jésus, qui ont vécu en Chine pour y prêcher l'Evangile, depuis la mort de S. François Xavier jusqu'à la suppression de la Compagnie.* Chang-hai, 1868-1875. In-4° de 1443 pages, plus dix Appendices comprenant près de 200 pages. C'est là surtout que nous avons puisé nos renseignements.

(2) *Cf.* Trigault. *De christ. expedit.* L. I. Ch. XI. — Semedo. *Impèrio de la China.* III. P. Ch. I.

I. LA DÉCOUVERTE.

Matthieu Ricci 利瑪竇 *Li Ma-teou* (西泰 *Si-t'ai*) naissait à Macerata, dans la Marche d'Ancône, le 6 Octobre 1552, l'année même où François Xavier expirait à *Sancian* (三洲島). Après avoir étudié sept ans les lettres dans le collège de sa ville natale, il arrivait en 1568 à Rome, pour y faire son droit, et trois ans après, le 15 Août 1571, il entrait au noviciat de St André. Le 14 Mars 1578, il s'embarquait à Lisbonne, arrivait le 13 Septembre de la même année à Goa, et de là passait à Cochin, où il terminait ses études théologiques.

Alexandre Valignani 范禮安 *Fan Li-ngan* (立山 *Li-chan*) (1) qui l'a dirigé à Rome durant son noviciat, l'a devancé en Orient, où il exerce la charge de Visiteur. Parti en 1574 de Lisbonne pour les Indes, où il emmène trente-huit compagnons, il passe ensuite à Macao et, avant de se rendre au Japon, il laisse en cette ville, où il appelle les premiers Jésuites qui travaillèrent en Chine, de précieuses instructions qui dirigeront leurs études de la langue. Michel Ruggieri 羅明堅 *Louo Ming-kien* (復初 *Fou-tch'ou*) arrive le premier (Juillet 1579), bientôt suivi de François Pasio 巴範濟 *Pa Fan-tsi* (庸樂 *Yong-lo*) et de Matthieu Ricci (Août 1582). Ruggieri fidèle à la direction de son supérieur se livre avec ardeur à l'étude du chinois, mais les maîtres habiles lui faisant défaut pour progresser comme il le désirait, dès 1580 il obtient de l'Intendant 海道 de Canton, la permission de résider à terre dans cette ville, pendant que les Portugais mouillent dans les eaux du fleuve pour les besoins de leur commerce. On lui assigne le palais réservé aux ambassadeurs siamois, et dans cette résidence d'emprunt «il célèbre les saints mystères, s'applique jour et nuit à l'étude des livres chinois, et les jours de dimanche et de fête il y réunit les Portugais, qui assistent à la messe et participent aux sacrements (2).»

---

(1) Le P. Alexandre Valignani naquit à Chieti le 20 Décembre 1538; reçu docteur en droit à l'âge de dix-neuf ans, et attaché comme auditeur à la personne du Cardinal Altemps, il entra dans la Compagnie le 29 Mai 1566. Nommé Visiteur général de l'Orient par Éver. Mercurian qui a reconnu ses rares qualités, il visite d'abord les Indes, arrête à Macao le plan que réaliseront bientôt Ruggieri et Ricci, puis il passe au Japon où il baptise le roi d'Arima, fait décider l'ambassade de trois rois chrétiens au souverain pontife et fonde des collèges et des séminaires. L'infatigable apôtre mourut à Macao, le 20 Janvier 1606, au moment où il se préparait à entrer en Chine. Le Père de Sémédo rapporte qu'on entendait ce vénérable vieillard s'écrier, lorsque de la résidence de Macao il jetait les yeux sur la terre de Chine: «Ah! rocher, rocher! quand t'ouvriras-tu, rocher?» (*Hist. de la Chine*, pag. 253) — «C'est lui, nous dit Martini, qui mit tout en œuvre pour que les Nôtres se fixassent dans les deux Cours de *Nan-king* et de *Pé-king*, et c'est sur ses instances que Ricci s'exposa à tant de fatigues et d'épreuves, jusqu'à ce qu'il eût réussi à y établir des résidences.» Cf. *Brevis relatio* de Martin Martini; Rome, 1654, pag. XI.

(2) *De christ. exped.* p. 146. — « Quo in loco, rei divinæ operandæ possessionem accepit, Sinensium libris noctes diesque intentus; eò Dominicis festisque diebus Lusitani ad rem sacram, sacramentaque suscipienda conveniebant.»

Ces heureux débuts, l'amitié que le Père contracte avec le Général 總兵 de Canton et plusieurs autres mandarins, lui attirent bientôt de nombreux catéchumènes qu'il forme à Macao. En 1582, chargé de riches présents, il est envoyé par l'évêque Léonard de Saa, vers le Vice-roi des «deux *Koang*» 陳瑞 *Tch'en Choei* (1), homme cupide, qui avait mandé en sa présence le prélat et le Gouverneur de Macao, dans l'espoir d'en obtenir de fortes sommes (2). L'entrevue eut lieu à 肇慶 *Tchao-k'ing* (3), et concilia au Père la faveur du Vice-roi. Le 18 Décembre de la même année, Ruggieri rappelé par ce dernier était retourné à *Tchao-k'ing* avec le P. Pasio, pour s'y établir; mais après un séjour de quatre à cinq mois dans la pagode *T'ien-ning-se* 天寧寺 (4), ils étaient tous deux renvoyés par leur protecteur qui venait d'être destitué (5).

Contre toute espérance, dès le commencement de Septembre 1583, le nouveau Vice-roi rappelait à *Tchao-k'ing* le missionnaire, cette fois accompagné de Ricci. Le Vice-roi 郭 *Kouo* et le Préfet 黃 *Hoang* accueillaient les missionnaires à bras ouverts, et ceux-ci y élevaient à leurs frais une habitation. Pendant que Ruggieri composait son catéchisme (6), Ricci continuait l'étude du chinois, faisait paraitre l'explication du décalogue (7), et tous deux, prêchant le Dieu des chrétiens auquel ils donnaient le nom de 天主 *T'ien-tchou*, s'efforçaient de répandre la lumière dans l'esprit des nombreux lettrés et mandarins qui affluaient à leur demeure. En 1584, ils pouvaient offrir au P. Cabral, Recteur du collège de Macao, venu pour les visiter, les prémices de leur apostolat (8) : le 21 Novembre, le baptême fut publiquement

---

(1) Les caractères de ce nom, figurés *Cinsui* par Trigault, nous sont fournis par le 廣東通志. La Vie de Ricci 大西利先生行跡 par le P. Jules Aleni lui donne le surnom de 文峯 *Wen-fong*.

(2) *Op. cit.* p. 149. — «Cum itaque cuperet aliquid ab Amacaensibus emungere hoc usus est artificio.»

(3) Les Vice-rois des «deux *Koang*» résidaient alors dans cette Préfecture.

(4) Cette pagode, située à un *li* est de la Préfecture, remonte à l'année 建中 (1101) des *Song*.

(5) A la suite de cette expédition infructueuse, le P. Pasio quitta la Chine pour le Japon dont il gouverna plusieurs années la mission comme Vice-provincial. Il mourut le 30 Août 1612 à Macao, au moment où, nommé Visiteur de la Chine, il allait rentrer dans cet empire. Il était né à Bologne en 1551, et était entré en 1572 dans la Compagnie.

(6) 聖教實錄 *Cheng-kiao-che-lou*. 1 vol. L'impression fut terminée à Canton, fin de Nov. 1584. — «Id volumen, dit le P. Trigault, illi ipsi typis suis euulgarunt... hujus voluminis exemplaria prope innumera uniuerso regno sparsa, legis novæ famam in uniuersam Sinensis imperij vastitatem intulerunt.» *De christ. exped.* p. 173.

(7) 琦人十規 *Ki-jen-che-koei*. 1 vol. *Tchao-k'ing*, 1584. — *De christ. expedit.* p. 170.

(8) *De christ. exped.* p. 191. — Leur première conquête cependant avait été un pauvre infirme, abandonné des siens, auquel les missionnaires avaient prodigué leurs soins,

I. LA DÉCOUVERTE.

conféré à deux catéchumènes ; le premier était un lettré originaire du *Fou-kien* qui enseignait les Pères, le second un jeune bachelier nommé *Tchou Ni-ko,* qui avait gardé avec respect l'autel du P. Ruggieri, lorsqu'il avait dû se retirer l'année précédente.

Vers la fin de 1585, Ruggieri partait pour *Chao-hing* (紹興) préfecture du *Tché-kiang* (1) et laissait Ricci à *Tchao-k'ing*. Ruggieri emmenait avec lui le P. Antoine d'Almeyda 麥安東 *Mai Ngan-tong* (立修 *Li-sieou*) (2), qu'il prenait à Macao ; en même temps, il laissait à *Tchao-k'ing* comme compagnon et supérieur de Ricci, le Père Edouard de Sande 孟三德 *Mong San-té* (寧寰 *Ning-hoan*) (3), naguère Recteur de Macao, où il ne tarda pas à retourner, abandonnant à Ricci la position de *Tchao-k'ing* qu'il trouvait intenable (4).

---

et qui mourut peu de jours après avoir été baptisé. Chose étonnante, cet acte de charité provoqua les mêmes calomnies que répètent depuis trois siècles la mauvaise foi des lettrés et l'idiote crédulité du peuple : les missionnaires n'avaient secouru cet homme que pour s'approprier une pierre précieuse qui se trouvait dans sa tête ! «Commenti sunt nonnulli, aduenas illos, ex ipso hominis vultu cognouisse, eum in capite pretiosissimam gemmam habere reconditam, ideoque hæc in viuentem beneficia contulisse, uti demortui cadauer ad eruendam gemmam in eorum esset potestate.» *Ibid.* p. 172.

(1) Il y accompagnait un parent du Préfet de *Tchao-k'ing*, récemment élevé à la dignité de *Ling-si Tao* (嶺西道). Reçu honorablement dans cette famille, il ne tarda pas à en baptiser le chef, et il noua les plus amicales relations avec le Préfet de cette ville. De cette nouvelle station, il se rendit à *Koei-lin* 桂林 capitale du *Koang-si* 廣西, d'où il fut bientôt expulsé par les mandarins. De retour à *Tchao-k'ing*, il vit son œuvre à deux doigts de sa ruine, dans les circonstances que nous rapporterons plus bas. Des épreuves de ce genre plusieurs fois renouvelées firent sentir aux Pères la nécessité de chercher plus haut un appui : en 1588, Ruggieri s'embarqua à Macao et partit pour l'Europe où il devait solliciter une ambassade de la Cour romaine auprès de celle de *Pé-king*. D'interminables retards apportés au succès de cette négociation par la mort successive de plusieurs pontifes la firent avorter, et Ruggieri épuisé par les fatigues et les travaux mourut le 11 Mai 1607 à Salerne. Il était né en 1543 à Spinazzola dans le royaume de Naples ; docteur en droit civil et en droit canonique, il occupait à la cour une place honorable, lorsqu'il entra dans la Compagnie à l'âge de vingt-neuf ans. Parti de Lisbonne avec Ricci et Pasio, il avait d'abord été envoyé de Goa à la Côte de la Pêcherie, puis à Macao.

(2) Le P. Ant. d'Almeyda, né en 1556 à Trancoso en Portugal, entra dans la Compagnie le 4 Janvier 1576, partit en 1584 pour Goa, et passa au mois de Juillet de l'année suivante à Macao. Compagnon de Ruggieri lors de son voyage au *Tché-kiang*, il revint ensuite à *Tchao-k'ing*, puis, au mois d'Août 1589, suivit Ricci à *Chao-tcheou*, où il mourut le 17 Oct. 1591.

(3) Le Père Ed. de Sande était né à Guimaraés en Portugal ; entré jeune encore dans la Compagnie (Juin 1562), il s'embarqua en 1578 pour les Indes, où il fut Recteur de Baçaïm. Il mourut le 22 Juin 1600 à Macao, dont il avait plusieurs fois été Recteur, avant et après sa courte résidence à *Tchao-k'ing*.

(4) Déjà durant une première absence que Ruggieri avait faite à Macao, Ricci avait vu la tempête gronder sur sa modeste résidence : des ennemis du nom chrétien se plaisaient à l'assaillir d'une grêle de pierres ; un jour un enfant pris en flagrant délit par un

Ricci avait suivi à Rome le cours de mathématiques du savant P. Christophe Clavius : or dissimulant pour un temps ses idées de prosélytisme, il ne crut pas indigne d'un apôtre de l'évangile de recourir d'abord à la science profane qui conduit logiquement de l'étude de la créature à la connaissance du Créateur (1). Il composa une mappemonde qui, répandue à un très grand nombre d'exemplaires, lui fournit l'occasion de détromper les lettrés, infatués des mérites de leur propre nation (2). Encouragé par la faveur que lui valut ce premier essai, on le vit s'improviser constructeur d'instruments; il fabriqua des sphères célestes, des cadrans solaires de diverses formes, et se concilia par ces travaux l'estime des plus hauts personnages. En même temps Ricci continuait de donner à l'étude du chinois les rares loisirs que lui laissaient les visites de ses nombreux amis, le soin de la prédication et l'instruction des catéchumènes de jour en jour plus nombreux.

La paix dont il jouissait ne fut pas de longue durée : déjà le *Ling-si Tao*, craignant de se voir compromis par ses égards envers les missionnaires, avait été sur le point de les renvoyer à Macao, en les indemnisant des frais de leur maison; bientôt les dénonciations d'un imposteur, jadis baptisé à Macao sous le nom de Martin, s'attaquèrent à la réputation de Ruggieri, qui arrivait justement de son expédition infructueuse du *Koang-si*. Ce faux frère chargeait le Père du double crime de magie et d'adultère. Ces calomnies étaient à peine confondues, qu'à l'occasion d'un débordement qui mit en péril la cité de *Tchao-*

---

domestique, fut renfermé un instant par celui-ci dans la demeure du missionnaire. On accusa Ricci d'avoir, au moyen d'une drogue bien connue en Chine (pharmaco quodam non insolenti apud Sinas), empêché cet enfant de crier, et de l'avoir caché trois jours chez lui dans l'intention de le vendre en esclavage à Macao.» *De christ. exped.* p. 178. — Qu'on rapproche de ce fait la calomnie qui a servi de prétexte au récent incendie de *Ou-hou* (12 Mai 1891), et de plusieurs autres incidents de ce genre, et l'on verra que la sottise humaine, ou plutôt la malice du démon, reste toujours la même (*Cf. T'oung-pao.* Vol. II. pp. 447, *seq.*).

(1) «P. Ricius.... ad eam rem a suo Euangelicæ prædicationis instituto minimè alienam, animum adiecit, non ignorans non fuisse eandem sæculis omnibus vel nationibus cunctis, rationem, è diuina dispositione gentem aliquam ad Christi fidem pelliciendi. Hac esca sanè multi apud Sinas in Ecclesiæ sagenam sunt perducti.» *De christ. exped.* pp. 182, 183.

(2) *De christ. exped.* p. 184. — Cette carte que Ricci imprima à ses frais vers 1584, sous le nom de 萬國輿圖 *Wan-kouo-yu-t'ou*, fut ensuite corrigée et agrandie par lui en 1598; cette fois les mandarins la gravèrent à leur compte. Le Gouverneur du *Koeitcheou* en fit une autre édition à échelle réduite, rejetant dans un livret les explications dont était couverte la carte primitive. Enfin à *Pé-king*, en 1609, on tira au Palais, sur la demande de l'Empereur, des copies de cette carte en huit feuilles. — *Les Annales des Ming* 明史, partie 外國, 326e *Kiuen* signalent cette carte sous le nom de 萬國全圖; le 四庫全書 la mentionne également comme faisant partie de l'ouvrage 職方外紀 du P. Jules Aleni.

k'ing, la populace affolée se rua sur la maison des missionnaires et la livra au pillage. Bientôt une nouvelle accusation, venue cette fois des notables de Canton, représente les Pères de *Tchao-k'ing* comme les émissaires des Portugais, aux frais desquels ils élèvent, dit-on, une haute tour qui met la contrée en danger (1).

Tant d'épreuves n'avaient point affaibli l'inébranlable énergie de Ricci. Les beaux jours du reste revenaient vite après chacune de ces tempêtes, et pendant que la chrétienté naissante prenait de nouveaux accroissements, la foule des admirateurs continuait d'affluer dans les appartements du savant d'Occident. Celui-ci s'efforçait de faire tourner ces entretiens à la gloire de Dieu, et arrachait du moins à ses auditeurs l'aveu de la supériorité de la religion chrétienne (2).

Par un de ces brusques retours de fortune auxquels le catholicisme a toujours été exposé en Chine (3), la nomination d'un nouveau Vice-roi ne tarda pas à ruiner ces premières espérances. Ce haut fonctionnaire nommé 劉 *Lieou* (節齋 *Tsié-tchai*) était originaire de *Nan-king*. La fable ridicule de la «Tour européenne» exploitée devant le nouveau Vice-roi, jointe aux préventions et à la cupidité de ce dernier, devait bientôt porter ses fruits : peu de jours après son arrivée à *Tchao-k'ing* (Août 1589), ce magistrat faisait donner à Ricci et au P. d'Almeyda, son compagnon, l'ordre de quitter la capitale (4) et de retourner dans leur patrie. «Il reconnaissait à la vérité que les frais de construction de la maison devaient atteindre un chiffre fort élevé; mais comme cette somme provenait d'aumônes (5), Ricci ne pouvait revendiquer l'immeuble comme sa chose propre; on lui offrait donc soixante écus pour frais de voyage...»

Ricci refusa noblement cette indemnité dérisoire, malgré

---

(1) Cette tour se bâtissait aux frais des onze sous-préfectures du département, lorsqu'arrivèrent les missionnaires, et dès le début de leur séjour, la crédulité populaire lui avait donné le nom immérité de « Tour européenne.» *Cf. De christ. exped.* pp. 162 et *seqq.*

(2) *De christ. exped.* pp. 221, 222. — « Eam opinionem Socii non ad vanam ostentationem, sed in scopum suum collimantes ad sanctissimæ legis nostræ auctoritatem aucupabantur... Magnates... agnitam veritatem plurimi prædicabant...»

(3) Cette observation nous remet en mémoire une réflexion semblable du Père de Sémédo : « Qui ne s'estonnera, écrit-il à propos de la persécution de 1616, du changement de ce peuple estourdy, et qui pourra concevoir, comme trois des premiers Mandarins ayent concerté la ruine de ceux que tout le Royaume a eu en admiration, et que la plupart des doctes auoient honoré de leurs visites et de leurs recommandations : sçachans très-bien d'ailleurs que les accusations formées contre eux, n'estoient que pures calomnies, qui ne pouuoient procéder que d'vn esprit mal fait?» *Hist. de la Chine*, p. 310.

(4) Nous avons déjà dit que *Tchao-k'ing* servait de résidence au Vice-roi, à cause de sa position plus rapprochée du *Koang-si. Cf.* Trig. p. 149.

(5) Ricci la tenait en effet de la générosité des Portugais de Macao (*Ibid.* pp. 167, 185) ! — Cette excuse des spoliateurs d'églises n'est pas, on le voit, spéciale aux pays d'Occident.

2

les instances et la colère du Vice-roi, qui l'avait fait revenir de Canton et comparaître en sa présence pour le forcer à l'accepter. «Vous m'avez, lui répondit intrépidement Ricci, chassé d'une maison où j'ai vécu tant d'années sans faire tort à personne, comme si j'étais un criminel; il n'est pas juste que je reçoive vos dons, ni que les refusant je sois taxé par vous d'impolitesse (1).» Ricci laissant au magistrat chinois (2) le produit de son vol, ne voulut accepter de lui que le droit de s'établir ailleurs, et il se dirigea vers *Chao-tcheou* 韶州, dont le mandarin lui fit chèrement payer un terrain qu'il lui procura. Aussitôt l'on se mit à l'œuvre et les Pères, instruits par l'expérience, construisirent leur demeure suivant la mode chinoise (3). Un des premiers disciples de Ricci dans cette cité fut un jeune prodigue nommé 瞿太素 *Kiu T'ai-sou*, fils d'un ancien Président du Ministère des Rites (文懿 *Wen-i*), qu'attirait l'espoir de découvrir la pierre philosophale : il trouva mieux encore dans le commerce de son nouveau maitre, car instruit par lui des sciences d'Europe, il ne tarda pas à ouvrir les yeux aux vérités surnaturelles. Telle fut pour les Pères l'occasion de relations intimes avec les premiers magistrats de la ville.

Le Père Ant. d'Almeyda compagnon de Ricci mourait bientôt (Oct. 1591) et était remplacé par le P. François de Petris 石方西 *Che Fang-si* (鎮宇 *Tchen-yu*) (4), qui succombait lui-même, à peine âgé de trente ans, le 5 Novembre 1593. Dans l'intervalle de ces deux décès qui éprouvaient si cruellement Ricci, celui-ci avait eu la consolation d'aller baptiser à *Nan-hiong* 南雄 les quatre fils et plusieurs amis d'un riche commerçant *Ko Song-hoa*, auquel il avait donné à *Chao-tcheou* le nom de Joseph; le Préfet de cette ville, 王應麟 *Wang Yng-lin* (玉沙 *Yu-cha*), qui devait être ensuite Maire de *Pé-king* (5), lui avait fait l'accueil le plus

---

(1) *De christ. exped.* pp. 239, 240.

(2) On peut lire dans Trigault (p. 267) le châtiment terrible que Dieu infligea à ce persécuteur. Dégradé pour ses nombreuses injustices, et condamné à rendre au fisc une somme très importante, il mourut peu de temps après d'un horrible ulcère.

(3) «Ne darent obloquendi causam, aut occasionem Magistratibus præberent in ædibus nostris conuiuia instruendi..., ideo in hac extruenda ab altera contignatione abstinuerunt, et fere ad Sinarum morem ædificium composuerunt.» *Cf. op. cit.* pp. 249, 250. — La construction de *Tchao-k'ing* au contraire s'était inspirée du goût européen : «Delinearunt nostri exiguam quidem, sed non inelegantem domunculam Europæo more... Europæum opus contignatione, seu pavimento altero conspicuum et dispositis fenestris illustre...» *Ibid.* pp. 167, 185.

(4) Le P. Fr. de Petris né en 1563 dans la Campagne de Rome, au lieu dit Abatia de Farsa, fit ses études au Collège romain et entra dans la Compagnie le 15 Août 1583. Parti trois ans après pour le Japon avec les ambassadeurs japonais qui retournaient dans leur patrie, il fut renvoyé à Macao en 1590 par le P. Valignani qui le destinait à la Chine.

(5) A la mort de Ricci, il composa une épitaphe qu'on peut lire dans le 正教奉襃, fol. 6.

favorable; mais ces résultats étaient peu de chose pour l'ardeur de son zèle, et il mûrissait de plus vastes entreprises. Le P. de Sémédo nous a conservé les plaintes naïves du Frère Fernandez sur la stérilité relative des travaux entrepris jusque-là. «Nous devrions, disait-il au P. Ricci, abandonner la Chine et aller au Japon... et là finir glorieusement notre vie.» — «Mais le Père lui répondit avec un esprit et une voix de Prophète et l'asseura de ce qui est arrivé depuis, à sçavoir des grands fruicts que nous devions recueillir de la culture de cette vigne, quatre ans après sa prediction (1).» Enfin, en 1594, l'arrivée du P. Lazare Cattaneo 郭居靜 *Kouo Kiu-tsing* (仰鳳 *Yang-fong*) (2) lui permit de préparer l'exécution d'un projet qui lui était si cher : il allait s'efforcer de s'établir au cœur de l'empire.

Après une expérience déjà longue du génie chinois, Ricci avait compris qu'un appareil extérieur plein de dignité attirerait plus sûrement les classes élevées, que des manières trop simples ou ressentant les mœurs étrangères; pour se faire tout à tous, il

---

(1) *Hist. de la Chine*, p. 258. — Le Frère Sébastien Fernandez 鐘鳴仁 [al. 巴相 *Pa-siang*] *Tchong Ming-jen* (念江 *Nien-kiang*) était né en 1562 à *Sin-hoei-hien* 新會縣, dans le *Koang-tong*. Issu d'une riche famille de marchands, il fut le premier Chinois admis dans la Compagnie (1ᵉʳ Janv. 1591). Longtemps compagnon de Ricci, il souffrit pour la foi la cangue, la bastonnade, les prisons et la torture, dans les villes de *Chao-tcheou*, de *Hang-tcheou*, de *Pé-king*, et de *Nan-king*; ce courageux confesseur qui partagea si souvent les mérites des martyrs, mourut en 1622. Il eut un frère, Jean, 鳴禮 *Ming-li*, né en 1581, qui entra dans la Compagnie vers 1610 et aida longtemps les missionnaires comme catéchiste. Arrêté à *Nan-king* en 1616, il y souffrit avec courage la torture et une dure prison suivie de trois années de travaux forcés.

(2) Le P. Laz. Cattaneo était né en 1560, à Sarzana près de Gênes. Entré dans la Compagnie en 1581, il passa sept ans après aux Indes, où il exerça divers emplois, notamment celui de Supérieur sur la Côte de la Pêcherie. Appelé ensuite à Macao où il étudia la langue chinoise, il arriva à *Chao-tcheou* en 1594, pour remplacer le P. de Petris. Bientôt il voyait, en l'absence de Ricci parti pour *Nan-king*, sa résidence saccagée par une troupe de furieux. Compagnon de Ricci dans son premier voyage à *Pé-king*, il va ensuite à Macao rendre compte de cette tentative; on le charge à son retour de la chrétienté de *Nan-king*, de celles de *Nan-tch'ang* 南昌 et de *Chao-tcheou*. En 1604, nous le retrouvons à Macao, puis il est envoyé comme Visiteur à Malacca. De retour à Macao en 1606, il se voit accusé de conspiration contre l'empire : les Portugais, dit-on, veulent en faire l'Empereur de la Chine. Un pamphlet venimeux, écrit par un lettré et répandu à profusion, entretient ces bruits calomnieux et met en danger la sécurité de la colonie portugaise. Mais bientôt l'innocence de Cattaneo est reconnue, et cette même année il regagne *Nan-king*. Deux ans après, Paul *Siu* (*Kolao*) vient l'inviter à passer à *Chang-hai*, où il s'est retiré à la mort de son père; Cattaneo le suit et fonde dans cette ville une chrétienté florissante. Vers 1610, le successeur de Ricci, Longobardi, le chargeait de fonder la nouvelle église de *Hang-tcheou* qu'il gouverna en même temps que celle de *Chang-hai* 上海. En 1620, nouvelle fondation à *Kia-ting* 嘉定 chez le Docteur Ignace. C'est à *Hang-tcheou* que ce missionnaire, modèle de patience et de courage, passa les dernières années de sa vie et mourut, le 19 Janvier 1640.

s'était plié depuis son arrivée en Chine aux exigences si fastidieuses pour un Européen de l'urbanité raffinée et parfois si humiliante de sa nouvelle patrie. Plus tard, en 1585, lorsque Ruggieri le quitta pour se rendre au *Tché-kiang,* les missionnaires avaient adopté l'usage chinois, toujours suivi depuis cette époque, de joindre à leur nom personnel (姓 名) un nom honorifique (號). Cependant des raisons de modestie et de pauvreté religieuse avaient fait jusqu'ici reculer Ricci devant l'adoption du costume de cérémonie : lui et ses compagnons ne portaient que les vêtements les plus simples (1). Il fut convenu qu'à l'avenir, dans les relations qu'ils auraient avec les mandarins et les lettrés, les Pères se serviraient des habits en usage dans les classes élevées de la société (2). En même temps, pour accentuer davantage la différence du caractère des prêtres catholiques avec les bonzes, il fut convenu également que les missionnaires laisseraient croitre leur barbe et leur chevelure (3).

Ces mesures concertées, Ricci partit au mois de Mai 1595 vers le Nord, à la suite d'un grand mandarin militaire dont il soignait le fils, suivant la voie que devaient si souvent prendre après lui les missionnaires et les ambassadeurs. Il traversa la fameuse passe de *Mei-ling* 梅 嶺 *(al.* 庾 嶺 *Yu-ling),* puis s'embarqua sur la rivière *Kan* 贛 水, accompagné de deux jeunes Macaistes qui désiraient entrer dans la Compagnie. Un naufrage qu'il fit au milieu des rapides de cette dangereuse rivière coûta la vie à l'un de ses compagnons. Pour comble d'épreuves, honteusement chassé de *Nan-king* par un haut fonctionnaire qu'il

---

(1) *De christ. exped.* p. 169. — « Et habitum quidem eum adhibebant, qui modestissimus apud Sinas habebatur, nec a nostro admodum discrepabat, talaris ea erat toga, manicis laxissimis ; quam rem Sinæ maximè comprobarunt.»

(2) *De christ. exped.* p. 283. — «Monuit etiam non minus necesse vsu deprehensum, uti nostri cultu habituque Litteratos imitarentur, et è bysso vestem haberent vnam singuli, quam vestem ad visitandos Magistratus adhiberent, sine qua cum litteratis aut magistratibus ex æquo congredi apud Sinas inusitatum.»

(3) *Op. cit.* p. 283. «Pater Matthæus... Visitatorem admonuit, omnino sibi e re Christiana videri, si barbam capillitiumque alerent, ne pro idolorum... sacrificulis, quorum hoc est signum ex peculiari eorum instituto, haberentur.» De fait les premiers missionnaires avaient adopté jusqu'à ce moment le costume des bonzes, moins différent, il est vrai, à cette époque, du vêtement vulgaire, qu'il ne l'est sous la dynastie actuelle. Trigault (*Op. cit.* pp. 169, 284) parle de cet essai en termes trop couverts ; mais les récits de Sémédo (*Hist. de la Chine.* p. 259), de Bartoli (*La Cina.* p. 265), de Visdelou (Suppém. à la Bibl. orient. p. 183), et des autres auteurs de la Compagnie ne laissent aucun doute à ce sujet. Nous verrons plus tard le Docteur Léon *Li* 李 (我 成 *Ouo-tch'eng)* dans son 碑 書 後, rappeler ce fait, qu'il rapproche de la dénomination 僧 employée pour désigner les moines syriens. Cette tentative, que malgré le zèle et la bonne foi de ses auteurs, les écrivains protestants relevèrent plus d'une fois avec mépris, a été implicitement improuvée par plusieurs décisions de la Cour de Rome (*Cf.* notamment les Rép. du 20 Mars 1685 au Vic. apost. de Siam, et du 23 Mars 1844 au Vic. apost. du *Liao-tong).*

I. LA DÉCOUVERTE.

avait jadis connu à *Chao-tcheou* et qui craignait aujourd'hui d'être compromis pour ses relations avec un étranger, il revint tristement sur ses pas et se fixa à *Nan-tch'ang* 南昌, capitale du *Kiang-si*. Là un médecin dont il avait fait la rencontre à son premier passage en cette ville, le reçut avec la plus grande bienveillance. Grâce à lui, il ne tarda pas à être connu favorablement des lettrés et du Gouverneur; un prince du sang impérial, ayant le titre de 建安王 *Kien-ngan Wang* (1), lui fit lui-même le plus gracieux accueil. Sa réputation grandit encore, lorsqu'il eut publié en chinois deux petits traités, l'un sur l'art de la mnémotechnie (2), et l'autre sur l'amitié, en forme de dialogue (3). Vers la même époque, l'infatigable écrivain donnait une première édition de sa Théodicée restée fameuse sous le nom de 天主實義 *T'ien-tchou-che-i* (4) «Vraie notion du Seigneur du Ciel».

Dans les derniers jours de cette même année, l'arrivée du P. Soerio (5) mit le comble à la joie de Ricci et lui permit d'a-

---

(1) D'après le 正教奉褒 (fol. 4), ce serait à *Lin-kiang-fou* 臨江 qu'aurait eu lieu cette dernière entrevue.

(2) 西國記法 *Si-kouo-ki-fa*. 1 vol. *Nan-tch'ang-fou*, 1595. — «Les lettrés, dit Trigault, écrivaient sans ordre un grand nombre de leurs caractères, et le P. Matthieu, après les avoir lus une ou deux fois, les répétait soit dans l'ordre où ils étaient écrits, soit dans l'ordre inverse.» *Cf. De christ. exped.* p. 303. — Le P. Ricci s'était souvent prêté à de tels essais, dont le but n'avait rien de puéril ; c'est ainsi que l'apôtre se faisait tout à tous, «ut omnes Christo lucrifaceret.»

(3) 交友論 *Kiao-yeou-luen*. 1 vol. *Nan-tch'ang-fou*, 1595. — Réédité à *Nanking*, 1599. — *Pé-king*, 1603 avec préface très élogieuse de *Fong Yng-king*. 馮應景. — Cet opuscule, qui en peu d'années fut imprimé dans presque toutes les provinces, se trouve aussi dans le Recueil 天學初函. *Cf. Notes* de Wylie, pp. 138 et 217; *De christ. exped.* p. 309. — Il a été traduit en italien en 1877 par le Marquis Jacq. Ricci. *Cf. Il primo sinologo P. Matteo Ricci*, par L. Nocentini. Florence, 1882. p. 33.

(4) Cet ouvrage fut réédité en 1601 à *Pé-king*, avec quelques retouches et additions. Réimprimé à *Pé-king* en 1604 avec une préface du Dr Léon, puis à *Hang-tcheou* vers 1605 ou 1606, de nouveau en 1630, et encore souvent plus tard. Il fait partie de la collection 天學初函. Plusieurs éditions renferment des préfaces des Docteurs Paul *Siu* et *Fong Yng-king*. On l'a réédité en 1855 et 1868 à *T'ou-sè-wè*. Traduit en Japonais en 1604, plus tard en coréen et compris dans le Catalogue impérial de *K'ien-long*; enfin, le P. Jacques en a donné dans les *Lettres édifiantes* une traduction française. — Un professeur du Collège de France, M. A. Réville, nous apprend que «Ricci se borna à enseigner le pur déisme... que ses amis chinois ne virent en tout cela qu'un boudhisme d'un genre spécial, qui d'ailleurs avait grand air». (*La religion chinoise*. p. 670). Ceux qui ont lu le livre de Ricci flétriront la témérité d'un pareil jugement.

(5) Le Père Jean Soerio 蘇如漢 (*al.* 望) *Sou Jou-han* (瞻清 *Tchan-ts'ing*) était né en 1566 à Montemayor-le-vieux, diocèse de Coïmbre. Entré en 1584 dans la Compagnie, il alla achever aux Indes le cours de ses études. Arrivé en Décembre 1595 à *Nan-tch'ang-fou*, il consacra à cette chrétienté naissante les dix années qu'il devait vivre encore. Après avoir courageusement travaillé, éprouvé par de continuelles infirmités, des vexations de tout genre et par la solitude, — il passa jusqu'à trois ans sans voir un de ses frères, — il mourut au mois d'Août 1607.

cheter une maison qui devenait la seconde résidence de la Compagnie en Chine.

Jusqu'alors le Recteur du collège de Macao avait été Supérieur des stations établies en Chine; mais l'éloignement de *Chaotcheou* et de *Nan-tch'ang* lui rendait impossible l'exercice de son autorité. Le Père Visiteur décida qu'il y aurait désormais pour la Chine un Supérieur général, et il chargea Ricci de ces fonctions. Il lui recommanda « sur toutes choses et avec insistance, d'employer tous les moyens en son pouvoir pour se fixer à *Péking*, ajoutant que le séjour des Nôtres dans cet empire n'offrirait de sécurité, que lorsqu'ils jouiraient de la protection de l'Empereur (1). » Le Père Valignani envoyait à Ricci des objets curieux qui devaient lui faciliter l'entrée de la Cour. Sur ces entrefaites, un ami des missionnaires, nommé *Wang* (2), revenait de *Hai-nan* 海南 sa patrie, et promu Président du Ministère des offices civils de *Nan-king*, acceptait de conduire Ricci à *Pé-king*, où il devait se rendre lui-même pour offrir ses hommages à l'Empereur.

Les voyageurs partent en 1598, laissant à *Nan-tch'ang-fou* le P. Soerio et le frère Martinez (3); ils arrivent à *Nan-king*, où le patronage de leur puissant ami leur ouvre toutes les portes (4). Pendant que le Président *Wang* gagne *Pé-king* par la voie plus rapide de terre, Ricci retenu quelques jours au palais du Gouverneur *Tchao* 趙 (5) qui honore l'image du Sauveur, poursuit sa route vers *Pé-king* par le Canal impérial. Arrivé à la Capitale le 7 Septembre, il est reçu gracieusement et logé par le Président *Wang* qui l'y a devancé. Celui-ci, pour faciliter au Père l'entrée de la Cour, invite à son hôtel le premier eunuque de l'Empereur,

---

(1) *De christ. expedit.* p. 320.

(2) Le P. Trigault (pp. 321, 322), se conformant à l'orthographe reçue alors parmi les premiers missionnaires, appelle ce magistrat *Guan*. Mais il est probable qu'il faut lire *Wang* et non *Wan* : le 正教奉褒 (fol. 4) le nomme 王忠銘 *Wang T'chong-ming*, et en fait le Président du Ministère des Rites (禮部).

(3) Le Fr. François Martinez, connu sous le nom de Mis dans les anciennes relations, naquit à Macao en 1573, et entra dans la Compagnie le 1er Janvier 1591. Appliqué d'abord aux études, nous le retrouvons en 1595 à *Nan-tch'ang*, puis en 1605 à *Nan-king* : c'est là que, vainqueur enfin par ses exhortations du cœur de *Kiu T'ai-sou* jusque-là retenu esclave d'une passion, il lui obtint la grâce du baptême, que l'ancien ami de Ricci reçut avec le nom d'Ignace. En 1606, de passage à Canton, à un moment où les plus sinistres rumeurs circulaient sur les Portugais et contre le Père Cattaneo, il est trahi par un néophyte apostat, accusé d'espionnage, et soumis plusieurs fois à une torture si cruelle, qu'il meurt pendant qu'on le reporte en prison. C'était le vendredi saint, 31 Mars 1606.

(4) Le 正教奉褒 (fol. 4) cite quelques uns des personnages illustres de *Nanking*, qui honorèrent alors Ricci de leurs relations : le Président du Ministère des Châtiments, nommé *Tchao* 趙, celui des Revenus, nommé *Tchang* 張, les Vice-présidents *Wang* 王 et *Yé* 葉, etc.

(5) Le 正教奉褒 (*l. cit.*) l'appelle 心堂 *Sin-t'ang*; c'est à *Kiu-yong* 句容 qu'eut lieu cette entrevue célèbre.

qui admire les présents destinés à son maitre, mais refuse de les lui offrir, déçu qu'il est de n'y point rencontrer la pierre philosophale. Cet échec, joint aux rumeurs qui circulaient sur le compte des Japonais, dont ces étrangers, disait-on, pouvaient être les espions, force les missionnaires de se replier sur Nan-king. Ils emploient les loisirs de leur navigation à composer un dictionnaire chinois (1), et se voient à *Lin-ts'ing* 臨清 contraints d'hiverner dans les glaces. Ricci laisse là ses compagnons (2), et seul se rend par terre à *Soutcheou* 蘇州, patrie de *Kiu T'ai-sou*, qui lui prodigue ses soins pendant une grave maladie que fait le Père. De là, au mois de Janvier 1599, il passe avec son ami à *Tchen-kiang* 鎮江, puis à *Nan-king*, où, grâce à la protection du Président *Wang* qui l'a précédé, il est accueilli de tous les hauts fonctionnaires avec la plus grande faveur.

Bientôt, la modeste maison que Ricci, refusant un palais qu'on lui offre, a louée dans la Capitale du sud, devient le rendez-vous de tout ce qu'il y a de savant dans cette grande cité; les lettrés se regardent comme honorés d'entrer en relation avec le missionnaire, et plusieurs d'entre eux se constituent ses élèves; les mandarins lui font de continuelles visites; on ne parle qu'astronomie, mathématiques, géographie (3); il y a des discussions amicales sur tous les sujets, et un jour Ricci confond dans une séance publique un ancien magistrat fort célèbre pour le culte qu'il rend aux idoles, ainsi qu'un bonze non moins fameux du nom de *San-hoei*. Peu après, il obtient à des conditions très avantageuses, la cession d'un vaste édifice resté inhabité, que l'on disait hanté par des esprits, et la paix dont jouissent les missionnaires, après en avoir pris possession, contribue à affermir leur crédit.

Parmi tant de personnages illustres qu'avait attirés la réputation de science et de vertu de Ricci, le premier qui ouvrit les yeux à la vérité fut un vieillard appelé *Tsin*. Il exerçait à Nan-

---

(1) Le manuscrit de cet ouvrage dont parle le P. Trigault, et qu'Abel Rémusat dit avoir été le premier ouvrage de ce genre, ne paraît pas avoir été conservé; il indiquait « les cinq accents » au moyen des signes que la plupart des auteurs ont depuis employés. Cf. *De christ. exped.* p. 314.

(2) Outre le P. Cattaneo, il avait emmené avec lui les frères Sébastien Fernandez et Emmanuel Pereira. Ce dernier, né à Macao en 1575, aidait dès 1598 les Pères à *Nan-king*; reçu dans la Compagnie en 1605, il assista à la mort de Ricci et mourut lui-même en 1630 à *Hang-tcheou*.

(3) Ceux qui seraient tentés de se scandaliser d'une telle méthode, n'auront qu'à méditer ces paroles de Trigault : « Dieu dans la suite des siècles n'a pas toujours usé des mêmes moyens pour attirer à lui les cœurs. Aussi il ne doit paraître étrange à personne que nos Pères aient présenté à ceux qu'ils voulaient attirer dans leurs filets, cet appât des sciences; celui qui croirait devoir en priver cette Eglise de Chine, ne connaîtrait pas assez les dégoûts du génie chinois, qui n'accepte les remèdes du salut que sous le couvert de tels appâts.» *Op. cit.* pp. 355, 356.

king, ainsi que son fils, une charge militaire (1). La conversion du père, nommé Paul au baptême, fut suivie de celle de son fils qui fut appelé Martin, et de toute la famille; cette conversion éclatante trouva bientôt des imitateurs, et l'épreuve des persécutions montra un jour combien était généreuse la foi de ces premiers néophytes.

Cependant le P. Cattaneo qui était revenu de *Lin-ts'ing*, partait pour Macao, annoncer ces heureuses nouvelles et il en revenait sans retard, chargé de nouveaux présents pour l'Empereur (2) et accompagné du Père Didace de Pantoja (3).

---

(1) Sémédo (*Hist. de la Chine*. p. 266) nous apprend que ce noble vieillard avait rang de *Tche-hoei* 指揮 dans la Garde du corps impériale.

(2) Le Père du Jarric en fait l'énumération (*Cf. Choses mémorables ès Indes*. Bordeaux, 1610. III. p. 963). Ils consistaient principalement en tableaux et en livres, en instruments de musique, d'horlogerie et d'optique.

(3) Le P. Didace ou Jacques de Pantoja 龐迪我 *Pang Ti-ouo* (順陽 *Choen-yang*) était né en 1571 à Valdemora dans le diocèse de Tolède. Entré à dix-huit ans dans la Compagnie, il s'embarqua pour l'Orient en 1596; arrivé à Macao en 1599, il fut attaché au P. Ricci, qu'il suivit à *Pé-king*, où il l'aida dans son ministère apostolique. C'est à ses démarches que la Compagnie fut redevable d'un cimetière concédé par le gouvernement, et où furent portés solennellement « avec la croix richement parée et un grand nombre de chrestiens qui accompagnoient le convoy » les restes mortels de Ricci (*Cf.* Sémédo. pp. 295 et *seqq.*). En 1611, il fut chargé avec le P. de Ursis, de la correction du calendrier impérial. A partir de ce moment il connut tous les genres d'épreuves : battu cruellement par la populace, en butte aux haines implacables de quelques mandarins, exilé enfin avec ses frères lors de la persécution de 1616, il mourut peu après son arrivée à Macao, en Janvier 1618. Il a laissé plusieurs ouvrages chinois qui se recommandent par leur rare élégance. L'un des plus connus est le 七克大全 *Tsi-k'o-ta-ts'iuen* « Traité des sept victoires». Outre les éditions de *Pé-king*, de 1614. 7 vol., de 1643 et de 1798. 4 vol., le *Tsi-k'o* a eu depuis le milieu de ce siècle plusieurs nouveaux tirages : à *Se-king* (7 vol. 1843), à *Chang-hai* (1849), à *T'ou-sè-wè*. (2 vol. 1859 et 4 vol. 1873). Il fait aussi partie du Recueil 天學初函. C'est l'un des rares ouvrages composés par des prêtres catholiques sur la religion, qui obtinrent l'honneur de figurer au Catalogue de *K'ien-long*. Le Prince Jean (Sourniama) a reconnu être surtout redevable de sa conversion à la lecture de ce livre. Les autres œuvres chinoises du Père Pantoja sont : 人類原始 *Jen-lei-yuen-che*, « De l'origine de l'homme »; 天神魔鬼說 *T'ien-cheng-mo-kvei-chouo*, 1 vol. « Traité des bons et des mauvais anges »; 受難始末 *Cheou-nan-che-mo*, «Histoire de la Passion de N.-S.», 1 vol. réimprimé à *T'ou-sè-wè* en 1870; 龐子遺詮 *Pang-tse-i-tsiuen* « Doctrine du Père *Pang*», 2 vol. contenant l'explication du symbole; 實義續篇 *Che-i-siu-pien*, 1 vol. « Appendice à la Théodicée (de Ricci) ». Le même auteur avait fait sur l'ordre de l'Empereur un atlas géographique qui eut grand succès à la Cour; enfin le catalogue du P. Couplet signale un dernier livre du même auteur, pour nous d'un intérêt tout spécial : c'est le 辨揭 *Pien-kie*, apologie de la religion chrétienne sous forme de Mémoire destiné à l'Empereur; écrit à l'occasion de la persécution de 1616, il paraît avoir été imprimé vers 1618, à Macao ou à Canton. Après avoir exposé comment le P. Ricci vint en Chine, se fixa à *Pé-king*, et comment l'Emp. *Wan-li* accorda une pagode pour le lieu de sa sépulture, l'auteur passe en revue les principaux griefs

Le 18 Mai 1600, Ricci, muni des lettres de recommandation du premier Censeur pour les principaux magistrats de *Pé-king*, part avec le Père de Pantoja. Un eunuque puissant du palais auquel les voyageurs ont été recommandés par le Censeur et avec lequel ils voyagent, leur prodigue tout d'abord ses soins; mais bientôt, pressé par un de ses collègues, qui dirige les douanes de *Lints'ing*, de lui fournir des sommes importantes, il ne tarde pas à les trahir, pour échapper lui-même au danger. Après avoir vainement tenté de s'emparer des présents des missionnaires, ce personnage tyrannique, nommé 馬堂 *Ma T'ang*, fait conduire les Pères sous bonne escorte à *T'ien-tsin* 天津, où il les rejoint et les fait garder à vue.

Le Père Trigault a tracé de main de maître une scène où éclatent, d'une part l'orgueil et la hideuse rapacité de l'eunuque, et de l'autre la piété et le noble courage du Jésuite. L'eunuque blasphème le Christ crucifié, qu'il découvre parmi les présents destinés à l'Empereur; Ricci jette aux pieds de ce scélérat une bourse pleine d'argent, toute sa fortune, pour racheter un calice que souillent les mains infâmes de l'eunuque.

« Parmi tous les objets que vit ce dernier, rapporte le P. Trigault, aucun n'excita davantage sa colère que l'image du Christ attaché à la croix; il reprochait au Père d'avoir fait ce spectre pour se rendre maître de l'Empereur par ses enchantements; à qui ferait-on croire en effet qu'il pût servir à un autre usage qu'à des maléfices? Cependant le P. Ricci trouvait indigne de proposer cet admirable mystère à un homme furieux; il le ferait sans fruit, auprès d'un homme qui chargeait de crimes l'innocence la mieux démontrée...; toutefois, poussé à bout, il répondit que c'était l'image d'un homme très saint de notre religion, qui avait choisi ce genre atroce de mort pour le salut d'un grand nombre, et que nous avions la coutume de le peindre et de le sculpter en mémoire de ce bienfait. L'Intendant militaire, ami du P. Ricci, qui prêtait main forte à l'eunuque dans ses perquisitions, observa qu'il ne paraissait pas non plus à lui con-

---

imputés aux missionnaires et les réfute successivement. Les voici : les missionnaires viennent d'Occident; ils prêchent un seul Dieu; ils placent sept sphères dans le ciel; ils défendent de sacrifier aux ancêtres; ils distribuent de l'argent pour attirer dans leur religion; ils font de l'or et de l'argent; ils aident les ennemis de l'empire; ils espionnent en faveur des barbares de Macao; ils habitent à *Nan-king* une maison près du *Kong-pou*; ils appellent les Japonais et les pirates; ils sont opposés aux bonzes et aux *tao-che*, plus anciens qu'eux; dans les provinces du *Kiang-nan*, *Tché-kiang*, *Fou-kien* et *Koang-tong*, ils troublent le peuple, veulent se faire adorer, étudient le fort et le faible du pays; ils n'avaient pas de lettres de créance pour entrer en Chine; ils ont des objets merveilleux pour exciter la curiosité et nouer des relations; ils donnent trois taëls à tous ceux qui se font chrétiens; ils usent d'incantations et invoquent les mauvais esprits; ils se réunissent certains jours qu'on nomme dimanches. Enfin le P. Vagnoni a acheté un jardin : ce ne pouvait être que dans un dessein coupable!..

venable de conserver le souvenir d'un homme réduit à un état si misérable. Quant à l'eunuque, il ne voulait rien admettre, et il vociférait qu'il fallait châtier les imposteurs (1). »

Enfin quand tout paraît humainement désespéré, et après une détention de six mois, Dieu inspire à l'Empereur la pensée de mander à *Pé-king* ces étrangers dont il a ouï parler et «dont les cloches sonnent d'elles-mêmes». Les Pères arrivent le 24 Janvier 1601; leurs présents sont acceptés avec honneur (2); mais bientôt le Ministère des Rites s'empare des missionnaires dont il demande le renvoi à Canton. Grâce à la faveur impériale, cette requête est rejetée, et Ricci reçoit l'autorisation de rester à *Pé-king* avec ses compagnons. C'était là désormais que devait se consommer sa carrière. Dès ce moment les missionnaires se voient honorés de l'amitié des plus hauts mandarins. Peu de temps après, le Père Em. Diaz *(Senior)* visitait les quatre résidences de la Chine et restait deux mois aux côtés de Ricci, traitant avec lui des plus graves intérêts de la mission.

Des conversions ne tardèrent pas à se produire parmi les classes élevées; l'un de ces premiers néophytes, bien connu sous le nom de Paul *Li* dans les récits des anciens missionnaires, reçut le baptême le 21 Sept. 1602 et devint aussitôt un véritable apôtre. Deux ans plus tard, arrivent de *Nan-king* à la Capitale du Nord, Paul *Siu* et Martin *Tsin*, pour subir les épreuves du Doctorat; le premier, baptisé depuis peu de mois par le Père Jean de Rocha (3) et reçu quatrième à l'Académie impériale, deviendra

---

(1) *De christ. exped. apud Sinas.* Augsbourg 1615, pp. 401 et 402. A la suite de cette scène odieuse, l'eunuque fit dépouiller les Pères de leurs présents qu'il faisait renfermer dans le trésor de la place, ne leur laissant qu'une image de la Vierge dont ils paraient l'autel où ils célébraient la messe chaque jour; puis il répandit contre les missionnaires des bruits si alarmants, que l'Intendant militaire avertit secrètement Ricci de mettre sa vie en sûreté en fuyant à Canton, et en réduisant en poussière toutes les images du crucifié qu'il possédait. « Quotquot haberent in Cruce affixi hominis effigies, in pulverem, et si fieri posset in nihilum redigerent. (*Op. cit.* p. 404). — Un professeur «de religions» au Collège de France, M. A. Réville, auteur dont les hardiesses et les facéties prétentieuses ne déguisent pas l'insuffisance, s'est montré ici plus équitable que la critique Janséniste et Protestante. Après avoir décrit l'accueil favorable fait par l'Empereur aux présents de Ricci, il ajoute : «Celui-ci profitait déjà de ces premières faveurs, pour répandre *des images du Christ* et de la Madone, *des crucifix,* des médailles de sainteté, des reliquaires...» *Cf. La Religion chinoise.* Paris, 1889. p. 668.

(2) On peut voir dans le 正教奉襃 *fol.* 4), le texte du Mémorial (奏本) présenté par Ricci à la Cour, le 24 de la 12ᵉ Lune, 28ᵉ an. de *Wan-li* (27 Janvier 1601). L'ouvrage 明紀 (45ᵉ *K. fol.* 9) fait mention de ce document.

(3) Le P. Jean de Rocha 羅如望 *Louo Jou-wang* (懷中 *Hoai-tchong*), né en 1566 à Prado en Portugal et entré à dix-sept ans dans la Compagnie, partit en 1586 pour les Indes, où il suivit pendant trois ans le cours de philosophie à Goa. Après quatre nouvelles années d'études théologiques à Macao, il vint en 1598 à *Chao-tcheou*, puis il accompagna le P. Soerio à *Nan-tch'ang*, d'où il passa à *Nan-king* avec le P. Cattaneo.

célèbre dans les fastes du christianisme en Chine sous le nom de *Siu Ko-lao* (閣老 «Ministre»); le second, lauréat du Doctorat militaire ne tarde pas à inaugurer lui aussi la plus brillante carrière. Vers la même époque, *Li Ouo-ts'uen* 李我存, bientôt connu sous le nom du Dr Léon, l'ami intime des Pères, exerçait au *Fou-kien* la charge d'Examinateur de Licence. Telles étaient les prémices de cette glorieuse pléiade qui devait au XVIIe Siècle illustrer l'église de Chine.

Au mois d'Août 1605, Ricci pouvait enfin acheter une maison et échapper ainsi aux multiples inconvénients d'une habitation toujours incertaine du lendemain. Cette même année, l'église de *Pé-king* comptait deux cents néophytes, et la région de *Pao-ting-fou* 保定府, visitée par les missionnaires, était elle-même pleine de promesses.

Durant les neuf années que Ricci vécut à *Pé-king*, il ne cessa de donner le spectacle d'une activité et d'un zèle admirables : son immense correspondance avec les Chinois qui, de tous les points de l'empire, lui soumettaient leurs doutes et sollicitaient ses conseils, les visites continuelles auxquelles il ne pouvait se dérober, le soin paternel qu'il prenait du moindre de ses néophytes (1), la composition de nouveaux ouvrages d'apologie chrétienne ou de science (2), la sollicitude constante des religieux

---

C'est dans cette dernière ville qu'il baptisa *Kiu T'ai-sou* sous le nom d'Ignace, et le célèbre *Siu Koang-k'i* 徐光啟 sous celui de Paul. Nous le retrouvons à *Nan-tch'ang* en 1609 et en 1616, au moment de la première persécution de *Nan-king* : il se retira alors avec le Frère Mendez dans la ville de *Kien-tch'ang* 建昌, où il jeta les fondements d'une fervente chrétienté. Une des premières familles de la ville converties à la foi, lui offrit une retraite sûre ainsi qu'à deux autres Pères, et là encore l'exemple vint d'en haut, car le premier baptisé fut un Académicien appelé *Wan* qui prit au baptême le nom de Matthieu. De *Kien-tch'ang*, le P. de Rocha alla fonder au *Fou-kien* plusieurs chrétientés dans la préfecture de *Tchang-tcheou* 漳州; envoyé ensuite à *Kia-ting*, au *Kiang-sou*, il y construisit la première église. Bientôt contraint de se réfugier à *Hang-tcheou* 杭州, il y composait avec les DD. Paul et Michel un mémoire qui devait être présenté à l'Empereur, quand une révolution de palais renversa *Chen Kio* 沈淮 en 1622 (*Cf.* 御撰 資治通鑑綱目三編. 32e *K.*), et permit d'espérer des jours meilleurs. Il reçut alors presque en même temps la nouvelle de sa promotion à la charge de Supérieur général et celle du rappel des missionnaires à la Cour par *T'ien-k'i* 天啟. Mort au mois de Mars 1623, il fut pleuré comme un père par le Dr Paul, qui fit porter son deuil à toute sa famille.

(1) «Nec ideo quod in tot esset negotia distractus, a familiari Neophytorum tenuium collocutione vnquam abstinuit, quos ille semper animadversus est in summis negotiis eo vultu excepisse, quo maximum aliquem ex ijs a quibus intervisi solebat optimatem. Imo jam hoc erat ei solemne, Neophytum a quo visebatur, quo tenuior esset, eo diuturniore ab eo colloquio detineri.» *De christ. exped.* p. 610.

(2) Le but et les limites de la présente étude nous empêchent de donner ici la liste de ces ouvrages; espérons qu'un jour quelque missionnaire, jouissant des loisirs suffisants pour mener cette tâche à bonne fin, nous livrera la *Bibliothèque* de Ricci et de ses succes-

qui vivaient sous ses ordres sur les différents points de l'empire (1), son assiduité exemplaire à s'acquitter des exercices ordinaires de la vie sacerdotale et religieuse, eurent bientôt épuisé ses forces. A toutes ces fatigues, vinrent s'en ajouter d'autres dans les derniers jours de sa vie : l'année 1610 lui amena, avec le concours de Doctorat, un surcroît d'occupations, que les rigueurs de son jeûne — on était en carême — et la surveillance de la construction d'une église vinrent encore aggraver. Le 3 Mai de cette même année, Ricci dut s'aliter; il vit sans crainte sa dernière heure approcher, répétant à ses frères qu'il ne pouvait éprouver une joie plus grande et plus douce que celle de mourir dans la Compagnie de Jésus (2).

Quoique très affaibli et en proie à de vives souffrances, aussitôt qu'il vit entrer dans sa chambre le Saint Sacrement, cet apôtre, dont la foi avait toujours été si vive et le courage si ardent, se précipita hors de son lit, et se jeta à genoux pour communier. Choisissant parmi ceux qui l'assistaient deux successeurs, les Pères Longobardi et de Ursis, il avait chargé le premier de toute la mission de Chine, et nommé le second Supérieur de *Pé-king*. Il s'éteignit doucement le 11 Mai, après avoir prédit à ses frères la grandeur et les difficultés de leur tâche, et après leur avoir recommandé, comme jadis le Sauveur à ses apôtres, la plus délicate et tendre charité. Le 1ᵉʳ Novembre suivant, les restes mortels de Ricci prenaient solennellement possession du cimetière accordé, par la faveur impériale aux prédicateurs d'Occident.

---

seurs. Outre quelques notes éparses dans l'œuvre bibliographique de Wylie, on n'a jusqu'ici sur ce sujet que l'*Essai d'une Bibliographie des ouvrages publiés en Chine par les Européens au XVIIᵉ et au XVIIIᵉ Siècle*. H. Cordier. Paris, 1883. Cet essai contenant 196 articles est loin de fournir une idée adéquate de l'œuvre des anciens missionnaires.

(1) Un des plus mémorables exemples de cette sollicitude est l'envoi qu'il fit en 1606, du Fr. Séb. Fernandez à *Sou-tcheou*, pour consoler le Fr. Benoît de Goes 鄂本篤 *Ngo Pen-tou*, mourant dans cette ville. Celui-ci, né en 1562 à Villa-Franca, dans une des Terceyres, avait d'abord suivi dans les Indes la carrière des armes. Entré dans la Compagnie en 1588, il fut chargé par le Vice-roi des Indes et par ses supérieurs de reconnaître les chemins de la Haute-Asie et de découvrir la route de *Pé-king* par la voie de terre. Il quitta Agra le 2 Oct. 1602, passa par Lahore, Caboul, Samarkhand et arriva à Yarkhand à la fin de Nov. 1603, après des souffrances inouïes. Après un séjour d'un an à Yarkhand, il reprit sa marche vers la Chine, traversa le désert de Gobi et arriva enfin vers la fin de 1605 à *Sou-tcheou* 肅州 Préfecture du *Kan-sou*. Dans cette ville, des marchands mahométans lui confirment la nouvelle qu'il se trouve à *Pé-king* des missionnaires de la Compagnie; il informe le P. Ricci de son arrivée en Chine, reçoit avec transports la visite du Fr. Fernandez, qui n'arrive qu'à la fin de Mars 1607, et meurt le 11 Avril suivant, empoisonné comme on le croit par les musulmans qui s'emparent de ses richesses. — *Cf. De christ. exped.* pp. 544 à 569. — *Études religieuses*, 1879. Benoît de Goes, par le P. J. Brucker, S. J.

(2) *De christ. exped.* p. 613.

I. LA DÉCOUVERTE.

Telle fut la vie de Ricci, telle fut son œuvre, telle sa mort. Cette grande figure n'a pas échappé à la prophétie divine: *Eritis odio omnibus propter nomen meum* (1). « Vous serez en butte à la haine à cause de mon nom. » Les frères et les continuateurs de Ricci ont encouru la même disgrâce en combattant les mêmes combats. On a écrit que « jamais plus audacieuse entreprise apostolique ne fut poursuivie avec plus de ténacité et d'habileté, dirigée dans un esprit plus mélangé de prudence sournoise, de diplomatie mondaine et de dévouement à une grande cause. » On a ajouté que « la grandeur incalculable de la fin faisait complètement illusion à bien d'autres même qu'aux jésuites, sur le caractère plus que douteux des moyens, et que les jésuites ne se firent aucun scrupule de tout subordonner à sa réussite (2). »

Au lecteur d'apprécier si la vie de Ricci, écrite par ses contemporains, les seuls témoins que l'on puisse consulter, a mérité ces accusations d'une politique digne de Machiavel; aux accusateurs de porter le poids de leur déloyauté ou de leur inexcusable ignorance, puisqu'ils ne peuvent prouver leurs perfides insinuations.

Mais laissons là ces austères réformateurs de la morale jésuitique, pour achever l'esquisse rapide du demi-siècle qui précéda la découverte de notre stèle.

Dans une lettre datée à Goa du 24 Décembre 1607, le P. Nicolas Trigault estime à sept cents âmes la population chrétienne de la Chine : il avait fallu vingt-cinq ans de labeurs à Matthieu Ricci et à ses compagnons pour ramasser cette modeste gerbe (3)! Il est vrai qu'elle était pleine de promesses (4) et qu'elle allait en un court espace fructifier au centuple. A la même époque, la Compagnie de Jésus comptait en Chine quatre maisons, et 25 religieux dont treize prêtres seulement (5). On était loin

---

(1) Matth. X, 22.

(2) *La Religion chinoise.* p. 665.

(3) *Coppie de la lettre du R. P. Nicolas Trigault, douysien de la Compagnie de JÉSUS, escrite au R. P. François de Fleuron, provincial de la mesme Compagnie en la province du Païs-Bas, dattée de Goa en l'Inde orientale, la veille de Noël* 1607. A Paris, chez Claude Chappelet, 1609.

(4) « En toute la Chine on fait estat qu'il y a 7 cens chrestiens, mais la pluspart personnes qualifiées et de marque, parmy lesquels il y a quelques mandarins, ce sont des plus apparens magistrats, ce qui n'est pas peu, d'autant qu'il faut qu'ils aillent tous bellement et tous doucement en besongne sans ce precipiter ». *Cf. op. cit.*

(5) C'est de Ricci lui-même que nous tenons ces détails. Ils se trouvent dans les *Lettres de Chine* pour les années 1606 et 1607 (p. 132 de l'édition latine imprimée à Anvers en 1611). Ces lettres, datées de Novembre 1607, donnaient sus les quatre résidences de Chine les nouvelles suivantes. A *Chao-tcheou*, une tempête qui était à peine apaisée avait paralysé le courage de leurs meilleurs amis (*Ibid.* pp. 139 et 144). A *Nan-tch'ang*, 33 payens avaient reçu le baptême en 1606 (p. 144). A *Nan-king*, 96 baptêmes en 1606 et 1607 (p. 166). A *Pé-king*, 36 baptêmes en 1606, et 142 l'année suivante, non compris les

encore des chiffres fantastiques inventés plus tard par la légende protestante (1)!

Environ six ans plus tard (2), le P. Trigault annonçait un chiffre total de 5000 convertis, parmi lesquels on comptait un grand nombre de lettrés et de mandarins, notamment six Vice-rois (sic) (3).

Ricci sur son lit de mort avait remis un pli cacheté sur lequel on lisait ces mots : « Au Père Nicolas Longobardi, Supérieur de la mission de Chine; de la part de Matthieu Ricci, jadis Supérieur de la même mission. » Ce pli contenait l'état détaillé de la chrétienté et assurait à Ricci un successeur (4). Ce dernier

---

baptêmes d'enfants exposés (pp. 177, 178). — Ces treize prêtres étaient les PP. M. Ricci, L. Cattaneo, N. Longobardi, J. de Rocha, D. de Pantoja, Em. Diaz *(Senior)*, G. Ferreira, P. Ribeiro, B. Tedeschi, H. Rodriguez, F. da Silva, A. Vagnoni et S. de Ursis. — Le P. Pierre Ribeiro 黎寧石 *Li Ning-che* (攻玉 *Kong-yu*) était né en 1572 à Petrogaô, Portugal; entré à dix-huit ans dans la Compagnie et parti en 1600 pour Macao, où il termina ses études. Envoyé en 1604 à *Nan-king*, pour y apprendre la langue, il y séjourna plusieurs années ainsi qu'à *Chang-hai* ; nous le retrouvons dans cette ville en 1630, puis en 1634 où il y baptise 414 adultes, tandisqu'en 1635 il a 320 baptêmes à *Nan-king*. Mort en 1640 à *Hang-tcheou*, qu'il évangélisa aussi plus d'une fois.

(1) W. Williams a découvert qu'à la mort de Ricci, moins de trois ans après les lettres citées plus haut, « des églises étaient établies dans la plupart des capitales et des grandes villes des provinces de l'est », et que « les convertis se comptaient par milliers » (*Cf. The Middle Kingdom*. New-York, 1871. Vol. II. p. 330). — M. Réville n'a pas été plus véridique, quand il a écrit (*Op. cit.* p. 670) qu'en 1610, « la plupart des grandes villes comptaient au moins une chrétienté dans leurs murs ». — Cette façon de traiter l'histoire peut être au moins taxée de légèreté. A la mort de Ricci, la Compagnie ne comptait qu'un nouvel établissement en plus des quatre résidences de 1607. Cattaneo appelé en 1608 à *Chang-hai* par le Dr Paul Siu, avait vu « en moins de deux ans, le nombre des chrétiens croître jusqu'à deux cens » dans cette ville. *Cf. Hist. de la Chine*, pp. 292 et 302. — *De christ. exped.* p. 602.

(2) Le manuscrit auquel nous empruntons ces détails a pour titre : *Iter P. Nicolai Trigautii ex China in Europam et Chinensium status* ; reproduit par l'abbé C. Dehaisnes dans sa *Vie du Père Nicolas Trigault* (Tournai, 1864. p. 285/292), il ne porte pas de date ; mais nous pouvons l'attribuer d'une façon certaine à la fin de 1614, ou au commencement de 1615. Ses informations dataient alors d'environ deux ans, de même que celles datées en 1607 de Goa devaient être en retard d'une année.

(3) « Neophytorum numerus ad quinque millia crevit, in iis numerantur litterati permulti, et e magistratibus non pauci, e Summis vero, quibus vix sunt superiores in Europa, Pro-Reges sex censentur. »

(4) Le P. Nicolas Longobardi 龍華民 *Long Hoa-min* (精華 *Tsing-hoa*) naquit en 1559 à Caltagirone en Sicile. Entré dans la Compagnie en 1582, il partit de Lisbonne en 1596 et arriva l'année suivante en Chine. Envoyé d'abord à *Chao-tcheou*, il étendit son zèle aux campagnes et aux villes voisines : de nombreuses conversions récompensèrent les travaux de l'intrépide missionnaire. Les épreuves ne lui manquèrent pas : des histrions parodiaient sur des théâtres en plein vent les cérémonies de l'église; en 1603 les bonzes conjurent contre sa vie; en 1606 il doit, comme jadis Athanase, laver sa réputa-

I. LA DÉCOUVERTE.   23

se montra digne de la confiance dont il était l'objet; son gouvernement qui dura douze ans fut traversé par la plus terrible tempête qui menaça l'église de Chine durant cette première période (1).

Déjà en 1612, les Pères Diaz (2) et Ferreira (3) s'étaient vu chasser de *Chao-tcheou,* mais cette épreuve n'avait point eu

---

tion d'une calomnie infâme. Sorti victorieux de ces combats, il est appelé en 1609 à *Pé-king*, où il reçoit les dernières volontés de Ricci. Plus tard, lorsque *T'ien-k'i*, sur l'initiative des Docteurs chrétiens de la Cour, rappelle les missionnaires dont il espère utiliser les services contre les Mandchous, Longobardi rentre l'un des premiers à *Pé-king*, avec le P. Em. Diaz *(Junior)*: c'était vers 1622. Dans les années qui suivent, il multiplie les nouvelles chrétientés dans les environs de la Capitale. En 1636, à l'occasion d'un voyage entrepris à *Tsi-nan-fou* 濟南, capitale du *Chan-tong*, il fait plusieurs prosélytes parmi les mandarins de cette ville, mais les bonzes alarmés de ses succès croissants réussissent à l'en faire chasser. Depuis lors, il revint chaque année à *Tsi-nan*, instruire et fortifier les néophytes de cette contrée : jusqu'à l'âge de 79 ans il accomplit à pied ce fatigant voyage. En 1641, il baptise à *Ting-tcheou* 定州, sous le nom de Paul, le chef d'une famille princière, puis bientôt après au même lieu, un lettré fameux du *Chan-tong* qu'il appelle Nazaire. Les fatigues, les privations, le jeûne continuels auxquels se soumettait ce courageux vieillard, étaient récompensés par des œuvres dignes d'un apôtre : c'est ainsi par exemple qu'il baptisa à *Wan-nyan* 800 personnes en l'espace de deux mois. Il mourut le 11 Décembre 1654, des suites d'une chute. L'Empereur *Choen-tche* 順治 à qui il était cher voulut contribuer aux frais de sa sépulture.

(1) Le Père Sémédo remarquant «le grand nombre de persécutions qu'ont souffertes les missionnaires», ajoute : «Pour satisfaire à ma curiosité, j'en ai fait un recueil; jusqu'à celle de *Nan-king* (pendant une durée de 35 ans) j'en ai compté cinquante quatre...» *Hist. de la Chine*. p. 257.

(2) Il s'agit du P. Emmanuel Diaz *(Junior)*, dont nous donnerons plus loin la notice.

(3) Le Père Gaspard Ferreira 費奇規 *Fei Ki-koei* (揆 一 *Koei-i*) était né en 1571 à Castrojournaō en Portugal. Entré dans la Compagnie en 1588, il partit cinq ans après pour les Indes, termina sa théologie à Macao et fut envoyé en 1604 à *Pé-king* par le P. Valignani. Il conserva pendant six ans dans cette ville le soin de former les novices; il était en outre chargé de plusieurs chrétientés qui se formaient aux environs de la Capitale. Chargé ensuite avec le P. Em. Diaz *(Junior)* de la résidence de *Chao-tcheou*, il se vit bientôt accusé, condamné et chassé : c'était le 12 Avril 1612. Il y avait 23 ans que Ricci, chassé lui-même de *Tchao-k'ing*, avait fondé ce centre. Les missionnaires se retirèrent à *Nan-hiong*, et les conversions qu'ils y firent les dédommagèrent de l'ingratitude de leurs persécuteurs. Obligé de fuir encore une fois lors de la persécution de *Nan-king*, nous le retrouvons ensuite au *Ho-nan*, puis de 1630 à 1635, à *Kien-tch'ang* du *Kiang-si*, où il construit une église. En 1646, il se retira à Canton, où il mourut le 27 Déc. 1649, peu de mois après le P. Sambiaso, dont il avait été le compagnon dans cette ville. — Parmi les nombreux missionnaires qui avaient travaillé à *Chao-tcheou*, il convient de rappeler le P. Barthélemy Tedeschi 杜祿畞 (al. 茂) *Tou Lou-meou* 潛宇 (al. 濟) *Ts'ien-yu* : né en 1572 à Fivizzano dans le Florentin, et entré à vingt-deux ans dans la Compagnie, il était parti en 1600 pour Macao où il acheva ses études. Donné pour compagnon en 1604 au P. Longobardi, il séjourna à *Chao-tcheou* jusqu'au jour de sa mort, le 25 Juillet 1609.

ailleurs de contre-coup fâcheux; il en fut bien autrement de celle dont nous allons parler.

C'est de *Nan-king* que partit le premier coup. En mai 1616, un assesseur du Ministère des Rites, nommé *Chen Kio* 沈㴶 (1) arrivé l'année précédente dans cette ville, dénonça la loi chrétienne dans un Mémoire adressé à l'Empereur *Wan-li* 萬曆 (2). Il concluait à la peine capitale contre les missionnaires et leurs adeptes. Vainement les Docteurs chrétiens de *Pé-king* s'efforcèrent de conjurer l'orage (3); *Chen Kio* avait gagné la complicité d'un Président de son Ministère, et de nouveaux Mémoires avaient été envoyés à *Pé-king*. Le 20 Août de la même année, l'ordre fut envoyé partout de se saisir des missionnaires et de les emprisonner. Vagnoni (4), qui habitait à cette époque la Capitale

---

(1) Cet ennemi du nom chrétien, surnommé 銘縝 *Ming-tchen*, originaire de *Ou-tch'eng* 烏程 au *Tché-kiang*, a une notice spéciale dans les *Annales des Ming* (明史, 218e *K.*); il avait été reçu Académicien en 1592. Les *Annales* reconnaissent l'influence que la religion chrétienne avait alors exercée sur les hauts mandarins de l'empire. 西洋人利瑪竇入貢·因居南京·與其徒王豐肅等·倡天主教·士大夫多宗之·㴶奏陪京都會·不宜令異教處此... Comme nous le dirons plus bas (Not. 4), ce *Wang Fong-sou* n'était autre que le P. A. Vagnoni, connu plus tard sous le nom de *Kao I-tche*.

(2) Le principal crime qu'on reprochait aux Pères était de conspirer contre la sûreté de l'empire. L'usurpation de l'épithète 大 *ta* « grand », qu'ils employaient pour désigner leur patrie 大西 *Ta-si*, l'appellation de leur Dieu *T'ien-tchou* « le Seigneur du Ciel », leur établissement auprès d'une résidence impériale, la possession d'une maison de campagne en dehors de la ville, étaient les preuves les plus palpables de ces desseins pervers (*Cf.* 破邪集 1er *K.*, fol. 6 à 17).

Les *Annales des Ming* citées par le Dr Bretschneider (*China Review*, vol. IV. pp. 392, 393) rapportent que Vagnoni, Em. Diaz et autres 佛郎機 *Fou-lang-ki* (Faranghi, Franks) furent alors accusés « de séduire le peuple, en le rassemblant en masse le 1er et le 15 de chaque Lune, sous le prétexte de prier, mais en fait pour comploter secrètement, comme la société du 白蓮 *Pé-lien*, étant d'accord en cela avec les étrangers de Macao.»

(3) L'un des Mémoires justificatifs que remit l'un d'eux, Paul *Siu*, à l'Empereur, nous a été conservé; il porte le titre de 辯學疏稿 *Pien-hio-chou-kao*.

(4) Le Père Alphonse Vagnoni 高一志 *Kao I-tche* (則聖 *Tsé-cheng*) était né en 1566 à Trufarelli, dans le diocèse de Turin. Il entra dans la Compagnie en 1584 et s'embarqua en 1603 pour l'Orient. Envoyé en 1605 à *Nan-king*, il s'appliqua durant quatre ans à l'étude de la langue chinoise, qu'il mania depuis avec une élégance remarquable. En 1609, il baptisait sous le nom de Jean un des plus hauts fonctionnaires de *Nan-king*, ami du Dr Paul. Le 3 Mai 1611, il dédiait au vrai Dieu le premier temple qui lui ait été élevé dans cette ville. Jusqu'en 1616, il continua de cultiver cette chrétienté, dont le nombre et la ferveur reçurent les éloges du P. Longobardi. Emprisonné plusieurs mois avec le P. Sémédo, lors de la persécution, condamné au supplice de la bastonnade, puis mis aux fers avec son compagnon, et porté dans une cage étroite l'espace de trente jours, jusqu'aux frontières du *Koang-tong*, il arrivait à Macao vers le milieu de 1617. Pendant ce temps, les persécuteurs confisquaient chez les missionnaires tout ce qui était à leur convenance, et faisaient détruire l'église et la maison des Pères. (*Cf.* dans le 破邪

du sud, et Sémédo (1) son compagnon, subirent devant les tribunaux des violences et des outrages sans nom (2). Plusieurs chrétiens souffrirent alors avec constance la dégradation, les tortures, les prisons; deux d'entre eux moururent avec joie en confessant leur foi (3).

集. 2° K. les pièces 清查夷物案 et 拆毀違制樓園案. Rentré en Chine en 1624, après avoir changé son ancien nom de 王豐肅 *Wang Fong-sou*, qui l'eût fait trop facilement reconnaître, il se rendit à *Kiang-tcheou* 絳州 au *Chan-si*; là, aide de deux frères mandarins, Etienne et Thomas *Han*, il vit ses travaux couronnés par des succès extraordinaires : dès la première année, il baptisa dans cette ville 200 adultes, dont 60 lettrés et plusieurs membres de la famille impériale. A sa mort, il laissait 8000 chrétiens dans cette province où il n'en avait trouvé que vingt-cinq; parmi eux, plus de deux cents étaient gradués dans les lettres ou mandarins. Il parcourait chaque année avec de grandes fatigues les cinq ou six villes et plus de cinquante bourgs où étaient dispersés ses chrétiens, et le peu de loisirs que lui laissaient ces courses étaient consacrés à la composition d'ouvrages chinois. En 1634, année de famine, au prix d'un dévouement héroïque, il compta avec son compagnon, le P. Et. Faber, jusqu'à 1530 baptêmes d'adultes. Un orphelinat qu'il ouvrit cette même année, et où il reçut 300 enfants abandonnés, excitait l'admiration des payens et le zèle d'un généreux chrétien, Pierre *Toan*, qui se dévoua à cette œuvre. En 1637, la chrétienté de *P'ou-tcheou* 蒲州, avait pris de tels développements que le P. Vagnoni obtenait un nouveau Père, le P. da Costa, pour la cultiver. Il mourut le 19 avril 1640 à *Kiang-tcheou*.

(1) Nous donnerons ailleurs la notice du P. de Sémédo.

(2) Les pièces relatives au procès des missionnaires ont été conservées et imprimées dans le Recueil 破邪集 *Po-sié-tsi*, 8 vol. édités vers la fin du règne de *Tch'ong-tcheng* 崇禎 (1639), par *Hoang Tcheng* 黃貞 et réimprimés il y a peu d'années au Japon (安政乙卯) et en Cochinchine. Cette compilation renferme divers libelles offerts à *Wan-li* contre les missionnaires, ceux entre autres de *Chen Kio* (trois 恭遠夷疏, datés des 5°, 8° et 12° Lunes de 1616; un autre 發遣遠夷回奏疏, de la 5° Lune de 1617); elle contient en outre les jugements et interrogatoires des chrétiens, qui préfèrent la mort à l'apostasie; des édits et proclamations des magistrats contre la religion (1637); des sentences judiciaires portant destruction de l'église et confiscation des biens des missionnaires de *Nan-king*; enfin plusieurs dissertations des Docteurs de cette époque contre la religion chrétienne, principalement contre le livre du Père Ricci 天主實義, contre les Sacrements et la passion de Notre-Seigneur.

(3) *Hist. de la Chine*, pp. 306 à 330. — Le P. Félicien da Silva 林斐理 *Lin Fei-li* (如泉 *Jou-ts'uen*) avait cessé de vivre à cette époque. Né en 1578 à Oliveiro dos frades, dans le diocèse de Braga, en Portugal, il était entré dans la Compagnie le 15 Déc. 1593. Embarqué en 1601 pour les Indes, il y termina ses études et fut envoyé en 1605 à *Nan-king*; c'est dans cette ville qu'il mourut, le 9 Mai 1614. Il avait été envoyé en 1609 à Macao pour y rétablir sa santé, et avait à diverses reprises évangélisé les provinces voisines : c'est ainsi qu'en 1612, nous le voyons à *Hang-tcheou*, et que peu de temps avant sa mort, nous le trouvons à *Tch'ou-tcheou* 滁州 où, en dix-sept jours, il baptisa soixante-dix infidèles. En 1617, le persécuteur *Chen Kio* voulut se livrer sur le cadavre du missionnaire, aux scènes déshonorantes qui ont eu lieu à *Ou-hou* en 1891; mais à sa confusion, le corps du P. da Silva fut trouvé sans corruption. — Quant au P. Jérôme Rodriguez 駱入祿 *Lo Jou-lou* (甸西 *Tien-si*), l'un des auxiliaires de Ricci, il avait quitté la Chine, à l'époque de la persécution. Originaire de Villa de Monforte en Portugal, il avait été d'a-

Les missionnaires de *Pé-king* ne furent pas plus épargnés que ceux de *Nan-king* : le 14 Février 1617, l'Empereur approuva les précédentes décisions du *Li-pou*, et la persécution vint mettre brusquement un terme aux faveurs dont *Wan-li* entourait Sabbatin de Ursis, supérieur de cette résidence : il lui fallut remettre l'église et le cimetière à la garde d'un chrétien fidèle, et se diriger vers Macao, le lieu commun d'exil, où la mort ne tarda pas à le frapper (1).

Seuls, les deux missionnaires résidant à *Hang-tcheou* n'eurent rien à souffrir : la protection dont les entoura le Docteur Michel *Yang* (2) les défendit contre les rigueurs de la persécution; bien plus, l'intrépide chrétien supplia Longobardi de lui envoyer deux autres Pères. Plusieurs autres cependant, parfois au péril de leur vie (3) continuèrent à secourir le courage des chrétiens qu'ils visitaient.

---

bord envoyé en 1605 à *Chao-tcheou*, puis trois ans après à *Nan-tch'ang*. Sa santé gravement compromise le força de retourner à Macao ; mais plus tard, nommé Visiteur des missions de l'Extrême-Orient (1621-27), il parcourut plusieurs fois une grande partie de la Chine. C'est en cette qualité qu'il autorisa la conférence de *Kia-ting*, laquelle cependant fut présidée par son successeur, le Père Palmeiro.

(1) Le P. S. de Ursis 熊三拔 *Hiong San-pa* (有綱 *Yeou-kang*) naquit à Lecce, au royaume de Naples, en 1575. Entré à vingt-deux ans dans la Compagnie, il partit en 1602 pour l'Orient, et quatre ans après, ses études de théologie terminées, il passa à *Pé-king* où il resta jusqu'en 1617, époque à laquelle il fut chassé de la Capitale. Le P. Ricci qui avait dirigé d'une façon toute spéciale ses études de chinois, le nomma, à sa mort, Supérieur de la résidence. Lorsqu'une première fois, en 1611, il fut question de réformer le calendrier, les mathématiciens de la Cour, se sentant incapables d'un pareil travail, prièrent l'Empereur d'en charger les missionnaires. Pendant que le P. de Pantoja relevait la latitude des principales villes, le Canton à *Pé-king*, de Ursis aidé des Docteurs Paul et Léon traduisait du latin en chinois la théorie des planètes et déterminait la longitude de *Pé-king*. La jalousie et l'orgueil des mandarins ayant fait échouer ce projet, le P. de Ursis sut se concilier l'intérêt des grands par l'ingéniosité de ses machines hydrauliques : une des nombreuses visites que les officiers supérieurs firent à cette occasion à l'Eglise du Sauveur, lui valut le nom de 天主堂 *T'ien-tchou-t'ang* ; ce titre donné à l'Eglise de *Pé-king* par le Président du Ministère des Rites, a depuis désigné tous les temples catholiques. Victime lui aussi de la persécution de 1616, le P. de Ursis mourut à Macao le 3 Mai 1620.

(2) Nous donnerons ailleurs sa notice, ainsi que celle de plusieurs autres Docteurs chrétiens de cette époque.

(3) De ce nombre fut le P. Pierre Van Spiere [al. de Spira] 史惟貞 *Che Wei-tcheng* (一覽 *I-lan*). Il était né à Douai en 1584; entré dans la Compagnie en 1603, il s'embarqua six ans plus tard pour les Indes, termina sa théologie à Goa et arriva à Macao en 1611. Après un premier et infructueux essai tenté en compagnie du P. Aléni pour entrer en Chine, il ne put y pénétrer qu'en 1613. Il resta d'abord deux années à *Nan-tch'ang*, puis dut se cacher pendant la persécution de 1616. Trois ans après, il fait une courte apparition au *Hou-koang*, puis vient se fixer au *Kiang-nan*, dont il parcourt les villes et les villages au milieu de continuels dangers et dans un absolu dénuement. A *Nan-king*, les chrétiens lui ont procuré une pauvre demeure où il vit ignoré des manda-

I. LA DÉCOUVERTE.   27

Cinq ans après, quand la persécution paraissait déjà apaisée et que plusieurs missionnaires reprenaient peu à peu leurs travaux, elle éclata avec une nouvelle intensité à *Nan-king* (1). Ce ne fut qu'ensuite, lorsque Longobardi et Em. Diaz furent appelés par le nouvel Empereur *T'ien-k'i* à *Pé-king,* qu'une paix relative fut rendue aux chrétiens. Le besoin de reconstituer les observations astronomiques tombées en désarroi, l'espoir secret d'être aidé par la science des étrangers contre l'ennemi qui menaçait ses frontières, et surtout les instances du Dr Paul, grand *Kolao* de l'empire, qui avait préparé ce triomphe par son intelligence et son dévouement à la cause chrétienne, avaient déterminé *T'ien-k'i* à rappeler les Jésuites dans l'empire et même à utiliser leurs services.

En même temps qu'allait bientôt s'ouvrir pour la dynastie des *Ming,* infidèle au vrai Dieu, une ère d'épreuves décisives qui devaient aboutir à sa ruine, Dieu préparait à la religion chrétienne une période de jours glorieux, que la même infidélité de la famille conquérante devait hélas! clore trop tôt, pour son bonheur et celui de son peuple.

Un catalogue conservé aux archives de la Compagnie de Jésus nous donne l'état exact de la mission de Chine en 1625 (2). Elle comptait alors dix-huit prêtres de la Compagnie (3) et quatre Frères.

---

rins; nous l'y voyons cependant dès 1621, baptiser 52 adultes; vers le même temps, le Dr Pierre le recevait à *Yung-tcheou,* et le mandarin Luc *Tchang* lui procurait ailleurs un troisième asile. C'est en 1620 que le P. Van Spiere, inspirant à ses chrétiens son propre zèle pour l'âme des enfants abandonnés, commença l'œuvre de la Ste Enfance, dont il peut être regardé comme le fondateur. Le 20 Déc. 1627, se rendant à T^oong-chan 通山 *(Hou-pé)* pour passer les fêtes de Noël chez le Sous-préfet de cette ville, il fut arrêté par une bande de pirates, et jeté pieds et mains liés dans les eaux du *Kiang.*

(1) Un soulèvement des sectateurs du *Pé-lien-kiao* 白蓮教 au *Chan-tong* avait à cette époque provoqué dans les provinces voisines des mesures de sévérité exceptionnelle; or, des « Sergens ayans trouvé la Croix avec l'Image du Sauueur (chez un chrétien), la prirent et la portèrent au Mandarin, accusans le Chrestien d'estre un des Sectateurs de la Loy du Seigneur du Ciel, qui est la mesme que celle de *Pé-lien-kiao.*» (*Hist. de la Chine.* p. 340). A la suite de cette dénonciation, trente-six chrétiens furent mis à la torture et confessèrent courageusement leur foi. L'un d'eux, un vieillard originaire du *Kiang-si,* nommé André, mourut des suites de ces tourments.

(2) Les *Lettere della Cina* pour l'année 1625 (Milan, 1629), rédigées par le P. Diaz (Sen.) et datées de *Kia-ting* le 1er Mars 1626, donnent pour cette même époque l'état détaillé du personnel et des postes de la mission de Chine. Il s'y trouvait 28 membres de la Compagnie, en y comprenant les Frères coadjuteurs, et 672 néophytes avaient reçu le baptême dans le cours de l'année. La résidence de *Pé-king* comptait alors trois Pères et deux Frères; celle de *Nan-tch'ang* un seul Père, retiré chez le Dr Pierre; celle de *Kien-tch'ang,* un autre Père; deux autres travaillaient à *Chang-hai,* et un à *Song-kiang;* six demeuraient à *Hang-tcheou,* chez le Dr Michel; quatre à *Kia-ting;* un autre à *Kiang-tcheou,* un à *Fou-tcheou...*

(3) C'étaient les Pères Em. Diaz *(Junior),* qui depuis 1623 était Vice-provincial de la mission, Laz. Cattaneo, N. Longobardi, Em. Diaz *(Senior),* G. Ferreira, P. Ribeiro,

Outre la résidence de *Hang-tcheou*, dont on était redevable au P. Cattaneo, secondé par la générosité du Dr Michel *Yang*, le temps de la persécution avait vu se fonder encore celles de *Kien-tch'ang*, au *Kiang-si*, et de *Kia-ting* dans le *Kiang-sou* : cette dernière, don du Dr Ignace, avait été inaugurée par le P. Fr. Sambiaso (1). Au même temps, la ville de *Yang-tcheou*, puis les pro-

---

A. Vagnoni, N. Trigault, Fr. Sambiaso, J. Aléni, P. de Spira, (Van Spiere), A. de Sémédo, Fr. Furtado, J. Terrenz, J. Adam Schall, J. Froez, J. Rho et Rod. de Figuérédo. On trouvera plus loin les notices de ces missionnaires qui n'ont pas encore été données. — Le P. Jean Froez 伏若望 *Fou Jo-wang* (定源 *Ting-yuen*), né à Portalègre vers 1590, entra en 1608 dans la Compagnie et s'embarqua en 1618 avec le P. Trigault. Après un séjour de deux ans à Goa, c'est-à-dire en 1624, il entra en Chine avec le P. Rho et fut envoyé à *Hang-tcheou*, où il paraît avoir travaillé jusqu'au jour de sa mort, 11 Juillet 1638. — Le P. Rodrigue de Figuérédo 費樂德 *Fei Lo-té* (心銘 *Sin-ming*) naquit en 1594 à Coruche, diocèse d'Evora; entré à quatorze ans dans la Compagnie, il partit en 1618 pour Goa où il termina ses études. Il arriva quatre ans plus tard à Macao, d'où il passa à *Hang-tcheou*; nous le voyons en 1627 à *Ning-po* 寧波 administrer le baptême à 80 personnes. Il consacra au *Ho-nan* les douze dernières années de sa vie, et victime de charité pour ses chrétiens qu'il refusa d'abandonner, il périt le 9 Oct. 1642, sous les ruines de son église, à *K'ai-fong-fou* 開封府, lorsque le Général des armées impériales, pour mettre en fuite une troupe de rebelles, eut ouvert sur la ville les digues du fleuve Jaune.

(1) Le P. François Sambiaso 畢方濟 *Pi Fang-tsi* (今梁 *Kin-liang*) naquit en 1582 à Cosenza dans le royaume de Naples ; à vingt ans il entrait dans la Compagnie, et partait en 1609 pour les Indes. Appelé à *Pé-king* en 1613, il en fut chassé lors de la persécution de *Nan-king*. Il se retira à *Kia-ting* chez le Dr Ignace, puis avant la fin de la persécution, il regagna la Capitale où Paul *Siu* lui donna asile dans sa propre demeure. En 1622, il dut quitter ce poste dangereux et il vint à *Chang-hai* dont il évangélisa les environs avec un succès admirable ; c'est ainsi qu'un jour, il baptisa à *Song-kiang* 松江 90 personnes d'une même famille et 25 bacheliers ; bientôt après, il compta 89 baptêmes, puis 12, dans un village voisin. Nous le retrouvons en 1628 à *K'ai-fong-fou*, capitale du *Ho-nan*, où il jette les fondements d'une nouvelle chrétienté qu'il cultive plusieurs années. En 1634, nous le voyons à *Nan-king*, dont il relève l'église si longtemps désolée : cette même année, il baptisa jusqu'à 600 adultes. Son crédit grandissait encore par la mission qu'il recevait officiellement de la Cour de collaborer aux travaux astronomiques de ses frères de *Pé-king*. De *Nan-king*, il se rend tantôt à *Tch'ang-chou*, patrie du Dr Thomas, où il baptise une fois 300 infidèles, tantôt (1638) à *Hoai-ngan-fou* 淮安, où il convertit et baptise «trois mandarins dont l'un du sang impérial, 30 personnes de qualité, 27 lettrés, 80 dames et autant d'hommes du peuple.» En 1644, il évangélise avec les mêmes fruits *Yang-tcheou*, *Sou-tcheou*, *Ning-po*, etc. A la mort de *Tch'ong-tcheng* 崇禎, les mandarins fidèles choisissent *Hong-koang* 弘光 pour lui succéder, et demandent à Sambiaso d'aller implorer à Macao le secours des Portugais contre les Tartares. A la fin de Mars 1645 il quitte *Nan-king* où Brancati le remplace ; arrivé à Macao, il voit sa mission confirmée par *Long-ou* 隆武, successeur de *Hong-koang*, qui venait de périr dans le *Kiang* à la hauteur de *Ou-hou* 蕪湖. Le nouvel Empereur qui avait connu intimement Sambiaso à *Tch'ang-chou*, le mande auprès de sa personne et s'entoure de ses conseils. Le Père ne profita de ces faveurs et de celles de *Yong-li* 永曆, qui succéda en 1646 à *Long-ou*, que pour protéger la religion et faire élever à Canton une église et une résidence. Après avoir

vinces de *Chen-si* et de *Chan-si* avaient reçu la visite et les prédications de Jules Aléni (1), tandis que la chrétienté de *Chang-hai* avait pris de nouveaux accroissements, grâce à la protection de Paul *Siu*. Jean Terrenz venait d'être mandé à la Cour pour opérer, avec le concours des Docteurs chrétiens, la réforme astronomique vainement tentée en 1611 (2), et ses successeurs, Jacques Rho (3) et Adam Schall, qui allaient assurer le succès

---

couru les plus grands dangers lors de l'entrée des Tartares dans cette ville, il y termina ses jours et mourut en Janvier 1649.

(1) Le Père Jules Aléni 艾儒略 *Ngai Jou-lio* (思及 *Se-ki*), né à Brescia en 1582 et entré à l'âge de dix-huit ans dans la Compagnie, arriva à Macao en 1610. L'année suivante, trahi par le pilote qui devait l'introduire en Chine, ainsi que le P. de Spira, il doit payer une rançon de 140 écus d'or. Après un nouveau séjour de deux ans à Macao, où il enseigne les mathématiques, il est envoyé à *Pé-king*; de là, peu après il passe avec le Dr Paul à *Chang-hai* puis à *Yang-tcheou*, où il ne tarde pas à convertir et à baptiser sous le nom de Pierre, un mandarin de cette ville, son disciple dans les sciences européennes : tel fut le début de cette chrétienté. Bientôt le Père suivit au *Chen-si*, où il exerçait une charge élevée, son illustre néophyte ; puis quand ce dernier est nommé Viceroi du *Fou-kien*, Aléni passe au *Chan-si* et y baptise la famille des deux frères Etienne et Thomas *Han*. En 1620, il est à *Hang-tcheou*, où il prépare à la mort la mère du Dr Léon et étend les progrès de la foi. Trois ans plus tard, Matthieu *Kin*, fils de *Kiu T'ai-sou*, et un de ses cousins le Dr Thomas, l'appellent à *Tch'ang-chou* 常熟 qui compte en peu de semaines 220 néophytes. L'année suivante le *Kolao Yé*, passant par *Hang-tcheou* lorsqu'il se retire à *Fou-tcheou* 福州 sa patrie, invite le Père à l'y suivre. Aléni se rend vers le milieu de 1625 dans cette ville, où il trouve Melchior *Tcheou*, lettré estimé de tous, récemment baptisé à *Hang-tcheou* : le zèle de ce néophyte, sa faveur et celle du *Kolao* commencèrent à lui ouvrir les cœurs et la moisson commença aussitôt. Après un séjour de quatre mois à la capitale, Aléni en consacra huit autres à visiter les mandarins de la province, et plusieurs années de suite il employa cette méthode qui produisit des fruits abondants. C'est ainsi, par exemple, qu'en 1634, il comptait 257 baptêmes d'adultes à *Ts'iuen-tcheou* 泉州 et à *Hing-hoa* 興化. Laissant aux Pères Em. Diaz et Lobo le soin de la capitale, au P. Canevari celui de *Ts'iuen-tcheou*, il va fonder dans la ville et les montagnes de *Yong-tch'oen* 永春 de nouvelles chrétientés, qui s'augmentent chaque année de 8 à 900 fidèles ; et plus tard, il consacre à Dieu trois temples fameux situés sur les hauteurs de *Ou-i-chan*, dont il a converti tous les habitants. La découverte de plusieurs pierres anciennes gravées de la croix avait contribué encore à développer ce mouvement de conversions ; mais en 1638, l'imprudence de quelques religieux d'un autre ordre compromet l'œuvre si brillamment commencée, les Pères sont exilés à Macao, les chrétiens ruinés ou même emprisonnés, et toutes les églises, sauf une seule — or il y en avait treize rien qu'aux environs de *Ts'iuen-tcheou* — tombent aux mains des payens. Contre toute espérance, Aléni rentrait l'année suivante à *Fou-tcheou* et reprenait le cours de son fécond apostolat. Vice-provincial de la Chine méridionale de 1641 à 1648, il dut se réfugier pendant les troubles dynastiques, avec le P. Diaz *(Jun.)* dans la ville de *Yen-p'ing* 延平, où il partageait son temps entre le soin des chrétiens et la composition de ses livres. Il y mourut le 3 Août 1649.

(2) Ce n'est toutefois que le 27 Septembre 1629, qu'un décret impérial ordonna la réforme du Calendrier.

(3) Le P. Jacques Rho 羅雅各 *Lo Ya-ko* (味韶 *Wei-tchao*), né à Milan en

de cette œuvre grandiose venaient de pénétrer en Chine.

Tout semblait prêt pour de grandes choses : le Ciel paraissait inviter la dynastie chancelante à placer sa confiance dans le Dieu des armées; les lettrés pouvaient lire dans les nombreux ouvrages des missionnaires les preuves de la loi divine (1), et le peuple, recevant de grands exemples des Ministres de l'empire et des Docteurs, voyait tomber les obstacles qu'une autorité jalouse aurait pu susciter à la religion chrétienne.

C'est dans ces circonstances où se révèlent les conseils particulièrement sages et miséricordieux de la Providence, et pour réduire à néant une dernière objection que des esprits infatués de la longue possession de leurs propres principes auraient pu élever contre la vérité, que Dieu suscita la découverte d'un monument, enseveli depuis des siècles.

1593, entra dans la Compagnie en 1614; après avoir professé les mathématiques avec éclat, il vint terminer sa théologie à Goa, et passa en 1622 à Macao. C'est pendant son séjour dans cette dernière ville qu'il sauva par son sang-froid et son courage la Colonie portugaise menacée par les Hollandais (*Ephémér. de Macao*, 1868) En 1624, le P. Rho entrait enfin en Chine et allait avec le P. Vagnoni au *Chan-si*. Appelé en 1630 à *Pé-king* pour travailler à la réforme du Calendrier, il partagea les immenses travaux, les épreuves et les succès du P. Schall; une mort prématurée et presque subite l'enleva le 26 avril 1638.

(1) Le Père Kircher porte à 340 le nombre des livres écrits en chinois par les missionnaires avant l'année 1636. *Cf. China illustrata* p. 121.

§ II. DÉCOUVERTE.

Relation classique du Père Alvare de Sémédo. — Récit plus complet de Daniel Bartoli : détails nouveaux sur le lieu de la découverte. — Circonstance inédite rapportée par le P. Etienne Faber. — *Appendice* du Dr Léon *Li*. — Conclusions. — Curieuse question de l'identité du monument. — Affirmation singulière de Kircher et de Martini : il existe un second monument, reproduction exacte du premier. — Conjectures sectaires d'écrivains protestants : le second monument est une reproduction infidèle du premier. — Explications vraies de Boym et de Bartoli : ce second monument, aujourd'hui disparu, n'était point une reproduction du premier. — Origine de cette confusion.

C'est à la relation du Père Alvare de Sémédo (1) que les auteurs modernes ont généralement emprunté le récit de cette découverte. Cet ouvrage, qui a eu plusieurs éditions en langues étrangères (2), offrait aux écrivains une source facile d'informa-

---

(1) Le P. de Sémédo naquit en 1585 à Nizza en Portugal, dans le diocèse de Portalègre ; il entra dans la Compagnie de Jésus à l'âge de 17 ans. Parti pour les Indes en 1608, il termina sa théologie à Goa et fut envoyé en 1613 à *Nan-king*, où il commença l'étude de la langue chinoise. Compagnon inséparable du P. Vagnoni pendant la persécution de 1616, puis exilé avec lui à Macao, il put rentrer en Chine en 1620, mais en échangeant son ancien nom de 謝務祿 *Sié Ou-lou* contre celui de 魯德照 *Lou Té-tchao* (繼元 *Ki-yuen*). Il demeura plusieurs années dans le *Tché-kiang*, le plus souvent à *Hang-tcheou*, où l'autorité du Dr Michel *Yang* lui fut d'un grand secours pour créer de nouvelles chrétientés. Vers cette époque, il visitait aussi les chrétiens du *Kiang-si* et du *Kiang-nan*, et habita successivement *Kia-ting* et *Chang-hai*, jusqu'à l'année 1628, où il fut envoyé à *Si-ngan-fou* 西安府. Vers 1630, il revenait au *Kiang-si*, et six ans après, il était envoyé à Rome comme Procureur de la vice-province de Chine, par le P. Visiteur Emmanuel Diaz *(Senior)*. Il s'embarqua en 1637 à Macao ; l'année suivante il mettait la dernière main à sa relation à Goa, et arrivait heureusement en Portugal, puis à Rome, dans les années 1640 et 1642. Reparti pour la Chine en 1644, il en gouverna quelque temps les missions comme Vice-provincial ; puis, à partir de 1649, il succéda au P. Sambiaso dans le soin des chrétiens de Canton ; il était dans cette ville, lorsque les Tartares s'en emparèrent pour la seconde fois (Déc. 1651) ; échappé comme par miracle à la mort dont le menaçaient les vainqueurs, il continua son ministère dans cette cité, où le Régulo *Ken-wang* l'honora de son amitié. Il s'éteignit doucement le 18 Juillet 1658.

(2) Les Pères de Backer, dans leur *Bibliothèque des écrivains de la Compagnie de Jésus*, citent les éditions suivantes de cet ouvrage : 1. *Relaçao da propagaçao da fé no reyno da China e outros adjacentes*. Madrid, 1641. 4°. — 2. *Imperio de la China i cultura evangelica en el... compuesto por el Padre Alvaro Semmedo de la propria Compania... Publicado por Manuel de Faria i Sousa...* Madrid, 1642. 4°. — 3. *Imperio de la China, Sacado de las noticias del Padre Semmedo*. Lisbonne, 1731. fol. — 4. *Relatione della grande Monarchia della Cina del P. Alvaro Semedo.., dall'idioma portoghese tradotto in italiano* (par le P. Giattini), sur les mémoires portugais de l'auteur). Rome, 1643 4°. — 5. *Histoire universelle du grand royaume de la Chine. Composée en italien (sic) par le P. Alvarez Semedo Portugais... Et traduite en notre langue par L. Coulon*. Paris, 1645. 4°. — 6. *Histoire universelle de la Chine par le P. Alvarez Semedo, Portugais*. Lyon, 1667. 4°. — 7. *Recueil des commencemens, progrez, et estat moderne de la chrestienté de la Chine. Traduit du Portugais...* Rouen, 1643. 4°. — 8. *The History of that Great and Renowned Monarchy of China... Lately written in Italian (sic) by F. Alvarez Semedo, a Portughess... Now put*

tions, mais il eût mieux valu pour eux consulter l'œuvre originale du Jésuite portugais que de recourir à des traductions qui en ont fréquemment altéré le sens (1).

Nous lui préférons d'ailleurs, pour le nombre et la précision des détails, un autre écrivain de la Compagnie, que sa judicieuse critique, ainsi que les précieuses et abondantes ressources dont il disposait, plus encore que son mérite littéraire, recommandent à notre choix. Le Père D. Bartoli (2), décrivant en 1663 (3) les circonstances dans lesquelles s'était effectuée la découverte de la stèle chrétienne, avait sous les yeux plusieurs rapports qui se complétaient et s'éclairaient mutuellement : les archives de la Compagnie de Jésus lui offraient leurs richesses où il n'eut qu'à puiser. Ainsi, il nous avertira bientôt qu'il eut par devers lui, «en trois langues différentes, huit interprétations faites par des hommes de grande valeur (*La Cina* p. 796).» Je laisse à penser s'il fut moins bien partagé en ce qui concernait la simple narration de la découverte. C'est donc à son œuvre que nous empruntons le récit qu'on va lire (4).

---

into English by a Person of quality... to satisfie the curious, and advance the Trade of Great Brittain. Londres, 1655. fol. — Nous ignorons s'il y a une autre édition anglaise. Le Dr J. Legge nous en signale une, qui serait «translated from the Portuguese, by a person of quality», et aurait été imprimée à Londres en 1620 (*Cf. Christianity in China.* Londres, 1888. p. 35. not. 1.). Il y a là évidemment une erreur de date, et malgré la mention guillemetée «traduit du portugais», je conjecture qu'il s'agit ici simplement de l'édition de 1655, faite pour «l'avancement du commerce de la Grande-Bretagne», et «traduite de l'italien».

(1) C'est ainsi que Pauthier s'est servi de l'édition française de 1667, laquelle laisse parfois à désirer (*Cf. De l'authenticité de l'inscription de Si-ngan-fou.* p. 86. not. 3.). — Quant à Wylie, n'ayant pas sous la main l'œuvre originale de Sémédo, il a préféré emprunter les détails de sa narration à la *Chine illustrée*, traduction française de Dalquié d'après le P. Kircher. Or celui-ci, dans son ouvrage latin, prévient le lecteur qu'il s'est lui-même servi de la version italienne : Wylie traduisait ainsi un texte de quatrième main (*Cf. The North-China Herald*, N° 222. Oct. 28, 1854. — *China monumentis illustrata*, p. 6).

(2) Daniel Bartoli, né à Ferrare en 1608, entra dans la Compagnie de Jésus en 1623. Appliqué successivement à l'instruction et à la prédication, il fut en 1650 appelé à Rome, où le fixèrent ses supérieurs. Depuis cette époque, il publia un grand nombre d'ouvrages qui lui ont donné place parmi les plus célèbres écrivains de l'Italie. Il mourut à Rome en 1685.

(3) C'est à cette date que parut à Rome le volume in 4° de 1152 pages intitulé : *Dell'historia della Compagnia di Giesu. La Cina terza parte dell'Asia.* — Cet ouvrage a eu plusieurs rééditions : l'une à Florence, en 1832, une autre à Ancône, en 1843 ; la partie historique a paru en 1849 à Plaisance. — Le P. Carlos Sommervogel dans sa *Bibliothèque* signale de plus une traduction latine du P. L. Janin, *Asiaticæ historiæ S. J. pars tertia,* imprimée à Lyon en 1670. — Cette 3e partie faisait suite à deux volumes précédemment parus à Rome en 1653 et 1660, lesquels traitaient de l'Inde et du Japon.

(4) Dans cette traduction qu'il a faite sur la première édition italienne, le Père Ch. de Bussy, à qui nous en sommes redevable, s'est efforcé de rendre le texte original

I. LA DÉCOUVERTE.

«Un trésor de précieux documents, enterré Dieu sait combien d'années, au point d'être non seulement perdu, mais déjà complètement oublié, a été par bonheur découvert en 1625. Publié en Chine, il a été ensuite communiqué à toute la chrétienté d'Orient, d'Europe et du Nouveau-monde, comme chose d'intérêt public pour toute l'Eglise. Il s'agit de ce fait que, près de mille ans avant notre époque, la religion chrétienne a fleuri dans les dix Provinces qui formaient alors l'Empire chinois. Nombre d'Empereurs, qui s'étaient succédés pendant une période de près de cent cinquante ans, l'avaient approuvée, défendue, comblée de privilèges et d'honneurs, et avaient construit dans presque toutes les villes des temples somptueux consacrés au culte du vrai Dieu, où des prêtres et des évêques faisaient les fonctions du culte et administraient les sacrements aux fidèles. Et à cette chrétienté, comme à toutes les chrétientés nouvelles, il n'avait pas manqué de se susciter des ennemis et des persécuteurs, d'autant plus qu'à cette époque l'empire de la Chine n'était pas soumis en entier à un seul souverain et qu'il y avait des rois feudataires (1) qui partageaient l'autorité et commandaient à leur guise dans leurs états. Maintenant ces rois s'attaquèrent avec fureur à la foi chrétienne, et bien qu'elle fût solidement établie, ils l'arrachèrent de tout l'empire, et en détruisirent même les ruines, au point que les Pères de la Compagnie, appelés de Dieu

---

aussi littéralement que possible; cette qualité d'une version fidèle nous a paru préférable à l'élégance du style. Nous avons de même respecté la romanisation italienne des caractères chinois, lui adjoignant entre parenthèses la figuration française des sons mandarins. — Ce récit, dans l'œuvre du P. Bartoli, ouvre le Livre IV, et s'étend de la page 793 à 795.

(1) En cet endroit, l'inexactitude du récit de Bartoli provient sans doute d'une confusion occasionnée par le texte de Sémédo. Ce dernier, recherchant les causes de la disparition du christianisme en Chine après le VIIIe siècle, avait rappelé des faits historiques et hasardé des conjectures que nous allons reproduire et qui pouvaient facilement induire en erreur l'auteur italien. «Paul de Venise, traitant des choses de là-bas (où il est certain qu'il résida longtemps, ainsi qu'en Tartarie), assure qu'il y avait beaucoup de chrétiens dans cet Empire, avec des Temples somptueux, et il nomme les villes où ils se trouvaient. Il écrivit avec véracité, car des choses qu'il décrit il en reste encore beaucoup, ou bien leurs ruines subsistent... Quand le Tartare (Dyn. *Yuen* 元 1280—1368) dominait en Chine, il y avait dans ce pays beaucoup de chrétiens, avec des Eglises magnifiques, et il les favorisait comme il paraît par les relations du Vénitien. Quand ensuite Hum Vu (*Hong-ou* 洪武, 1368–1398, fondateur de la dyn. *Ming*) entreprit de recouvrer le Royaume et lui fit la guerre, les Maures se mirent du côté des Chinois et, les rendant vainqueurs ou les aidant à l'être, ils obtinrent de garder toutes leurs libertés et leurs mosquées. Les Chrétiens, qui avaient pris part pour le Tartare, après sa défaite, perdirent aussi leur position, en sorte que, les uns mourant, les autres changeant de religion ou bien dissimulant et se cachant, ils firent disparaître toutes les traces du christianisme, en sorte que dans tout le royaume, nous n'avons jamais pu en découvrir la moindre chose, jusqu'à ce que Dieu permit la découverte de la pierre en question.» Cf. *Imperio de la China*, 1642, pp. 217 et 220. Nous reviendrons sur ces faits dans la troisième partie de notre travail.

à la replanter, n'en trouvèrent, comme on l'a dit plus haut, que des monuments très rares et dans un tel état de délabrement qu'on ne pouvait deviner à quelle époque ils appartenaient. Quant aux faits dont je viens de parler, nous en devons la connaissance, non pas aux chroniques de l'empire qui, malgré leur réputation de fidélité, n'en ont pas conservé la mémoire (1), mais à la découverte faite cette année d'une pierre très ancienne, couverte de caractères sculptés, en partie de langue chinoise et en partie de vieux *Sorien*. Nous allons rapporter avec quelque détail où, quand, comment et par qui elle a été trouvée.

« Entre toutes les quinze provinces de la Chine, celle du Scensi (*Chen-si* 陝西) est en vénération particulière comme la province mère où, dans des temps très reculés, les premiers pères et fondateurs de la nation chinoise auraient habité, et d'où leurs descendants, en se multipliant, se seraient répandus sur les quatorze autres provinces. Et cela est vraisemblable, parce que, lorsqu'on vient de l'Inde en Chine par la route de terre, la province Scensi (*Chen-si*) est la première qu'on rencontre, et elle s'étend plus qu'aucune autre dans cette direction, jusqu'à Sifàn (西番), c'est-à-dire au royaume du Tibet, et à Cascàr; et les caravanes de Maures qui se rendent chaque année de Perse et autres pays en Chine, viennent toutes aboutir au nord du Scensi (*Chen-si*), là où la grande muraille le sépare de la Tartarie. Là aussi, pendant plusieurs siècles, les premiers rois de Chine eurent leur résidence, et leur cour à Sigàn (*Si-ngan* 西安), capitale de la province, remarquable par ses édifices somptueux et sa muraille en pierre de taille, de douze milles italiens au moins de développement, laquelle mérite bien le nom qu'on lui donne de Muraille d'or (金城). Or les Pères s'apprêtaient à porter la lumière de l'évangile dans cette province de Scensi (*Chen-si*) et dans sa majestueuse capitale Sigàn (*Si-ngan*), quand, quelques mois avant leur arrivée là (et non pas quelques années avant leur entrée en Chine, comme on l'a écrit; ce qui fait une erreur d'au moins quarante-cinq ans), en creusant pour jeter les fondations de je ne sais quel édifice près de Ceuce (*Tcheou-tche*), ville d'une importance secondaire, environ trente milles à l'Est de la capitale (2), les ouvriers rencontrèrent quelques restes de constructions, et en les déblayant il trouvèrent une grande plaque de marbre qu'on tira dehors et qu'on nettoya avec soin. On vit alors qu'elle

---

(1) Bartoli partageait nécessairement sur ce point l'opinion des missionnaires de son époque, mais nous verrons bientôt que ce silence des Annales chinoises n'était point aussi absolu qu'on se l'était imaginé.

(2) Il s'agit de la Sous-préfecture (縣 *hien*) de 盩厔 *Tcheou-tche*, située dans le Département de *Si-ngan-fou*. L'*Annuaire officiel* place cette ville à 160 *li* (environ 95 kilom.) Sud-ouest du Chef-lieu de Préfecture. Nous discuterons bientôt la valeur de ce détail géographique.

I. LA DÉCOUVERTE.

était toute couverte de caractères, les uns chinois, les autres de forme étrange, appartenant à une langue que personne ne connaissait; mais les uns et les autres sculptés avec une perfection rare.

«Telle est la relation qu'on a toujours donnée jusqu'à présent de la découverte de cette pièce mémorable (1), l'attribuant au hasard, les ouvriers l'ayant rencontrée sans nullement la chercher. Mais, dans les rapports qui nous ont été envoyés en 1639 de la province du Scensi (*Chen-si*) je trouve le témoignage d'un vieillard qui se présenta au P. Etienne Faber (2), grand ministre de l'évangile dans ces régions, et vint le trouver un soir dans sa cabane sur un coteau désert de cette province montagneuse. Il lui raconta comme une chose de notoriété publique que les habitants du district où la pierre fut trouvée avaient observé que, tout

---

(1) Non seulement ceux qui avaient écrit avant Bartoli, mais aussi, chose assez surprenante, ceux qui le suivirent, Kircher par exemple dans sa *China illustrata*, ne firent aucune allusion à cette circonstance caractéristique que va rapporter l'auteur italien.

(2) Etienne Faber ou Le Fèvre, 方德望 *Fang Té-wang* (玉清 *Yu-ts'ing*) naquit en 1598 au village de Mourières près d'Avignon, d'une famille indigente. Admis comme élève externe et balayeur des classes au collège de cette ville, il préluda ainsi de bonne heure à l'apprentissage d'une vie humble et pleine de labeurs. Entré dans la Compagnie à l'âge de vingt ans, il s'embarqua pour le Japon à Lisbonne en 1629; mais arrivé l'année suivante à Macao, il vit sa destination modifiée et fut envoyé au *Chan-si* et au *Chen-si*, dont il administra et multiplia les chrétientés, d'abord comme auxiliaire, puis comme successeur du P. Vagnoni. C'est ainsi qu'il fonda les églises de *Yang-hien* 洋縣, 城固 *Tch'eng-kou-hien*, 漢中 *Han-tchong-fou*. En 1641 et les années suivantes, remplacé au *Chen-si* par les Pères da Costa et Etienne d'Almeida, il aide à *Pé-king* le Père Adam Schall dans ses travaux apostoliques; puis, en 1647, nous le retrouvons au *Chen-si*, où il meurt le 22 Mai 1659 comme il l'avait prédit, après des succès prodigieux — en 1652, par exemple, il avait baptisé 2600 infidèles — laissant une réputation de thaumaturge, encore vivante dans la mémoire des générations actuelles. Les *Missions catholiques* (4e an. pag. 701.) ont rendu compte d'un fait pour le moins curieux à l'occasion duquel les payens de cette contrée élevèrent jadis à l'apôtre infatigable du *Chen-si* une pagode sous le nom de 方土地 *Fang-t'ou-ti*: la chaîne du *Ta-ling* 大嶺 qu'elle domine a cessé d'être infestée par les tigres, depuis que le Père Faber leur a fait défense de s'attaquer aux hommes. Son tombeau, situé sur les bords du *Han-kiang* 漢江, auprès du bourg de *Siao-tsai-pei*, aurait plus d'une fois arrêté les eaux débordées de cette rivière; il est encore de nos jours, écrivait Mgr. Chiais le 25 Avril 1873, le centre d'un actif pèlerinage, même de la part des infidèles; et Mgr. Pagnucci nous rendait le même témoignage il y a peu de mois. Cf. *Journal de mon troisième voyage d'exploration dans l'Empire chinois*, par l'abbé Armand David, Paris, 1875. Tom. I. pp. 373, 374. — W. Williams a raconté, d'après le Père L. Le Comte, le prodige auquel est due la conversion de ce bourg, ravagé par les sauterelles et sauvé par les prières du P. Faber; l'eau bénite dont il s'est servi pour opérer ce prodige, et sa «tendre dévotion à la mère de Dieu» étaient des traits heureux qui suffiraient seuls à justifier la longue citation de l'auteur protestant (*The Middle Kingdom*. Vol. II. pag. 305); nous ne regrettons qu'une chose, c'est que ce dernier n'ait pas donné le détail des vertus apostoliques du missionnaire «Romish», celui notamment «d'une mortification affreuse».

le pays se couvrant d'une neige épaisse pendant l'hiver, un petit espace de terrain en demeurait complètement libre et découvert; et cela pendant plusieurs années successives. Ils en conclurent qu'il y avait là-dessous, ou bien un trésor (comme ils le désiraient), ou bien une autre chose de valeur. Ils se mirent par suite à creuser, et trouvèrent effectivement le trésor de la pierre que nous avons signalée. Tel était le témoignage du vieillard.

«Les Chinois sont extrêmement curieux des choses de l'antiquité et l'on ne peut pas faire aux lettrés de profession de présents plus agréables que de vieux documents, d'autant plus appréciés qu'ils sont plus anciens, et dont ils enrichissent leurs musées somptueux, qu'ils appellent *Maisons d'étude*. C'est pourquoi ce fut à qui porterait le premier la nouvelle de la découverte au Gouverneur de Ceuce *(Tcheou-tche)*, lequel accourut et ayant lu ce qui était dans sa langue, comprit seulement que c'était une chose très mystérieuse, d'une très grande antiquité comme de l'époque de la famille royale Tam *(T'ang* 唐*)* de Chiencum *(Kien-tchong* 建中*)*, un des Empereurs de cette dynastie (1).

«La pierre avait plus de 4 palmes de largeur et 9 de longueur; son épaisseur était d'un *sommesso* (2); au côté supérieur se trouvait un carré plus petit surmonté d'un triangle dans lequel on voyait une croix de Malte, avec quelques ornements aux extrémités des bras. Sous la croix étaient neuf grands caractères disposés en trois lignes qui remplissaient le petit carré.

«Dans le grand carré, il y avait trente lignes, non pas horizontales comme les nôtres, mais verticales et se lisant de haut en bas, comme on a dit ailleurs que c'était la manière d'écrire des Chinois. Elles renfermaient 1018 caractères (3), et si l'on considère que chaque caractère est un mot et qu'ils ont une puissance d'expression admirable, on comprendra que la traduction dans n'importe quelle langue européenne occuperait au moins quatre fois autant d'espace.

«En outre de ces caractères Chinois, il y avait sur le bord, tout autour, d'autres caractères, de *Sorien* à l'antique, mais inconnus ici, et on ne savait pas à quelle langue ils appartenaient.

«Le Gouverneur, après avoir adoré ce marbre, très vénérable par son antiquité de près de 850 ans (comme il apparaissait indubitablement d'après l'époque où avaient vécu les rois qui y étaient nommés), et contenant, dans sa langue maternelle, des mystères qu'il comprenait peu, tandis qu'il ne comprenait rien

---

(1) Bartoli confond ici les années de règne (年號 780-783) avec le nom de l'Empereur (德宗 · 780-804).

(2) Mesure égale au poing fermé avec le pouce étendu; environ 21 cent. Les dimensions indiquées équivaudraient donc à 1m90, 0m84 et 0m21.

(3) Nous rétablirons plus loin le chiffre véritable des caractères de l'inscription: au lieu de «mille diciotto», c'est «mille ottocento» qu'il faudra lire.

à la langue étrangère, donna l'ordre de la transporter dans un temple de Taosi *(Tao-che* 道士*)*, à un mille de Sigàn *(Si-ngan)*, et de l'élever sur un piédestal sous un beau campanile porté par quatre colonnes; et à côté une autre plaque de marbre, portant en caractères sculptés l'histoire de la découverte de cette antiquité près de Ceuce *(Tcheou-tche)*, où il était Gouverneur. Tout Sigàn *(Si-ngan)* s'y porta, et les plus savants cherchèrent à l'envi à deviner le sens de l'inscription, ce qui présentait la plus grande difficulté, d'une part parce que le style en est très relevé, et de l'autre à cause du langage figuré dans lequel étaient indiqués les mystères de notre foi, non encore divulgués ici.

«La même chose était arrivée auparavant à Ceuce *(Tcheou-tche)*, où il ne s'était trouvé personne qui donnât dans le vrai à l'exception d'un lettré de second ordre ou *Chiugin (Kiu-jen* 舉人*)*. Celui-ci, près de dix-huit ans auparavant, s'était lié d'amitié avec le P. Matthieu Ricci à Pékin. Ce qu'il lui avait entendu dire de la loi chrétienne lui revenait maintenant en mémoire, et le retrouvant dans ce qu'il lisait sur la pierre, il devint certain que c'était de cela qu'il s'agissait. Il prit un décalque de l'inscription en caractères blancs sur fond noir, comme les Chinois savent le faire, et l'envoya par exprès à son vieil ami le Docteur Léon à Hanceu *(Hang-tcheou* 杭州*)*, qu'il savait bien être chrétien.

«Tels sont les faits, comme je le tiens d'un récit fait par le Dr. Léon lui-même, qui vint tout joyeux en donner avis aux Pères. Ce même Dr Léon, et après lui le Dr Paul, firent imprimer l'inscription en caractères plus petits, avec addition des explications et gloses nécessaires, et la répandirent dans tout l'empire.»

Nous reviendrons bientôt sur cette publication (1) des Docteurs Léon et Paul, à laquelle les missionnaires ont fait plusieurs fois allusion (2), mais dont la critique paraissait avoir perdu les

---

(1) Les «explications et gloses» du Dr Léon ont été insérées dans la nouvelle édition de l'ouvrage 唐景教碑頌正詮 *T'ang King-kiao-pei-song tcheng-ts'iuen* (*T'ou sè-wè*, 1878), où elles occupent cinq feuilles, avant les commentaires du P. Em. Diaz. Cette «addition» porte le titre significatif de 讀景教碑書後 *Tou King-kiao-pei-chou-heou* «Appendice pour l'intelligence de la stèle de la religion chrétienne». Elle est datée du 21 Mai 1625 : 天啟五年歲在旃蒙赤奮若日躔參初度 *T'ien-k'i ou-nien, souei tsai tchan-mong tch'e-fen-jo, je tchan chan tch'ou-tou.* «La 5e année de *T'ien-k'i*, seconde (乙丑) du cycle sexagénaire, le soleil entrant dans la période 小滿 *siao-man*.» Son auteur la signa modestement d'un nom de plume (ou *hao* 號) 涼菴居士 *Liang-ngan-kiu-che.* Le Père Pierre *Hoang* auquel nous sommes redevables de la reproduction de ce précieux document devenu excessivement rare, a fait suivre cette désignation du vrai nom de l'auteur 李我存 *Li Ous-ts'uen. Cf.* 疇人傳 *Tch'eou-jen-tch'ouan*, 32e *Kiuen*.

(2) Nous citerons bientôt le témoignage du P. Em. Diaz; un autre mérite d'être ici rapporté. Dans sa lettre datée à Rome du 4 Nov. 1653, et reproduite *in extenso* par Kircher, le P. Michel Boym, après avoir mentionné les deux décalques de l'inscription qui se

traces jusqu'à ces dernières années. Conçue dans un but purement apologétique, et supposant hors de doute l'authenticité du monument dont elle présente et commente le texte, c'est à peine si elle consacre quelques lignes au fait matériel de la découverte.

«Je vivais retiré à la campagne aux environs de *Ling-tchou*, écrivait le Dr Léon *Li* au début de son *Appendice*, lorsque mon ami *Tchang Keng-yu*, de *Ki-yang* (鳳翔 *Fong-siang* au *Chen-si*) eut la bonté de m'envoyer une copie de la stèle des *T'ang*, en me disant : «Récemment on l'a découverte à *Tch'ang-ngan*, en creusant la terre. Elle a pour titre : «Éloge du monument (rappelant) la propagation dans l'Empire du Milieu, de l'Illustre religion.» On n'avait pas ouï parler jusqu'ici de cette religion. Serait-ce la Sainte religion que Ricci est venu prêcher des extrémités de l'Occident (1)?»

Malgré sa brièveté, ce document nous donne un détail précieux : nous connaissons désormais le nom de ce Licencié qui en 1607 avait fait à *Pé-king* la connaissance de Ricci ; il s'appelait *Tchang Keng-yu*, et c'était un ami du Dr Léon, qu'il avait probablement rencontré vers cette époque à la Capitale : nous verrons en effet qu'au même temps, Léon *Li* fréquentait assidûment la demeure des missionnaires, dont il reçut la connaissance du vrai

---

conservaient à Rome lors de son passage, ajoute ce qui suit : «Quant à moi, j'ai de plus apporté le livre qu'ont imprimé en chinois, au moment même de la découverte, des Docteurs indigènes, magistrats du plus haut rang; on y voit reproduits avec la plus grande exactitude, les caractères de l'inscription tels qu'ils se trouvent sur l'original. Dans un Prologue qu'ils ont ajouté à ce livre, (les dits Docteurs) exhortent tous leurs compatriotes à se rendre auprès des Maîtres du grand Occident (c'est ainsi qu'on appelle les Pères de la Compagnie de Jésus), pour s'assurer que ceux-ci prêchent aux Chinois la même loi que, dix siècles plus tôt, leurs ancêtres avaient embrassée avec tant d'Empereurs *(sic)*, laquelle leur avait été exposée dans les livres chinois imprimés par des Pères de la Compagnie avant la découverte de la pierre.» (*Cf. China illustrata*, p. 8). Deux pages plus loin, le P. Boym nous apprend que c'est sur ce texte «édité par les Docteurs chinois, répandu par tout l'empire, et déposé par lui dans le musée du P. Kircher», que fut préparée par le jeune André *Don Chin (al. Sin)*, son compagnon de route, la copie de l'inscription qui devait servir à graver la planche B. *Ec'ypon Monumenti Sinico-Syriaci* de la *China*. — Le P. Cordara, dans son *Histoire de la Compagnie de Jésus (ad an.* 1625) constate également que «les premiers de tous, les Docteurs Léon et Paul, personnages d'une autorité considérable auprès de leurs compatriotes, éditèrent la dite inscription, et que leur ouvrage se trouvait au musée du Collège romain, au moment où il écrivait (1730).

(1) 廬居靈竺閒·岐陽同志張賡虞·惠寄唐碑一幅曰·邇者長安中掘地所得·名曰·景教流行中國碑頌·此敎未之前聞·其即利氏西泰所傳聖敎乎· — L'expression 靈竺閒 doit désigner une propriété rurale du Dr Léon, — peut-être une sépulture de famille, — située à proximité des monastères 靈隱寺 *Ling-yn-se* et 天竺寺 *T'ientchou-se*. D'après l'ouvrage *Ming-i-t'ong-tche* 明一統志, celui-ci est situé à 15 *li* (9 kilom.) Ouest de *Hang-tchéou*, celui-là sur le mont *Ou-lin* 武林山 est à 15 *li* Sud-Ouest.

I. LA DÉCOUVERTE.

Dieu, en même temps que les principes des sciences humaines (1).

De plus, la date de «l'Appendice» du Dr Léon nous permet de déterminer avec plus de précision celle de la découverte. C'est le 21 Mai 1625 (16 de la 4° Lune) que le 書後 recevait sa rédaction définitive. D'autre part, le P. Sémédo nous indique en ces termes, le temps qu'il fallut au courrier spécial de *Tchang Keng-yu* pour apporter au Dr Léon le décalque de l'inscription : «Il se trouva là, dit-il, un payen, ami d'un chrétien mandarin important nommé Léon, lequel comprenant le mystère de l'inscription, eut l'idée louable de lui en envoyer une copie, bien qu'il y eût un mois et demi de chemin, cet ami demeurant dans la ville de *Hang-tcheou*, où nos religieux s'étaient retirés presque tous, à cause de la persécution antérieure, dont nous parlerons en son lieu (2).» Ces délais nécessaires nous reportent au commencement du mois d'Avril, ou à la fin de la seconde Lune chinoise. C'est à cette date que *Tchang Keng-yu* écrivait : «Récemment (邇者), on l'a découverte à *Tch'ang-ngan*...» En 1625 le premier jour de l'an chinois tomba le 7 Février : si donc on admet que la stèle fut trouvée cette même année (5° de *T'ien-k'i*), il paraît très probable qu'elle le fut dans le courant de Février. Nous reviendrons du reste sur cette question.

Avant d'examiner avec plus de détail et d'éclaircir quelques autres points intéressants laissés dans l'ombre par nos auteurs, le moment est venu de nous poser une question qui pourra dès l'abord sembler singulière au lecteur, concernant l'identité de notre monument. Le double récit de Kircher et de Martini donne lieu en effet à ce doute étrange : «Sommes-nous sûrs de posséder aujourd'hui le monument même qui a été découvert au XVII° siècle, ou n'avons-nous qu'une copie plus ou moins fidèle de l'original qui aurait disparu?»

Voici en quels termes, dès 1636, le P. Kircher (3) affirmait l'existence de ce fac-similé.

«Bientôt averti de la découverte de cette pierre, le Gouverneur local étant venu considérer avec attention ces restes d'une vénérable antiquité, composa un écrit à la louange du dit monument, et prit soin de faire graver sur une autre pierre de mêmes dimensions, tout le contenu de la pierre découverte, en reprodui-

---

(1) *De christ. exped.* p. 437.
(2) *Imperio de la China* p. 200.
(3) Le Père Athanase Kircher, écrivent les Pères de Backer, fut l'un des hommes les plus savants et les plus laborieux qu'ait produits la Compagnie. Né à Ghyzen près de Fulde, en 1602, il entra au noviciat à l'âge de seize ans. Il enseignait les sciences à Wurzbourg, lorsque la guerre l'ayant chassé de sa patrie, il passa en France où il résida quelque temps à Avignon. Il fut ensuite envoyé à Rome, où il mourut en 1680. Le Père C. Sommervogel cite trente-neuf ouvrages de cet infatigable écrivain, sans compter de nombreux manuscrits. L'un des premiers livres qu'il fit paraître est le *Prodromus Coptus sive Ægyptiacus. Rome*, 1636, 4°.

sant aussi fidèlement que possible les caractères et jusqu'aux moindres traits; puis l'ayant fait placer dans un monastère qui se trouve sur une colline dans la métropole de *Si-ngan*, il légua à la mémoire des siècles ce trésor recouvré de l'antiquité (1).»

De ce texte il résulte certainement que, dans la pensée de l'auteur, un fac-similé du monument original avait été exécuté; ajoutons que le texte latin, à raison de son amphibologie, laisse planer un doute sur l'identité du monument qui aurait été placé dans la pagode de *Si-ngan;* nous ne pouvons conjecturer si c'était l'original ou la copie, ou si même les deux pierres avaient été dressées au même lieu. Nous pouvons encore moins deviner la raison d'être de ce fac-similé. On ne le comprendrait qu'à la condition que la copie fût placée dans quelque autre lieu public, comme cela s'est pratiqué pour le monument de *Yu*. Mais ici, rien ne nous fait supposer un tel emploi; de plus, on n'a jamais entendu parler par les auteurs chinois, d'un double monument de *Si-ngan-fou*. Il est d'ailleurs évident que le mandarin dont il est ici question, quelle que fût son admiration pour cette pierre, ne put songer à placer dans son musée particulier, pour l'emporter ensuite avec ses bagages, un monument de cette dimension (2).

---

(1) *Prodromus*, p. 50. — De invento monumento mox certior factus loci gubernator, qui cum venerandæ antiquitatis vestigia attentius fuisset intuitus, propediem scripto quodam in inventi monumenti laudem edito, in altero ejusdem quantitatis lapide totam inventi saxi perigraphen incidi iisdem characteribus, notarumque ductibus, ea qua par erat fide, incidi curavit; positamque in montis cujusdam in primariâ urbe Sigán existentis Heremitorio, inventæ antiquitatis Thesaurum æternæ memoriæ conservatum posuit.»

(2) Ce n'est point à dire toutefois qu'on n'ait jamais tenté d'expliquer cette affirmation singulière. Voici l'interprétation non moins sectaire qu'ingénieuse, qu'en ont essayée récemment deux écrivains protestants. Dans son N° du 29 Janvier 1886, le journal *The Times* reproduisait sous le titre *The Nestorian Tablet*, une lettre d'un correspondant anonyme (G. W.), rappelant que «le Dr Wall, "late Vice-Provost of Trinity College, Dublin", avait clairement prouvé, dans son ouvrage *The propagations of Alphabets and other Phonetic Systems throughout Eastern Asia* (Chap. 4), que la présente tablette n'est ni l'originale, ni une parfaite copie de celle-ci. Aussitôt, poursuit l'anonyme, que cette pierre fut découverte, elle fut saisie par le gouverneur de *Si-ngan-fou*, lequel, d'après la légende chinoise (*sic*), en fit faire une copie exacte pour être exposée en public, tandis qu'on n'entendit plus jamais parler ensuite du monument original. Le fait de cette substitution est admis par Kircher (le célèbre Jésuite), dans son *Prodromus coptus* et dans sa *China illustrata*; il est aussi mentionné dans tous les récits qui ont été faits sur ce sujet... Quant aux motifs de cette substitution, ils sont clairs: les mandarins, de qui on attendait une explication satisfaisante du texte chinois, étaient absolument incompétents pour en déchiffrer les éléments. Les Jésuites, cependant, vinrent à leur secours, et tout en les aidant à reproduire une partie de l'inscription chinoise sur une seconde tablette qui devait tirer son autorité de la partie syriaque (également reproduite); ils profitaient de l'occasion pour représenter les doctrines des Nestoriens comme conformes aux dogmes de la moderne Rome. Les mandarins travaillaient ainsi pour les intérêts de l'érudition chinoise; les Jésuites, pour... l'Église de Rome». *In caudâ venenum!* Il nous suffira

Et cependant, vingt ans après Kircher, Martini (1) rapportait dans son *Atlas* (2) le même fait, en des termes presque identiques (3).

Bien plus, Kircher lui-même, en 1667, alors pourtant qu'il avait vu et entretenu longuement les Pères Sémédo et Boym (4), continua à donner dans la *China illustrata* (5) sa première version, lui ajoutant cette fois l'autorité de Martini (6), dont il dit rapporter les paroles (7).

A cette époque, Kircher était moins excusable dans son erreur, puisqu'il enregistrait en l'approuvant, à une page seulement de distance, un témoignage contradictoire de son propre récit. En effet, dans sa lettre du 4 Novembre 1653, reproduite dans la

---

pour le moment d'enregistrer cette réponse indignée de Terrien de Lacouperie, insérée quelques jours après (4 Février) par le même journal : «L'imputation faite sérieusement dans la lettre de votre correspondant, qu'une partie de l'inscription chinoise fut altérée par les Jésuites en faveur de leur croyance ne peut être lue sans protestation et sans mépris.»

(1) Le Père Martin Martini, 衛匡國 *Wei Koang-kouo* (濟泰 *Tsi-t'ai*) naquit en 1614 à Trente, dans le Tyrol. Entré en 1631 dans la Compagnie, il étudia les mathématiques au Collège romain sous le Père Kircher. Il s'embarqua en 1640 pour les Indes, et trois ans après arriva en Chine. On était à la veille d'un changement de dynastie ; après de nombreux voyages que nécessitaient les troubles de l'empire, Martini revint en 1646 à *Hang-tcheou*, où il travailla ainsi qu'à *Lan-k'i* 蘭谿. Choisi en 1650 pour aller à Rome comme Procureur, il n'y arriva que quatre ans après. Il se rembarqua à Lisbonne en 1657, et arrivé l'année suivante à *Hang-tcheou*, il y travailla jusqu'à l'époque de sa mort, 6 Juin 1661.

(2) *Novus Atlas Sinensis a Martino Martini Soc. Jesu descriptus.* Amsterdam, 1655.

(3) *Op. cit.* p. 44. — Quelques mots à peine sont changés, mais qui n'altèrent en rien le récit du *Prodromus*. Ainsi Martini a écrit *propius* au lieu de *attentius*, *continuo* au lieu de *propediem*, *magnitudinis* pour *quantitatis*, *characterum* pour *characteribus*. Il a de plus supprimé la dernière phrase commençant par *positamque*. Le reste est copié littéralement sur le texte de Kircher.

(4) *Cf. China*, p. 6. *(Patris Alv. Samedi)* verba tantò libentius hîc produco, quantò majoris necessitudinis vinculo, dum hîc Romæ Procuratorem agerem, mihi obstrictus fuit, necnon omnia mihi oretenus, quæ circa hoc Monumentum observarat recensuit. — *Ibid.* p. 7. Accessit *P. Michael Boimus* qui exactam præ omnibus hujus Monumenti relationem mihi attulit.

(5) Cet ouvrage, qui fut écrit à l'occasion des attaques dirigées contre les Jésuites accusés dès lors d'avoir inventé frauduleusement ce monument, a eu, outre une première parue à Rome, les éditions suivantes : 1. *China Monumentis qua Sacris qua Profanis illustrata.* Amsterdam, 1667. fol. — 2. Même titre. Anvers, 1667, pet. fol. C'est une contrefaçon de l'édition précédente.—3. *La Chine illustrée...* Traduit par F. S. Dalquié. Amsterdam, 1670. fol. — 4. *Tonneel van China...* Amsterdam, 1668.

(6) *Ibid.* p. 6. Pater Martinus Martini post Samedum Romam veniens, non solùm Monumenti rationem mihi retulit, sed et in suo *Atlante* ejusdem fusè meminit his verbis. *Fol.* 44.

(7) En réalité, ce ne sont que les paroles de Kircher, leur premier auteur. Nous lisons seulement *prorsus* au lieu de *propius*, et *periochen* au lieu de *perigraphen! Cf. China*, 7.

China, le P. Boym, dont la relation au dire de Kircher «était la plus exacte de toutes», donne les détails qui suivent.

«Le gouverneur local, averti de la découverte du monument, frappé de l'étrangeté de ce fait et en même temps du présage (car un fils lui était mort ce jour même), fit écrire une élégante composition à la louange du monument qu'on venait de trouver, et il la fit graver sur une autre table de marbre semblable à la première, puis il veilla à ce que ces deux pierres fussent déposées dans un temple de bonzes appelés *Taù-sù (Tao-che),* distant d'un mille de la métropole de *Syngàn-fù, ad perpetuam rei memoriam* (1).»

Nous avons dans ces paroles l'expression de la vérité historique, et en même temps l'explication de l'erreur de Kircher. Celui-ci, écrivant en 1636 sur un document fautif, avait confondu la pierre commémorative de la découverte, dont il vient d'être question, avec un fac-similé du monument original. Sa méprise était dès lors excusable; il est seulement fâcheux qu'il ne l'ait pas désavouée, qu'il l'ait même aggravée dans son second ouvrage, en accolant ensemble deux versions différentes (2). Déjà, quelques années plus tôt, le P. Bartoli avait donné, nous l'avons vu, l'exemple d'une critique plus sûre, en rétablissant dans son récit la vérité de ce détail historique (3).

---

(1) *Op. cit.* pag. 8. — Chose incroyable, Boym lui-même commit presque la même inconséquence que Kircher! En effet, après avoir reproduit, en se l'appropriant, dans sa *Flora sinensis,* le texte intégral de Martini relatif à la confection d'un fac-similé de la stèle, il termine son adresse au prince Léopold, par ces paroles qui confirment le faux jugement qu'il s'était fait de la seconde pierre : «Atque sic in Sinensi horto arbor crucis plantata, et Christianæ fidei principia saxo inscripta fuerunt, quæ Gubernator Villæ Sanxuen alteri lapidi incidi curavit, et in Urbis Sigan Eremiterio veluti nobilissimum antiquitatis monumentum erexit.» — Ces quelques lignes renferment plus d'une erreur; mais nous verrons que les conditions spéciales où se trouvait leur auteur, chargé d'ailleurs des graves soucis d'une mission diplomatique, doivent rendre la critique plus indulgente à son égard.

(2) Wylie qui a emprunté à la *Chine illustrée* (traduction Dalquié) le récit de Boym, prête à tort à ce dernier l'opinion de Kircher : «The Governor of this place... caused a book to be written to the praise of this Illustrious stone and caused this treasure to be removed (after he had taken a faithful copy upon a similar marble) into the temple of the Tauist priests...» Cf. *The North-China Herald.* N° 227. Mais il faut reconnaître que Dalquié, le traducteur français, a été le premier coupable. Voici la traduction peu fidèle, qu'il avait donnée (pag. 13) du texte de Boym : «Le Gouverneur... fit composer un Livre à la Louange de cette Illustre Pierre, et fit transporter ce thresor (après qu'il en eust fait tirer une fidelle copie sur un marbre semblable) dans le Temple des *Bonziores* (sic) dits *Taù-sù...*» Dalquié a ajouté de lui-même au texte de Boym, tout ce qui se trouve dans la parenthèse, dans l'espoir, je présume, d'éviter à Kircher la contradiction que nous avons signalée. Cet exemple fait voir combien sont préférables les sources originales aux traductions les plus répandues. En tout cas, il est singulier que Wylie, en transcrivant cette malencontreuse hypothèse, n'ait fait aucune réserve à son sujet.

(3) Le P. Jules Cordara dans son *Hist. Soc. Jesu,* VI P. pag. 611, donne la même explication que Bartoli : «Addidit (Gubernator urbis) e regione alterum marmor, cum indicio loci, temporis, ac modi, quo tabula inventa fuerat.»

I. LA DÉCOUVERTE.

Voici la source erronée, qui dérouta Kircher et plusieurs autres après lui. La traduction complète la plus ancienne de notre inscription, qui ait été imprimée, parut à Rome en 1631 ; elle formait une plaquette anonyme de 16 pages in-16, destinée vraisemblablement à faire partie de la collection des *Lettres annuelles* qui se publiaient en langue italienne vers la même époque (1). Or voici ce que rapporte le récit historique de la découverte, qui précède la traduction : « Cette pierre fut découverte par hasard l'an 1625, en creusant des fondements pour bâtir un mur dans la ville chinoise de Sanxuen. Le gouverneur du lieu, en étant avisé, fit faire une composition à la louange de la pierre nouvellement retrouvée, faisant sculpter l'inscription sur une autre pierre semblable, et placer l'une et l'autre ensemble, sur une colline dans un monastère de Taò-siè, qui était dans la métropole même de Sigàn, à un mille environ de distance en dehors des murailles (2). »

Cette ville de Sanxuen, cette colline, ce fac-similé, autant d'erreurs que Kircher ne pouvait deviner dans le texte italien, et qu'il a religieusement reproduites. Il est vrai qu'il eût pu consulter, du moins en écrivant son second ouvrage, une source d'information plus fidèle, celle-là même dont s'inspira Bartoli : je veux parler du récit du Père Trigault, qui se trouvait aux Archives de Rome, et dont nous avons eu la bonne fortune de recevoir une copie que nous reproduirons bientôt ; la valeur et la clarté de ce témoignage ne laisseront subsister aucun doute sur ce point qui nous a déjà trop longtemps retenu. Quant au document italien, ses deux premières pages sont consacrées à divers détails concernant la découverte de la stèle ; mais la manière dont ils sont présentés fait assez voir que les éditeurs de Rome ont utilisé d'une façon plus ou moins heureuse les récits venus de Chine, sans s'astreindre à les reproduire littéralement : c'est ce qui explique plusieurs confusions qui s'y sont évidem-

---

(1) L'exemplaire que possède la bibliothèque de *Zi-ka-wei* est relié à la suite des *Lettere annue del Giappone degl'anni MDCXXV, MDCXXVI, MDCXXVII*, parues en 1632, dans le même format et chez le même imprimeur Corbelletti. Il a pour titre *Dichiaratione di vna pietra antica, scritta e scolpita con l'infrascritte lettere, ritrouata nel Regno della Cina*. Nous ne possédons pas la traduction française qui en a été faite et qui ne nous est connue que par cette mention de M. H. Cordier (*Bibl. sin.* col. 325) : *Explication des mots escrits et gravez svr vne pierre antique, trouuée au Royaume de la Chine*, pp. 453/473 de « *Histoire de ce qui s'est passé av Royavme dv Japon, es annees 1625, 1626. et 1627*. A Paris, 1633. in-8°. »

(2) « ...Di che auuisato il Gouernatore del luogo, fece far'vna compositione in lode della Pietra nuouamente ritrouata, facendo scolpir la Iscrittione in vn'altra pietra simile, e l'vna e l'altra insieme ritrouata, fece porr'in vn mòte in vn Romitorio di Taò siè, che sta nell istessa Metropoli Sigàn, vn miglio in circa lontano fuori delle mura. » — Dans le texte qui précède, l'expression *insieme ritrouata*, à laquelle nous ne pouvons trouver aucun sens plausible, est une nouvelle preuve de l'incohérence de cette note.

ment glissées.

J'aurais été très heureux d'avoir une copie du monument commémoratif élevé en 1625 par le magistrat de *Si-ngan*, et je communiquai ce désir au Rév. Père Gabriel Maurice, qui eut la bonté de me répondre ce qui suit, à la date du 23 Janvier 1894 : « J'ai interrogé au sujet de cette pierre, et personne n'en sait rien. J'ai cherché sur les lieux mêmes en compagnie de deux bacheliers et nous n'avons rien trouvé. La tablette occidentale la plus voisine est d'un style bouddhique si curieux, qu'on ne sait à quoi s'en tenir.» Je possède un décalque de cette même tablette, mais elle n'a nullement trait au point qui nous occupe.

Il faut donc renoncer aux lumières que nous eût procurées ce monument, détruit sans doute, avec des milliers d'autres, lors des malheurs qui ont si souvent désolé cette contrée. La conservation de la stèle chrétienne n'en paraîtra que plus providentielle.

Nous ne terminerons cependant point ce paragraphe sans dire quelques mots d'une autre stèle élevée postérieurement à celle du VIIIe Siècle, dont les derniers mots de la réponse du Père G. Maurice nous rappellent le souvenir.

Le Père L. Le Comte (1) qui avait habité pendant deux années le *Chen-si* parle, dans ses *Nouveaux Mémoires* (2), d'un autre monument dressé vers cette époque, non loin de la stèle chrétienne. Après un résumé plus ou moins fidèle du contenu de l'inscription, l'ancien missionnaire de *Si-ngan* conclut en ces termes : « Voilà un fidelle abregé de ce qu'il y a de plus considerable en ce fameux reste de l'antiquité Chinoise. Les Bonzes, qui le gardent dans un de leurs temples, auprès de *Singanfou*, ont élevé vis-à-vis, une longue table de marbre, semblable à celle-cy, avec un éloge des Divinitez du pays, pour diminuer en quelque façon la gloire que la Religion chrétienne y a reçûë (3).»

Il n'est nullement probable que le Père Le Comte ait confondu cette «table de marbre», avec celle dont il a été plus haut question, car il parle en témoin oculaire, de la capitale du *Chen-si*, où je faisais, dit-il ailleurs, «le lieu ordinaire de ma résidence (4).»

---

(1) Le Père Louis Le Comte, 李明 *Li Ming* (復初 *Fou-tch'ou*), était né à Bordeaux le 10 Octobre 1655 ; entré dans la Compagnie dès l'âge de seize ans, il fut l'un des six premiers missionnaires envoyés en 1685 pour renforcer en Chine la mission française. Il arrivait en 1687, gagnait *Pé-king*, puis bientôt après était envoyé au *Chan-si*, où il demeura quelque temps avec le P. Visdelou. De là, il passa au *Chen-si* où il resta deux ans. Renvoyé en France par le Père de Fontaney, pour instruire les supérieurs des misères de la mission naissante, il y arriva en 1692. Mort à Bordeaux le 18 Avril 1728.

(2) *Nouveaux Mémoires sur l'Etat présent de la Chine*. Paris, 1696. 2 in - 12. — Cet ouvrage a eu jusqu'à sept éditions, du vivant même de son auteur; plusieurs autres en langue anglaise; d'autres enfin en hollandais, en italien et en allemand.

(3) *Op. cit*. Tome II. Lettre à M. Rouillé. p. 205.

(4) *Ibid*. Lettre au R. P. de la Chaize (datée de Rome). p. 339.

I. LA DÉCOUVERTE. 45

L'affirmation bien inoffensive du missionnaire a eu cependant le malheur de déplaire à Pauthier, qui la relève ainsi : «C'est là une erreur; les inscriptions bouddhiques que possède la même pagode ne furent point gravées et érigées dans l'intention supposée, puisqu'elles datent de la dynastie des *Thang*, c'est-à-dire de la même époque que l'inscription chrétienne (1).» Il était bien un peu téméraire à un auteur qui demeurait à quatre mille lieues de *Si-ngan-fou*, de nier en 1853, ce qu'un missionnaire assurait avoir vu dans cette ville à la fin du XVII° Siècle; comme si la *Géographie impériale*, dont Pauthier nous parlera bientôt, avait dû faire mention de toutes les pierres gravées se trouvant sur le sol de la Chine (2) !

---

(1) *Chine moderne*, p. 108.

(2) Au mois d'Août 1894, l'un de nos missionnaires, le P. J.-B. Simon descendant à *Chang-hai* en compagnie de Monseigneur Volonteri, et s'entretenant de la stèle de *Si-ngan*, apprit non sans étonnement du vénérable Vicaire apostolique, que vingt ans plus tôt, on lui avait fait visiter auprès d'une petite chrétienté du *Ho-nan*, une stèle portant le nom l'Olopen. « Malheureusement, ajouta Mgr, j'avais à cette époque, peu de temps à consacrer à l'étude, et je ne me mis point en peine de ce que contenait le reste de l'inscription.»

Vivement intéressé par cette première communication, j'écrivis immédiatement à Mgr Scarella, sur le territoire duquel se trouve la chrétienté de *Pé-cha* ; et voici la réponse aimable, datée de *Lin-hien* 林 縣, 20 Déc. 1894, que j'ai reçue de sa Grandeur.

« Malgré toute ma bonne volonté, une foule de circonstances très défavorables m'empêchèrent de vous faire le rapport que vous me demandez sur la pierre qui, d'après Mgr Volonteri, se trouverait tout près de notre chrétienté de *Pé-cha*.

« Je ne reçus votre lettre qu'à la fin d'Octobre. Aussitôt j'écrivis au missionnaire chargé du district de *Ou-ngan* 武 安 situé sur le coin Nord du Vicariat, de s'employer à faire des recherches sur cette pierre, qui pourrait nous donner des renseignements très précieux sur l'antiquité de notre S. Religion en Chine.

« Ce missionnaire envoya à l'endroit indiqué un catéchiste adroit. Mais malheureusement toute son habileté n'aboutit pas à grand chose. Sur l'emplacement désigné il ne trouva que le piédestal de la stèle. Les bonzes ne reconnaissent pas l'existence antérieure d'une pierre quelconque à cet endroit.

« Les chrétiens du village voisin assurent que la pierre a été enlevée depuis sept ou huit ans seulement. Quelques païens croient qu'elle a été cachée par les bonzes et quelqu'un même avança qu'on l'avait jetée au fond d'un puits très profond.

« Tout est possible, car les bonzes avaient appris que cette pierre regardait notre religion par un missionnaire qui avant mon arrivée dans ce Vicariat, à ce que les chrétiens assurent, alla sur l'endroit examiner la pierre. C'est au moins curieux que ce missionnaire mort depuis sept ans n'ait jamais parlé de cette affaire, et que moi-même, quoique j'aie visité cette petite chrétienté plusieurs fois, jamais je n'aie entendu un mot de cette pierre.

« Très probablement à la nouvelle lune de l'an qui va commencer je me porterai dans ces parages. Et je tiens à vous assurer, mon Père, que je ferai toutes les démarches possibles pour découvrir cet important document.»

§ III. ÉPOQUE.

Affirmation des DD. Léon Li et Paul Siu, confirmée par les premiers missionnaires. — Contradictions de Kircher dans le Prodromus et dans la China. — Erreurs de Marchal de Lunéville. — Singulière méprise de G. Pauthier. — Version du P. Em. Diaz Junior. — Silence du P. Em. Diaz Senior. — Conclusion.

L'affirmation très catégorique de Bartoli semblerait enlever toute cause d'hésitation sur la date exacte de la découverte: c'est en 1625, nous a-t-il dit, que notre monument est sorti de terre; «telle est la relation qu'on a toujours donnée jusqu'à lui, de la découverte de cette pierre mémorable...et dont le Dr Léon fit lui-même le récit aux Pères (1)».

De fait, le Dr Léon *Li*, dans son «Appendice», parle de 990 années écoulées entre le commencement de la prédication relatée par la stèle, et la découverte de ce monument (詎知九百九十年前·此教流行已久): or l'entrée d'Olopen en Chine étant fixée par l'inscription à l'an 635 (9e an. *Tchen-koan* de 太宗 T'ai-tsong: 貞觀九祀), ces deux chiffres réunis nous donnent justement 1625.

Le Dr Paul Siu n'est pas moins affirmatif. « Récemment, écrit-il dans son 鐵十字著, l'année 乙丑 *i-tcheou* (2e du cycle), en fouillant la terre à *Tch'ang-ngan*, on découvrit une stèle...»

Telle est également la donnée commune des anciens missionnaires, et notamment des Pères Nic. Trigault et Sémédo. Nous donnerons bientôt le récit du premier. C'est «en 1625, écrit le second, qu'en creusant les fondations d'une construction, on arriva à rencontrer une plaque en pierre... Il se trouva là un payen, ami d'un chrétien mandarin important nommé Léon, lequel comprenant le mystère de l'inscription, eut l'idée louable de lui en envoyer une copie, bien qu'il y eût un mois et demi de chemin, cet ami demeurant dans la ville de Hancheu *(Hang-tcheou)*, où nos religieux s'étaient retirés presque tous, à cause de la persécution... (2) Trois années après, poursuit Sémédo, en 1628, quelques Pères passant à cette province, il m'échut en partage d'être l'un des premiers. Je me réjouis de cette disposition qui me donnait l'occasion de voir la pierre; à mon arrivée, je ne m'occupai pas d'autre chose. Elle n'était pas à plus de deux milles de la ville. Je la considérai, je la lus, puis je la lus de nouveau et la considérai à loisir (3).»

La *Dichiaratione* de 1631 assigne la même date de 1625. Dans sa lettre du 17 Août 1629, le P.J. Terrenz affirme que «la pierre se trouva dans la province du *Chen-si* il y a environ 4

---

(1) *La Cina*. pp. 794, 795.

(2) Il s'agit de la persécution de *Nan-king*, dont nous avons parlé plus haut.

(3) *Imperio de la China*, pp. 199 à 201.—L'édition française de 1667 place l'arrivée de Sémédo au *Chen-si* en 1620; mais c'est évidemment 1628 qu'il faut lire.

ans». La plupart des récits faits depuis lors en une langue européenne offrent sur ce point une parfaite unité.

Il semble qu'on ne puisse désirer un ensemble de renseignements plus circonstanciés et plus décisifs pour fixer une date.

Nous devons cependant signaler ici plus d'une contradiction (1).

L'une des plus singulières et des moins explicables à première vue, est celle que s'infligeait à lui-même dans son *Prodromus coptus*, le P. Athanase Kircher. Au début du Chap. III, il affirme en ces termes la date admise par ses devanciers, et qu'après lui, devaient reproduire Martini et Boym : «L'année 1625,... des ouvriers ayant creusé pour préparer les fondations d'une muraille, rencontrèrent, entre autres débris, une grande pierre ornée de caractères chinois... (2)». Or, chose surprenante, à vingt pages de là, nous trouvons cette autre affirmation, contradictoire de la première : «Cette pierre a été découverte peu d'années avant que les Pères de la Compagnie de Jésus pénétrassent en Chine (3)». Évidemment, c'est cette malencontreuse affirmation que visait plus haut le P. Bartoli, en signalant, chez un auteur qu'il ne nomme pas, un anachronisme «d'au moins quarante-cinq ans» (4).

Aliquando bonus dormitat Homerus!

Nous voudrions pouvoir excuser Kircher d'une telle méprise, dire par exemple qu'une erreur de copiste ou de compositeur aurait pu facilement transformer le mot de *Chensi* en celui de *China;* mais de bonnes raisons s'opposent à cette hypothèse qui, du reste, supposerait encore quelque erreur. Ce qu'il y a de plus fâcheux, c'est que la leçon de son confrère et voisin l'historien resta pour Kircher sans profit; quatre ans après la *Cina* de Bartoli, paraissait la *China* de Kircher, qui semblait vouloir faire oublier par une quadruple affirmation contraire (5) la distraction de 1636, mais pour reproduire bientôt, avec une opiniâtreté peu édifiante, son ancienne bévue (6).

---

(1) Nous n'insisterons pas sur les données fautives livrées par des historiens notoirement incompétents, mais seulement sur celles fournies par des auteurs qui ont fait de notre monument une étude spéciale. Ainsi, il nous suffira de mentionner la date de 1626, indiquée par le R. P. Fr. C. G. Cienfuegos, Dominicain, dans son *Reseña histórica de la vida y martirio de los VV. Sres. Sanz y Serrano y PP. Alcorer, Royo y Diaz.* Madrid, 1893. p. 26; celle de 1628, donnée par El. Reclus, dans son *Asie Orientale*, p. 293, et par E. Lamairesse dans *L'Empire chinois. Le Bouddhisme en Chine et au Thibet*, Paris, 1894. p. 231. Inutile de relever une foule d'autres erreurs analogues.

(2) *Op. cit.* pag. 50.

(3) *Ibid.* p. 71. Inventus autem est hic lapis paucis ante annis, quam Patres Soc. JESU in Chinam appellerent.

(4) On fait généralement commencer l'histoire de la Compagnie dans les missions de Chine avec l'année 1581 : c'est à cette date, nous l'avons vu, que le P. Ruggieri, suivi deux ans plus tard par Matthieu Ricci, entra dans l'Empire du milieu.

(5) *Op. cit.* p. 5/8.

(6) *China* p. 34.

Kircher paraît du reste avoir entraîné d'autres auteurs dans sa méprise. L'un d'eux même a renchéri sur lui en proposant la date de 1570 comme étant celle de la découverte (1). Il est vrai que le Frère Ch. Hor. de Castorano, l'auteur de cette assertion, la formulait bien loin de la Chine : à Rome, et en 1741!

Il ne convient pas d'attacher plus d'importance à une confusion échappée à l'auteur du 來齋金石刻考略 *Lai-tchai Kin-che-k'e-k'ao-lio* (2), lequel dit que le monument de *Si-ngan-fou* fut trouvé seulement dans les années 崇禎 *Tch'ong-tcheng* (1628 — 1644) du dernier Empereur des *Ming*. L'époque évidemment fautive qu'indique ce critique est expliquée par ce fait qu'étant originaire du *Fou-kien*, il confondit les croix découvertes en 1638 dans cette dernière province (3), avec le monument de *Si-ngan*.

J'en dirai autant du 錢氏景敎考 *Ts'ien-che King-hiao-k'ao*, lorsqu'il fait remonter la découverte aux années *Wan-li* 萬歷 (1573 — 1620). L'auteur de cette monographie (4), d'ordinaire

---

(1) La revue *Le Missione Francescane*, a reproduit dans son numéro du 28 Février 1893 la traduction de notre inscription par le Frère Charles Horace de Castorano, religieux Franciscain de l'observance régulière, qui fut missionnaire en Chine l'espace de 33 ans, et exerça dans le diocèse de *Pé-king* les fonctions de Vicaire général, puis de Délégué apostolique. Cette version porte pour titre : «Versio Monumenti seu Lapidis Sinici... inventi prope Mænia Civitatis Singanfù Provinciæ Scènsi in Imperio Sinarum, circa Annum Domini 1570.» Dans l'une des notes qui précède la traduction, cette même mention est renouvelée dans les termes suivants : «Istud monumentum seu Lapis fuit factus et erectus in Sina circa annum Domini Nostri Jesu Christi 782, Lunæ 1ᵃᵉ Sinensium die 1ᵐᵃ. Inventus autem fuit circa annum Domini 1570 extra Mænia civitatis *Singanfù*, Provinciæ *Scènsi*, sub ruinis cuiusdam Templi Bontiorum Sinensium ; quale Templum olim forsan fuerat Ecclesia Dei prædictorum Sacerdotum aut religiosorum.» Le lecteur verra bientôt que la plupart des notions renfermées dans ce paragraphe manquent d'exactitude.

(2) Cet auteur nommé 林侗 *Ling Tong* (同人 *T'ong-jen*, al. 來齋), vécut de 1627 à 1714. — *Cf.* Appendice.

(3) Nous parlerons bientôt de ces croix.

(4) 錢大昕 *Ts'ien Ta-hin* (辛楣 *Sin-mei*) originaire de 嘉定 *Kia-ting* au *Kiang-sou*, vécut de 1728 à 1804. Reçu Docteur en 1754, il parvint à la charge de 少詹事 *Chao-yen-che*, Sous-directeur du Préceptorat impérial. Son savoir étendu, embrassant les questions littéraires et scientifiques, comprit même l'étude des sciences européennes. Il a laissé un grand nombre d'ouvrages, entre autres la collection 潛研堂文集 en 12 vol., une autre collection de poésies, et le Recueil d'inscriptions anciennes 潛研堂金石文跋尾 *Ts'ien-yen-t'ang Kin-che-wen-po-wei*. Ce dernier livre fut considérablement augmenté par son auteur, et il fut donné à l'un des siens de le rééditer après sa mort, sous le nom de 潛研堂金石文字目錄. (*Cf. Notes* de Wylie p. 63). Un autre ouvrage d'apparence plus modeste, mais non moins utile aux chercheurs européens, et déjà signalé par Fr. Mayers (*Ch. reader's Manual.* p. X), le 疑年錄 *I-nien-lou* «Recueil de dates», ne parut que neuf ans après la mort de son auteur. Il contenait les dates de la naissance et du décès de 364 hommes célèbres. Son éditeur 吳修 *Ou Sieou* (子修 *Tse-sieou*), de 海鹽 *Hai-yen*, se fit en même temps son continuateur ; le supplément qu'il ajouta à l'œuvre du maître s'appela 續疑年錄 *Siu-i-nien-lou* ; réim-

mieux informé, s'est ici contenté d'un à peu près, si cher aux habitudes du lettré chinois, ou plutôt, il a commis une erreur semblable à celle de *Lin Tong* : nous verrons bientôt en effet qu'une autre pierre marquée de la croix avait été trouvée au *Fou-kien* dès l'année 1619; c'est ce qui aura donné lieu à la confusion de *Ts'ien Ta-hin*.

Un autre auteur, un Européen cette fois, Marchal de Lunéville «qui venait de faire le voyage de la Chine», assigne l'année 1636 pour l'époque de la découverte; mais il n'a commis cette erreur qu'à la suite d'une méprise bien autrement grave. «Ce monument, a-t-il dit, fut trouvé dans une des provinces de la Chine, connue actuellement sous le nom de *Fou-y-zian* et autrefois sous celui de *Min* (閩), hors des portes de la ville de *Choan-tsiou* qui est sur la rive gauche de la rivière *Tsin-tsiang*. Le chrétien chinois *Tschan-hen* en fit la description à cette époque, et rapporte que ce fut près d'un champ qu'on le découvrit en fouillant la terre (1).»

Ce n'est point sans raison que M. l'abbé Bonnetty, l'éditeur des *Annales de philosophie* nous prévenait «qu'il ne garantissait en aucune manière les différentes *prononciations* des mots chinois, dont il laissait toute la responsabilité à l'auteur.» Au lieu de *Fou-y-zian* le lecteur ne sera pas peu surpris d'apprendre qu'il faut lire *Fou-kien* (福建); de même, pour *Choan-tsiou*, il lira *Ts'iuen-tcheou* (泉州); pour *Tsin-tsiang*, *Tsin-kiang* (晉江); enfin dans le mot *Tschan-hen*, il reconnaitra *Tchang Keng* (張賡), nom et surnom de l'ami du Dr Léon, qui nous est déjà connu (2).

Passe encore pour cette *romanisation* si bizarre; mais que dire de la confusion que fait l'auteur du monument découvert au *Chen-si*, avec ceux qui furent trouvés treize ans plus tard au *Fou-kien*? Or, ce sont précisément ces derniers que le traducteur français nous a désignés, sans s'en douter assurément, puisque

---

primé en 1818, il contient 422 nouveaux noms, parmi lesquels sont compris ceux de personnages décédés dans l'intervalle des deux éditions et consignés dans l'appendice 續疑年錄補 *Siu-i-nien-lou-pou*. Le plan de *Ts'ien Ta-hin* a été développé par deux autres lettrés, 錢椒 *Ts'ien Tsiao* (海甊 *Hai-hiang*) de 平湖 *P'ing-hou* au *Tché-kiang*, et 陸心源 *Lou Sin-yuen* (剛甫 *Kang-fou*) de 歸安 *Koei-ngan* dans la même province. Le premier ajoutait, en 1838, 497 noms aux catalogues de ses prédécesseurs, et donnait à son livre le nom de 補疑年錄 *Pou-i-nien-lou*. Le second faisait paraître en 1879 un supplément très important 三續疑年錄 *San-siu-i-nien-lou*, mentionnant 1350 nouveaux noms. On nous pardonnera ces détails qui pourront être utiles à plus d'un sinologue.

(1) *La croix instructive et historique trouvée en Chine en 1636 (sic), avec une inscription en langue chinoise et syriaque, traduite du chinois en langue russe par M. Léontiewski et du russe en français, par M. C. Marchal de Lunéville.* — Ce mémoire a été publié dans les *Annales de Philosophie chrétienne*. IVe Sér. VII. N° 38. Cf. p. 143.

(2) *Cf. sup.* p. 38; nous reviendrons plus tard sur ce personnage.

quelques pages plus loin (1), il remarque «qu'on a d'ailleurs trouvé des monuments chrétiens dans d'autres provinces de la Chine; dans le *Fou-kien* (que l'on compare ce son avec celui de *Fou-y-ziang* donné plus haut!), et dans les montagnes qui l'environnent, ainsi que dans la province de *Chen-tchen* (2).»

Ne possédant pas le travail de Leontiewski, nous ignorons s'il faut lui attribuer la première responsabilité de cette grave méprise. Il nous paraît du reste inutile d'insister sur un cas aussi clair.

Plusieurs critiques, chinois et étrangers, dont la bonne foi est pour le moins douteuse, se sont donné le plaisir de faire remonter la découverte au temps de Ricci, afin d'établir plus solennellement «la pieuse fraude» des Jésuites. Voltaire semble avoir été le premier à commettre cet anachronisme voulu; des lettrés chinois modernes, animés de la même haine contre la religion, ont eu d'instinct recours au même procédé dans ces dernières années. Nous exposerons ces témoignages lorsque nous revendiquerons l'authenticité de la stèle chrétienne.

Voici maintenant une erreur, imputable à une tout autre cause : c'est un des mille exemples que l'on pourrait choisir dans les œuvres de G. Pauthier, pour établir le peu de fidélité de cet auteur comme traducteur des textes chinois. Nous citerons, sans en rien modifier, la mention stupéfiante que ce sinologue dit (3) avoir empruntée à la «Grande géographie impériale de la Chine», 大清一統志 *Ta-ts'ing-i-t'ong-tche* (4) : MONASTÈRE DE LA VIC-

---

(1) *Ibid.* p. 147.

(2) Il n'y a pas de province de ce nom, qui nous paraît être simplement une transcription inexacte du *Ctjuên chén (i. e. chen)* employé par le P. Boym pour désigner la Préfecture de *Ts'iuen-tcheou*. (*Cf. China illustrata*. 9). Au même endroit précisément, le P. Boym signale «de semblables images de la croix trouvées en 1630 dans le *Fokien*; ...d'autres encore en 1643, dans les montagnes du *Fokien* et dans la cité de *Cyuên chén*.» Ces dates ne sont pas plus exactes que celle de Marchal, mais les faits et les lieux sont vrais. Bartoli (*Cina*. pp. 963 et 1114) a signalé la découverte de ces croix, au temps où le P. Aléni travaillait au *Fou-kien*; Cordara (*Hist. Soc. Jesu pars sexta*. T. II. p. 415) rapporte à son tour le même fait, dont il signale la valeur au point de vue apologétique. Martini (*Atlas*. p. 125) parle de «plusieurs pierres sculptées trouvées à l'intérieur de la ville de *Tchang-tcheou* (漳州, qu'il identifie avec le Zartem de Marco Polo). Elles portaient le signe de la croix, ainsi que des images de la Vierge Marie mère de Dieu, avec des anges prosternés à terre et deux petites lampes suspendues. Bien plus, on trouva dans le tribunal d'un mandarin une très belle croix en marbre, qu'avec la permission de cet officier, les chrétiens emportèrent et déposèrent pieusement dans l'église que nous possédons en cette ville.» Tous ces renseignements, par eux-mêmes pleins d'intérêt, sont malheureusement trop vagues. Un seul auteur, le P Em. Diaz nous a conservé des détails précis sur plusieurs de ces croix; nous aurons l'occasion de les citer.

(3) *De l'authenticité de l'inscription nestorienne de Si-ngan-fou*. Paris, 1857. pp. 13, 14 et 30, not. 2.

(4) On peut voir dans la *Chine moderne* de Pauthier (p. 2) et dans les *Notes* de

TOIRE D'OR *(Kin ching ssé)*. Ce monastère (bouddhique) est situé en dehors du faubourg occidental de *Tchang-ngan*, (aujourd'hui *Si-ngan-fou*); c'est le monastère nommé *de la sublime humanité (thsoûng jin ssè)*; il fut fondé sous les *Thang*. Ce monastère possède les inscriptions (bouddhiques) de la pagode du *Maître de la loi*, du temps des *Thang*, gravées sur du bois de santal. IL POSSÈDE AUSSI L'INSCRIPTION SUR PIERRE, INTITULÉE : King kiao lieôu hing tchoûng kouë pie : c'est-à-dire : INSCRIPTION SUR PIERRE DE LA RELIGION DE KING, PROPAGÉE DANS LE ROYAUME DU MILIEU.» Dans les années *thiên chûn*, (1457—1464) les étrangers de *Thsin* la réparèrent. Il en existe une foule d'autres (inscriptions de même nature que celles des bouddhistes et du *Ta-thsin*) dans tous les autres monastères (1).»

C'est en 1857 que Pauthier, dans un livre spécialement consacré à établir «l'authenticité de l'inscription de *Si-ngan-fou*», nous offrait, sans essayer de les justifier ni de les expliquer, les incroyables détails qu'il a cru trouver dans l'ouvrage impérial. Comment l'auteur français pouvait-il concilier le témoignage des missionnaires, qu'il accepte partout (2), avec un texte officiel qui reportait la date de la découverte au milieu du XVe Siècle? Comment surtout pouvait-il soutenir contre Renan et d'autres, une

---

A. Wylie (p. 35) d'intéressants détails sur cette importante collection devenue très rare de nos jours. Une première édition en fut publiée à *Pé-king* en 1744 : elle renfermait 356 volumes. Le passage qu'a traduit Pauthier se trouve dans le 139e *Kiuen*, fol. 23, sous la rubrique générale 寺觀 *Se-koan*. Une autre édition du même ouvrage, signalée par le 四庫全書 *Se-k'ou-ts'iuen-chou*, parut en 1764, et comprenait 500 vol., dont notre texte occupait le 4e fol. du 186e *Kiuen* (*Cf.* Pauthier, *op. cit.* pp. 14 not. 2, et 30 not. 2).

(1) Voici, d'après Pauthier, le texte chinois que cet auteur a si malheureusement traduit : 金勝寺在長安縣西郭外卽崇仁寺唐建寺有唐壇法師塔銘景敎流行中國碑明天順中秦藩重修壯麗甲於諸寺. — John Kesson, en reproduisant la traduction de Pauthier, en a aggravé ainsi qu'il suit les erreurs : ... «Dans les années *thien, chun* (1457 et 1464) les étrangers de *Thsin* (ou *Ta-tsin*) la réparèrent.» *Ta-tsin* signifie les contrées de l'Asie occidentale appartenant à l'empire Romain, et comprend la Judée. Tel est aussi le nom de la Chine. La pierre existait donc et avait été réparée par des chrétiens, en Chine, une centaine d'années avant l'entrée des Jésuites dans cette contrée.» (*Cf. The Cross and the Dragon.* Londres, 1854. p. 40) — L'abbé Huc ne fut ni moins hardi, ni plus heureux, lorsqu'il formula la remarque suivante : «Les dernières paroles du passage de la *Géographie impériale* méritent d'être remarquées; car elles prouvent qu'au quinzième siècle il y avait encore des chrétiens en Chine y jouissant d'assez de liberté pour réparer le monument qui avait été élevé par la foi de leurs pères au septième *(sic)* siècle.» (*Cf. Le Christianisme en Chine.* T. I. Paris, 1857. p. 88) — Longtemps après, en Juillet 1879, un autre écrivain tombait dans la même erreur : «la plume habile et ordinairement exacte» de Geo. Phillips s'était laissé égarer par la citation de l'abbé Huc, dont elle reproduisait la traduction fautive et la conclusion non moins erronée (*Cf. Nestorians at Canton*, dans *The China Review*. vol. VIII, p. 33).

(2) *Op. cit.* p. 1 et 4; p. 25 not. 1 et p. 77.

thèse qu'il appuyait en grande partie sur la simultanéité même de la découverte et de sa divulgation par les écrits chinois des missionnaires (1)? Nous ne le voyons pas.

Ce défaut de logique serait inexplicable de la part d'un auteur du reste perspicace, si celui-ci n'avait pris le soin de nous avertir à l'avance qu'il se trouvait dans une impasse et ne voyait aucun moyen d'en sortir. Nous donnerons acte à Pauthier de son aveu, mais sans lui accorder les bénéfices d'une circonstance atténuante qui pallie une faiblesse et une grave méprise.

Dès 1853, au cours de sa *Chine moderne* (2), Pauthier avait eu la bonne fortune d'annoncer au monde savant la découverte qu'il venait de faire dans la *Géographie impériale*. « Nous sommes heureux, écrivait-il à cette date, d'avoir été le premier Européen, qui ait découvert dans les livres chinois, un témoignage *certain, irréfragable, de la réalité du monument en question...* » Ce témoignage ne laissait pas cependant de le troubler un peu, et voici en quels termes il nous expose ses perplexités : « Il y a ici une difficulté que nous n'avons pu lever qu'en supposant une *faute d'impression* dans le texte chinois, et qu'au lieu des années *thiên-chûn* (天 順) époque de la réparation du monument par *les étrangers de Thsin,* on doive lire *thiên-khi* (天 啟) 1624-1626 *(sic)*, époque qui coïnciderait avec celle de sa découverte. Mais nous devons dire que rien ne nous autorise à supposer une faute d'impression dans le texte chinois... »

Nous pensons, quant à nous, que l'aveu d'une faute d'impression, même dans une édition impériale, n'eût pas trop humilié le docte aréopage du *Han-lin-yuen* : les Académiciens de Chine ont mérité de bien autres reproches en ce genre. Je n'en voudrais pour preuve que le trop fameux *Dictionnaire de K'ang-hi*, 康熙字典 *K'ang-hi-tse-tien*, où fourmillent les fautes les plus criantes, même après les corrections opérées par un bureau officiel et publiées en 1831, sous le titre de 字典考證 *Tse-tien-k'ao-tcheng* (3). Nous pourrions en dire autant d'autres œuvres du même genre.

---

(1) Voici comment il fait valoir cet argument, dont nous ne pouvons du reste contester la valeur intrinsèque : « Ce récit des *circonstances* de la découverte, publié en langue chinoise, quelques années seulement après que cette découverte eût été faite, au milieu d'une population qui pouvait encore avoir dans son sein un grand nombre de *témoins oculaires*, dont le témoignage n'eût pas manqué de se produire, si ce récit n'eût été, l'expression de la vérité, est par lui-même une preuve historique, d'abord de la *réalité* de l'inscription, ensuite de la *non-participation* des missionnaires européens à cette même découverte... (*Op. cit.* p. 25). » Pauthier fait ici allusion à l'ouvrage du P. Em. Diaz, qui parut en 1644.

(2) *Chine moderne ou description historique, géographique et littéraire de ce vaste empire, d'après des documents chinois.* 1ère partie. Paris, 1853, p. 107.

(3) Le célèbre 王引之 *Wang Yn-tche* fut le chef le plus actif de ce bureau de révision officielle. J'ai eu la curiosité de compter les erreurs relevées par lui : leur somme

I. LA DÉCOUVERTE. 53

Or, si dans un ouvrage de ce genre, destiné à fixer officiellement les termes et les textes de sa littérature, et ne comprenant qu'un petit nombre de volumes, l'Académie chinoise a fait preuve d'une si déplorable négligence, aurions-nous lieu de nous étonner d'une simple erreur de date, se glissant dans une immense compilation géographique ?

Ajoutons pour être juste et pour donner enfin la clef de cette petite énigme, que cette fois la *Géographie impériale* n'a commis aucune faute, et que Pauthier ne devait s'en prendre qu'à lui seul, de la difficulté qu'il trouvait dans son texte. Pour s'en assurer, le lecteur n'a qu'à lire la nouvelle traduction que nous proposons du passage précité de l'ouvrage chinois, et à la comparer avec celle de Pauthier (1).

« Le monastère *Kin-cheng* est situé en dehors du faubourg occidental de *Tch'ang-ngan* : il n'est autre que le monastère *Tch'ong-jen* bâti sous les *T'ang*. On y conserve l'inscription sépulcrale du maître de la loi *T'an* (2), ainsi que le monument (rappelant) la propagation dans l'empire du milieu, de la religion Illustre. Dans les années *T'ien-choen* (1457-1464) des *Ming*, le prince de *Ts'in* (3) le restaura et sa magnificence dépasse celle

---

monte à 2.572 ! Deux mille cinq cent soixante douze fautes, avouées officiellement, après plus d'un siècle de silence ! Et qu'on se rappelle : 1° qu'il reste un nombre supérieur sans doute de fautes non encore signalées ; 2° qu'au contraire de ce qui arrive dans les fautes d'impression en langues européennes, il sera le plus souvent impossible dans un texte chinois de deviner l'erreur commise.

(1) Plusieurs mois seulement après la rédaction du présent chapitre, nous avons rencontré dans *The China Review* (vol. VIII), sous la date du 10 Déc. 1879, une rectification presque identique de la version Pauthier-Huc, par le regretté A. Wylie.

(2) Le mot 檀 *T'an*, que Pauthier et après lui l'abbé Huc ont traduit par «gravées sur bois de santal» désigne simplement le bonze ou le Docteur bouddhiste, auquel fut dédiée l'inscription d'un *dâgoba*. L'ouvrage 佩文齋書畫譜 *Pei-wen-tchai-chou-hoa-pou*, qui fait mention de cette inscription (63ᵉ K. fol. 16), en cite un grand nombre d'autres semblables datant de la même dynastie ; par ex. 敬節法師塔銘, 不空法師塔記, 萬回法師碑, 明禪師塔銘, etc., etc. — A. Wylie a fait du mot 檀 un qualificatif, pour 檀那 (la Dâna Doctor). Le P. Gaubil (*Mém. conc. les chinois.* T. XVI. pag. 378) connaissait l'existence de ce *dâgoba* : «Dans le temple, écrit-il, où on voit encore ce monument (de la stèle chrétienne) très bien conservé, il y a une tour ou pyramide *San* (i.e. *Tan*)-*fa-che* de la dynastie *Tang*. *San* (i.e. *Tan*)-*fa-che* est un titre d'un chef de la loi ; mais on ne dit pas si c'était un des chefs de la secte de *Fo* ou *Tao*, ou un chef de la religion de *Ta-tsin*, ou de la religion chrétienne.» Cette tour a aujourd'hui disparu ; et l'inscription a eu même sort. Voici la mention que lui consacrent les Chroniques générales du *Chen-si* (28ᵉ *Kiuen*. 祠祀 1ᵉʳ) d'après le 趙崡記 : «(Cette pagode 大崇仁寺 *Ta-tch'ong-jen-se*) renfermait jadis l'inscription du Très vertueux Maître de la loi *T'an* 前有唐大德檀法師塔銘, composée par *Kiang Li-yeou* 姜立祐 et écrite admirablement par 石幢奪, 勝神咒 et 張少悌.» C'est tout ce que nous avons pu savoir de ce monument.

(3) L'expression 秦藩 *Ts'in-fan* ne signifie point «les étrangers de *Ts'in*», comme

de tous les autres (1).»

Si l'honneur des académiciens chinois reste sauf, celui du sinologue français pourra recevoir quelque atteinte de cette nouvelle traduction… Notre compatriote eût du moins pu faire preuve d'une plus grande modestie, lorsqu'il revendiquait avec tant d'insistance (2) l'honneur d'avoir fait le premier connaitre au public savant sa trouvaille, malheureusement déparée par tant et de si graves contresens (3).

Pauthier s'est montré traducteur plus fidèle quand il a rapporté l'opinion du P. Emmanuel Diaz *(Junior)*. Ce dernier, dans le bel ouvrage qu'il a consacré à la pierre de *Si-ngan-fou*, affirme que la découverte eut lieu en 1623, «la 3ᵉ année *Tʻien-kʻi*» 天啟 三年. Il ne serait pas téméraire de soupçonner ici une erreur de date ; rien de plus fréquent en effet chez les graveurs chinois que des méprises de ce genre : le caractère 五 ou, représentant la 5ᵉ année *Tʻien-kʻi* (1625) aurait pu, par une de ces confusions, être interprété avec un trait de moins et se voir transformé en 三 *san* «trois»; mais outre la correction de l'édition chinoise de 1644 que nous avons sous les yeux, il ne manque pas d'arguments positifs pour confirmer avec une certaine probabilité la légitime possession de la dernière date.

Le Dʳ Léon, on s'en souvient, datait à *Hang-tcheou* du 21 Mai 1625, la déclaration qu'il faisait imprimer à la suite du texte de l'inscription ; ce jour tombait le 16 de la quatrième Lune

---

Pauthier l'a traduit, mais «prince de *Tsʻin*». Nous lisons dans les *Annales des Ming* (明 史 *Ming-che*, Vol. 116. 列傳·諸王·太祖·諸子) les noms de plusieurs princes auxquels *Tʻai-tsou* leur père, fondateur de cette dynastie, donna des apanages; parmi eux, le second fils de l'impératrice nommé 樉 *Choang* (nom posthume 愍 *Min*), reçut en 1370 le titre de 秦王 *Tsʻin wang* «Roi de *Tsʻin*», et se rendit huit ans après au centre de son gouvernement qui était situé à *Si-ngan*: 秦愍王樉·太祖第二子·洪武三年封(於秦)·十一年就藩西安. Ce prince mourut en 1395; c'est un de ses descendants, 惠王 *Hoei-wang* «le Roi *Hoei*», lequel gouverna le fief de *Tsʻin* de 1455 à 1486, qui fit la restauration dont parle la *Géographie impériale*. Le nom de 秦 *Tsʻin*, appliqué à ce territoire, rappelle la dynastie du même nom, dont la capitale était voisine de la ville actuelle de *Si-ngan-fou*.

(1) Il est évident par le contexte qu'il ne s'agit pas de la réparation de la stèle, comme l'a traduit Pauthier, mais de la restauration du monastère *Kin-cheng-se*. Du reste on ne voit pas comment ce prince eût pu «réparer» 重修, une pierre parfaitement conservée. — Les monastères dont il s'agit ici, étaient sans doute ceux dont parle Martini dans son *Atlas*: «La ville possède un grand nombre de temples ; onze d'entre eux se distinguent par leur grandeur et leur richesse.» *(Op. cit.* pag. 46)

(2) Dans une brochure de 96 pages, Pauthier a trouvé moyen de proclamer au moins six fois ce fait rare! Cf. *De l'authenticité*, etc. pp. 1, 13 (bis), 26, 72, 77….

(3) L'abbé Huc qui s'était approprié cette traduction, sans en dire l'auteur *(Cf. Le christianisme en Chine.* T. I. pag. 87), en fut sévèrement repris par Pauthier *(Ct. L'inscription syro-chinoise*, etc. p. 91). L'auteur se montrerait aujourd'hui plus indulgent pour le plagiaire.

chinoise, 5° année *T'ien-k'i*. En d'autres termes, trois mois et demi seulement s'étaient écoulés depuis le commencement de l'année chinoise. Or, ne paraît-il pas difficile qu'un si court espace de temps ait suffi pour réaliser toute la série des actes nécessaires depuis la découverte de la pierre, jusqu'à la reproduction de son texte à *Hang-tcheou*, même en supposant que la stèle ait été trouvée dès les premiers jours de l'année? N'oublions pas que nous sommes en Chine, où la notion de la rapidité est comprise bien autrement qu'en Occident; que nous sommes au cœur de l'hiver, saison particulièrement rigoureuse au *Chen-si* et bien capable de faire tomber l'enthousiasme des antiquaires indigènes; que d'après les meilleures sources, ainsi que nous l'établirons bientôt, la pierre fut découverte à une assez grande distance de la ville, circonstance qui ne devait faciliter ni le transport de ce lourd monument ni même l'exacte transcription de son texte: qu'il ne fallait pas moins d'un mois et demi à un courrier pour effectuer le voyage de la capitale du *Chen-si* à celle du *Tché-hiang*; enfin que l'étude et l'intelligence du précieux texte durent demander un certain temps au Dr Léon, avant qu'il osât en répandre dans l'empire le commentaire que nous savons.

Ces conjectures sont encore confirmées par d'autres indices, tirés des récits de missionnaires. Le P. Boym, dont nous rapporterons plus loin le témoignage, parle de quelques mois *(aliquot menses)* écoulés entre la découverte et la première visite faite au monument par le P. Trigault en 1625, ce qui laisse une certaine latitude pour déterminer l'époque de la découverte. Un autre missionnaire qui occupait alors dans la mission de Chine la charge importante de Visiteur, et qui, dès lors, devait être exactement renseigné, le P. Emmanuel Diaz *(Senior)* (1), dans une lettre du

---

(1) Le P. Em. Diaz *(Senior)* 李瑪諾 *Li Ma-no* (海嶽 *Hai-yo*) naquit en 1559 dans la petite ville d'Aspalham du diocèse de Portalègre en Portugal. Entré à l'âge de dix-sept ans dans la Compagnie, il s'embarqua pour les Indes en 1585, et après ses études terminées, remplit diverses charges dans cette mission, puis à Macao. Il venait d'être Recteur du collège de cette dernière ville, lorsqu'il fut envoyé comme Visiteur des résidences de *Nan-king*, *Nan-tch'ang* et *Chao-tcheou*. En 1604, il se rend à *Pé-king*, où il confère longuement avec Ricci des intérêts spirituels de la Chine. Le rapport favorable qu'il fait ensuite à Macao, de la mission, au P. Valignani, détermine celui-ci à confirmer les pouvoirs de Ricci, qui est désormais indépendant du Recteur de Macao. L'année suivante, le P. Diaz repart pour *Nan-tch'ang*, dont il fait prospérer la chrétienté; il y subit en 1607 une persécution dont il sort vainqueur: des lettrés l'accusent, entre autres crimes, d'empêcher les honneurs rendus aux images des ancêtres, d'attirer le peuple par ses artifices et de propager le culte d'un prétendu Dieu qui se serait fait homme; mais les mandarins prennent son parti et dissipent l'orage. L'année suivante, il fonde un noviciat et inaugure une église dans la même ville; puis en 1609 il revient exercer de nouveau l'office de Recteur à Macao. Dix ans après, il était encore dans cette ville. En 1622, il est nommé Visiteur des stations de la mission. Nous le retrouvons en 1626 à *Kia-ting*, d'où il date le 1er Mars les *Lettres annuelles* de Chine; dix ans après, il est nommé par le Père général Visiteur de la Chine,

23 Août 1625, n'indique que d'une façon vague l'époque de la découverte. «Le Père François Hurtado (1), ajoute-t-il, de la province de Nancheu *(Hang-tcheou)* (2) confirme cette nouvelle, et ajoute que cette année, trois nouvelles provinces de la Chine ont été ouvertes à la foi, celles de Xensi *(Chen-si)*, du Xansi *(Chan-si)* et du Fohum *(Fou-kien)*... (3).»

L'année suivante, nous retrouvons le P. Diaz datant de la résidence de *Kia-ting* (4), 1ᵉʳ Mars 1626, les *Lettres annuelles* de la Chine, pour l'année 1625 (5). Nous croyons être agréable au lecteur en donnant ici la traduction littérale de ce document peu connu et d'une authenticité incontestable. Ce récit précise du reste certains détails sur les premiers chrétiens du *Chen-si* et offre à ce point de vue un intérêt spécial.

«Mission dans la Province du Xensi *(Chen-si)*. Le Xensi *(Chen-si)* est contigu avec la province du Xasi *(Chan-si)*, et c'est par cette partie qu'entrent ceux qui viennent de la terre de

---

du Japon, du Tonkin, etc. Mort le 28 Novembre 1639 à Macao.

(1) C'est Furtado qu'il faut lire. Ce missionnaire nommé 傅汎濟 *Fou Fan-tsi* (體齋 *T'i-tchai*) né à Fayal, une des Açores, en 1587, et entré dans la Compagnie en 1608, était arrivé à Macao en 1620 avec le P. Nic. Trigault qui retournait en Chine. D'abord envoyé à *Kia-ting* pour y apprendre la langue, il fut ensuite donné pour compagnon au Dʳ Léon à *Hang-tcheou*, où il paraît avoir résidé jusqu'en 1630 ; il s'occupait avec son ami de composer des livres chinois. Passé alors au *Chen-si*, il construisit une église et une résidence à *Si-ngan-fou* en 1634 ; nous le voyons ensuite administrer la mission comme Vice-provincial ; à partir de 1641, pendant sept années, il gouverne la région du Nord, pendant que le P. Aléni reste chargé de celle du Sud ; enfin, nommé Visiteur en 1651, il parcourt tout le *Koang-tong*, et meurt deux ans après à Macao.

(2) La même faute d'impression *Nan* pour *Han* (ou *Hang*) se remarque dans les *Lettres annuelles de 1625*. Le nom de *Fo-kien (Fou-kien)* a du moins été respecté dans les mêmes *Lettres*, quoique le P. Kircher l'ait également défiguré.

(3) Cette lettre datée de Macao est citée par Kircher dans le *Prodromus*, pp. 71, 72. — Dans une autre lettre datée à Macao du 21 Nov. 1627, une mention non moins vague est faite du temps de la découverte, dans les termes suivants : «Ces années dernières *(annis præterlapsis)*, on a découvert...» Ibid. 73.

(4) *Kia-ting* 嘉定 est une une Sous-préfecture du *Kiang-sou*, dépendant de 太倉 *T'ai-tsang*. Le nom de cette ville nous rappelle le souvenir d'un Docteur bien méritant de la religion. Ce chrétien, nommé Ignace, apprenant la sentence d'exil qui frappait les missionnaires en 1616, envoya un courrier au Supérieur de la mission pour obtenir un missionnaire. Le P. Sambiaso lui fut envoyé, et « cette maison, écrit Sémédo qui la visita quatre ans après, nous servit d'Académie pour élever nos ieunes gens aux estudes, pource que la ville estant à vne des extremitez de la Province, et de peu de commerce, les maisons capables et commodes, il nous estoit aisé d'y assembler nos estudians pour les former à la langue et aux lettres chinoises.» (*Cf. Hist. de la Chine.* pag. 337.) — Le P. Em. Diaz nous apprend qu'en 1625, «en cette résidence destinée à servir d'école pour ceux qui arrivaient d'Europe, il y avait quatre des Nôtres à étudier la langue ; l'un d'eux depuis trois ans était occupé à traduire le catéchisme...» (*Cf. Lettere della Cina, Dell' Anno 1625, fino al Febraro del 1626.* p. 83).

(5) *Lettre della China Dell' Anno* 1625... p. 91/93.

Mogor, comme entrent par Canton ceux qui viennent de l'Inde par mer. Il s'y trouve plusieurs chrétiens, et entre les autres, deux personnes d'un grand poids : l'une d'elle est Paul Sieu-cai, fils du Lipù Xanxù, ancien ami des Pères, qui ayant le plus grand office de la Chine, est dit Mandarin du Ciel (1). L'autre est le Docteur Vam Philippe, juge criminel de Pechin *(Pé-king)* l'an passé (2). Le Père Trigaut (3) a été pendant six mois gra-

---

(1) Sieu-cai *(sieou-tsai* 秀才*)* n'est pas le nom de ce chrétien, mais la désignation de son grade littéraire de Bachelier. Le P. Diaz ne l'ignorait pas, mais l'ambiguité de sa phrase donna le change à Jul. Cordara qui écrivit dans son *Hist. Soc. J.* (6ᵉ P. T. II. p. 611) ce qui suit : «La même année 1625, on pénétra dans la province du *Chen-si*, jusque là inaccessible aux Nôtres, et qui n'était cependant pas privée de tout chrétien. Le nom et la foi du Christ y avaient été portés par quelques néophytes illustres, baptisés ailleurs par les Nôtres. Les principaux d'entre eux étaient Paul Sicuajus et Philippe Vam, tous deux distingués par leur richesse, leur naissance et les emplois qu'ils exerçaient à la Cour. Sur leurs instances, le P. Trigault se rendit dans ce pays, dont ils lui ouvrirent l'entrée...» Qui reconnaîtrait sous cette forme barbare *Sicuajus*, l'appellation de *Sieou-tsai!* Bartoli (*Cina.* p. 803) nous donne le nom de famille de ce personnage : «Paul Cian *(Tchang)*, nous dit-il, était un gradué Siuzai *(Sieou-tsai)*». Son père exerçait à *Pé-king* l'office de Président du Ministère des Offices civils (吏部尙書 *Li-pou-chang-chou*), appelé aussi 天官 *T'ien-koan* «Mandarin du Ciel».

(2) Nous en sommes réduits, sur le nom et la charge exacte de ce magistrat, à des conjectures que nous exposerons au paragraphe suivant.

(3) Le Père Nicolas Trigault 金尼各 *Kin Ni-ko* (四表 *Se-piao*) naquit à Douai le 3 Mars 1577 et entra en 1594 dans la Compagnie. Embarqué en 1607 à Lisbonne pour les Indes, il arrive la même année à Goa, où il met la dernière main à son *Histoire du P. Gaspard Barzée*. Envoyé en 1610 à Macao, il arrive au commencement de l'année suivante à *Nan-king* ; de là, il passa bientôt à *Hang-tcheou* avec le P. Cattaneo, puis il alla à *Pé-king*. Revenu à *Chao-tcheou* et de là à *Nan-king*, il quitte cette capitale en 1612, et s'embarque à Macao, au commencement de l'année suivante, pour se rendre en Europe, où le P. Longobardi l'envoie comme Procureur. Arrivé à Rome à la fin de 1614, après un voyage rempli de péripéties, comprenant le parcours par terre de Cochin à Goa et d'Ormuz à Alexandrie, il s'occupa des graves intérêts qui lui étaient confiés. Le 25 Janvier 1615, s'il faut en croire Trigault, dont le mémoire a été inséré par les Bollandistes dans leurs *Propylæa Maii*, Paul V concédait par un bref spécial à la mission de Chine, l'emploi de la liturgie indigène. La même année, Trigault fait paraître son livre *De christiana expeditione*, qu'il dédie au pape, puis il parcourt une partie de l'Europe, dont les princes lui offrent de riches présents et assurent la fondation de nouvelles résidences ; enfin il se rembarque pour la Chine en 1618 à la tête de vingt-deux missionnaires, parmi lesquels se voient les Pères Terrenz, Rho et Adam Schall. A partir de 1621, date de son arrivée à Macao, nous le voyons successivement à *Nan-tch'ang*, d'où il va visiter les chrétiens de *Kien-tch'ang* et de *Chao-tcheou*, puis à *Hang-tcheou* où il doit en 1622 chercher un asile. En 1623, il pénètre dans le *Ho-nan* et s'établit à *K'ai-fong-fou*, qu'il laisse bientôt au P. de Figuérédo, pour passer lui-même à *Kiang-tcheou* dans le *Chan-si* ; il y convertit deux mandarins du sang impérial, et remettant cette nouvelle chrétienté aux mains du P. Vagnoni, il va en fonder une dernière au *Chen-si*. Rappelé en 1627 à *Hang-tcheou* par ses supérieurs qui l'appliquent spécialement à la composition d'ouvrages, il mourut dans cette ville le 14 Novembre de l'année suivante, après avoir introduit en Chine le P. Visiteur Palmeiro, et avoir pris une

vement malade dans la maison de ce dernier, où il était allé, appelé pour donner le saint baptême à toute sa famille. Guéri enfin, il se rendit par ordre du supérieur, dans la cité principale *(Si-ngan)*, accompagné non seulement du Dr Philippe qui pourvoyait à tous ses besoins, comme il avait fait de tout cœur pendant une si longue maladie, mais aussi de Paul qui devait habiter en sa compagnie dans une maison de son père, afin qu'à la faveur du Mandarin du Ciel, le Père fût en sûreté dans les nombreuses rencontres qui pouvaient se présenter en cette terre, où résident plusieurs grands officiers (1). — Là, on a découvert un ancien monument en pierre (2), par lequel il est manifeste qu'il y a eu en Chine des prédicateurs du saint évangile ; d'où, si les choses prennent un bon pli, on peut espérer un fruit extraordinaire. La métropole du Xen-si *(Chen-si)* s'appelle Singan, c'est-à-dire Repos de l'Ouest. Dans sa banlieue, les ministres d'une des trois sectes de la Chine possèdent un couvent où se voit la pierre susdite : un juge (3) grand ami du Dr Léon en ayant eu connaissance et conjecturant que c'était la même Loi dont celui-ci l'avait entretenu, il la lui envoya, transcrite mot-à-mot, telle qu'elle se trouvait gravée sur la pierre. A peine le Dr Léon l'eut-il, qu'il la fit imprimer. Le Dr Paul en fit autant et l'adressa aussitôt à nos Pères, les priant de la traduire en langue portugaise. Plusieurs se donnèrent de la peine pour cela, et on trouva qu'elle était écrite en vers *(sic)* chinois, avec beaucoup de caractères équivoques, et plusieurs termes de la secte du paganisme très difficiles à entendre, outre les métaphores et allusions diverses qui y sont contenues. Il n'a donc pas été possible d'en faire une copie pour l'envoyer à Votre Paternité...

«Jusqu'ici on a déterminé le sens (général) de l'inscription. Il est vrai que le P. Trigaut a eu l'ordre de se rendre à l'endroit où se trouve la pierre, les Docteurs n'ayant point écrit quelques détails particuliers qui étaient nécessaires ; d'où il est à espérer qu'il en retirera la vraie copie : laquelle, dès qu'elle sera réduite en bonne forme, sera envoyée immédiatement à Votre Paternité.»

Notons en passant que les *Lettres annuelles* de la Compagnie de Jésus forment une publication tout intime, destinée aux seuls religieux de l'ordre ; qu'on se rappelle en outre que le Père Diaz, au moment de la découverte de la stèle, exerçait la charge de Visiteur général de la mission de Chine, et détenait par conséquent la plus haute autorité sur les missionnaires. Et cependant, lui et les siens déclarent ce monument d'une interprétation difficile en plus d'un endroit, ils ont besoin de nouveaux détails qui

---

part active à la conférence de *Kia-ting.*

(1) Nous donnerons bientôt de plus amples détails sur ce voyage de Trigault au *Chen-si.*

(2) «... e doue si scorge una memoria antica in pietra...»

(3) Il s'agit de *Tchang Keng-yu.*

leur font défaut, avant d'en envoyer une traduction exacte à leur Général... Autant d'indices de la parfaite loyauté de ces hommes, excluant tout soupçon de fraude.

Au point de vue plus spécial qui nous occupe en ce moment, il est assez remarquable que le P. Diaz, l'auteur bien informé de cette lettre officielle adressée au Général de la Compagnie Mutius Vitelleschi, et certainement désireux de donner les détails les plus circonstanciés sur un fait qu'il savait devoir tant intéresser ses supérieurs, n'ait pas précisé davantage l'époque de cette découverte : cela donnerait lieu de supposer qu'il existait alors dans les esprits une certaine confusion, provenant peut-être de l'intervalle qui sépara la découverte proprement dite, de l'érection du monument à *Si-ngan-fou*.

En résumé, il nous paraît certain que la stèle *King-hiao-pei* fut dressée dans le monastère *Kin-cheng-se,* vers le commencement de l'année 1625, au mois de Février ou de Mars. Quant à l'époque de la découverte nous ne regardons pas comme absolument improbable la date de 1623 fournie par le P. Em. Diaz, dont le texte se concilierait ainsi avec celui des autres missionnaires (1).

---

(1) Nous verrons bientôt que dans son Histoire, le Père de Gouvea qui travaillait surtout sur les notes de Trigault assigne également l'année 1625 comme époque de la découverte.

§ IV. LOCALITÉ.

Triple version contradictoire de Kircher. — Récit de Boym. — Lettres de Nic. Trigault ; son arrivée au *Chen-si*. — Bartoli indique *Tcheou-tche*. — Erreurs de *Lin Laitchai* et de *Ts'ien Ta-hin*. — Carte de Kircher conforme aux indications de Boym et de Bartoli. — Confirmée par les notes de Nic. Trigault. — Conclusion : nouvel établissement chrétien du VIIIe Siècle connu au *Chen-si*. — Monument commémoratif de la découverte. — Circonstances de cette découverte.

Il nous reste à discuter le lieu exact de la découverte : cette question nous fournira l'occasion de compléter certains récits intéressants, jusqu'ici trop brièvement indiqués.

Kircher dans son premier ouvrage dit que notre stèle fut trouvée à San-chuen (1). Il nous paraît peu vraisemblable que l'auteur ait voulu désigner par ces sons la poste du même nom 三川 *San-tch'oan*, dépendance de la Sous-préfecture de 洛川 *Lotch'oan* au *Chen-si*. Il n'avait fait que copier ce document fautif dans la *Dichiaratione* de 1631, qui donnait l'orthographe portugaise *Sànxuen* (2). Plus tard, dans son *Atlas*, Martini qui lui-même empruntait au *Prodromus* tout ce qu'il dit du monument, a pris soin cependant de corriger l'erreur de ses prédécesseurs, en remplaçant leur figuration fautive par celle de *Sanyuen* (*San-yuen*). Mais Martini lui-même s'est trompé en redressant les autres, et c'est à un titre bien différent que la Sous-préfecture de 三原 *San-yuen* intervient dans l'histoire de la découverte, ainsi que nous le verrons bientôt par le récit du P. Boym.

Quoi qu'il en soit, et sans doute pour plus de sûreté, Kircher dans sa *China illustrata* assigne successivement une triple origine au monument, sans se mettre aucunement en peine de concilier ces documents disparates. C'est d'abord « un certain bourg de *Siganfù* métropole du royaume *(sic)* de *Xensi* (*Chen-si*) (3). » Puis reproduisant *in extenso* le témoignage de Martini, qui le lui avait lui-même emprunté douze ans plus tôt, il désigne, en la défigurant quelque peu, « la cité de *Samyun* (4). » Il cite enfin, en la patronnant également, la version du P. Boym (5), laquelle est conforme à celle de Bartoli et apporte quelque lumière sur plusieurs points intéressants.

Le Père Em. Diaz *(Senior)* nous a déjà appris par ses deux lettres de 1625 et 1626, que le P. Trigault était vers cette époque au *Chen-si*, et qu'il avait reçu l'ordre d'aller voir lui-même

---

(1) *Prodromus*, p. 50 : « in villa Sanchuen dicta. »

(2) *Op. cit.* p. 2 : « Questa Pietra fù casualmente scoperta l'anno 1625. Cauandosi alcuni fondamenti per fabricar vn muro nella villa Sànxuen della Cina. »

(3) *Op. cit.* p. 5 : « In *Siganfù* Metropolis Regni *Xensi* pago quodam. »

(4) *Ibid.* p. 7.

(5) *Ibid.* p. 8.

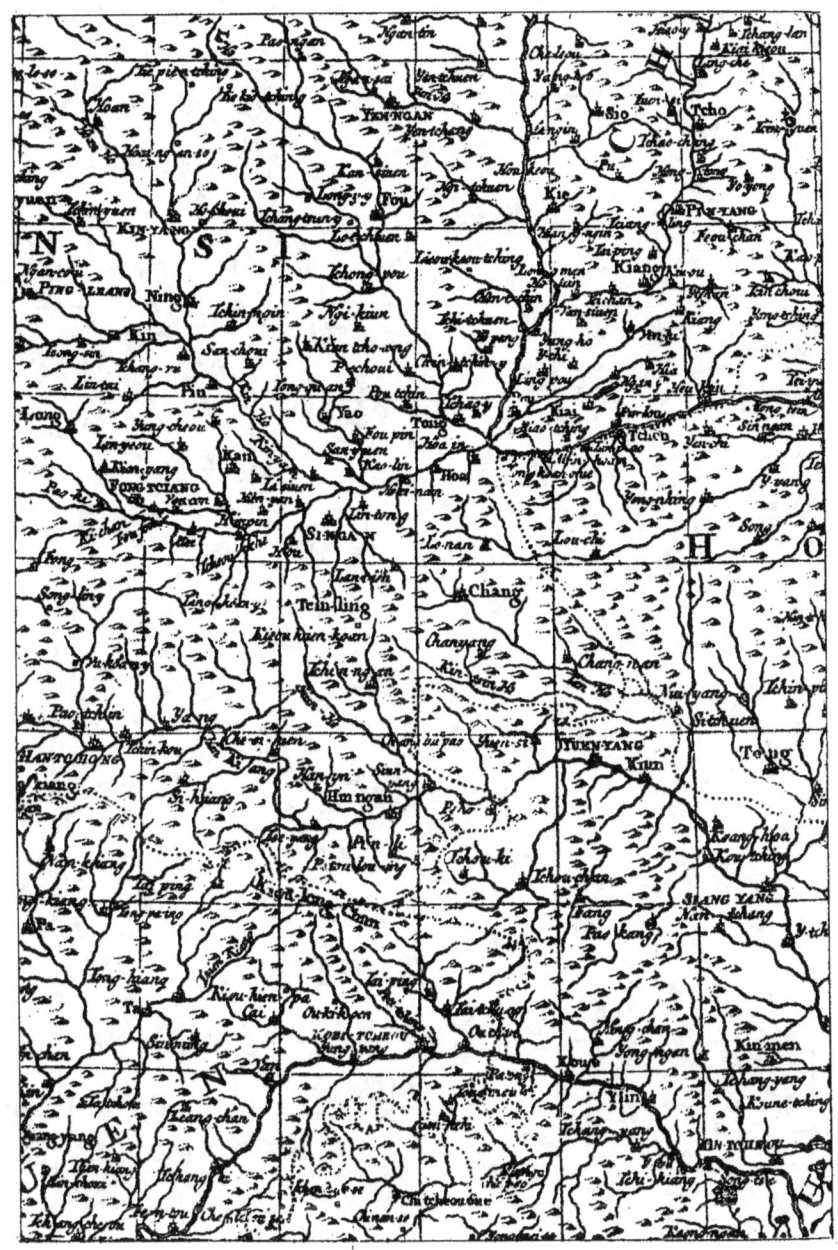

LE CHEN-SI

d'après l'Atlas de d'Anville.

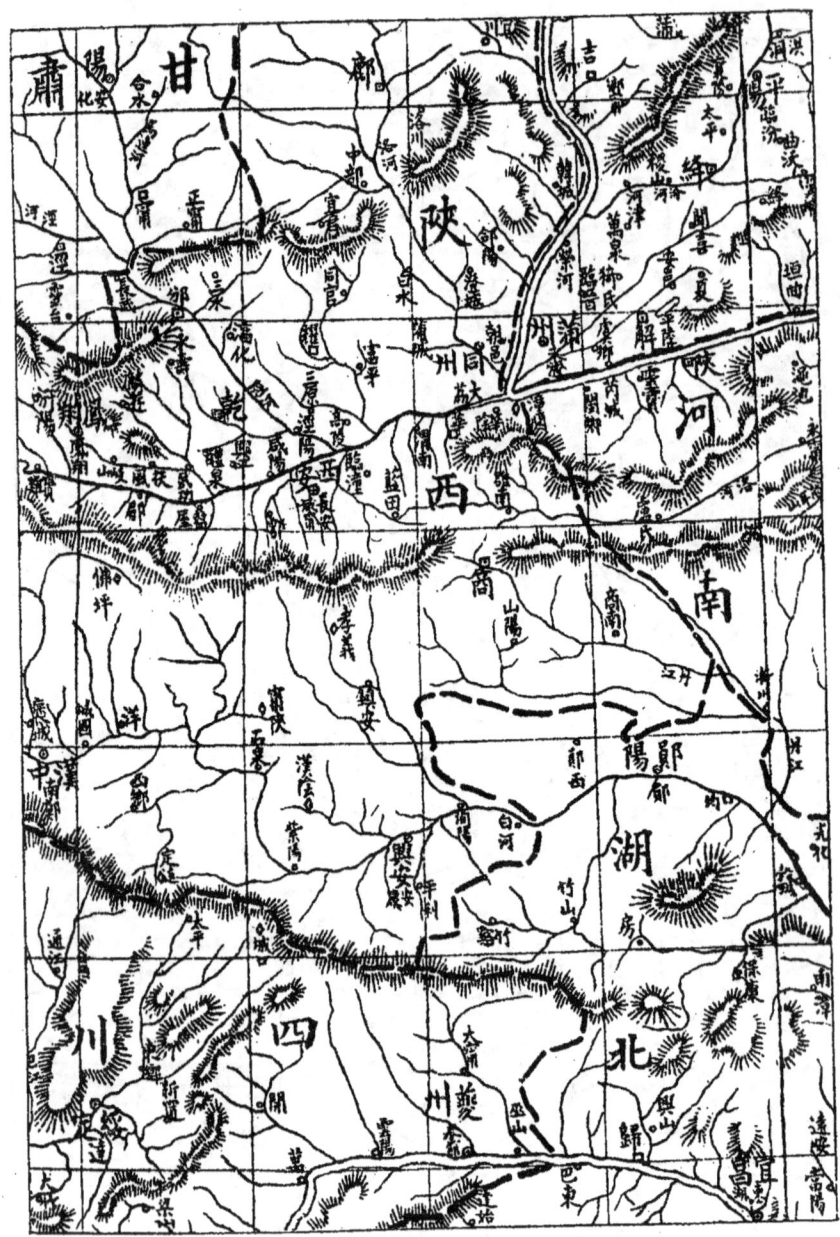

LE CHEN-SI

d'après les cartes des missionnaires.

la stèle, pour en rendre un compte exact à ses supérieurs. Nous allons suivre le missionnaire dans ses démarches et reproduire les documents que nous avons pu recueillir sur ce point spécial.

Le plus connu est le rapport du P. Boym; bien que très succinct, il jette un nouveau jour sur la question qui nous occupe. Nous n'aurions qu'un défaut à lui reprocher, c'est de n'avoir pas nommé le Père Trigault; mais les renseignements que nous avons d'ailleurs sont si précis et si concordants, qu'il ne peut rester le moindre doute sur l'identité des personnes. Voici donc ce récit.

« Après la mort de S. François Xavier dans l'île chinoise de Sancheu (三洲 San-tcheou), le vénérable P. Matthieu Ricci et d'autres Pères de la Compagnie de Jésus avaient apporté l'évangile du Christ à l'intérieur de la Chine et élevé des résidences et des églises dans plusieurs provinces. Comme, en conséquence, la propagation de la sainte foi avait fait quelque progrès (1) dans la province du Xen-sy (Chen-si), l'année du Christ 1625, l'un des Pères de la Compagnie de Jésus (2) invité par le Dr Philippe, baptisa vingt personnes à San-yuen (3) sa patrie, et (ensuite) alla en compagnie du même Docteur, voir la pierre que quelques mois auparavant (paulo ante aliquot menses) on avait trouvée dans la localité de Cheu-che, dépendance de la métropole de Sy-ngan-fù (4), lorsqu'on enlevait des décombres pour bâtir une muraille (5). »

Ce récit nous rend parfaitement compte de l'erreur accréditée par la version italienne de 1631, puis reproduite par Kircher et Martini. La Sous-préfecture de San-yuen était la patrie du Dr Philippe Wang; c'est dans cette ville, nous apprend Bartoli (6), qu'il s'était retiré à la mort de sa mère, pour faire les funérailles de celle-ci et accomplir le deuil de trois ans; c'est là que sur l'invitation du Docteur, le P. Trigault se rendit tout d'abord pour préparer au baptême la famille de son ami; c'est là qu'il fit cette longue maladie qui le retint six mois sur son lit, et durant laquelle Philippe Wang lui prodigua ses soins; et c'est ce nom souvent cité sans doute dans les lettres du missionnaire, qui donna lieu à

---

(1) *Ibid.* — Ces paroles sont expliquées par ce que nous avons déjà dit : aucun missionnaire n'avait encore résidé d'une façon fixe au *Chen-si*, dont les premiers néophytes avaient été baptisés hors de leur province.

(2) *Ibid.* « Nonnemo è Societatis JESU Patribus… »

(3) La Sous-préfecture de *San-yuen* est située, d'après l'*Annuaire officiel* 大清搢紳全書 *Ta-ts'ing-tsin-chen-ts'iuen-chou*, à 90 *li* (environ 54 kilom.) nord de *Si-ngan-fou*. On trouvera plus loin une carte indiquant les positions respectives de ces deux villes.

(4) *Ibid.* « In Metropoleos Sy-ngan-fù conjuncta *Cheu-che* villa. »

(5) *Ibid.* — Chose étrange, c'est à la fin de 1653, que le P. Boym écrivait ces paroles. Or, au commencement de 1656, comme nous le dirons plus tard, le même auteur, dans un appendice de sa *Flora sinensis*, indiquait lui aussi *Sanxuen* comme le lieu de la découverte!

(6) *Cina.* pp. 803, 804.

la co .fusion signalée plus haut.

Il nous reste du P. Trigault une lettre du 13 Septembre 1627 (1) confirmant dans leurs traits généraux les témoignages des Pères Diaz et Boym. En voici un extrait.

« Voilà quatre ans que possédant suffisamment la langue chinoise, j'ai été envoyé vers de nouvelles missions. J'ai reçu la charge de trois provinces ou à dire plus vrai, de trois royaumes, dont chacun ne le cède guère pour l'étendue et la population à l'Espagne ou à la France. La première est celle du *Ho-nan*, où je n'ai pu m'établir... (2) De cette province, je me suis rendu dans celle du *Chan-si*, où Dieu favorisant les efforts de son serviteur inutile, j'ai pu établir une résidence fixe de la Compagnie; la récolte a été assez heureuse pour produire cent chrétiens en l'espace de deux ans. Cette mission fondée, et ayant reçu un successeur, je gagnai au bout d'un an la troisième province, celle du Xan-si *(Chen-si)* (3), dans laquelle cloué sur le lit, pendant près de six mois, j'ai été réduit à l'extrémité. Guéri enfin, bien que j'eusse été privé de compagnon et très dépourvu de secours (4), j'ai établi dans la métropole de cette province une autre résidence de la Compagnie, et sans qu'il en coûtât rien à la mission, j'ai acheté une maison très commode: le Docteur néophyte qui en a fait les frais, se prépare à faire aussi grandement ceux de l'église: ni l'une ni l'autre ne le cédera à aucune de celles établies jusqu'ici. Dans ces circonstances, ayant de nouveau reçu un successeur, je me préparais à passer dans les provinces voisines, lorsque je fus rappelé par notre Vice-provincial (5), après sa visite, dans la province du Che-chiam *(Tché-kiang)* pour y écrire... (6). »

---

(1) Cette lettre, datée de *Hang-tchéou* et écrite en latin, était adressée par le Père Trigault au P. de Montmorency «provincial des Pays-bas»; on en conserve l'original au collège de Jésuites d'Anvers. Elle a été éditée par l'abbé C. Deshaines, dans sa *Vie du Père Nicolas Trigault*, Tournai, 1864, parmi les pièces de l'Appendice, pp. 280 / 284.

(2) L'abbé C. Deshaines a lu dans le manuscrit *Thonan* au lieu de *Ho-nan* (op. cit p. 281), et a cru devoir corriger *Thong-hoa* (!) dans sa traduction finale (p. 294) De même, ayant cru lire plus bas *Han-am* au lieu de *Hai-nan* (海南) (p. 281), il corrige fort malheureusement par *Ho-nan*, province qu'il fait placer par le P. Trigault «au sud de l'empire, près de la Cochinchine» !

(3) La nécessité de distinguer les deux provinces voisines de 山西 et de 陝西, dont le son devrait également s'exprimer *Chan-si*, avait fait de bonne heure réserver par les missionnaires le son *Chen-si* pour la seconde. Le P. Trigault paraît avoir été peu fixe dans son orthographe. Tandis qu'il figure le *Chan-si* comme nous le faisons aujourd'hui, dans sa lettre de 1627, il écrivait *Xamsi* dans une lettre de 1624, que nous citerons bientôt.

(4) Il est évident pour qui connaît le langage de l'Institut des Jésuites, que l'expression «sine socio» doit s'entendre d'un compagnon du même ordre religieux. Quant à cette «grande pénurie» dans laquelle se trouva le malade, on la comprend sans peine, et tous les soins du Dr Philippe n'y pouvaient apporter qu'un adoucissement très relatif, notamment au point de vue des secours spirituels et du traitement médical.

(5) Le P. Em. Diaz *(Junior)*.

(6) *Op. cit.* pp. 281, 282.

I. LA DÉCOUVERTE. 63

Nous savons en outre par une lettre antérieure du P. Trigault, qu'il se préparait, vers la fin d'Octobre 1624, à passer de 絳州 *Kiang-tcheou* du *Chan-si*, à la province du *Chen-si*, où il était appelé par le Dr Philippe, et qu'il n'attendait plus, pour entreprendre ce voyage, que l'arrivée de son successeur (1).

Enfin nous voyons dans Bartoli (2) que Trigault n'arriva à *San-yuen* qu'en Avril 1625 (3), et que, dans les cinq mois qui suivirent, il fut retenu par une dangereuse maladie. Ce n'est qu'une fois «remis, et ayant assez de force pour voyager, qu'il fut conduit à *Si-ngan*, par le Dr Philippe et Paul *Tchang*.»

Avec ces seules données, il nous est facile de reconstituer le voyage de Trigault au *Chen-si*. Que le lecteur cherche *Kiang-tcheou* sur la carte empruntée à D'Anville (4) que nous mettons sous ses yeux : cette Préfecture occupe l'angle Sud-ouest du *Chan-si*; elle est située sur la rive droite de la rivière 汾河 *Fen-ho*, qui se jette à environ 70 kilomètres de là dans le 黃河

---

(1) Lettre à l'Électeur de Bavière, datée à *Kiang-tcheou*, du 20 Octobre 1624. Cette lettre conservée à Bruxelles dans la bibliothèque de Bourgogne, a été aussi éditée par l'abbé Deshaines, *op. cit.* pp. 275 / 277. — «Expecto in dies socium qui has spes (in Xamsi) promoveat. Ego enim jàm in aliam provinciam migrari cogor, a viris maximis avocatus...» — Le successeur attendu par Trigault devait être le P. Alph. Vagnoni.

(2) *Cina*. p. 804.

(3) L'abbé Deshaines fait arriver le P. Trigault à *Si-ngan-fou*, vers la fin de l'année 1624 (*Op. cit.* p. 186). Mais cette date, en faveur de laquelle son auteur n'apporte aucun document, est formellement démentie par le texte de Bartoli, connu cependant de l'abbé Deshaines: «Dall' Aprile in che vi giunse, per cinque mesi appresso, si pericolosamente infermo... Finalmente rimessolo in sanità, e in forze bastenoli a viaggiare, il medesimo Dottor Fillipo, e Cian Paolo, il condustero a metter casa, e fondar Chiesa, e Christianità nella Metropoli Sigàn... Paolo l'albergo in vna sua casa...» (*Cina*. p. 804). — L'abbé Deshaines n'a pas été plus heureux lorsqu'il nous a décrit le voyage de *Kiang-tcheou* au *Chen-si*, fait par Trigault en compagnie de «deux docteurs (*sic*), déjà convertis, Philippe Yang (*sic*) et Paul Kiang (*sic*; ailleurs (p. 188) il figure ce nom Ciam)» (*Op. cit.* p. 183). Les détails de cette pompeuse expédition sont purement imaginaires, et c'est en vain que l'écrivain s'est autorisé d'un opuscule du P. Trigault (*Rerum memorabilium in regno Sinarum gestarum litterae annuae*. Anvers, 1625, pp. 117 / 122) pour leur donner quelque crédit; ces *Lettres annuelles* retracent des évènements antérieurs.

(4) On sait que «l'illustre D'Anville», comme se plaît à l'appeler Elisée Reclus (*Nouv. Géogr. universelle*. T. VI. *L'Asie orientale*), copia purement et simplement son *Atlas de la Chine* sur les cartes levées au commencement du XVIIIe Siècle par les Jésuites géographes de *K'ang-hi*. Ce sont les missionnaires qui lui ont fourni, non seulement les traits de ces cartes, mais jusqu'à la figuration française des noms de villes et de rivières. «M^r D'Anville, géographe ordinaire de Sa Majesté très chrétienne» eût été fort incapable de lire un de ces noms dans le texte chinois ; il n'eut donc en définitive dans cette œuvre à laquelle son nom reste attaché, que le mérite fort mince de reporter le premier méridien, de *Pé-king* à Paris. Pour s'assurer de la vérité de notre assertion, il suffit de jeter un rapide coup d'œil sur l'ouvrage 大清一統輿圖 *Ta-ts'ing-i-t'ong-yu-t'ou*, dont nous avons parlé ailleurs (*Cf. La province du Ngan-hoei* p. 2. not. 1) et dont on trouvera plus bas un extrait, d'après la carte du P. J. Chevalier. *Cuique suum*!

Hoang-ho Fleuve jaune, limite des deux provinces. Celui qui voudrait se rendre par eau de *Kiang-tcheou* à *San-yuen* devrait descendre le Fleuve (120 kil.), puis s'engageant à travers le *Chen-si*, remonter la rivière 渭河 *Wei-ho* (85 kil.), jusqu'à l'affluent qui conduit à *San-yuen* (45 kil.) (1). Ce trajet, qu'il se soit effectué par eau ou par terre, représentant une durée moyenne de six à sept jours, fut donc effectué par le P. Trigault au mois d'Avril 1625, à une époque où déjà le courrier de *Tchang Keng-yu* était parti pour *Hang-tcheou*, porter au Dr Léon la première copie de l'inscription récemment découverte. Et ce n'est pas avant le mois d'Octobre de la même année qu'il fut enfin donné à Trigault de se rendre avec ses puissants amis à la métropole du *Chen-si* (2).

Nous insistons sur ces détails, qui établissent l'alibi du missionnaire, afin de mieux montrer combien gratuits ont été les reproches de fraude formulés par les ennemis de la Compagnie. Les explications qu'il nous reste à fournir sur le lieu précis où se fit la découverte confirmeront ces présomptions d'innocence.

Bartoli, on s'en souvient, a désigné ce lieu sous le nom de *Ceuce*, lequel est évidemment le *Cheu-che* du P. Boym; mais tandis que ce dernier semble faire de cette localité une dépendance proche de la ville de *Si-ngan-fou* (Metropoleos *Si-ngan-fù* conjuncta *Cheu-che* villa), l'auteur italien la place à environ trente milles Est de la capitale (3). Ces textes offrent au premier abord quelques difficultés de conciliation, et les auteurs chinois qui ont traité de notre monument, loin de nous apporter quelque lumière sur ce point, n'ont fait que compliquer le cas par leurs interprétations discordantes.

L'un deux, 林來齋 *Lin Lai-tchai*, qui nous est déjà connu, introduit dans son récit une nouvelle hypothèse agrémentée de détails fantaisistes. Suivant lui, c'est «à *Tch'ang-ngan*, au sud du monastère *Tch'ong-jen-se* 崇仁寺, que la pierre aurait été trouvée, à quelques pieds sous terre (4).» Ce monastère n'étant

---

(1) La distance à vol d'oiseau mesurée sur la carte de *Kiang-tcheou* à *San-yuen* est seulement de 250 kilom. au lieu de 320 qu'offre la route par eau. On peut voir sur la carte que même en suivant la voie d'eau, le voyageur qui se rendrait à *San-yuen* ne passerait point par *Si-ngan*, qu'il laisserait en amont et sur la rive droite de la *Wei*.

(2) Il est donc certain que le P. Trigault fut le premier parmi les missionnaires à voir et à étudier la pierre récemment découverte. Il est également certain, puisqu'il eut dans la même ville un successeur avant l'année 1628, que le P. Sémédo fut tout au plus le troisième à visiter ce monument. C'est donc à tort que Kircher (*China illustrata*. p. 6), suivi par plusieurs auteurs modernes (*De l'authenticité*, etc., pp. 1 et 4), a affirmé que Sémédo vint le premier à *Si-ngan-fou*, et y vit la stèle avant tous les autres.

(3) *Cina* p. 794 : «Presso a Ceuce, città non delle grandi, vn qualche trenta miglia lungi della Metropoli in ver Leuante.»

(4) Nous reproduirons ce document dans l'Appendice, d'après la collection 金石萃編 *Kin-che-ts'oei-pien*; voici la partie que nous venons de traduire : ... 於長安崇仁寺之南掘數尺得一石. — Qu'on se souvienne que la *Géographie*

I. LA DÉCOUVERTE. 65

autre que celui de *Kin-cheng-se*, où la pierre fut exposée en 1625, et n'étant éloigné de la porte Occidentale de *Si-ngan* que de cinq *li* environ, il suit de là que la découverte aurait eu lieu à peu de distance de la ville, en dehors et vers l'angle Sud-ouest des rem-

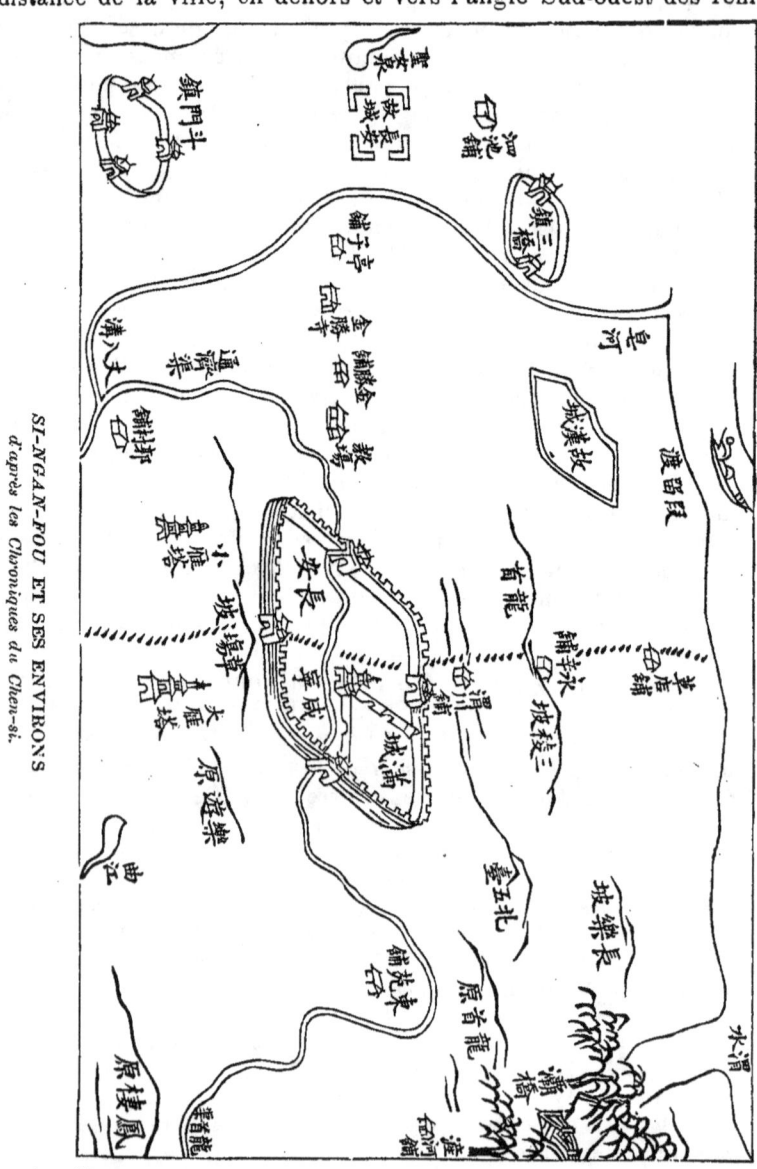

SI-NGAN-FOU ET SES ENVIRONS
d'après les Chroniques du Chen-si.

parts. Une carte de *Si-ngan* et de ses environs extraite des *Chroniques générales du Chen-si* (6° *Kiuen*, fol. 4 et 5) rendra compte de cette position présumée.

Stanislas Julien a procuré à G. Pauthier l'occasion d'un facile triomphe lorsqu'il fit écrire à Ernest Renan que le monument se trouva dans le couvent bouddhique *Kin-cheng-se* (1) : le docte sinologue avait ainsi confondu le lieu où la stèle fut découverte et celui où elle fut déposée.

Un autre auteur, déjà cité lui aussi, 錢大昕 *Ts'ien Ta-hin* laisse davantage dans le vague l'endroit précis de la découverte. « Des gens de *Tch'ang-ngan* (2), écrit-il, trouvèrent en fouillant la terre... (3). » L'expression *Tch'ang-ngan* désignant aussi bien le territoire du département que son chef-lieu, nous ne pouvons rien retirer de ce témoignage (4).

Du reste, les deux Docteurs Paul et Léon s'étaient servi, ainsi que le Père Em. Diaz, de formules vagues, très semblables à celles de *T'sien Ta-hin*. 長安掘地得碑, a dit le premier ; « en creusant le sol à *Tch'ang-ngan*, on découvrit la tablette. » — 長安中掘地所得 a écrit le second ; « c'est à *Tch'ang-ngan* qu'on l'a trouvée en creusant le sol. » — Enfin le P. Diaz lui-même, dans sa préface, n'a pas été plus explicite : « Le mandarin de 關中 *Koan-tchong* (5) ayant donné l'ordre de creuser la terre, on

impériale identifie les deux monastères 金勝寺 *Kin-cheng-se* et 崇仁寺 *Tch'ong-jen-se*. Cette identification est également reconnue par les *Chroniques générales du Chen-si* 陝西通志 ; nous lisons par ex. au 29ᵉ *Kiuen*, 2ᵉ fol. de cet ouvrage (Édit. de 1667) : 金勝寺即崇仁寺在府城西郭外即唐三藏法師譯經處・古有玉佛殿尊經閣並轉輪藏. « Le monastère *Kin-cheng-se*, alias *Tch'ong-jen-se*, est situé en dehors du faubourg Occidental de la Préfecture ; c'est là que, sous les *T'ang*, le Maître de la loi traduisit les ouvrages bouddhiques... » Les *Chroniques* énumèrent ensuite plusieurs bâtiments depuis longtemps disparus. Ces détails étaient connus de Stan. Julien, lorsqu'en 1855, il inspira assez malencontreusement à Ernest Renan la tirade suivante : « Par une rencontre bizarre, ce couvent est le même où le célèbre *Hiouen-thsang* fit ses traductions d'ouvrages bouddhiques, de 645 à 664 ; or, s'il fallait en croire l'inscription, ce serait précisément à la même époque que les chrétiens se seraient établis à Si-ngan-fou en nombre prodigieux. Comment donc *Hiouen-thsang*... a-t-il ignoré l'existence du christianisme ? » Du reste, cette identification de lieu nous paraît contestable. L'édition de 1735 des *Chron. du Chen-si*, dont nous donnerons ailleurs un extrait, y a elle-même renoncé : les monastères de 洪福寺 et de 大慈恩寺 étaient, d'après la *Vie de Hiouen-thsang* (pp. 302 et 315), ceux où se firent ces traductions.

(1) *De l'authenticité*, etc, pp, 20 et 66.

(2) Wylie a traduit : « When some people *at* Chang-gan were excavating the ground, they found... » Rien ne prouve dans le texte qu'il s'agisse de fouilles entreprises dans l'intérieur de la ville.

(3) 長安民鋤地得... On peut voir le texte complet dans l'Appendice.

(4) Notons en passant que le plus ancien de ces deux auteurs chinois est né postérieurement à la découverte de la stèle.

(5) 關中 *Koan-tchong* est le nom littéraire de la province du *Chen-si* ; ce fut, sous les 秦 *Ts'in*, le nom de la ville, capitale de ladite province ; il fut changé sous les 唐 *T'ang* en celui de 關內 *Koan-nei*. Il est donc pris ici, en vertu de l'usage littéraire, pour le territoire de *Tch'ang-ngan*. Pauthier a donné des trois caractères 關中官

I. LA DÉCOUVERTE. 67

trouva (cette pierre) sous les fondements d'une muraille en ruine...
et on la déposa hors des faubourgs, à l'intérieur du monastère
金城寺 *Kin-tch'eng-se* (1).»

Du moins la généralité des termes employés dans ces derniers
récits nous laisse-t-elle une certaine liberté pour discuter les
différentes hypothèses qui se présentent à nous. Il est vrai, la
version de Sémédo semblait être favorable à l'hypothèse de *Lin
Laï-tchaï*: «Le Gouverneur, dit-il, voulut que ce dépôt fût dans
l'enclos d'une *Varela* (Temple du pays) non loin de laquelle on
l'avait trouvé, c'est-à-dire près de Siganfu *(Si-ngan-fou)* capitale
de la province du Xensi *(Chen-si)* (2).»

En somme, nous nous trouvons en présence de trois opinions
différentes: l'une place dans la ville de *San-yuen*, patrie du D‍ʳ
Philippe, le lieu de la découverte *(Dichiaratione*, Kircher, Martini,
Boym); une autre indique la ville de *Tcheou-tche* (Bartoli, Boym,
Kircher); la dernière, les environs de Si-ngan *(Lin Laï-tchaï,
Sémédo)*. En présence de ces renseignements contradictoires que
rien ne venait éclaircir, je m'adressai au Père Gabriel Maurice;
j'avais déjà éliminé, pour la raison donnée plus haut, le nom de
San-yuen, il ne me restait plus de doute que pour *Tcheou-tche*:
c'est donc sur ce point que j'attirai l'attention de mon charitable
correspondant, le priant de me tirer de ma perplexité. Il ne le
put faire. «*Tcheou-tche,* me répondit-il, est une Sous-préfecture
distante de 160 *lys* de *Si-ngan-fou* dont elle dépend et dont elle

---

cette explication qu'il souligne: «*Le mandarin chargé de la garde du passage!*» — «Archaïsme recherché, explique-t-il dans une note, pour indiquer le commandant ou gouverneur de *Si-ngan-fou*...»

(1) 關中官命啟土·于敗墙基下獲之．置廓外金城寺中．— L'abbé Huc a été vivement repris par Pauthier, de lui avoir emprunté sans le nommer, sa déplorable traduction de la *Géographie impériale*, dont il n'avait de fait modifié qu'un seul mot, et Pauthier triomphait en montrant que «ce mot changé était un contre-sens». Mr Huc n'avait-il pas écrit: «Monastère de la *ville* d'or», au lieu de «Monastère de la *victoire* d'or»? C'était prendre 勝 *Cheng* pour 城 *Tch'eng*! (*Cf. L'inscription syro-chinoise de Si-ngan-fou*, p. 91). — Mais, répondons à la décharge du missionnaire lazariste: 1° que Pauthier en citant le P. Diaz a lui-même indûment corrigé son auteur, en remplaçant 城 qui se trouve dans l'édition de 1644, par le 勝 de la *Géographie impériale*, comme du reste en substituant 郊 à 廓 (*Cf. De l'authenticité*, etc. p. 24 not. 4); 2° que M. Huc en préférant le mot 城 «ville, remparts», au mot 勝 «victoire» avait vraisemblablement sous les yeux le texte du P. Diaz, ce qui atténue son erreur; 3° qu'enfin le P. Diaz a usé lui-même en écrivant 金城寺 d'un droit que l'usage et les précédents géographiques du *Chen-si* autorisaient suffisamment: «En pratique, m'écrivait récemment le Père Gabriel Maurice, cette pagode se nomme indistinctement 崇仁寺 ou 崇聖寺, 金勝寺 ou 金城寺.» Qu'on se souvienne enfin du nom de «Muraille d'or», donné par Bartoli à la métropole du *Chen-si*.

(2) *Imperio de la China*, p. 200: «Este deposito quiso que fuesse en la cerca de una Varela (Templo de allá) no lexos de donde se aviahallado, que fue junto de Siganfu, Metropoli de la Provincia de Xensi.»

est séparée par la Sous-préfecture *Hou-hien* (鄠縣). Ce *Tcheou-tche* est un mystère, personne n'y entend rien.»

Rien d'étonnant du reste que ce détail soit ignoré des habitants de *Si-ngan* en 1894, puisque dès 1628, il parait avoir été peu ou point connu de ceux qui renseignèrent Sémédo. Il me restait cependant quelques doutes sur la valeur des détails donnés par ce dernier. L'autorité de Bartoli, écrivain si exact et si judicieux restait à mes yeux d'autant plus respectable, que la carte de l'Empire Chinois insérée par Kircher dans sa *China*, semblait lui donner raison. Je reproduis un fragment de cette carte du reste assez informe (1). On y voit figurer au Sud-ouest de *Si-ngan* et à une distance d'environ 70 kilomètres, l'image d'une chapelle surmontée de la croix, accompagnée de cette légende : *Locus ubi inventus lapis Sino-Syriacus*, «Lieu où fut découverte la pierre Syro-chinoise.» Cette indication concordait assez bien, quant à la distance, avec celle de Bartoli : «presso a Ceuce, città non delle grandi, vn qualche trenta miglia lungi dalla Metropoli...»(*Cina*. p. 794).

Tels furent longtemps les seuls éléments que je possédais sur cette question, lorsqu'enfin l'obligeance du Père J.-B. van Meurs, archiviste de la Compagnie de Jésus, me procura une pièce du plus haut intérêt, dont je n'avais fait que conjecturer jusqu'ici l'existence, et qui comble une lacune regrettable pour l'histoire de notre monument. Ce sont les notes du Père Trigault lui-même relatives à cette époque, et le récit de son voyage : ces précieux documents, auxquels le Père Ant. de Gouvea (2) mit la dernière

---

(1) Ce détail qu'on trouve dans l'édition d'Amsterdam, se cherche vainement dans la contre-façon d'Anvers.

(2) Le Père Antoine de Gouvea 何大化 *Ho Ta-hoa* (德川 *Té-tch'oan*), né en 1592 à Casal en Portugal, entré en 1611 dans la Compagnie, partit pour les Indes en 1623, et après un séjour à Goa, il arriva en Chine en 1636. De *Hang-tcheou* où il étudiait la langue, il part pour *Ou-tch'ang-fou*, 武昌府 capitale du *Hou-koang*, appelé par deux mandarins chrétiens, Jacques et Mathias ; en deux ans, il avait baptisé plus de 300 adultes et élevé une modeste église, que les Tartares détruisirent peu après. En 1643, il passait au *Fou-kien*, où il était chargé de huit églises dépendant de *Fou-tcheou* 福州. Les troubles de la conquête tartare ayant ruiné ses chrétientés, il se rendit à *Lien-kiang* 連江, et ouvrit de nouvelles églises à *Ki-kan* et *Ngan-hang*. En 1652, nous le retrouvons à *Sou-tcheou* 蘇州, et cette même année, la seule province du *Kiang-nan* compta 2359 baptêmes. Peu après, de retour au *Fou-kien*, il assistait aux malheurs qui désolaient cette province, relevait le courage des fidèles, restaurait les églises en ruine ; puis, grâce à la faveur du Vice-roi *Tong*, qui devait se convertir un jour, il bâtissait une nouvelle église à *Fou-tcheou*. Arrêté en 1665 avec le P. da Costa, conduit à *Pé-king* puis relégué à Canton, il y reçut en 1669 sa nomination de Vice-provincial. A la fin de l'exil, il rentra dans sa chère mission et se vit rendre les vingt-quatre églises qui en avaient dépendu avant la persécution. Il mourut à *Fou-tcheou*, le 14 Février 1677, après avoir obtenu de la Cour, sur les instances du Père Verbiest, la rentrée au *Fou-kien* du Père Varo, dominicain. — C'est durant son séjour

LE CHEN-SI

d'après *Richthofen.*

LIEU DE LA DÉCOUVERTE
d'après la *China* de Kircher.

main, sont consignés dans un manuscrit qui se conserve dans les archives de la Compagnie (1); ils nous donnent le dernier mot sur plusieurs points restés jusqu'ici inconnus ou obscurs, et nous confirment dans notre opinion précédente sur la sûreté de critique de Bartoli.

Je me bornerai à en citer les traits qui ajoutent quelques éclaircissements au récit de ce dernier historien.

«C'est la 25ᵉ année de ce siècle, que put être enfin fondée dans la province du Xensi une résidence stable. Il s'y trouvait alors deux lettrés *(philosophi)* d'une grande autorité, baptisés naguère à *Pé-king* : l'un était le fils d'un ancien Président du Ministère des Rites (2), l'autre était le Dʳ Philippe Vang *(Wang)* qui se trouvant à la tête d'une cité de la province de *Pé-king* (3) lorsqu'il apprit la mort de sa mère, avait suivant l'usage abandonné sa préfecture et regagné sa maison pour accomplir son deuil. Philippe avait écrit aux supérieurs de la Compagnie des lettres instantes, demandant un prêtre de notre Compagnie qui pût baptiser toute sa famille. Trigault fut envoyé cette même année 1625, au mois d'Avril (4), par le P. Em. Diaz *(Junior)*,

---

à *Hang-tcheou*, où Trigault était mort en 1628, que, suivant toute probabilité, Gouvea mit en ordre les notes de son prédécesseur et leur donna la dernière forme. Son manuscrit fait suite à l'histoire composée par Trigault (155 fol. form. in-fol.), dont il n'est que la continuation ; il a pour titre : «*Prosecutio annalium Societatis Jesu Rev. Patris Nicolai Trigautii a morte P. Ricci ad nostra usque tempora concinnata maxime ex commentariis R.P. Antonii de Govea ejusdem Societatis Jesu.*» Ce manuscrit, de format in-4° et contenant 272 fol., va jusqu'à 1625; il est divisé en 5 Livres ; le Livre 5ᵉ n'a que 5 chapitres, dont le dernier traite presque exclusivement de notre monument.

(1) La partie du manuscrit dont la copie nous a été envoyée porte pour titre : *P. Nicolai Trigautii progressus et incrementi fidei ac Xtianae Religionis apud Sinas lib. V. cap. 5. Novae stationes felici eventu fundantur in Xensi et Xansi provinciis.*

(2) Le P. de Gouvea, trompé sans doute par la similitude des sons, a pris 吏部 *li-pou* Ministère des Offices civils, pour 禮部 *li-pou* Ministère des Rites. Les Pères Diaz et Bartoli, définissant le titre du Président par l'appellation 天官 «Mandarin du ciel», ne laissent subsister aucun doute à l'égard du premier titre. Il s'agit probablement de 張問達 *Tchang Wen-ta* (德允 *Té-yun*) originaire de 涇陽 *King-yang* au Chen-si, reçu Docteur en 1583 : il prit possession de son Ministère en 1621. C'est l'année suivante, 1622, que 王徵 *Wang Tcheng*, son compatriote, était lui-même reçu Docteur.

(3) Le P. Diaz a attribué au Dʳ Philippe pour l'année 1624, la fonction de «juge criminel de *Pé-king*.» Nous trouvons dans les *Chroniques du Chen-si* (42ᵉ *Kiuen* 選擧志) que 王洪灝 *Wang Hong-hao*, originaire de *San-yuen*, reçu Docteur en 1598, remplit l'office de Secrétaire (主事) dans l'un des Ministères de *Pé-king* : il s'agit ici, pensons-nous, du Dʳ Philippe *Wang*, qui aurait ainsi quitté en 1624, à l'occasion de la mort de sa mère, son poste de Secrétaire au Ministère de la Justice criminelle (刑部).

(4) Cette date, que nous avons vue reproduite par Bartoli, est importante pour constater l'alibi du Père Trigault au moment de la découverte : il ne quitta le poste de *Kiang-tcheou* qu'à cette époque, quand Vagnoni, désigné pour lui succéder, lui eût remis les ordres de leur commun supérieur, le P. Diaz.

alors Supérieur des Nôtres (1), avec l'ordre d'employer tous ses efforts pour établir une maison stable dans la métropole de Sigan. Trigault était à peine arrivé au Xensi, qu'il contracta une maladie dont il fut éprouvé l'espace de cinq mois... Quand la maladie eut disparu, Philippe donna peu à peu connaissance (des projets) de Trigault au Vice-roi et aux autres mandarins de la métropole, qu'il visita en compagnie du Père... Cependant cette même année, dans le bourg (2) de Cheuche, distant de dix lieues de la métropole, on avait découvert une pierre où se trouvaient sculptés des caractères chinois et chaldéens, par laquelle on apprit que dans les temps anciens, la loi du Christ avait pénétré en Chine, et il avait plu à la divine bonté de mettre seulement alors à la lumière ce témoignage de notre foi, à une époque où venaient d'arriver de nouveau les restaurateurs de cette loi. Cet événement eut un grand retentissement chez les Chinois eux-mêmes. Il nous faut parler plus au long de ce témoignage de notre foi, transmis jusqu'à nous par la vénérable antiquité.

«Donc, dans ladite province, au bourg de Cheuxe *(sic)*, la 25e année de ce siècle, tandis qu'on creusait la terre pour les fondations d'une certain édifice, les ouvriers rencontrèrent une pierre couverte de caractères chinois, ayant de hauteur huit pieds chinois, de largeur quatre pieds environ, et d'épaisseur plus d'un demi-pied.»

Arrêtons-nous ici un instant : ainsi, dans l'espace de quelques lignes, Trigault qui avait été envoyé par l'ordre exprès de son supérieur au *Chen-si*, qui avait de plus reçu la mission spéciale de s'enquérir de ce monument, a signalé deux fois la localité de *Tcheou-tche* (ou *Tcheou-che*), comme celle où la stèle avait été trouvée. Cette affirmation répétée entraîne pour nous la conviction : ce n'est ni à *San-yuen*, ni dans la banlieue de *Si-ngan* qu'eut lieu la découverte, mais à *Tcheou-tche* ou près de *Tcheou-tche*, localité distante de dix lieues de la Préfecture.

Cette indication suffirait par elle seule ; on ne pouvait la demander plus précise dans un ouvrage d'histoire générale, tel qu'est le manuscrit d'où nous l'avons extraite. Mais par bonheur, le P. van Meurs a joint à cette pièce d'autres détails conservés précieusement aux mêmes archives, et collectionnés au commencement du siècle dernier par le Père Thomas Ignace Dunyn-Szpot(3),

---

(1) Dans la notice que nous consacrerons plus loin au P. Em. Diaz *(Junior)*, nous verrons que ce Père avait été, vers 1623, nommé premier Vice-provincial de la mission de Chine.

(2) «Interim eodem anno in pago Cheuche decem leucis a metropoli distante lapis repertus est..»

(3) Le Père Thomas Ignace Dunyn-Szpot était né en 1643 dans le Palatinat de Poldachie ; il entra dans le Compagnie à l'âge de vingt ans ; attaché à la Province de Lithuanie, nous le trouvons dès l'année 1687 à la maison de Rome, avec l'office de Pénitencier. Ces renseignements, les seuls que nous ayons sur notre auteur, nous ont été conservés

sous le titre *Collectanea pro historia sinica facta per P.T.I.D.S. S.J.* (1). Je traduis littéralement du latin : «Le Gouverneur (le Préfet) de la ville de Sigan accourut aussitôt et vénéra par une profonde inclination du corps cette antiquité, qu'il ordonna de transporter à Sigan dans un monastère ou couvent de Tao-su *(Tao-che)* qui s'y trouve : on l'avait en effet trouvée dans des ruines anciennes, auprès de Cheuche *(Tcheou-tche)* située à 150 li de Sigan (2).»

Cette dernière mention concorde si exactement avec les mesures officielles de l'*Annuaire administratif* de l'empire, comme avec celles indiquées par le Père Gabriel Maurice, que nous croyons superflu d'insister sur quelques minces difficultés dont chacun pourrait facilement trouver la solution, et qu'une note suffira à signaler (3).

Désormais, il ne nous reste plus aucun doute : c'est auprès de la Sous-préfecture de *Tcheou-tche*, au milieu d'anciennes ruines dont l'étude nous apporterait sans doute d'autres révélations, que la stèle *King-kiao-pei* fut trouvée. Une carte empruntée aux *Chroniques du Chen-si* (6ᵉ Kiuen. fol. 13 et 14) montrera combien le transport de cette lourde pièce put être facilité par les cours d'eau qui se rendent au *Wei-ho* 渭河. De ce point à la hauteur de *Si-ngan*, la barque chargée de son précieux fardeau et descendant le cours de la rivière devait mettre moins de deux jours pour se rendre au lieu du débarquement. Elle s'engageait ensuite vraisemblablement dans le 皂河 *Tsao-ho*, cours d'eau que nous avons vu figuré

---

au titre d'un ouvrage dont parlera la note suivante.

(1) Les archives de la Compagnie de Jésus possèdent trois ouvrages manuscrits du P. Dunyn-Szpot, sur la mission de Chine : 1° *Collectanea pro Historia Sinica — facta per P. T. I. D. S. S. I. Pœnitentiarium Polum ad S. Petrum. Romœ.* Vol. I in 4°. 410 pages d'écriture fine. — Vol. II, 568 pages, même écriture ; avec un supplément de 42 pages. — Vol. III, environ 800 pages. — Tout l'ouvrage est divisé en 5 Parties ; il est composé de divers extraits regardant l'histoire de la mission de Chine, de 1664 à 1700. — 2° *Collectanea Historiæ Sinensis ab anno 1641 ad annum 1700, ex variis documentis.* Cet ouvrage, achevé par l'auteur en 1710, contient 2 volumes in-f°, d'environ 600 et 1000 pages, d'écriture fine et élégante. C'est une nouvelle et meilleure rédaction de l'ouvrage précédent. — 3° *Sinarum Historia.* 2 Vol. in-f°, chacun d'environ 600 pages. C'est la mise en œuvre partielle des documents réunis dans les *Collectanea* : le 1ᵉʳ volume embrasse la période 1580-1640 ; le second s'arrête à l'année 1687.

(2) «Erat enim inventum in antiquis ruinis prope Cheuche distantem 150 lis a Sigan.» Cette phrase, ainsi que tout le récit qui la précède et qui la suit dans le manuscrit, se trouve *Part. I. lib. 1, n. 9 et seqq. et Part. II. lib. 3, ad annum 1625.*

(3) La première, de moindre poids, est la distance de dix lieues indiquée par Trigault dans son premier texte, la seconde une erreur apparente d'orientation dont Bartoli *(in ver Leuante)* paraît être l'auteur. Une dernière difficulté pourrait être soulevée à l'occasion du mot *pagus* «bourg» appliqué à la ville de *Tcheou-tche*; mais il ne convient pas de faire plus de cas de cette appellation inexacte, que du mot *villa* appliqué par d'autres à *San-yuen* ; etc.

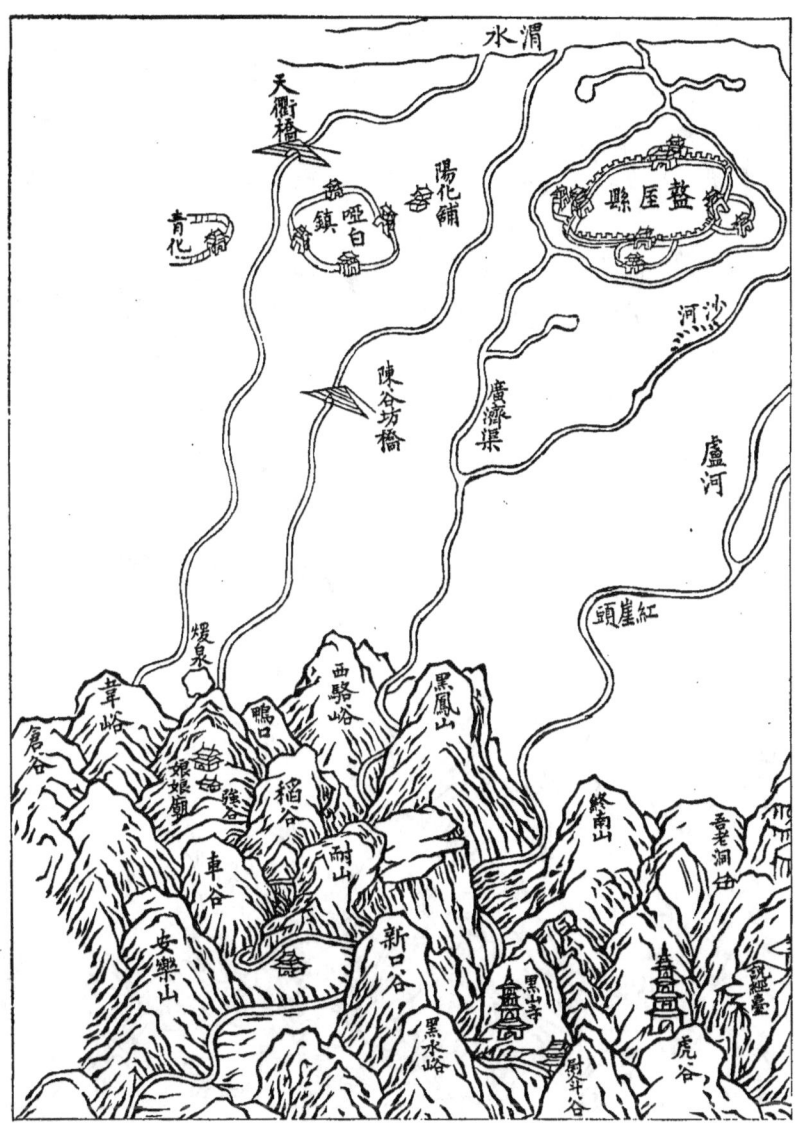

SOUS-PRÉFECTURE

d'après les Chroniques

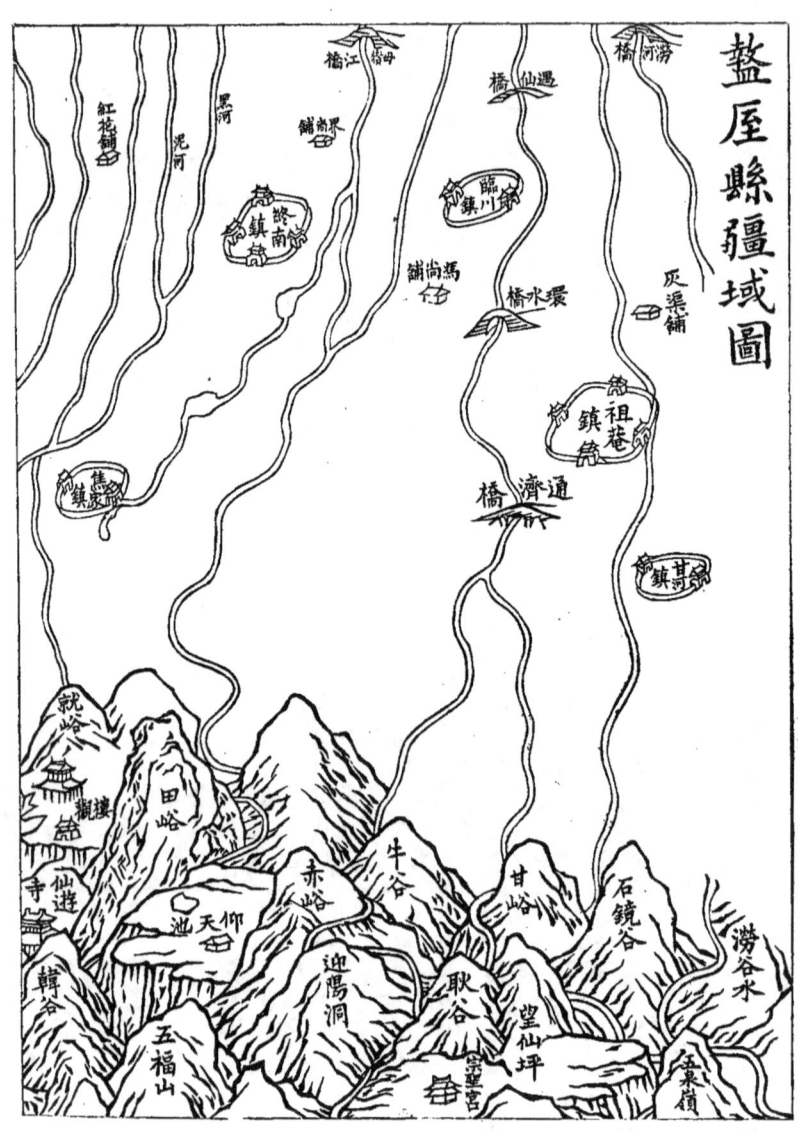

DE TCHEOU-TCHE
générales du Chen-si.

sur la carte de *Si-ngan,* et qui passe à l'Ouest et à une faible distance du monastère *Kin-cheng-se* (1).

C'est auprès de ce monastère, aujourd'hui confié à des bonzes du culte bouddhique, que repose depuis près de trois cents ans ce témoin, si éloquent dans son mutisme, d'une histoire dès lors vieille de dix siècles. Etranges vicissitudes des choses humaines! C'est tout près de cette nouvelle résidence de la stèle chrétienne qu'au temps où vivait Olopen, *Hiuen-tchoang* avait si puissamment contribué par ses traductions de livres bouddhiques, à assurer la puissance de la religion de Sakya (2).

Circonstance non moins remarquable : ainsi que nous le verrons bientôt, la stèle antique venait prendre place en 1625 au lieu même où l'Empereur *T'ai-tsong* 太宗 avait, en 638, inauguré par un édit solennel le premier temple chrétien, élevé sur le quartier 義寧坊 *I-ning-fang.*

La conclusion à laquelle nous sommes arrivés en étudiant les récits les plus dignes de foi de cette découverte, ne manque pas d'intérêt, puisqu'elle nous apporte une confirmation de la véracité de l'inscription et détermine un nouveau point des établissements chrétiens du VIIIe Siècle. La Sous-préfecture de 盩厔 *Tcheou-tche,* qui dépend administrativement de *Si-ngan-fou* est de date très ancienne, elle existait dès l'époque des *Han* avec son nom actuel (3). A trente *li* Sud-est de son chef-lieu, se trouve un temple fameux dédié à *Lao-tse,* 老子祠. C'est en cet endroit, rapportent les traditions, que le philosophe aurait donné à 尹喜 son *Livre de la Voie et de la Vertu.* Ces souvenirs, ainsi que la vénération témoignée à ces lieux par une suite d'Empereurs dont le premier aurait été *Che-hoang-ti* 始皇 des 秦, n'ont sans doute pas été

_____
(1) La carte de Richthofen, dont nous reproduisons un fragment, montrera l'itinéraire par terre. — Kircher, trompé par la *Dichiaratione* de 1631 avait, dans le *Prodromus* (p. 50), décrit ce monastère comme couronnant une montagne située dans la ville même de *Si-ngan* (in montis cujusdam in primariâ urbe Sigàn existentis Heremitorio), affirmation doublement inexacte. «La pagode, m'écrit le P. G. Maurice, est en rase campagne, à cinq *li* de la porte Occidentale (安定門 *Ngan-ting-men*) de *Si-ngan-fou,* et à deux *li* de l'extrémité du faubourg *Si-koan* 西關. Elle a été reconstruite après la révolte des Turcs qui saccagèrent de fond en comble l'ancienne pagode ; il ne s'y trouve que trois ou quatre bonzes et un domestique. Elle se dresse sur le bord septentrional du grand chemin, isolée au milieu des champs et assez éloignée de tout village. Le monument chrétien est placé au Sud de la pagode, au-delà du chemin et d'un vivier semi-circulaire, aujourd'hui desséché. Elle semble adossée à une série de monticules artificiels disposés en forme d'amphithéâtre parallèle à la courbe de l'ancien vivier ; ce sont des amoncellements de ruines produisant l'effet d'une série de tombeaux.» Un croquis dû à notre zélé correspondant rendra bien compte de cette disposition des lieux. Contrastant avec ces lugubres décors dignes d'une nécropole, «le télégraphe passe à quelques pas du monument, venant du Nord-ouest, et suivant la direction Sud-est...».

(2) Cf. *Histoire de la vie de Hiouen-thsang* pp. 292, seqq.

(3) Cf. 陝西通志. 2e *Kiuen,* 建置. fol. 9. — Le livre 城治 (14e *Kiuen,* 4e fol.) donne à cette ville 5 *li* de tour.

A. Stèle.   B. Cuve.   C. P'ai-leou.

sans exercer quelque influence sur la terminologie taoïste de la stèle chrétienne (1). Empruntons aux mêmes sources quelques nouveaux détails, qui complèteront l'histoire de la découverte. «Le Gouverneur fit

CROQUIS
de l'emplacement de la stèle.

A. Pagode *Tch'ong-jen-sc*.
BB. Champ.
CC. Enceinte.
D. Pagodin.

E. Vivier desséché.
F. Stèle chrétienne.
GG. Monticules artificiels.
H. Grand chemin.

---

(1) Cf. 陝西通志 28ᵉ Kiuen, 祠記 fol. 49. — Un autre passage du même ouvrage (70ᵉ Kiuen, 陵墓 43ᵉ fol.) place la sépulture de *Lao tse* 老子臺 au même endroit.

mettre la pierre sur un socle et la fit recouvrir d'une toiture reposant sur quatre colonnes... Il ajouta une stèle en marbre sur laquelle on lisait le temps de la découverte, l'année de l'Empereur régnant, et le nom de la Préfecture de Si-ngan (1)... Répandue dès cette époque, grâce à la prédication de nos Pères et aux livres nombreux qu'ils avaient déjà imprimés, la connaissance de la religion chrétienne avait pénétré en bien des lieux; il se trouva des païens qui à la lecture de la pierre convinrent qu'elle contenait la loi et les mystères que répandaient les Lettrés européens (西士). Or Dieu permit que parmi eux, il s'en trouvât un, lettré du second ordre (Licencié), qui avait connu le P. Matthieu Ricci à *Pé-king,* et de plus était l'ami intime du Dr Léon. Ayant lu cette inscription, il conjectura aussitôt que ce monument parlait de la religion chrétienne, dont les mystères lui avaient été souvent exposés par Ricci. Ayant donc composé de plusieurs morceaux de papier royal (ex pluribus philuris papyræ regiæ) une grande feuille de la grandeur de la tablette, il reproduisit en blanc au moyen d'un pinceau (2) toute cette écriture avec ses caractères tels qu'ils étaient disposés, et les ornements que portait la pierre à son extrémité (3); il fut même assez heureux pour reproduire de la même manière les caractères syriaques (4) qui exprimaient les noms des évêques et des prêtres. Il envoya le tout par un courrier spécial au Dr Léon qui pour lors habitait à *Hang-tcheou,* ne regardant pas aux frais d'un si long voyage, car il voulait transmettre de si heureuses nouvelles à son ami, qu'il savait être disciple de cette loi ; c'est ainsi que les Nôtres en eurent connaissance. On imprima ensuite un opuscule (libellus) renfermant l'inscription et des notes dans lesquelles on démontrait que cette loi était la même que celle annoncée par nous : un grand nombre de Chinois applaudirent et admirèrent... (5). »

(1) Nous avons déjà parlé de ce monument commémoratif de la découverte (pp. 39 et seqq.) Rien de plus précis que les détails empruntés à l'Histoire du Père Dunyn-Szpot.

(2) «Penicillo scriptorio et albo colore...» Il ne saurait y avoir aucun doute sur l'interprétation de ces paroles : elles font allusion au procédé de décalque (rubbing) ou frotti-calque ordinaire des Chinois, que nous décrirons plus loin.

(3) «Totam illam scripturam totidem et iisdem characteribus eorumque servata dispositione cum omnibus ornamentis marginalibus quæ in tabula marmorea erant in illud (folium) transtulit.» Ces paroles, ou d'autres semblables, ont dû contribuer à la méprise de la *Dichiaratione* et de Kircher au sujet du fac-similé. Qu'on les compare notamment avec celles de Kircher : «iisdem characteribus notarumque ductibus... incidi curavit.»

(4) Rien d'étonnant si le P. Trigault en écrivant ces notes de 1625 à 1628, date de sa mort, savait déjà que ces caractères étaient syriaques : nous verrons en effet que le Père Terrenz, avec lequel Trigault avait dû correspondre à propos de cette inscription, fut capable d'interpréter cette partie du texte. Quant à Sémédo, successeur médiat de Trigault à *Si-ngan-fou,* il put ignorer ce qu'avait su son prédécesseur : nous ne pouvons donc suspecter sa bonne foi quand il nous dit n'avoir eu la clef de ces caractères qu'en 1638, lors de son passage par les Indes.

(5) Cette citation est une traduction exacte de parties des deux manuscrits précé-

I. LA DÉCOUVERTE.

Nous ne terminerons pas ce chapitre sans relater une dernière circonstance de la découverte, que nos auteurs ont traitée d'une façon non moins variée que les précédentes.

Le Père Bartoli nous en a déjà présenté deux versions : les premiers missionnaires dont il avait la relation sous les yeux, attribuaient à un pur hasard le fait de cette découverte. C'était «en creusant, pour jeter les fondements de je ne sais quel édifice, que les ouvriers rencontrèrent quelques restes de constructions, et en les déblayant trouvèrent une grande plaque de marbre... Les ouvriers l'avaient rencontrée sans nullement la chercher (1).»

Un récit postérieur (1639) du Père Et. Faber, qui avait déjà inauguré ses succès prodigieux du *Chen-si,* est venu jeter un nouveau jour sur la question qui nous occupe : il est vrai que son explication ne trouvera pas grâce aux yeux des incrédules, mais elle nous semble suffisamment appuyée pour être acceptée au moins comme probable, de tout homme qui croit à l'intervention de la Providence dans les évènements de ce monde et admet la possibilité des manifestations surnaturelles.

On se souvient que «pendant plusieurs années consécutives», alors que «tout le pays se couvrait d'une neige épaisse pendant l'hiver, un petit espace de terrain en demeurait complètement libre et découvert», d'où «les habitants conclurent qu'il y avait là-dessous, ou bien un trésor, ou bien une autre chose de valeur. Ils se mirent par suite à creuser et trouvèrent effectivement le trésor de la pierre que nous avons signalée.» Et le vieillard qui racontait ce fait au P. Faber, le lui donnait «comme une chose de notoriété publique (2).»

Indépendamment de la confiance que nous inspire le témoignage du P. Faber, à raison de son caractère et de son héroïque vertu, nous ne voyons aucune raison de suspecter sa loyauté : un document obscur, destiné uniquement au Général de la Compagnie de Jésus, n'eût point fourni à l'auteur d'une invention mensongère un avantage capable de le dédommager de sa faute. Il est vrai, l'imagination superstitieuse du peuple chinois, aussi prompte à admettre les plus absurdes fictions, qu'elle est lente à recevoir les vérités de la foi, aurait pu en un petit nombre d'années créer cette légende dont la simplicité d'un missionnaire eût été la dupe. Cependant il est peu croyable que le Père Faber, qui connaissait si pertinemment cette contrée où il arriva peu de temps après la découverte, ait accepté à la légère ce récit merveilleux, dont il lui était facile de contrôler l'exactitude en interrogeant les témoins : ceux-ci devaient vivre encore très nombreux en 1639.

---

demment cités, d'Ant. de Gouvea et de Dunyn-Szpot.

(1) *Cina.* p. 794.

(2) «Vn vecchio... gli contò per indubitabil saputa, i passani della contrada colà onde si trasse la pietra, hauere osseruato.» *Cina.* p. 794.

De plus une double raison nous fait pencher en faveur du bien fondé de cette tradition. Si la philosophie du XVIII° Siècle s'est si vivement émue de cette découverte, c'est qu'elle a parfaitement senti qu'un juge impartial y verrait autre chose qu'un pur effet de l'aveugle hasard : pendant que les Jésuites exaltaient la Providence de Dieu qui venait de leur fournir un argument si opportun pour étayer leur prédication, l'athéisme ne vit d'autre ressource pour échapper à l'influence du fait providentiel, que de crier à l'imposture. L'authenticité du monument, prouvée dans ces dernières années jusqu'à l'évidence, discrédite désormais ce grossier subterfuge. Les missionnaires ni leurs amis n'ont point inventé cette pierre ; dès lors nous ne voyons point pourquoi Dieu n'aurait pas préparé une découverte conforme à ses vues, par un prodige qui devait mieux disposer les hommes à en profiter.

Ajoutons que le récit du P. Faber rend bien compte, semble-t-il, d'un détail que nous trouvons indiqué dans deux ouvrages chinois.

Déjà le P. Em. Diaz nous a appris que les fouilles à la suite desquelles on avait trouvé la stèle, s'étaient accomplies par l'ordre d'un mandarin (ou des mandarins) de *Si-ngan* (關中官命啟土). Si l'on admet que le bruit de la merveille rapportée par le P. Faber était arrivé jusqu'aux oreilles du Gouverneur de *Si-ngan*, les ordres donnés pour opérer des fouilles dans l'endroit indiqué s'expliqueront très naturellement.

Un autre récit, fourni par *Lai-tchai*, confirme ces ordres dont a parlé le P. Diaz, et agrémente son récit de détails curieux. Les voici.

«Dans les années 崇禎 *Tch'ong-tcheng* des *Ming* (1628-1644) (1), le Préfet de *Si-ngan*, Monsieur 鄒靜長 *Tcheou Tsing-tch'ang*, de 晉陵 *Tsin-ling* (2), eut un fils appelé 化生 *Hoa-cheng*, lequel était doué d'une intelligence très précoce. A peine pouvait-il marcher, que déjà il comprenait et pratiquait le rite de saluer le Poussa en réunissant les mains à chacune des douze heures (chinoises) de la journée, sans se laisser vaincre par la fatigue

---

(1) Nous avons relevé plus haut cette erreur de date, qui n'infirme pas du reste la vraisemblance du récit ; nous savons en effet que ce même personnage était Préfet de *Si-ngan* dès 1624.

(2) Les *Chroniques de Si-ngan-fou* (24° *Kiuen*. 職官) et celles du *Chen-si* reproduisent une partie d'une stèle (鄒公異政碑記) élevée à la mémoire de cet « administrateur extraordinaire ». Son nom était 嘉生 *Kia-cheng*. Il était originaire de la Préfecture de 常州府 *Tch'ang-tcheou fou* au *Kiang-sou*, et avait été reçu Docteur en 1616, l'année même où éclata la persécution de *Nan-king*, dont il entendit certainement parler à *Pé-king*. Pendant l'été de 1624, alors qu'il était Préfet de *Si-ngan*, il obtint, dit cette inscription, de la pluie par ses prières ; le même monument cite encore un trait de la confiance de cet officier dans l'esprit 城隍 *Tch'eng-hoang*. Mais cet extrait des *Chroniques* est muet sur le fait dont parle *Lin Lai-tchai*.

I. LA DÉCOUVERTE.   79

ou la paresse. Peu de temps après, il tomba malade; ses paupières s'abaissèrent, et le regard souriant, il s'endormit joyeux, de l'éternel sommeil. On choisit le lieu de sa sépulture au midi du monastère 崇仁寺 Tch'ong-jen-se de Tch'ang-ngan: en y creusant la terre à quelques pieds de profondeur, on trouva une pierre, qui n'était autre que le monument érigé jadis en l'honneur de la propagation de la Religion illustre (景教流行碑): ce monument après avoir été enseveli pendant mille ans, voyait enfin le jour. Si l'on s'en rapporte à l'enchaînement des vies successives (1), on se demande si cet enfant ne serait pas quelque pure relique (淨頭陀) revenue en ce monde (2)? Ainsi se serait vérifiée la sentence: « Le tombeau attendait Chen Pin 佳城之待沈彬 (3)...»

Ainsi que l'a remarqué Wylie (4) le P. Boym, tout en donnant une version différente de cette histoire, en avait cependant accepté un trait principal, la coïncidence de la découverte du monument avec la mort de cet enfant. « Le gouverneur de Si-ngan-fou, lisons-nous dans sa lettre de 1653, avait justement perdu un fils ce jour-là, et fut frappé de cette coïncidence dans laquelle il vit un présage (5). » On ne voit pas à la vérité dans ces paroles que la fosse ait été creusée pour préparer la sépulture du jeune Hoa Cheng, cependant le récit de Boym rend assez vraisemblable l'hypothèse de Lai-tchai, et se concilie heureusement avec ceux des Pères Diaz et Faber: la merveille signalée par ce dernier avait

---

(1) 三世緣因. Il s'agit des vies passées, présente et futures, qui se répondent comme causes et effets, suivant la doctrine bouddhique. Cf. Foe Koue Ki d'Abel Rémusat, p. 286, not a.

(2) 頭陀 Dhûtou, nom donné aux reliques d'un Bouddha ou d'un Saint, conservées dans un stoupa et vénérées; plus connues sous le nom de S'arîra. Cf. Hand-book de E. J. Eitel. 1870. p. 124.

(3) Ces paroles font allusion à une légende consignée dans le 江南野史. Chen Pin avait non loin de sa demeure un grand arbre auprès duquel il voulait être enterré. Un jour que sur ses ordres on creusait en cet endroit, on y découvrit une lampe et une statuette en cuivre avec ces mots: 佳城今已開·雖開不葬埋·漆燈猶未爇·留待沈彬來. «La tombe aujourd'hui est ouverte; elle est ouverte, mais on n'y a pas encore enseveli de mort; la lampe vernissée n'est pas encore allumée; on la garde pour l'arrivée de Chen Pin, c'est-à-dire pour le moment de son inhumation en ce lieu.» Il existe plusieurs autres allusions de ce genre, entre autres la suivante, une des plus anciennes, tirée du commentaire du 史記 Che ki (滕嬰傳 Biographie de T'eng Yng): «Les grands officiers conduisaient Yng à son tombeau, en dehors de la porte de l'Est, quand les chevaux refusèrent d'avancer; on creusa la terre, un gémissement se fit entendre et l'on trouva un sarcophage portant gravée cette inscription: «Le tombeau (佳城) délaissé voit après trois mille ans le soleil. Ah! C'est ici la demeure du Seigneur T'eng!» Et c'est de fait en cet endroit qu'on l'enterra.»

(4) The North-China Herald. N° 227. p. 72. not.

(5) China illustrata. pag. 8. «Gubernator Loci perculsus omine (namque illi eo ipso die filius mortuus fuerat)...»

pu facilement arriver aux oreilles du Préfet et exciter sa vive curiosité et une sorte de respect religieux. Quoi dès lors de plus naturel, pour ce père visiblement enclin à la croyance au surnaturel, que de chercher pour les restes de son enfant chéri, un endroit privilégié, favorisé de manifestations extraordinaires?

Nous ne voudrions pas du reste attacher à cet épisode une importance exagérée : *Lin Lai-tchai,* qui se trouve en faute pour la date comme pour le lieu de la découverte, a pu également se tromper ici; mais ne ferions-nous que garder le trait commun qu'il a avec le récit de Boym, c'en serait assez pour solliciter notre attention : cette coïncidence de l'invention de la pierre, ou de son érection à *Si-ngan,* avec la mort de cet enfant, devait, si elle est vraie, concourir avec les autres circonstances, à répandre la renommée de l'insigne découverte, et accréditer une religion qui semblait ainsi renaître, au moment où l'on déposait en terre la dépouille du petit prodige.

§ V. CONSÉQUENCES.

Importance de cette découverte pour la prédication évangélique. — Espérances conçues par les missionnaires. — Calomnie de Voltaire et de Neumann. — Objections des lettrés contre la nouveauté de la religion chrétienne. — Panégyrique du Dr Léon. — Commentaire du P. Em. Diaz. — Récit du Dr Paul. — Souvenirs de la stèle chrétienne à Chang-hai *et dans les villes voisines. — Explications du P. Couplet. — Dénominations, ouvrages manuscrits, rappelant la Religion Illustre. — Croix découvertes au Fou-kien. — Mouvement rapide des conversions. — Chiffres des convertis et des missionnaires. — La chrétienté du* Chen-si. *— Adam Schall et* Yang Kuang-sien. *— L'Empereur* K'ang-hi.

Le Rév. J. Edkins qui s'est évertué à tracer les règles théoriques de l'apostolat en Chine, a indiqué l'usage que les ouvriers évangéliques pourraient faire de ce « monument extrêmement intéressant, qui atteste la diffusion primitive de notre religion en Chine, par les travaux des missionnaires de l'église Nestorienne (1). » — Dans un de ces récits où il excelle, il se met en scène avec un lettré chinois qui lui fait part de ses doutes au sujet de l'antiquité de la religion chrétienne, et qu'il finit par convaincre en lui montrant les nombreux points de ressemblance entre les données de la stèle et les enseignements du christianisme. « L'avocat du christianisme en Chine, conclut le même auteur, trouvera cette célèbre inscription d'un grand secours pour répondre à des adversaires du genre de cet homme. Le recours aux preuves ordinaires, dites historiques, est peu concluant pour de telles personnes, ignorantes, comme elles le sont, de la Judée et de son histoire. Au point de vue des preuves de l'authenticité des Ecritures chrétiennes, ce monument est un jalon très important dans l'histoire du christianisme primitif, et les ouvrages des missionnaires catholiques et protestants en Chine en ont largement profité en ce sens. »

De fait, les missionnaires Jésuites du XVIIe Siècle avaient entrevu, dès la première nouvelle de cette découverte, tout le parti qu'on pourrait en tirer en faveur de la religion. Le fait même de cette trouvaille avait eu dans l'empire un retentissement que ne tardèrent pas à accroître les publications des Docteurs chrétiens et les remarquables commentaires du Père Diaz.

« Des gens de toute sorte, rapporte Sémédo, attirés, soit par l'antiquité de la pierre, soit par la nouveauté des caractères étrangers qui s'y trouvaient, se rendirent (à la *Varela* où avait été déposée la stèle). Et comme il y a aujourd'hui dans toute la Chine une telle connaissance de la loi de Dieu, il se rencontra là un païen (2), ami d'un chrétien mandarin important nommé Léon,

---

(1) *Religion in China.* Londres, 1878. Chap. XIII. Use of Syrian and Jewish monuments... p. 156.

(2) C'est à tort que le Dr Legge (*Op. cit.* p. 35) en fait un chrétien : « A small mandarin, however, in the city, a convert... » Nous avons dit plus haut que ce païen, ami du

lequel, comprenant le mystère de l'inscription, eut l'heureuse idée de lui en envoyer une copie, bien qu'il y eût un mois et demi de chemin, cet ami demeurant dans la ville de *Hang-tcheou*, où nos religieux s'étaient retirés presque tous, à cause de la persécution antérieure, dont nous parlerons en son lieu (1). On célébra avec des réjouissances extérieures et spirituelles ce témoignage irréfragable de l'antique chrétienté en Chine (telle était sa teneur, comme nous le verrons bientôt) (2).»

Cette découverte était, comme l'a très justement écrit le Dr Legge, «admirablement calculée pour aider les missionnaires dans la poursuite de leurs propres travaux (3).» C'est même uniquement ce caractère providentiel, qui souleva pendant plus de deux siècles les injustes défiances des ennemis de la religion ou de la Compagnie de Jésus.

Qu'il me suffise de citer en ce moment parmi nos adversaires Voltaire et Neumann. Le premier, dans ses *Lettres chinoises*, ne peut pardonner à Dieu, d'avoir suscité cette preuve de sa bonté envers une grande nation. Voici le début de sa lettre ; je n'en retranche que certaines facéties de mauvais goût, qui n'ajoutent aucun poids à ses insinuations : «Vous savez ce que fit à la Chine le Révérend Père Ricci...; il avait trouvé le moyen de s'introduire à la Chine avec un Jésuite Portugais nommé Sémédo, et notre Révérend Père Trigaut... Ces trois Missionnaires faisaient bâtir en 1625 (4) une maison et une Eglise auprès de la ville de Sigan-fou : *ils ne manquèrent pas de trouver* sous terre une tablette de marbre... couverte de caractères Chinois très-fins et d'autres lettres inconnues, le tout surmonté d'une croix de Malthe toute semblable à celle que d'autres Missionnaires avaient découverte auparavant dans le tombeau de l'apôtre Saint Thomas sur la côte du Malabar. Les caractères inconnus furent reconnus bientôt pour être de l'ancien hebreu ressemblant au Siriaque... (5).»

Neumann ne devait point davantage pardonner aux Jésuites le rare bonheur de leur trouvaille. «Ils crurent, affirme-t-il, que, pour gagner les classes supérieures, il fallait leur prouver que les plus illustres Empereurs des siècles passés avaient embrassé ou favorisé le Christianisme (6).» Chose singulière, Neumann aveuglé par sa passion antijésuitique, croit trouver un argument établissant la fraude dans le récit même de Sémédo! Voici com-

---

Dr Léon *Li*, s'appelait *Tchang Keng-yu*; et nous verrons bientôt qu'il dut se convertir avant l'année 1638 : le souvenir de Ricci et le zèle qu'il avait déployé pour faire connaître ce monument à ses amis chrétiens, lui valurent sans doute cette grâce de la conversion.

(1) Voir ci-dessus, p. 24 et passim.
(2) *Imperio de la China*. pp. 200 et 201.
(3) *Op. cit.* p. 36.
(4) Le lecteur se souvient que Ricci était mort en 1610.
(5) *Op. cit.* pp. 38 à 40.
(6) *Zeitschrift der deutschen Morgenlaend Gesellschaft. IV*, 1850. p. 38.

me il procède. «Les chrétiens, dit le Jésuite Sémédo (*Hist. univ. de la Chine*, Paris, 1645. p. 216) avaient depuis longtemps déjà désiré posséder un pareil monument de la foi de leurs ancêtres», quand fut découverte en 1625 l'inscription de *Si-ngan-fou*. Elle a pour but de transformer en zélés protecteurs du christianisme les *Tang*, sous qui la Chine avait été si florissante que les Chinois se nomment avec fierté dans leurs poésies des *Tangschin* et des *Hanschin* (1).»

Une simple note suffira pour démentir cette imputation gratuite, dont Pauthier a fait depuis longtemps justice (2), et pour flétrir la lâche audace de nos adversaires (3). Signalons seulement la justice que plusieurs d'entre eux ont su rendre à Dieu et même à la Compagnie, malgré les préventions qu'ils nourrissaient contre elle. «Celui qui pèsera attentivement ces faits, a écrit Mosheim, sera justement plein de vénération pour l'infinie clémence du souverain maitre de toutes choses, qui a voulu que la vérité ne fût point ignorée, même dans les provinces les plus inconnues de la terre, et qui a en tout temps manifesté le nom et la gloire de Jésus-Christ (4).»

Cependant les missionnaires, qui se sentaient forts de leur innocence, n'eurent garde d'oublier le parti qu'on pouvait tirer d'un tel trésor. Dès le 23 Août 1625, le P. Em. Diaz *(Senior)*, dans une lettre portugaise datée de Macao, exprimait ainsi les commu-

---

(1) *Tangschin* et *Hanschin* sont mis, je suppose, pour *Tang-jen* et *Han-jen*, «hommes des *Tang*, hommes des *Han*.» Ces appellations d'une érudition hasardée nous fournissent une première réponse contre Neumann : Si l'époque des *Han* (206 av. J.-C. — 221 ap. J.-C.) ne fut pas moins célèbre que celle des *T'ang* (618—907), pourquoi donc les Jésuites n'ont-ils pas fait remonter jusqu'à la plus ancienne de ces deux dynasties, les origines du christianisme en Chine? Cela n'aurait pas coûté davantage aux faussaires, et aurait recommandé encore plus sûrement leur religion.

(2) *De l'authenticité de l'inscription nestorienne*. pp. 86 à 89.

(3) Voici, d'après l'édition espagnole de 1642, la série des affirmations de Sémédo : La prédication chrétienne du VII° Siècle n'exclut pas une évangélisation antérieure de la Chine; l'Inde ne nous offrait-elle pas l'exemple d'une pareille restauration (p. 216)? Bien plus, les indices positifs de cet apostolat plus ancien ne faisaient pas défaut : «réunis, ils formaient une preuve concluante de l'existence antérieure d'une chrétienté en Chine, et un motif efficace pour que, après notre entrée dans ce pays, nous nous missions à la recherche des ruines de cette chrétienté (pp. 217, 218).» Les annales chinoises, il est vrai, restaient muettes, «à notre grand étonnement» (p. 218); en vain «pendant 30 ans nous avons parcouru toute la Chine... et établi le christianisme, espérant découvrir ces renseignements, sans pouvoir l'obtenir (p. 219).» Il conclut en ces termes : «Dans tout le royaume, nous n'avons jamais pu découvrir la moindre trace du christianisme, jusqu'à ce que Dieu permit la découverte en question, heureux sujet de ce discours (p. 220).» (En todo el Reyno jamás nos fue possible descubrir cosa alguna, hasta que Dios permitio el descubrimiento de la referida piedra, dichoso motivo desto discurso.) C'est cette dernière phrase que Neumann a dénaturée pour incriminer la mauvaise foi des Jésuites!

(4) *Hist. Tartarorum ecclesiastica*. p. 13.

nes espérances : «Dans la province chinoise du *Chen-si* où se trouve maintenant Trigault, on a déterré une pierre longue de 24 palmes environ (1), de laquelle il résulte très clairement qu'il y a 1243 ans (2) il y exista des chrétiens à la tête rasée, qui prêchèrent les mystères de la Trinité et de l'Incarnation, et auxquels les Empereurs chinois firent de grandes faveurs. Le D^r chrétien Léon a voulu que le tout fût imprimé, et que les mandarins chrétiens écrivissent sur les mystères exposés par cette pierre, afin que la chose acquît plus de notoriété. Il s'agit maintenant de faire parvenir ces faits à la connaissance de l'Empereur ; que Dieu fasse tourner tout cela à sa gloire (3).»

---

(1) Le P. Diaz, trompé par les informations trop hâtives des premiers jours, a exagéré les proportions véritables du monument ; nous verrons plus tard que son récit en entraîna d'autres dans cette erreur.

(2) Cela nous reporte à l'année 382 ; mais à la place, il faut lire 782, année assignée par les premiers missionnaires, au lieu de 781, comme celle de l'érection de la stèle. Il faudra de même lire 843 au lieu de 1243.

(3) *Cf. Prodromus Coptus* p. 72. — Cette lettre avait déjà été citée dès 1628, dans un opuscule *imprimé* à Paris sous ce titre : *Advis certain d'une plus ample découverte du Royaume de Cataï*. Quelques détails curieux qui accompagnent cette citation me déterminent à reproduire ce document.

«Vous serez bien aise d'apprendre qu'à Méliapur ville de Saint Thomas, il s'est trouvé fortuitement des lettres dans les archives, qui font foi que l'Evesque de cette ville envoya des Prédicateurs chrétiens dans la Chine il y a plus de mille ans, ce qui est tout conforme à l'inscription mémorable qui se trouva naguères sur un marbre dans le dit royaume de la Chine. Car le P. Emmanuel Diaz écrit que dans la province de Xansi (*Chen-si*), où est à présent le père Nicolas Trigaut, le 23 Aout 1625, on trouva dans la terre fossoyant comme une grande tombe d'environ vingt-quatre pams, qui portait en lettres chinoises une longue écriture bien gravée, en datte de l'an de N. Seigneur 382, de sorte qu'il y a 1243 ans que cette inscription fut faite. Elle déclare en somme qu'autrefois il y a eu là des chrétiens qui portaient le sommet de la tête ras, et qui enseignaient les mystères adorables de la très-sainte Trinité et de l'incarnation, et avec approbation publique et de grandes faveurs et privilèges que les rois de ce grand Etat leur avaient accordé. Le Docteur Léon, chrétien a fait imprimer tout le contenu de cette inscription, et a procuré que les Mandarins qui sont chrétiens en missent au jour les merveilles de ce marbre déterré et de ces vérités comme resuscitées. Ce qu'étant fait on met peine maintenant de faire venir le tout à la connaissance du roi, vu même qu'il s'est trouvé dans les archives de la Maison Royale un article écrit il y a quatre cents nonante et tant d'années, contenant qu'il avait déjà neuf cents nonante quatre ans que la foi chrétienne avait été prêchée ; et cette inscription ne fut faite que 140 ans après la première publication de l'Evangile.» (*Cf. Prodromus, p. 72.*) — Nous avons dit plus haut (pag. 56), que la date du 23 Août 1625 ne désigne pas le jour de la découverte, mais celui où le Père Em. Diaz a écrit sa lettre ; quant aux chiffres 382 et 1243, il faut les corriger comme nous l'avons fait dans la note précédente. — Il serait intéressant de connaître le document officiel auquel font allusion les paroles précédemment citées ; si nous en croyons les données de l'«Advis», cet «article» serait environ de l'année 1134 (1625—491), et reporterait à l'an 140 ap. J.-C. (1134—994) la première prédication de l'évangile en Chine. Mais surtout en présence des erreurs de date bien constatées qui déparent cet «Advis», nous croyons inutile de nous livrer à des

I. LA DÉCOUVERTE. 85

Cette communication préoccupait à bon droit les missionnaires de Chine : et qui sait si la vue de cette croix, si le récit des anciennes faveurs accordées à ses adorateurs par une grande dynastie, n'achèverait pas la conquête d'une Cour païenne, et ne susciterait pas dans l'Extrême-Orient un nouveau Constantin? Sans doute ces rêves ambitieux d'une Chine chrétienne étaient permis surtout alors au zèle ardent de ses apôtres: aussi ne devons-nous pas être surpris, s'ils mirent tout en œuvre pour profiter de si heureuses conjonctures.

Plus d'une fois déjà, les missionnaires et les Docteurs chrétiens s'étaient vu opposer la nouveauté dangereuse de cette religion étrangère, dont K'ang-hi durant les premières années de son règne devait après eux se faire une arme, pour se défendre personnellement contre les entreprises d'un zèle qu'il jugeait indiscret. «Parmi les objections que l'Empereur de la Chine nous a faites au sujet de la Religion Chrétienne, écrit le P. Le Comte, celle-cy n'a pas esté l'une des plus foibles. Si la connoissance de Jesus-Christ, a-t-il dit quelquefois, est necessaire au salut; et que d'ailleurs Dieu nous ait voulu sincerement sauver, comment nous a-t-il laissé si long-temps dans l'erreur? Il y a plus de seize siècles que vostre religion, l'unique voye qu'ayent les hommes pour aller au Ciel, est établie dans le monde; nous n'en sçavons rien icy. La Chine est-elle si peu de chose qu'elle ne mérite pas qu'on pense à elle, tandis que tant de barbares sont éclairez (1).»

Nous retrouvons dans la préface du Père Diaz, les traces des préoccupations qu'avaient dû inspirer aux missionnaires des premiers temps ces spécieuses objections. Dans cette préface (序) de son Commentaire, il nous peint au naturel ces difficultés: «Sans doute, disaient les visiteurs aux missionnaires, nous avons lieu d'être reconnaissants pour ces enseignements qui nous ont été apportés de si loin; mais pourquoi n'ont-ils point été donnés également à nos ancêtres, pourquoi sont-ils venus si tard? C'est

---

conjectures. Rien d'étonnant du reste qu'un document du XIIe Siècle, accessible à l'un des grands mandarins qui faisaient alors profession de christianisme, ait pu rappeler ces temps lointains du christianisme, puisque l'ouvrage 册府元龜 dont nous reparlerons bientôt y faisait allusion dès l'année 1012. Peut-être était-ce cette note que Bartoli avait en vue lorsqu'il écrivait: «Je trouve qu'on a écrit en Europe que tout ce qui est dit sur la pierre est consigné dans les histoires chinoises, mais celui-là a dû les voir sans les lire, et aucun autre des Pères n'a pu le trouver en le lisant, comme eux-mêmes le déclarent.» Cf. La Cina, p. 803. Le silence très significatif des Docteurs chrétiens et du P. Em. Diaz vient à l'appui de cette réflexion.

(1) Nouv. mémoires. Paris, 1696. Tom. II. pp. 193, 194. — Le P. Le Comte conclut un peu plus bas, par cette réflexion. «La Chine n'a pas été si abandonnée qu'elle s'imagine. Nous ne sçavons pas tout ce qui s'est passé dans ce nouveau monde, depuis la mort de Jésus-Christ; car les Chinois dans leur histoire ne parlent presque que de ce qui regarde le gouvernement politique. La providence divine est néanmoins assez justifiée, quand elle n'auroit fait pour leur conversion que ce qui est venu à nostre connoissance.»

ce que nous ne pouvons expliquer...» 然曷弗于數代以前
俾吾先人咸蒙接引延迨今兹誠所未解; L'auteur
expose alors les réponses pleines de sens que faisaient les missionnaires pour calmer les consciences; puis il passe à la découverte du moment. «*Tchang Keng-yu*, s'étant procuré un calque de
l'inscription et l'ayant lue, fut saisi d'émotion et il l'envoya à son
ami *Li Tche-tsao (Ouo-ts'uen)* en disant : «Cet éloge, me semble-t-il,
ne diffère pas de la doctrine d'Occident (西學).» M. *Li* l'examina:
il en était bien ainsi! Tout joyeux, il s'écria : «Désormais, les
lettrés de la Chine ne pourront plus reprocher à la sainte religion
d'être venue si tard!» 今而後中士弗得答聖教來何暮矣.

    Le Dr Léon avait du reste exprimé le premier ses propres
sentiments à cet égard dans l'œuvre que nous avons déjà signalée
sous le nom d'«Appendice». «Depuis plus de trente ans, écrivait-il,
que nos lettrés de Chine, considéraient la doctrine et les exemples
des sages d'Occident, il n'était personne qui ne proclamât son
excellence et ne la tint en honneur; cependant il restait encore
quelques doutes pour un grand nombre, qui traitaient cet enseignement de nouveau. Or, qui l'eût cru? Voilà 990 ans que cette
doctrine a été propagée (en Chine); au milieu des vicissitudes in-
cessantes de ce monde, la Providence de Dieu toujours immuable
avait suscité des sages qui n'ont connu aucun obstacle. De plus,
cette pierre sainte conservée par elle a tout à coup manifesté sa
vertu... Enseveli de longues années sous terre, ce trésor semblait
n'attendre qu'une époque prospère.» Plus d'une fois, au cours de
cette pièce, le Dr Léon fait appel à l'autorité de *Fang* Duc de *Liang*
(房梁公), et de *Kouo* Roi de *Fen-yang* (郭汾陽王), ces hommes
d'une vertu supérieure, dont l'exemple autorise et justifie la conduite des nouveaux convertis. Que l'on compare, s'écrie-t-il avec
confiance, les enseignements de cette pierre, avec ceux de nos
anciens livres, et l'on verra leur commune origine; et tandis que
les sages de l'Occident bravant tous les périls et des distances
infinies ont renoué cette chaîne des traditions; sans sortir de chez
nous, nous avons entendu la science véritable. En terminant, ce
grand chrétien invite ses concitoyens à déserter l'erreur pour
embrasser la vérité, à diriger l'hommage de leur culte vers un
Dieu unique, à approfondir le grand problème de la vie et de la
mort.

    Ce panégyrique éloquent de la loi chrétienne était répandu
dans la Chine, à un très grand nombre d'exemplaires, et par des
explications parfaitement choisies sur les principaux points de
l'histoire et du dogme, il facilitait aux lettrés l'intelligence de
l'inscription (1).

---

    (1) On trouvera dans l'*Appendice* le texte complet de cet écrit, d'après le 唐景教
碑頌正詮 de 1878. L'ouvrage protestant 耶穌教略, imprimé en 1889 à la Pres-
se Presbytérienne, l'a reproduit presque en entier, mais nous n'avons point à le louer des

I. LA DÉCOUVERTE. 87

Trouvée seulement quelques années plus tôt, la stèle chrétienne fût restée incomprise, car il fallait pour en saisir lesens la connaissance de nos mystères. Plus d'un critique païen nous a prouvé par son exemple qu'une science littéraire, même non vulgaire, ne mettait pas à l'abri des plus monstrueuses méprises en une pareille matière. J'en citerai plus tard quelques traits ; pour le moment, qu'il me suffise de rappeler avec le P. Kircher, combien se montraient favorables pour la religion les conjonctures préparées par Dieu : «Les Pères de notre Compagnie, qui venaient justement d'arriver en cette province, ayant entendu dire sur ce monument beaucoup de choses que la renommée s'en allait peu à peu publiant au loin, s'y rendirent aussi pour l'examiner, poussés à cela plutôt par l'esprit de Dieu que par le leur propre... On voit ainsi comment l'interprétation de choses si relevées et si subtiles avait été réservée à ceux-là seulement qui, instruits à la fois de la science des choses divines et humaines, devaient être les prédicateurs et les propagateurs de la même doctrine et de la même loi, tombée avec le temps dans l'oubli (1).»

Tandis que le P. Em. Diaz faisait paraître au *Tché-kiang* (2) son commentaire du *King-kiao-pei*, d'autres missionnaires, sur d'autres points de la Chine, éditaient des publications analogues (3),

---

coupures peu adroites et des substitutions arbitraires qu'il lui a fait subir.

(1) *Prodromus Coptus.* pp. 50 et 71.

(2) Dans ses *Remarques sur les Recherches de M. Paw*, datées à *Pé-king* du 27 Juillet 1775, le Père chinois Aloys *Kao* 高 類 思 (1733–1780), qui avait fait une partie de ses études en France, mentionne une édition du livre du Père Em. Diaz faite à *Pé-king*. Parlant «des fameux marbres qui attestent si invinciblement que la Religion Chrétienne a été publiée dans notre Chine au commencement de la dynastie des *Tang*», il ajoute: «L'autorité publique a fait relever ces marbres avec honneur ; et aucun Lettré ne s'est élevé contre le livre que *Yang-ma-no* (P. Diaz) publia dans le temps à *Pé-king*, pour les expliquer et en faire valoir le témoignage. Ce livre est à la Bibliothèque du Roi.» *Cf. Mém. conc. les Chinois.* Tom. II, p. 164. — Peut-être bien n'est-ce qu'une erreur: *Pé-king* aurait été écrit pour *Hang-tcheou*. Vers le même temps, le P. Pierre Martial Cibot 韓 國 英 *Han Kouo-yng* (伯 督 *Pé-tou* ; 1727–1780) écrivait ce qui suit dans son *Essai sur la langue et les caractères des Chinois*; «J'invite les curieux à parcourir le commentaire publié à *Pé-king* sur le fameux monument de pierre trouvé dans le *Chen-si*, en 1625.» *Cf. Mém.* Tom. VIII. p. 235.

(3) On a dit que le Catalogue du P. Couplet mentionnait sous le nom du Père Antoine de Gouvea, un écrit relatif au même monument. Voici ce texte :

«Sub nomine ipsius editus à Prorege Tum (Tong), adhuc gentili, posteà christiano Michaële Catechismus vulgari stylo. Item elogium S. legis lapidi insculptum erectumque ab eodem Prorege.»

Il me semble qu'il n'est ici nullement question du monument de *Si-ngan*, mais simplement d'un éloge du christianisme, dans le genre de celui que composa *Siu Kolao* pour les églises de son pays natal, et dont on peut voir le texte dans les *Chroniques de Sou-tcheou* (蘇 州 府 志, édition de 1748 ; 39° *Kiuen* 寺 觀, fol. 48), sous le titre de 徐 光 啟 讚 *Siu Koang-k'i tsan*. Cette pièce ne doit pas être confondue avec la cou-

dont le texte ne nous a malheureusement pas été conservé. Le catalogue de K'ien-long relate, par exemple, un de ces écrits à la suite d'un ouvrage du Père Aléni (1).

Leurs disciples chrétiens, comme leurs protecteurs paiens ne perdaient aucune occasion de rappeler ces gloires antiques du christianisme. S'agissait-il, par exemple, d'écrire une préface pour un livre composé par un Jésuite, ou bien quelque mandarin offrait-il à une église de sa juridiction quelque inscription louangeuse, on était sûr de trouver dans ces écrits un souvenir délicat de ce lointain passé. Ici, nous n'aurons que l'embarras du choix, et il faudra nous borner à quelques exemples.

L'« Appendice » du Dr Léon avait ouvert une série de publications, apologies ou éloges du christianisme, qui ne devait pas prendre fin de sitôt. Dans ce premier écrit, fait en hâte à *Hang-tcheou* avec le concours des missionnaires, on voit les qualités maitresses du lettré et de l'exégète. A la fin du siècle suivant, 錢大昕 *Ts'ien Ta-hin* a prétendu, avec plus de légèreté que de

---

(1) *Cf.* 欽定四庫全書總目, 125° *Kiuen*. A un exemplaire du 西學凡 de ce missionnaire, offert à la Cour par le Vice-roi des deux *Kiang*, se trouvait jointe une copie de « l'inscription du temple de *Ta-ts'in* » : 附錄唐大秦寺碑一篇. «Cette addition, observe avec humeur le critique officiel, peu bienveillant d'ailleurs pour la religion chrétienne, avait pour but de prouver l'antiquité de cette religion dans l'Empire du milieu... mais nous possédions de ce fait d'autres preuves que cette pierre.» Nous verrons plus tard combien sont contestables les identifications du méprisant académicien, dont nous reproduisons l'article *in extenso* dans l'Appendice. Pour cet érudit sans critique, qui confond les notions les plus disparates fournies par l'histoire ancienne sur les croyances d'Occident, la religion chrétienne et le culte du feu ne font qu'un ; et il conclut l'exposé de cette singulière découverte par cette déclamation prétentieuse: «A l'appui de son livre, Jules Aléni a fait appel au témoignage de la stèle des *T'ang* ; mais il en résulte plus clairement encore que cette religion n'est que celle des Esprits (祆教). Il ne s'était point trouvé un seul homme qui utilisât les faits anciens, pour mettre à nu ses origines, de sorte qu'elle se propagea par tout l'empire. C'est que, depuis l'époque de *Wan-li* (萬歷), les lettrés et hauts fonctionnaires ne se souciant guère que de l'étude du cœur (心學) qu'ils exposaient dans leurs ouvrages, épuisaient ainsi les efforts de leur vie sans pouvoir atteindre la vérité par l'examen des documents anciens, et dès lors sans pouvoir s'opposer à la propagation d'une fausse doctrine.»—Le P. Louis Pfister a signalé dans ses notes manuscrites, sous le nom du P. Aléni l'ouvrage intitulé : 景教碑頌註解 *King-kiao-pei-song-tchou-kiai*, «Explication et commentaire de l'inscription de la stèle chrétienne». Je n'ai trouvé ce titre signalé nulle part ailleurs et la similitude du titre assigné à cette œuvre, avec le 唐景教碑頌正詮 me fait croire à une méprise de notre regretté bibliographe. Peut-être du reste la pièce (篇) signalée par le Catalogue impérial n'est-elle elle-même qu'une simple reproduction de l'inscription. Il me paraît peu probable qu'après avoir assisté le P. Diaz dans son travail, comme conseiller — ils habitaient alors ensemble la ville de *Yen-p'ing*, —comme réviseur (訂) et comme supérieur (准), le P. Aléni ait fait sur le même sujet un second livre.

vérité, que les Docteurs chrétiens ne purent se rendre un compte exact de la doctrine de la stèle (1), mais cette assertion est démentie par l'examen de leurs écrits.

Plus tard, le même D_r Léon Li, qui signe modestement 涼苾逸民, commençait par ces paroles la préface (題辭) qu'il a mise en tête de la collection 天學初函 T'ien-hio-tch'ou-han (Section des sciences) : 天學者·唐稱景敎·自貞觀九年入中國·歷千載矣. « La science du Ciel (T'ien-hio), c'est ce qu'on appela sous les T'ang la doctrine Illustre (King-kiao), laquelle pénétra la 9ᵉ année Tcheng-koan dans l'Empire du milieu, il y a de cela mille ans (2). »

En 1627, c'est le D_r Paul Siu qui s'efforce de prouver par l'autorité du monument de Si-ngan que la croix de fer de 吉安府 Ki-ngan-fou au Kiang-si « est celle qu'adorait l'Illustre religion (King-kiao) et qu'elle fut fabriquée sous les T'ang » (3). La conséquence peut être contestée, mais il reste ce fait que l'argument tiré de notre stèle était comme le topique favori des écrivains chrétiens de cette époque. Siu Koang-k'i n'a garde d'omettre une occasion si favorable d'en exposer le contenu : il signale avec une complaisance visible les noms des Empereurs et des hauts dignitaires qui payèrent alors un tribut d'hommage (悉皆尊奉) à la religion que prêchait Olopen ; il rappelle la construction des monastères ordonnée par T'ai-tsong et Kao-tsong dans la Capitale et dans les provinces, puis la restauration opérée par Sou-tsong ; enfin il montre « jusqu'à la fin de cette dynastie les conversions se propageant nombreuses parmi les grands, et les établissements chrétiens se répandant par tout l'empire » ; précieux encouragements qu'à l'exemple du D_r Léon Li il fait valoir aux yeux de ses compatriotes, pour triompher de leurs derniers préjugés.

Le nom du D_r Paul vient d'évoquer les souvenirs de l'église de Chang-hai 上海, qui, grâce à l'influence de son puissant

---

(1) Cf. 錢氏景敎考. — « Les lettrés et grands mandarins qui s'adonnaient aux sciences occidentales se félicitèrent mutuellement (de cette découverte), disant que sous les T'ang, leur religion avait eu cours en Chine. Mais leur demandait-on ce qu'on entendait par l'Illustre religion, ils ne pouvaient répondre. » Qu'il s'agit du titre 景敎 ou de la doctrine de cette religion, le D_r Léon répondait au contraire très catégoriquement. Il expliquait ainsi la dénomination adoptée par les anciens missionnaires : 命名景敎·景者大也·炤也·光明也. « (Cette religion) reçut le nom de King-kiao ; King veut dire « grand, lumineux, d'une clarté éclatante. » Quant aux mystères exposés dans l'inscription, il n'est pas moins explicite : nous le constaterons plus d'une fois, au cours de la traduction.

(2) Dans cette préface, le D_r Léon dit que l'arrivée de Ricci en Chine remonte à cinquante ans ; or, nous avons vu plus haut qu'il mourut à Pé-king le 1ᵉʳ Novembre 1630 ; il a donc composé cette pièce fort peu de temps avant sa mort.

(3) Bien que le P. L. Gaillard ait reproduit cette pièce 鐵十字著 de Siu Kolao dans son ouvrage Croix et Swastika (pp. 273, 274), le lecteur en trouvera un extrait à la fin du présent volume.

protecteur, devint bientôt la plus florissante de la Chine (1). Rappelons quelques traits de son histoire, relatifs au sujet qui nous occupe.

Lazare Cattaneo était venu dans cette ville en 1608, invité par le Dr Paul, chez lequel il eut sa première habitation ; mais bientôt il se fit construire par son généreux ami une chapelle, à l'Ouest de la demeure de ce dernier, pour se rendre accessible aussi bien aux classes populaires qu'aux magistrats et aux riches (2). En 1640, le nombre des néophytes était devenu trop considérable pour cette chapelle, et le P. Brancati (3) 潘國光 *P'an Kouo-koang* (用觀 *Yong-hoan* ; 1607-1671) acheta d'un nommé 潘恩 *P'an Ngen*, une maison située à l'intérieur de la ville, à sept minutes environ de la petite porte de l'Est : il construisit sur son emplacement une église avec sa résidence, et la dédia sous le nom de *King-i-t'ang* 敬一堂 « Temple où l'on adore l'Unique ». L'année suivante, Brancati recevait du Ministère l'inscription impériale 欽褒天學 *K'in-pao-t'ien-hio*, qu'il suspendait dans son église (4). Plusieurs magistrats, encouragés par l'exemple de

---

(1) Cette église peut être considérée à bon droit comme l'origine de celles qui se trouvent dans toute cette Sous-préfecture, dans celle de *Pao-chan* 寶山, ainsi que dans l'île de *Tch'ong-ming* 崇明 et dans la péninsule de *Hai-men* 海門 au Nord du Fleuve *Yang-tse-kiang*. C'est d'elle en effet que la lumière de l'évangile est passée dans ces régions, où elle a donné naissance à de nouvelles chrétientés (*Cf. L'île de Tsong-ming.* pp. 37, 58 et 59).

Lors de la spoliation de 1724, et même après qu'elle eût été convertie en pagode (1730) et affectée au culte du dieu de la guerre 關帝 *Koan-ti*, cette église conserva chez le peuple son ancienne dénomination de *T'ien-tchou-t'ang* 天主堂 « Temple du Seigneur du ciel. » Depuis qu'elle a été restituée à la mission (19 février 1861), on l'appelle *Lao T'ien-tchou-t'ang* 老天主堂 « Ancien temple », pour la distinguer de l'église plus récente de *Tong-kia-tou* 董家渡.

(2) Il ne reste aujourd'hui aucune trace de cette chapelle. La tradition conservée chez les chrétiens rapporte qu'elle était située en ville, non loin de la grande porte du Sud, auprès de la rue *Kiao-kia-tch'é* 喬家柵 et du canal *Yun-liang-pang* 運糧浜, à l'Ouest de la salle ancestrale du Dr Paul, *Siu-kong-se* 徐公祠.

Cette chapelle consacrée à la Ste Vierge à partir de 1640, paraît avoir été réservée dans la suite aux seules chrétiennes, car l'entrée de l'église construite par le P. Brancati leur était interdite. Le P. Couplet rapporte que, lorsqu'il résidait à ladite église, Candide Hiu 許太夫人, petite-fille du Dr Paul, qui l'avait fait splendidement orner à ses frais, désira la visiter. Le P. Couplet ayant connu son désir, quitta sa résidence pour quelques heures, afin d'en laisser l'accès libre à sa bienfaitrice et aux dames qui l'accompagnaient (*Hist. d'une Dame chrétienne de la Chine.* p. 121).

(3) De 1604 à 1637, le P. Cattaneo avait eu comme continuateurs de son œuvre à *Chang-hai* les Pères P. Ribero, Em. Diaz (*Junior*), Fr. Sambiaso, J. Aléni et Ign. Lobo.

(4) Nous tenons ces détails et plusieurs de ceux qui suivent sur l'église de *Chang-hai*, d'un ancien manuscrit intitulé 敬一堂志 *King-i-t'ang-tche*, qui renferme de précieux détails s'étendant de 1641 à l'année 1701. L'inscription impériale que nous venons de signaler avait été envoyée par *Tch'ong-tcheng* à chacun des temples chrétiens de l'empire.

I. LA DÉCOUVERTE.

Tch'ong-tcheng, voulurent à leur tour glorifier par un éloge public la doctrine de l'évangile et son héraut le P. Brancati. Des Ministres et d'autres grands personnages envoyèrent au *T'ien-tchou-t'ang* de *Chang-hai* des inscriptions qu'ils avaient eux-mêmes composées (1). La même année 1641, un mandarin, qui n'était encore qu'Assesseur de la Préfecture de *Song-kiang* 松江, mais qui devait ensuite être promu comme Préposé général de la gabelle au *Tchékiang*, 李瑞和 *Li Choei-ho*, avait reçu la visite du P. Brancati : ce magistrat lui avait fait de nombreuses questions sur la doctrine chrétienne : en ayant conçu une estime pleine d'admiration, il composa et fit graver sur pierre une inscription (2) dans laquelle il rappelait l'introduction de l'évangile en Chine sous la dynastie *T'ang*, l'arrivée à *Chang-hai* des Pères Cattaneo et Ribero, enfin la construction de l'église de cette ville. « C'est sous *T'ien-k'i* qu'on déterra à *Tch'ang-ngan*, le *King-kiao-pei* de la 2ᵈᵉ année *Kien-tchong* des *T'ang ;* les lettrés et grands officiers qui s'exerçaient aux sciences de l'Occident se félicitaient de voir leur doctrine connue dès l'époque des *T'ang*. Cependant, même avec le texte de cette inscription, si les exemples d'hommes extraordinaires eussent fait défaut, bien petit eût été le nombre des adhérents. Mais lorsque un jour Ricci, le Docteur d'Occident au génie supérieur, entra en Chine avec ses exemples admirables et ses moyens puissants, les sages de la Chine s'attachèrent à lui en grand nombre... »

Les anciennes *Chroniques de Chang-hai* (édition de 1683) nous ont conservé ces précieux souvenirs (3). Il va sans dire que les

---

(1) *Fou Koan* 傅冠, Ministre de l'empire, faisait don au Père d'une inscription portant ces caractères : 道隆譽命 *Tao-long-yu-ming ;* Song *Ta-tien* 宋大典, Préposé général du tribut envoyait cette autre inscription : 於穆正宗 *Ou-mou-tcheng-tsong*. Au même temps, Brancati était officiellement chargé de faire des observations astronomiques dans le Sud de la Chine, et le président du Ministère des Rites 林欲楫 *Lin Yu-tsi* lui envoyait cette inscription laudative 公贊義和 *Kong-tsan-Hi-Ho*.

(2) Voici le titre de cette inscription, et sa partie relative au *King-ki'o-pei :*

門唐已從國·東得學信中·小地吾則入中國·上中矜為跡而·撰上海長者異姿之旦·和間學視之多宗之⋯·李瑞西不世抱智之士·官天啓西文絶學之士·府堂大板學賢·推主記夫中國·江碑北景然唐·松天教世法·西十四年衖二唐猶·祯姚中於者跡奇其·崇馬內建顯之其

L'expression 西學 que nous avons traduite par «sciences de l'Occident», comme du reste la formule 天學, visait principalement la science de la religion chrétienne. L'astronomie, dont les missionnaires firent profession vers cette époque, donnait à cette dernière expression une raison d'être toute spéciale.

(3) On trouvera le texte que nous venons de citer au 7ᵉ *Kiuen*, fol. 36, du 上海縣志 (édit. de 1683); ce volume a pour titre général 官署 *Koan-chou* « des monuments publics ». Immédiatement après la Section consacrée aux « Établissements d'instruction »

éditions modernes de ce recueil ne les signalent plus (1).

D'autres témoignages d'estime se succédèrent dans les années qui suivirent (2), et même sous la dynastie tartare (3). C'est ainsi qu'en 1660 (4), le Sous-préfet de *Chang-hai, Tou Tche* 涂賫, originaire du *Kiang-si*, sur la recommandation de Basile *Hiu Tsan-tseng* 許纘曾 fils de Candide, composa, pour témoigner publiquement de sa faveur envers la religion chrétienne, l'éloge de sa doctrine et le fit graver sur pierre (5). Comme celui de 1641, ce monument rappelait l'évangélisation chrétienne des VII° et VIII° Siècles, dont il reproduisait un épisode différent, l'érection officielle de «temples de la Religion illustre (élevés) au Seigneur du ciel» (天主景教寺) dans cinq Préfectures, sous les règnes de *Sou-tsong* et de *T'ai-tsong*. Comme on peut s'y attendre, cette louange se terminait par le panégyrique de *K'ang-hi*, le monarque alors glorieusement régnant.

Une édition ancienne (vers 1691) des *Chroniques de Sou-tcheou* (蘇州府志) nous a légué le souvenir d'une inscription du *King-kiao-pei* précieusement conservée alors dans l'église de cette Préfecture, avec d'autres monuments de la faveur impériale. «La première église, nous disent ces *Chroniques*, avait été construite dans le quartier Nord-est, rue 長慶巷 *Tch'ang-k'ing*, par les missionnaires du *T'ien-hio* 天學 Brancati et de Gravina, au commencement de *Choen-tche*. En 1680, les missionnaires Couplet et Gabiani la transportèrent sur la rue *Ouo-long* 臥龍街. A l'intérieur, on y conserve : l'inscription de la stèle de la Religion illustre, autorisée par édit impérial des *T'ang*; l'éloge du seigneur 徐文定(公) *Siu Wen-ting Koang-k'i* des *Ming*; l'inscription impériale 欽崇天道, et la stèle gravée, dons de l'Em-

---

學校 *Hio-kiao*, vient un appendice intitulé 天學附 *T'ien-hio-fou*, avec le sous-titre 天主堂: il contient en tout trois pièces, dont nous citerons bientôt la seconde.

(1) Disons du reste que ces monuments détruits par la haine païenne, avaient disparu de l'immeuble où ils avaient été élevés, lorsqu'on en fit la restitution en 1861.

(2) Ainsi, *Li Choei-ho*, promu au *Tché-kiang* envoyait au P. Brancati l'inscription 存養祗命 *Ts'uen-yang-tche-ming*; de son côté le Préfet de *Song-kiang* en offrait une portant ces caractères : 曰明曰旦 *Yué-ming-yué-tan*.

(3) Vers 1650, P. Brancati reçut du Gouverneur de *Sou-tcheou*, nommé 秦世楨 *Ts'in Che-tchen*, qu'il connaissait intimement, l'inscription 學正心誠 *Hio-tcheng-sin-tch'eng*.

(4) De 1637 à 1665, l'église de *Chang-hai* avait eu pour apôtres les Pères Fr. Brancati, J. Dom. Gabiani, J. Smogolenski, J. Valat, Fr. Pacheco, E. Jorge et Fr. Rougemont.

(5) Voici un extrait de cette inscription, dont le texte complet se trouve aussi dans les *Chroniques de Chang-hai* (*Loc. cit.* fol. 37).

余惟唐肅代之間 有西士
信和入朝 詔靈武五郡 立天主景教寺 彼其時 如房僕射
郭令公等實羽翼之 相佐為盛事 豈若熙朝至尊特隆欽
若之恩而敷天之下 咸知載天德 以載聖化者之為教尤
宏遠也。

pereur *Choen-tche*; enfin l'inscription en deux caractères 敬天 offerte pendant l'hiver de 1671, par *K'ang-hi*, l'Empereur actuel (1). »

Le Père Philippe Couplet 栢應理 *Pé Yng-li* (信末 *Sin-mo*, 1622-1692) (2) nous a conservé le souvenir d'une dernière application faite vers cette époque par les missionnaires, de l'inscription chrétienne. Voici ce qu'il écrivait dans les premières années du règne de *K'ang-hi* : « Une table de pierre sur laquelle sont gravez les noms des soixante et dix Predicateurs de l'Evangile qui allerent de la Palestine à la Chine l'an 636, pour y établir la Religion, a obligé les Missionnaires de mettre à l'entrée des jardins, ou des champs, où sont les tombeaux de ceux qui sont morts dans les travaux Apostoliques, cette inscription en lettres Chinoises, *Sepulture des Docteurs de la sainte Loy Religieux de la Compagnie de JESUS venus du grand Occident* (3). » Le titre exact de cette inscription, telle qu'elle se lisait à l'entrée du cimetière de *Chang-haï*, était : (泰西天學修士之墓) *T'ai-si T'ien-hio-sieou-che-tche-mou* « Sépulture des religieux occidentaux de la Loi divine »; et c'est la dépouille du P. Brancati qui la première prit possession de ce cimetière à son retour de l'exil (4). Depuis lors, ce lieu a été longtemps connu sous le nom de 西士墓 *Si-che-mou* « Sépulture du Docteur d'Occident. » Le

---

(1) *Op. cit.* 39ᵉ *Kiuen*, 寺觀 *Se-koan*, fol. 48. — ... 內有唐敕賜大秦景教流行中國碑文. Il nous semble probable que, dans l'intention du rédacteur de cette note, l'expression 敕賜 se rapporte à la Religion illustre plutôt qu'au monument lui-même.

(2) Voici les noms des missionnaires qui se succédèrent à *Chang-haï*, depuis la majorité de *K'ang-hi*, époque de leur rappel de Canton, jusqu'à 1723, date de leur expulsion par *Yong-tcheng* : P. J. Dom. Gabiani, Ph. Couplet, J. Le Favre, E. de Pereira, E. Mendez, S. Rodriguez, A. Posateri, Fr. Gayosso, E. Laurifice, P. *Wan* (Bannez), S. *Ou* (a Cunha), R. Hinderer.

(3) *Histoire d'une Dame Chrétienne de la Chine.* Paris, 1688. p. 91.

(4) Ce cimetière se trouve en dehors de la grande porte du Sud, dont il est éloigné d'environ dix minutes. Le P. Brancati en avait acheté le terrain dès 1649 et y avait bâti une chapelle dédiée à la Sᵗᵉ Vierge — d'où son nom 聖母堂 *Cheng-mou-t'ang*. — Lorsqu'éclata en 1664 la persécution suscitée par 楊光先 *Yang Koang-sien*, le P. Brancati dut comme tous ses confrères se rendre à *Pé-king* d'où il fut dirigé sur Canton, le lieu commun d'exil. Au commencement de 1671, *K'ang-hi*, qui s'était débarrassé depuis deux ans déjà de la tutelle, vengea enfin l'innocence des missionnaires et condamna le calomniateur. L'ancien apôtre de *Chang-haï* mourut le 25 Avril 1671, quand il se préparait au retour : ses restes mortels, rapportés par les Pères Gabiani 畢嘉 *Pi Kia* et Couplet, revinrent seuls au *Kiang-nan* : mais ce fut un vrai triomphe, et les obsèques se firent devant un concours immense de chrétiens, au mois de Janvier 1672. Après la confiscation de 1724, les chrétiens rendirent à ce domaine son ancien nom de 聖母堂, tandis que les païens l'appelaient vulgairement 天主墳 *T'ien-tchou-fen*. Depuis la restitution de 1847, ce titre a été, par raison d'euphonie, transformé en 聖墓堂 *Cheng-mou-t'ang*.

lecteur ne verra peut-être pas tout d'abord la connexion, qui existait dans l'idée du Père Couplet, entre la stèle découverte à *Si-ngan*, et les inscriptions placées au XVII⁰ Siècle à l'entrée des sépultures des missionnaires : rien cependant n'était plus fondé que ce rapprochement, comme on le verra bientôt.

Les années qui suivirent la réhabilitation solennelle des missionnaires catholiques marquèrent l'âge d'or du christianisme en Chine et notamment à *Chang-hai* (1). Dès 1663, le P. Brancati administrait, outre les deux églises de *Chang-hai*, 66 chapelles sises dans la campagne environnante, contenant plus de 40.000 chrétiens (2). Quand la tempête soulevée par *Yang Koang-sien* fut apaisée, on compta chaque année dans cette église et dans les chapelles voisines jusqu'à 4.000 baptêmes... Mais le persécuteur *Yong-tcheng* 雍正 devait trop tôt ruiner ces magnifiques espérances.

Avant de passer aux provinces du Nord où nous constaterons les mêmes circonstances providentielles et les mêmes succès de la prédication chrétienne, il me faut signaler une dénomination très caractéristique qui prit naissance chez les lettrés chrétiens, à l'occasion de la découverte de 1625. Je ne ferai du reste que développer un argument produit depuis plusieurs années par W. J. Mayers (3).

Il fut donc de mode pendant un temps, chez les écrivains catholiques, de faire précéder leur nom de la qualification 景教後學 *King-kiao-heou-hio* «Disciple de la Religion Illustre». Le premier peut-être qui prit ce titre était originaire de 關西 *Koan-si* au *Chen-si*; il s'appelait 王徵 *Wang Tcheng* (4) et avait aidé le P. Terrenz dans la composition de l'ouvrage de mécanique 奇器圖說. Dans cet ouvrage, *Wang Tcheng* a fait précéder son nom de ces mots : 關西景教後學. Le choix d'un pareil titre, deux ans seulement après la découverte de la stèle, fait justement remarquer Mayers, montre la profonde sensation que ce fait dut causer parmi les disciples de la nouvelle doctrine.

---

(1) Je pourrais citer plusieurs autres inscriptions offertes alors à cette église par de hauts fonctionnaires. Qu'il me suffise de rappeler celle que *K'ang-hi* donna la 11⁰ année de son règne (1671) aux PP. Verbiest et Buglio et dont il fit envoyer en 1676 un fac-similé au P. Couplet. Aux deux côtés de cette trop fameuse inscription 敬天 *King-t'ien* «Honorez le Ciel», le P. Couplet fit suspendre ces sentences qu'avait écrites Basile *Hiu Tsan-tseng*, pour expliquer le texte impérial : 御筆輝煌本五代之宗旨; 王言昭格紹百代之心傳.

(2) Les archives de la Compagnie, qui nous donnent ces chiffres, indiquent pour la même époque plus de dix mille chrétiens à *Tch'ang-chou*, avec le Père de Rougemont, plus de deux mille à *Song-kiang* avec le P. Pacheco, etc., etc.

(3) Cf. dans The China Review. Vol. V, 1876—1877. pp. 336, 337, une note intitulée «The "King Kiao" or Nestorian Religion.»

(4) Les *Chroniques de Si-ngan-fou* (34⁰ et 42⁰ *Kiuen*) mentionnent un lettré du même nom originaire de la Sous-préfecture de 涇陽 *King-yang*, reçu Docteur en 1622; il exerça entre autres fonctions celle de 遼海監軍道.

I. LA DÉCOUVERTE.

Les lettrés du *Fou-kien*, encouragés peut-être par les croix découvertes dans leur propre province, suivaient l'exemple de *Wang Tcheng*. J'en trouve une double preuve, par exemple, dans l'ouvrage du Père Aléni (1) appelé 聖夢歌 *Cheng-mong-ko* : une introduction (小引 *Siao-yn*) et un appendice (跋 *pouo*) ont pour signataires deux lettrés de la même Sous-préfecture (福唐 *Fou-t'ang*, nunc 長樂 *Tch'ang-lo*), 林一儁 *Lin I-tsuen* et 李九標 *Li Kieou-piao* qui s'intitulent également 景教後學.

Bien plus, nous possédons dans la bibliothèque de *Zi-ka-wei*, la copie d'un ancien manuscrit dont quelques inexactitudes de doctrine permettent d'attribuer à coup sûr la composition à un simple chrétien, portant pour titre ces mots significatifs 景教便蒙歌 *King-kio-pien-mong-ko* «La Religion Illustre mise en chant à l'usage des ignorants».

Cet ouvrage malheureusement sans date comme sans nom d'auteur, et qui renferme environ cinq cents vers comprenant l'exposé des principales vérités, est sans doute du milieu du XVIIᵉ Siècle : son titre montre bien le parti que les chrétiens tiraient alors des révélations de la stèle chrétienne (2).

Vers le même temps, nous l'avons dit, le Sud de la Chine eut sa part des manifestations providentielles, dont l'ancienne Capitale de l'empire avait été le premier témoin : des croix surgissaient de terre, et bien qu'aucune inscription ne vînt préciser leur origine, ces pierres gravées du signe de la rédemption concouraient à confirmer l'effet produit par la découverte de 1625. Le rôle que joua par rapport à l'une de ces croix, *Tchang Keng-yu*, l'ami du Dʳ Léon, est assez remarquable pour que nous le rapportions ici. On se souvient que ce lettré, encore païen, avait le premier dépêché du *Chen-si*, sa patrie, à *Hang-tcheou*, un courrier porteur d'un décalque de la stèle chrétienne. Or, treize ans après, nous retrouvons cet homme au *Fou-kien*, où il exerçait sans doute quelque emploi public : à cette époque il était chrétien, et il nous a laissé par écrit le souvenir d'une autre découverte à laquelle il contribua. Ce court mémorial, imprimé par le P. Diaz à la fin de son livre, est conçu en ces termes : «Cette pierre antique (3) de la croix (聖架 *Cheng-kia*, litt. «machine sacrée») (4)

---

(1) Le missionnaire est appelé dans cet ouvrage 西方士 *Si-fang-che*, tandis que le P. Terrenz était intitulé dans le livre précédemment cité 西海耶穌會士.

(2) Il est assez singulier que cette longue cantilène de sept mille caractères ne mentionne pas le fait historique de la prédication ancienne. Nulle part elle n'indique l'origine de la dénomination 景教 qu'on supposait alors suffisamment connue ; je n'y ai même rencontré qu'une seule fois le caractère 景, dans l'expression 景宿 *King-sou*, empruntée à la stèle.

(3) Le P. Diaz donne cette inscription au revers d'une gravure de cette croix que nous reproduirons plus loin.

(4) Le signe de la croix est appelé dans les catéchismes catholiques 十字聖架號.

se trouvait dans le territoire *Tong-p'an-k'iao* de *Ts'iuen-tcheou-fou* (泉州府, dit aussi 溫陵 *Wen-ling*) (1), on ignore depuis combien de temps (2) ; aucun passant ne l'avait remarquée. C'était au printemps de 1638 : tout entier à la pensée de Dieu, et conduit par son inspiration, je la découvris avec des amis de la Préfecture. J'ai prié le prêtre de l'ériger dans son église de *Yong-tch'oen* (永春, dit aussi 桃源 *T'ao-yuen*) (3). — *Tchang Keng* a consigné ce souvenir (4). »

A la Cour de *Pé-king*, ni *T'ien-k'i* ni *Tch'ong-tcheng* n'avaient voulu profiter des avertissements du Ciel : le second, que les grands et le peuple regardaient comme chrétien songeait moins à se convertir qu'à défendre sa capitale contre les menaces des Tartares : il laissait Adam Schall (5) prêcher la loi de Dieu

---

(1) La légende qui accompagne la gravure de la croix donne ce renseignement plus précis : «A *Si-chan* (西山), dans la Sous-préfecture de 南安 *Nan-ngan* (南邑 *Nan-i*).» Cette ville est située à 45 *li* N. O. de la Préfecture.

(2) La même légende dit que la pierre avait été extraite de terre en 1619 (l'année 巳未 de 萬曆) ; mais personne n'en avait constaté le caractère chrétien jusqu'en 1638.

(3) Cette ville est située à 120 *li* N. O. de *Ts'iuen-tcheou-fou*.

(4) 聖架茲古石置溫陵東畔郊年代罔知往來無視崇禎戊寅春因余與懷帝心鑒格昭示郡朋獲之爰請鐸德堅桃源堂中張賡記.

(5) Jean Adam Schall von Bell 湯若望 *T'ang Jo-wang* (道味 *Tao-wei*) était né à Cologne en 1591, d'une famille distinguée par sa noblesse et son attachement à la foi catholique. Ses succès dans la science, sa rare piété le firent envoyer en 1608, au Collège germanique, d'où il passa trois ans après dans la Compagnie de Jésus. Arrivé en Chine l'an 1622 avec le P. Trigault, il fut envoyé à *Pé-king* pour y apprendre la langue ; il se fit dès lors connaître à la Cour par le calcul de plusieurs éclipses. Chargé ensuite des chrétientés du *Chen-si*, il résida à *Si-ngan-fou*, et aux préjugés qui lui valurent d'abord de la part de tous un véritable martyre, il vit peu à peu succéder une telle faveur, qu'il put construire une église, des aumônes que lui fournirent les mandarins et les lettrés. Rappelé à *Pé-king* en 1630, pour continuer avec le P. Rho les travaux astronomiques que venait d'interrompre la mort presque subite du P. Terrenz, il poursuivit cette grande œuvre avec une énergie indomptable : outre les observations auxquelles se livraient les Pères, outre la construction d'instruments dont ils donnaient les plans et surveillaient la fabrication, ils éditaient, avec le concours des D^{rs} chrétiens, une véritable bibliothèque scientifique, qu'ils pouvaient offrir à l'Empereur dès 1634. Déjà *Tch'ong-tcheng* avait accordé toute sa confiance au missionnaire : en 1631, dix des principaux eunuques de la Cour avaient été baptisés par ses soins ; parmi eux on remarquait *Pan* Achillée qui s'acquit une juste célébrité par ses vertus chrétiennes, son courage et sa fidélité aux derniers descendants de la dynastie. L'année suivante, le P. Schall pouvait célébrer la messe à l'intérieur du palais, et la grâce de Dieu opérant par les soins de son serviteur produisait des fleurs telles qu'un gynécée d'Orient n'en avait jamais vues. En 1636, écrivait Martini, l'année même où *Tch'ong-tcheng* imposait à Adam Schall la création d'un arsenal, «on comptait parmi les chrétiens, quatorze mandarins des degrés supérieurs, dix Docteurs, onze Licenciés, 291 Bacheliers, plus de 140 personnes du sang impérial, et 40 eunuques du palais. Trois ans après, trente-huit princesses du palais, et parmi elles la veuve de *T'ien-k'i*, avaient

I. LA DÉCOUVERTE. 97

dans son propre palais pourvu qu'il lui procurât des canons; quant à lui, il n'avait que faire du Dieu des chrétiens. Trahi par les siens qui livraient la Capitale à une bande d'insurgés, il périssait en 1644 de ses propres mains. Les Tartares s'emparèrent de *Pé-king*. Six ans plus tard, Adam Schall inaugurait un nouveau temple dans l'enceinte impériale et fixait sur une table de marbre le souvenir des « Docteurs d'Occident venus du royaume de *Ta-ts'in* pour y prêcher la religion (1). »

Les faveurs inouïes qui signalèrent le règne de *Choen-tche* 順治 avaient accéléré sur tous les points de la Chine le mouvement des conversions; mais la croix de *Si-ngan-fou* peut prétendre à quelque part dans ces succès si consolants : la province du *Chen-si*, nous le verrons bientôt, devait entre toutes, en ressentir l'influence bienfaisante.

Nous avons constaté plus haut la présence de cinq mille convertis pour toute la Chine, vers 1613. Or en 1627, d'après Martini (2), les comptes rendus des œuvres accomplies «dans le *Kiang-si* et le *Tché-kiang*, à *Nan-king* (i. e. dans le *Kiang-nan*), au *Chan-tong*, *Chen-si*, *Chan-si* et à *Pé-king*» fournissent un total de 13.000 chrétiens.

En 1636, ce dernier chiffre était triplé, et deux provinces nouvelles, celles du *Fou-kien* et du *Ho-nan* ouvertes à la foi, entraient pour une part appréciable dans ces consolants résultats (3).

également reçu le baptême.» (*Brevis Relatio de Numero et Qualitate Christianorum apud Sinas*. Rome, 1654. pp. XI, XII, XXIV). En 1644, le trône passait à la dynastie tartare et dès l'année suivante Schall se voyait contraint d'accepter la présidence du Tribunal des mathématiques. Après s'être imposé par sa vertu et par sa science au dernier souverain des *Ming*, il avait vu les grâces impériales survivre aux révolutions dynastiques. Les travaux absorbants de sa charge ne l'empêchaient point de se faire catéchiste : pendant les années tourmentées qui signalèrent la fin des *Ming*, comme pendant le règne de *Choen-tche*, son zèle ne se démentit pas, et sur ce sol si longtemps ingrat de la Capitale, il eut la joie de grouper autour de lui plus de 12.000 fervents chrétiens. Nous voudrions retracer un jour les derniers combats de cet homme vraiment apostolique, qui but jusqu'à la lie le calice de la plus lâche persécution : victime des calomnies de l'impie *Yang Koang-sien*, il s'éteignit à *Pé-king* le 15 Août 1666. C'est à tort qu'Abel Rémusat (*Biographie universelle*) a cru devoir substituer à cette date l'année 1669. Les missionnaires, dit-il, auront confondu l'époque où Schall tomba malade avec celle de sa mort ; mais la vraie date, celle de 1669 « est prise de l'original chinois du Catalogue des Pères de la société de Jésus qui ont prêché la religion en Chine.» En réalité, c'est notre auteur qui a commis un assez grave contresens. Le texte chinois fait rapporter la maladie et la mort (疾卒) à la 1ère date, et à la 2e le don impérial pour les frais de funérailles (欽賜祭葬銀五百兩).

(1) Voici un extrait de cette inscription qu'on peut voir intégralement reproduite dans *Croix et Swastika* p. 110. not. 1 : 次則唐貞觀以後有大秦國西士數人入中國傳敎. La traduction latine de ce texte se trouve dans l'ouvrage *Historica relatio de ortu et progressu fidei in Regno Chinensi*. Ratisbonne, 1572. p. 234.

(2) *Op. cit.* p. IV.

(3) *Ibid.* «Anno Domini 1636, censa sunt, ad quadraginta capitum millia, Christi

13

Quatre ans plus tard, les *Lettres annuelles* accusaient pour la Chine 60 à 70.000 chrétiens, répartis dans treize provinces différentes, sur quinze que comprenait alors l'empire chinois.

En 1654, lorsque Martini quitta la Chine, se rendant à Rome en qualité de Procureur, il laissait derrière lui plus de 150.000 chrétiens (1), et le même auteur nous apprend qu'en même temps le chiffre annuel des conversions dépassait six mille dans les différentes provinces de la Chine (2).

Or, pour recueillir cette immense moisson, la Compagnie de Jésus ne possédait en 1650 que dix-huit prêtres (3) ! Et encore devons-nous rappeler que plusieurs parmi eux, sacrifiant les joies d'un apostolat plus actif, vivaient captifs à *Pé-king*, au service d'une Cour dont ils étaient les prisonniers, pour attirer sur leurs frères, disséminés dans tout l'empire, les faveurs impériales sans lesquelles leur œuvre fût demeurée stérile.

Le Père Schall, en vieillissant, avait eu la joie de préparer à la mission de Chine de vaillants apôtres : en 1656, sept nouveaux ouvriers arrivaient de l'Europe, neuf autres l'année suivante, puis douze en 1659, et parmi eux le Père F. Verbiest 南懷仁 *Nan Hoai-jen*, qui lui succèdera : les progrès de la foi chrétienne atteignaient alors leur apogée, et durant les quinze années qui précédèrent la persécution de *Yang Koang-sien*, on compta chaque année environ sept mille baptêmes d'adultes (4).

---

fidem profitentium.» La province du *Fou-kien*, la seule où jusqu'alors la Compagnie de Jésus se trouvât en contact avec des religieux d'autres ordres, avait été visitée pour la première fois en 1625, par le P. J. Aléni ; dix ans après, les seuls Jésuites comptaient dans cette province dix-sept églises et 1.990 chrétiens dont plus de 1.600 dans la ville de *Foutcheou* et ses deux faubourgs (*Op. cit.* p. V).

(1) *Ibid.* p. VI. Le texte un peu obscur de Martini (... numerabantur, qui Christo nomen dedere) sera expliqué bientôt par Intorcetta : il s'agit des baptêmes conférés depuis l'entrée de Ricci jusqu'au milieu du XVIIe Siècle, non point du nombre des chrétiens en 1650.

(2) *Ibid.* «Aduerto autem porrò hoc, quot annis sex vt minimum millia sacris baptismi aquis Christo renasci solita.»

(3) On se rappelle que Ricci en mourant en avait laissé treize. En 1621, nous retrouvons exactement le même chiffre sur les catalogues officiels conservés aux archives de la Compagnie. D'après les mêmes documents, en 1626, la mission de Chine ne possédait que 18 prêtres de la Compagnie, 24 en 1630, puis 25 jusqu'en 1642 ; en 1650, leur nombre est retombé à dix-huit.

(4) Voici en quels termes, dans sa *Compendiosa narratio* offerte le 25 Janvier 1672 à la Propagande, le P. Intorcetta, Procureur de la Vice-province de Chine, exposait ces succès : «Outre les 150.000 chrétiens que les Pères de la Compagnie ont comptés de 1581 à 1650 sous l'étendard du Christ, il faut en ajouter 104.980 autres de 1650 à 1667 ; si l'on joint à ces chiffres les 1.900 baptêmes donnés par les Nôtres de 1656 à 1664 dans l'île de *Hai-nan* ; plus encore 3.400 baptêmes conférés par les Rév. Pères Dominicains de 1650 à 1664 ; et enfin 2.500 administrés par les Rév. Pères Franciscains, depuis 1633, date de leur entrée en Chine, jusqu'à 1660, le nombre total des Chinois baptisés sera de 263.780

I. LA DÉCOUVERTE.

Un document précieux qui nous a été conservé donne le tableau de la Chine chrétienne à cette époque. Nous le reproduisons en note, nous réservant d'expliquer au dernier chapitre de ce livre la contradiction apparente qu'offre sa somme totale avec les chiffres donnés plus haut (1).

chrétiens» (*Cf.* édit. lat. pp. 354, 355. — Edit. ital. de 1672, p. 8). Sans compter les oratoires privés, que le même auteur déclare «sine numero», il attribuait «aux Dominicains 21 églises et 2 résidences; aux Franciscains, 3 églises et une résidence; enfin aux Pères de la Compagnie 159 églises et 41 résidences.» (*Cf. Compendiosa Narratione.* p. 9.)

(1) Ce catalogue manuscrit, conservé aux archives de la Compagnie de Jésus et signé Luis de Gama (Visiteur de la mission, mort à Macao en 1671) a pour titre : «1663. Catalogo dos sojeitos da V. Prov^a e das Ig^{as} e do num. de Christaos q. temos na China.» Vers l'époque troublée de la chute des *Ming*, deux Vice-provinciaux furent établis en Chine (1641); l'un, le P. Fr. Furtado chargé des régions du Nord (Banda do Norte); l'autre, le P. Jules Aléni, chargé de celles du Sud (Banda do Sul).

SECTION DU NORD.

TCHE-LI......	3 égl. à *Pé-king* Ad. Schall, Ferd. Verbiest: L. Buglio, Gabr. de Magalhaens.	13.000	chrétiens.
	1 ,, *Ho-kien* (河 間).	2.000	,,
CHAN-TONG.	1 égl. à *Tsi-nan* (濟 南) J. Vallat.	3.000	,,
CHAN-SI......	1 égl. à *Kiang-tcheou* (絳州) M. Trigault (et 5 égl. «nas aldeas»).	3.000	,,
	1 ,, *P'ou-tcheou* (蒲 州).	300	,,
CHEN-SI......	2 égl. à *Si-ngan* Fr. Ferrari (et bcp d'autres égl. «nas villas aldeas»).	20.000	,,
	1 ,, *Han-tchong-fou* Cl. Motel.	4.000	,,
SE-TCH'OAN.	1 égl. à *Tch'eng-tou* (成 都).	300	,,
HOU-KOANG.	*Ou-tch'ang* J. Motel.	1.000	,,
HO-NAN......	*Pien-liang* (汴 梁) Ch. Henriquez.		

SECTION DU SUD.

KIANG-NAN.	2 égl. à *Nan-king* Ph. Couplet.	600	chrétiens.
	1 ,, *Houai-ngan* (淮 安) Em. Jorge.	600	,,
	1 ,, *Yang-tcheou* D. Gabiani.	800	,,
	1 ,, *Song-kiang* (松 江) Fel. Pacheco (et bcp d'autres égl. «nas aldeas»).	2.000	,,
	2 ,, *Chang-hai* Fr. Brancati (avec 66 chapelles). ...	40.000	,,
	2 ,, *Tch'ang-chou* Fr. Rougemont (et bcp d'autres égl. «nas aldeas»).	10.000	,,
	1 ,, *Sou-tcheou*...	500	,,
	1 ,, *Tchen-kiang*...	200	,,
	1 ,, *Kia-ting*.	400	,,
TCHÉ-KIANG.	1 égl. à *Hang-tcheou* H. Augeri.	1.000	,,
KIANG-SI....	1 égl. à *Nan-tch'ang* P. Canevari.	1.000	,,
	1 ,, *Kien-tch'ang* Pr. Intorcetta.	500	,,
	1 ,, *Kan-tcheou* (贛州) J. le Favre, Adr. Greslon (et d'autres égl. «nas aldeas»).	2.000	,,
	1 ,, *Ki-ngan* (吉 安).	200	,,

100   LA STÈLE CHRÉTIENNE DE SI-NGAN-FOU.

On remarquera que la province du *Chen-si*, avec ses 24.000 chrétiens (1) fournit à elle seule presque le quart du chiffre total. Moins de quarante années avaient suffi pour former cette imposante couronne à la stèle de l'Illustre Religion (2). Déjà, en 1655,

	2 égl. à *Fou-tcheou* (福州) Ant. de Govea.		... 2.000	chrétiens.
	1 „ *Yen-p'ing* (延平) Ign. d'Acosta.		300	„
FOU-KIEN....	1 „ *T'ing-tcheou* (汀州).		800	„
	1 „ *Chao-ou* (邵武).		400	„
	1 „ *Kien-ning* (建寧).		200	„
TOTAL.			... 110.100	chrétiens.

On le voit, l'église de *Nan-king* ne s'était pas relevée de ses malheurs ; le *Fou-kien* éprouvé par des calamités de tout genre avait vu également ses chrétientés presque anéanties. Remarquons enfin que l'île de *Hai-nan* 海南 et la province de *Koang-tong* dépendaient depuis 1643 de la mission du Japon.

(1) Le P. Greslon (*Hist. de la Chine*, p. 145) n'en signale que 12.000. Méprise de l'auteur, ou simple faute d'impression, ce chiffre ne peut en rien infirmer la mention si explicite d'un catalogue officiel. Le chiffre de 24.000 n'a du reste rien de surprenant après ce que nous avons dit des succès apostoliques du P. Et. Faber, décédé quatre ans seulement avant ce catalogue.

(2) Nous connaissons la plupart des missionnaires de la Compagnie qui se sont succédé jusqu'en 1701 dans cette région particulièrement chère aux apôtres du XVIIe Siècle. Une notice très brève sur leurs travaux ne sera pas déplacée ici. Nous avons vu le P. Nic. Trigault le premier d'entre eux y installer une résidence. Il dut quitter *Si-ngan* vers le milieu de 1627, comme en fait foi sa lettre datée à *Hang-tcheou* du 13 Sept. de cette même année; il était remplacé par un successeur qu'il ne nomme pas (...iterum successore dato... revocatus sum ad provinciam Che-kiam...). C'était probablement le P. Schall. Nous savons ce qu'il eut à souffrir lors de cette fondation ; avant d'être appelé à *Pé-king* pour continuer les travaux du P. Terrenz (1630), il eut la joie de voir les cœurs s'adoucir et d'élever à *Si-ngan* presque uniquement aux frais des lettrés, une magnifique église où il baptisait 50 adultes, le jour de son ouverture. Le P. Séméd̄o avait lui-même séjourné quelque temps à *Si-ngan* : nous l'y avons rencontré en 1628. Le catalogue de 1630 place à *Si-ngan* le P. Fr. Furtado ; nous avons dit aussi comment quatre ans plus tard il y éleva une seconde église ; le P. Michel Trigault 金彌格 *Kin Mi-ko* (端表 *Toan-piao*) lui tenait lieu alors de compagnon, occupé à apprendre la langue, tandis qu'un Frère, Fr. Ferreira, Macaïste d'origine, l'aidait dans les emplois domestiques. Quelques années plus tard, le P. Ignace da Costa 郭納爵 *Kouo Na-tsio* (德旌 *Té-tsing*) était envoyé à *Si-ngan* : en 1638, il y avait 560 baptêmes ; en 1640, avec le P. Et. Faber, il en compta plus de mille. En 1643, nous le trouvons dans la même ville, avec le P. Jos. Et. d'Almeida 梅高 *Mei Kao* (允調 *Yun-tiao*) qui y était arrivé depuis trois ans ; le rebelle *Li Tchoang* 李闖 qui s'empara alors de la cité, rendit hommage aux missionnaires qu'il fit respecter de tous. En 1648-1650, nous retrouvons da Costa avec Faber à *Si-ngan*. Nous avons dit les travaux de ce dernier ; nous ne ferons plus qu'enregistrer ce bulletin bref mais énergique, envoyé vers cette époque à ses supérieurs de Rome : «Laborat strenue, cum fructu animarum. — Il travaille courageusement et gagne des âmes.» Mort à *Han-tchong* en 1659, le P. Faber eut pour successeur dans cette région, le P. Cl. Motel 穆格我 *Mou Ko-ngo* (來卖 *Lai-tchen*), qui l'y aidait depuis deux ans ; la même année, le P. J. Fr. Ronusi de Ferrariis 李方西 *Li Fang-si* (六宇 *Lou-yu*) fut envoyé à *Si-ngan*. Ce fut aussi vers cette

I. LA DÉCOUVERTE.   101

Martini avait fait en ces termes l'éloge de ces chrétientés : « Cette connaissance de la loi de Dieu tombée en oubli depuis de si longues années fut rétablie par les Pères de notre Compagnie, lesquels érigèrent plusieurs temples au Dieu vivant et vrai, et cultivèrent une chrétienté non moins remarquable par le nombre que par la vertu de ses membres. Deux de nos Pères travaillent avec zèle à cette nouvelle vigne du Seigneur; l'un a fixé son séjour au centre de la capitale, l'autre parcourt la province pour y promouvoir le culte de Dieu et le bien des âmes, allant ici ou là, suivant que la nécessité l'exige, rompant et distribuant à tous ceux qui le demandent, le pain du salut. La métropole de Sigan a un grand nombre de temples; onze d'entre eux se distinguent par leurs dimensions et leur splendeur; mais entre tant d'objets profanes, les choses saintes ont désormais leur place : l'église que les Pères de la Compagnie de Jésus ont consacrée au vrai Dieu dans la ville même n'est pas le moindre de ses monuments; elle est très fréquentée par les chrétiens chinois et tartares que les Nôtres ont récemment convertis. En effet, comme cette ville est habitée par un prince avec une garnison tartare assez nombreuse, beaucoup de ceux-ci ont donné leurs noms à l'étendard du Christ et ont reçu le baptême. Que Dieu, l'auteur de ces

---

époque que Ferd. Verbiest, récemment arrivé d'Europe, passa dix mois au *Chen-si*, avant d'être envoyé à *Pé-king*. Le catalogue de 1663 indique pour cette époque deux églises dans la ville; l'une dédiée au Sauveur servait aux hommes, l'autre consacrée à Notre Dame était réservée aux femmes; d'après le P. Greslon, la même province comptait huit autres églises situées dans diverses villes « avec un si grand nombre de Chrestiens par tout, que le P. Ferrari ne pouvoit pas suffire à les cultiver » (*Cf. Hist. de la Chine*, p. 145). Exilé à Canton lors de la persécution de *Yang Koang-sien*, le P. de Ferrariis mourut en 1671, à *Ngan-k'ing-fou*, lorsqu'il revenait à son ancien poste. Ce fut J. Dom. Gabiani 畢嘉 *Pi Kia* (鐸民 *To-ming*) qui transporta son corps à *Si-ngan* pour lui donner la sépulture, et continua l'évangélisation de cette contrée pendant plusieurs années. Plus tard, nous voyons le P. Louis Le Comte donner ses soins pendant deux ans aux mêmes chrétientés. Le Catalogue de 1691 indique la présence au *Chan-si* et au *Chen-si* des Pères Ant. Posateri 張安當 *Tchang Ngan-tang* (靜齋 *Tsing-tchai*) et Fr. X. a Rosario 何天章 *Ho T'ien-tchang* (起文 *K'i-wen*). En 1700, le P. J. Laureati 利國安 *Li Kouo-ngan* (若望 *Jo-wang*), qui occupait cette mission depuis trois ans et y avait fait de nombreuses conversions, la remit aux mains des missionnaires français de la Compagnie : le P. J. Domenge 孟正氣 *Meng Tcheng-k'i* (若望 *Jo-wang*) est marqué sur le catalogue de cette époque, comme occupant la ville de *Si-ngan*; mais je soupçonne que cette destination ne resta qu'à l'état de projet. Le même catalogue place à *Han-tchong-fou* le P. Ign. Gab. Baborier 卜納爵 *Pou Na-tsio* qui occupa ce poste en 1699 et 1700. Enfin, l'année suivante, 1701, le P. Ant. de Barros 龍安國 *Long Ngan-kouo* (安當 *Ngan-tang*) était envoyé à *Si-ngan*; il y resta peu de temps et fut remplacé par les Pères Franciscains : le catalogue de cette année porte cette mention : « Illuc profectus P. Basilius Glemona, Franciscanus, Vicarius Apost. cum P. socio Franciscano. » Ce vénérable prélat arrivé en Chine en 1684, mourut au *Chen-si* le 13 Août 1703. C'est à lui que nous arrêterons cette liste déjà trop longue.

commencements, veuille les développer (1).»

Cependant, une grande douleur avait atteint le cœur du P. Schall à la fin de cette période : les généreuses qualités de *Choen-tche* ne devaient point, hélas! profiter à ce prince, qu'une folle passion conduisit bientôt au tombeau : la mort d'une jeune veuve, dont il s'était éperdûment épris et qui l'avait éloigné du vrai Dieu pour le livrer aux superstitions les plus absurdes du bouddhisme, le rendit comme fou de désespoir. Miné par une fièvre ardente, il expira le 6 Février 1661, sans avoir tenu compte des suprêmes avis que Schall avait renouvelés avant le dénouement fatal.

Or, dès l'année 1659, quand l'Empereur commença à se livrer aux pratiques du lamaïsme et à la débauche, un lettré originaire du 徽州府 au *Ngan-hoei*, nommé 楊光先 *Yang Koang-sien, (*長公 *Tch'ang-kong) publia, sous le titre de* 避邪論 *Pi-sié-luen,* un libelle plein de haine contre les missionaires et leur doctrine (2). La 1ère année de *K'ang-hi* (1662) parut sous le titre de 天學傳概 *T'ien-hio-tchoan-kai*, une apologie de la religion chrétienne, composée par les Pères L. Buglio 利類思 *Li Lei-se* (再可 *Tsai-k'o*) et Gabr. de Magalhaens 安文思 *Ngan Wen-se* (景明 *King-ming*), retouchée et éditée en son propre nom par un chrétien qui devait payer de sa vie cet acte de courage : il était employé au Tribunal des mathématiques et se nommait Jean 李祖白 *Li Tsou-pé*. Dans cette apologie, que l'Académicien 許之漸 *Hiu Tche-tsien* avait enrichie d'une préface, les Pères réfutaient les calomnies de *Yang Koang-sien,* «mais sans marquer ny le nom ny le Livre de celuy dont ils combattoient les Maximes (3).» Nous ne citerons qu'un seul des arguments employés par les missionnaires contre leur implacable adversaire.

«Ce Livre, dit le P. Greslon, rapportoit que Saint Thomas avoit envoyé de ses Disciples à la Chine, et qu'ils y avoient converty grand nombre de personnes, qu'en plusieurs lieux ils avoient arboré l'estendart de la sainte Croix, qui est l'instrument de notre Redemption, que ceux qui avoient receu la foy, prenant la Croix pour devise, la mettant sur leur portes, et faisant souvent sur eux-mesme ce signe sacré, la Loy de Jesus-Christ avoit esté appellée durant long temps dans ce Royaume, la Secte de la

---

(1) *Atlas*, pp. 45, 46.

(2) Ce pamphlet est divisé en trois traités (論 *luen*). Je dirai plus loin quelque chose de son contenu. L'édition que nous en possédons a pour titre 不得已輯要 et porte comme indication d'origine ces caractères : 荊楚挽狂子. Un avant-propos rappelle que *Yang Koang-sien* avait été pendant trois ans à la tête du Tribunal des mathématiques 欽天監 *K'in-t'ien-kien :* les Européens l'auraient empoisonné quand il fut sorti de charge. 鐵大昕, auteur qui nous est bien connu, affirme que les Européens auraient acheté au poids de l'or cet ouvrage pour le faire disparaître. «Ce livre était devenu très rare, ajoute l'éditeur.» 今其書鮮有存者. Le P. Greslon en indique les arguments principaux dans son Histoire (pp. 40/16).

(3) *Cf. op. cit.* pp. 84/88.

Croix. Que les Chinois mesme ne l'ignoroient pas, puisque leurs Livres en faisoient mention, et... que la Tradition confirmoit que dans les Provinces de Chansy, et Chensy il y avoit anciennement des Bourgades entieres qui professoient cette Loy de la Croix. Qu'environ six cens ans apres, c'est à dire l'an de Nostre Seigneur 634. *(lege 635)* pendant le regne de l'Empereur Tay Tsum..., des Evesques, des Prestres et des Religieux estoient allés de Judée à la Chine, et y avoient presché l'Evangile 200 ans, avec un si grand succez que non seulement les peuples; mais aussi plusieurs Grands de la Cour, avoient embrassé la Religion Chrestienne... que la grande pierre trouvée dans la ville de Siganfou Capitale de la Province du Chensi, l'an 1625... est une preuve de ce point d'Histoire (1).»

Yang Koang-sien se garda de toucher à ce «point d'histoire». Dans le nouveau pamphlet 不得已 *Pou-té-i*, qu'il fit paraitre à la fin de l'année 1664 (2), le rival du Père Adam Schall ne fit pas même allusion à ces faits, et cependant, cet ennemi acharné du nom chrétien avait mis tout en œuvre pour découvrir des faussaires dans la personne des Jésuites (3). Son entreprise avait échoué, et son silence n'est pas un mince argument en faveur de l'authenticité du monument chrétien (4).

---

(1) Nous n'avons pu malheureusement retrouver le texte chinois de cet ouvrage. Il ne faut pas le confondre avec un autre livre de titre identique, écrit en 1639 (12ᵉ an. de *Tch'ong-tcheng*) par le Dʳ (promotion de 1592) 黃鳴喬 *Hoang Ming-kiao*, du *Fou-kien*. La bibliothèque de *Zi-ka-wei* possède un exemplaire de cet ouvrage, qui ne comprend que quatre feuilles. Nous offrons dans l'Appendice la partie du texte de ce dernier écrit, relative à la stèle chrétienne. Il semble, au moins pour la partie historique, que les auteurs de 1662 se sont inspirés de l'opuscule de 1639.

Nous reproduirons en outre, dans l'Appendice, un extrait du 欽命傳敎約述 *K'in-ming-tchoan-kiao-yo-chou*. Ce manuscrit est sans date et sans nom d'auteur.

(2) Comme nous le verrons plus loin, la publication récente 辟邪紀實 *Pi-sié-ki-che* a reproduit ce libelle, mais en lui donnant à tort le titre de 辟邪論 *Pi-sié-luen*. Il est divisé en deux chapitres (篇 *pien*) et doit son nom à la formule finale qui termine la première partie. Cette formule qui est elle-même une allusion classique peut se traduire : «Compulsus feci.» Le P. Greslon a donné (*op. cit.* pp. 88/90) un résumé de ce livre, qui a été traduit récemment en anglais. (*Cf. Death Blow to corrupt Doctrines.* Chang-hai, 1870. pp. 37 à 48).

(3) C'est le Dominicain Navarrete qui nous donnera bientôt ce détail intéressant.

(4) Le 20 avril 1664, *Yang Koang-sien* avait adressé à l'Académicien et Censeur *Hiu* (青嶼 *Ts'ing-yu*) une longue lettre où il lui reprochait amèrement d'avoir osé mettre la fausse religion des étrangers au dessus de la doctrine nationale léguée par les princes *Yao* et *Choen*, par 周公 et par Confucius. Le 16 Sept. de la même année, il adressait une requête au trône pour obtenir la suppression du christianisme en Chine (請誅邪敎疏), et il dénonçait le P. Schall comme fauteur de rébellion et magicien (謀叛妖書) : ces écrits sont restés, aux yeux des lettrés chinois qui ont hérité des haines de ce blasphémateur, le type le plus accompli de l'orthodoxie et du courage dans les revendications contre les étrangers. Jamais depuis *Meng-tse*, écrivait l'auteur du *Pou-té-i-tsi-yao*, il ne

L'année suivante, le Père L. Buglio opposait à l'œuvre de *Yang Koang-sien*, le livre 不得已辯 *Pou-té-i-pien*, auquel les Pères Verbiest et de Magalhaens ajoutaient l'autorité de leur nom. On sait comment à la suite des impostures de *Koang-sien*, les Régents du jeune Empereur firent périr cinq officiers qui travaillaient sous les ordres du P. Schall (1), et envoyèrent en exil à Canton 25 prêtres, dont 21 de la Compagnie de Jésus (2). Adam Schall dont l'arrêt de mort avait été lacéré par l'Impératrice mère, s'était éteint à *Pé-king*, le 15 Août de l'année suivante, dans les bras de trois de ses frères seuls épargnés par le décret d'exil. La mémoire de cet homme vraiment grand devant Dieu, resplendira un jour devant les hommes qui l'ont calomnié vivant, et indignement poursuivi encore après sa mort.

On sait aussi comment l'un des premiers actes de *K'ang-hi*, débarrassé de la tutelle, fut de rappeler les exilés et de flétrir le calomniateur (3). A partir de ce moment, une ère de prospérité relative s'ouvrit pour les missionnaires, et malgré plus d'une persécution locale, chaque année voyait plusieurs milliers d'âmes entrer dans le bercail de l'église.

Cependant la stèle de *Si-ngan*, qui paraissait oubliée depuis longtemps, servit encore aux missionnaires avant la fin du XVIIe Siècle.

A la suite d'une longue persécution suscitée par le Vice-roi du *Tché-kiang* au P. Intorcetta, une chrétienté de la province du

---

s'était rencontré un tel homme!» Il ne s'en est que trop trouvé ensuite, qui ont eu le triste mérite d'ajouter aux calomnies de leur coryphée, les inventions honteuses que leur ont suggérées leurs bestiales passions.

(1) *Compendiosa narratio*. p. 361. — *Hist. de la Chine sous la domination des Tartares* par le P. Adr. Greslon Paris, 1671. pp. 175 à 178.

(2) *Comp. narratio*. p. 362. — On peut voir à la page 368 les noms des exilés qui durent quitter *Pé-king* le 13 Sept. 1665.

(3) Le texte officiel de la sentence impériale se peut voir dans le 熙朝定案 *Hi-tch'ao-ting-ngan*: elle est de la 7e Lune de 1669. Nous n'en citerons que le dispositif final: 旨楊光先本當依議處死·但念其年已老·姑從寬免· «Statuons que *Yang Koang-sien* est digne de mort; considérant néanmoins son âge avancé, nous userons pour cette fois d'indulgence envers lui.»

Outre les requêtes instantes des missionnaires présentées vers cette époque à l'Empereur, plusieurs autres apologies dues à des mandarins chrétiens furent aussi publiées pour la défense du christianisme; entre autres 鴞鸞並記 et 崇正必辯 *Tch'ong-tcheng-pi-pien*. Ce dernier ouvrage, en 2 parties (集 *tsi*), parut à *Pé-king* en 1672; il est de 何世眞 *Ho Che-tchen* (公介 *Kong-kia*) et porte une préface du P. Buglio: il rappelle la décision ministérielle du 17 Août 1669, qui condamnait à mort *Yang Koang-sien* et réhabilitait la mémoire d'Adam Schall. Le 3e volume (*Kiuen*) de la première partie a pour titre 輯碑記奏疏以證敎理之至正. Nous n'avons pu malheureusement retrouver le texte de cette première partie (前集); elle présenterait un intérêt spécial au point de vue épigraphique. Nous n'en avons que la table des matières; la bibliothèque de *Zi-ka-wei* possède seulement le texte de la 2e partie, relative au procès de *Yang-Koang-sien*.

Chan-tong, celle de *Che-p'ing-hien* 茌平縣 confiée au P. J. Valat 汪儒望 *Wang Jou-wang* (聖同 *Cheng-t'ong*), s'était vue menacée en 1690 des dernières rigueurs. Les Pères Thomas Péreyra 徐日升 *Siu Je-cheng* (寅公 *Yn-kong*) et Ant. Thomas 安多 *Ngan Touo* (平施 *P'ing-che*), Vice-présidents du Tribunal des mathématiques en l'absence du P. Phil. Grimaldi 閔明我 *Min Ming-ngo* (德先 *Té-sien*), avaient présenté à l'Empereur l'expression de leurs doléances. Celui-ci leur fit donner l'assurance qu'il ferait cesser la persécution du *Chan-tong*, mais il ajoutait que les missionnaires «ne devoient point se flatter qu'il se déclarast le Protecteur d'une loy étrangere, ni qu'il introduisist dans son Empire une Religion qu'on n'y avoit jamais connuë, qu'ils estoient assez éclairez pour en voir les raisons sans qu'il fust obligé de s'expliquer davantage.»

L'exposé de ces motifs encouragea les Jésuites de *Pé-king* à faire connaître à *K'ang-hi* l'existence du monument de *Si-ngan*. Ils lui firent dire, nous apprend le Père Le Gobien, «qu'ils estoient surpris que sa Majesté, estant aussi éclairée qu'elle l'estoit, traitast de Religion nouvelle la Religion Chrestienne, qu'on connoissoit à la Chine depuis plus de mille ans; que plusieurs Empereurs s'estoient autrefois appliquez à l'y faire fleurir, et à élever dans toutes les Provinces des Temples au vray Dieu ; comme en faisoit foy le celebre monument qu'on avoit trouvé dans la Province de *Chensi* en l'année 1625, et qu'on conservoit encore dans une Pagode de la ville de *Singanfou*, capitale de la Province... Cela, continue le P. Le Gobien, fit naistre à l'Empereur la curiosité de voir la relation du monument de *Singanfou* et le livre du Père Ricci (天主實義 *T'ien-tchou-che-i*) et le porta à s'instruire de cette importante vérité.»

Une dernière phrase du même missionnaire, par laquelle nous terminerons ce long chapitre, jette une lueur singulière sur la politique d'un des plus grands souverains de la Chine : «Il estoit déterminé alors (et il persévéra dans cette détermination jusqu'au terme de sa longue carriere) à ne rien faire en faveur du christianisme, qui pust donner le moindre ombrage à ses sujets (1).» Même le 22 Mars 1692, lorsque ce prince, contresignant une délibération du Ministère des rites, rendait la liberté du culte chrétien (2), il ne se départit pas de cette prudence trop humaine qui devait, hélas! le conduire à l'incrédulité finale, et préparer l'ère persécutrice de *Yong-tcheng*.

---

(1) *Histoire de l'édit de l'Empereur de la Chine*. Paris, 1698. pp. 101, 105, 108 et 112.
(2) On peut lire le texte de cet édit impérial dans les ouvrages 正教奉傳 *Tcheng-kiao-fong-tch'oan*. fol. 5, et 正教奉褒 *Tcheng-kiao-fong-pao*. fol. 110, 111.

CHAPITRE II.

DESCRIPTION.

Après avoir dissipé les nuages qui pouvaient obscurcir, au milieu de tant de récits contradictoires, le caractère d'une découverte proclamée tour à tour providentielle ou supposée, il nous reste à décrire la célèbre stèle. Le fac-similé que nous avons déjà donné de son texte, non plus que la phototypie qui a orné le frontispice de ce livre, ne nous parait suffire à notre but : cette pierre elle-même, la Croix qui la décore, son titre, ses caractères et son style sont autant d'éléments qui ont droit à notre examen ; ils apporteront à tour de rôle un témoignage précieux dans le procès fait jadis à l'authenticité de notre monument.

Ces seuls renseignements, joints à ceux du précédent chapitre, nous semblent très capables d'entraîner la conviction de tout esprit impartial. Ici encore, nous aurons des légendes à détruire, des erreurs et des préjugés à combattre : nous le ferons en toute franchise, sans autre passion que celle de la vérité, trop souvent altérée par l'irréflexion des uns et la mauvaise foi des autres.

On nous pardonnera de consacrer tout d'abord quelques pages de cette étude à la description d'une ville qui reste peut-être la première de l'Extrême-Orient, par les souvenirs historiques qu'elle rappelle. L'ancienne cité de *Tch'ang-ngan,* qui fut pendant tant de siècles la métropole de la Chine, et où repose aujourd'hui le monument syrien, après avoir été le foyer de la première prédication chrétienne, méritait cette mention. Ces brèves notes évoqueront en même temps d'anciennes grandeurs et d'ineffables aberrations de ce peuple au génie mystérieux et rempli de si étranges contradictions.

§ I. LA CITÉ.

Descriptions de Martini, de Du Halde, de Richthofen. — Description du Père Gabriel Maurice. — Murailles. — Population. — Histoire. — Monuments publics. — Aspect, animation, commerce. — Faubourgs, environs. — Pagode *Tch'ong-jen-se*.

La ville de *Si-ngan*, près de laquelle repose maintenant la stèle chrétienne, après avoir abrité les principaux édifices des anciens missionnaires, est de toutes les cités de la Chine, la plus riche en souvenirs historiques ; mais comme l'a justement observé W. Williams (1), «si l'on montre encore quelques ruines de palais des anciens monarques, elles ne servent qu'à prouver combien vaines furent les tentatives des Empereurs d'alors, qui comptèrent sur de splendides constructions pour perpétuer la mémoire glorieuse de leur nom.» Parmi les auteurs européens qui ont écrit sur cette matière, nous distinguons Martin Martini. Il nous a tracé le premier portrait de cette puissante cité ; bien qu'il nous semble fait sur des documents purement chinois (2), déjà anciens et ayant prêté à de nombreuses confusions, nous croyons utile de le reproduire ici.

«Entre toutes les capitales, celle de Sigan, située dans une région agréable et des plus belles, le cède à bien peu d'autres pour la grandeur et l'antiquité, pour la solidité et la masse de ses murailles, pour l'élégance de son aspect, pour l'activité de son marché. Ses remparts ont de tour trois milliaires d'Allemagne (3) ; ils sont très puissants et si magnifiques que les habitants les appellent «Remparts d'or» (4) ; ils sont de loin en loin surmontés de tours beaucoup plus élevées que les autres et artistement travaillées ; quatre portes seulement y sont pratiquées, pour la plus grande sécurité de la ville. Son antiquité se prouve par les trois familles impériales qui y tinrent leur capitale : celles des *Cheu (Tcheou)*, des *Cin (Ts'in)* et des *Han*. C'est à cette cause que toute la ville doit les édifices très splendides dont elle est remplie, jusque dans ses faubourgs ; sa position lui donne un nouveau charme : située au Sud de la rivière *Guei* (5), et s'éle-

---

(1) *Topography of Shensi*, dans *The Chinese Repository*, 1850. p. 224.

(2) Martini nous avertit dans sa Préface, qu'il parcourut diverses provinces et atteignit la grande muraille (1643-1646), mais il ne paraît pas avoir traversé le *Chen-si*.

(3) Un degré contenant quinze de ces milliaires, la mesure donnée par Martini pour l'enceinte de la ville équivaudrait à 22 kil. 222 mètres.

(4) 金城 *Kin-tch'eng*. Outre le sens spécial qu'elle a eu pour désigner certaines villes du *Chen-si* et des provinces voisines, cette expression s'applique poétiquement d'une façon générale à toute enceinte réputée imprenable (Cf. Var. sin. n° 8. *Allusions littér.* p. 62.) En outre, nous verrons qu'un quartier de la ville avait reçu de *Wen-ti* l'appellation spéciale de 金城坊 *Kin-tch'eng-fang*.

(5) *Wei* 渭, prononcé *Yu* dans le *Chen-si*.

vant en pente douce le long de la montagne, ses édifices et ses murailles s'offrent à la vue ravie comme un amphithéâtre, et le fleuve qui est à ses pieds augmente encore sa beauté et sa commodité. Il me faudrait un livre, si je voulais énumérer tout ce qui s'y trouve de rare. Je dirai cependant en peu de mots ce qui mérite davantage d'être connu. La ville a trois ponts sur la rivière *Guei* (1); l'un à l'Est, un autre au milieu, la troisième à l'Ouest : chacun d'eux est composé de plusieurs arches très élevées faites en pierres bien taillées; joignez-y des parapets, des pièces de fer, des statues de lions et autres ornements du même genre, concourant à la solidité et à l'ornement de cette œuvre. On y voit aussi une tour à neuf étages très élevés, appelée *Yen*, qui surpasse par son élévation et sa splendeur toutes les autres de cette contrée : elle est toute en pierre, a l'intérieur recouvert de marbre (2)... A l'Ouest de la ville se trouve un vivier appelé *Viyang*, entouré de murailles embrassant un espace de 30 stades (3) : l'enceinte comprend une partie du mont *Lungxeu* (龍首) et s'étend jusqu'à la rivière *Guei*; des canaux y amènent les eaux de celle-ci, et y forment des lacs, des étangs, des étendues d'eau pour les luttes nautiques. A l'intérieur de cette

---

(1) «Aujourd'hui, m'écrit le P. G. Maurice, il n'existe sur le *Yu-ho* aucun pont, ni aucune trace d'arcade : partout le fleuve se passe en bac... Peut-être autrefois, les trois fameux ponts du P. Martini ont-ils existé : les passages ordinaires du fleuve ont conservé le nom de «pont»; ainsi, par exemple, on dit : «Il a passé le fleuve à *Yu-tchiao* (*Wei-k'iao* 渭橋), au pont *Yu*.» — Les ouvrages géographiques traitant du *Chen-si* montrent le bien fondé de ces conjectures. Tandis que les cartes des *Chroniques générales* de la présente dynastie nous signalent sur la rive droite de la *Wei*, le bac 渭橋渡 *Wei-k'iao-tou*, et sur la rive gauche le bac 中橋渡 *Tchong-k'iao-tou*, les ouvrages plus anciens, datant des *Ming*, mentionnent ces ponts comme existant encore. Voici par exemple ce que la Géographie 明一統志 *Ming-i-t'ong-tche* nous en dit : 中渭橋 *Tchong-wei-k'iao* «Pont du milieu», dit aussi 橫橋 *Hong-k'iao*, jeté sur la *Wei*, à 25 *li* Nord-Ouest de la Préfecture; construit par *Che-hoang-ti*, pour relier sa Capitale au palais 離宮 *Li-kong* qu'il possédait au Sud de la *Wei*. — 東渭橋 *Tong-wei-k'iao* «Pont de l'Est», à 50 *li* Nord-Est de la Préfecture; construit par 高祖 des *Han*, pour relier le Sud du fleuve à 櫟陽 *Li-yang*. — 西渭橋 *Si-wei-k'iao* «Pont de l'Ouest», dit aussi 便橋 *Pien-k'iao*, puis 咸陽橋, à l'Ouest de l'ancienne ville de 長安 *Tch'ang-ngan*; construit par 武帝 *Ou-ti* des *Han*, pour faire communiquer cette ville avec la sépulture impériale de 茂陵 *Meou-ling*.

(2) La description du P. Gabriel Maurice rectifiera plusieurs détails inexacts de cette description.

(3) Le palais 未央宮 *Wei-yang-kong*, dont les fondements se voyaient encore naguère à 14 *li* N.O. de la ville actuelle, avait été construit par 蕭何 *Siao Ho*, la 7ᵉ année de 高祖 *Kao-tsou* des *Han* (200 av. J.-C.), avec une telle magnificence que l'Empereur adressa de vifs reproches à son architecte pour sa prodigalité. Son enceinte mesurait 22 *li* suivant les uns, et 31 suivant d'autres; elle contenait suivant les mêmes auteurs 43 ou 32 pavillons et grandes salles (臺殿), etc. (*Cf. Chron. de Tch'ang-ngan*. 20ᵉ *Kiuen*).

enceinte, on compte sept superbes palais, dix-sept cours ou théâtres couverts élevés pour des divertissements de différent genre; sept d'entre eux dépassent les autres par leur grandeur et leur luxe. Là aussi se voient les sépultures somptueuses des anciens Empereurs, notamment de *Cav, Ven, Vu,* monuments vénérables rappelant le souvenir de ces princes de la haute antiquité (1). La ville possède un grand nombre de pagodes; onze d'entre elles sont surtout remarquables par leurs proportions et leur richesse... (2).»

La description plus moderne du P. du Halde nous force à rabattre beaucoup de cet enthousiasme (3). Il reconnait que «quelques-unes de ses portes sont magnifiques et remarquables par leur hauteur»; mais à l'entendre, à part «un vieux Palais, où demeuroient les anciens Rois de la Province», qu'on voyait encore de son temps dans la ville, «le reste des bâtiments n'a rien de plus beau que ce qu'on voit ailleurs : les maisons y sont, selon la coûtume de la Chine, fort basses et assez mal construites; les meubles moins propres que dans les Provinces Méridionales, le vernis plus grossier, la porcelaine plus rare, et les ouvriers moins adroits (4).»

Plus récemment encore, le Baron Richthofen a donné une bonne description de *Si-ngan* (5); mais nous lui préférons celle plus complète que le Rév. Père Gabriel Maurice a eu l'obligeance de nous fournir il y a quelques mois à peine (6) et que nous offrons à nos lecteurs sans en rien changer, nous bornant à la compléter par quelques notes empruntées à diverses sources.

---

(1) La sépulture de 帝嚳 *Ti-kao* se montre à 40 *li* Est de 郃陽 *Ho-yang*; celle des fondateurs de la dynastie *Tcheou*, à 15 *li* Nord de 咸陽 *Hien-yang* : le territoire de cette Sous-préfecture est couvert de ces souvenirs illustres. Le tombeau du fameux *Ts'in Che-hoang* est au pied du 驪山, à 2 *li* Sud-Est de 臨潼縣 *Lin-t'ong-hien*.

(2) *Novus Atlas sinensis*. pp. 45, 46. A la suite de cette description, Martini énumère les 36 villes qui dépendaient alors de *Si-ngan*; aujourd'hui de cette Préfecture dépendent seulement 2 Arrondissements 廳, 15 縣 et un 州.

(3) Les évènements de la conquête tartare semblent avoir été sans influence sur la disparition des anciens monuments de la cité. Le rebelle *Li Tch'oang* 李闖, qui en 1641 s'était porté sur le *Ho-nan*, revenait deux ans après au *Chen-si*, et s'emparait de *Si-ngan* après trois jours de siège; il y établit sa Capitale, prenant le titre impérial de *Yong-tch'ang* 永昌 et donnant à son règne celui de *Ta-choen* 大順; en 1644, *Ou San-koei* 吳三桂, nommé Roi de *P'ing-si* 平西王 par *Choen-tche* auquel il avait ouvert les portes de la Chine, reprenait sur les rebelles les provinces du Nord et établissait sa Cour à *Si-ngan* (*De bello Tartarico historia*. pp. 10, 15, 24).

(4) *Description de l'Emp. de la Chine*. Tom. I. p. 209.

(5) *Letter by B. Richthofen to the Committee of the Shanghai gen. Chambre of Commerce*. Chang-hai, 1872. pp. 32, seqq.

(6) Sa lettre est datée en tête à *Si-ngan* du 15 Février 1894, et achevée à 鄠縣 *Hou-hien*, où peu de jours après il devait être victime, avec le P. Hugh, de l'inqualifiable attentat dont on a pu lire le récit dans le journal *The N.-Ch. Daily News*.

II. DESCRIPTION.

«La ville de *Si-ngan-fou* 西安府 (1), capitale du *Chen-si* 陝西 (2), est située à 30 *li* environ au Sud du fleuve *Yu-ho* 渭河 (3) non loin des hautes montagnes (4) du midi qui s'unissent

(1) L'emplacement actuel de *Si-ngan* portait déjà depuis longtemps le nom de 長安 *Tch'ang-ngan*, à l'époque des 秦 *Ts'in*. Les *Han* en firent une Sous-préfecture dépendant de 關中 *Koan-tchong* où ils avaient leur Capitale. L'usurpateur 王莽 *Wang Mang* (9-22) changea son nom en 常安 *Tch'ang-ngan*; puis les *Han* postérieurs lui rendirent son ancien nom, et les *Soei* y établirent leur Capitale. Les 唐 *T'ang* imitèrent ces derniers. Les 樑 *Liang* postérieurs (907-922) donnèrent à cette Sous-préf. le titre de 大安; puis les *T'ang* postérieurs (923-935) revinrent à celui de 長安 conservé jusqu'ici. La Sous-préf. de 咸寧 *Hien-ning* qui a son centre administratif dans la même enceinte que celle de *Tch'ang-ngan*, avait reçu son nom actuel vers le milieu du VIII⁰ Siècle; un autre de ses noms est 大興 *Ta-hing*, donné par *Wen-ti* en 582 à la nouvelle Capitale qu'il venait de bâtir.

(2) La dénomination de *Si-ngan-fou* ne remonte qu'à 洪武 *Hong-ou*, fondateur des *Ming*; envisagée comme chef-lieu de Préfecture, cette ville, qui comprend dans la même enceinte les deux chef-lieux d'arrondissement 長安 et 咸寧, est en même temps chef-lieu de province; les 隋 *Soei*, nous le verrons bientôt, y transférèrent leur Capitale (京兆) qu'ils nommèrent 大興城; les *T'ang* lui rendirent d'abord un de ses anciens titres 雍州, puis en 627, on l'appela pour quelque temps 關內 *Koan-nei*, puis 京兆 *King-tchao*; comme Capitale, les *T'ang* l'appelèrent tour à tour 京城, 西京 (742), 中京 (757), 西京 (761) et 上都 à partir de 756. A la fin de la même dynastie, elle devient 佑國軍 *Yeou-kouo-kiun*; sous les *Liang* post. 永平軍 *Yong-p'ing-kiun*; sous les *T'ang* postér. 京兆府 *King-tchao-fou*; les 晉 *Tsin* postér. en ont fait 晉昌 *Tsin-tch'ang*, puis les 漢 *Han* post., 永興 *Yong-hing*; les 宋 *Song* la nommèrent de nouveau 京兆府; enfin les 元 *Yuen* l'appelèrent successivement 安西路 *Ngan-si-lou*, puis 奉元路 *Fong-yuen-lou*. Nous dirons plus tard quelques mots des localités qu'ont occupées successivement avant les *Soei* (581-618), les villes dont *Si-ngan-fou* est censée la continuation.

(3) Nous avons dit plus haut que telle est la prononciation locale, pour *Wei-ho*, forme de la prononciation mandarine ordinaire. La distance indiquée par le P. Gabriel est également donnée par les *Chroniques de Si-ngan*.

(4) «Elle est située dans une grande plaine» écrivait de son côté le P. du Halde, au commencement du dernier siècle. On le voit, nous sommes loin de la poésie de Martini. On ne peut cependant en vouloir à cet auteur, qui écrivait sur des documents chinois, fort peu clairs par eux-mêmes. Voici en effet comment les *Chroniques de Si-ngan* (9ᵉ *Kiuen*) décrivent la position de cette ville : «Juste au Sud, sont les monts 終南 *Tchong-nan* et 子午谷 *Tse-ou-kou*; au Nord, elle rencontre la colline 龍首山 *Long-cheou-chan* «Tête du dragon», qui lui donne un appui sur la rivière *Wei*...» Cette peinture quelque peu empreinte des superstitions du 風水 *Fong-choei* peut facilement induire quelqu'un en erreur; qu'on en juge par ces détails : les deux montagnes du midi, sont respectivement à 50 et à 100 *li* de *Si-ngan-fou*; quant à la colline *Long-cheou*, située à dix *li* Nord de la cité, et longue de 60 *li*, «sa tête, écrivent les géographes indigènes, entre dans les eaux de la *Wei*, et sa queue touche au 樊川 *Fan-tch'oan*...» C'en était certes assez pour justifier le choix de *Wen-ti*! — «La capitale du *Chen-si*, dit Richthofen, a cela de commun avec la plupart des grandes villes de Chine, que lorsqu'on en approche, on ne se doute nullement qu'on est près d'une ville populeuse et très commerçante... Tout à fait

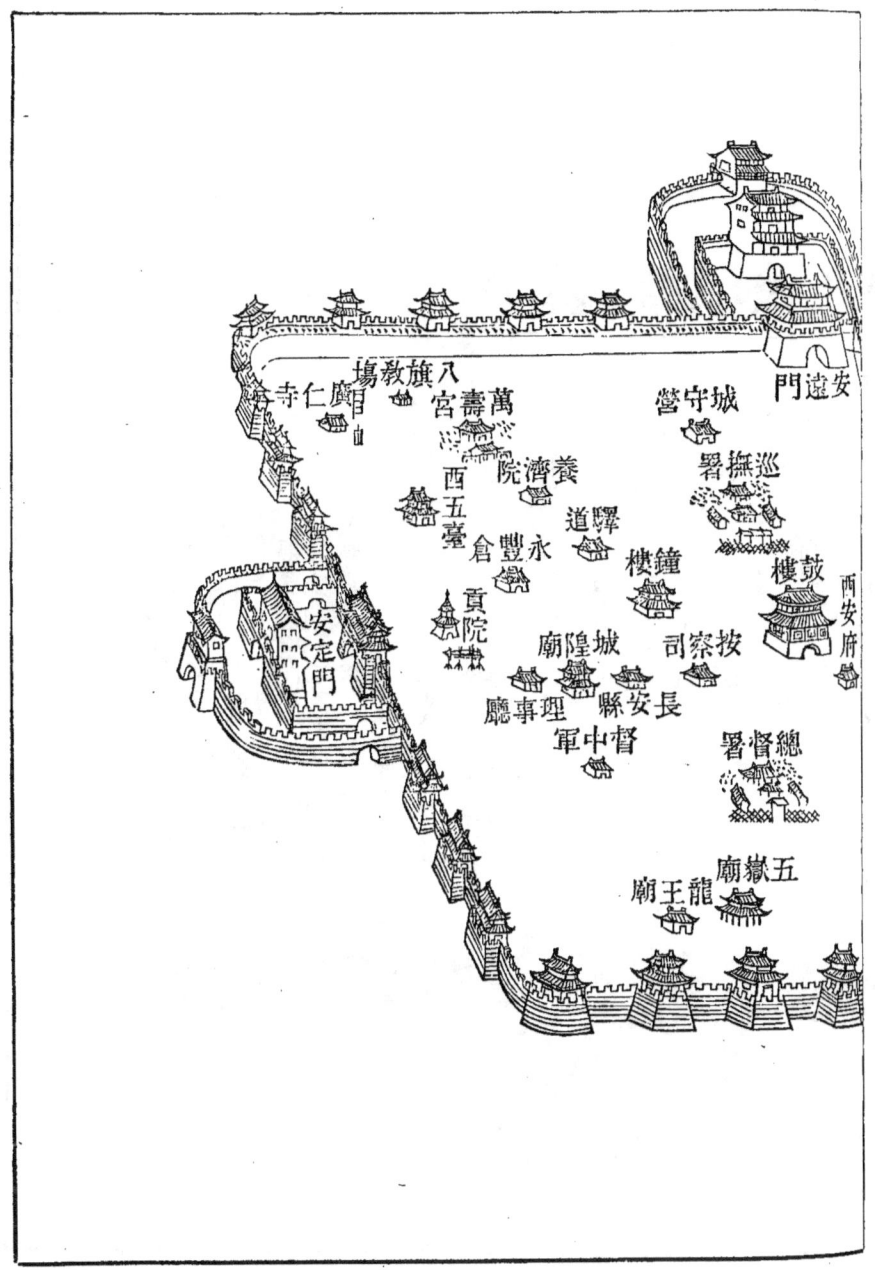

SI-NGAN-FOU. — VUE
d'après les Chroniques

II. DESCRIPTION.

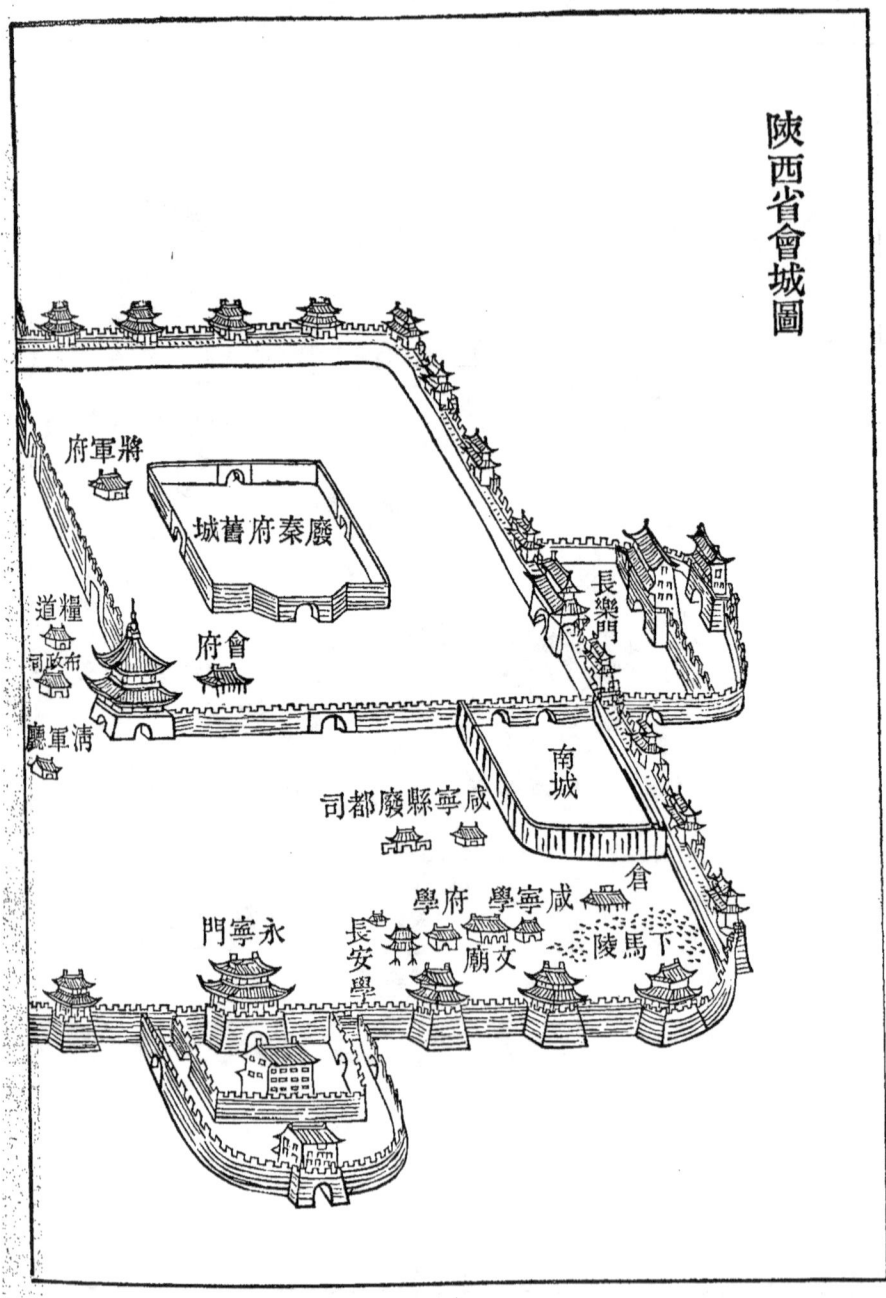

À VOL D'OISEAU
générales du Chen-si (1735).

et forment la magnifique chaine dite *Ts'in-ling* 秦 嶺 (1). Sa situation topographique est à peu près 34° 16′ 45″ de latitude, et 106° 37′ 45″ de longitude (2). Elle a la forme d'un immense carré, ou mieux d'un rectangle, car son étendue est plus longue de l'Est à l'Ouest que du Nord au midi (3). Ses hautes, solides et larges murailles en terre battue et tirées en ligne droite, sont protégées à l'extérieur par une garniture de briques énormes, ornée de créneaux et de distance en distance de maisonnettes et de terrasses : elles ont au plus de 35 à 40 *li* de circuit, et sont entourées d'un large fossé rempli d'eau (4). Ses quatre portes

---

soudainement, et comme placées là par l'humeur de quelque despote, s'élèvent les longues murailles qui abritent une vie pleine de tumulte. » Le choix en apparence arbitraire, souvent même incommode, des positions de certaines cités, trouve d'ordinaire son explication dans les vaines observances qui servent à le déterminer. (*Cf.* Var. sin. *L'île de Tsong-ming*, p. 18.)

(1) Richthofen a remarqué (*Op. cit.* p. 27) que cette chaîne, qui divise les deux bassins hydrographiques du *Chen-si* tire son nom d'une passe où on la traverse. Suivant le même voyageur, cette chaîne appelée vulgairement *Ts'in-ling-chan* est aussi connue sous le nom de *Nan-chan* 南 山. Complétons ces notions d'après les *Chroniques* locales : la chaîne du 終 南 山 *Tchong-nan-chan*, située à 50 *li* Sud de la ville, a 40 *li* de développement de l'Est à l'Ouest (*Chron. de Tch'ang-ngan*). Elle fait partie de celle plus importante de *Ts'in-ling*; celle-ci réputée dès l'époque du 史 記 *Che-ki*, comme la principale barrière de l'Empire (天 下 之 大 阻), et désignée par les *Chroniques* comme la ligne de partage des bassins du fleuve Bleu et du fleuve Jaune, mesurerait, d'après le 三 秦 記, 800 *li* de l'Est à l'Ouest.

(2) Ces chiffres sont ceux d'Ed. Biot, d'après une observation de 1788 : la longitude est orientale de l'Observatoire de Paris. Martini, dans son *Atlas*, avait donné, peut-être d'après des observations d'Adam Schall : 35° 50′ de lat. et 8° 18′ de long. occident. de *Péking*. En 1712, les Pères du Tartre et Cardoso avaient trouvé 34° 15′ 36″ et 7° 34′ 30″. Les observations du P. Gaubil, éditées par le P. Souciet, lui donnèrent 34° 16′ 45″, et 105° 11′ 45″ long. or. de Paris, ou 8° 39′ 15″ long. occ. de *Pé-king* (il mettait *Pé-king* à 113° 51′ E. de Paris). La longitude indiquée par Biot donnerait, en fonction de *Pé-king* (cette Capitale étant comptée à 114° 8′ 30″ de Paris, d'après une observation de 1836), 7° 30′ 45″. Espérons qu'un jour viendra où la Chine fera cesser l'incertitude de ces mesures.

(3) Cette forme est très sensible dans la gravure qu'a donnée le P. du Halde (Pl. V), et plus encore dans celle du *Chen-si-t'ong-tche* (6ᵉ *Kiuen*, 疆 域, fol. 2 et 3), que nous reproduisons et qui nous aidera à suivre le récit du P. G. Maurice. Richthofen a donc commis une erreur en écrivant : « The walls... enclose a square of just ten *li* (six geographical miles) each side.»

(4) C'est en 582, la 2ᵉ année de 文 帝 *Wen-ti*, fondateur de la courte dynastie des 隋 *Soei*, que *Tch'ang-ngan*, devenue trop étroite pour la Capitale de l'empire, fut transportée au Sud-Est de l'ancienne ville, sur l'emplacement qu'elle occupe aujourdh'ui. En 654, *Kao-tsong* fit élever l'enceinte 羅 城. La ville (« extérieure » 外 郭 城, ainsi nommée pour la distinguer de la ville impériale 皇 城 qui en occupait la partie septentrionale) mesurait de l'Est à l'Ouest plus de 18 *li*, plus de 15 *li* du Nord au Sud : son enceinte, qui avait 67 *li* de développement, était percée de dix portes, sans compter plusieurs autres conduisant aux palais. En 905, le dernier Empereur des *T'ang* fit réduire les proportions de la ville, appelée désormais 新 城 *Sin-tch'eng* « la nouvelle ville ». Vers le commencement de *Hong-ou* 洪 武 (1368-1399), fondateur des *Ming*, on pratiqua les quatre portes actuelles ; outre les tours élevées aux quatre angles des remparts, on en construisit quatre-

II. DESCRIPTION.

sont une œuvre vraiment colossale : elles donnent à la ville un aspect redoutable et majestueux à la fois (1). C'est une place de guerre, sûre pour le pays, mais qui, je crois, ne résisterait pas cinq minutes au feu des armes européennes (2).

«Il m'est difficile d'évaluer le chiffre de sa population : les Chinois y pullulent, comme dans tous les grands centres de l'empire et c'est tout dire. Néanmoins j'ai entendu prononcer le chiffre hasardé de 400.000 habitants (3), y compris les quatre faubourgs (4). On y distingue trois races différentes, les Tartares, les Chinois et les Musulmans, dont la proportion peut être ainsi indiquée sans trop d'erreur : Tartares, un dixième; Musulmans, deux dixièmes; Chinois, sept dixièmes.

«Ces Tartares n'existent guère que de nom, car en réalité la majeure partie d'entre eux ne sont que des Chinois adoptés dès l'enfance (5). On prétend que l'établissement des Musulmans à

---

vingt-dix-huit autres d'espace en espace. Les *Chroniques* signalent des réparations faites en 1526 et 1568. Vers la fin de *Tch'ong-tcheng* 崇禎 (1628-1644), une seconde enceinte fut élevée pour protéger les faubourgs des quatre portes. Le rebelle 李闖 *Li Tch'oang* incendia la tour de la porte orientale et celle de la demi-lune du Sud. Nouvelles réparations en 1656, au commencement de *K'ang-hi*, en 1763, etc. L'ouvrage 西安省城通志 attribue aux remparts quarante *li* de circuit et trois 丈 *tchang* de hauteur; mais les *Chroniques de Si-ngan-fou* (9ᵉ *K.* 建置志, 上) font remarquer qu'estimées à la mesure actuelle, elles n'ont que 4.302 *tchang*, ce qui ne donne en réalité que 23 *li* 90 (un *li* comprend 360 弓 *kong* de 5 尺 *tch'e* «pieds», c'est-à-dire 180 丈 *tchang*), environ 13 à 15 kilom., suivant qu'il s'agit du *pied* 營造尺 ou 官尺. Les remparts, garnis de briques à l'extérieur, ont 34 pieds de hauteur, 60 de largeur à la base et 38 au sommet. Les fossés réparés plusieurs fois, notamment en 1764, reçurent une profondeur de 24 pieds, et une largeur de 60 pieds à la surface (Voir pp. 116 et 117, le plan comparé de la Capitale des *Ta'ng*, et de *Si-ngan* moderne. Cf. *Chron. de Tch'ang-ngan*. 3ᵉ *K.* fol. 4 et 5; *Chron. de Hien-ning*. 3ᵉ *K.* fol. 1 et 2; 43 et 44).

(1) Tous les voyageurs ont été frappés de l'aspect grandiose de cette œuvre, datant du commencement des *Ming*. «Les portes de *Si-ngan-fou*, dit Richthofen sont plus magnifiques que celles de *Pé-king*, bien que les remparts n'aient pas tout à fait les proportions colossales de ceux de la Capitale de l'Empire.» La porte de l'Est s'appelle 長樂門 *Tch'ang-lo-men*, celle de l'Ouest 安定門 *Ngan-ting-men*, celle du Sud 永寧門 *Yong-ning-men*, celle du Nord 安遠門 *Ngan-yuen-men*.

(2) «Ce sont les murailles mêmes et non les armées impériales qui ont protégé la cité de l'invasion, durant les huit années de la rébellion mahométane. De 1868 à l'été de 1870, les rebelles occupèrent d'assez près les environs de la ville pour empêcher toute communication.» (Richthofen. *l. cit.*)

(3) «On dit que la population serait environ d'un million d'habitants, y compris 50.000 Mahométans», écrivait Richthofen en 1872. Nous avons plus de confiance dans les chiffres donnés par le P. G. Maurice, bientôt confirmés par la proportion relative des Tartares et des Musulmans.

(4) Ces faubourgs (廓 *Kouo*), dont les plans se trouvent dans les *Chroniques*, «sont eux-mêmes de petites villes murées», comme l'a justement observé Richthofen. Dès 1872, celui de la porte de l'Est, qui avait été détruit par les rebelles, était déjà presque reconstruit.

(5) Les Institutions officielles 欽定大清會典 *K'in-ting-ta-ts'ing-hoei-tien*

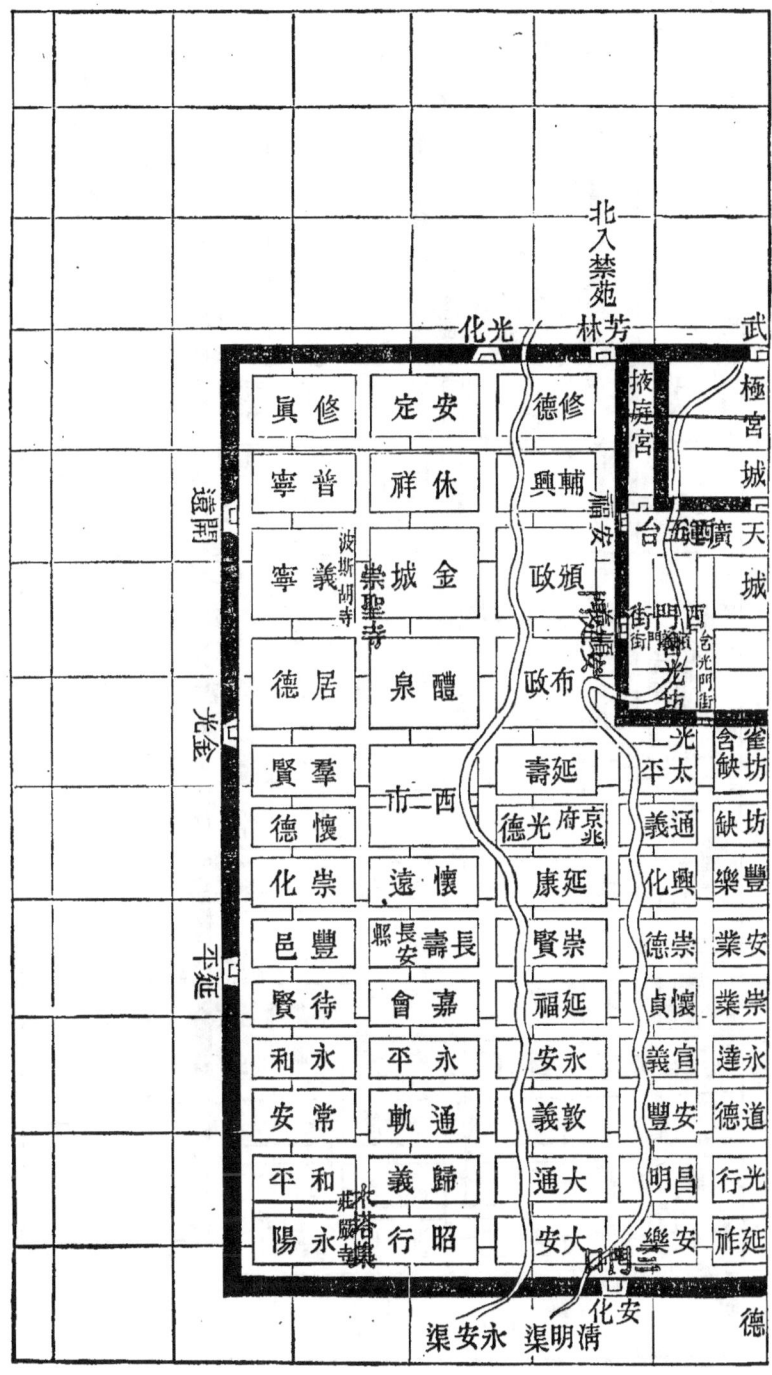

TCH'ANG-NGAN
(d'après les Chroniques de

II. DESCRIPTION.

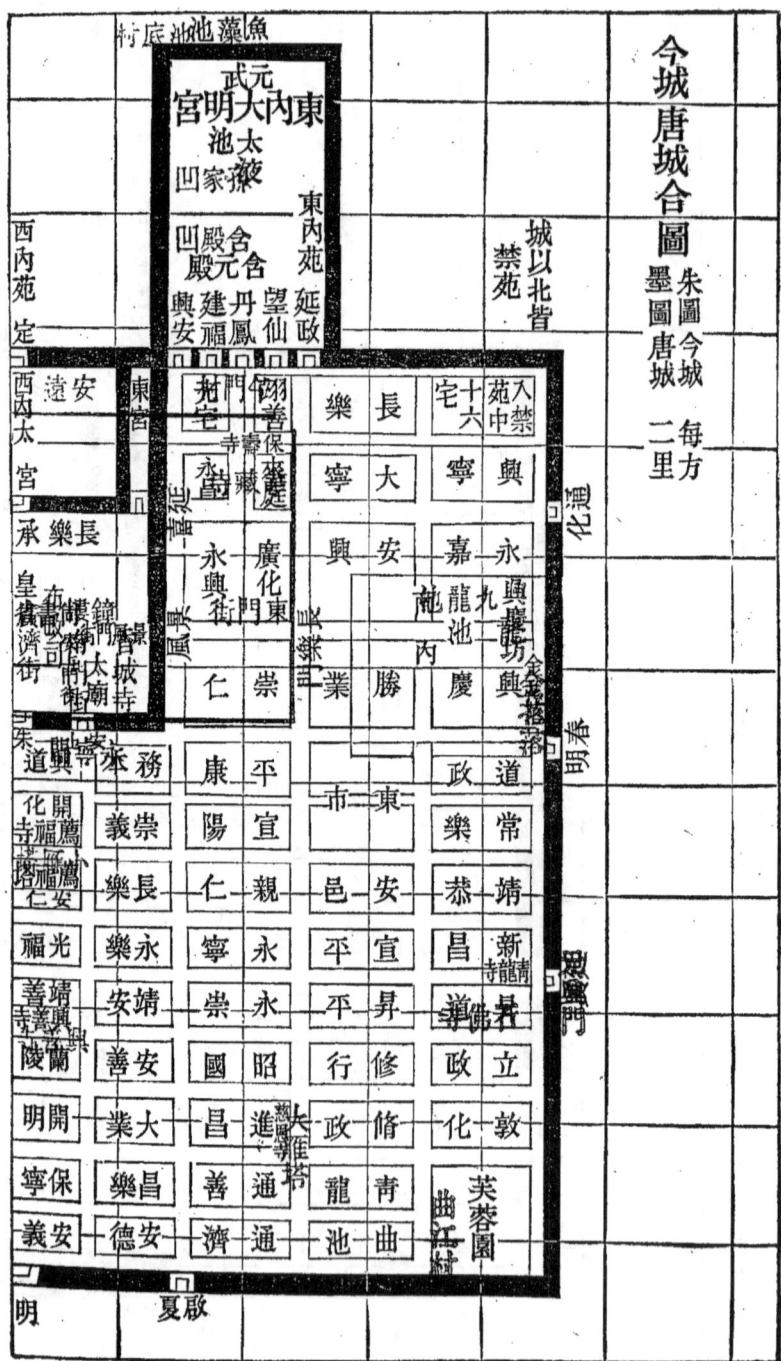

SOUS LES *T'ANG*
(Tch'ang-ngan et de Hien-ning).

Si-ngan-fou et sur les deux rives du *Yu-ho* 渭 河 est un fait dû au célèbre Général 郭 子 儀 *Kouo Tse-i*, que l'on suppose avoir été chrétien. Durant ses campagnes dans les pays de l'Ouest, ayant remarqué la bravoure et le courage des 回 回 *Hoei-hoei*, après les avoir vaincus et soumis, il les aurait pris à sa solde, conduits avec lui et établis sur les rives du *Yu-ho* (1). Les Musulmans, dans la suite des siècles, se multiplièrent et s'étendirent de plus en plus, et devinrent dangereux et terribles. Excités sans cesse par la haine des païens, ils levèrent enfin, il y a une trentaine d'années, l'étendard de la révolte, et mirent à feu et à sang toute la province du *Chen-si*, dont presque la moitié de la population périt sous leur glaive. De nos jours encore, *partout* on ne voit que des ruines, triste souvenir de leur cruel passage, et des régions immenses, sans culture et sans population, surtout dans les montagnes du Nord de la province. Ils furent enfin dispersés, massacrés, et leurs survivants bannis du territoire du *Chen-si*. La population Musulmane de *Si-ngan-fou* resta calme et tranquille durant les fureurs de la révolte; elle fut du reste soigneusement gardée à vue : toutes les entrées et sorties de ses quartiers furent barricadées, garnies de fusils et de canons chargés. C'est la seule ville du *Chen-si* où sont fixés les Musulmans.

«L'emplacement de *Si-ngan-fou*, ou mieux de *Tch'ang-ngan*, a dû subir de grandes variations dans l'extension plus ou moins vaste de son territoire, suivant le caprice des anciens Empereurs qui y fixèrent leur Cour. Vouloir en évoquer les grands souvenirs

---

(96ᵉ *Kiuen*) assignent pour *Si-ngan-fou* les forces suivantes des huit Bannières, sous la direction d'un 將 軍 *Tsiang-kiun*, Général en chef. MANDCHOUS : 24 Sous-lieutenants d'avant-garde ; 276 Sergents ; 216 Caporaux ; 3070 hommes montés ; 82 artilleurs ; 506 fantassins ; 720 élèves ; 120 ouvriers pour arcs, flèches et fer. MONGOLS : 8 Sous-lieutenants ; 92 Sergents ; 88 Caporaux ; 1226 hommes montés ; 32 artilleurs ; 194 fantassins ; 280 élèves ; 48 ouvriers. CHINOIS : 200 caporaux ; 1800 hommes montés ; 46 artilleurs ; 300 fantassins ; 8 ouvriers. Si ces chiffres de 1818 font encore loi de nos jours, il y aurait ainsi près de dix mille hommes des Bannières recevant la solde officielle. Or il n'est point téméraire d'évaluer à un chiffre quatre fois plus élevé le nombre des individus composant leurs familles.

(1) Cette tradition concorde assez bien pour la date, sinon pour les faits, avec le récit de M. Dabry de Thiersant (*Le Mahométisme en Chine*. Tom. I. pp. 37, 70), suivant lequel «le premier noyau des mahométans de l'Occident, implanté en Chine, a été un contingent de 4000 soldats arabes, venus de Khouaresm, portant le nom de (赤 水 軍) *Tche-choei-kiun*, que le Kalife Abou-G'afar envoya, en l'an 755, au secours de l'Empereur *Sou-tsong*, menacé par le rebelle (安 祿 山) *Ngan Lou-chan*.» Nous verrons, dans la troisième Partie, quelle part le Général *Kouo Tse-i* 郭 子 儀 eut à cette campagne. — Un ouvrage curieux dont nous possédons une copie, et qui fut imprimé à *K'ai-fong-fou* en 1712, sous le titre de 唐 王 夢 纏 頭, rapporte qu'à la suite d'un rêve qu'il aurait fait en 628 («l'année des missions»), *T'ai-tsong* aurait envoyé l'officier 石 堂 *Che T'ang* au 西 域, s'enquérir de la religion musulmane. Il aurait ramené à la Cour les trois officiers musulmans 該 思, 吳 歪 斯, 瞉 心 ; le dernier seul survécut aux fatigues du voyage, et l'Empereur aurait négocié avec lui l'échange de 3.000 soldats des deux nations.

II. DESCRIPTION. 119

historiques, demanderait un travail persévérant, sur les lieux mêmes témoins de tant de hauts faits qui se perdent dans la nuit des temps; car l'origine de *Tch'ang-ngan* remonte à une époque reculée dans les annales de l'antiquité chinoise.

«Les premiers Empereurs de la dynastie des 周 *Tcheou* y établirent leur Cour (1120-780) (1); les princes de la courte dynastie des 秦 *Ts'in* firent de même (2). C'est sous le trop célèbre *Che-hoang-ti* 始皇帝, l'implacable ennemi des livres et des lettrés, vers l'an 240 avant J.-C., que 長安 *Tch'ang-ngan* parvint à l'apogée de sa grandeur et de sa richesse. On montre encore les champs où ce cruel tyran fit ensevelir jusqu'au cou les lettrés, et passer la charrue sur leur tête (3). Ici, à quelques *li* Nord-Ouest de notre résidence de 通遠坊 *T'ong-yuen-fang* (Sous-préfecture de 高陵 *Kao-ling*), eut lieu le terrible incendie qui détruisit tous les livres de l'empire, amoncelés sur un espace de deux à trois *li*. Le terrain en est encore tout cendreux et les villages qui furent les témoins et le théâtre de cette irréparable perte, portèrent et conservent encore du nos jours, des noms qui rappelleront à tous les siècles la folie d'un despote. C'est le *Tien-tche-t'eou* 點紙頭 «Commencement de l'incendie», grand village muré, saccagé der-

---

(1) En 1136 avant l'ère chrétienne, 文王 *Wen-wang* s'était établi sur le territoire de 酆 *Fong*, à l'Ouest de la rivière du même nom; 武王 *Ou-wang*, son fils, alla se fixer 25 *li* plus loin à 鎬 *Hao*, de l'autre côté de la rivière; la dynastie des *Tcheou* appelée jusqu'alors 西周 de cette position, ne transporta sa Cour à 洛邑 *Lo-i*, que sous son 13e Empereur, 平王 *P'ing-wang*. Elle fut depuis nommée 東周 *Tong-tcheou* (*Cf. Curs. litt. sin.* P. Zottoli. Vol. II. pp. 20 et 21).

(2) 孝公 *Hiao-kong* (361—338), trentième prince de la puissante famille de 秦 *Ts'in*, bâtit à 30 *li* Est de la Sous-préfecture actuelle de 咸陽 *Hien-yang*, un palais où il transporta sa Cour : on l'appelait 秦川 *Ts'in-tch'oan* ou 關中 *Koan-tchong*; c'est là que plus tard *Che-hoang-ti* établit sa Capitale 內史 *Nei-che*. 高帝 *Kao-ti* (206—195) fondateur des *Han* eut la sienne d'abord à 櫟陽城 *Li-yang-tch'eng* (50 *li* Nord de la Sous-préf. de 臨潼 *Lin-t'ong*), puis, en 212, dans l'ancienne ville (故城) de *Tch'ang-ngan*, dont l'emplacement, autrefois occupé par le palais 離宮 *Li-kong* de *Ts'in Che-hoang*, est situé à 20 *li* Nord-Est de la ville actuelle de *Si-ngan-fou*. 惠帝 *Hoei-ti* (194—188) son successeur donna à *Tch'ang-ngan* une enceinte de 65 *li*; ses murailles avaient 35 pieds de hauteur : la forme de son enceinte, rappelant les constellations du Nord et du Sud (北斗, 南斗) a valu à son emplacement le nom actuel de 斗城. Comme il n'entre pas dans notre plan de faire revivre ces gloires du passé, longuement décrites dans les ouvrages spéciaux de la Chine (*Cf.* notamment 西安府志, 54e *Kiuen* 古蹟, fol. 9 et seqq.), nous nous bornerons à dire que l'ancien *Tch'ang-ngan* avait douze portes. Outre les *Han* occidentaux, les 晉 *Tsin* et les 魏 *Wei* de l'Ouest, puis les 周 du Nord y tinrent leur Capitale. Le *Che-ki* (史記. 9e *K.* 呂后本紀) fait remonter le tracé de cette cité à la 3e année de *Hoei-ti* (192 av. J.-C.); elle aurait été élevée les deux années suivantes (Voir le plan de cette ancienne cité, pp. 128 et 129).

(3) Ce lieu s'appelle 坑儒谷 *K'ang-jou-kou*; d'après les *Chron. de Tch'ang-ngan*, il est situé à 5 *li* S. O. de la Sous-préfecture de 臨潼; d'après celles de *Lin-t'ong*, il serait à 20 *li* Ouest de la même ville.

SI-NGAN-FOU MODERNE ET L'ANTIQUE TCH'ANG-NGAN
(d'après les Chou... tch'ang-ngan-hien).

nièrement par les Turcs. C'est le *Hoei-toei-p'ouo* 灰堆坡 «Butte du monceau de cendres» (1). Enfin, c'est le *Choei-p'ouo-ts'uen* 水撲村 «Village de l'incendie éteint».

«Le 10ᵉ Empereur des *Han* 漢, 哀帝 *Ngai-ti,* régnait paisiblement à *Tch'ang-ngan,* lorsque Notre-Seigneur naquit à Bethléem. *Ming-ti* 愍帝, le 4ᵉ Empereur des 晉 *Tsin* occidentaux, reçoit à *Tch'ang-ngan* la couronne impériale et quelques années plus tard, y subit l'esclavage et la mort. Enfin les *T'ang* 唐, eux aussi, firent de *Tch'ang-ngan,* leur séjour de prédilection et y tinrent leur Cour pendant près de trois cents ans. C'est sous eux que la religion chrétienne pénétra en Chine; elle y fit de grands et rapides progrès et subit en même temps de violentes persécutions. Plus tard, le christianisme refleurit à la Cour de *Che-tsou* 世祖, fondateur de la dynastie tartare 元 *Yuen,* grâce aux efforts constants et héroïques de quelques missionnaires Franciscains, qui eurent à subir de nombreuses persécutions de la part des Nestoriens (2) et des païens. Enfin, sous l'avant-dernier Empereur des *Ming,* surgit de terre, où elle était restée enfouie durant peut-être sept siècles et plus, la célèbre inscription de *Si-ngan-fou,* témoignage irrécusable de l'existence du christianisme en Chine dans les siècles passés.

«Maintenant, cher Père, faisons ensemble une petite promenade à travers la contrée actuelle qui possède ce précieux monument. Je vous ai déjà dit quelque chose de la position de *Si-ngan-fou,* et de ses formidables portes, et de sa magnifique muraille. Aussi j'aime à croire qu'en bon touriste, vous serez heureux de la parcourir en tous sens (3). Il faut d'abord savoir que *Si-ngan-fou* renferme deux Sous-préfectures, *Tch'ang-ngan* 長安 et *Hien-ning* 咸寧, puis deux cités, 滿城 *Man-tch'eng* la ville tartare (4), et 皇城 *Hoang-tch'eng* la ville dite impériale. Nous

---

(1) Les *Chron. de Si-ngan* (59ᵉ *K.* 古蹟志 · 中) indiquent à 5 *li* Sud-Ouest de la Sous-préf. de 渭南, une autre localité ancienne du nom de 灰堆 *Hoei-toei;* ce serait, «d'après une tradition vulgaire, l'endroit où *Che-hoang-ti* incendia les livres». La Sous-préfect. de *Wei-nan,* est située sur la rive droite de la *Wei,* à peu de distance de la Sous-préfect. de *Kao-ling.*

(2) Le P. G. Maurice pose ici les questions suivantes : «L'existence des Nestoriens, alors nombreux et répandus en Chine du temps de Jean de Monte Corvino, Franciscain, archevêque de *Pé-king* (Cambalck), aux 12ᵉ et 13ᵉ Siècles, serait-elle une preuve en faveur de l'origine nestorienne du monument de *Si-ngan-fou?* Que peuvent être ces Nestoriens chinois? D'où venaient-ils? Ne seraient-ce pas des descendants des chrétiens convertis par les moines de *Tch'ang-ngan,* sous le règne de *T'ai-tsong* et de ses successeurs?» Nous répondrons à ces questions dans la dernière partie de cette étude; il suffira de dire pour le moment que les conjectures de notre zélé correspondant nous paraissent les mieux fondées de celles qui ont été proposées jusqu'ici. C'étaient du reste celles que proposait Bartoli dès 1663.

(3) Voir pp. 120 et 121, le plan comparé de l'enceinte actuelle et des monuments anciens, d'après les *Chron. de Tch'ang-ngan,* 3ᵉ *K.* fol. 9 et 10.

(4) L'enceinte tartare occupe la partie Nord-Est de la ville; elle est limitée à l'Ouest

voici au cœur même de la ville, sous la quadruple arcade de l'énorme tour centrale nommée 鐘樓 *Tchong-leou* «Tour du beffroi» (1). Le fondement, les arcs, les voûtes de cet édifice sont en briques; le reste est tout en bois artistement arrangé. C'est là que se croisent les deux grandes voies centrales de l'Est à l'Ouest, et du Sud au Nord; là s'étalent l'ardeur du commerce et la variété des marchandises. Tout près, vers l'Ouest, s'élève le fameux 鼓樓 *Kou-leou* «Étage ou tour du tambour», sur la façade méridionale duquel on lit : 聲聞于天 *Cheng-wen-yu-t'ien* «Il se fait entendre jusqu'au Ciel»; sur le côté Nord, on lit 文武盛地 *Wen-ou-cheng-li* «Le mérite littéraire et militaire illustre cette terre.» A l'Est de la tour centrale, se voit l'antique demeure du Duc 羅成國公 *Louo Tch'eng Kouo-kong*, qui vivait sous la dynastie des *T'ang*. A l'entrée de la Sous-préfecture de *Hien-ning*, un peu à l'Est, on passe sous la tour 通化門 *T'ong-hoa-men*. Sur la voie *T'ong-ts'ang-men* 東倉門, se trouve l'immense grenier de blé destiné aux soldats, sous le nom de 敬祿倉 *King-lou-ts'ang*. Près de la muraille Sud-Est, s'élève le sépulcre de *Tong Yong* 董永, illustre mandarin des *Han*. Vers la porte orientale, autour de la pagode *Tong-yo-miao* 東嶽廟, a lieu chaque année, du 26 au 30 de la 3ᵉ Lune, une grande foire sous la direction spéciale des Tartares.

«La Ville impériale 皇城 *Hoang-tch'eng*, ancien emplacement muré du palais des *T'ang*, est devenue de nos jours le champ militaire, ou la place d'armes des Tartares (2). On y remarque la fameuse pierre de l'Impératrice, 太后石 *T'ai-heou-che*, sur laquelle on voit distinctement l'empreinte d'une main de femme. En dehors du 皇城 *Hoang-tch'eng*, il y a le 後寨門 *Heou-tchai-men*, demeure antique des concubines des *T'ang*, dont il ne reste plus que le souvenir et le nom. A l'Ouest de 端午門 *Toan-ou-men*, porte de la cité tartare, il y a un vaste établissement appelé 班房 *pan-fang*, ancienne résidence des 六部 *lou-pou* «six grands Ministères» sous les *T'ang*, maintenant peuplé de pauvres et de mendiants. A un *li* plus loin, Sud-Ouest, on remarque la pagode du célèbre *Yu-tch'e-kong King-lé* 尉遲公敬德, grand mandarin sous les *T'ang*.

«A l'Est du carrefour 十字路 *Che-tse-lou*, se trouve le 關中

---

par la Tour du beffroi; c'était, sous les *Ming*, l'emplacement du prince de 秦 *Ts'in* (秦王府); elle a 9 *li* de tour, et compte 4 portes, outre celle 長樂 de la ville; une au S. O. auprès du beffroi; une 2ᵈᵉ au N. O., dite 新城 *Sin-tch'eng*; une au Sud, 端禮 *Toan-li*; la dernière à l'Ouest, 西華 *Si-hoa*.

(1) Ce monument fut élevé au commencement des *Ming*, en 1384; réparé en 1440, puis sous la dyn. actuelle en 1699. «La Tour du tambour», qui n'en est guère éloignée que d'un demi *li*, date de la même époque.

(2) Comme on peut le voir sur nos cartes de repère, ce champ de manœuvres, situé à l'angle Sud-Ouest de la «cité tartare» n'occupe lui-même qu'une minime partie de l'ancienne cité impériale.

書院 *Koan-tchong-chou-yuen*, gymnase où se réunissent les lettrés globulés pour se perfectionner dans l'étude. On y compte ordinairement de deux à trois cents étudiants. Puis viennent les trois hôtels des Directeurs des lettrés 學老師 *Hio-lao-che*, celui de la Préfecture, et ceux des deux Sous-préfectures. C'est à l'intérieur du premier que se trouve la trop fameuse 碑洞 *Pei-tong* ou 碑林 *Pei-lin*, «Forêt des tablettes», dont je vous ai déjà parlé autrefois: c'est un mélange de souvenirs historiques et de modèles d'illustres calligraphes (1).

«Au Sud-Ouest du même carrefour, se voit la pagode 韓相子廟 *Han-siang-tse-miao*, qui donne son nom au quartier au centre duquel elle se trouve. Près de cette pagode se dressent huit acacias 槐樹 *hoai-chou*, qui furent les témoins de la profusion de luxe somptueux, qu'une riche famille prodigua à l'occasion de l'anniversaire de la mort de ses parents : chaque arbre fut chargé et couvert de fruits, qui d'oranges, qui de poires, de grenades, de pommes, de pêches et de *fou-cheou* 佛手.

«Au quartier *Hoan-lo-se-han* se vendent spécialement des poissons dorés aux cinq couleurs. Puis vient le grand hôtel 大公舘 *Ta-kong-koan*, qui sert d'installation provisoire aux grands mandarins de passage. Ici le vaste et grand marché de froment, où il y a, dit-on, ordinairement une provision de dix à vingt mille *tan* de blé. Là, c'est le terrible *Louo-ma-se (che)* 驟馬市, place d'exécution des criminels.

«En partant de la tour centrale vers l'Ouest, on remarque les magnifiques tribunaux du Trésorier provincial, du *liang-tao*

---

(1) «Au moment où j'écris ces lignes, la «Forêt des tablettes» est fermée à clef, et je n'y puis entrer : on interdit le calque des tablettes en hiver ; à la seconde Lune, l'enceinte sera ouverte de nouveau et les travaux d'impression seront repris. Il n'y a, m'a-t-on assuré, aucun catalogue, ni recueil détaillé, des morceaux qui s'y trouvent. C'est une véritable « forêt » : l'imprimeur me dit qu'il faut au moins six mille feuilles de papier pour en tirer un exemplaire complet ; c'est une dépense de trente Taëls.» Les *Chroniques de Si-ngan-fou* ont consacré un assez long article à cette collection qui fut installée au lieu qu'elle occupe aujourd'hui la 5ᵉ année 元祐 *Yuen-yeou* des *Song* (1090), par le Chancelier impérial 呂大忠 *Liu Ta-tchong*, puis réparée à différentes époques, notamment sous les *Ming*, en 1473 et en 1593 ; enfin sous la dyn. actuelle, en 1720 et en 1772. L'œuvre la plus remarquable de cette collection est un exemplaire en 187 pierres des « Neuf Canoniques » 九經 *Kieou-king*, écrit par le Clerc (待詔) d'Académie 唐元度, d'après la manière d'un exemplaire plus ancien des « Cinq canoniques » (auteur 張參 vers 770) ; c'est le Ministre 鄭覃 qui eut, en 837, l'honneur de présider à l'exécution de cette œuvre. Lorsque vers la fin des *T'ang* 韓建 *Han Kien* fut chargé de bâtir la ville actuelle, dont l'enceinte est beaucoup plus petite que l'ancienne, ces pierres se trouvèrent en pleine campagne ; ce n'est que deux siècles après que *Liu Ta-tchong* les fit placer là où elles sont aujourd'hui. Ces 九經 *Kieou-king*, avec les livres 孝經 *Hiao-king*, 論語 *Luen-yu* et 爾雅 *Eul-ya*, datant de la même époque, plus 孟子 *Meng-tse*, gravé en 1672, forment les « Treize Canoniques » 十三經 *Che-san-king*. — *Cf.* 關中金石記 *Koan-tchong-kin-che-ki*. 4ᵉ *Kiuen*).

糧道, et du Préfet. Vers le Sud-Ouest, le *Ma-fan-men* ou quartier des auberges près duquel se trouve le palais du Vice-roi, devenu actuellement la résidence du Gouverneur provincial (1). Puis vient le 五嶽廟 *Ou-yo-miao*, centre d'une grande foire, le 5 et le 6 de la 5ᵉ Lune; enfin la place d'armes du midi, où sont casernés deux régiments d'infanterie et de cavalerie. Au coin Nord-Ouest de cette place 南教場 *Nan-kiao-tch'ang*, se trouve l'église catholique avec un collège ou petit séminaire : c'est la paroisse méridionale 南堂 *Nan-t'ang*.

«A l'Ouest du *Kou-leou-che-tse*, apparait le tribunal du Grand juge; tout auprès existe une tour de trente à quarante mètres de hauteur, renfermant une énorme cloche de plus de trois mètres de grandeur. Plus loin vient la Sous-préfecture de *Tch'ang-ngan* 長安, puis le célèbre 城隍廟 *Tch'eng-hoang-miao*, le point le plus fréquenté et le plus animé de la ville. Non loin de là, s'étendent les immenses salles d'examen. Au Nord, on passe près de l'ancien palais du Gouverneur provincial, à moitié ruiné, pour entrer dans les treize populeux quartiers des Musulmans; on y compte sept mosquées, dont deux principales, vraiment superbes et de date très ancienne (2).

«Près de la porte du Nord, se trouve la paroisse catholique, dite 北堂 *Pei-t'ang*. La cité tartare embrasse tout le coin Nord-Est de *Si-ngan-fou;* le grenier public 永豐倉 *Yong-fong-ts'ang* lui appartient. La place d'armes du Nord contient deux casernes d'infanterie, dont l'une suit la discipline européenne.

«Au coin Nord-Ouest, il y a le grand champ de manœuvres, où se font les examens et les exercices militaires. Aux alentours, on remarque le *Wan-cheou-kong* 萬壽宮 impérial, et l'étang qui en tire son nom 萬壽池 *Wan-cheou-tch'e;* la pagode 關帝廟 *Koan-ti-miao*, où un Sous-préfet fidèle à son devoir trouva la

---

(1) Aujourd'hui, la Vice-royauté du *Chen-kan* 陝甘 comprend les deux Provinces du *Chen-si* et du *Kan-sou*, la première administrée directement par un Gouverneur résidant à *Si-ngan*, la seconde par un Vice-roi qui demeure à *Lan-tcheou-fou* 蘭州府.

(2) Les *Chron. de Tch'ang-ngan* en mentionnent une (清眞寺) au Nord-Est de la Sous-préfecture, réparée en 1384 par 鐵鉉 Président du Ministère de la Guerre, mais sans indication d'origine. Le même ouvrage signale un temple bâti sous 中宗, sur le quartier 新興坊 *Sin-hing-fang*, et portant le nom de 清教寺 *Ts'ing-kiao-se*: tel était le titre donné, d'après Dabry de Thiersant (*Le Mahométisme en Chine.* T. I. p. 152), à la première mosquée construite à *Si-ngan* en 742; mais les inscriptions fournies par l'ouvrage 至聖實錄年譜, sur lesquelles nous reviendrons dans la 3ᵉ Partie, semblent contredire ces données : l'une d'elles, intitulée 勅建清眞寺 (*Op. cit.* 20ᵉ K. 讚頌碑記序說) datée de 742, 1ᵉʳᵉ année 天寶 *T'ien-pao*, consacre précisément le nom de *Ts'ing-tchen-se;* l'autre, ayant pour titre 勅賜清修寺重修碑記, datée de 1526 et relative à la reconstruction de la même mosquée, confirme sa première origine, rappelle les travaux de restauration entrepris en 1127, 1265, 1315, 1468, et indique l'année 1482 comme celle du changement du vocable 清眞寺 en 清修寺.

mort sous les coups des brigands; enfin la grande lamaserie, dont le chef reçoit une pension quotidienne de 50 Taëls. Enfin, chose curieuse, on y voit *un temple de Sa-tan, Sa-tan-tien* 薩胆殿 (1).

«Si, en été surtout, du haut des remparts, on jette un regard autour de soi, la ville de *Si-ngan-fou* présente le plus beau panorama que l'on puisse imaginer, avec ses milliers de superbes acacias, qui laissent apercevoir à travers leur vert feuillage, une foule de clochers et de tourelles, aux formes les plus bizarres. Mais si l'on parcourt ses routes, c'est la ville la plus sale du monde; dans beaucoup de ses quartiers, elle offre le spectacle le plus répugnant, étalant aux rayons du soleil et aux regards des passants, ses canaux d'immondices, ses égouts découverts et remplis d'horribles débris. N'est-ce point un prodige qu'avec un pareil système de voirie, le choléra ne règne pas en maître souverain dans ces quartiers? Sans doute, les milliers, je devrais dire les millions de corbeaux qui s'y engraissent seront proclamés un jour les bienfaiteurs de la salubrité publique.

«*Si-ngan-fou* est le pays des chars; dans toutes les rues, c'est un va-et-vient continuel de véhicules du matin au soir. On y remarque surtout les brouettes à eau, criaillant sous le poids de leurs seaux remplis d'eau: les rues en sont encombrées. Ces brouettiers parcourent tous les quartiers, vendant de porte en porte *l'unique bonne eau de Si-ngan-fou;* ils la puisent à la porte occidentale, qui possède plusieurs puits, peu profonds, aux eaux fraîches et douces; il y règne une activité effroyable. Les autres puits de la ville ont tous à peu près une eau malsaine.

«Quant au commerce, il n'y a rien de particulier à dire, quoiqu'il règne à peu près partout une grande activité. *Si-nganfou* est peu productif et reçoit tout du dehors (2). Toutes les grandes routes qui aboutissent à la ville, sont couvertes de chariots qui lui apportent leurs denrées; de tous les passages des montagnes du midi, sortent des files continuelles de mulets pour y déposer leurs marchandises. Les commerçants sont pour la plupart étrangers (3).

«Traversons maintenant les faubourgs. Le faubourg oriental est peut-être le plus peuplé et le plus commerçant. On y voit la glacière; la pagode *Pa-sien-ngan* 八仙菴, desservie par quelques

---

(1) «J'allais oublier le bureau télégraphique, qui se trouve près du palais du Gouverneur.»

(2) «On trouve toutes les céréales, sur le marché de *Si-ngan-fou;* ou y voit l'orge, le blé, le seigle, le maïs, le millet, l'avoine, le riz, le coton, et une foule de pois, tels que 莞豆 *hoan-teou,* 黄豆 *hoang-teou,* 黑豆 *hé-teou,* 綠豆 *lou-teou,* 刀豆 *tao-teou,* 小豆 *siao-teou,* 蔓豆 *mun-teou,* 葫豆 *hou-teou,* 姜豆 *kiang-teou,* 四季豆 *se-ki-teou,* etc., etc.»

(3) Pour plus amples détails sur le commerce de *Si-ngan,* nous renvoyons le lecteur aux lettres déjà citées du Baron Richthofen.

centaines de 道士 *Tao-se*. Le 1ᵉʳ et le 2 de la 2ᵉ Lune, on y tient la foire dite 金花落 *Kin-hoa-lo*; à la 8ᵉ Lune, il y a une autre foire dite 菊花會 *Kiu-hoa-hoei*. A 20 *li*, dans la direction de l'Est se trouvent deux ponts fameux.

« Au faubourg du midi, on fabrique une sorte de petites poupées, et des espèces de ballons en verre 丁鐺 *ting-tang*. A cinq *li* de ce faubourg, à la montée de *Ou-kia-p'ouo*, on conserve encore la grotte en terre, habitée par le célèbre *Sié Ping(Jen?)-koei*, grand officier sous la dynastie *T'ang*.

« A 8 *li* au Sud, se trouve la grande et énorme tour en briques 大雁塔 *Ta-yen-ta*, ayant au moins cent mètres de haut; l'intérieur de la tour est dans un assez misérable état; la pagode adjointe est habitée par quelques bonzes seulement. A l'Ouest de cette tour, il y en a une autre plus petite 小雁塔 *Siao-yen-ta*, entourée d'une vaste pagode où vivent une centaine de bonzes; il y a là aussi un campement de soldats (1).

---

(1) Voici, d'après les *Chroniques* indigènes, quelques détails intéressants, sur ces tours célèbres, qui ont survécu à tant de révolutions. La tour *Ta-yen-ta*, située au Sud-Est et à dix *li* environ de la porte actuelle du midi, fut élevée au quartier 進昌坊 *Tsin-tch'ang-fang* dans les dépendances du monastère *Tse-ngen-se* 慈恩寺 « de la bienfaisance », rendu si fameux par le séjour qu'y fit *Hiuen-Tchoang* 玄奘 à partir de 649 (*Cf. Vie et voyages de Hiouen-Thsang*. pp. 312 et seqq.). C'est *Hiuen-Tchoang* lui-même qui fit élever cette tour en 652; il ne lui avait donné que cinq étages; elle était de briques à l'extérieur et de terre au dedans; chacun de ses quatre côtés mesurait à la base 140 pieds; elle avait 180 pieds de hauteur. Détruite dans la période *Tch'ang-nyan* (701-704) elle fut relevée aux frais de l'Impératrice *Ou-heou* et des princes du sang; on lui donna alors dix étages; au centre de chaque étage, on avait mis des parcelles de reliques (舍利); dans l'étage supérieur, une chambre en pierre contenait les deux tables où étaient gravés les deux éloges impériaux de la doctrine bouddhique (*Cf. ibid.* p. 318; *Chron. de Si-ngan-fou.* 61ᵉ *Kiuen*; *Chron. de Hien-ning-hien.* 4ᵉ *Kiuen*). Cette tour était connue sous le nom de *Yen-ta* « Tour de l'oie sauvage », en mémoire d'une tour à cinq étages taillée dans le roc au royaume de 達嚫 et sur laquelle on avait figuré cet oiseau. Un certain 張莒 *Tchang Kiu* (suivant d'autres 張台 *Tchang T'ai*, reçu Docteur en 859) ayant inscrit sur les murs de cette tour les noms des lauréats de sa promotion de Doctorat, l'expression 雁塔題名 « avoir son nom inscrit à la Tour de l'oie sauvage » est restée depuis lors synonyme de devenir Docteur (*Cf. Var. sin. Pratique des examens littér.* p. 157). Après les guerres, il ne restait plus de cette tour que sept étages : elle fut réparée sous les *T'ang* postérieurs (930-933), puis sous 天順 *T'ien-choen* (1457-1464) des *Ming*, enfin sous *K'ang-hi* (1718). — La tour *Siao-yen-ta* ne se trouve qu'à 3 *li* Sud-Ouest de la porte actuelle du midi; elle fut construite au quartier 安仁坊 *Ngan-jen-fang*, dans les dépendances du monastère 薦福寺 *Tsien-fou-se*; celui-ci, érigé d'abord en l'année 684, sous le nom de 大獻寺 *Ta-hien-se* avec plus de 200 bonzes, reçut son nom actuel en 690, de l'Impératrice *Ou-heou*. Vers l'an 707, 中宗 qui venait de monter sur le trône contribua aux frais d'une tour à quinze étages, haute de plus de trois cents pieds. Cette tour appelée *Siao-yen-ta* a été réparée à différentes reprises, sous les *Song*, les *Yuen* et les *Ming*.

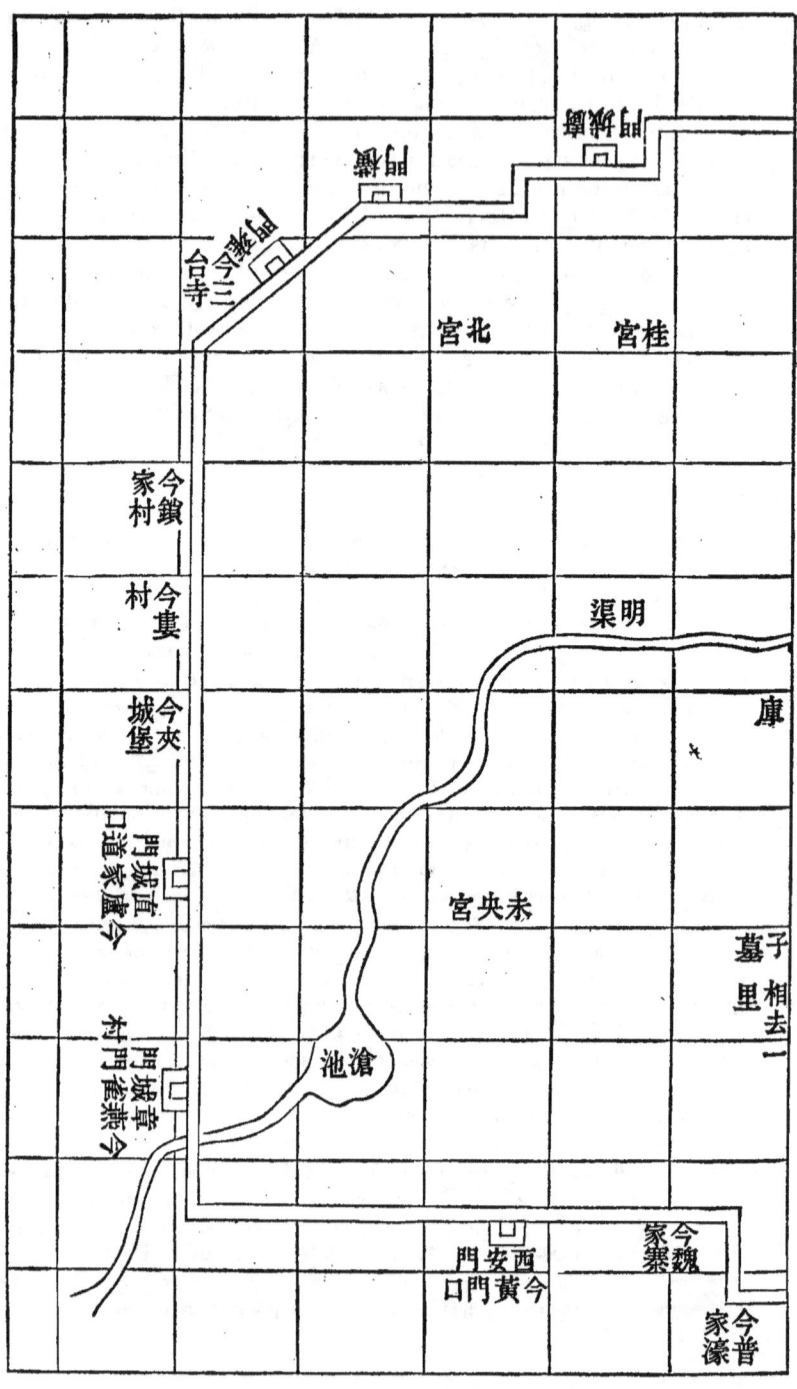

LA VILLE DE *TCH'ANG-NGAN*

(*D'après les Chroniques*

II. DESCRIPTION.

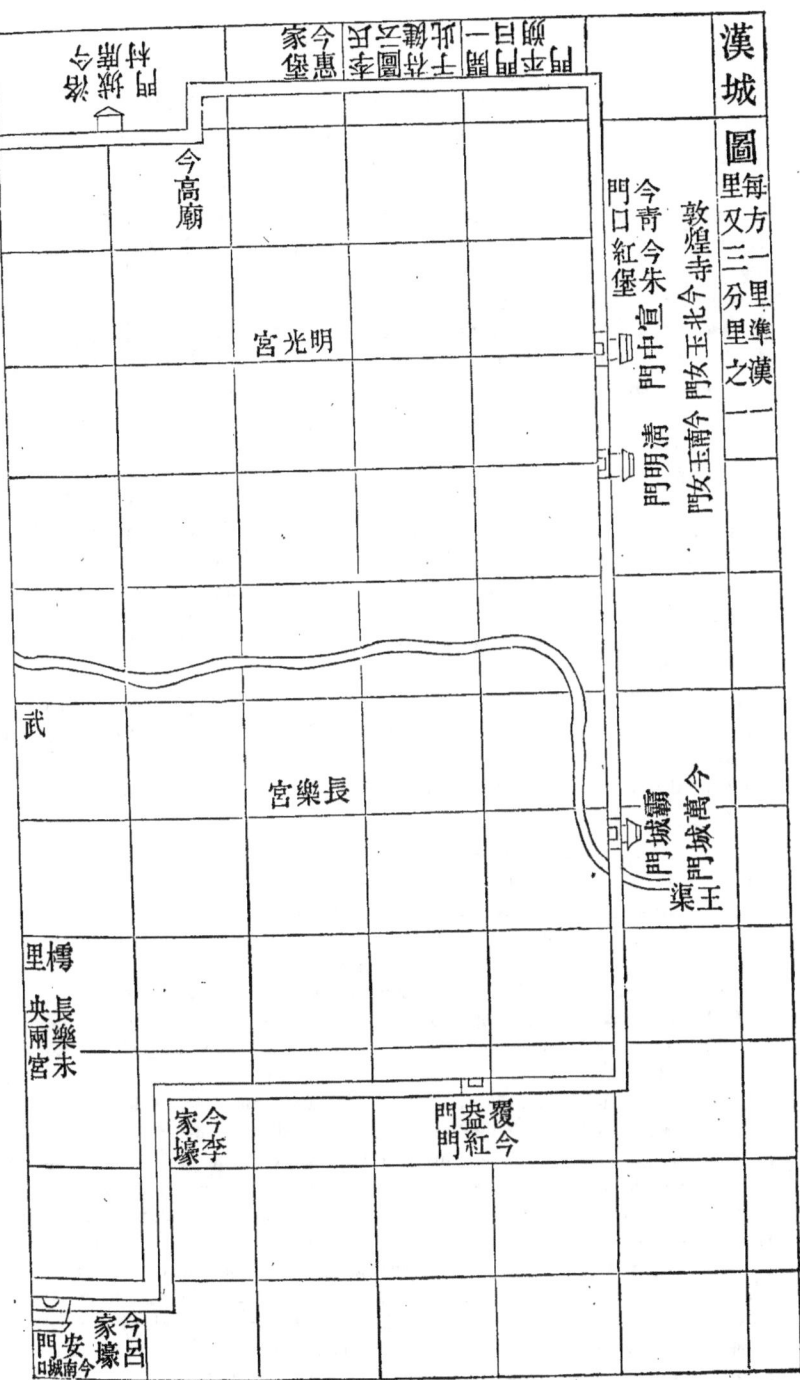

SOUS LA DYNASTIE *HAN*

de Tch'ang-ngan-hien).

«A une vingtaine de *li* vers le Sud, il y a le grand marché de *Yu-tchu(h'iu)* 芋渠, à l'Est duquel s'élève la fameuse pagode *Niéou-t'éou-se* 牛頭寺 (datant de 795), desservie par une vingtaine de bonzes, et où chaque année en été, les autorités supérieures se rendent ensemble, pour y prendre un repas de gala.

«Le faubourg du Nord est le plus misérable de tous : quelques pauvres auberges, plusieurs habitations. aucun commerce. A trois *li* au Nord-Est, il y a un endroit nommé *Hien-yang-tien* 咸陽店, où l'on voit encore l'emplacement de la salle du trône des anciens Empereurs.

«Egalement à 3 *li* au Nord-Ouest, sur la butte 紅廟二坡 *Hong-miao-eul-p'ouo*, chaque dix ans, on célèbre le 5 et le 6 de la 2ᵉ Lune, la foire dite 春官會 *Tch'oen-koan-hoëi*. On y donne une représentation théâtrale d'histoire antique. Durant ces deux jours, le plus ancien du village acquiert la dignité de *Tch'oen-koan* 春官 (1) et porte le bouton rouge; il endosse l'uniforme complet de mandarin, à part un pied chaussé d'une sandale de chanvre, tandis que l'autre porte une botte de cérémonie. Tous les villages des environs doivent y concourir et prêter leurs chevaux et leurs mules, dont le nombre monte jusqu'à deux ou trois cents. Toutes les dignités inférieures à celle de *Tch'oen-koan*, sont représentées, avec leur entourage, dans ce singulier cortège.

«A 20 *li* plus au Nord-Ouest, il y a l'antique *Tch'ang-ngan-kou-tch'eng* 長安故城, ancienne Capitale des *Han*, ayant 80 *li* de tour, et renfermant actuellement 36 堡子 *pao-tse*, et 24 寨子 *tchai-tse*, soit en tout 60 villages distincts. Que d'antiquités on y trouve ! Entre autres, des sapèques, des vases, etc... datant de deux mille ans (2) !

---

(1) Ce titre désignait sous les anciennes dynasties un emploi équivalant à la charge actuelle de Président du Ministère des Rites.

(2) «Autour de Si-ngan-fou, écrit Richthofen, on retire à chaque instant du sol, non seulement de curieuses monnaies des diverses dynasties anciennes, mais des bronzes datant de la première dyn. *Tcheou*, dont le goût et le fini n'ont pas été surpassés par les productions des périodes plus récentes. Nulle part ailleurs en Chine un antiquaire ne trouvera plus de facilité pour recueillir des objets d'intérêt que sur cette terre classique du bassin de la Wei.» (*Cf.* pp. 128, 129, le plan de la Capitale des *Han*, d'après le 長安縣志. 3ᵉ *K*. fol. 3 et 4)

C'est là, nous en avons l'espoir, que l'on découvrira quelque jour des preuves d'un apostolat chrétien contemporain de l'ère apostolique. Quelle pitié que les préjugés égoïstes et jaloux du gouvernement chinois, ne permettent pas d'explorer cette mine féconde que recèle notamment l'emplacement de l'ancienne Capitale des *Han* : toutes les trouvailles qui y ont été faites jusqu'ici ont disparu dans des collections particulières, elles-mêmes à la merci de l'instabilité des fortunes, si ordinaire en Chine. Un gouvernement d'Europe qui possèderait un tel trésor, l'exploiterait avec un soin pieux, et formerait un impérissable musée des pièces rares qu'il y rencontrerait. Encore une fois, c'est là, nous en avons la conviction, c'est dans l'enceinte construite par *Hoei-ti* au IIᵉ S. avant l'ère Chrétienne, que les premiers apôtres chrétiens de la Chine, ont été prêcher le Sauveur, et c'est sur ses ruines, nous l'espérons du moins, que se rencontreront les témoignages de cette antique prédication

«Dans le faubourg occidental, règne une grande activité : commerce, auberges, restaurants, écuries... On y célèbre plusieurs grandes foires de chevaux et de mules, entre autres celles du «Bouddha dormant» 睡佛會 *Choei-fou-hoei,* du Poussa 菩薩會 *Pou-sa-hoei,* de 娘娘會 *Nian-niang-hoei,* de 馬王會 *Ma-wang-hoei.* La partie intérieure occidentale est déserte, elle est même cultivée; et le faubourg fut pillé et ravagé en partie par les Musulmans stationnés au-dehors. A 2 *li* dans la campagne, du côté du Nord-Ouest, apparait la fameuse pagode de l'«Esprit du feu» 火神廟 *Ho-chen-miao;* c'est surtout durant la 6ᵉ Lune qu'on l'honore : durant tout ce mois, on y chante chaque jour la comédie.

«A un *li* plus loin vers le Sud-Ouest, se trouve la pagode *Tch'ong-jen-se* 崇仁寺 (1), dans l'enclos de laquelle est érigée la célèbre pierre qui porte l'inscription syro-chinoise. Tout autour, ce ne sont que des champs de blé et de colza; dans le lointain, on aperçoit ça et là des bouquets d'arbres dénotant l'existence de villages cachés sous la feuillée...»

---

(1) Outre les variantes déjà données (V. p. 67), le P. G. Maurice signale encore celles de 京城寺 *King-tch'eng-se* et de 亮淨寺 *Liang-tsing-se,* admises par l'usage. Voici, d'après les *Chron. de Tch'ang-ngan* (22ᵉ Kiuen), l'histoire de cette pagode, située à 5 *li* Ouest de la ville : 孝王 *Hiao-wang,* fils du fondateur des *Soei,* avait fait don de ce terrain sur lequel on éleva d'abord le monastère 濟渡寺 *Tsi-tou-se.* A la mort de 太宗 *T'ai-tsong* (649), son fils 高宗 *Kao-tsong* y transporta les concubines du prince défunt, et lui donna le nom de 靈寶寺 *Ling-pao-se*; puis il convertit un couvent voisin de bonzesses, le 道德寺 *Tao-té-se,* en succursale du temple de *T'ai-tsong,* lui donnant le titre de 崇聖宮 *Tch'ong-cheng-kong.* En 677, ces deux établissements furent livrés à des bonzes et réunis en un seul sous le titre de 崇聖寺 *Tch'ong-cheng-se.* C'est là que plus tard se réunissaient les nouveaux Doct urs pour le banquet qui leur était offert après leur promotion. Les travaux de restauration entrepris par un prince des *Ming* (V. p. 54) ne furent achevés qu'en 1476; l'année suivante, le monastère reçut le titre de 大崇仁寺 *Ta-tch'ong-jen-se.* Il est appelé communément 金勝寺 *Kin-cheng-se,* du nom du village voisin 金勝舖 *Kin-cheng-pou,* figuré sur la carte que nous avons donnée p. 65. Les *Chroniques* mentionnent plusieurs restaurations sous la dynastie présente : nous dirons bientôt à quel état misérable les derniers malheurs du *Chen-si* ont réduit cette antique pagode.

§ II. LA STÈLE.

Historique des stèles du genre 碑 pei. — Stèles funèbres 豐碑. — Application de ces notions. — Représentations graphiques d'après M⁶ Hogg, le Rév. Jon. Lees. — Recit du Rév. A. Williamson. — Abris successifs du monument. — Voyages de Richthofen, du Comte Széchényi. — Histoire des estampages pris aux XVIIᵉ et XVIIIᵉ Siècles. — Recherches provoquées par l'*American Oriental Society*. — Diverses reproductions de l'inscription. — État actuel de la stèle.

La stèle chrétienne de *Si-ngan-fou* appartient à cette classe de monuments auxquels les antiquaires chinois ont donné la dénomination de *Pei* 碑. Quelques notions sur ce genre de construction, l'une des sources les plus sûres et les plus abondantes au point de vue de l'épigraphie, trouveront ici leur place naturelle (1).

Les auteurs les mieux informés qui ont écrit sur cette matière (2) assignent comme premier 碑 connu, élevé sur un tombeau, celui qui a pour titre : 漢故國三老袁君碑. *Yuen Liang* 袁良, en l'honneur de qui fut dressée cette pierre étant mort en l'an 131 ap. J.-C. et l'inscription étant rapportée au règne de 順帝 (126-144), celle-ci doit trouver place entre les années 131 et 144 de notre ère.

Le Livre des Rites nous fait connaître deux sortes de 碑, dont on se servait dans les anciens temps : les uns de pierre se trouvaient dans la salle principale (中庭) des temples (宮廟庠序), les autres de bois servaient à descendre les cercueils dans les fosses.

Il est plusieurs fois question des stèles du premier genre au Livre des Rites. Le traité 祭義 est très explicite et nous indique l'usage de cette pierre : 祭之日. 君牽牲... 既入廟門. 麗于碑. « Le jour du sacrifice, le prince tirera la victime (un bœuf)... Quand (le cortège) aura franchi la porte du temple, on attachera (le bœuf) à la stèle... » — Le traité 雜記 mentionne à plusieurs reprises la stèle qui se trouve dans le temple des Régulos (諸矦). — C'est ainsi encore que sur ces mots du traité 聘禮 : 賓入門三揖 « Le messager ayant franchi la porte (du temple des ancêtres) échange trois saluts (avec son introducteur) », le commentateur 鄭 explique que le troisième salut se fait vers la stèle. — Le commentateur 陳澔 (dyn. *Yuen*), sur cet autre texte du 聘禮 : 陪鼎上當碑南, fait cette remarque curieuse : 宮必有

---

(1) J'emprunterai ces renseignements en grande partie à l'ouvrage 漢石例 (titre 稱碑例) de 劉寶楠 (origin. de 寶應), dont l'œuvre posthume a été publiée en 1869 par 匡源 de 膠州, puis rééditée en 1886 comme première partie du 金石三例續編. Les principales divisions du *Han-che-li* sont : 墓碑例, 廟碑例, et 德政碑例.

(2) Notamment 歐陽修 (1017-1072) dans son 集古錄, 趙明誠 (vers le milieu du XIIᵉ S.) dans son 金石錄, et 洪适 († 1184) dans les traités 隸釋 et 隸續.

II. DESCRIPTION.

碑. 所以識日景引陰陽也 «Chaque temple avait sa stèle, et au moyen de l'ombre qu'elle projetait au soleil, l'on pouvait se rendre compte du temps où l'on se trouvait.» Du reste, il n'est point étonnant que de bonne heure, ces stèles aient servi de gnomons.

Les stèles du second genre sont mentionnées par le 檀弓, qui les désigne sous le nom de 豐碑. 鄭元 (dyn. *Han*), sur un texte de ce traité, explique qu'elles consistaient en grandes pièces de bois façonnées, et qu'elles devaient leur nom à leur ressemblance avec les stèles de pierre. Fixées à l'avant et à l'arrière du caveau, elles étaient percées d'un trou dans lequel s'engageait un treuil : sur ce treuil s'enroulaient les cordes destinées à faire descendre le cercueil. Il y avait quatre de ces poteaux pour la sépulture de l'Empereur, deux seulement pour les Régulos et les officiers supérieurs. — Même mention et explication dans le traité 喪大記.

Les auteurs chinois disent que dans la suite on s'inspira de ces monuments pour y retracer les actions d'éclat d'un prince ou d'un père : on les plaçait au bord de quelque route, dans un lieu bien en évidence. Les stèles des temples auraient inspiré la même pensée (1).

L'ouvrage 韵會 attribue au Dictionnaire 說文 la définition suivante du caractère 碑 : 竪石紀功德. Mais les éditions actuelles du 說文 ne contiennent pas ces trois derniers caractères. De plus, aucun monument où se trouvent gravés des caractères et portant le nom de 碑 n'est antérieur à la dynastie *Han*. Ainsi il est rapporté à la vérité que l'Empereur 穆王 laissa un souvenir de son passage sur une pierre de 弇山, mais ce monument ne porte pas le nom de 碑 (2). — De même, le 史記 (封禪書引管子秦始皇本記) parle de pierres dressés (立石), mais non de 碑 (3). — On peut voir par là que ce n'est qu'à dater des

---

(1) *Sic* 徐鉉.

(2) L'ouvrage 穆天子傳 dit qu'à la suite du festin de l'Empereur avec 西王母, à 瑤池, *Meou-wang* se rendit au sommet du 弇山, et grava sur une pierre de cette montagne le récit de son voyage. L'inscription aurait eu pour titre : 西王母之山.

(3) L'auteur du 漢石例 rapporte sur des conjectures insuffisantes que 72 anciens Empereurs, dont le premier, antérieur à 伏羲, se nommerait 無懷氏, auraient eu une pierre gravée (勒石) au sommet du *T'ai-chan*. De même l'auteur du 事始 dit que le premier 碑 date de ce dernier prince. *Se-ma Ts'ien* ne dit rien de semblable. Il rapporte seulement d'après l'ancien Ministre *Koan Tchong* (mort l'an 645 av. J.-C.) que ces Empereurs auraient fait le sacrifice 封禪 sur le 太山. Le Père Gaubil relève, dans sa *Chronologie* (pp. 105 et 280) l'erreur d'un missionnaire, d'après lequel on verrait encore à cette montagne «des restes d'anciens monuments, en caractères, sur soixante-douze tables gravées par ordre de soixante-douze souverains... A la montagne *Tay-chan*, continue le P. Gaubil, le plus ancien monument en caractères gravés sur des tables, est un reste d'une ancienne table de marbre ou pierre dressée par l'ordre de *Tsin-chi-hoang*, comme un monument du voyage qu'il fit à cette montagne.»

Han, que l'on se servit de ces stèles en pierre, connues sous le nom de 碑 pour les tombeaux, de même que pour graver des éloges (1).

Lieou Hié 劉勰 dans le 文心雕龍 fait venir le caractère 碑 de 埤. Suivant lui, les Empereurs de la haute antiquité, lorsqu'ils consacraient le nom de leur règne par le sacrifice 封禪, érigeaient une pierre qui reçut le nom de 埤 «ajouter», de ce qu'elle «surmontait» le sommet (du *T'ai-yo*). Suivant le même, 穆王 des 周 aurait inscrit son voyage sur une pierre du 弇山. Cet auteur voudrait ainsi prouver l'ancien usage du mot 碑 dans le sens susdit; mais ses conjectures paraissent sans fondement.

Le 隸續 nous apprend que les stèles anciennes des temples et des tombeaux étaient munies d'une ouverture pour le passage des cordes ou du treuil. Il ajoute que les 碑 élévés sous les *Han* portaient ce trou en plein milieu. Nous lisons dans le 金石文字記, que la stèle 郎中鄭固碑 possède une grande ouverture, et que les stèles de la dynastie *Han* sont presque toutes ainsi faites. 孫何 raconte que dans les premiers temps de son séjour à 潁, il remarqua plusieurs stèles anciennes, toutes percées d'un trou semblant destiné au passage d'un corde, et que ceux qu'il interrogea sur cette particularité répondirent : «Il n'y a en ceci rien de surprenant; les *Han* n'étaient pas si éloignés des premières dynasties; c'est pourquoi l'on retrouve ces formes des anciens 豐碑.»

Ces monuments sous les *Han* ne dépassaient guère la hauteur de trois pieds, mesure actuelle. Depuis lors, poursuit notre auteur, leurs dimensions n'ont rien eu de fixe, et on a supprimé l'ouverture qu'ils portaient. Nous verrons bientôt quelles dimensions ils atteignirent dans la suite; en attendant, je dirai quelques mots d'une autre construction plus rare et dont certains auteurs chinois, l'opposant à la stèle, ont donné une idée inexacte. Il s'agit du 碣 sorte de cippe, défini par le *Chouo-wen* : 特立之石. Originairement, nous apprend l'auteur du *Han-che-li* (titre 稱碣例), ce caractère s'écrivait 楬 et désignait un pieu fiché en terre auprès d'un tombeau, sur lequel on inscrivait le signalement d'une personne morte sur la route. Ce qui la caractérise et la distingue du 碑, c'est sa forme cylindrique qui lui avait fait donner jadis le nom de «tambour de pierre» 石鼓. Il ressort de plusieurs exemples cités par le même auteur, que pendant toute la dynastie des *Han*, ces deux sortes de monuments n'eurent pas d'autre trait distinctif (2).

---

(1) L'ouvrage 述異記 fait mention d'un 碑 qui serait plus ancien encore que celui de *Meou-wang*. Voici son texte : 崆峒山中有堯碑禹碣皆籀文焉. 伏滔述帝功德銘曰﹒堯碑禹碣歷古不昧. Mais ces vagues souvenirs, surtout venus d'une telle source, n'offrent que de simples conjectures.

(2) Les frères 馮 *Fong* (雲鵬 et 雲鵷) auteurs du précieux ouvrage 金石

II. DESCRIPTION.

Le 金石例, ouvrage du 14ᵉ siècle (1), nous apprend que sous les *Soei* 隋, le *Pei* fut réservé aux fonctionnaires supérieurs, à partir du 5ᵉ degré : il portait des dragons sculptés à son sommet, et reposait sur le dos d'une tortue; les mandarins inférieurs n'avaient droit qu'à un *Kié* terminé à sa partie supérieure en forme de 圭 et reposant sur une base quadrangulaire. Auparavant, il paraît qu'aucune réserve de ce genre n'avait été encore statuée (2).

Les notions archéologiques que nous venons d'emprunter aux livres anciens de la Chine trouvent leur application immédiate et très pratique dans la stèle chrétienne. La dénomination 豐碑 était, nous apprend le Mémorial des Rites, réservée dans l'antiquité aux monuments funèbres; or le *King-kiao-pei* en porte la mention expresse, terminant l'Eloge (頌) final... 建豐碑分頌元吉 «Nous élevons ce monument funèbre *(Fong-pei)*, à la louange de la félicité suprême (3).» Il ne peut exister aucun doute sur la signification spéciale, technique, d'une telle expression, employée précisément pour un monument lapidaire dont les auteurs ont fait preuve d'une compétence littéraire peu commune : à coup sûr, elle désigne une sépulture chrétienne.

D'autre part, il ne s'agit pas de la tombe du Général *Kouo Tse-i* 郭子儀 : ce grand homme ne mourut qu'après l'érection de cette pierre. Il nous semble assez probable en revanche que nous sommes en présence d'un monument élevé à la mémoire de *I-se* 伊斯 (4); il nous paraît également vraisemblable que ce tombeau ne fut pas isolé, mais qu'il faisait partie d'une sépulture commune où reposaient les restes d'autres missionnaires chrétiens. Dans l'inscription de *Tchen-kiang* 鎮江 tirée de l'oubli par l'Archimandrite Palladius, et remontant à 1281, nous trouvons la mention d'un cimetière chrétien au bas de deux églises élevées près de *Si-tsing* 西津 (5). Ce qu'avait fait Mar Sarghis au XIIIᵉ

索 donnent la même définition au commencement de leur collection 碑碣之屬. Voici ce qu'ils disent : 古者方曰碑員曰碣.

(1) *Cf.* Wylie. *Notes on Chinese literature.* p. 199.

(2) Sur cette question des monuments chinois, de leur forme et surtout de leur nomenclature, on consultera avec fruit la préface du Vᵉ Vol. du *Cursus litteraturæ sinicæ* du P. Ang. Zottoli, pp. VIII et IX.

(3) La fin de la Dissertation (序) avait caractérisé la stèle par l'épithète plus vague 洪 «grand, vaste» : 願刻洪碑以揚休烈 «Nous avons voulu graver ce monument pour célébrer ces faits illustres.» (Le P. Diaz, dans sa Préface écrit 鴻.) Mais cette expression laisse subsister tout entier l'argument que nous tirons du mot 豐碑.

(4) Nous renvoyons nos lecteurs à la dernière partie de ce travail, pour les renseignements concernant ces deux personnages, protecteurs éclairés du christianisme.

(5) ..西津竪土山...二寺之下㘞爲也里可温義阡. (*Cf.* 至順鎮江志, 9ᵉ *K.* fol. 9. — *The Chin. Recorder.* vol. VI, p. 111.). — La localité de 西津渡 se trouve, d'après l'ouvrage 明一統志 à 9 *li* Ouest de la Pré-

Siècle pour les chrétiens de *Tchen-kiang*, les missionnaires du VIIIe Siècle avaient pu l'accomplir pour les membres de leur église. Cette hypothèse rendrait même très plausible l'interprétation d'un mot de l'inscription syriaque resté jusqu'ici fort obscur. C'est le titre du 5° prêtre désigné sur la 2e rangée de gauche : Kircher, qui en a eu sans doute une transcription imparfaite, l'a traduit simplement : «Simeon Presbyter»; Assemani l'a imité, se contentant d'ajouter «et monacus». Mais ce mot fait défaut dans le texte. En réalité, il faut lire «Simoun qassisa d'qabra», ce qui signifie «Siméon prêtre de Qabra, *ou* du cimetière». Le Père Jean Terrenz avait-il entrevu ce dernier sens, lorsque dans sa version de 1629 (1), il traduisait «Siméon Cachicha (prestre ou religieux, ou ecclesiastique) du St Sépulcre»? Nous le croyons volontiers. Bien que la plupart des missionnaires Jésuites ne s'en soient pas ouverts dans leurs écrits, plusieurs d'entre eux ont admis assez clairement la destination susdite de la stèle. Le Père Noël, dont nous avons rapporté plus haut les paroles, a longuement insisté sur ce rapprochement de but entre le monument de *Si-ngan* et les sépultures plus récentes des missionnaires catholiques (2). Une

---

fecture de *Tchen-kiang* ; la colline 竪 (*alias* 竖 suivant le même ouvrage et le 廣興記), située sur la rive droite du fleuve Bleu porte aujourd'hui le nom bien connu de 銀山 «Montagne d'argent» (*Cf.* 至順鎮江志, 7° *K*.) : plusieurs fois séparée de la terre ferme par les caprices du fleuve, elle y est aujourd'hui rattachée. On trouvera dans l'Appendice le texte intégral de ce curieux monument du XIIIe siècle.

(1) On la retrouvera reproduite à la fin de cette IIe Partie.

(2) Ces sépultures, écrit-il, sont «un titre specieux pour nous faciliter l'entrée des Provinces, où il y a des Missionnaires enterrez : cela même nous a obligé de renouveller les tombeaux qui avoient esté ruinez et démolis au temps des persecutions, et de transporter les corps en certains endroits, où nous voulions ou établir des Eglises, ou conserver celles qui sont déjà faites.» (*Hist. d'une Dame de la Chine*, pp. 86, 87). L'auteur donne ensuite plusieurs exemples curieux de cette industrie, qui témoigne d'une connaissance si profonde des mœurs de la nation chinoise. C'est grâce à elle qu'après la persécution de *Yang Koang-sien*, le P. Gabiani put transporter au *Chen-si* les dépouilles du P. de Ferrariis mort en 1671 à *Nyan-k'ing-fou* 安慶府, lors de son retour dans son ancienne mission. «Il écrivit au Père Ferdinand Verbiest Président du Tribunal des Mathematiques d'obtenir de l'Empereur qu'il pût garder le sepulchre de son frere le Père Ferrari. L'Empereur consulta là-dessus le Conseil des Rits, qui jugea qu'on ne pouvoit refuser au Père de rendre ces devoirs de pieté. Ainsi au lieu de retourner à *Yan-cheu* (*Yang-tcheou* 揚州) dans la Province de *Nan Kin* (*Nan-king* 南京) où la Patente de l'Empereur le renvoyoit après son exil, il demeura dans la ville Capitale de la Province de *Xen Si* (*Chen-si*), pour y servir et consoler toute cette chrétienté qui a plus de vingt Eglises en differentes villes et bourgades. C'est pour cette même raison qu'on a pris soin de rétablir hors des murs de la ville de *Nan Kin* (*Nan-king*) les anciennes sepultures des Missionnaires, qui avoient été ruinées par les inondations arrivées en cette Province. On les a transportées dans un lieu plus élevé, et pour en faire un monument public on y a mis une grande pierre sur laquelle est gravé le nom de JÉSUS avec les noms des Missionnaires qui y sont inhumez ; le temps de leur entrée dans la Chine, de leur Predication, et de leur mort y est aussi marqué. On fit

II. DESCRIPTION.

tradition orale des anciens missionnaires l'avait sans doute entretenu dans cette pensée.

J'ai constaté du reste avec plaisir que dans ces derniers temps, de bons esprits étaient arrivés sur différents indices à la même conclusion. Voici par exemple ce qu'à la date du 15 Août 1894, m'écrivait de l'Université St Joseph de Beyrouth, le Père Louis Cheikho : «Depuis ma dernière lettre (1), j'ai eu l'occasion de voir un de nos missionnaires qui s'était autrefois occupé de l'inscription de *Si-ngan-fou*. Ses études, parait-il, l'avaient conduit à conclure que l'inscription pourrait bien être celle d'un monument funèbre élevé sur un cimetière chrétien. Les noms gravés sur les côtés de la pierre seraient simplement des noms de défunts, dont le principal personnage serait Adam prêtre et chorévêque. Il confirme son opinion par le qualificatif donné au 5e nom de la 2e rangée (sur la face de gauche), appelé «prêtre de qabra», c'est-à-dire selon lui prêtre chargé du cimetière (*qabra* signifiant sépulcre).» Notre interprétation n'est donc point isolée; mais la conjecture tirée du texte syriaque deviendrait-elle une certitude, il nous resterait encore à souhaiter, avec notre érudit et judicieux correspondant «que des fouilles faites au même endroit vinssent confirmer cette donnée».

Après ces notions générales, venons à la description de notre monument.

La meilleure qui ait jamais paru avant celle du P. Louis Gaillard, a été donnée il y a deux ans par un missionnaire protestant du *China Inland Mission*.

Dans son numéro de Mars 1892, le *China's Millions* offrait «d'après la photographie d'un Cantonais, complétée par un cro-

---

la même chose dans la Province de *Che Kiam (Tché-kiang)*, où les corps de dix Jesuites Missionnaires furent mis dans un grand tombeau de Pierre... Auprès de ces sepultures il y a des Oratoires, des Chapelles, et des Autels, où l'on peut dire la Messe, et où l'on va certains jours faire des prieres publiques. Madame *Hiù*... apprit avec joye ces nouvelles, et témoigna que c'étoit le vray moyen d'affermir les Eglises que d'y établir des sepultures...» (*Op. cit.* pp. 87-89). Ailleurs, c'était le P. Jacques Motel qui revenant de l'exil, apportait avec lui à *Ou-tch'ang-fou*, capitale du *Hou-koang*, les restes de ses deux frères Claude et Nicolas, décédés à *Kan-tcheou-fou* 贛州府 et *Nan-tch'ang-fou*. Là, «dans un champ qu'il avoit acquis hors de la ville, il s'est dressé luy-même par avance un tombeau auprès de celui de ses deux freres».—Nous sommes loin, hélas ! de ces temps où les cendres des morts protégeaient les vivants : qu'on se rappelle les scènes de barbarie, disons mieux, de cannibalisme, auxquelles se livrèrent à *Ou-hou* les émeutiers du 12 Mai 1891, sous les yeux complaisants d'un Intendant, M. *Tch'eng Tchang* (成章), sur le corps d'un missionnaire catholique, inhumé dans le jardin de la résidence... Ces scènes sont restées impunies. Il s'est même trouvé vers cette époque un résident de *Chang-hai* assez mal inspiré pour voir dans cette sépulture, l'occasion, sinon la cause de la haine populaire !

(1) Le 20 Juillet précédent, le Père Cheikho, en m'envoyant la traduction du texte syriaque, que nous offrirons un jour à nos lecteurs, l'accompagnait de cette note : «d'Qabra, que Assemani a très mal lu *Dairaia*, semble être un nom de ville ou de lieu. En syriaque, *qabra* veut dire *tombeau* ; mais dans ce cas, le sens m'échapperait complètement...»

quis de Mᵉ Hogg» une gravure de la stèle et de son soubassement. Le motif sculptural qui le termine, quoique trop vague encore pour ceux qui en ignorent le motif, y était rendu avec assez d'exactitude dans ses lignes générales. Son plus grave défaut, dû peut-être à l'interprétation erronée du graveur européen, était de simuler nettement dans l'inscription des lignes horizontales, sans aucun souci de l'alignement vertical. L'absence de la croix dans le même dessin était suppléée par les explications suivantes de M. C. F. Hogg, qui accompagnent cette gravure.

«Juste au-dessous de la sculpture, au-dessus et au milieu de la triple rangée de grands caractères, il y a une croix légèrement gravée, entourée de plusieurs fleurons. La pierre est entière; elle est d'une couleur grise ordinaire (1) et sonore, rendant un son semblable à celui d'une cloche, si on la frappe vivement. Elle repose sur le dos d'une tortue à demi enterrée, dont on voit apparaître la tête dans le dessin. Voici ses dimensions : Hauteur de face mesurée depuis le dos de la tortue jusqu'au bas de la sculpture sur le côté (non compris les grands caractères), 75 ins. (1^m 90); hauteur de la sculpture, depuis le sommet du principal morceau, 28 ins. (0^m 71); largeur, 37 ins. (0^m 94); épaisseur, 11 $^1/_2$ ins. (0^m 29). Il se dresse en face d'un vieux temple bouddhique à moitié ruiné au Sud de la route, à un mille et demi de la porte de l'Ouest, et à un demi-mille du faubourg. Ses environs manquent d'intérêt; la contrée est plate, bien cultivée et très fertile; des talus couverts d'herbes sauvages et de pierres, et les restes d'un mur en terre l'entourent et le cachent de la route; mais alors même qu'il serait visible, il n'y a rien par où un passant pourrait le distinguer de centaines d'autres pierres qui se trouvent dans ce district (2).»

Les données qui précèdent, l'emportaient notablement comme précision, sur celles du Rév. A. Williamson, lequel vingt-deux ans plus tôt avait donné d'après le Rév. Jon. Lees, son compagnon de voyage, de fort grossiers croquis de la partie décorative de la stèle, et de l'édicule en briques qui abritait alors le monument en en dissimulant la partie supérieure (3). Nous étant proposé de réunir dans cette étude, tous les documents de

---

(1) C'est sans doute cette coloration qui inspira au Rév. John W. Stevenson la singulière conjecture que voici : «D'après un examen rapide, je suis incliné à croire que ce n'est point de la pierre, mais de la terre moulée d'une espèce particulière et très fine, et bien cuite suivant les procédés employés pour les meilleures briques chinoises. J'essayai d'en couper un morceau par derrière avec un couteau et je la trouvai tendre, ce qui me confirma dans mon hypothèse.» (Cf. *The Times*, 1 Sept. 1886)

(2) *Op. cit.* p. 32. — En 1879, Kreitner, rapporteur de l'expédition Széchényi, donnait ces mesures très approximatives : Trois mètres de hauteur pour le monument, et un mètre pour la tortue qui lui sert de soubassement (*Im fernen Osten.* p. 478).

(3) *Journeys in North China, Manchuria and Eastern Mongolia.* Londres, 1870. Vol. I. pp. X, 380 à 386.

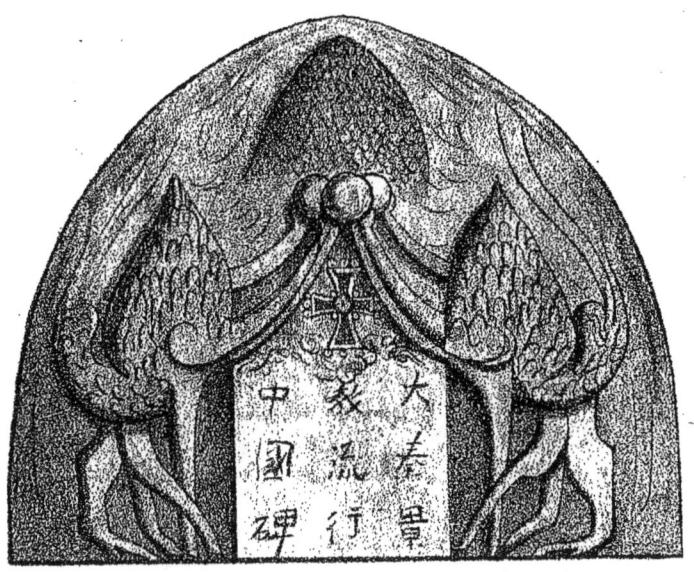

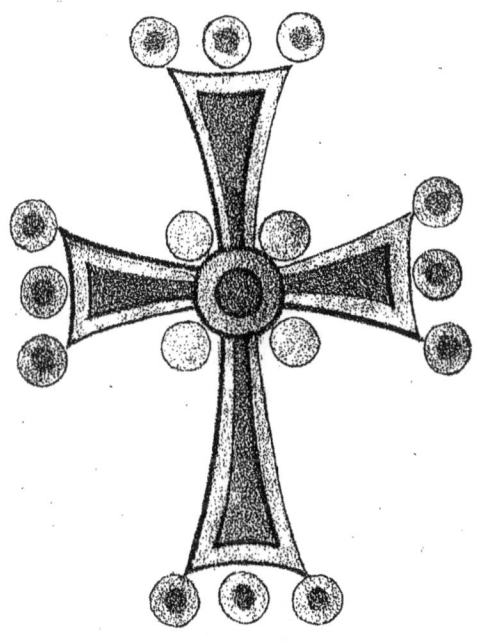

LA CROIX

(d'après Lees et Williamson)

II. DESCRIPTION.

quelque intérêt pour l'histoire du *King-kiao-pei*; nous donnons une copie au simple trait du premier de ces deux croquis; le second, dont nous offrons une lithographie, a été reproduit par le D. Legge. C'est à bon droit que l'éminent sinologue, tout en empruntant cette pièce à l'œuvre de ses amis, avait fait cette remarque : «C'est à M. Lees que nous sommes redevables des singulières figures qui forment l'ornementation entourant le titre : leur représentation pourra être quelque peu modifiée par l'étude qui en sera faite ultérieurement; nous lui devons également la croix qui se trouve immédiatement au-dessus du titre. Le procédé (de décalque) qui garantit l'exactitude de forme pour les caractères incisés, ne permet pas de prendre des copies des parties en relief (1).»

Ces conjectures étaient fondées, mais restaient encore trop vagues. Cependant tous les doutes eussent été levés dès cette époque, et la décoration du monument eût été parfaitement déterminée si l'on s'était souvenu du principe énoncé plus haut par le 金石例, ou si même on s'était donné la peine de considérer le couronnement d'un grand nombre de stèles tant anciennes que

---

(1) *Christianity in China*. Londres, 1888. p. 34.

modernes, répandues sur toute la surface de la Chine (1). On eût

(1) Le P. L. Gaillard a reproduit (*Croix et Swastika*. p. 123) le sommet d'une de ces stèles, parfaitement conservée à *Si-hia-chan*, entre *Nan-king* et *Tchen-kiang*, et datant de 676. Plus tard le même motif de décoration a été maintenu, mais le galbe extérieur a été légèrement altéré, par la dépression du sommet. A quelques centaines de mètres au midi de la porte du Sud de *Chang-hai*, se trouve un monument de ce genre, dont l'inscription a aujourd'hui disparu, et dont je reproduis ci-contre une partie, pour faire voir une disposition spéciale des dragons. Non loin de cette stèle, s'en trouve une autre, élevée en 1490, à la mémoire de 王 霽 (*Voir ci-dessous*).

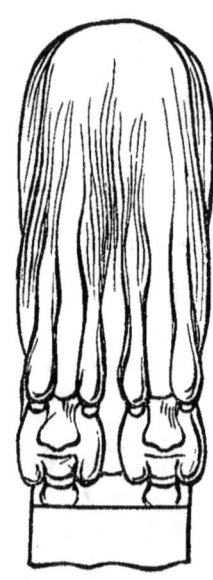

vu très facilement alors que les traits informes figurés par la main inhabile du Rév. Jonathan Lees appartenaient au bestiaire impérial et représentaient des dragons. L'expédition autrichienne de 1879, dont nous parlerons bientôt, ne laissait du reste aucun doute à ce sujet. Kreitner, son rapporteur avait parlé très explicitement de ce «bas-relief entourant la croix et le triangle qui la renferme, au sommet de la pierre, et représentant des figures fantastiques, moitié grues moitié dragons (1).»

Rien de bien étonnant que les Jésuites du XVIIe Siècle n'aient pas mentionné ce sujet décoratif, dont ils avaient sous les yeux de nombreux exemples, et dont ils n'avaient aucun parti à tirer au point de vue de l'apologétique chrétienne (2). Un mot encore sur ces animaux fabuleux qui rappellent l'une des plus heureuses créations du style héraldique : ordinairement les deux dragons qui s'entrelacent sur la face du monument, et sont pris dans l'épaisseur des marges de la pierre, sont répétés sur la partie postérieure, ce qui donne en tout quatre animaux contournant les rebords de la pierre qui les supporte. Bien plus, notre stèle, à cause de ses vastes dimensions, a pu reproduire de chaque côté, dans l'épaisseur de sa partie semi-circulaire, trois dragons au lieu de deux : il va de soi que celui du milieu ne peut se voir que de front.

Un simple coup d'œil jeté sur notre phototypie rendra compte de cette disposition, et montrera comment se répartissent, au-dessous des dragons et de la croix, les différentes parties de l'inscription. Un cartouche contenant neuf grands caractères attire tout d'abord les yeux, encadré par les chimères enlacées. Dans cette partie de l'inscription, servant à la fois d'en-tête et de titre au monument, le papier, qu'on a dû conserver sur la pierre sans l'en détacher, sous peine de n'obtenir qu'une photographie trop confuse des caractères, paraît comme gaufré, et accuse parfaitement par ses effets d'ombres, les détails de la gravure sur pierre. La tablette proprement dite, qui règne à partir d'un ressaut servant de base aux dragons et a la forme d'une trapèze, porte vers son angle droit supérieur un second titre, qui est celui de l'ins-

---

(1) *Im fernen Osten*, p. 478.

(2) Au mois de Mars 1893, Mr M. B. Duncan, M. A. à *San-yuen*, adressait à M. Tim. Richard une photographie de la tablette prise le mois précédent, en l'accompagnant des remarques suivantes: «Elle offre une copie extrêmement claire de la forme des dragons qui surmontent la pierre, telle qu'aucun dessin ne l'avait encore reproduite : le croquis pris par le Rév. Jonathan Lees en 1866 ne montrait lui-même qu'imparfaitement ce beau dessin, couronnement habituel des pierres monumentales. Ces figures, qu'elles représentent ou non des dragons, sont certainement chinoises et non chrétiennes ; elles ne sont pas, comme on l'a supposé, un simulacre de Chérubins.» — Le 金石例, dont nous avons cité plus haut le témoignage, donne à ces animaux le nom de 螭 tch'e. Le *Chouo-wen* dit : 若龍而黃. 北方謂之地螻. 或曰無角曰螭. Un commentateur du 前漢書 écrit : 螭爲龍子 ; un autre : 赤螭雌龍也.

cription. En bas de l'inscription chinoise, et occupant environ la onzième partie de la hauteur totale, on lit plusieurs lignes syriaques, mêlées de quelques caractères chinois. A droite et à gauche de l'inscription principale, on voit à des hauteurs différentes deux autres lignes en estranghélo. Enfin, les deux faces latérales de la tablette, invisibles dans notre dessin offrent les listes des missionnaires syriens que nous avons également reproduites. En bas, comme engagés dans le socle quadrangulaire qui supporte la tablette, ou peut voir la tête et le corps d'une tortue à écailles, qu'on prendrait volontiers dans le croquis de M. Lees, pour une horrible chauve-souris. Ajoutons que le monument tout entier, tablette et couronnement, est fait d'un seul morceau (1).

C'était le 20 Octobre 1866 que le Rév. A. Williamson, arrivé depuis trois jours à *Si-ngan-fou,* visita la fameuse «tablette Nestorienne» dans laquelle, s'il faut l'en croire, il fut assez heureux pour trouver une ancienne forme du Protestantisme (2). Voici en quels termes emphatiques il annonçait sa mission : «J'allais donc m'assurer de la vérité concernant cette très ancienne et précieuse relique chrétienne, la tablette Nestorienne, qui existait

---

(1) C'est à la complaisance et à la scrupuleuse loyauté du Père L. Gaillard, victime d'une information légèrement erronée, que je suis redevable de la communication suivante rectifiant un point inexact de son récit (*Croix et Swastika*, p. 121). Le Père G. Maurice lui écrit à la date du 8 Février 1894 : « Le sommet n'a jamais été séparé du corps de la pierre, puisque cette tablette est *d'une seule et même pièce;* donc il n'y a jamais eu de trou pratiqué entre les deux pierres... Il s'agit du *p'ai-leou,* dont vous parlez à la page 122. Voici en deux mots la chose : Les uns disent que ce sont les *Tch'ang-mao* qui incendièrent la pagode; d'autres, les Turcs qui y stationnèrent. Peu importe. Quelques-uns des Turcs qui guerroyèrent aux environs de *Si-ngan-fou,* passèrent le *Yu-ho* et vinrent à *T'ong-yuen-fang* résidence épiscopale; or un jour, entre autres choses, ils racontèrent à Mgr Chiais comment *eux Turcs* avaient défoncé la fameuse boîte en pierre que les païens avaient toujours eu peur d'ouvrir, assurant qu'à l'intérieur ils avaient trouvé un rouleau d'écritures européennes (syriaques) sur peaux (parchemin). Mgr fit le possible et l'impossible pour tâcher d'obtenir ces précieux documents. Il dépêcha un homme vers les chefs musulmans, — mais l'envoyé ne put passer à cause de la guerre; plus tard les recherches n'aboutirent à rien. Quel dommage!.. Quelle perte! Je suis porté à croire que peut-être ces parchemins n'étaient autre chose que la Bible ou bien le St Evangile. Qui sait ? Tout est permis dans le champ des conjectures...» (Voir ci-contre un dessin de ce *p'ai-leou* d'après une photographie.)

(2) «Le soin d'une sage Providence qui a conservé (ce monument) fut notre première pensée, car cette tablette non seulement énonce les vérités capitales de notre sainte religion, mais encore est un très important témoin en faveur de notre foi à opposer aux païens et aux Romanistes, puisqu'elle montre que la forme protestante du Christianisme ne date pas d'hier.» (*Op. cit.* p. 381). Le P. Heller a cité sans commentaire ce «curieux épanchement de cœur»; avant lui, L. Rousset, qui l'avait aussi rapporté, avait fait précéder ce morceau d'une juste remarque : «On ne peut s'empêcher de sourire en voyant à quel point la passion de la controverse religieuse peut égarer certains esprits et leur faire perdre assez la notion du temps et de la vérité historique pour les amener à exploiter au profit de leur opinion les documents qui s'y rapportent le moins.» (*A travers la Chine* p. 314).

A. Porte en pierre des parchemins

CUVE EN PIERRE DU TCH'ONG-JEN-SE

(D'après une photographie).

jadis à *Si-ngan-fou,* mais que l'on rapportait avoir péri… pendant la rébellion des Mahométans. Aucun voyageur européen ne m'avait précédé dans les temps modernes, *excepté* quelques prêtres Romains Catholiques… Ainsi j'espérais humblement qu'une observation attentive me mettrait à même d'acquérir des renseignements, qui rendraient plus profond l'intérêt ressenti en Chine, et contribueraient à l'ouverture de ce grand pays aux bienfaits du christianisme et aux avantages de la civilisation moderne (1).» Evidemment un témoin si plein d'humilité devait être autrement digne de foi que «quelques prêtres Romains Catholiques»! Entendons le maintenant rapporter cette visite : «On nous informa que cette tablette existait encore parmi les ruines d'un temple appelé *Ching-tung,* en-dehors de la porte de l'Ouest… Gagnant les faubourgs de ce côté, nous arrivâmes aux ruines d'un monastère Bouddhique. Un prêtre nous dit : «Ce temple-ci n'est pas le vôtre; *le voilà.*» Et il désignait un champ devasté vers le Sud-Est. Passant à travers un champ de blé, et franchissant un mur démoli, nous entrâmes. Et là, à ma grande joie, je trouvai la tablette que je reconnus d'après le fac-similé que je conservais chez moi, l'ayant acheté à des libraires colporteurs. Elle était là dans un état parfait, sans une égratignure, telle que la représente la planche ci-jointe, renfermée dans une construction en briques faisant face vers le Sud, parmi des monceaux de pierres, de briques et de décombres qui se voyaient de tout côté… Nous l'examinâmes aussi soigneusement que le permit le temps dont nous disposions, car le soleil était sur son déclin, et nous craignions de ne pouvoir rentrer en ville. On ne voyait pas le syriaque sur les faces latérales de la tablette (2). Mais nous trouvâmes celui qui est en bas : très vraisemblablement celui des côtés était recouvert par la construction. Sur la face gauche de la tablette (3), une petite portion de la tranche de la pierre était exposée, portant une inscription. On y lisait que la 9ᵉ année de *Hien-fong* (1859), mille soixante-(dix-)neuf ans après son érection, un homme appelé *Han Tai-hoa,* de *Ou-lin,* étant venu la visiter et ayant trouvé les caractères et l'ornementation dans un état parfait, avait fait reconstruire l'abri dans lequel elle se trouvait

---

(1) *Op. cit.* pp. 246, 247.

(2) Comment put-il *voir* le texte de *Han T'ai-hoa, sans voir* celui (syriaque) plus ancien que recouvre et détruit en partie ce texte chinois moderne? C'est ce dont nous pouvons difficilement nous rendre compte.

(3) Le Père Heller (*Das nestorianische Denkmal,* p. 95.) place l'inscription de *Han T'ai-hoa* sur la tranche droite de la tablette. De fait chacun des deux auteurs peut avoir raison, mais s'ils se fussent plus clairement expliqués, ils eussent évité au P. L. Gaillard (*Croix et Swastika,* p. 119) une légère confusion que ce dernier me signale encore très obligeamment, d'après la même lettre : «La façade de la pierre est tournée vers le midi, et celui qui la contemple et la lit regarde le nord. L'inscription de *Han T'ai-hoa* est gravée sur la tranche occidentale de la tablette, donc à gauche du lecteur.»

alors. Il conclut par cette exclamation : «Hélas! que n'était-il avec moi, pour la voir lui aussi, mon vieil ami *Ou Tse-mi (*lire *pi).* Je fus longtemps désolé (de son absence) (1)»... Le lendemain, dès le point du jour, continue Williamson, Mr Lees sortit pour regarder plus attentivement la tablette, et pour en prendre les dessins, dont on voit ci-joint la gravure (2).»

Le Dr Legge a justement fait ressortir de cette mention, l'intérêt que les lettrés intelligents de la Chine portent encore à notre monument. Il est regrettable cependant que le zèle de ce protecteur des lettres n'ait pas été plus éclairé, et que voulant perpétuer le souvenir de sa bonne action, Mr Han ne se soit pas contenté pour lui-même et pour son ami d'une place plus modeste : plusieurs lignes de l'écriture syriaque, recouvertes par les caractères chinois de 1859, resteraient désormais indéchiffrables, sans la gravure de Kircher et la traduction d'Assemani (3).

Ce n'était pas la première fois, semble-t-il, qu'on relevait l'abri de la stèle chrétienne; ce ne devait pas non plus être la dernière. Le premier kiosque décrit par Sémédo était depuis longtemps renversé; frappé sans doute de ce défaut inhérent à toute construction chinoise, que Mr A. H. Smith a si bien exprimé (4); peut-être aussi atteint par les bouleversements qui signalèrent la conquête mandchoue. D'après un témoignage cité par Wylie, il semblerait qu'au moins dans la seconde partie du XVIIIe Siècle, un second abri fut élevé à la stèle. Nous lui empruntons le récit suivant qu'il a pris lui-même chez 王文治, lettré dont nous reparlerons bientôt. «Lorsque je visitai *Si-ngan, Peih Tsew-fan* étant en charge au *Chen-si* la même année, avait pris sur lui l'inspection générale des anciennes tablettes; celle-ci avait été transportée au monastère de *Kin-ching;* il lui fit élever là une construction où il la déposa. Il en confia la garde au prêtre principal nommé *King Kwan,* afin que le premier venu ne pût en prendre à sa guise des décalques (5).»

---

(1) Voici le texte de cette inscription, dont nous avons donné une réduction à la suite du fac-similé de l'Inscription Chrétienne : 後一千七十九年・咸豐己未・武林韓泰崋來觀・幸字畫完整・重造碑亭覆焉・惜故友吳子苾方伯不及同遊也・爲悵然久之・ Le Dr Legge (*Op. cit.* p. 31), dans la nouvelle traduction qu'il a donnée de ce texte, rend avec raison les deux mots 字畫 par «caractères», au lieu de donner au second le sens de «décorations.» Le même auteur rétablit l'indication de la charge de «Trésorier» (方伯) attribuée à *Ou Tse-pi* et omise par Williamson. On sait que *Ou-lin* est une des dénominations de *Hang-tcheou*.

(2) *Op. cit.* pp. 380 à 386.

(3) Le Professeur I. H. Hall, dans son article *On the Syriac part of the Chinese Nestorian Tablet,* estime cependant qu'un seul nom a été rendu complètement illisible par la surcharge de *Han T'ai-hoa.*

(4) *Chinese Characteristics.* Chang-hai, 1890. Ch. XXIII. Disregard of foundations, p. 118. — Ch. XXVII. Inability to conserve tangible memorials of the past. pp. 145 à 147.

(5) *The North-China Herald.* 29 Déc. 1855. N° 288. p. 87.

II. DESCRIPTION.

Le monument élevé par *Han T'ai-hoa* n'eut lui-même qu'une durée éphémère. Il avait une première fois échappé au désastre, lorsque éclata en 1861 la rébellion des Mahométans, dans les provinces du *Kan-sou* et du *Chen-si;* les rebelles, qui avaient visité les environs de *Si-ngan-fou,* avaient changé en un monceau de ruines le temple bouddhique où se trouvait la stèle chrétienne : celle-ci échappa providentiellement à la ruine ainsi que l'édicule de 1859. Nous l'avons vu, ces deux monuments furent peu après retrouvés intacts par Williamson, qui cependant décrit les environs de la ville comme un immense champ de ruines (1).

Peu de temps après, à la mort du général *To* qui avait refoulé les rebelles, ceux-ci revinrent de nouveau. Les années 1867 à 1870 furent néfastes pour les environs de *Si-ngan;* ce qui était demeuré intact fut ruiné. Lorsque vers la fin de 1871, après la soumission des Mahométans et l'apaisement des troubles, Fr. von Richthofen se rendit à *Si-ngan-fou* (2), la stèle chrétienne, si on en croit ce voyageur, gisait à terre au milieu d'un amas de ruines, mais cette fois encore, elle restait intacte (3). On a dit que le respect superstitieux dont elle était l'objet de la part de tous, ne fut pas sans influence auprès des Mahométans pour sa conservation.

Au mois de Novembre de l'année suivante, M. l'abbé Armand David passait par *Si-ngan-fou;* ses confrères lui «avaient recommandé d'aller voir le *monument Nestorien...*, et d'examiner si, outre la célèbre inscription chrétienne... il ne se conserve pas dans les mêmes lieux, d'autres preuves» de l'ancienne prédication. «D'après quelques vagues informations.... des Européens m'avaient informé qu'il existe encore, dans le corps d'une pagode, une grande colonne de pierre, laquelle serait creuse dans sa partie supé-

---

(1) «En approchant des portes de la ville, nous fûmes attristés par la vue des récentes désolations. Les rebelles Mahométans ont ravagé les environs jusque sous les murs mêmes de la cité; non seulement les hameaux de la plaine étaient absolument en ruines, mais les faubourgs eux-mêmes étaient incendiés, indiquant à la fois l'audace des brigands et la couardise des mandarins.» *Op. cit.* p. 373.

(2) Le voyageur avait quitté *Pé-king* le 25 Octobre; il nous apprend, dans sa lettre de Mai 1872 à la Chambre de commerce de *Chang-hai* (Chang-hai, 1872. p. 3), qu'il séjourna douze jours à *Si-ngan-fou,* d'où il se dirigea sur le *Se-tch'oan.*

(3) *China.* I. Vol. Berlin, 1877. p. 553. Voici les paroles de Richthofen : «Bei meiner Anwesenheit im Hsi-ngan-fu in Jahr 1872 war es von den mohamedanischen Rebellen umgestürzt worden.» Ce sont probablement ces derniers mots mal compris qui ont donné lieu à l'affirmation suivante d'Elisée Reclus : «Cette pierre, découverte près de Si-ngan-fou en 1628 (corr. 1625), et fréquemment visitée par les missionnaires catholiques, fut probablement brisée pendant la guerre des Taï-ping, car si Williamson la vit en 1867, Richthofen ne la trouva plus lors de son voyage dans le Chensi en 1872.» (*Cf. Asie Orientale.* p. 293). Nous avons vainement cherché dans les Lettres (Mai 1872) du même auteur à la Chambre de commerce de *Chang-hai* une mention quelconque de notre monument ; il nous paraît douteux pour cette raison que Richthofen ait vu lui-même la stèle lors de son passage à *Si-ngan.*

rieure et contiendrait, sous le bloc qui lui sert de chapiteau, divers objets du culte chrétien encore bien conservés (1).» Mais sur l'assurance qu'il «n'existait plus absolument rien que la pierre antique», le savant naturaliste s'épargna une «course aussi désagréable qu'inutile».

Au mois d'Avril 1874, M. Léon Rousset passait à son tour par *Si-ngan-fou,* et il semble probable par son récit, qu'il vit le monument chrétien (2).

Une expédition scientifique plus récente nous a montré la stèle redressée au milieu des ruines qui l'entourent. J'en emprunterai le récit abrégé à l'excellente étude du Père J. Heller.

«Le Comte Béla Széchényi avait organisé à ses frais une expédition scientifique vers l'Asie Orientale et pris avec lui des spécialistes de valeur; il arriva en Janvier 1879 à *Si-ngan-fou*. Ecoutons à ce sujet Kreitner (3), le rapporteur de toute l'expédition. «Nous nous informâmes auprès du prêtre chinois (le Père Martin Tang), s'il était possible de voir la «Tablette Nestorienne»... Il répondit : «La pierre est dégagée près de la porte Ouest de la ville, dans un des enclos ravagés par les Mahométans.» Le lendemain matin se présenta le guide, un Chinois baptisé, pour nous conduire à la pierre Nestorienne. Nous chevauchâmes vers la porte occidentale... A trois *li* (un Kilom. et demi, un mille anglais) de la porte occidentale à trois étages, se trouve au Sud-Ouest de la ville un temple en ruines entouré de murs. Nous demandâmes entrée à la porte fermée du temple. Alors se présenta un prêtre bouddhiste qui, moyennant pourboire, s'engagea à nous conduire au monument. Après avoir traversé un temple bouddhique mal entretenu, nous entrâmes dans le «Jardin» entouré de murs. La place était complètement dévastée. Des tranchées profondes séparaient les différents amas de ruines, provenant des bâtisses et pierres commémoratives qui avaient été renversées... «On voyait des centaines de ces pierres debout, ou renversées et brisées. Leur face extérieure était couverte d'inscrip-

---

(1) *Journal de mon troisième voyage d'exploration dans l'Empire chinois.* Paris, 1875. Tom. I. pp. 125, 126. Comparer ce que nous avons dit plus haut, p. 142. not. 1.

(2) *A travers la Chine.* Paris, 1878. pp. 312 à 314. — «En sortant de Si-ngan-fou par la porte de l'Ouest, on traverse d'abord un grand espace où les ruines succèdent aux ruines; c'était le faubourg jadis le plus populeux et le plus florissant de la vieille capitale. Là s'élevaient des temples renommés que la magnificence des Empereurs s'était plu à parer des ornements les plus précieux... C'est dans l'un d'eux que s'élevait, et c'est au milieu de ses ruines que s'élève encore aujourd'hui la fameuse tablette nestorienne... L'authenticité de la tablette et de l'inscription n'était pas douteuse...»

(3) *Im fernen Osten.* Vienne, 1881. pp. 470 à 479. — Cet ouvrage ne donne aucun croquis du monument; du reste l'insuffisance de ses illustrations, je parle surtout de celles qui ne sont point faites d'après des photographies, nous empêche d'émettre quelque regret à ce sujet. La vue de *Zo-cè* (余山 *Che-chan*) par exemple, donnée p. 185, enlève toute confiance dans la fidélité des dessins publiés par cet ouvrage.

tions chinoises. Ordinairement, une grosse tortue en pierre porte... la pierre commémorative sur le dos.» Enfin le prêtre bouddhiste trouva la tablette Nestorienne. «Elle occupe la place d'honneur entre toutes les autres, et frappe tout d'abord la vue de l'homme non prévenu, par sa bonne conservation et sa forme imposante. Nous cherchions une dalle sans apparence et dégradée, et nous trouvâmes un monument remis à neuf.» Au dire du gardien du temple, la pierre n'a pas été changée de place depuis vingt ans, c'est-à-dire depuis 1859. Mais cette indication est inexacte, comme nous l'avons vu (1). Le Comte Széchényi acheta trois estampages de l'inscription. Mais comme on n'avait en provision que des calques de la face antérieure, et que le Comte tenait à en avoir de l'inscription complète, le lithographe dut sortir exprès et faire un décalque spécial des faces latérales et du haut. De sorte que nous devons au zèle du Comte Széchényi de posséder maintenant l'inscription entière et vraiment dans une reproduction aussi fidèle que possible (2).»

De fait, les circonstances avaient servi au mieux les voyageurs autrichiens : la ruine de l'abri qui avait caché à Williamson les noms des missionnaires syriens, leur avait procuré la facilité de prendre ce frotti-calque des faces latérales jusque-là impossible (3).

Cette partie de l'inscription était justement celle que désiraient le plus vivement les savants: plusieurs recueils chinois d'inscriptions contenaient bien la partie chinoise du *King-kiao-pei*, mais aucun d'eux, bien entendu, n'avait songé à reproduire l'écriture syriaque. D'autre part le décalque conservé à la Bibliothèque de Paris depuis plus d'un siècle ne contenait pas les listes des faces latérales (4).

---

(1) Nous l'avons vu, d'après le seul témoignage de Richthofen, qui semble avoir parlé sur de simples conjectures ; mais la lettre déjà citée du P. G. Maurice donne tort à l'affirmation de Kreitner : «La pierre n'a pas été renversée... La tablette n'a rien souffert de la rébellion des *Longs cheveux*, ni de la révolte musulmane.»

(2) *Das Nestorianische Denkmal in Singan fu*, in *Zeitschrift fur Katolische Theologie*. Janv. 1885. pp. 97, 98. — Nous donnons ci-contre, d'après une photographie, l'état actuel des abords de la stèle.

(3) Si nous en croyons Kreitner (*Op. cit.* pag. 478), «l'interprète de l'expédition assura que les côtés étaient couverts d'écriture mongole». Une lointaine similitude de traits et le peu d'intérêt que la plupart des lettrés chinois prennent aux littératures étrangères, durent souvent causer une semblable méprise. — Le 金石錄補 *Kin-che-lou-pou*, dont nous reproduirons le texte dans l'Appendice, signale sur trois des faces la présence de caractères étrangers (碑下及東西三面皆列彼國字式), disposés d'une façon insolite au milieu des caractères chinois, et indéchiffrables (雜于字中字皆左轉弗能譯也). De son côté, le 金石刻考略 désigne cette écriture comme étant celle des livres bouddhiques (下載及末多作佛經番字).

(4) Pauthier nous apprend que ce *fac-similé* ne contient que le Syriaque de la face principale, situé «*au-dessous* et de *chaque côté* de l'inscription chinoise.» Il reproduisit

Un exemplaire de l'inscription offert au Pape Innocent XI avec beaucoup de livres chinois par le P. Couplet, en était également privé au dire d'Assémani (1).

Les archives de la Compagnie de Jésus elles-mêmes et le Musée Kircher ne pouvaient offrir d'autres éléments que ceux défectueux encore dont avaient usé Kircher, et après lui Assémani.

C'est sur des copies incomplètes et mal venues que Kircher avait proposé dans le *Prodromus* la première version de la partie syriaque. Cette question intéressant la probité littéraire d'un Jésuite, accusé par Assémani d'avoir été faussaire, qu'on nous permette d'exposer une des preuves à sa décharge.

Onze ans après la découverte du monument, Kircher imprimait ce qui suit: «Arrivons maintenant à l'inscription qui se trouve sur les bords (2): restée jusqu'ici inexpliquée parce qu'il ne se trouve en Chine personne capable de lire cette écriture, nos Pères Portugais l'ont envoyée en Europe pour que quelqu'un connaissant la langue syriaque l'interprétât. Le premier de tous (3), en ayant abordé l'explication, je n'ai point eu à regretter ma peine, et je suis venu à bout de ma tâche avec la bonne foi et la

---

d'après la planche gravée de Kircher «les séries de noms de prêtres..., qui ne se trouvent pas sur l'exemplaire... de Paris.» *Cf. L'inscription Syro-chinoise de Si-ngan-fou.* p. 41.

(1) *Bibliotheca orientalis.* Tom. II. pars III. p. DXXXVIII. Desiderantur Syriaca nomina septuaginta præconum Evangelii.

(2) Nous donnons ci-contre un fac-similé du *Prodromus* (pp. 74, 75) reproduisant l'inscription de la face principale, et nous le faisons suivre des listes syriaques du même ouvrage.

(3) Kircher continua de revendiquer cette priorité d'interprétation longtemps après, lorsqu'il publia sa *China*. Nous y lisons: «J'ai été le premier, si je ne me trompe, à donner dans le *Prodromus coptus* l'explication des lettres syriaques, ainsi que je le montrerai bientôt plus au long.» (p. 6). Puis, au Chap. VI (p. 41) il reproduit l'affirmation que nous avons donnée d'après le *Prodromus*. Cette affirmation si catégorique est une réponse anticipée à ceux qui plus tard accuseront Sémédo d'avoir fait venir des Indes le texte syriaque qu'il eût fait graver à *Si-ngan*. Voici du reste les paroles dont on a pris occasion pour inventer cette calomnie; le lecteur verra que loin d'être défavorables au missionnaire, elles établissent son innocence. «Passant par Cochin, j'arrivai à Cranganor, résidence de l'archevêque de la Sierra, pour consulter le P. Antoine Fernandez, de notre Compagnie, très versé dans la littérature de cette chrétienté de St Thomas et maître de Cassanares (Maestro de los Cassanares). Il me dit que les lettres employées là étaient des lettres syriaques. Je voulus les copier et consigner ce que m'avait dit ce maître, mais le manuscrit a été perdu dans un naufrage.» *Cf. Imperio de la China* p. 201. — C'est en 1637 que le P. Sémédo s'était embarqué à Macao pour le Portugal; pendant le trajet qui dura près de trois ans il mit la dernière main à son ouvrage, lequel imprimé à Madrid en 1641, n'a retenu des données du P. Fernandez sur le texte syriaque, que ces vagues indications: «Beaucoup de caractères ne furent pas reconnus alors, parce que ce n'étaient ni des lettres hébraïques, ni des lettres grecques: à mon avis, elles contiennent les noms propres.» (*Ibid.*) — Il est clair que si Sémédo et Alvarez se fussent entendus ensemble pour «forger» l'inscription syriaque, ils n'eussent pas malgré les malheurs d'un naufrage, laissé trente ans s'écouler pour faire connaître leur texte aux savants d'Europe.

PARTIE SYRIAQUE
de l'inscription (face principale)
(*D'après le Prodromus*).

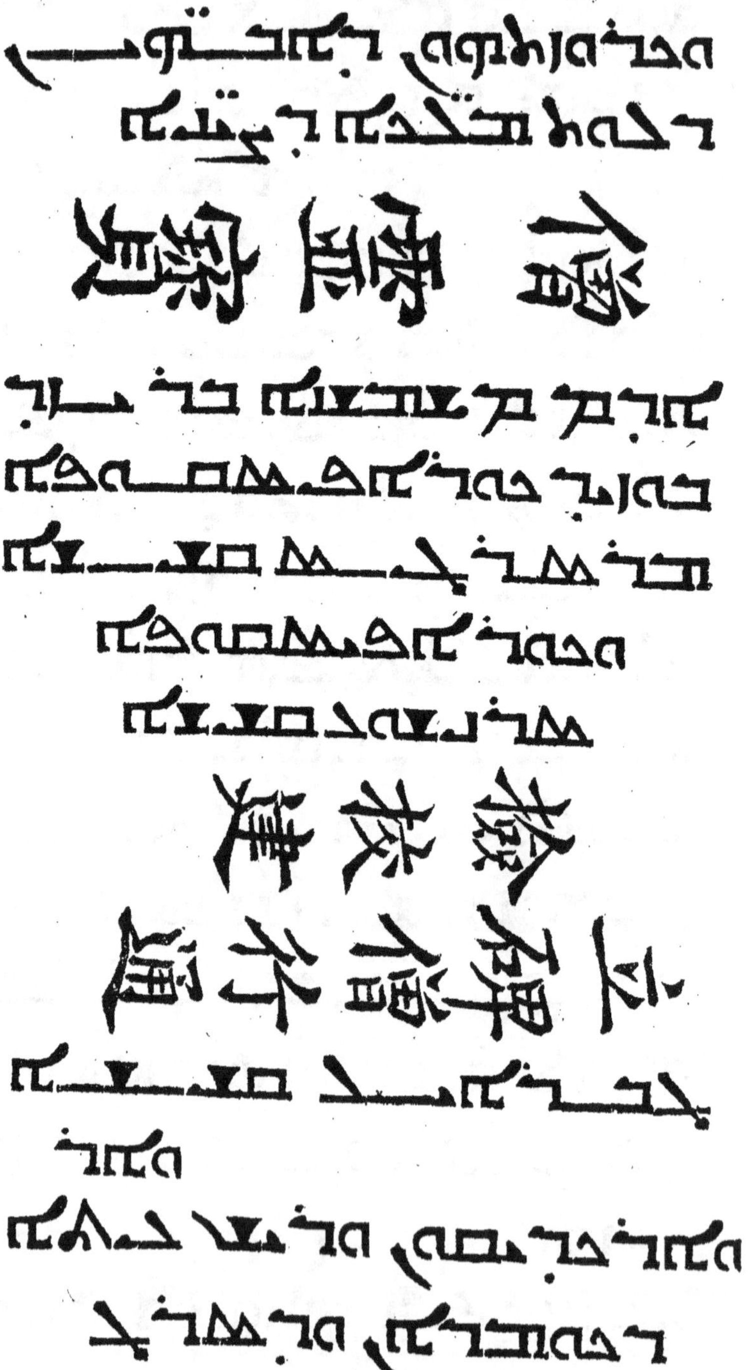

150 — LA STÈLE CHRÉTIENNE DE SI-NGAN-FOU.

ܒܝܘܡܝ ܐܒܗܬܐ ܪܝܫܐ ܕܐܒܗܬܐ
ܡܪܝ ܚܢܢܝܫܘܥ ܩܬܘܠܝܩܐ

信 康 寧 緒

ܒܝܘܡܝ ܡܪܝ ܢܘܚ ܐܒܐ ܒܪ ܐܡܗ
ܕܪܒܢ ܐܘܣܗܝܘܣ ܟܘܪܐܦܣܩܘܦܐ
ܕܟܘܡܕܢ ܘܣܪܓ ܡܕܝܢܬܐ
ܘܐܒܪܗܡ ܩܫܝܫܐ ܘܟܘܪܐܦܣܩܘܦܐ
ܘܡܪܝ ܢܘܚ ܐܦܣܩܘܦܐ

檢 校 建
試 殿 中 立 碑
監 侍 御 史

ܓܒܪܝܠ ܩܫܝܫܐ
ܐܪܟܝܕܝܩܘܢ
ܕܟܘܡܕܢ ܘܣܪܓ ܡܕܝܢܬܐ

PARTIE SYRIAQUE
de l'inscription (face principale)
(*D'après le Prodromus*).

II. DESCRIPTION.

ܡܩܘܣܛܢܛܝܢܘܣ *Costantinus*

ܣܒܐ ܟܘܫܝܐ *Saba Cusio, seu AEthiops*

ܡܪܣܪܓܝܣ ܬܒܢܝܬܐ *Marsargis Tabennita; seu Dominus Sergius*

ܐܝܣܚܩ ܟܘܫܝܐ *IsaaK Kusius seu AEthiops*

ܦܘܠܐ ܟܗܢܐ *Paulus Sacerdos*

ܫܡܥܘܢ ܟܗܢܐ *Simon Sacerdos*

ܐܕܡ ܟܗܢܐ *Adam Sacerdos*

ܙܘܓܢ ܡܨܪܝܐ *Zugen mesrius, vel AEgyptius*

ܡܬܝ ܟܘܫܝܐ *Matheus Kusius, seu AEthiops*

ܐܢܢܝܐ ܩܘܦܛܝܐ *Annania Coptita*

ܓܒܪܐܝܠ ܟܗܢܐ *Gabriel Sacerdos*

LISTES MARGINALES
(D'après le Prodromus).

ܟܗܢܐ ܠܘܩܐ	Lucas Sacerdos
ܐܦܝܣ ܣܘܣܢ	Suſen Epi-
ܣܩܘܦܐ	ſcopus
ܟܗܢܐ ܝܥܩܘܒ	Iacob Sacerdos
ܐܒܐ ܓܘܫܢܣܦ	Abad guſnaſeph
ܟܗܢܐ܇	ſacerdos
ܟܗܢܐ ܐܪܝܘܣ	Arius Sacerdos
ܟܗܢܐ ܕܘܝܕ	Dauid Sacerdos
ܐܒܐ ܟܘܫܝܘܣ	Aſba Kuſius, ſeu
ܟܘܫܝܐ ܟܗܢܐ܇	AEthiops ſac.
ܐܒܐ ܣܘܪܝܐ	Abba Syrus
ܐܒܪܗܡ ܟܗܢܐ܇	Abraham Sacerd.
ܟܗܢܐ ܫܡܥܘܢ	Simon Sacerdos
ܦܛܪܘܣ ܟܗܢܐ܇	Petrus Sacerdos
ܟܗܢܐ ܠܘܩܐ	Lucas Sacerdos
ܟܗܢܐ ܡܬܝ	Mathæus Sacer-

LISTES MARGINALES
(D'après le Prodromus).

diligence qu'elle requérait. L'inscription est gravée sur les bords de la pierre, en lettres Syriaques anciennes, dites Estrangélo ; elle porte l'année, les noms et l'office des hommes apostoliques et prédicateurs de la loi divine, qui habitaient la Chine au moment où cette pierre fut gravée et dressée (1)... Je croirai bien faire en reproduisant ici, en même temps que sa traduction, cette inscription Syriaque, avec les caractères Estrangéliens, tels qu'ils ont été reproduits en Chine. La voici, telle que nos Pères de Chine l'ont envoyée en Europe, imprimée sur une feuille particulière (2). »

Ici le P. Kircher reproduit et explique les trois textes qui se trouvent sur la face principale, *de chaque côté et au-dessous* de l'inscription chinoise, puis il poursuit : « Sur les côtés (3) de la pierre, outre les passages Syriaques que je viens d'exposer, on voit encore jusqu'à 72 noms propres, qui ne se trouvent pas sur la même feuille (4). Mais comme la plupart de ces noms sont mal venus, je me contenterai d'en donner 24, parmi les plus faciles à lire, et ceux qui vont le mieux à notre but (5). »

Rien d'étonnant sans doute qu'un exemplaire unique envoyé de Chine à Rome présentât plusieurs points obscurs. Bien plus, Kircher, pour excuser ses précédentes méprises, nous explique dans sa *China* « qu'il n'avait pu encore, lorsqu'il composait son *Prodromus,* obtenir toute la partie Syriaque : une partie seulement ayant été prise sur des feuilles séparées, et peut-être seulement à titre de spécimen. Mais, ajoute-t-il, ayant reçu peu après un exemplaire complet de l'inscription, qu'on peut voir exposé dans notre Musée du Collège romain, j'ai cru opportun de le reproduire ici, en même temps que la traduction des caractères chinois, et celle plus exacte de la partie Syriaque (6). »

---

(1) *Prodromus coptus.* p. 71.

(2) *Ibid.* p. 73.

(3) Cette expression « in margine, marginibus », appliquée indifféremment aux inscriptions de la face principale et à celles des faces latérales, montre que Kircher ne se rendait pas un compte bien exact de leur disposition.

(4) Voltaire a essayé de ridiculiser cette partie du récit de Kircher. L'authenticité de l'inscription, écrivait le facétieux philosophe, « était confirmée par plusieurs témoins qui gravèrent leurs noms sur la pierre : on sent bien que ces noms ne sont aisés à prononcer ni en italien ni en français. Pour plus grande sûreté, outre les noms gravés des premiers témoins oculaires de l'an de grâce 782, on a signé sur une grande feuille de papier soixante et dix autres témoins de bonne volonté, comme Aaron, Pierre, Job, Lucas, Matthieu, Jean, etc., qui tous sont réputés avoir vu tirer le marbre de terre à Singan-fou en présence du frère Ricci, l'an 1625, *et qui ne peuvent avoir été ni trompeurs ni trompés.*» *Cf. Lettres chinoises, indiennes et tartares. A M. Paw, par un Bénédictin.* Paris, 1776. p. 40.

(5) Nous verrons plus tard, en donnant nous-même la traduction de la partie Syriaque, à quel but Kircher faisait allusion, et comme cette phrase lui valut de la part d'Assémani le reproche immérité de déloyauté.

(6) *China illustrata.* p. 6. — Plus loin (p. 42), Kircher montre qu'il est mieux informé

Nous reviendrons sur ce sujet, mais ce simple exposé de Kircher, que personne n'avait provoqué, fait assez voir que dans sa première traduction des listes marginales syriaques dont nous avons donné le fac-similé d'après son *Prodromus,* cet auteur, malgré de nombreuses erreurs de lecture et de traduction, avait toujours agi avec bonne foi.

Cette bonne foi ne le rendait pas infaillible; ainsi ne ferons-nous aucune difficulté d'admettre que Kircher s'était pareillement trompé quand il revendiquait la priorité de traduction de l'inscription syriaque. Un missionnaire de Chine, le Père Jean Terrenz (1) avait, dès 1629, envoyé de *Pé-king* au Père Gaspard Ferreira (2), l'un de ses confrères, les « Noms de l'Evesque et des prêtres Soriens ou Arméniens qui vinrent à ce royaume prêcher l'évangile il y a environ mille ans ». Ce document encore aujourd'hui peu connu, bien qu'il ait été cité par M. H. Cordier dans sa *Bibliotheca Sinica* (col. 325), est assez intéressant pour que nous en reproduisions ici une partie.

---

sur la position relative de la partie syriaque : « L'inscription des noms syriaques est double, dit-il; l'une se trouve sur les bords, et l'autre au bas du monument». Mais il laisse voir aussitôt qu'il confond avec cette dernière les deux lignes tracées de chaque côté de l'inscription chinoise. — Le P. Boym constatait aussi, dans sa lettre de 1653 (*China.* p. 8) que Kircher n'avait pas eu tout d'abord entre les mains toutes les parties de l'inscription syriaque.

(1) Né à Constance en Suisse, Jean Terrenz (鄧玉函涵璞) était connu de toute l'Allemagne comme médecin, philosophe et mathématicien; il était également versé dans les langues hébraïque et chaldéenne, latine et grecque, et parlait couramment, outre sa langue maternelle, le français, l'anglais et le portugais. Il renonça âgé de 35 ans à l'avenir le plus brillant, et entra dans la Compagnie de Jésus le 1 Déc. 1611. Le 16 Avril 1618, il s'embarquait à Lisbonne avec le P. Nicolas Trigault qui retournait en Chine. Il employa les loisirs de ce long voyage à la composition de son bel ouvrage resté inachevé *Plinius indicus.* Arrivé à Macao en 1621, il fut d'abord envoyé à *Hang-tcheou,* mais la renommée de son talent ne tarda pas à le faire mander à la Cour pour travailler à la réforme du calendrier. C'est le 27 Sept. 1629, que l'Empereur *T'ien-ki* cédant aux raisons de *Siu Ko-lao,* décréta officiellement cette réforme, devenue nécessaire par l'ignorance des astronomes chinois. Les Docteurs Paul *Siu* (徐光啟), Léon *Li* (李之藻) et Pierre *Li* (李天經), tous trois chrétiens, furent donnés pour assister le Père Terrenz dans cette grande œuvre. Celui-ci mourait le 11 Mai 1630, et avait pour continuateurs les Pères Schall et Rho.

(2) Le Père Gaspard Ferreira (費奇規撰一) était né en 1571 à Castrojournaõ (Portugal). Entré à dix-sept ans dans la Compagnie, il partit pour les Indes en 1593, où il enseigna plusieurs années. Ayant terminé sa théologie à Macao, il fut envoyé en 1604 à *Pé-king* par le Père Valignani; sous la direction de Ricci, il consacra six années au soin des chrétientés voisines de la Capitale. Envoyé ensuite à *Chao-tcheou,* il s'en vit chasser le 13 Avril 1612, avec le Père Em. Diaz *(Junior),* à la suite d'un mouvement populaire. La ville de *Nan-hiong* se montra plus hospitalière aux missionnaires; mais lors de la persécution de *Nan-king,* il dut se retirer dans une autre province. Vers 1630, nous le retrouvons au *Kiang-si,* où il bâtit une église à *Kien-tch'ang.* Il prêcha aussi au *Ho-nan.* Depuis 1646, il habita Canton où il mourut le 27 Déc. 1649.

II. DESCRIPTION.

Cette lettre est citée comme pièce justificative par l'auteur anonyme d'un important manuscrit composé vers 1669, et conservé à la Bibl. nat. de Paris (1). En voici le début : « Ces jours passés V. R. me pria de luy envoyer les noms des Soriens ou Arméniens qui vinrent à la Chine pendant le règne de l'Empereur Tay Tsum, et sont gravez sur la pierre qui se trouva dans la province de Chen-si, il y a environ 4 ans. En voici donc la liste. » Le Père Terrenz interprétait alors les «sept ordres ou rangs» comprenant ces noms (2), puis il terminait sa lettre par ces mots : « Outre les noms susdits qui sont en tout 70, il y en a encore quantité d'autres que je ne repète pas icy parce que je les ay desja envoyez.» Ces derniers mots, un peu exagérés, font manifestement allusion au texte syriaque de la face principale : la traduction qu'en a faite le Père Terrenz est malheureusement perdue pour nous. Il est évident que c'eût été une bonne fortune pour Kircher de posséder la traduction du missionnaire, et que s'il l'avait eue sous les yeux, lorsqu'il rédigea son *Prodromus coptus*, il aurait amélioré notablement son informe essai. La comparaison qu'on pourra faire plus tard de la version Terrenz avec celle de la *China illustrata* prouve du reste que, même en 1667, Kircher n'avait point eu connaissance du travail du missionnaire de Chine.

Il est vrai que même après avoir reçu un décalque complet et plus lisible des listes syriaques, Kircher commit encore plus d'une faute, mais il ne convenait pas de se montrer injuste envers sa mémoire, comme l'a fait Assémani : celui-ci, bien qu'il profitât des travaux de son devancier. dont il se fit, quelquefois à tort, le correcteur, a eu lui-même besoin de corrections, et l'on peut voir dans le rapport du Professeur I. H. Hall, du *Metropolitan Museum of Art* de New-York, les étonnantes méprises «astonishing blunder» commises par le savant Maronite (3).

En résumé, le XVIIe et le XVIIIe Siècles ne connurent de l'inscription syriaque que les extraits défectueux sur lesquels Kircher avait fait sa première version, et le décalque complet qui lui fournit la matière de son second travail. Après le fac-similé du *Prodromus,* le lecteur verra avec plaisir la réduction

---

(1) Ms. 14688. — Cette longue narration a pour titre : *Persécution De nostre Ste Loy dans Le Royaume de la Chine soubs l'Empire des Tartares*. Elle renferme 231 pages, plus la lettre en question et un P. S. de trois pages. — Au début de cet appendice, l'auteur du manuscrit annonce «les noms de l'Evesque et des prêtres Soriens ou Arméniens.. dans le même ordre qu'ils sont gravez sur cette pierre en lettre Syriaque, comme il conste par le rapport de nos PP. qui l'ont veüe, et particulièrement du P. Jean Terencio très bien versé dans l'intelligence de cette langue qui les envoya il y a près de 40 ans au P. Gaspar Ferreira lui escrivant en ces termes.» — Evidemment Sémédo n'avait point eu connaissance de ce document, lorsqu'il datait son Histoire de la Chine, de Goa le 11 Novembre 1638.

(2) Nous reproduirons sa version dans le Chap. IV de cette seconde Partie.

(3) *American Oriental Society : Proceedings at New-Haven*. Oct. 1886. *On the Syriac part of the Chinese Nestorian Tablet;* communication du 27 Octobre 1886.

phototypique des deux planches de la *China;* nous les plaçons sous ses yeux, à titre de complément historique.

Peut-être à cette époque, la stèle enclavée dans une double paroi, ou resserrée entre deux colonnes, ne se prêtait-elle point au décalque des faces latérales; peut-être aussi, les travaux de Kircher et d'Assémani avaient-ils semblé très suffisants, vu les conditions moins exigeantes alors, de la critique historique; peut-être enfin les missionnaires de Chine trouvaient-ils superflus tant de soins pour un détail qui n'ajoutait, pour les lettrés chinois, aucune autorité au monument chrétien. Toujours est-il que jusqu'en 1879, il ne semble pas qu'on se soit procuré de nouveaux exemplaires de l'inscription syriaque. Pauthier et Dabry ont copié les planches de la *China,* et les autres traducteurs ont fait constamment appel à la même source.

L'initiative de nouvelles recherches est due à l'Amérique. A la suite de la lecture d'une note présentée à l'*American Oriental Society,* dans sa séance du 14 Octobre 1852, par le Professeur Edouard E. Salisbury, *On the genuineness of the so-called Nestorian Monument of Si-ngan-fou* (1), ladite Société émit le vœu «que les missionnaires américains se trouvant en Chine, prissent quelques mesures, suivant l'opportunité des circonstances, pour faire revisiter le monument par quelque personne compétente, décrire ses conditions présentes, et prendre un nouveau fac-similé de toute l'inscription.» Copie de cette motion fut envoyée auxdits missionnaires, avec une lettre spéciale au Dr Bridgman. Mais ces louables démarches, nous l'avons vu, devaient rester sans résultat, du moins en ce qui concernait l'inscription syriaque, jusqu'à l'expédition du Comte Béla Széchényi.

Ed. Salisbury avait attiré l'attention de ses auditeurs sur ce fait que, seuls jusque-là parmi les étrangers, les Jésuites prétendaient avoir vu le monument, et «il est essentiel, ajoutait-il, pour une pleine conviction historique, que le monument soit vu à notre époque *par quelque personne désintéressée,* et trouvé dans des conditions qui répondent à la grande antiquité qu'on lui a attribuée (2).» On le voit, cette note était d'une rédaction peu flatteuse pour la Compagnie de Jésus. Les Pères Franciscains qui lui avaient succédé au *Chen-si,* depuis un siècle et demi, ne trouvèrent pas grâce non plus devant les défiances protestantes. Bien que dès le 10 Mars 1856, le Dr Bridgman eût écrit : «Il y a peu de jours, j'ai rencontré un Italien, un *Romaniste,* qui a vu et examiné la pierre, pendant qu'il se trouvait aux environs de *Si-ngan-fou* (3)», on attendait toujours l'homme providentiel, «la personne désintéressée», qui tardait à venir, et ne parut enfin qu'en 1866, sous

---

(1) *Amer. Or. Soc.* Vol. III. N° II, 1853. Art. X.
(2) *Op. cit.* p. 410.
(3) *Amer. Or. Soc.* Vol. V. N° II. 1856, p. 278.

Inscriptio Syriaca annum erecti monumenti exponens.

[Syriac text]

INTERPRETATIO

Anno Millesimo Nonagesimo Secundo Græcorum Jodabusaid Sacerdos et Vicarius Episcopi Cumbdam Civitatis regni Orientalis Milis Sacerdos, et Balah Civitatis Tahurstan Constituit Tabulam hanc Papa, et Scriptum est in ea administratio Redemptoris nostri, et prædicationes Patrum nostrorum apud Reges Sinarum.

[Syriac text]

Adam Diaconus Filius Jodabusaid Vicarÿ Episcopi.

[Syriac text]

Morsargis Sacerdos, et Vicarius Episcopi.

[Syriac text]

Sbar Jesua (id est Spes Iesu) Sacerdos.

[Syriac text]

Gabriel Sacerdos, et Archidiaconus, et Caput Civitatis Cumbdam, et Disrag.

[Syriac text]

Adam fo Diaconus Vicarÿ Episcopi Papasi Sinarum.

[Syriac text]

In diebus Patris Patrum Ananiesua Catholici Patriarchæ.

W: vander Laegh scripsit et sculp.

Nomina Apostolicorum Virorum,
qua margini Lapidis Syriacis literis incisa Spectantur.

Ordo 1.
- Aaron
- Petrus
- Job
- Lucas
- Mattheus
- Joannes
- Sabar Jesua, id est Spes Jesu
- Jesuidad
- Lucas
- Costantinus
- Noë

Ordo II
- Atdaspha
- Joannes
- Aniuse
- Marsargis
- Isaac
- Simeon
- Isaac
- Joel

Ordo III
- Mar Juhanon Episcopus
- Isaac Sacerdos
- Jael Sacerdos
- Mahet Sacerdos
- Georgius Sacerdos
- Mahada Guneſph Sacerdos
- Maschadad Sacerdos
- Andreas Sacerdos
- Andreas Sacerdos
- David Sacerdos
- Moses Sacerdos

Ordo IV
- Isaac Sacerdos
- Elias Sacerdos
- Moses Sacerdos
- Abad Jesua. 1. Servus Xpi
- Simeon Sacerdos
- Gabriel
- Joannes
- Simeon
- Isaac
- Joannes

Ordo V
- Jacob Sacerdos
- Marſargis Sacerdos
- et vicarius Episcopi
- Aggeus Sacerdos Archi-
- diaconus Civitatis
- Cunden
- Paulus Sacerdos
- Simeon Sacerdos
- Adam Sacerdos
- Elias Sacerdos
- Isaac Sacerdos
- Joannes Sacerdos
- Joannes Sacerdos
- Simeon Sacerdos

Ordo VI.
- Jacob Sacerdos
- Abid Jesua. 1. Servus Xpi Sacerdos
- Jesuadad Sacerdos
- Jacob
- Joannes
- Subcho Imoran. 1. laus Dño nostro
- Mor Joseph
- Simeon
- Ephrem
- Ananias
- Cyriacus
- Cus
- Amiun

W. vander Laegh scripsit et sculp.

le nom d'Alex. Williamson, agent de la Societé biblique écossaise.

Les envois de décalques qui furent faits à dater de cette époque causèrent encore plus d'une déception à leurs destinataires. C'est ainsi que le 6 Février 1854, le Rév. D.B. Mc Cartee, M.D. à *Ning-po*, pour répondre aux désirs de la Société Orientale, envoyait à celle-ci deux décalques de l'inscription, auxquels faisait défaut la partie inférieure elle-même. La croix manquait, avec les inscriptions des faces latérales, et en fait de lettres syriaques ces exemplaires ne contenaient que les deux petites lignes placées de chaque côté de l'inscription chinoise : se trouvant sur le même alignement que les noms chinois de l'auteur et du calligraphe, elles avaient dû leur préservation à cette circonstance. «L'existence de ce monument, écrivait le Rév. Mc Cartee (1), ne saurait être mise en doute, lorsqu'on sait qu'il est bien connu en Chine des amateurs de calligraphie, et que les copies, ou mieux les impressions prises sur pierre, d'après un procédé de lithographie particulier aux Chinois, peuvent d'ordinaire se trouver facilement chez les marchands de copy-books (碑帖), lesquels sont toujours imprimés par cette méthode de lithographie (2).» L'auteur explique ensuite qu'à cause des troubles qui désolaient alors l'empire, les facilités avaient beaucoup diminué, «et ce n'est qu'après plusieurs recherches et démarches qu'il avait enfin réussi à s'en procurer deux exemplaires, d'un Chinois qui les avait envoyés dans une boutique, pour les faire détailler en bandes et monter en forme de livres.»

C'étaient des exemplaires également incomplets qui vers la même époque avaient servi à Wylie pour sa traduction (3), et chose curieuse, l'absence de la partie syriaque du bas de l'inscription avait complètement dérouté cet homme si judicieux (4).

A la suite de cet envoi, la Société manifesta le désir de se procurer un exemplaire plus complet. Mais il lui fallut attendre plus de trente ans encore pour voir ce vœu réalisé!

En effet, après avoir constaté «qu'à peine deux exemplaires sont de la même étendue», le Professeur I. H. Hall signale comme incomplètes les deux copies de *Auburn Theological Seminary*, celle de New-Haven, celle de *Bible House* à New-York, celle de *Beloit College*, etc. On comprendra facilement la satisfaction du docte Professeur, lorsqu'en 1886, il se vit enfin en possession d'une copie complète et aussi parfaite que possible. Voici en quels termes il annonçait cette bonne nouvelle à l'*Am. Or. Society* : «Il y a peu de semaines, un décalque arriva à

---
(1) *Amer. Or. Soc.* Vol. V. N° I. 1855. p. 260.
(2) *Amer. Or. Soc.* Vol. V. N° II. 1856. p. 278.
(3) *The North-China Herald*. 25 Nov. 1854.
(4) Voici ses paroles : « N'ayant pu me procurer un exemplaire du syriaque au pied (du monument) lequel paraît être sur une face différente de la pierre, j'en donne ici une transcription sur l'autorité de Kircher.» *L. cit.*

l'*American Bible Society,* montrant non seulement la face complète de la pierre, mais aussi un des côtés complet, et environ les deux tiers du second côté. Le R. C. Goodrich, missionnaire A. B. C. F. M., qui a vu la pierre, pense que tout ce qui y est inscrit se trouve sur cette copie (1). L'impression en a été obtenue le 16 Juin 1886, par Mr J. Thorne, colporteur bien connu de l'*American Bible Society.* Si l'on considère tout ce qui a été écrit sur ce sujet, cette impression doit être de beaucoup la meilleure parmi celles qui ont été consultées... (2)»

Depuis lors, d'autres exemplaires non moins nets et complets ont été acquis par différentes bibliothèques; citons entre autres celui que possède à *Chang-hai* la *Royal Asiatic Society.*

Dans le courant de 1893, la *Presbyterian Mission Press* de *Chang-hai* a mis en vente à très bas prix un certain nombre de copies assez satisfaisantes de l'inscription complète (3). Nous avons dit, dans la première Partie comment, depuis plusieurs années, la mission catholique de *Zi-ka-wei* en avait elle-même reçu un bon nombre, les unes dues à l'obligeance des missionnaires catholiques du *Chen-si*, les autres à la complaisance de certains mandarins ou de Chinois chrétiens qui avaient passé par *Si-ngan*.

Ajoutons du reste que les reproductions de l'inscription chinoise avaient toujours été plus accessibles; plusieurs ouvrages indigènes dont nous parlerons bientôt en ont, dès le XVIIe Siècle, donné le texte complet. De plus le Musée du Collège romain, ainsi que les archives de la Maison professe de Rome en possédaient chacune un décalque (4); la Bibliothèque vaticane gardait celui du P. Couplet; un dernier exemplaire passait au siècle suivant, des mains de M. Deshauterays à la Bibliothèque royale de Paris.

Il pourra paraître surprenant qu'avec de telles ressources, plusieurs traducteurs du XIXe Siècle se soient encore servi de la planche fautive de Kircher. Bridgman, par exemple fut dans ce cas, pour sa version de 1845 (5), et la longue liste de caractères faux qu'il publia cinq ans plus tard, d'après un décalque procuré à William Lockhart par «les Catholiques Romains» (6), pourrait être encore enrichie d'un certain nombre de corrections.

---

(1) Cette conjecture était fondée, comme nous le verrons bientôt.

(2) *Amer. Or. Soc. Proceedings at New-Haven,* Oct. 1886.

(3) Un calendrier illustré édité à *Chang-hai* par une société biblique pour la 21e année de *Koang-siu* (1895) et intitulé 聖書公會年歷月份主日單, porte à son centre une réduction photolithographique de l'inscription de la face principale; cette œuvre heureuse comme idée de propagande, mais assez médiocre au point de vue de l'exécution mesure 20 cent 50 sur 9 cent 70 (sans compter le titre), elle est surmontée de ce titre: 陝西西安府景教碑文, et accompagnée d'une brève explication.

(4) *China illustrata.* p. 8.

(5) *Chinese Repository.* Vol. XIV. pp. 202 à 222.

(6) *Ibid.* Vol. XIX. pp. 552, 553.

景教流行中國碑頌并序
大秦寺僧景淨述

粵若常然真寂，先先而無元，窅然靈虛，後後而妙有，惣玄樞而造化，妙眾聖以元尊者，其唯我三一妙身無元真主阿羅訶歟。判十字以定四方，鼓元風而生二氣，暗空易而天地開，日月運而晝夜作，匠成萬物然立初人，別賜良和令鎮化海。渾元之性，虛而不盈，素蕩之心，本無希嗜。洎乎娑殫施妄，鈿飾純精，間平大於此是之中，隙冥同於彼非之內。是以三百六十五種，肩隨結轍，競織法羅，或指物以託宗，或空有以淪二，或禱祀以邀福，或伐善以矯人。智慮營營，恩情役役，茫然無得，煎迫轉燒，積昧亡途，久迷休復。

於是我三一分身景尊彌施訶，戢隱真威，同人出代，神天宣慶，室女誕聖於大秦，景宿告祥，波斯睹耀以來貢。圓二十四聖有說之舊法，理家國於大猷，設三一淨風無言之新教，陶良用於正信。制八境之度，煉塵成真，啟三常之門，開生滅死。懸景日以破暗府，魔妄於是乎悉摧，棹慈航以登明宮，含靈於是乎既濟。能事斯畢，亭午昇真。經留二十七部，張元化以發靈關，法浴水風，滌浮華而潔虛白。印持十字，融四照以合無拘，擊木震仁惠之音，東禮趣生榮之路。存鬚所以有外行，削頂所以無內情。不畜臧獲，均貴賤於人，不聚貨財，示罄遺於我，齋以伏識而成，戒以靜慎為固。七時禮讚，大庇存亡，七日一薦，洗心反素。真常之道，妙而難名，功用昭彰，強稱景教。惟道非聖不弘，聖非道不大，道聖符契，天下文明。

太宗文皇帝，光華啟運，明聖臨人。大秦國有上德，曰阿羅本，占青雲而載真經，望風律以馳艱險，貞觀九祀至於長安。帝使宰臣房公玄齡，惣仗西郊，賓迎入內，翻經書殿，問道禁闈。深知正真，特令傳授。貞觀十有二年秋七月，詔曰：道無常名，聖無常體，隨方設教，密濟群生。大秦國大德阿羅本，遠將經像，來獻上京，詳其教旨，玄妙無為，觀其元宗，生成立要，詞無繁說，理有忘筌，濟物利人，宜行天下。所司即於京義寧坊造大秦寺一所，度僧廿一人。宗周德喪，青駕西昇，巨唐道光，景風東扇。旋令有司將帝寫真轉摸寺壁，天姿汎彩，英朗景門，聖迹騰祥，永輝法界。案西域圖記及漢魏史策，大秦國南統珊瑚

II. DESCRIPTION.

Il semblera plus étrange encore que Kircher, dans la copie qu'il dit écrite de la propre main d'un Chinois (1), ait commis tant d'erreurs; mais que l'on songe que cette gravure, datée de 1664 (2), est postérieure de huit ans au retour en Chine de Boym et de ses compagnons; que dès lors Kircher, complétement ignorant de la langue chinoise, ne pouvait exercer sur le burin de son artiste, ignorant comme lui, qu'un contrôle très restreint. Qui de nous n'a vu dans les livres imprimés en Europe avant l'introduction des fontes de caractères chinois, des quiproquos du même genre?

De fait, l'*Ectypon verum et genuinum* de 1664 n'était qu'une informe ébauche, dénotant non point même la main malhabile d'un écolier chinois, mais portant l'empreinte d'une ignorance qui ne se peut trouver que chez un étranger. On verra au paragraphe suivant, dans les caractères que nous reproduirons avec la croix de l'*Ectypon*, plusieurs exemples de ces ignorances tout européennes : il ne fût par exemple jamais arrivé à un Chinois d'écrire 敄 pour 教. Il suffira pour donner une idée de la copie de l'inscription elle-même, à ceux qui ne la possèderaient pas, d'en détacher un angle, de la grandeur d'une de nos pages : dès la première ligne, on pourra voir le caractère 頁 employé pour 頌. Inutile d'insister sur ces graves erreurs.

Postérieurement à la traduction de Bridgman, deux autres copies de l'inscription ont été publiées par des auteurs Européens. La première est de G. Pauthier, qui lui donna le titre fallacieux de «Fac-simile typographique». Du moins si ce nom n'est pas mérité pour la reproduction des caractères, qui appartiennent à la vulgaire forme d'imprimerie, avouons qu'au point de vue de la correction cette copie offrait un immense progrès sur l'*Ectypon* de Kircher; en outre elle rétablissait l'ordre relatif des caractères de chaque ligne, lequel avait un peu souffert dans la planche de 1664. Quant à l'inscription Dabry, elle s'écartait encore plus que cette dernière de la disposition originale des caractères.

Le corps de l'inscription chinoise, y compris son titre et les deux petites lignes qui la bordant à droite et à gauche portent les noms de l'auteur et du calligraphe, comprennent en tout trente-deux lignes; les lignes pleines comptent soixante-deux caractères.

---

(1) La planche gravée sur cuivre, qui accompagne la traduction du P. Boym, porte cette note : *Hanc Tabulam propria manu descripsit Matthœus Sina oriundus ex Siganfu Romæ A°. 1664.* — Le nom de Matthieu s'est peut-être glissé ici à tort pour celui du jeune André *Don Chin (Sin)*, autre compagnon de voyage du P. M. Boym à Rome ; en tout cas, ce dernier, qui ne pouvait se tromper sur l'identité de son collaborateur, parle en termes formels d'une copie très soignée faite sous ses yeux, à Rome en 1653, par André d'après l'ouvrage du Dr Léon (*Cf. China.* p. 10), et Kircher rend à ce jeune homme le même témoignage. Le P. Dunyn-Szpot, dans un manuscrit dont nous aurons l'occasion de parler plus loin, désigne les deux compagnons du P. Boym, sous les noms de Joseph *Ko* et de André *Sin (Chien)* (ad an. 1649).

(2) Non de 1644 comme l'a écrit le Dr Legge. *Op. cit.* p. 36.

160   LA STÈLE CHRÉTIENNE DE SI-NGAN-FOU.

Il y a en tout 1764 caractères chinois (1). Si à ce chiffre on ajoute vingt-sept autres caractères qui se trouvent au bas de la pierre, mêlés avec les indications syriaques, plus enfin les neuf grandes lettres du cartouche, on arrivera au chiffre exact de 1800 caractères chinois, rien que pour la face principale. Ce dernier nombre est très exactement celui donné par la relation du P. Nic. Trigault (2).

Quant à la partie syriaque de l'inscription, elle se compose, outre les deux lignes qui bordent à droite et à gauche, la face principale, des parties suivantes : 1°/ en bas de l'inscription chinoise, de 19 lignes verticales d'une longueur moyenne de 0^m15; deux d'entre elles sont complétées par des caractères chinois; 2°/ sur la face latérale gauche, de 4 rangées horizontales ayant respectivement en comptant de haut en bas, 11, 6, 13 et 11 lignes verticales, toutes complétées, à l'exception de cinq, par 3 ou 4 caractères chinois; 3°/ sur la face latérale droite, de 3 autres rangées comptant dans le même ordre 11, 13 et 5 lignes, complétées, à l'exception de trois, par 3 ou 5 caractères chinois. Ces 70 lignes des faces latérales contiennent, répartis en sept rangées ou «classes», 70 noms propres interprétés, comme nous le verrons plus tard par Kircher et Assémani (3). La hauteur totale maximum de la partie inscrite sur la face de gauche est de $0^m,84$; de 0^m695 sur la face droite. Le reste de cette dernière est vide, tandis que l'inscription de *Han T'ai-hoa* occupe le bas de la première, recouvrant même les deux rangées inférieures de caractères syriaques.

Le Rév. Père Gabriel Maurice m'a fourni avec la plus grande complaisance des mesures qui corrigent ou complètent celles données par les anciens missionnaires (4) et par M. Hogg lui-même;

---

(1) C'est également le chiffre qu'avait trouvé Bridgman dans un second calcul (*Ch. Rep.* Vol. XIX. p. 552.). Une première fois, et bien qu'il eût reproduit le texte complet, une distraction ne lui avait fait compter que 28 lignes de 26 caractères chacune, ce qui lui avait donné un total de 728 caractères.

(2) *P. Nicolai Trigautii progressus et incrementi fidei apud Sinas*, Lib. V. Cap. 5. — «Tota dein inscriptio stylo excellenti composita lineas continet viginti quatuor (24) characteres vero sinenses mille octingentos (1800) a superiori loco deorsum...»

(3) Kircher n'indique que 6 rangées (*ordines*), avec 64 (*70 ferè*) noms. De son côté Assémani a cru à tort que les 7 «classes» de noms se trouvaient toutes inscrites sur un seul côté de la pierre : «in margine, ad dexteram Inscriptionis sinicæ.»

(4) Les mesures, fort grossières d'ailleurs, données au XVIIe Siècle, ne s'appliquaient qu'à la «tablette» proprement dite. Le P. de Sémédo lui donnait «plus de 9 palmes (*palmos*) de longueur, plus de 4 de largeur, et plus d'une palme d'épaisseur.» (*Op. cit.* p. 199.). Le P. Kircher dans son *Prodromus* (p. 52) a forcé les deux premiers chiffres d'une unité; puis il a réduit dans sa *China* (p. 5.) la hauteur à 9 p. $^1/_2$. On voit que somme toute, le *Prodromus* donnait les proportions les plus exactes de hauteur et de largeur moyenne; quant à l'épaisseur, elle restait notablement inférieure à la réalité. La mesure employée par Sémédo et Kircher est l'empan.

la forme trapézoïdale qui semble avoir échappé à ce dernier est notamment rétablie par ces nouvelles mesures (1). Un schéma perspectif, accompagné d'une légende, permettra d'en saisir plus facilement les proportions.

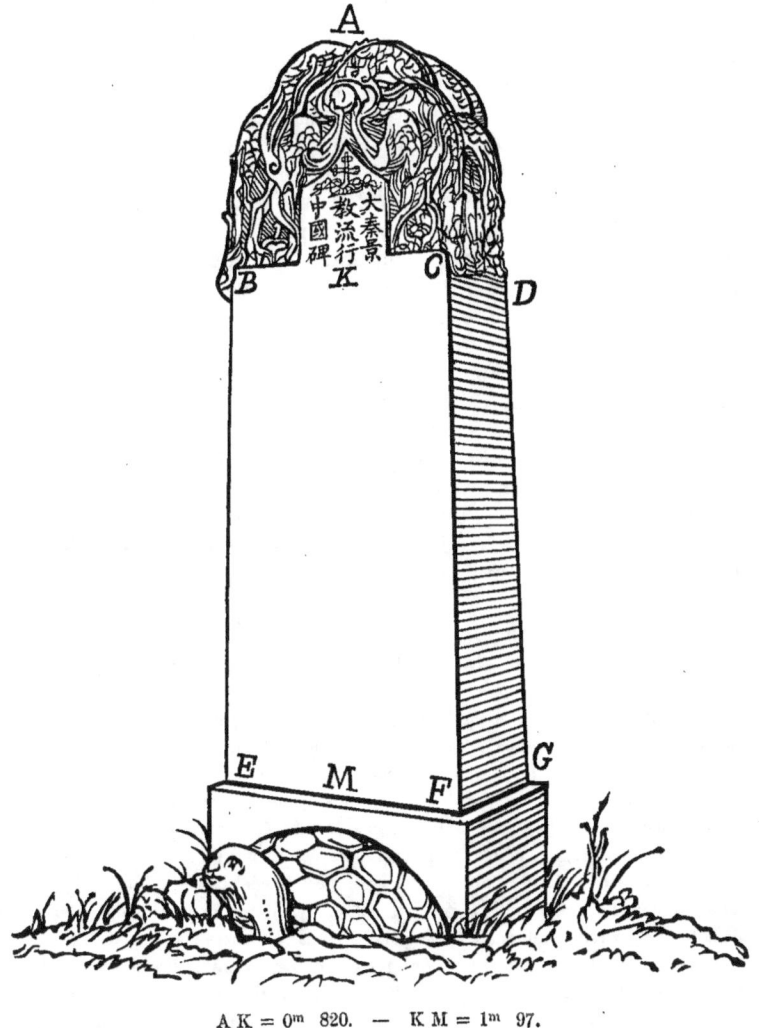

A K = 0ᵐ 820. — K M = 1ᵐ 97.
B C = 0ᵐ 925. — E F = 1ᵐ 02.
C D = 0ᵐ 267. — F G = 0ᵐ 29.

La tortue engagée dans le socle déborde en avant, de 1ᵐ 04, et de 0ᵐ 585 en arrière.

---

(1) Ces dimensions donnent approximativement un volume de 0ᵐ·ᶜ· 640, dont 0ᵐ·ᶜ· 532 pour la partie de la stèle portant l'inscription, et 0ᵐ·ᶜ· 108 pour la partie supérieure. Si l'on prend 2, 7 comme densité de la pierre, on aura un poids total de 1728ᵏ·ᵍ· ;

C'est au même missionnaire que je suis redevable de plusieurs photographies faites au mois de Mars 1893, et dont la première, reproduite par la phototypie au commencement de cette étude, donne une vue de face de la stèle. Grâce au papier d'impression qui a été laissé encore humide, adhérant à la pierre pendant le tirage de la photographie, les caractères ressortent autant que le permettent les dimensions restreintes du cliché. Un précédent essai de photographie directe sur la pierre avait été tenté d'abord; mais il n'avait pas donné un résultat plus satisfaisant que celui constaté quelques mois plus tôt par le Rév. M. Duncan dans une opération semblable. Déjà, en 1875, le Col. H. Yule (1) avait donné, d'après un décalque fourni par Richthofen, la reproduction photolithographique de l'inscription : les proportions qu'il lui avait attribuées (29 × 14$^{cent.}$ sans compter le cartouche) eussent permis d'obtenir des caractères très nets : mais de malencontreuses surcharges du lithographe chinois pour forcer les contrastes ont rendu illisibles plusieurs des caractères.

La seconde photographie donne l'aspect du voisinage actuel de notre monument (2). Comme au jour où le visita l'expédition autrichienne, il se dresse aujourd'hui solitaire à quelques pas de la grande route et dépourvu de tout abri. Je ne m'étendrai pas ici sur les démarches actives et éclairées, faites dans ces dernières années auprès du gouvernement chinois, pour obtenir la protection efficace de la stèle chrétienne exposée depuis longtemps aux intempéries des saisons (3) ; le récit en a été fait

---

une telle charge serait facilement transportée sur un char, ou même sur les épaules de quelques portefaix, usant du procédé habituel de la Chine pour soulever des fardeaux de ce genre.

Le P. Le Comte s'est assez gravement mépris, quand il a traduit le mot «palmos» par «pied». (*Cf. Noureaux Mémoires.* Paris, 1696. Tom. II. p. 198). Le P. Em. Diaz cité par Kircher (*China.* p. 4) était plus excusable, quand dans sa lettre du 23 Août 1625, il écrivait que la pierre avait environ 24 empans de longueur. Il résulte au moins de tous ces témoignages, que le Père Trigault lui-même n'avait guère été plus exact que ses successeurs, en assignant ces mesures de la pierre : «cujus altitudo 8 sinicos cubitos, latitudo 4 circiter, plus medio crassities excedebat.» — Enfin 王 昶 *Wang Tch'ang*, dans l'ouvrage 金石萃編, indique les dimensions en largeur et en hauteur ; dans le premier sens, il donne à l'inscription 3 pieds, 5 pouces, et dans le second 4 pieds 75 ; il est clair que ces indications, qui paraissent cependant si précises, sont erronées : quelle que soit la valeur du pied employé par l'auteur chinois, et même en supposant que le décalque sur lequel il a relevé ses mesures ne contint pas l'inscription syriaque de la base, il y a évidemment là un grave défaut de proportion.

(1) *The Book of Ser Marco Polo.* Vol. II. p. 22.
(2) Voir plus haut la lithographie de cette vue.
(3) Voir notamment dans le *Journal of the China Branch of the Royal Asiatic Society.* Vol. XXIV, 1889-90, la lettre de M. le consul P. J. Hugues à M. von Brandt doyen du corps diplomatique de *Pé-king*, et la réponse de celui-ci (24 Février et 15 Mars 1890). Le Ministre d'Allemagne «avait, avec ses collègues, très chaudement recommandé cette inté-

ÉDICULE DE 1891

(D'après une photographie du Rév. P. Hugh)

ailleurs (1). Des ordres en conséquence furent donnés par le *Tsong-li-ya-men* aux autorités locales (2), et à la fin de 1891, une misérable « baraque très dérisoire pour les nobles personnages qui s'y étaient intéressés » s'élevait au-dessus de la stèle qu'elle ne parvenait pas à protéger contre les injures de l'air. Moins d'un an après, il ne restait plus rien de cette mesquine construction.... (3)

Dans une lettre déjà citée du Rév. Moir Duncan, laquelle reproduisait à peu près les informations envoyées quelques mois plus tôt par le Rév. Père Gabriel Maurice (4), le missionnaire protestant formulait ce soupçon : « Plus d'un étranger affirme que l'abri à été intentionnellement détruit, parce que les bonzes étaient jaloux de l'intérêt qu'on manifestait à son égard (5). » Nous croyons heureusement moins fondées les craintes que le correspondant du Rév. T. Richard a exprimées à la fin de sa lettre : « La pierre, écrit-il, a été récemment martelée, plusieurs caractères sont effacés, et il y a d'autres vestiges de mains malveillantes. » Les photographies et le décalque que nous avons reçus postérieurement à cette lettre, nous sont un indice de l'exagération de ces paroles. Bien plus, les cassures et autres défauts de la pierre nous paraissent identiques sur les nombreuses copies que nous avons examinées depuis plusieurs années. Mais il est évident que nul ne saurait garantir l'avenir : le fanatisme aurait si facilement raison d'un tel monument, bien que onze siècles l'aient épargné ! (6)

---

ressante relique des temps anciens et du christianisme à l'attention de son Altesse le Prince Tch'eng et de leurs Excellences les Ministres. »

(1) *Croix et swastika*. pp. 118 à 121.

(2) *Journal of the R. A. Soc.* Vol. XXIV. *Proceedings*. Séance du 19 Mai 1890. p. 317.

(3) Voir ci-contre une vue de cet édicule, d'après une ancienne photographie du Rév. Père Hugh. Nous plaçons en regard un dessin de la cuve en pierre décrite par le Père L. Gaillard (*Croix et swastika*. p. 124).

(4) *Croix et swastika*. pp. 120 et 121.

(5) *The N.-C. Daily News*. 20 Avril 1893.

(6) Signalons, en terminant ce paragraphe, une démarche relative à notre monument, et qui honore leurs auteurs. Mr H. Cordier m'écrit de Paris, à la date du 12 Mai 1895 : « Un détail que vous devez ignorer. En 1875, notre Ministre à *Pé-king*, le Cte de Rochechouart, profitant d'une de mes séjours dans la capitale avait voulu, d'abord me mener avec lui visiter les missions belges du pays des Ordos, puis me charger de négocier l'achat de la pierre de *Si-ngan-fou*. La maladie de Mr de Rochechouart, et surtout mes occupations à *Shang-hai* nous empêchèrent de donner suite à ces projets. »

§ III. LA CROIX.

Représentations inexactes. — Accusations injustes de Wells Williams contre Ricci. — Calomnie de Villermaules. — Description de Sémédo. — La croix d'après le *Prodromus* et la *China* de Kircher. — D'après la *Flora* de M. Boym. — Les croix du *Fou-kien*. — La croix d'après le Baron Henrion. — D'après Marchal de Lunéville, Kesson. — D'après Pauthier et Dabry. — D'après Williamson, J. Legge et le C¹ Yule. — Les Lettrés modernes en présence de la croix.

Mieux que toute inscription, le fac-similé d'un décalque et la vue phototypique que nous avons offerts au lecteur dans notre première Partie, lui montrent la forme exacte qu'affecte la croix de notre monument, et la place qui lui est réservée parmi les motifs de décoration, au-dessus du texte de l'inscription.

Il semble assez surprenant, au premier abord, qu'une partie si importante de la stèle chrétienne, ait été pendant plus de deux siècles, représentée de la façon la plus inexacte : le caractère trop vague des anciennes descriptions, l'insuffisance des premières représentations graphiques, et surtout, croyons-nous, les dimensions très modestes accordées à ce signe du salut par les missionnaires du VIII⁰ Siècle (1) ont causé jusqu'à ces dernières années des incertitudes, des méprises, qui ont amené chez plusieurs une sorte de scepticisme pire que l'ignorance.

C'est ainsi, par exemple que Mgr Mouly ayant rappelé en 1854, dans un mémorial adressé à l'Empereur *Hien-fong*, le monument de *Si-ngan-fou* «au sommet duquel brillait le signe sacré de la croix», un censeur protestant, qui du reste ne manqua pas une occasion d'attaquer l'évêque catholique, fit deux ans après la remarque suivante : «Le signe de la croix n'existe pas en tête du monument, bien que plusieurs endroits de l'inscription fassent allusion à la croix. C'est un pur embellissement de l'évêque (2).» L'annotateur se fût épargné cette impolitesse gratuite, s'il eût seulement demandé à celui dont il suspectait la bonne foi, communication du fac-similé que l'évêque déclarait conserver pour justifier son assertion.

Plus récemment, nous avons lu, non sans étonnement, cette autre critique qui pour n'atteindre que les morts, ne nous semble

---

(1) Kreitner, dans son récit, a fait ressortir en ces termes l'exiguïté de ces proportions données à la croix : «Ni le prêtre Bouddhiste, ni notre compagnon catholique n'était capable de nous montrer la tablette Nestorienne ; aussi dûmes-nous la rechercher nous-mêmes ; nous savions en effet qu'elle devait être reconnaissable à une croix qui y est gravée… Cette croix est de dimensions peu apparentes (von unscheinbarer Grösse), ses montants ne mesurent que 8 centim. de longueur.» (*Cf. Im fernen Osten*, pp. 475, 476 et 478). Le lecteur verra bientôt que ces modestes proportions doivent encore être notablement réduites.

(2) *The North-China Herald*, 5 Avril 1856. Le mémorial de Mgr Mouly, dont la traduction est donnée en anglais, porte la date du 28 Mai 1854.

pas mieux fondée : suivant le Dr Eitel, cette inscription parle de «la croix employée comme symbole, mais l'explique par la détermination des quatre points cardinaux, sans la plus légère allusion à la mort du Christ sur la croix (1).» Outre une erreur de fait que nous relèverons plus tard, ce jugement renferme un blâme implicite qui se déduit du ton général de tout l'article : c'est un procès de tendance, que l'écrivain de la Revue anglaise intente peu noblement à «des moines dégénérés *(emasculated)*»...

Loin de nous la pensée de faire des rapprochements désobligeants, mais de telles doléances, tout au moins exagérées, nous ont remis à la mémoire certain passage d'un auteur en vogue, que nous avons quelque plaisir à citer. Ce ne sera point un hors-d'œuvre dans la question qui nous occupe. Résumant les jugements portés sur Ricci, W. Williams a écrit : «L'habile fondateur de ces missions mourut en 1610, à l'âge de quatre-vingts ans (2). Il a été exalté par les Jésuites comme un homme doué de toutes les vertus; mais un autre auteur de la même église fait de lui le tableau suivant : «Ce Jesuite etoit vif, adroit, rusé... mais ne sçavoit pas même les premiers éléments de la Théologie... Il prêcha à la Chine la Religion chrétienne à sa mode... apprenant aux chrétiens à assister et même à coopérer au culte des Idoles, pourvû qu'ils adressassent leurs adorations à une croix qu'on couvroit de fleurs, ou qui etoit attachée secretement à quelqu'un des cierges qu'on allumoit dans les temples des faux dieux (3).» Ces rapports contradictoires, conclut gravement W. Williams, doivent être pris pour ce qu'ils valent, mais en donnant ces instructions, Ricci ne violait pas les règles de son Ordre, et ne donnait pas à ses néophytes une latitude plus grande que celle qui lui était accordée à lui-même (4).»

Personne ne se méprendra sur l'apparente impartialité de l'écrivain protestant : *in caudâ venenum!* Nous avons le regret de ne point trouver dans un tel exposé cet esprit de charité et de justice, dont le biographe de Wells Williams prétend que son héros a fait preuve (5); encore moins cet esprit de réserve que Sir Thomas Wade croyait lui reconnaître (6). La rédaction de

---

(1) *The China Review*, Tom. XVI, 1887-1888, p. 385. Article bibliographique sur *Christianity in China* du Dr J. Legge.

(2) C'est cinquante-huit ans qu'il faut lire. C'est une erreur de cette sorte qui fit dire à Voltaire «qu'on ment beaucoup sur les grands hommes.» *Cf. Lettres chinoises.* Paris, 1776. p. 38.

(3) *Anecdotes sur l'état de la Religion dans la Chine*, Tom. I. Paris, 1733. Préf. histor. pp. VII et VI.

(4) *The middle Kingdom.* New-york, 1871. Vol. II. p. 303.

(5) *Life and Letters of Dr. S. Wells Williams*, par Fréd. Wells Williams. New-york, 1889. p. 458.

(6) *Ibid.* p. 476. «Another of his characteristics was his self-restraint in censure of others whose opinions or proceedings must have shocked him. I mean his censure of individuals.»

l'historien, dans ses réticences calculées, laisse percer ses préférences sectaires pour un écrivain anonyme, dont les accusations sans preuves ne sont que de lâches calomnies. Si Wells Williams avait étudié la vie du pamphlétaire à qui nous devons les *Anecdotes*, il aurait appris que Michel Villermaules n'était plus, au moment où il écrivait ces tristes pages, «de la même église» que Ricci (1). S'il avait voulu lire les documents pontificaux contemporains des calomnies de Villermaules (2), il eût pu dire à ses lecteurs que la Compagnie de Jésus, dont Ricci avait été l'un des plus illustres fils, restait l'objet de la complaisance des Papes; qu'elle était ainsi de la «même église» que ceux-ci, fidèle soutien de cette «Romish church», comme il l'appelle en son style hautain et méprisant (3). Enfin, s'il avait eu la loyauté de remonter aux sources qu'avait empoisonnées Villermaules, il aurait vu que celui-ci, usant d'un procédé habituel aux faussaires, avait com-

---

(1) Rappelé du Canada, où il s'était signalé par son esprit inquiet, chassé bientôt après de la Congrégation de Saint-Sulpice pour ses attaches notoires avec les Jansénistes, pensionné ensuite par une Cour impie et corrompue, c'est alors qu'il composa les sept volumes des *Anecdotes*, dont le but avoué est de couvrir la Compagnie des injures les plus flétrissantes. Plus tard, renié par l'évêque de Lausanne, son compatriote, qui lui interdit de revenir dans son diocèse, il mourut à Paris sous le nom de Villers en 1757, dans la communion des «appelants» auxquels il s'était entièrement livré. Ceux qui voudront être édifiés sur la bonne foi du Janséniste et sa valeur comme historien, n'auront qu'à lire au Tome V de son œuvre (pp. 305 à 436), l'élucubration pleine de fiel, dans laquelle il prétend prouver qu'un *Traité de l'Antechrist et de ses Ministres*, composé deux siècles «avant l'établissement de la Société, ne peut convenir qu'à ces suppôts»!

(2) *Cf.* par exemple, le Bref *Redemptoris nostri*, du 23 Sept. 1629. — « Attendimus ad uberes fructus, quos ubique terrarum in militanti Ecclesiâ Venerabilis Societas Jesu, verbo, doctrinâ, et exemplis in dies copiosius affert.» — *Item* le Bref *Præclaris Romanorum*, du 24 Avril 1648. — «... Eamdem Societatem, cujus religiosi alumni Christi bonus odor sunt, et ubique gentium habentur..., novis nostræ etiam Pontificiæ benignitatis testimoniis cumulare non dubitamus.»

(3) Si nous avons cité de préférence à d'autres l'auteur américain, c'est parce que son ouvrage très répandu est devenu depuis longtemps pour les lecteurs de langue anglaise, comme a pu l'écrire son fils sans exagération, « l'autorité courante en cette matière» (*Op. cit.* p. 458); c'est parce que beaucoup de lecteurs ne connaissent la Compagnie de Jésus que sur la foi de ses affirmations. — Que ce livre et le «Syllabic Dictionary» du même auteur, soient à la lettre «deux *monumenta ære perennia*» (*sic!*), comme on l'a affirmé (*Ib.* p. 477); que même jusqu'à lui, il n'ait paru sur la Chine «aucune œuvre complète méritant d'être signalée» (*Ib.* p. 160), il nous importe peu en ce moment; mais nous ne saurions laisser passer sans protestation, les accusations habilement déguisées sous le voile d'une modération affectée et accréditées par le nom de leur auteur. Du reste, non seulement on lit, mais on copie les accusations calomnieuses empruntées à ces sources impures. C'est ainsi par exemple, que récemment encore un anonyme protestant qui a appris l'histoire des missions catholiques de Chine dans le livre de W. Williams, a écrit : «A Roman Catholic writer charges Ricci with allowing converts to worship in temples, provided there were a cross secreted in flowers or tied behind some part of the furniture...» *Cf. The Chinese Recorder*. Vol. XX. 1889. p. 502.

plètement dénaturé un fait historique pour en faire un crime à des innocents. Le Père J.-B. de Moralès, Dominicain, avait en 1645 demandé à la Propagande, si l'on pouvait tolérer que les mandarins chrétiens fissent la prostration devant l'autel du *Tch'eng-hoang-miao*, moyennant qu'ils dirigeassent leur intention vers une croix «qu'ils porteraient à la main, ou qu'ils auraient cachée sur l'autel parmi des fleurs». Et c'est sur cette question d'une casuistique toute chinoise, où l'on ne fait pas la plus lointaine allusion à Ricci, ni à ses compagnons, que le Janséniste a témérairement conclu au fait de l'idolâtrie jésuitique (1)!

Une autre question plus délicate fut alors posée à la Congrégation romaine par les Dominicains. Ils demandaient «si les prédicateurs de l'évangile étaient tenus dans cet empire, de prêcher le Christ crucifié, et de montrer son image très sainte, surtout dans leurs églises. La raison de douter, était que les païens se scandalisaient de ces pratiques, y voyant la plus grande folie» (2). Mais même sur ce point, la réponse de la Cour romaine n'eut rien qui condamnât la conduite de Ricci et de ses successeurs: elle recommanda au contraire une prudence, dont plusieurs missionnaires des autres Ordres n'avaient pas toujours donné l'exemple (3). Bien que les ministres de l'évangile, fut-il répondu, ne soient pas tenus dans tous leurs sermons à la prédication actuelle du Christ crucifié, mais qu'ils doivent proposer la parole de Dieu et les mystères divins avec prudence et discrétion, les mettant par leurs explications à la portée des catéchumènes, ils ne doivent pas cependant s'abstenir de parler de la passion de Notre-Seigneur, par cette raison que des païens en conçoivent du scandale ou la regardent comme une folie.» L'on répondait encore «qu'il convenait d'avoir dans les églises des images du Christ crucifié, aussi devait-on veiller, *en tant que cela était opportun*, à ce qu'elles fussent exposées» (4).

---

(1) On peut voir le texte de cette demande, la 7ᵉ des 17 qui furent alors proposées à Rome par les Dominicains, dans les *Documenta ad controversiam miss. apostol. Imperii Sinici spectantia*, pp. 9 et 10. Ces *Documenta* font suite à l'*Apologie des Dominicains miss. de la Chine*, de Noël Alexandre. Cologne, 1699. — *Cf. ibid.* pp. 123, IV et 128; p. 135, IX.

(2) *Op. cit.* p. 19.

(3) Voir par ex. dans Bartoli, *Della Cina*, p. 1113, l'orage suscité au *Fou-kien* par le zèle intempestif de quelques religieux.

(4) *Op. cit.* p. 19. — Un document inséré dans les *Lettres édifiantes et curieuses* (Lyon. Tom. XIV. 1819), et dû à un auteur que l'on ne soupçonnera pas de préventions exagérées en faveur de la Compagnie de Jésus, justifiait ainsi la conduite pleine de prudence dont firent preuve les premiers missionnaires : «Avant que d'avoir effacé ce préjugé (de la superstition), si vous leur parlez de la croix de Jésus-Christ, ce sera pour eux un scandale : ils concluront, suivant leur principe, qu'il avoit mérité dans une autre vie ce qu'il a souffert depuis sa naissance, et ils feront le même jugement des martyrs. C'est peut-être par cette raison que les Jésuites ne se sont pas pressés de parler aux Chinois de Jésus-Christ crucifié. Mais sitôt qu'on y verra les *catéchumènes* disposés, on ne doit pas différer à les

Ces dernières paroles nous rappellent irrésistiblement un des plus beaux traits, trop ignoré pourtant, de la grande figure de Ricci. C'est celui que nous avons rapporté sous l'année 1600; alors que Ricci, essayant pour la seconde fois de s'établir à *Pé-king*, s'était vu arrêter à *T'ien-tsin* par la tyrannie d'un puissant eunuque, *Ma T'ang*, qui convoitait ses présents.

Serait-ce à cette scène que l'auteur des *Anecdotes* faisait allusion, lorsqu'il écrivait : «Enfin, pour comble de prévarication, Ricci fit même disparaître la croix, et en supprima totalement le signe salutaire qu'il ne voulut pas qu'on montrât aux Infidèles; affectant de ne parler que de la gloire du Sauveur, et rougissant devant les Idolâtres, des humiliations de Jésus-Christ (1).» Wells Williams, qui a omis de reproduire cette calomnie, eût peut-être pu nous répondre.

Nous savons l'histoire de cette peinture du Christ crucifié : elle suffit à confondre la mauvaise foi de Villermaules et de ses imitateurs. Cette image du Sauveur en croix fut envoyée à Ricci par Valignani, ainsi qu'une autre de la Vierge Marie, comme les objets les plus précieux destinés à l'Empereur; c'est cette même image du divin Crucifié qui, lors du second passage de Ricci à *Nan-king*, fut adorée plusieurs jours de suite par un Vice-roi, qui la montra repectueusement à l'Examinateur provincial et à d'autres officiers supérieurs; c'est elle qui, présentée à l'Empereur, lui arracha un cri de surprise; puis, la peur succédant à l'étonnement, et ne pouvant soutenir l'éclat de ces images, le prince après leur avoir offert ses adorations et des parfums, les fit déposer dans son trésor, où les plus hauts fonctionnaires obtenaient des eunuques la faveur de les visiter (2).

On voit par cette seule histoire, qu'il nous serait facile d'appuyer d'autre faits, combien peu Ricci a mérité les flétrissants reproches du Jansénisme et du Protestantisme. Cette preuve d'ailleurs a été faite surabondamment dans ces derniers temps (3), mais « il n'y a de pires sourds, que ceux qui ne veulent pas entendre», et comme par le passé, les mêmes personnages, qui seuls jouissent de l'infaillibilité personnelle, continueront à re-

---

instruire d'un dogme si capital au christianisme.» (*Mémoire pour les études des Missions orientales*, par M. *l'abbé de Fleury*, auteur de l'*Histoire ecclésiastique*, etc. L. cit. p. 50). — Navarrete (Tr. VI. C. 15. N. 27) lui-même défendit Ricci contre une accusation de *Yang Koang-sien* criant à la fraude jésuitique, pour avoir dissimulé le mystère de la croix. — *Cf. The Jesuits in China* par R. C. Jenkins. Londres, 1894. pp. 85/89.

(1) *Op. cit.* p. VI.

(2) *De Christ. exped.* pp. 320, 329, 408.

(3) *Cf. Variétés sinologiques.* N° 3. *Croix et swastika*, par le P. Louis Gaillard. Dans la note au bas des pages 193 et 194, l'auteur n'a relevé qu'une faible partie des récriminations injustes et des procédés indélicats, que se permettent à l'égard des missionnaires catholiques, les correspondants de certaines revues protestantes, telles que le *Messenger* de *Chang-hai*, le *Chinese Recorder*, etc.

procher à la fois aux catholiques d'adorer et de cacher la croix.

Pour être juste, il ne semble pas que de ce chef, les missionnaires du VIIIe Siècle aient été moins orthodoxes, ni moins sages que Ricci : ils ont exposé la croix au lieu le plus apparent de leur monument; ils lui ont donné une place d'honneur dans leur inscription, lorsqu'ils l'ont représentée comme un gage de réconciliation universelle. En vérité, il faudrait être bien exigeant pour en demander davantage à cette pierre : c'en est assez pour que les chrétiens se réjouissent; assez pour que les pharisiens de la Chine puissent comprendre la vérité sans la fouler aux pieds (1); assez pour que ces cœurs rebelles deviennent inexcusables (2). Et plût à Dieu que les prédicants de nos jours donnassent plus souvent des exemples du tact qui peut et doit se concilier avec le zèle le plus ardent (3)! Mais revenons à notre croix.

Sémédo paraît être le premier témoin oculaire qui l'ait signalée avec quelque détail. « La tête de la pierre, lisons-nous dans l'édition espagnole, se termine en forme pyramidale, avec plus de deux palmes de hauteur, et plus d'un à la base ou au pied. A la tête de cette pyramide, il y a une Croix parfaite, dont les pointes sont garnies de fleurs comme de lys, à la manière dont on dit avoir trouvé une Croix sculptée sur le tombeau de l'apôtre St Thomas à Méliapor, et qui était en usage en Europe dans les temps anciens, comme l'a publié Manuel de Faria y Souza. La Croix est entourée d'une espèce de nuée, et à son pied, on voit trois lignes chacune de trois gros caractères chinois, bien sculptés (4).»

Il faut avouer que cette description ne brille guère par la clarté, ni par la précision : mais on ne peut trop en vouloir à un missionnaire du dix-septième siècle de son inhabileté en cette matière technique. La traduction italienne de 1631, donnait déjà presque mot pour mot, dans son introduction, le texte de Sémédo (5); c'est elle également que Kircher reproduisait en 1636 dans son *Prodromus Coptus* (6), en y ajoutant une erreur qui achève de

---

(1) *Nolite dare sanctum canibus, neque mittatis margaritas vestras ante porcos : ne forte conculcent eas pedibus suis.* Matth. VII. 6.

(2) *Ita ut sint inexcusabiles.* Rom. I. 20.

(3) Pour ne parler point de la vente des livres saints, la plupart du temps inintelligibles, par les colporteurs salariés des Sectes protestantes (négoce qui n'attire guère aux «vendeurs de livres» *mai-chou-ti* 賣 書 的 et à leurs patrons, que le plus sincère mépris de la part d'un peuple orgueilleux), que dire de ces exhibitions indécentes, de ces imprudences profondément regrettables des soi-disants prédicateurs de l'évangile, dont nous avons été récemment témoins sur divers points de la Chine, et dont certaines feuilles, même des plus prévenues en faveur du protestantisme, n'ont pu s'empêcher de murmurer?

(4) *Imperio de la Cina.* Madrid, 1642. p. 200.

(5) *Dichiaratione di vna pietra antica, ritrouata nel Regno della Cina.* Rome, Corbelletti, 1631. p. 2. — «Questa Pietra... ha da capo vn titolo di forma piramidale, longo due palmi, e largo vno; e di sopra scolpita vna Croce quasi simil'à quelle di Malta, posta sopra le nuuole, e sotto à quella in tre righe di parole scolpite medesimamente noue lettere della Cina.»

(6) *Prodromus Coptus.* Rome, 1636. p. 52.

dérouter le lecteur (1). En 1663, Bartoli, nous l'avons vu, remplaçait, mais sans grand profit la «pyramide», par un «carré surmonté d'un triangle». Tout cela, il faut, en convenir, donnait une idée fort inexacte, de la partie supérieure de notre monument; et, chose étrange, ces données si vagues, presque conjecturales, furent pendant plus de deux siècles, les seules qu'utilisèrent les missionnaires et les savants d'Europe.

Si Sémédo eût procuré à Kircher un décalque de la fameuse «pyramide», avec un croquis d'ensemble du motif ornemental qui la décore, nul doute que le consciencieux et savant auteur de la *China illustrata,* ne les eût reproduits avec bonheur (2). Or, autant que nous en pouvons juger, il fut privé de ces secours et n'eut entre les mains qu'un informe croquis, qui suivant toute vraisemblance, dut être envoyé par Sémédo lui-même. Plus tard, ce dernier vint à Rome comme Procureur de la Vice-province de Chine (1642-1644), et Kircher nous apprend qu'à cette époque, il s'entretint longuement avec le missionnaire de Chine, «de tout ce qu'il avait observé concernant ce monument» (3). Il ne paraît pas cependant que même à cette époque Sémédo ait donné à son ami un décalque exact de la Croix; j'en trouve une preuve convaincante dans cette insinuation faite longtemps après par Kircher, dans son second ouvrage : «Le haut de la pierre se terminait par une pyramide, portant une Croix artistement gravée : *ceux qui l'ont examinée avec soin* disent que cette Croix contournée à ses extrémités en forme de lis, comme celle qu'on dit exister à Méliapor au tombeau de l'apôtre St Thomas, est assez semblable à celle que portent les Chevaliers de St Jean de Jérusalem, soit au cou, soit sur leurs vêtements (4).»

Kircher fut donc réduit à donner dans sa *China illustrata,* comme il avait fait trente ans plus tôt dans le *Prodromus* une représentation très approximative de cette croix dont il n'avait

---

(1) Voici la traduction de ce passage : «Le bord de la dalle, se terminant en haut par une figure pyramidale longue de deux palmes, et large d'un palme, porte sculptée à son sommet une figure de la Croix, assez semblable à celle que portent les Chevaliers de Malte. Immédiatement *au-dessus* de la Croix est placé le titre de la pierre composé de neuf caractères chinois.»

(2) Nous en avons pour garant la fidélité, l'élégance même avec lesquelles il fit reproduire les caractères chinois de la partie inférieure de la face principale. (*Cf. Croix et swastika.* p. 136). Ajoutons du reste que ces caractères n'étaient point un calque exact du monument.

(3) *China illustrata.* p. 6.

(4) *Ibid.* p. 5. — Le même auteur dans un chapitre spécial intitulé : *De Cruce in supremo Lapidis apice incisa,* parle de plusieurs autres Croix découvertes en Chine et ailleurs, mais, chose étrange, il ne dit pas un mot de celle qui nous occupe et qu'annonce la rubrique dudit chapitre. *Ibid.* pp. 35/37. — Le même ouvrage (p. 8) rapporte, d'après le P. Boym, la description suivante de la Croix : « En haut de la pyramide qui termine le monument, on voit une Croix sculptée au-dessus de petites nuées, et dont les bras rappellent les fleurs du lis.»

jamais possédé de copie exacte. Nous reproduisons ici, avec le titre chinois qui les accompagne ces deux dessins, qui appartiennent à l'histoire de notre monument.

Le premier (1), malgré le caractère rudimentaire de ses traits et la gaucherie tout européenne de ses lettres, présentait aux yeux un objet plus véridique que celui qui devait le suivre : c'était le croquis grossier mais sans prétention d'un homme inhabile dans l'art du dessin, la croix élémentaire d'un évangéliaire antique. On peut lui reprocher d'être informe, de laisser ignorer ses justes proportions et les lignes qui limitent sa surface; du moins l'on ne peut dire qu'il y ait falsification, ou embellissement arbitraire.

LA CROIX
du *Prodromus Coptus*.

Il n'en va pas ainsi du croquis du second ouvrage (2). Ce n'est plus la simplicité native d'une main inexercée; c'est le produit réfléchi d'une idée, ou si l'on veut, la reproduction et la combinaison graphiques d'éléments qui nous sont déjà connus. La version italienne de 1631 avait parlé d'une vague ressemblance avec la croix de Malte, celle de 1642 évoquait les souvenirs de Méliapor (3) : Kircher réunissant ces traits dans une

---

(1) *Prodromus Coptus*. p. 52.
(2) *China illustrata*. Planche B. *Ectypon Monumenti Sinico-Syriaci*. p. 13.
(3) Martin Martini, dans son *Novus Atlas sinensis*, imprimée en 1655, après avoir fait de la croix cette brève mention: «In fronte crux est, qualis fere Equitum Melitensium» (p. 45), renvoie le lecteur au *Prodromus* du P. Kircher et à l'*Histoire* de Sémédo. Il avait en 1654 rencontré à Rome Kircher, son ancien maître, (*China*, p. 6), mais il ne paraît pas qu'il ait rectifié lui-même ses données défectueuses.

commune définition, leur donne une expression concrète dans ce nouveau dessin, devenu purement conventionnel (1). A ce

LA CROIX
de la *China illustrata*.

défaut considérable qui accentuait l'inexactitude de la croix, venait s'ajouter pour la partie épigraphique celui d'une calligraphie ridiculement prétentieuse, dans laquelle personne ne pourra reconnaître la noblesse et l'élégance de cet *Ectypon verum et genuinum*, que Kircher pensait livrer au monde savant, et dont nous reparlerons bientôt.

Entre les deux ouvrages de Kircher et vers l'époque où Martini était lui-même à Rome, Michel Boym, un autre Jésuite venu de Chine, fournissait au savant du Collège Romain, sur le

---

(1) Je ne puis répéter ici les détails pleins d'intérêt qui ont été récemment exposés sur cette question par le Père L. Gaillard. Le lecteur les trouvera dans l'ouvrage déjà cité *Croix et swastika*; ils y occupent un paragraphe spécial intulé *La croix du sommet* (pp. 135/144).

monument de *Si-ngan-fou,* des documents qui ne devaient voir le jour que longtemps après (1). En attendant, le P. Michel Boym, sur le point de se rembarquer pour sa mission, éditait à la suite de sa *Flora sinensis* (2) une nouvelle représentation de la croix, qu'il dédiait sous ce titre au roi de Hongrie : *Gloria Regni Sinensis Crux.* «La croix, gloire de l'empire de Chine, découverte en 1625 dans la province du Xensi.» Suit une épître dédicatoire au prince Léopold, exposant d'une façon poétique la connexion de cet appendice avec l'ouvrage du naturaliste. Voici le début de cette curieuse pièce : «Je vous ai offert, Roi très illustre, des arbres, des fleurs, des fruits excellents de notre Royaume très fleuri. Comme couronnement, je vais ajouter l'image très glorieuse de l'arbre par excellence, celle de la croix, qui retrouvée sur une pierre très ancienne rend entre toutes célèbre la province du Xensi. On y voit de ça et de là à l'entour de la croix (3), des caractères Syriaques et Chinois, sculptés dans la pierre, et expliquant la loi divine apportée jadis en notre Royaume de Chine, par les successeurs des apôtres. On y lit aussi les noms des évêques et des prêtres de ce temps, ainsi que les faveurs des Empereurs Chinois envers les chrétiens.» Vient ensuite, après un court récit de la découverte (4), un résumé du contenu de l'inscription. Après quoi, le missionnaire conclut poétiquement : «Ainsi fut planté dans ce jardin de la Chine l'arbre de la croix, ainsi furent gravés sur la pierre les principes de la foi chrétienne... Que les fruits, et les fleurs, et tout ce que contiennent ce jardin de la Chine et la pierre de Sanxuen, soient une preuve éternelle de l'affection sincère avec laquelle je m'offre et me consacre, avec tout ce qui m'appartient, à votre Majesté très illustre et très puissante, dont je suis la fille très obéissante. *Flora sinensis.*»

---

(1) La lettre du P. Boym, éditée par Kircher en 1667, est datée à Rome du 4 Nov. 1653.

(2) *Flora sinensis fructus floresque humillime porrigens serenissimo et potentissimo Principi ac Domino, Domino Leopoldo Ignatio Hungariæ Regi florentissimo... emissa in publicum a R. P. Michaele Boym Soc. Jesu...Majestati suæ una cum felicissimi anni apprecatione oblata anno salutis* 1656. Viennæ Austriæ, Richter, in-fol. — C'est un volume de 75 pages dans lequel le P. Boym fait connaître une vingtaine de plantes intéressantes de la Chine et quelques animaux. «Les vingt-trois figures qui accompagnent ces descriptions sont imparfaites, dit Abel Rémusat, mais les noms chinois que l'auteur y a joints, quoique défigurés par les graveurs, sont encore reconnaissables et fort exacts.»

(3) «Spectantur hinc inde circa crucem...» Ces expressions suffiraient à montrer quelle idée vague le P. Boym se faisait de la disposition du monument et de celle de la Croix.

(4) Chose assez singulière, le P. Boym abandonne ici sa version de 1653, assignant *Cheu-che (Tcheou-tche)* pour le lieu de la découverte, et influencé peut-être par la rencontre de Martini qui était arrivé à Rome en 1654, il se prononce pour le récit italien de 1631, qui indique la ville de *Sanxuen (San-yuen).*

Le P. Boym, hâtons-nous de le dire, n'avait jamais été au *Chen-si*; bien plus, son court ministère (1647—1650) au *Koang-si* et dans l'île de *Hai-nan* ne lui avait sans doute guère laissé le temps de s'occuper d'études sinologiques ou de recherches archéologiques concernant un monument trouvé au nord de la Chine. En revanche, il ne pouvait ignorer les découvertes faites récemment dans la province du *Fou-kien;* et précisément l'ouvrage chinois du Père Emmanuel Diaz, paru en 1644, lui offrait le dessin de trois de ces croix, à défaut de celle de *Si-ngan*, que, chose étrange à dire, cet ancien supérieur de la mission de Chine n'avait pu se procurer pour en orner son livre (1).

Avant de quitter l'Europe, désireux de laisser au prince, son protecteur, un souvenir de cet insigne monument, il songea à utiliser les données de Kircher, celles si maigres et si peu élégantes du *Prodromus;* mais ce grossier morceau ne suffisant pas au goût artistique du Père Boym, il est évident qu'il crut pouvoir user de l'artifice suivant : au croquis informe du *Prodromus*, dont il embellit quelque peu la croix en lui donnant une allure plus svelte, il ajouta, en guise de couronnement, l'une des croix éditées par le P. Diaz, encadrant ces deux pièces disparates ainsi juxtaposées d'un filet qui en fait un tout. Voltaire, s'il eût connu cette supercherie, n'eût point manqué de crier sus à la morale jésuitique : heureusement pour la mémoire de Boym, le patriarche de Ferney ignora la restriction mentale dont l'auteur, ou son imprimeur s'était alors servi. En revanche, nous verrons bientôt que ce procédé égara dans ces dernières années, plusieurs critiques de bonne foi.

Nous reproduisons ci-contre la partie supérieure du dessin de Boym, non d'après la *Flora*, mais d'après le livre du P. Diaz : les deux dessins ne diffèrent du reste que par la suppression, dans l'œuvre de Boym, des deux lignes de caractères chinois qui, en établissant l'origine de ce monument, eussent trop facilement trahi l'industrie du missionnaire. Une note insérée dans l'ouvrage du P. Diaz et signée de 張賡, l'ami du Dr Léon, confirme et complète les indications contenues dans ces deux lignes; il y est dit en substance que cette pierre, dont on ignore l'origine, fut découverte en 1619 (l'année 巳未 du règne de *Wan-li* 萬歷) aux environs de *Ts'iuen-tcheou* 泉州, et éditée en 1638. Bien qu'antérieure de six ans à la découverte du monument de *Si-ngan-fou*, celle de cette croix ne semble avoir fait aucun bruit pendant plusieurs années : la raison d'un tel silence fut sans doute l'absence

---

(1) Chose plus étonnante, le P. Em. Diaz ne signale même pas dans son ouvrage la présence de cette croix sur la stèle chrétienne ; le Dr Léon se tait également. Paul Siu est à notre connaissance le seul auteur chinois qui en ait parlé ; il l'a fait en ces termes dans le 鐵十字著:碑首冠以十字亦一證也 «Le sommet de la stèle est couronné d'une croix, et c'est un nouvel argument...»

II. DESCRIPTION. 175

泉郡南邑西山古石聖架碑式

萬曆己未出地崇禎戊寅摹勒

de texte explicatif gravé sur cette pierre. Suivant toute vraisemblance, son origine remonte aux chrétientés fondées au commencement du XIVe Siècle par les Franciscains dans la province du *Fou-kien* (*Cf.* Ière Partie. p. II.); il faut en dire autant de deux autres pierres marquées de la Croix, et découvertes au commencement d'Avril 1638 (2e Lune de la 11e année de 崇禎), l'une à trois *li* de la porte 仁風門 de 泉州, l'autre dans la pagode 水陸寺 de la même préfecture (1).

Après la construction composite que nous venons de décrire, et pendant près de deux siècles, les auteurs qui voulurent repro-

---

(1) Il est assez remarquable que d'après les *Chroniques* de la Préfecture, la pagode 水陸寺 avait été construite sous les *T'ang*, la 6e année de 玄宗 (718). Cette pagode était détruite, au moment où une Croix y fut découverte par le père de 蘇石水 *Sou Che-choei*, Président du Ministère de la justice. C'est le jeudi saint (吾主受難之前日) de 1638 (1er Avril) que des chrétiens (教友) l'ayant aperçue chez lui, obtinrent de la transporter dans l'église.

CROIX

trouvée dans la pagode 水陸寺.

Quant à la croix trouvée en dehors de la ville, elle gisait à peu de distance des ruines de l'ancienne pagode 東禪寺; laquelle remontait aux années 乾符 (874—879) de l'Empereur *Hi-tsong* 僖宗. C'est le mercredi de Pâques (7 Avril 1638) (吾主復活

CROIX DE SI-NGAN-FOU
(d'après le baron Henrion).

II. DESCRIPTION.

duire la Croix de *Si-ngan-fou* empruntèrent tantôt celle que Kircher avait perfectionnée, tantôt celle du *Fou-kien* à laquelle le P. Boym avait attaché son nom. Le baron Henrion est, croyons-nous, le premier qui, rompant avec ces traditions, ait, dans son *Histoire générale des Missions catholiques*, fourni une image assez sincère de notre croix (1). En revanche, la reproduction lithographique que nous donnons de sa fine gravure, permettra au lecteur d'apprécier le peu de confiance dont était digne l'ensemble de cette représentation; signalons notamment la suppression, dans ce dessin, du titre et du motif ornemental dans lesquels la croix est encadrée sur l'original.

Un des Recueils français qui dans ce siècle s'est le plus intéressé à l'archéologie chrétienne de la Chine, mais qui malheureusement a trop souvent patronné des articles dépourvus de toute critique, celui des *Annales de philosophie chrétienne*, a fait

之四日) que des chrétiens la remarquèrent lorsqu'ils venaient saluer leurs tombeaux (拜墓). Ils revinrent à la Lune suivante et la transportèrent à l'église.

CROIX
trouvée dans la pagode 東禪寺.

Le P. L. Gaillard (*Op. cit.* p. 166) a déjà donné de bonnes réductions de ces monuments d'après les gravures du P. Diaz.

(1) *Op. cit.* Paris, 1847. Tom. I. pl. XVII. Croix de Si-gan-fou.

preuve, en ce qui touche notre monument, d'un éclectisme fort embarrassant pour ses lecteurs. Tour à tour, l'abbé Bonnetty, directeur des *Annales,* avait offert à ses abonnés la Croix dite de Boym(1), et celle de Kircher (2), lorsqu'il lui fut enfin donné de se rapprocher du vrai type. On venait de s'apercevoir, un peu tard il est vrai, qu'on possédait à Paris «*cette croix,* telle qu'elle a été prise sur le monument... dans le *fac-simile* qui se trouve à la salle des manuscrits de la Bibliothèque impériale» (3). Cette croix «gravée en intaille» était semblable, écrivit alors Marchal de Lunéville continuant à se servir des formules surannées de Kircher, «à celle des chevaliers de Saint Jean de Jérusalem, et à celle de la tombe de l'apôtre Saint Thomas dans l'Inde; deux fleurs semblables à des pensées séparées par des nuages, sont dessinées au-dessous (4).»

CROIX
des Annales de Bonnetty (1853).

---

(1) Une première fois dans le Tom. XII. p. 147, pour accompagner la traduction de Visdelou publiée dans les numéros de Février et Mars 1836; le même dessin sert d'en-tête à la *Dissertation abrégée sur le Ta-tsin* du Chevalier de Paravey, extraite des mêmes *Annales,* n° d'Avril de la même année. L'auteur nous apprend «qu'on ne trouve plus ce *fac-simile de la Croix,* publié en premier lieu, dans la *Flora sinensis* (ouvrage fort rare) du P. Michel Boym.»

(2) Tom. XV. p. 123; n° d'Août 1837.

(3) *Annales de phil. chrét.* Tom. XLVI. p. 139. n° de Février 1853. Observations de l'abbé Bonnetty. — Les *Mémoires concernant les Chinois* (Tom. V. *Idée générale de la Chine.* p. 62) nous ont conservé l'histoire de ce fac-similé. «Ce qui est plus curieux encore, écrivait en 1780 l'auteur de cet article, est un Ectype calqué très-bien, et contre-éprouvé sur le monument de *Si-ngan-fou,* où l'on voit la Croix au haut de l'inscription, en caractères Chinois et non, comme le dit le P. Le Comte, partie en Chinois et partie en Syriaques. Ceux-ci ne sont que dans la marge, et sont les signatures des Prêtres Chrétiens qui ont attesté la vérité du récit qui est gravé en caractères Chinois sur la pierre. Ce précieux morceau est entre les mains de M. Deshauterayes, Professeur au Collège Royal, qui possède aussi le manuscrit original du P. Visdelou.»

(4) *Ibid. La Croix instructive et historique.* p. 143. — Le lecteur se souvient que Marchal de Lunéville croyait décrire l'une des croix découvertes ou éditées en 1633 (c'est par erreur qu'il a écrit 1636); il en a pris la notice, sans faire remarquer qu'il cherchait ailleurs le dessin : il commettait ainsi une erreur inverse de celle de Boym.

II. DESCRIPTION.

Kircher n'avait pas mentionné les «pensées»; à part cela, la description nouvelle n'offrait aucun élément qui ne nous fût connu depuis longtemps déjà. Quoi qu'il en soit, le nouveau croquis donné par Marchal (1) constituait un progrès sérieux sur ceux de ses devanciers : le dessinateur, il est vrai, avait dû considérer son modèle d'assez loin, mais enfin, c'était bien la croix de *Si-ngan-fou* dans ses traits principaux.

L'année suivante, John Kesson, la reproduisait, à peine modifiée, en tête et à la page 17 de son ouvrage *The Cross and the Dragon*.

Cet essai de restauration n'obtint pas du premier coup le succès désirable. En 1858, G. Pauthier sans égard pour le progrès accompli s'obstinait à ressusciter le type de la *China illustrata,* qu'il fait passer par deux fois sous les yeux du lecteur (2). Ce qu'il y a de plus incompréhensible, c'est que cet auteur a osé écrire en tête de son «*Fac-simile* typographique», qu'il le publie «d'après celui de la bibliothèque impériale de Paris»!

CROIX de Kesson.

En 1877, M. Dabry de Thiersant n'était guère plus heureux, dans son essai de reproduction; c'était visiblement une mauvaise copie de la *China*, rien de plus (3).

Pourtant dès cette dernière époque, le vrai type de la croix, si longtemps déformé, était passé dans le domaine public : car, au cours de l'ouvrage qu'il publiait en 1870, A. Williamson aidé de son compagnon de voyage, M. Lees, en avait donné, d'après un décalque, une gravure satisfaisante (4), qui fut ensuite (1888) reproduite par James Legge. Dans l'intervalle, Henry Yule avait fourni, d'après un frotti-calque, un dessin plus exact encore du même motif (5).

CROIX de M. Dabry.

L'an dernier une plus parfaite représentation de cette croix

---

(1) *Op. cit.* p. 154.

(2) *L'inscription syro-chinoise de Si-ngan-fou.* p. 2, et en tête du «Fac-simile typographique» du texte chinois.

(3) *Le catholicisme en Chine;* en tête de la planche reproduisant l'«inscription syro-chinoise de *Si-ngan-fou*».

(4) *Journeys in North-China.* Vol. I. p. 386. — «He (M. Lees) also took a rubbing of the cross at the top of the stone, of which we give a fac-simile on page 383.»

(5) *Marco Polo.* 1874. 2d Vol. p. 24.

II. DESCRIPTION. 181

si longtemps dénaturée a été donnée par le P. Gaillard; nous la replaçons ci-contre sous les yeux du lecteur, qui pourra en comparer les traits avec ceux du croquis photographique qui se trouve à la fin de notre 1ère Partie (1).

Le profil d'une autre croix attribuée au VIe Siècle et connue sous le nom de Croix vaticane offrant une ressemblance frappante avec celui de notre croix, nous le donnons également : on remarquera que par une heureuse combinaison décorative, les gemmes enchassées dans la Croix vaticane semblent n'être devenues ter-

CROIX VATICANE
du VIe Siècle.

---

(1) C'est ce type vrai de la croix que les chrétiens du *Se-tch'oan* avaient adopté aux XVIIe et XVIIIe Siècles, pour l'honorer dans leurs demeures (*La Mission du Su-tchuen au XVIIIe siècle*, par L. Guiot. Paris, 1892. pp. 15, 195 et 260).

minales dans la Croix de *Si-ngan-fou,* que faute de pouvoir être prises dans l'épaisseur de la bordure (1).

Désormais, il faut l'espérer, la longue tradition des erreurs est périmée, pour faire place à la représentation fidèle de ce signe vénéré, dressé il y a onze cents ans, près du palais, et sous les yeux des Empereurs de Chine. Puissent un jour ceux qui détiennent le pouvoir dans cet immense pays, à la suite de tant de dynasties renversées, courber leur tête orgueilleuse sous le joug de celui «de qui relèvent les empires», et voir, dans cet instrument, qu'ils ont jusqu'ici haï ou méprisé, «la gloire de leur royaume» et «le signe de la victoire»!

On lira avec intérêt dans l'ouvrage déjà cité du P. L. Gaillard, la riche moisson de faits, amassée au sujet du culte de la croix à une époque plus récente. Qu'il me suffise, avant de terminer ce paragraphe, d'y joindre un ou deux traits relatifs à la dynastie actuelle; on y verra une fois de plus combien est faux le reproche adressé aux missionnaires de la Compagnie, d'avoir dissimulé le Christ crucifié. On connait l'odieuse persécution suscitée contre le P. Schall et ses compagnons, sous la minorité de *K'ang-hi,* par 楊光先 *Yang Koang-sien.* Furieux de voir son ignorance comme astronome mise à nu par des étrangers, cet homme, lettré aussi habile que haineux, avait dès les derniers jours du règne de *Choen-tche* composé sous le titre de 辟邪論 *Pi-sié-luen,* un pamphlet dans lequel il attaquait la divinité de Jésus-Christ, pour décrier plus facilement ses ministres (2).

Hélas! Ils étaient déjà loin ces jours où le jeune monarque s'essayait à former sur lui-même le signe de la croix, les temps où il écoutait humblement à genoux les explications que le P. Adam Schall lui donnait, sur ce livre où le P. Natal exposait en images «la naissance, la vie et la mort de N. S.» (3). Cependant, dès l'année 1662, les Pères Buglio et de Magalhaens composèrent sous le nom de 天學傳概 une Apologie de la religion chrétienne, à laquelle Jean *Li Tsou-pé* 李祖白, assesseur du P. Schall au Tribunal des Mathématiques, eut le courage d'attacher son nom. «Ce Livre rapportoit que Saint Thomas avoit envoyé de ses Disciples à la Chine et qu'ils y avoient converti grand nombre de personnes, qu'en plusieurs lieux ils avoient arboré l'estendart de la sainte Croix, qui est l'instrument de nostre Redemption, que ceux qui avoient receu la foy, prenant la Croix pour devise, la mettant sur leurs portes, et faisant souvent sur eux-mesme ce signe sacré, la Loy de Iesus-Christ avoit esté appellée durant long-temps dans ce Royaume, la Secte de la Croix. Que les Chinois mesme ne

---

(1) *Cf. Dict. des Antiq. chrét.* de l'abbé Martigny. p. 226.

(2) *Hist. de la Chine sous la domination des Tartares,* par le P. Adrien Greslon. Paris, 1671. pp. 40/46.

(3) *Ibid.* p. 30. — *Historica relatio de ortu et progressu fidei in Regno Chinensi.* Ratisbonne, 1672. p. 212.

l'ignoroient pas, puisque leurs Livres en faisoient mention, et que la Tradition confirmoit que dans les Provinces de Chansy et Chensy, il y avoit anciennement des Bourgades entières qui professoient cette Loy de la Croix. Qu'environ six cens ans apres, c'est à dire l'an de Nostre Seigneur 634 pendant le regne de l'Empereur Tay Tsum, des Evesques, des Prestres et des Religieux estoient allés de Judée à la Chine, et y avoient presché l'Evangile 200. ans avec un grand succès... (1).»

C'est pour répondre à cette apologie que *Yang Koang-sien* «se mit à travailler à un second Livre plus dangereux que le premier» (2), le *Pou-té-i*, (*Cf. sup.* p. 103). Le nouvau libelle de ce «ministre de Satan», comme l'appelait le P. Intorcetta était plein de blasphèmes contre le Christ. Ils peuvent se résumer dans ces mots, qui donneront la mesure de la bonne foi de l'astronome : 惟天主耶穌以犯其國法釘死, «Ce Dieu Jésus ne fut crucifié que pour avoir violé les lois de sa patrie»; d'où la conclusion que les missionnaires ne peuvent être que des rebelles. Le perfide terminait son réquisitoire en reprochant à Ricci son prétendu silence, et à Adam Schall ses prétendus aveux (3).

Bientôt *Yang Koang-sien*, lui-même accusé, ne trouvait au milieu du danger qui le menaçait, que de nouveaux blasphèmes contre le mystère de la croix. En présence même de *K'ang-hi*, «il étendoit les bras en croix, et crioit de toutes ses forces : *Tenez, voilà ce que ces gens adorent, et ce qu'ils nous veulent faire adorer, un homme pendu, un homme crucifié : jugez par là de leur bon sens* (4).»

Ricci, le fondateur de l'église de Péking avait souffert pour

---

(1) *Hist. de la Chine* pp. 86, 87. — Le P. Greslon a le tort d'ajouter, confondant les caractères 景 et 京 : «Parce que ce fut à la Cour qu'ils commencerent à prêcher l'Evangile, et à bastir des Eglises, la Loy de Iesus-Christ avoit esté appellée *Kim-kiao*, c'est à dire *Loy de la Cour*.»

(2) *Ibid.* pp. 88/93. — *Compendiosa narratio* du P. Intorcetta, à la suite de l'*Hist. relatio.* p. 358.

(3) 且利瑪竇之書·止載耶穌救世功畢·復升歸天·而諱其死於國法·至湯若望點不若利瑪竇·乃並其釘死受罪·圖寫而直布之· — Ces dernières paroles font allusion au livre du P. Natal dont nous avons parlé plus haut ; le P. Schall en avait donné en Chine une édition parue, d'après le P. Noël, sous le nom de 進呈書像. *Yang Koang-sien* en parle en ces termes au début de son pamphlet : 至進天主書像圖說·則罔有序之者·湯若望自叙之·

(4) C'est le 26 Déc. 1668 que se passa cette scène, rapportée par les PP. Greslon (*Op. cit.* p. 346) et Le Comte (*Nouv. Mém.* T. II. Paris, 1696. p. 238). — C'est à *Yang Koang-sien* que semble revenir l'honneur de ce blasphème. *Chen Kio* dans la persécution qu'il avait suscitée en 1616 à *Nan-king* ne paraît pas avoir utilisé cette calomnie, à laquelle ne fait allusion, ni l'apologie composée vers 1618 par le P. Didace de Pantoja sous le nom de 辨揭, ni le dossier du procès publié sous le titre de 破邪集, et où il est surtout question du Père Alphonse Vagnoni, appelé alors 王豐肅.

la croix; il était juste que Schall, le sauveur providentiel de la même église, au temps de la conquête tartare (1), souffrît également pour la même cause. Parrenin, leur digne continuateur, dont Gaubil a justement dit qu'il avait lui aussi « sauvé la mission » (2), par le tact et la prudence qu'il sut mettre au service du persécuteur *Yong-tcheng* 雍正, supporta à son tour une passion de ce genre, lorsque l'Empereur « railla publiquement le nom de Dieu, et blasphéma contre l'Homme-Dieu (3).» C'était dans un décret qu'il fit à propos de l'audience donnée en 1726 à Don Alexandre Metello de Souza, ambassadeur du Portugal, «et cela fut mis tout au long dans la *Gazette publique,* afin qu'il n'y eût pas en Chine le moindre petit coin où l'on ne sût que la loi de *Thien-tchu* est pleine de rêveries.»

De tels faits, qu'il serait facile de multiplier, montrent assez qu'on ne peut justement attribuer l'incrédulité de la Chine à la Providence de Dieu, ni a un lâche silence des apôtres envoyés à ce peuple. Du reste, les lettrés de nos jours, qui sans doute peuvent connaître la vérité cachée sous le symbole de la croix, ne se montrent pas moins rebelles à courber leur orgueil devant ce mystère, que leurs ancêtres du VIIe et du XVIIe Siècle. Deux publications relativement récentes, 海國圖志 (1847) et 辟邪紀實 (1861), nous donnent, entre plusieurs autres, la note exacte de ce que pensent de la croix les classes dirigeantes de l'Empire au XIXe Siècle, à la suite de l'eunuque *Ma T'ang,* de l'imposteur *Yang Koang-sien,* de l'Empereur *Yong-tcheng;* elles justifient une fois de plus la parole de l'Apôtre : « Le Christ crucifié est un scandale pour les Juifs, et une folie pour les Gentils (4).» Elles répètent l'outrage des Pharisiens et des voleurs suspendus aux côtés de Jésus : «Il a sauvé les autres, il ne peut se sauver lui-même. S'il est Roi d'Israël, qu'il descende de la croix; que le Dieu dans lequel il a mis sa confiance le délivre maintenant, s'il le veut, puisqu'il s'est dit le Fils de Dieu (5).»

Le *Pi-sié-ki-che,* qui reproduit le pamphlet de *Yang-koang-sien,* a renchéri en maints endroits sur les accusations portées contre la croix et le culte dont elle est l'objet. Son interminable et obscène chanson 辟邪歌, remplie d'une verve endiablée et vrai «charme de la canaille», a consacré plusieurs vers à ces

---

(1) *Brevis Relatio de Numero et Qualitate Christianorum apud Sinas.* A. P. Martino Martini. Rome, 1654.

(2) *La Mission de Chine de 1722 à 1735,* par le P. Brucker, S. J. Paris, 1881. p. 21.

(3) *Lettre du P. Prémare sur le monothéisme des Chinois,* éditée par G. Pauthier. Paris, 1861. pp. 52, 53.

(4) I Cor. I. 23.

(5) Matt. XXVII. 41 à 44. — *Yang Koang-sien* s'exprimait en des termes presque identiques : 耶穌生釘十字架則現身劍樹苦海豈有主宰天地萬物之人而不能自主其一身之性命者乎以造化世界之上帝而世人能戕之戮者乎.

outrages (1). A la fin de ses *Pièces justificatives* 案證, il cite deux traits pour prouver que les chrétiens regardent comme une apostasie l'action de fouler la croix aux pieds (2). Enfin parmi les règlements proposés pour se garantir contre la superstition étrangère (3), l'un des premiers est le suivant, application immédiate du principe exposé ci-dessus : « Sur le seuil de toutes les portes de ville, on gravera une image de Jésus cloué à la croix. On le représentera sans barbe, le corps nu, les cheveux en désordre, les deux bras étendus, le pied gauche placé sur le pied droit, la tête penchée à droite. Que dans les ports et dans chaque passage important, on grave pareillement cette image; qu'on ne manque pas de graver aussi l'image de la croix sur les marchés et dans les bourgs, sur le sol et sur le seuil des maisons : et que ceux qui s'y refusent soient traités comme partisans de religion immorale...; on pourra également en terrain uni former l'image de la croix avec de petites pierres. »

Les mesures persécutrices prônées par l'auteur du *Pi-sié-ki-che* lui avaient été vraisemblablement inspirées par l'exemple des Japonais, bien connu des Chinois. 魏源, au 27ᵉ *Kiuen* du *Hai-kouo-t'ou-tche*, les avait en effet décrites, d'après le 澳門紀略,

---

(1) Nous n'en citerons que ces deux phrases relatives à N. S. : 紛紛夷黨多被惑·名爲行善實爲惡. On sait que les protestations officielles *d'honnêteté*, arrachées au gouvernement chinois par les traités en faveur de la religion chrétienne et de ses prédicateurs, ont adopté ces formules désormais stéréotypées, et qui n'auraient rien pour nous déplaire, si elles ne recevaient d'un grand nombre l'outrageant commentaire qu'on vient de lire : 天主敎爲善之人... 天主敎係勸人爲善... 天主敎原以勸人行善爲本... Cette dernière phrase ouvre l'art. 13 du traité franco-chinois (1858); 同治 l'a répétée dans un édit, la première année de son règne (4 Avril 1862). Les deux premières sont de 道光 (20 Février 1846). Ce décret de *Tao-koang*, qui fermait l'ère des persécutions ouvertes, fait entre les deux formules une mention expresse du culte de la croix : 其說立供奉處所·會同禮拜·供十字架圖像·誦經講說·毋庸查禁·均已依議行矣.

(2) 從天主敎者·履十字架卽爲反敎. L'auteur ajoute que les Barbares anglais (英夷) prohibent absolument cette action, tandis que les Barbares français (佛夷) n'y sont pas très opposés *(sic)*. — Personne en Chine, depuis les Vicerois jusqu'aux plus simples paysans, n'ignore cette propriété de la croix. Au commencement de ce siècle, dans une persécution suscitée contre les chrétiens de *Hai-men*, le Préfet de 通州 ne demanda pas d'autre signe d'apostasie aux chrétiens qui étaient déférés à son *Ya-men*. En 1876, lors du procès où le Vice-roi *Chen Pao-tcheng* 沈保楨 s'efforça de déshonorer la mémoire d'un prêtre chinois, tombé victime de meurtriers aux gages d'un Général, les avenues et la cour du prétoire de *Nan-king* étaient littéralement couvertes de grandes croix tracées à la chaux : on espérait par là écarter la surveillance de témoins importuns. Enfin, rien n'est plus habituel pour le missionnaire, surtout dans certaines régions où a sévi jadis la haine des mandarins contre le nom chrétien, que de rencontrer sur sa route des croix tracées malignement à son approche.

(3) Le premier de ces 團防法 est la création de *Comités généraux de garantie contre l'immoralité* 防邪總局.

et presque en des termes identiques (1). La même compilation avait également reproduit le *Pou-té-i,* qui est ainsi à la portée de tous les lecteurs, et reste comme le type le plus accompli de la haine du lettré chinois « contre le Seigneur et son Christ». Parmi les autres morceaux consacrés dans cet ouvrage à la religion chrétienne, celui qui s'occupe le plus de la croix, est un long extrait du 俞正燮癸巳類稿. Son auteur, dont Wylie a dénoncé avec raison le peu de critique, mélange avec les plus absurdes erreurs d'une prétentieuse érudition, les Chrétiens et les Juifs, Jésus-Christ et Samson (2).

Et c'est à de telles sources que les lettrés et les mandarins chinois ont été jusqu'ici puiser leurs notions les plus exactes sur le christianisme! Témoin par exemple ce Préfet de 嘉應州 (Prov. de *Koang-tong*), qui dans une proclamation mémorable donnée le 8 Août 1850 contre les catholiques de son département, après avoir rappelé d'après *Yang Koang-sien,* la mort ignominieuse du magicien Jésus comme un juste châtiment de ses crimes (3), poursuivait ainsi son réquisitoire : « Quant à l'adoration du crucifix, le monument de la «Religion illustre» dit qu'Aloah sépara en forme de croix pour les déterminer, les quatre points cardinaux ; on ignore depuis quand ceux qui professent cette religion, inventèrent de là leur histoire du crucifiement (4) ; mais cette histoire fût-elle vraie, on ne pourrait encore nullement expliquer pourquoi les adorateurs de Jésus honorent l'instrument de son châtiment dans lequel ils voient sa représentation, au point qu'ils n'oseraient le fouler aux pieds. Des enfants auraient-ils le sens commun, si après que leur père ou leur aïeul a été mis à mort par un coup de fusil ou d'épée, ils adoraient cet instrument comme leur père ou leur aïeul (5) ?»

---

(1) 倭亦然·噶羅巴馬頭石鑿十字架於路口·武士露刃·夾路立·商其國者·必踐十字路入·否則加刃·雖西人亦不敢違·又埋耶穌石像於城國·以蹈踐之·

(2) Le *Pi-sié-ki-che* a reproduit cette dernière et assez étrange identification, dont il attribue la paternité au 遠見集, qui lui-même se prévaut de l'autorité d'un livre musulman : Jésus (耶穌 dit aussi 爾息, *al.* 爾撒), qui adorait le Ciel et dont la force magique aurait consisté dans la chevelure, trahi par sa femme qui avait livré ce secret à ses ennemis, aurait été mis à mort par ceux-ci. Ses disciples, outrés contre le Ciel qui ne les avait point favorisés, abandonnèrent dès lors son culte et lui substituèrent celui du Seigneur du Ciel!

(3) On sait que cette calomnie est aussi vieille que le christianisme. Justin (*Dialog.* n. XCIII) attribue aux Juifs cette accusation. De son côté, Tacite (*Annal.* XV. 63) se fait l'écho des païens de son époque, reprochant aux chrétiens d'adresser leurs hommages à un homme condamné au dernier supplice pour ses crimes (Minuc. Fel.) *hominem summo supplicio pro facinore punitum.*

(4) L'auteur du 癸巳類稿 commet une semblable méprise ; nous en reparlerons à propos de ce texte de l'inscription 判十字以定四方, dans lequel plusieurs commentateurs chinois ont voulu voir une indication de la croix de N.-S.

(5) Cet extrait est pris du N° 296 du *China Mail,* reproduit lui même par *The Chin.*

II. DESCRIPTION.

Dans ces dernières années le génie satyrique des lettrés s'est donné libre carrière au sujet du mystère de la croix; l'année qui a précédé les attentats de 1891 a été particulièrement fertile en productions de ce genre.

Avant l'incendie de Ou-hou, j'ai eu entre les mains un grand nombre de ces libelles : tous faisaient preuve d'une rage satanique à l'égard de la croix. L'un d'eux par exemple, le 鬼教該死 «Mort à la religion des diables!», distribué à profusion le long du Fleuve Bleu, s'essayait dans un chant final 滅鬼歌, à imiter les accents les plus orduriers du Pi-sié-ko; son auteur, qui signe modestement, et plus prudemment encore «Un serviteur des Ta-ts'ing, disciple de 周孔», avait dit, au cours de son exposé doctrinal, que les «Trois religions» sont seules vraies, mais que celle «des diables» implantée partout en Chine est absolument détestable : «Le chef de ces diables (鬼頭) s'appelle Jésus»; on l'adore cloué sur une croix, et l'on dit qu'il a été mis à mort par ses ennemis; «mais la vérité, démontrée jusqu'à l'évidence par les saints de l'Empire du milieu, qui ont écrit des livres nombreux à ce sujet, est que Jésus durant sa vie fut l'homme le plus pernicieux, le plus mauvais, le plus immoral; et qu'il fut pour le nombre et l'énormité de ses crimes condamné au supplice de la croix par le vieux roi des diables de Judée.» Quelque répugnante que soit la conclusion du Mien-koei-ko, nous croyons devoir en donner la traduction pour montrer à quel degré de fureur bestiale peut arriver le cœur d'un orgueilleux impie : «Les membres du T'ien-tchou-kiao (天誅教, au lieu de 天主教) sont faciles à reconnaître; on n'y adore que Jésus, un porc 猪 (1). Si dans votre localité il se trouve un tel homme, sachez que les siens sont enfants du diable. Vite, vite, liez-le, faites-lui avaler des excréments humains (2); cela fait, balayez sa maison; livrez au feu les livres diaboliques; tracez à terre une croix, sur laquelle vous formerez l'image d'un démon, forcez-le à satisfaire dessus ses besoins naturels, puis vous le laisserez; s'il s'y refuse, conduisez-le en bas de la berge du fleuve, et voyez si ce sectaire du diable n'a pas peur.»

Un missionnaire protestant auquel son zèle et son rare courage à dénoncer ces excitations doublement coupables ont attiré d'unanimes sympathies, le Rév. Griffith John a démontré que ces infamies n'étaient pas le fait de quelques pamphlétaires illettrés

---

Repository. Vol. XIX. 1850. p. 567. — L'étrange confusion que manifestent les derniers mots de la citation paraîtra assez excusable de la part d'un auteur païen vivant en Chine; longtemps avant lui, Julien l'apostat (S. Cyrill. Contr. Julian. VI.) n'avait-il pas adressé le même reproche aux chrétiens? Cf. Tertul. Apol. XVI.

(1) L'album infâme 辟邪全圖 dont nous reparlerons bientôt emploie ce mot pour désigner la religion chrétienne, qu'il affecte d'appeler 天猪叫.

(2) L'album montre ce conseil mis en action dans son 9e tableau. Nous voilons dans cette traduction le cynisme avec lequel «le Chinois dans les mots brave l'honnêteté».

et obscurs. «Les publications anti-chrétiennes du *Hou-nan* (la province qui s'est rendue le plus tristement célèbre par ce genre de productions), presque sans exception, ont des lettrés pour auteurs, et on ne peut avoir aucun doute sur ce point (1).»

L'album 謹遵聖諭辟邪全圖, dont la composition est attribuée à l'Intendant 周漢, originaire de 寧鄉 au 湖南 (2), met en lumière cette rage démoniaque. La troisième planche, que nous reproduisons ci-contre, mais en partie seulement, par respect pour nos lecteurs, rappelle l'une des calomnies formulées graphiquement contre les chrétiens de la primitive église par la Rome païenne (3). En comparant ces gravures, on verra qu'aux deux extrémités du monde et à quinze siècles d'intervalle, elles ont eu le même inspirateur.

Il est désormais facile de conjecturer à quel genre de sarcasmes eurent recours des «lettrés de bas étage» (下士), lorsqu'à la fin des mois 先天 (vers Janvier 713), ils tournèrent en dérision (大笑) la croyance des chrétiens. Qu'on se rappelle que ces moqueries avaient pour théâtre la cour de l'Ouest (西鎬), cette même ville de Tch'ang-ngan, où naguère les divines Écritures avaient été traduites au palais impérial (4), où la prédication des moines syriens et le culte spécial qu'ils rendaient à la croix (5) avaient

---

(1) *The cause of the Riots in the Yangtse Valley. A «complete Picture Gallery.»* Han-k'eou, 1891. Col. 8 et 28. — Dans une série d'articles signés F. parus dans *The N.-Ch. Daily-News* en Sept. 1891 et portant pour titre *The recent Riots in China*, l'auteur fait remarquer que la collection semi-officielle 皇朝經文世續編 «Documents d'État supplémentaires du Gouv. impérial» (120 vol. édités en 1888 par 葛士濬 de Chang-haï) a assumé la responsabilité des pires calomnies contenues dans le *Hai-kouo-t'ou-tche*, et livres semblables, dont il cite les plus mauvais passages (*Cf.* N° du 15 Sept.). On peut consulter sur ce livre deux Lectures du Rév. Tim. Richard et du Dʳ J. Edkins insérées dans les *Records of the Gen. Conf. of the Prot. Miss. of China, held at Shanghai, Mai* 7-20, 1890, à la date du 15 Sept. (pp. 407, seqq ; 573, seqq.).

(2) *Ibid. Translation and Notes.* Col. 3.

(3) Voir ci-après, page 190. — L'œuvre de *Tcheou Han* présente sous la 13ᵉ gravure une scène plus hideuse encore : un porc lié à une croix et portant sur lui le nom de Jésus sert de cible à deux archers, qu'excite du geste un mandarin assis à sa table de juge.

(4) Nous aurions aimé à voir signaler par Ibn-Vahab, un portrait de Jésus en croix, parmi ceux que l'Empereur lui fit voir à Khomdan vers l'an 872. Mais il semble que dans cette collection, où il n'existait peut-être qu'une seule image de Notre-Seigneur, on ait évité de lui donner cette posture humiliée. Ne pouvant du reste savoir quelle était l'origine de ces tableaux, nous nous garderons de croire que les missionnaires chrétiens du VIIᵉ et du VIIIᵉ Siècle, furent moins courageux que Ricci et Schall ne se montrèrent mille ans après eux. Voici le texte de l'écrivain arabe : «Je repris : «Voilà Jésus, sur un âne, entouré des apôtres.» L'Empereur dit : «Il a eu peu de temps à paraître sur la scène. Sa mission n'a guère duré qu'un peu plus de trente mois.» *Cf. Relation des voyages faits par les Arabes et les Persans dans l'Inde et à la Chine, dans le IXᵉ Siècle*, trad. de M. Reinaud. Paris, 1845. Tom. I. p. 84.

(5) Ce culte est attribué par les auteurs les plus prévenus, aux Nestoriens eux-mêmes. Ainsi Layard qui eut vers le milieu de ce siècle de fréquentes relations avec les

PLANCHE TROISIÈME
(atténuée) de l'Album de Tcheou Han.
(Voir le texte ci-contre, page 188.)

GRAFFITE
du temps des Césars (1).

nécessairement mis en lumière le mystère d'un Dieu crucifié. C'est ce même mystère, nous n'en pouvons douter, qui attira aux fidèles du VIIIᵉ Siècle, les grossières railleries, et les calomnies (訕謗) que rappelle notre monument; et les souffrances des ces

---

Nestoriens, lors de ses fouilles de Nemroud, reconnaît « qu'on trouve le crucifix dans leurs églises, et qu'ils font aussi le signe de la croix. » *Ninive et ses restes*. p. 141.

(1) C'est d'après le *Dict. des antiq. chrét.* de l'abbé Martigny, p. 110, que nous reproduisons ce dessin : on le trouva tracé au stylet sur une muraille du palais des Césars au mont Palatin ; il est maintenant déposé au musée Kircher. L'inscription grecque
ΑΛΕΞΑΜΕΝΟΣ ΣΕΒΕΤΕ ΘΕΟΝ,
signifie « Alexamène salue son Dieu ». Minucius Félix (*Octav.*) et Tertullien (I *Ad nat.* XIV) ont protesté contre de semblables calomnies.

anciens confesseurs deviennent pour les apôtres des temps modernes, un nouvel encouragement.

Espérons que Dieu, dont la miséricorde n'est pas moins infinie que la puissance, triomphera un jour d'une si longue obstination; espérons que ces cœurs orgueilleux se soumettront enfin au joug sauveur de la croix, et qu'ils mettront alors leur gloire à rendre à Dieu ce qui est à Dieu, comme ils la mettent aujourd'hui à rendre à César ce qui n'est point à César.

En attendant, cette croix par laquelle seront jugés les vivants et les morts, brille, malgré son apparente faiblesse, sur tous les points du vaste empire chinois. Bien plus, il semble désormais moralement impossible qu'elle disparaisse et reste ensevelie dans l'oubli, comme cela arriva pour celles du *Chen-si* et du *Fou-kien* à quelques siècles d'intervalle. Un jour viendra, nous en avons la confiance, où respectée, honorée d'un grand peuple, la croix victorieuse rayonnera sur l'Orient transformé par la bienfaisante influence du Christ, un jour où la Chine renversant sa devise impie (1) reconnaitra la victoire du Lion de Juda, et proclamera le règne du Christ à l'exemple de l'Occident chrétien: *Christus vincit, Chritus regnat, Christus imperat.*

---

(1) *Vicit leo de tribu Juda.* Apoc. V. 5. — La 30ᵉ planche de l'album de *Tcheou Han*, portant pour titre 獅殄豬羊圖, représente un lion, symbole de la force chinoise, terrifiant par son seul aspect les boucs et les porcs qui s'enfuient: les boucs sont marqués des caractères 西羊; les porcs des lettres 吅徒吅司; un de ceux-ci, expirant et couché sur le dos est marqué du nom de Jésus. La planche 32ᵉ, la dernière de toutes 豬羊歸化圖 représente les mêmes vils animaux, marqués des mêmes noms, agenouillés en adoration devant un animal fabuleux, le *Ki-lin*, qui représente la personne sacrée de l'Empereur. Répétons ici la conclusion du traducteur de cette œuvre antichrétienne: « Il ne se pourrait rien concevoir de plus faux, de plus impur, de plus blasphématoire; mais c'est exactement dans de tels arguments que les lettrés chinois trouvent leur jouissance, et c'est à eux aussi que le peuple de Chine se montre le plus sensible.»

§ IV. L'ÉCRITURE.

Mérite littéraire de l'inscription. — Sa valeur calligraphique, appréciée par les lettrés. — Ses traits dénotent son origine. — Préjugés de Renan et de Neumann. — Réponses victorieuses de Pauthier. — Fac-similés contemporains d'écriture chinoise. — Formes archaïques, nouvelle preuve d'authenticité. — Fac-similés contemporains d'écriture syriaque.

L'inscription de la stèle, dont on a pu dire justement que «tous les mots ont été discutés par les commentateurs» (1), a été l'objet des jugements les plus divers et les plus passionnés : si elle a compté des défenseurs ardents, elle a trouvé aussi des adversaires implacables. Le persifflage des philosophes ne lui a pas plus manqué que les lourds pavés de l'érudition germanique, et Voltaire et Neumann sont restés les deux types les plus célèbres de cet antagonisme de parti pris, où l'ignorance peut être difficilement alléguée pour pallier la mauvaise foi.

Nous reviendrons plus tard sur cette polémique, en traitant de l'authenticité du monument; pour l'instant il ne s'agit que de décrire les caractères de l'inscription, au point de vue littéraire et religieux.

Le mérite littéraire de cette composition est incontestable, et malgré les sarcasmes de Voltaire, il reste l'un des plus beaux exemples de l'érudition et de l'élégance chinoises. Je me contenterai de quelques témoignages. L'Empereur K'ang-hi qui était bon juge en pareille matière «faisait grand cas du style chinois du monument.» Le Père Gaubil, de qui nous tenons ce détail, poursuit : «Par beaucoup d'expressions chinoises et de citations des livres..., on voit que le Chinois qui fit pour les missionnaires l'écrit contenu dans le monument, était un homme habile, mais porté pour la secte de Tao (2).» Le Dr Legge a justement remarqué que cette inscription témoigne d'une grande connaissance des livres de Lao-tse et de Tchoang-tse, ainsi que de la littérature Confucéenne (3). Visdelou constatait que «l'Auteur de l'Inscription écrit aussi élégamment qu'il se peut. Il est plein d'érudition Chinoise; il possède parfaitement l'Histoire des Tham (4).» — «Ceux qui ont osé imprimer que ce monument est une ruse et un artifice des Missionnaires, écrivait longtemps plus tard le P. M. Cibot, se désabuseroient à n'envisager le monument que du côté du style et de la forme des caracteres (5).» — L'abondance des

---

(1) Reclus, Asie orientale. p. 293.
(2) Abrégé de l'histoire chinoise des Tang, dans les Mémoires. T. XVI. p. 371.
(3) The Texts of Taoïsm. Londres, 1891. Part. I. p. XII.
(4) Supplément à la Bibliothèque orientale de M^r d'Herbelot, 1780. p. 188.
(5) Mémoires. Tom. VIII. 1782. Essai sur la langue et les caractères des Chinois. not. 46. p. 233.

métaphores, la variété des allusions, et jusqu'à certains caractères «équivoques», la terminologie empruntée «à la secte du Paganisme», autant de difficultés signalées dès 1626 par le P. Em. Diaz (1), étaient aux yeux des lettrés Chinois, des signes d'une authenticité non douteuse, et des titres à leur admiration.

Ce sont ces qualités qui ont recommandé la stèle de la «Religion illustre» aux antiquaires chinois les plus judicieux de ces trois derniers siècles, tandis que la beauté de ses traits la rendait chère aux amateurs de calligraphie. Dès 1625 le Dr Léon *Li*, de *Hang-tcheou*, appréciait en ces termes le style et l'écriture de l'inscription, dont son ami 張賡虞 venait de lui envoyer un décalque : 碑文贍雅可味. 字體亦遒媚不俗 (2). Le Père Emmanuel Diaz, dans sa préface du 唐景教碑頌正詮 datée de 1641, nous apprend que le Dr Paul *Siu* n'en faisait pas moins de cas à ce double point de vue; bien plus, il nous affirme que ce protecteur éclairé de la religion et de la littérature l'aurait fait graver de nouveau sur pierre, pour en perpétuer la mémoire : 玄扈徐公光啟. 愛其載道之文. 幷愛其紀文字畫. 復鐫金石. 楷摹千古 (3). Le Père Diaz lui-même, que sa profonde connaissance de la langue chinoise rendait bon juge en pareille matière, avait fait quelques lignes plus haut un éloge semblable, en ce peu de mots : 奇文古篆. 度越近代 (4): «Son style remarquable et ses caractères antiques l'emportent sur ceux des temps modernes.»

On sait en quel honneur la Chine tient l'art des *belles lettres* : pour elle, la dextérité à manier le pinceau et à tracer des *caractères*, confère des titres à la célébrité : un calligraphe hors pair fait école, comme chez nous un peintre de renom, comme en Chine un écrivain de marque. C'est ce qui explique la large part faite à la calligraphie dans les examens supérieurs, et l'engouement des riches amateurs pour certaines pièces portant des caractères antiques, pour certaines inscriptions dues à une main célèbre. Le caractère essentiellement décoratif, je dirai même pictural, de l'écriture chinoise (5), non moins que le culte quasi superstitieux dont les lettrés ont entouré ces vénérables *tse* devenus les symboles des plus chers, des plus grands souvenirs,

---

(1) *Lettre du 1er Mars* 1626. Dans *Lettere della Cina*. Milan, 1629. p. 92.

(2) *Cf.* 碑書後. fol. 4.

(3) *L. cit.* fol. 3.

(4) *Ibid.* fol. 2. — Ces huit caractères ont fourni à Pauthier une riche moisson de contre-sens; qu'on en juge par cette citation : «(La pierre portant l'inscription en question) parut d'abord tracée en caractères extraordinaires, dans l'ancienne écriture *tchouan*, laquelle, après avoir été conjecturée d'une époque éloignée, fut reconnue pour être d'un âge rapproché.» *Cf. De l'authenticité*, etc. p. 24.

(5) Le P. L. Gaillard a fait heureusement ressortir ce caractère, dans un article sur *les arts du dessin en Chine. Cf. Études.* T. XLIX. Mars 1890. pp. 445 à 447.

évoquant la mémoire des princes anciens et de Confucius (1), ce caractère, dis-je, a assuré au signe graphique de la pensée, un ascendant, une fascination dont jamais nos langues d'Europe ne sauraient nous donner une idée.

Lorsqu'en 1628, il fut donné à Sémédo de visiter ce monument, il constata avec bonheur et suprise le parfait état de conservation de ses caractères. Voici en quels termes il nous fait part de sa première visite à la stèle : « Il m'échut en partage d'être un des premiers (à propager la religion au *Chen-si*), et je me réjouis de cette disposition qui me donnait occasion de voir la pierre. A mon arrivée je ne m'occupai pas d'autre chose. Elle n'est pas à plus de deux milles de la ville : je la considérai, je la lus; puis je la lus de nouveau et la contemplai à loisir. Considérant sa grande antiquité, j'admirai sa conservation entière et la manière claire et nette dont les caractères y sont gravés (2). »

La sincérité du témoin à été traitée d'aveu naïf par ses adversaires, ce qui n'a pas empêché, ainsi que l'a fait justement remarquer le Rév. Mc Cartee, les meilleurs lettrés de la Chine, d'admirer ce monument comme un des plus beaux spécimens calligraphiques de la dynastie des *T'ang*. Nous n'avons que l'embarras du choix pour démontrer notre assertion.

Voici par exemple le témoignage parlant du fameux bibliophile 范欽 (字 : 堯卿). Originaire du 浙東, et reçu Docteur en 1632, sept ans seulement après la découverte de la stèle, cet homme, contemporain et compatriote du Dr Léon, avait exercé l'emploi de Vice-président dans un des grands ministères de *Péking* et mourut à l'âge de 83 ans; il consacra une partie de ses jours à réunir des livres de valeur dans sa bibliothèque restée fameuse sous le nom de 天一閣. Un catalogue de ces ouvrages fut édité, en 1808, sous le titre de 天一閣書目 par un de ses descendants à la 8° génération (懋敏) qui donna, dans un volume supplémentaire appelé 天一閣碑目, le titre de plusieurs centaines d'inscriptions conservées dans la même bibliothèque. Or ce dernier catalogue, précédé de deux préfaces de 錢大昕 (1787) et de 阮元 (1808), mentionne deux exemplaires du 景教流行中國碑 (3).

---

(1) On sait que les lettrés poussent ce culte jusqu'au fanatisme. Les plus graves personnages le patronnent hautement, et il a trouvé des complices intéressés dans les bonzes. Dans une de ses lettres, si vraies et en même temps si remplies de vues élevées, Mr l'abbé J.-B. Aubry, alors missionnaire au *Koei-tcheou*, a raconté les risques courus par un de ses confrères, pour avoir fait trop bon marché de tels préjugés. *Cf. Les Chinois chez eux*. Lille, 1889. p. 113.

(2) *Imperio de la China*. p. 201. — Ponderando su mucha edad, admirè su entereza; ì lo claro, ì limpio de las letras en ella gravadas. — Cette conservation, qui du reste n'est pas moins remarquable sur plusieurs autres monuments de la même date, avait été facilitée pour le *King-kiao-pei* par l'enfouissement providentiel, qui l'avait mis à l'abri de toutes les influences extérieures.

(3) *Op. cit.* fol. 10 et 40. Le second titre ajoute le caractère 頌. Voici du reste la

Donnons encore, après Wylie, l'autorité d'un homme particulièrement compétent en la matière qui nous occupe : 王文治 (字: 禹卿 1730-1802), originaire du *Kiang-sou*, reçu troisième au Doctorat en 1770, remplit plusieurs emplois à la Cour et en province; retiré des affaires publiques, il écrivit une inscription lapidaire pour un monastère de bonzes de *Hang-tcheou*, et la beauté de son écriture lui valut les faveurs de l'Empereur *K'ien-long* au cours d'un voyage que celui-ci fit dans les provinces du midi. Dans un ouvrage spécial contenant des notices sur les plus fameux spécimens de calligraphie tant ancienne que moderne, *Wang Wen-tche* écrit ce qui suit à propos de l'inscription chrétienne. «Cette tablette, écrite par *Liu Sieou-yen,* est un spécimen du genre auquel visa spécialement *Tchao Yong-lo;* elle est distinguée parmi les morceaux calligraphiques de la dynastie *T'ang,* pour son extrême clarté, son moelleux, son élégance et sa richesse. Les traits des caractères sur la tablette sont déliés et d'une gravure peu profonde; mais les gens du *Chen-si* en en prenant des décalques, avaient toujours méconnu son excellence, à cause de la rareté de ceux qui sont habiles à cette œuvre. Lorsque je visitai *Si-ngan* (1)... je choisis un ouvrier expert, et fis prendre plusieurs décalques parfaits; ayant ainsi obtenu les traits exacts de l'inscription, je pus constater en elle une supériorité que n'offraient pas les précédentes copies (2).»

---

double explication qui est faite de notre inscription : 1. 僧景淨撰·呂秀巖正書·建中二年. 2. 僧景淨述·呂秀巖書·建中三年. Cette dernière date doit évidemment être rectifiée par la première.

(1) Ici se place le récit que j'ai rapporté plus haut (p. 144).

(2) 快雨堂題跋. 3ᵉ *K.* fol. 10. — Les lecteurs qui seraient peu familiers avec ce procédé d'impression sur pierre, auquel nous avons déjà fait plusieurs fois allusion, nous sauront gré de l'exposer ici. Nous en empruntons la description au Rév. Mc. Cartee.

«Quand on imprime sur pierre, le papier légèrement humecté est d'abord fixé sur la pierre, et doucement appliqué au moyen d'une brosse dure. L'opérateur prenant alors une bande de feutre d'une main, et de l'autre un petit marteau de bois, promène successivement sur chaque partie de la pierre le feutre, qu'il martèle vivement tout le temps. Le papier est ainsi refoulé dans les dépressions des caractères gravés en creux, tandis que dans les espaces vides, il présente une surface unie. L'encre ayant été délayée jusqu'à la consistance voulue, l'opérateur commence alors à l'appliquer en tirant ou poussant sur le papier un tampon fait de morceaux de feutre roulés en forme de bandage, et adouci à l'un de ses bouts. Enfin le poli est donné à la surface en frappant sur l'encre avec une sorte de pelote ressemblant à celles dont se servaient les imprimeurs avant l'invention des rouleaux élastiques. L'opération est faite très habilement, et c'est décidément la plus belle méthode d'impression en Chine.» *Cf. Am. Or. Soc.* V. Vol. n° I. 1855. pp. 261, 262. — Parfois un tampon de coton remplace le tampon de feutre. Souvent aussi l'encre de Chine est additionnée de blanc d'œuf (albumine), qui lui communique un brillant définitif flatteur pour l'œil. La description de l'ensemble du procédé explique pourquoi nous employons ça et là l'expression de *frotti-calque,* qui nous semble mieux convenir à ce genre d'estampage spécial que les termes équivoques de calque ou décalque.

«Ces remarques, conclut judicieusement Wylie, sont dignes d'attention, car elles viennent d'un lettré qui a occupé les plus hautes charges. Un grand nombre de décalques doit avoir été pris de cette pierre, car on en trouve en vente dans presque toutes les villes, et il n'est point de lettré occupant un certain rang qui ne sache le caractère de cette inscription et ne la reconnaisse dès qu'il en entend prononcer le nom. Quand on suggère aux Chinois l'idée que peut-être ce n'est qu'une invention, la réponse unanime est qu'un pareil fait, du reste toujours resté inconnu en Chine, n'aurait pu demeurer inaperçu ou bien que l'on eût vainement essayé de faire passer la tablette Nestorienne pour un monument antérieur ou postérieur aux T'ang, car son écriture eût suffi pour trahir la période à laquelle elle appartenait (1).»

M. F. Hirth a confirmé par son expérience personnelle cette affirmation dont les anciens missionnaires avaient été jadis meilleurs juges que les critiques d'Europe, tels que Renan et Neumann (2).

On sait que ces derniers, avec plus d'audace que de succès, prétendirent trouver dans la forme même des caractères de l'inscription, une preuve de l'imposture des Jésuites. Neumann, comme on l'a dit, était un homme bien hardi pour compromettre sa réputation de sinologue par une telle déclaration. «N'y aurait-il d'autre preuve pour ou contre l'authenticité de l'inscription, le genre d'écriture constituerait seul un argument favorable des plus puissants, aux yeux de tout Chinois ayant quelque prétention littéraire. Il n'y a probablement aucun peuple au monde, qui accorde une si grande attention aux points si délicats qui caractérisent les différentes mains; il est bien difficile à un étranger

---

Ajoutons que pour éviter la dégradation des pierres soumises à ce traitement et que la gelée pourrait endommager, on s'interdit pendant la saison d'hiver cette opération complexe d'estampage et d'impression. C'est ce que m'écrivit notamment le Père G. Maurice à propos des monuments publics de *Si-ngan-fou*. Du reste la rigueur des froids à cette époque présenterait sans doute aussi d'autres obstacles.

(1) *The North-China Herald*. 29 Déc. 1855. N° 283. p. 87.

(2) «Les doutes de Neumann (*Zeitschr. d. deutsch. Morgenl. Gesellsch.* IV. pp. 38 et seqq., 1850.) partagés par Renan et Julien sur le genre d'écriture employé dans l'inscription Nestorienne, qu'il dit être trop moderne pour qu'on lui attribue dix siècles d'existence, sont absolument dépourvus de fondement. Un œil peu exercé notera à peine la différence qui existe entre cette écriture et celle actuellement en usage, et l'on peut en dire autant de tout autre texte similaire des *T'ang* ou des autres dynasties anciennes. Un connaisseur chinois qui n'avait jamais entendu parler du monument Nestorien, et auquel j'en montrai un décalque, déclara à première vue que c'était un *T'ang-pei*, c'est-à-dire le genre d'écriture employé sous les *T'ang*, avec les légères variantes qui avaient cours alors.» *Cf. China and the Roman Orient*. Leipsig, 1885. p. 10 not. 1. — Voici le texte de Neumann: «Wussten sie doch, dass die Charactere des achten Jahrhunderts von der modernen der Inschrift volkommen verschieden waren!»

de comprendre les fines nuances de touche, au moyen desquelles on est parvenu à classer avec une exactitude vraiment étonnante, non seulement les diverses dynasties, mais même les différents genres d'écriture sous chaque dynastie. Elle est longue la liste des noms de ceux qui se sont distingués dans cet art, depuis l'antiquité jusqu'à l'époque actuelle, et il est peu de Chinois de bonne éducation et de quelque goût, qui ne tiennent à honneur de posséder une collection de décalques pris sur ces tablettes de pierre, comme spécimens de leurs travaux. Il existe une classe de calligraphes qui font une étude spéciale de ces anciens spécimens, et mettent leur orgueil à pouvoir les imiter fidèlement : or il n'y a pas de productions plus hautement estimées, étudiées de plus près, que celles des artistes de la dynastie *T'ang* (1). Et encore avec tout leur soin et leur pratique, on admet généralement qu'une imitation moderne faite par la main la plus habile, ne trompera jamais un connaisseur (2). »

Ernest Renan, dans la première édition de son *Histoire des langues sémitiques*, bien qu'animé des mêmes passions et enclin dès lors aux mêmes préjugés que Neumann, était du moins, vu son ignorance du chinois, plus excusable que ce dernier, lorsqu'il écrivait : « Il est bien difficile de rapporter au VIIIe siècle les caractères chinois de l'inscription, qui paraissent beaucoup plus modernes (Telle est du moins l'opinion de Neumann...). Ce qui augmente les incertitudes, c'est que, dans l'édition chinoise de l'inscription, qui fut imprimée en 1644 par les soins des Jésuites, et que possède la Bibliothèque impériale (*Nouveau fonds chinois*, N° 357) (3), il est dit que, lorsqu'on découvrit l'inscription, elle parut écrite en anciens caractères *tchouan*, d'une forme extraordinaire (4). »

Il semblerait, par une note du même ouvrage, attribuée à St. Julien, que cet illustre sinologue commit un moment une erreur analogue à celle de Neumann (5). S'il fut vraiment, comme

---

(1) 朱熹 le célèbre philosophe panthéiste, a porté ce jugement sur la calligraphie de cette époque : 書學莫盛於唐 (朱子全書 65e K. fol. 24).

(2) *The N.-Ch. Herald. l. cit.*

(3) Il s'agit de l'ouvrage du P. Em. Diaz, plus d'une fois cité.

(4) *Histoire générale et système comparé des langues sémitiques*. Paris, 1855.

(5) Voici cette note : « Les caractères *tchouan* sont ceux qui ont succédé à l'écriture idéographique. La Bibl. impériale possède, dans le nouveau fonds chinois (N° 163), le texte des six livres canoniques, en caractères *tchouan*, fort différents de ceux de l'inscription. » — La remarque suggérée à Renan par St. Julien, lui a été inspirée par ce texte cité plus haut du Père Diaz : 奇文古篆. Mais dans ce texte du missionnaire, le mot *tchouan* était pris moins proprement et signifiait uniquement caractère ancien ; d'autre part, traduire *Ki-wen* par « forme extraordinaire » au lieu de « style remarquable » constituait un grave contre-sens. — En résumé, Renan hésite entre Neumann qui voit dans l'inscription des caractères de forme *moderne*, et entre St. Julien qui reproche à tort à ces caractères de différer de ceux que le P. Diaz attribuait à l'inscription lors de sa découverte.

il paraît, l'inspirateur de la dernière réflexion d'E. Renan, nous n'avons qu'à le regretter; peut-être la passion d'une polémique trop vive engagée avec Pauthier (1), qui avait dès lors pris position en faveur de l'authenticité du monument (2), l'égara-t-elle un instant; toujours est-il que son adversaire sut tirer parti de cette faiblesse momentanée, qui inspira à Pauthier une des meilleures pages de son plaidoyer pour l'authenticité.

On aurait été cependant heureux, dès cette époque, de voir la démonstration complétée par la reproduction de quelque monument contemporain de celui de Si-ngan. Pauthier nous apprend qu'il eut un instant la pensée de publier quelques uns des fac-similés en sa possession, « contemporains de l'inscription, et même d'une époque antérieure, qui lui sont parfaitement identiques pour la forme des caractères » (3); mais il recula devant cette entreprise, sous prétexte « qu'elle devenait inutile dans l'état actuel de la question».

Nous trouvant en mesure de donner aux lecteurs cette satisfaction, nous ne saurions la leur refuser, et nous choisirons quelques unes des inscriptions les plus justement renommées de cette époque. L'une d'elles, signalée déjà par Pauthier qui en possédait un décalque (4), s'impose dès l'abord à notre choix. Non moins connue en Chine que celle du monument chrétien, elle s'en rapproche plus que toute autre par l'époque qui l'a vue naitre et le lieu auquel elle a été destinée. Elle est en effet datée de la 11ᵉ année 天寶 (752), et fut placée dans le monastère 千福寺 de la même Capitale de l'Ouest; on la conserve aujourd'hui dans le gymnase de Si-ngan. Son titre complet 唐西京千福寺多寶佛塔感應碑文 indique assez qu'il s'agit d'une inscription bouddhique; elle a eu pour auteur 岑勛 Tch'en Hiun de 南陽, et pour calligraphe 顏眞卿 Yen Tchen-k'ing, un officier que sa rare probité, son dévouement à son prince, non moins que son savoir, ont rendu célèbre (5). Je choisis l'une des pages d'un

---

(1) Au cours de ces aigres discussions où St. Julien, tout en convainquant son adversaire d'ignorance, avait mis à nu sa propre vanité de la façon la plus odieuse, on avait vu successivement paraître dans le *Journal Asiatique* (Mai 1841) une première attaque du professeur, sous le titre d'*Examen critique*, etc.; puis (Août-Sept. 1841) une *Première réponse* de G. Pauthier. Ces articles violents furent suivis, en Déc. 1842, d'une longue brochure, *Simple exposé d'un fait honorable*, par St. Julien, et des *Vindiciæ sinicæ* (1842) de G. Pauthier, avec leur *Supplément* (1843).

(2) *Chine moderne*, 1853. pp. 107, 108.

(3) *L'inscription*, etc. p. XI.

(4) *De l'authenticité*, etc. p. 26. — Le décalque possédé par Pauthier mesurait 1ᵐ 85 sur 0ᵐ 97. D'autre part, nous lisons dans la collection de 王昶 (49ᵉ *Kiuen* des *T'ang*) que cette inscription a 34 lignes de 66 caractères. On voit que cette stèle offre au point de vue des dimensions et de la disposition matérielle, de grandes analogies avec celle de 781. *Cf.* 關中金石記, 3ᵉ *K.*

(5) Il vivait de 709 à 785. Fr. Mayers lui a consacré une intéressante notice dans son *Chin. Read. Manual*. n. 911.

exemplaire *monté* que j'ai fait réduire aux dimensions du présent format (1); la raison de ma préférence a été la présence d'un texte curieux dont j'userai plus tard au cours de ma traduction. Les traits de cette écriture se recommandent par leur allure plus robuste que ceux du *King-kiao-pei;* cette qualité semble même portée parfois, par exemple dans le trait 乁 tout-à-fait caractéristique de cet écrivain, jusqu'à une certaine affectation de gaucherie : qualité et défaut qui n'empêchent pas de reconnaître à cette œuvre une étroite parenté avec celle de 呂秀巖.

A ce premier fac-similé, j'en joins deux autres, datés de 632 et de 841 : leur ensemble permettra de se former une idée exacte de la calligraphie 正書 durant les trois siècles de la domination des *T'ang*.

Le plus a cien, contemporain de l'arrivée d'Olopen en Chine, qu'il devance de trois ans seulement, a pour titre 九成宮醴泉銘 (2); 魏徵 *Wei Tcheng*, alors Réviseur de la bibliothèque impériale, l'a composé, et 歐陽詢 *Ngeou-yang Siun* (3) l'a écrit. Ce dernier jouit en Chine d'une célébrité méritée comme calligraphe. J'en donne une page réduite (4) d'après un exemplaire monté, un peu vieilli. On admirera dans ce modèle la parfaite pureté du trait et le véritable atticisme que l'artiste a su donner aux proportions de ses caractères d'une beauté absolument classique, et toujours égale. Le défaut de ce genre serait une certaine froideur, provenant de cette noblesse trop monotone : il n'en reste pas moins le type idéal du 正書, auquel chaque écrivain de talent imprimera en le modifiant, les marques de son originalité personnelle.

Le plus récent offre un heureux contraste avec l'œuvre de *Ngeou-yang Siun;* il s'appelle 大達法師玄秘塔碑; ce monument bouddhique se conserve dans le Gymnase de *Si-ngan-fou*. 裴休 *P'ei Hieou*, alors Vice-président de la Censure impériale, l'a composé, et 柳公權 *Lieou Kong-k'iuen* (5) en a tracé les caractères. J'en donne l'une des premières pages d'après un exemplaire monté comme le précédent, et pareillement réduit (6). Le lecteur déjà prévenu ne manquera pas d'y remarquer un défaut précédemment signalé chez 顏眞卿, et dont à un siècle de

---

(1) L'original mesure 0ᵐ, 25 sur 0ᵐ, 137.

(2) Nous savons par le 唐書地理志 que le palais dont il s'agit portait sous les 隋 le nom de 仁壽宮; détruit sous la période 義寧 (617), il fut reconstruit en 631 par *T'ai-tsong* qui en changea le nom, et l'entoura d'un mur de 1800 pas de tour. Ce monument se conserve à 麟遊. *Cf.* 關中金石記, 2ᵉ *K.*

(3) Il vivait de 557 à 645. Voir sa notice dans le *Manual* de Fr. Mayers. n. 530. Un des spécimens les plus répandus d'une autre composition due à son pinceau a pour titre 皇甫誕碑; ce monument est placé dans le Gymnase de *Si-ngan-fou. Cf.* 關中金石記, 2ᵉ *K.*

(4) L'original mesure 0ᵐ, 24 et 0ᵐ, 144

(5) Signalé dans le *Manual* de Fr. Mayers, sous le n. 410. Il vécut de 778 à 865.

(6) Les dimensions de l'original sont 0ᵐ, 264 × 0ᵐ, 124.

distance *Lieou Kong-k'iuen* semble avoir voulu s'autoriser, en l'exagérant. Ce genre qui renferme de véritables beautés, mêlées de quelques faiblesses, est lui aussi caractérisé par des signes qui ne peuvent échapper à un œil exercé.

Je compléterai ces documents par l'addition d'un modèle d'écriture 行書 emprunté à la même époque; on me saura gré d'insérer ici un fragment de ce magnifique morceau (1) dont je dois la communication à l'obligeance du P. L. Gaillard (2); la rare élégance de ses traits, objet d'envie pour les calligraphes modernes, son état de parfaite conservation qui constitue un nouvel argument en faveur de l'authenticité du monument chrétien, l'étroite ressemblance des procédés abréviatifs qui caractérisent les deux stèles, enfin le genre même d'écriture dont la grâce et l'abandon supposent une plus grande distance des formes raides et compassées de l'antiquité sont autant de raisons qui m'ont engagé à introduire ici ce dernier spécimen épigraphique. Cette fois, nous quitterons le *Chen-si*: située au bas de la montagne 栖霞山, à 40 li Nord-Est de *Nan-king*, cette stèle, dédiée à 明徵君 (3) porte pour titre: 唐攝山棲霞寺明徵君碑. Elle date de la 3ᵉ année 上元 de 高宗 (676) (4), et est par conséquent antérieure de plus d'un siècle au monument chrétien. Son inscription a été écrite sur l'ordre de (5) *Kao-tsong*, par 高正臣 *Kao Tcheng-tch'en*, Sous-chef de bureau à la division de gendarmerie impériale (6). J'ai choisi l'un des endroits les mieux venus de l'exemplaire non monté, lequel est reproduit en grandeur naturelle; la hardiesse et l'élégance d'un pinceau qui se joue des

---

(1) Cette inscription grandiose contient 33 lignes de 74 caractères; sa surface sur le décalque qui est en notre possession mesure 2ᵐ, 67 sur une largeur moyenne de 1ᵐ, 19.

(2) Le même Père a déjà signalé et a reproduit le motif sculptural qui la termine, dans son livre *Croix et Swastika*, p. 122, not.

(3) Son prénom était 僧紹, son surnom 承烈; il vécut au Vᵉ Siècle, sous les dynasties 劉宋 et 南齊; il fut célèbre pour la constance avec laquelle il refusa les places qu'on lui offrait, non moins que pour son amour de la solitude. Il mourut vers l'an 483 sur la montagne 攝山, plus connue, depuis le commencement des *Ming*, sous le titre de 棲霞山, du nom d'un monastère célèbre qui y fut établi sur l'emplacement de sa demeure. Ce monastère datait de l'an 489, et avait reçu successivement plusieurs noms au cours de cette longue période; il reste aujourd'hui, à raison de ses ruines et des souvenirs qu'il évoque, l'un des champs les plus intéressants pour l'étude de l'archéologie chinoise.

(4) C'était l'année 丙子 du cycle; mais l'inscription porte 景子, par respect pour la mémoire de 代祖, père de 高祖, qui avait pour nom le caractère 昞.

(5) Comme le font remarquer les *Chroniques de Kiang-ning-fou*, c'est donc à tort que 劉昫 dans les *Anciennes annales des T'ang*, en attribue l'écriture à l'Empereur lui-même. *Cf.* 新修江寧府志; 金石, 52ᵉ K. fol. 5.

(6) Les quatre caractères de l'en-tête, écrits en 篆書 avec une netteté et une grâce incomparables, sont dus au pinceau de 王知敬 *Wang Tche-king*, Bibliothécaire du Préceptorat impérial.

I. FACSIMILÉ DE L'INSCRIPTION
唐西京千福寺多寶佛塔感應碑文
(752 ap. J.-C.)

II. FACSIMILÉ DE L'INSCRIPTION
九成宮醴泉銘.
(632 ap. J.-C.)

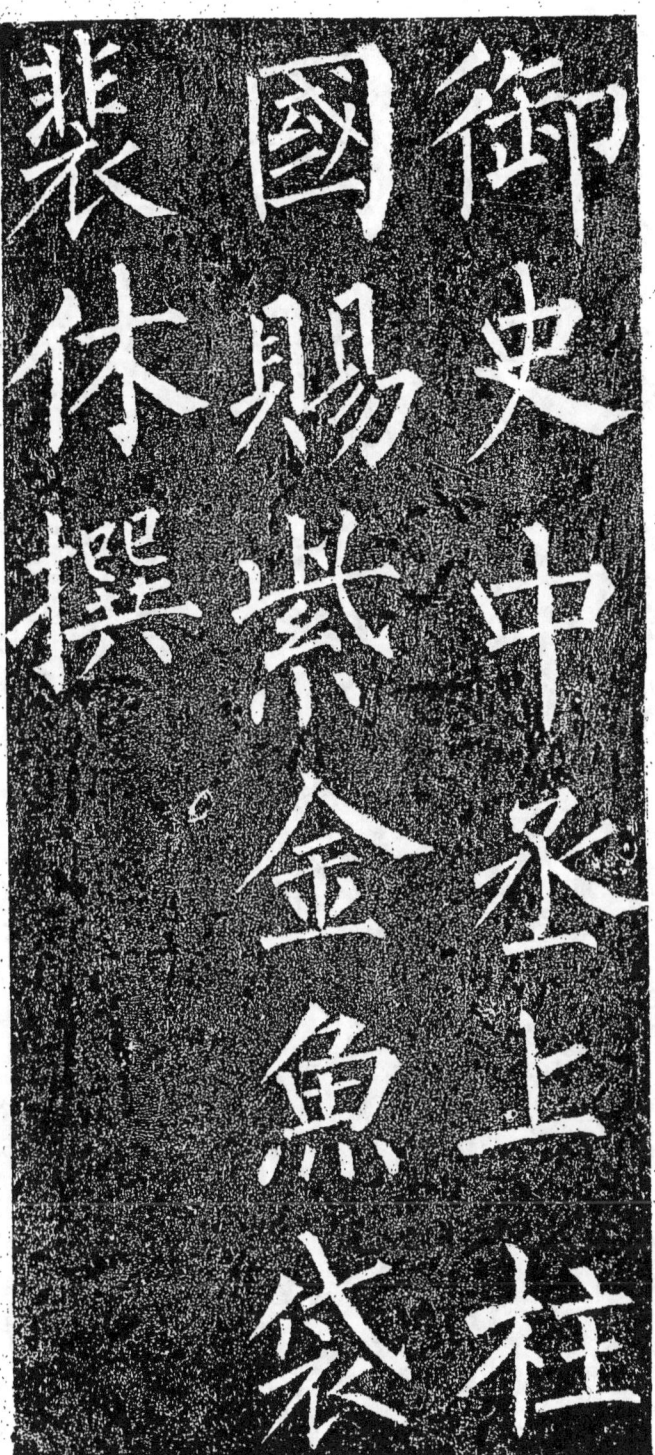

III. FACSIMILÉ DE L'INSCRIPTION
大達法師玄秘塔碑.
(841 ap. J.-C.)

IV. FACSIMILÉ DE L'INSCRIPTION
唐攝山棲霞寺明徵君碑.
(676 ap. J.-C.)

difficultés, feront voir quel culte vraiment éclairé les lettrés chinois ont su vouer à ces chefs-d'œuvre de la calligraphie ancienne, dont ils s'efforcent aujourd'hui encore, à douze siècles de distance, de reproduire les moindres traits, faute de pouvoir surpasser leurs modèles.

Nous ne saurions omettre dans cette revue des monuments anciens, la célèbre préface composée en 648 par l'Empereur *T'aitsong* 太宗 pour l'édition des livres bouddhiques que *Hiuen Tchoang* 玄奘 venait de traduire. Elle porte pour titre : 大唐太宗文皇帝製三藏聖教序. «Ce morceau d'éloquence impériale, écrit d'un style ambitieux, rempli de métaphores brillantes et d'allusions recherchées, contient à la fois un éloge pompeux de la doctrine bouddhique et du dévouement héroïque du voyageur... (1)» La même année, le prince royal composa à son tour pour «les textes sacrés nouvellement traduits une introduction où il en loue le style élevé et l'importance morale.» Quatre ans après, l'Empereur 高宗 faisait élever «au midi de la porte du couvent *Hong-fo-sse*, un *Feou-thou* (un *Stoûpa*) pour y déposer les livres et les statues que *Hiouen Thsang* avait apportés des contrées occidentales... Chaque face de la tour avait cent quarante pieds de large... Elle avait cinq escaliers et était surmontée d'une coupole; sa hauteur totale était de cent quatre-vingts pieds... A l'étage le plus élevé, on avait construit une chambre en pierre qui, à la face méridionale, portait deux planches où étaient gravées les deux préfaces composées par l'Empereur et le prince royal. L'écriture de ces inscriptions était due au pinceau élégant de *Tchou Souï-lang* (褚遂良), ministre d'état et prince du *Ho-nan* (2).» Nous reproduisons aux deux pages suivantes le commencement et la fin de la première inscription, gravée à la 10ᵉ Lune de l'année 653 (3), c'est-à-dire quinze ans seulement après l'édit du même Empereur en faveur de la religion chrétienne. Une telle coïncidence de dates suffirait à elle seule pour justifier cette nouvelle citation.

Désormais, nous en avons la confiance, nos lecteurs pourront porter par eux-mêmes un jugement, que plusieurs d'entre eux n'avaient jusqu'ici formé que sur la foi d'autrui. A l'occasion, nous leur offrirons encore, puisées aux mêmes sources ou à d'autres plus anciennes, que nous aurons toujours soin d'indiquer, les formes archaïques ou plutôt spéciales que présente notre stèle : plusieurs ont persévéré jusqu'à nos jours, consacrées par la pratique constante, ou même par l'autorité des lexiques officiels. D'autres, en petit nombre, ont cessé d'être usitées, et ont causé quelque embarras aux traducteurs du *King-kiao-pei*.

On se souvient qu'en 1625, le Père Em. Diaz *(Sen.)* avait déjà signalé avec quelque exagération cette difficulté : Ces «caractères

---

(1) *Vie et voyages de Hiouen Thsang*, par St. Julien. p. 307.
(2) *Op. cit.* pp. 308 et 318.
(3) Chacune des pages de l'original monté mesure C^m, 235 sur C^m, 13.

癸丑十月己卯朔
十五日癸巳建
中書令臣
褚遂良書

大唐太宗文皇帝製三藏聖教序.

douteux» *(molte lettere equiuoche)* avaient, selon lui, contribué à retarder la traduction de l'inscription. En tout cas, la perspicacité des Docteurs chrétiens eut bientôt raison de cette obscurité, et quelques années après l'édition du Dr Léon, le Père Em. Diaz *(Jun.)* pouvait fournir, restituée presque sans aucune faute (1) suivant les formes modernes, la totalité de cette pièce. Cet ouvrage, dont il existait au moins un exemplaire à Paris dès le siècle dernier (2) et qui fut connu de Léontiewski (3), aurait-il échappé au Dr Legge? Nous serions porté à le croire, en présence des quiproquos relativement nombreux dont il a été victime, et que nous signalerons en leur temps (4). «Les formes particulières de plusieurs caractères employés sous les *T'ang*» ne sont pas seulement «gênantes pour ceux qui sont à leurs débuts de sinologues»,

---

(1) Nous verrons au cours de la traduction que, de toutes les éditions données jusqu'à ce jour, celle du P. Diaz est la plus correcte : nous ne relevons d'autre erreur dans son texte, que l'emploi de 骰 pour 戩. et de 裋 pour 寇.

(2) Le Père Louis *Kao* 高類思 écrivait, dans ses *Remarques sur un écrit concernant les Chinois :* «Aucun Lettré ne s'est élevé contre le livre que *Yang-ma-no* publia dans le temps à *Pé-king (sic)*, pour expliquer ces marbres et en faire valoir le témoignage. Ce livre est à la Bibliothèque du Roi.» (*Cf. Mém. conc. les Chinois*. T. II. p. 164). — St. Julien et Pauthier nous ont montré par leurs citations, qu'ils connaissaient ce livre.

(3) Le nom chinois du Père Diaz défiguré, paraît plusieurs fois dans les notes du traducteur français Marchal de Lunéville, sous la forme *Yan-man* (pour *Yang Ma-no*); suivant le même, l'explication de ce dernier serait de 1741 (*Cf. La croix historique de Chine*, dans les *Annales de philosophie*. pp. 155 (not. 2), 157 (not. 4), 158 (not. 1)).

(4) Dans la lettre déjà citée du Rév. Moir Duncan (*The N.-C. Daily News*, 20 Avr. 1893), plusieurs de ces fautes ont été signalées. C'est à tort cependant qu'on y a condamné l'emploi de 隙 pour 隙 ; ce sont deux formes aujourd'hui encore approuvées du même caractère, aussi bien que la forme 隙 et plusieurs autres (*Cf.* 康熙字典); c'est à tort également qu'on a proposé 網 pour 綱 et 舫 pour 航; qu'on a blâmé la forme 翠 substituée à son équivalent 翠 (*Cf.* 康熙字典); à tort enfin, qu'on a lu 帳 pour 帳. Des fautes signalées au Dr Legge par le zélé critique, il ne reste plus en définitive que les suivantes, imputables à la distraction des compositeurs : 皇 pour 星 (p. 18. col. 1.), 羣 pour 郡 (p. 22. col. 3.), 皆 pour 偕 (p. 24. col. 7.). Une autre méprise, car c'en est une de la part d'un Européen qui n'est point astreint à l'omission de certains caractères, prohibés aux Chinois par respect pour un des princes de la dynastie régnante, c'est l'emploi de 元 pour 玄 (p. 24. col. 7.). Elle semblerait prouver que le Dr Legge a eu sous les yeux, outre les deux décalques dont il s'est aidé, un des ouvrages chinois où se trouve le texte intégral de l'inscription, tracé en caractères modernes. Du moins la lecture attentive de ces ouvrages, par ex. du 金石萃編 ou du 海國圖志, lui eût appris, que 開 ne devait pas se lire 開 mais 關 (p. 6. col. 6.); que 摳 devait se lire 樞 (p. 2. col. 3.); que 摠 était pris pour 總 (ibid. et p. 10. col. 2, p. 20 col. 3.); de même, c'est 寇 et non 寇 (p. 12. col. 5.), 祆 au lieu de 祆 (p. 26. col. 4.), qu'il aurait fallu lire. Notons enfin quelques inadvertances, telles que 思 pour 恩 (p. 4. col. 6.), 簦 pour 登 (p. 6. col. 5.). Avouons du reste que le Dr Legge a presque désarmé la critique, en disant que «les incorrections doivent être imputées à son manque de vigilance sur les compositeurs.» (Préface. p. IV).

ils peuvent aussi parfois «dérouter des savants avancés dans l'étude du chinois.» La raison de cette difficulté est bien exposée par le Père Cibot. Étudiant le sens idéographique de quelques «caractères religieux», il faisait cette judicieuse remarque : «J'avais pensé d'abord à écrire en marge tous les caractères dont je parle; mais qui sait assez de chinois au-delà des mers, pour suivre de pareils détails en critique intelligent, les trouvera dans les livres. Ce n'est cependant point dans les dictionnaires, pas même dans celui des variantes des anciens caractères, imprimé sous le règne de *Kang-hi;* il n'est ni assez complet, ni assez exact, comme on peut le vérifier au moyen du grand recueil des anciens monumens (1).» Pour aplanir à nos lecteurs toutes les difficultés venant d'une telle source, nous leur avons offert au bas du fac-similé publié dans la 1ère Partie, l'expression suivant la forme moderne de tous les caractères qui présentent quelque élément archaïque ou abrégé. Nous discuterons, au cours de notre traduction, ceux qui pourraient offrir quelque difficulté spéciale (2).

Il n'y a pas lieu de nous étendre aussi longuement sur les caractères syriaques, tous les auteurs qui ont pu en parler avec compétence les ayant reconnus comme appartenant à l'époque que leur assignait la date de la stèle. E. Renan lui-même, bien qu'à regret, l'avouait en ces termes : «Les caractères syriaques qui se lisent sur les bords de la pierre ressemblent à l'*estranghélo* du VIIIe siècle.» Plus tard même il reconnut qu'ils étaient «en bel estranghélo du VIIIe siècle» (3). Si nous en croyons P. Pauthier, Le Roux des Hauterayes prit au siècle dernier ces caractères pour modèles de l'estranghélo qu'il fit graver dans les alphabets orientaux de l'Encyclopédie de Petity (4). Le même auteur ajoute que les spécimens d'anciens manuscrits syriaques conservés au Musée britannique et publiés en 1855 par François Dietrich (5) confirment par le caractère de leur écriture, l'authenticité de l'inscription de *Si-ngan.*

---

(1) *Essai sur les caractères des Chinois,* dans les *Mémoires concernant les Chinois.* T. IX, Paris, 1783. p. 315, not.

(2) Signalons encore, parmi les compositions qu'a inspirées le *King-kiao-pei,* un modèle de calligraphie, en 8 feuilles, composé en 1887 par le lettré 侯增祥, à l'usage des élèves du collège de Zi-ka-wei (徐家滙公書院).

(3) *Histoire générale et système comparé des langues sémitiques;* 1ère édit. de 1855, et 4e édit. de 1863.

(4) *De l'authenticité,* etc. p. 21 et 22. not.

(5) *Codicum syriacorum specimina,* etc. Magdebourg. — Ce recueil renferme une série de manuscrits s'étendant depuis l'an 411 jusqu'à 1291 (*Op. cit.* p. 16). — Pauthier cite encore l'alphabet estranghélo édité par les soins de W. Cureton, «copié principalement sur des manuscrits du sixième siècle de notre ère. Cet alphabet, dit-il, aux formes un peu plus cursives que celles de l'écriture *estranghélo* de notre Inscription, lui est parfaitement identique.» *Cf. Essays on Indian antiquities,* de J. Prinsep, publié par Edw. Thomas. Tom. II. Londres, 1858. p. 169.

En face de cette unanimité de suffrages, il nous suffira de reproduire ici deux pages de manuscrits syriaques du Vatican, dont les photographies nous ont été bienveillamment communiquées par le Père L. Cheikho : l'un portant le N° CV, est de l'an 500 : le second, de plus grand format, porte le N° 13 et remonte à l'année 735 ; ses traits, même pour un œil inexercé, présentent la plus évidente affinité avec ceux de notre stèle.

A la suite de Kircher, qui dès 1636 avait reconnu et affirmé la forme ancienne de cette écriture (1), Assémani accepta comme authentique cette inscription qu'il a eue entre les mains et dont il désigne les caractères comme syriaques ou chaldéens. Dans les extraits, incomplets peut-être, que nous possédons de la *Bibliotheca orientalis,* nous ne voyons aucun jugement porté par le docte Maronite sur la calligraphie de l'inscription. Rien d'étonnant du reste qu'il ne jugeât pas nécessaire d'attirer l'attention sur un point que sa connaissance de la langue syriaque devait lui faire trouver très naturel.

Aucune critique compétente, soit sur l'écriture de ces caractères, soit sur leur traduction, ne fut faite depuis lors. Eusèbe Renaudot, qui avait vécu entre les deux auteurs précités, et qui était lui aussi partisan de l'authenticité, avait, au témoignage d'Assémani, «jeté fort peu de lumière sur ce point, tant parce qu'il n'avait pas consulté les sources elles-mêmes, qu'à raison de l'insuffisance de ses connaissances en langue syriaque.»

C'est seulement dans ces dernières années, que le Professeur J. H. Hall, par sa communication du 27 Octobre 1886 à l'*American Oriental Society,* a repris, sur le décalque très soigné dont il nous parlait naguère, le travail de ses devanciers.

Non content des nombreuses corrections qu'il proposait, M. Hall annonçait dans une note pleine de promesses son projet de donner sur cette inscription les développements qu'elle méritait. Ce travail devait contenir «le texte syriaque complet», ainsi que nombre de «détails historiques, géographiques, bibliographiques et paléographiques (2).» Espérons que le savant Américain ne nous laissera pas trop longtemps attendre le fruit de ses recherches : quant à nous, quoi qu'il arrive, nous sommes déjà depuis plusieurs mois en possession des clichés d'un travail analogue, que nous a envoyés de Beyrouth le Père Cheikho notre collaborateur. Nous réservons ces notes précieuses pour la troisième Partie de ce travail.

---

(1) « Est autem literis antiquis Syriacis, quas Estrangelo vocant, marginibus lapidis incisa... » *Cf. Prodromus.* pp. 71, 73.

(2) *Amer. Or. Soc.* Oct. 1886.

MS. DE L'AN 500
(Nº CV DES MSS. SYR. DU VATICAN)

ܕܡܢܟ݀ ܐܒܘܢ ܐܘܒܕ ܚܒܠܐ
ܚܠܦܘܗܝ܂ ܕܒܢܝ̈ ܒܝܬܘܗ̈ܝ
ܕܫܠܝܚܐ ܕܚܝܐ. ܘܣܘܒܐܪܝܗܝ
ܘܐܚܘܕ ܗܘܐ ܥܠ
ܠܐ ܐܟܠܐ ܡܢ ܐܠܗܐ ܩܢܗ
ܕܫܠܝܚ ܡܢ ܗܘܐ. ܕܛܪܟܕܐܓ ܫܘܪܐܐܢܬ
ܐܪ̈ܝܐ ܢܦܩܝܢ ܘܐܝܟܐ ܢܒܥܝܢ
ܠܗܠܘ ܚܠܒܐ ܐܪܐܚܘܘܬܐ
܂ܒܡܐܠܟ ܐܡܝ̈ܢܐ ܠܗܘ ܕܐܢܬ ܒܠܕ
ܘܗܒ ܐܪܝܐ ܚܙܝ ܣܘܥܪܢܐ
ܩܘܒܥܐ ܕܐܒܕ ܘܕܗܝܒ ܘܗܒܣܘܝ̈
ܕܚܙܝ ܕܣܝܡ̈ܐ ܟܠܐ ܕܚܙܝܐ
ܘܩܡܐ ܕ ܒܕ ܒܡܘܒܕܘܢ ܕܗܘܐ܂
ܐܪܐ ܡܢ ܗܘ ܐܘܫܠܡܐ ܘܗܒܐ ܠܗܘ
ܡܒܐ ܐܠܗܐ ܒܪܕ. ܐܢܬ ܕܡܒܣ

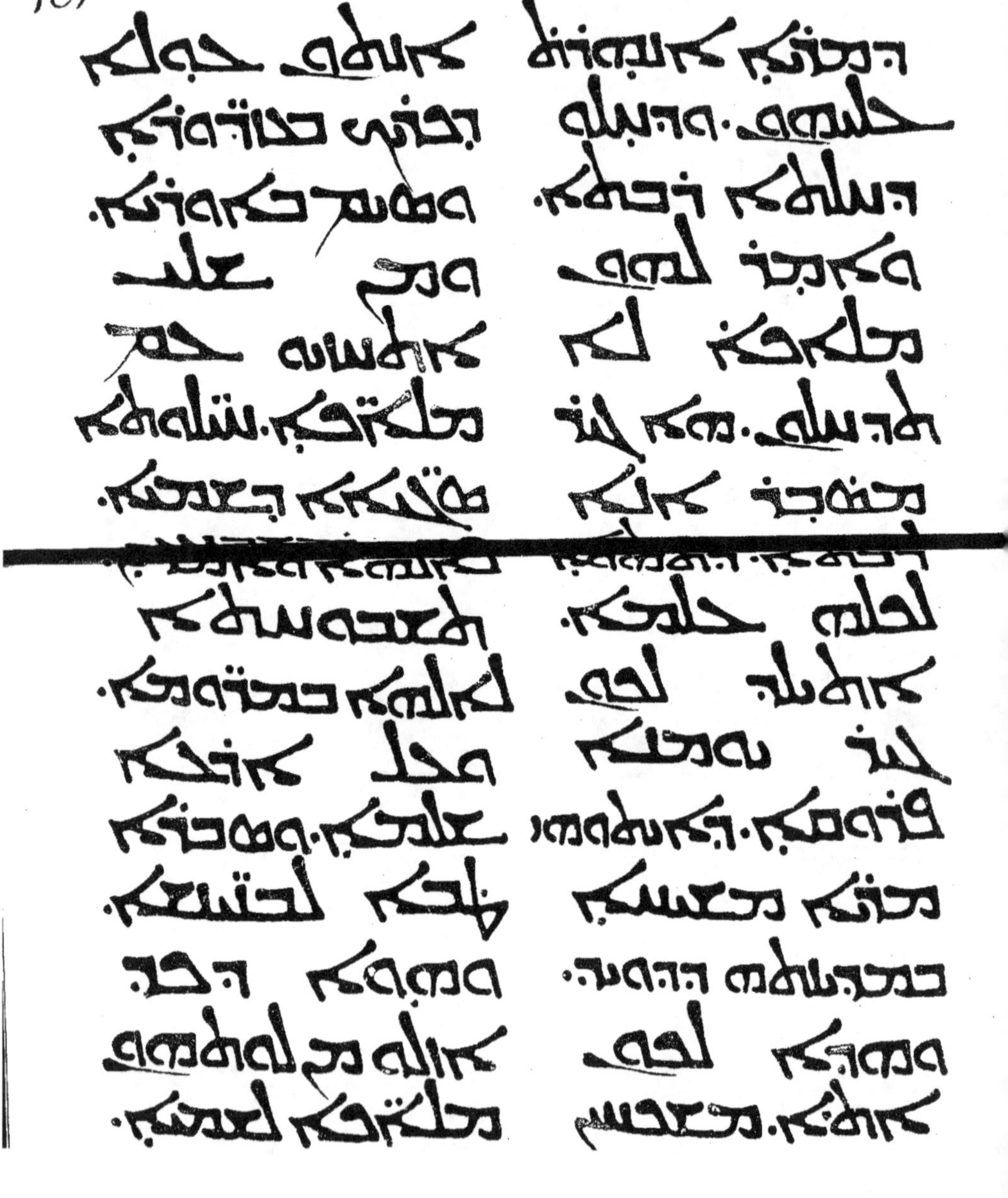

§ V. LE STYLE.

Jugement de Wylie et facéties de Voltaire. — Culte des locutions parallèles dans le style chinois. — Application curieuse au *King-kiao-pei*. — Rareté des particules dans l'inscription. — Abondance des allusions. — Phraséologie tirée des trois sectes religieuses nationales. — Ressources qu'offrent au christianisme les termes admis par ces religions. — Origine Nestorienne du *King-kiao-pei*. — Reproche de servilisme adressé à ses auteurs. — Le *K'eou-t'eou* et les ambassades étrangères à la Chine. — Conclusion.

Personne mieux que Wylie n'a jusqu'ici défini les mérites de cette composition; personne n'en a tiré plus clairement les conséquences favorables à l'authenticité. Aussi citerons-nous avec plaisir le passage suivant de cet auteur : « Le style élégant, plein d'antithèses, des écrivains de la dynastie *T'ang*, joint à l'extrême rareté des particules, forme une période des plus remarquables dans l'histoire de la littérature chinoise, et rares en vérité sont les connaissances de ceux qui peuvent l'imiter. Les différences de style entre les écrivains des différentes époques sont si parfaitement définies en Chine, que ce serait une entreprise très hasardeuse, si quelqu'un essayait de faire passer son œuvre pour celle d'un autre âge, et ce ne serait certes pas une production ordinaire que celle qui dans ces conditions échapperait aux yeux des critiques indigènes, que l'exercice a rendus si perspicaces. Or les particularités du style des *T'ang* se trouvent très clairement marquées dans l'inscription Nestorienne, de façon à fournir la preuve la plus convaincante pour l'esprit des lettrés indigènes. L'influences des trois sectes religieuses nationales se remarque dans la phraséologie. Que l'auteur appartînt à la classe des lettrés, il n'y a pas lieu d'en douter, car cette œuvre annonce quelqu'un très versé dans les doctrines Confucéennes; d'autre part, les allusions marquées à une foi étrangère, doivent lui donner un air de mystère devant la généralité des lecteurs chinois. Néanmoins ce mystère disparaît pour celui qui est instruit des doctrines chrétiennes; il trouve les dogmes de la foi revêtus d'une élégance de diction, à laquelle le goût chinois lui-même ne contredira point (1). »

Nous ne voyons pas un mot à retrancher, ni à modifier dans ce tableau qui dénote un parfait jugement, une pleine connaissance de notre monument et des choses de la littérature chinoise. Tous les critiques, nous le verrons bientôt, n'ont pas imité ce tact, du moins en ce qui concerne la dernière assertion.

Tous du moins ont convenu que le style avait grande allure. Voltaire seul, inepte en cela, n'a pas craint d'en ricaner sottement : « Sémédo, a-t-il écrit, fait parler l'auteur de l'inscription chinoise, dans le stile des personnages de Cervantes et de Que-

---

(1) *The North-China Herald*. N° 283. 29 Déc. 1855. p. 87.

vedo... Cette inscription, n'est pas dans le stile lapidaire (1).»
C'est sans doute à cette attaque « plus légère que sérieuse, plus
passionnée que sincère», que songeait G. Pauthier, lorqu'il pro-
clamait au contraire, que «le style de l'Inscription est monu-
mental» (2). Si pâle, si décolorée que soit une traduction, tous
devront convenir, en lisant celle de ce monument, qu'elle n'a rien
de vulgaire, et qu'elle exprime dignement des choses pleines de
majesté. Nous n'anticiperons pas dans ce chapitre sur cette démonstration qui sera l'œuvre de notre dernière Partie. Conten-
tons-nous ici, en suivant l'ordre adopté par Wylie, d'éclairer certains points de détail, relatifs à trois chefs principaux, je veux
dire la valeur littéraire, religieuse et morale de l'inscription.

Un des éléments de cette «élégance parfaite du style et de
la phrase chinoise, que loueront grandement tous ceux qui s'y
entendent (3)», c'est l'antithèse. Car «les sentences antithétiques
abondent dans l'inscription» répétait Wylie (4). Que ce procédé
littéraire, dont les langues d'Europe usent si sobrement, joue de
nos jours encore dans la littérature de la Chine, un rôle prépon-
dérant, il est à peine besoin de le rappeler. Ceux qui voudraient
s'en faire une juste idée n'auraient qu'à parcourir le dernier
volume du *Cursus litteraturæ Sinicæ* du Père Ang. Zottoli. Consacré tout entier à la «Rhétorique», ce livre qui contient 400
pages serrées de texte chinois, n'est guère composé que de sentences parallèles, si chères à l'oreille et au génie chinois. Le
lecteur y verra qu'outre les compositions poétiques 詩 et les
descriptions 賦, l'amplification si connue sous le nom de 八股
文章 exige l'emploi continuel de cette ressource : dans ce dernier
genre de style, devenu de nos jours la pierre de touche officielle
du vrai lettré, puisqu'elle constitue la matière ou la formule
presque unique des examens littéraires (5), et la condition *sine
qua non* de l'avancement dans les charges supérieures, une correspondance très étroite a lieu entre les membres ou périodes (股)
de la composition, comparés deux à deux. On ne saurait croire
le soin qu'apportent les lettrés de tout grade à cette symétrie.
Qui n'a été frappé, dans un séjour même très court en Chine,
de ces inscriptions parallèles à l'effet si décoratif, qui pendent
en longs tableaux, appliqués aux portes, aux colonnes ou aux
murailles des maisons (6)? La phrase y répond à la phrase, la
locution à la locution, le caractère au caractère, et l'accent à

---

(1) *Lettres chinoises, indiennes et tartares.* Paris, 1776. pp. 44, 45.
(2) *L'Inscription syro-chinoise,* etc. pp. XIV, XV.
(3) *Traduction ital. de* 1631. p. 1.
(4) *Op. cit.* N° 281. 15 Déc. p. 79.
(5) *Cf. Variétés sinol.* N° 5. *La pratique des examens littéraires,* par le P. Et. Siu, *passim.*
(6) Dans le Ve Vol. de son *Cursus litt. sin.* (pp. 776 à 835), le P. Zottoli a donné les principes et un excellent choix de ces 對聯.

l'accent : «et plus cette correspondance est étroite, plus est parfaite l'inscription.» Or la composition littéraire par excellence, ou 文章, n'est guère constituée que de phrases de ce genre. «Aujourd'hui, nous dit le P. Ang. Zottoli, on s'étudie extrêmement à ce genre de beauté... Dans deux phrases parallèles, le verbe répondra au verbe, le substantif au substantif, et ainsi des autres parties du discours... L'exorde de l'amplification contiendra lui-même deux, quatre ou six de ces phrases; puis les quatre périodes principales se répondront symétriquement de la même manière dans leurs membres géminés (1).»

On peut lire chez le même auteur, une longue liste de «locutions parallèles» 行文字眼 qu'on fait apprendre aux écoliers chinois, pour les initier à l'emploi de ces expressions, synonymes ou antithèses (2). Réparties sous différents chapitres, par ordre de matière, ces expressions élémentaires au nombre de 2.000 environ reçoivent dans des ouvrages spéciaux, recueils d'allusions (3) et autres semblables, des développements considérables, que l'esprit ingénieux d'un lettré pourra indéfiniment enrichir.

J'aurai plus d'une fois l'occasion de faire remarquer cette propriété du style chinois dans l'inscription, dont les 2/5 environ sont occupés par des phrases de ce genre. On sait de quel secours ce parallélisme de la pensée et de l'expression peut être au sinologue pour découvrir le vrai sens d'un passage obscur. Je me contenterai pour le moment d'en donner un exemple curieux et non signalé jusqu'ici, tiré des premières lignes de l'inscription.

Voici, placées en regard l'une de l'autre, les deux phrases sur lesquelles je désire attirer l'attention du lecteur.

圓廿四聖　有說之舊法·理家國于大獻·
設三一淨風無言之新教·陶冥用于正信·

Si vous ignorez le chinois, reportez-vous à la traduction de ce double membre de phrase; vous y verrez comment tout s'y répond parfaitement, suivant la loi donnée plus haut. Chacune débute par un verbe : 圓 «accomplir», 設 «établir»; puis viennent les nombres 廿四 et 三一; puis les substantifs; puis 有說 avec son antithèse 無言; puis la particule commune 之 et les locutions moitié antithétiques, moitié synonymes : 舊法 «la loi ancienne» et 新教 «la religion nouvelle»; etc. On dirait une période du *Wen-tchang* moderne.

Mais avez-vous remarqué que les substantifs 聖 et 淨風 ne sont pas composés suivant les règles infaillibles? L'un n'a qu'un caractère, l'autre en possède deux. Vous pouvez conclure hardiment de cette anomalie qu'une erreur a été commise : elle n'est pas attribuable à l'écrivain si habile, qui a mesuré la cadence

---

(1) *Op. cit.* pp. 49, 50.
(2) *Ibid.* pp. 50 à 62.
(3) Par exemple le 增補事類統編 en 93 *Kiuen*; le 分類字錦 en 64 *Kiuen*; etc.

de ses phrases et n'eût certes pas commis un tel oubli, si facilement réparable dans la composition ; il ne reste donc qu'à l'imputer au calligraphe, dont la pensée distraite, tout entière appliquée à l'expression matérielle de son œuvre, a laissé échapper par mégarde un caractère que chacun suppléera facilement. C'était sans doute 聖 人 ou quelque chose d'analogue, que le prêtre 景 淨 avait écrit ; *Liu Sieou-yen* a omis le second caractère, et si l'on s'en aperçut avant de confier la pierre au sculpteur en lettres, on n'osa lui faire recommencer son travail.

Nous avons parlé tout à l'heure de la rareté des particules, comme d'un signe caractéristique de cette époque (1) ; il suffit par exemple de lire quelques pages des *Annales des T'ang* ou l'une des inscriptions contemporaines pour constater combien les ouvrages historiques usaient peu de cette ressource littéraire. Cette parcimonie dans l'emploi des particules peut donner lieu à d'assez grandes difficultés d'interprétation. C'est ainsi, pour n'en citer qu'un ou deux exemples tirés du monument chrétien, que les meilleurs commentateurs ont été divisés sur la position de l'expression 所 司, qui se trouve vers la fin du décret de 太 宗 : les uns, comme le Dr Legge en ont fait, après plusieurs commentateurs chinois, le commencement d'une phrase ; d'autres, comme le P. Diaz, avec les Docteurs chrétiens, l'ont rejetée à la fin du décret impérial. C'est ainsi encore que dans un passage précédent, le Dr Legge, au lieu de se conformer à la version du P. Diaz 發 靈 關 · 法 浴 水 風, a écrit et ponctué avec une double faute : 發 靈 · 開 法 浴 水 風 (p. 6. col. 6.).

L'abondance extraordinaire des allusions avait été signalée à bon droit, dès le jour de la découverte, comme un des traits distinctifs de notre inscription. Cet autre écueil de la littérature chinoise, dont il fait aussi une beauté (2), s'est ici compliqué des

---

(1) On sait la difficulté et l'importance qu'offre cette étude dans la littérature chinoise. Un traité, fort incomplet cependant, du P. Prémare sur ce sujet, a contribué à rendre son nom célèbre. Il est regrettable que la plupart des sinologues modernes ignorent ou méconnaissent la valeur d'un traité plus récent et autrement parfait, dû à la plume du Père Ang. Zottoli. La fin du IVe Volume de son *Cursus litt. sin.* (pp. 765 à 813) est consacrée à cette partie capitale du discours chinois, sous le titre de 虛 字 *Orationis particulæ*. Ces cinquante pages, malgré l'aridité inhérente à un tel sujet, renferment des trésors inexplorés.

(2) Dans le IVe Volume de son *Cursus*, le P. Ang. Zottoli a donné, sous le nom de 典 故 *Allusiones litterariæ* (pp. 626 à 764) la matière d'un ouvrage chinois fort en usage. Le 幼 學 求 原 a été complètement traduit par lui, avec une partie des commentaires. Après ce beau travail, que l'ignorance vraie ou feinte des sinologues modernes a maintenu jusqu'ici dans l'obscurité, il était facile pour un nouveau venu de reproduire le même fond en une nouvelle langue. C'est ce qu'a fait dernièrement M. J. H. Stewart Lockhart dans son ouvrage *A Manual of Chinese Quotations* (*Hong-kong*, 1893). Le Père Cor. Pétillon s'est montré plus juste envers ses devanciers, dans la préface de ses *Allusions littéraires* (*Variétés sinolog.* N° 8. 1895).

emprunts très nombreux faits non seulement au domaine littéraire, mais encore à la phraséologie religieuse de l'époque des *T'ang*. Le prêtre *King Tsing* possédait une vaste érudition en ce genre, et il est difficile de concevoir une mosaïque plus savamment agencée, que cette œuvre composée presque intégralement d'expressions dont chacune rappelle au lettré chinois quelque souvenir littéraire ou historique, mythique ou religieux de sa patrie.

Le Dr Legge qui a indiqué un certain nombre de ces emprunts est loin cependant d'avoir épuisé la matière, et bientôt nous pourrons glaner après lui dans ce vaste champ une gerbe que nous offrirons au cours de notre traduction. Pour le moment nous voudrions simplement examiner d'une façon générale la question, qui a été diversement jugée, des emprunts faits à la terminologie religieuse des trois sectes 三教. Quelle fut la part plus ou moins importante, faite par les missionnaires chrétiens du VIIe et du VIIIe Siècle à ces termes, consacrés déjà par le Confucianisme, le Taoïsme et le Bouddhisme? Quel fut le caractère moral de ces emprunts? Telles sont les deux questions que nous voudrions brièvement résoudre à la fin de ce chapitre.

Un fait se dégage très clairement dès l'abord, c'est la hardiesse relative avec laquelle a procédé l'écrivain du *King-kiao-pei*. «L'inscription Syrienne de 781, écrivait avec raison le Dr Edkins (1), montre que les premiers missionnaires de la Chine, n'éprouvèrent aucun scrupule en adoptant nombre de termes Bouddhistes... Ils propagèrent leurs missions en Chine, à une époque où le Bouddhisme était en faveur, et ils empruntèrent aux maîtres de cette religion, des termes qui indiquent un principe d'imitation plus étendu que celui qui a été adopté dans ces derniers temps par les Catholiques Romains ou par les Protestants (2).»

Or la même chose peut se dire des emprunts faits aux autres sectes, toutes deux d'origine nationale. «Du langage de notre inscription, disait récemment le Dr Legge, je tire cette conclusion que les Nestoriens prirent avec plus de complaisance et de faveur au Taoïsme qu'au Bouddhisme. Le Confucianisme se désignait sous le nom de 教 «Instruction» (3); le Taoïsme préférait le terme 道 «Voie»; le nom distinctif du Bouddhisme était 法 «Loi». Or les trois termes sont appliqués par les écrivains Nestoriens à leur propre système... Mais leur composition indique une familiarité plus grande avec les œuvres classiques du Confucianisme et du Taoïsme, qu'avec celles du Bouddhisme (4).»

---

(1) Dans une étude lue à *Pé-king* en 1878. Elle a formé depuis, sous le titre : *Buddhist phraseology in relation to christian teaching*, le XXIIe chap. du *Chinese Buddhism*. Londres, 1880.

(2) *Op. cit.* pp. 353, 354.

(3) Ce mot est employé, par exemple, au début du 中庸.

(4) *A Lecture on the Nestorian Monument*. pp. 46, 47.

Wylie, me semble-t-il, a exprimé d'une façon plus précise encore « l'influence des trois sectes religieuses nationales, dans la phraséologie » de l'inscription, lorsqu'après avoir établi la part faite aux allusions Confucéennes, il a ajouté :. « Du commencement à la fin, il y a une inclination évidente au Bouddhisme, dans la nomenclature adoptée pour les différentes institutions ecclésiastiques. D'autre part, la phraséologie et les idées Taoïstes sont très apparentes dans la proclamation impériale. Cette dernière particularité se remarque dans la plupart des décrets portés par les empereurs de la dynastie T'ang (1). » La raison de cette prédilection était la prétention qu'avaient ces princes de descendre de *Lao-hiun,* fondateur du Taoïsme nommé *Li* comme eux.

Il est temps de formuler notre propre jugement. Il sera conforme à celui qu'eût donné une combinaison a *priori* de ces divers éléments, et comprendra ces deux principes : chaque secte devait fournir les termes répondant aux conceptions que ne possédaient pas les sectes rivales et que l'auteur voulait cependant exprimer. En second lieu, pour les idées communes aux trois sectes, il était naturel que l'écrivain choisît ses expressions suivant un certain ordre de dignité, comme lettré et comme Chinois : l'origine étrangère du Bouddhisme devait le reléguer au troisième plan, pendant que le caractère à la fois national et littéraire du Confucianisme lui assurait la première place.

C'est ainsi que l'un et l'autre culte chinois devait céder la place au Bouddhisme pour les désignations hiérarchiques et pour les choses du culte; ainsi qu'aux conceptions abstraites et métaphysiques convenait mieux le répertoire Taoïste. Tout le reste, principes moraux aussi bien qu'allusions littéraires, était dévolu aux livres canoniques ou historiques. Nous avons eu l'idée de faire relever par un lettré chinois la liste de ces emprunts, suivant les sources auxquelles ils sont attribués et quoique nous n'entendions point garantir d'une façon absolue l'égale justesse de toutes ces citations, leur ensemble nous a paru présenter un véritable intérêt (2).

Et maintenant, demandons-nous si, comme on l'a prétendu, ces emprunts d'une terminologie païenne et leur application à la religion chrétienne, altérèrent la pureté de la foi ou de la morale évangélique. C'est en effet à ces termes que nous rédui-

---

(1) *The North-China Herald.* N° 283. 29 Déc. 1855. p. 87.

(2) Cette liste renferme de trois à quatre cents expressions ; c'est-à-dire qu'autant de fois, un habile lettré lisant notre inscription ressentira cette satisfaction d'humaniste qu'éprouve tout Chinois, lorsqu'on évoque devant lui un souvenir des âges antiques. Plus de trente de ces expressions sont empruntées au seul livre des Mutations ; presque autant viennent du livre des Vers ; une vingtaine de celui des Annales. Les seuls livres Canoniques (經) fournissent un total d'environ 150 allusions. Les Historiens (史) en donnent plus de cent autres; les Philosophes (子), une trentaine ; le reste est fourni par différentes collections.

sons pour le moment la question posée par nous, sur la valeur de l'inscription au point de vue religieux, réservant à plus tard de démontrer l'inanité du reproche de doctrine nestorienne formulé par Renaudot et quelques auteurs plus modernes.

G. Pauthier, dont la science théologique était manifestement défectueuse pour trancher une pareille question, trouvait « un peu vague, le caractère religieux » de ce monument. Jusque-là, on pourrait encore pardonner l'assertion à l'insuffisance du chrétien et du sinologue ; mais là où le critique s'égare franchement, c'est quand il ajoute : « On sent que le symbole qu'il proclame n'était pas encore bien défini, bien déterminé dans la pensée de ses propagateurs. » Heureusement pour sa mémoire, il a eu la prudence d'ajouter cette réflexion plus sensée : « ... ou que la formule qui devait l'exposer dans la langue chinoise, n'était pas encore bien arrêtée. » Puis, tout en y constatant « les traces visibles du contact bouddhique et même manichéen », il eut la justice de conclure : « D'ailleurs il est bien évident que les rédacteurs de l'Inscription n'ont pas eu, n'ont pu avoir en vue un traité dogmatique, qui aurait exigé pour être compris, de beaucoup plus grands développements que n'en comportaient les dimensions du monument qu'ils voulaient léguer à la postérité (1). »

Rien de plus sage que ces dernières réflexions dont le souvenir eût évité au Dr Eitel un excès de sévérité à l'endroit de la colonie chrétienne du VIII° Siècle. A son avis, non seulement l'inscription est digne de blâme pour ce qu'elle a omis de dire ; mais même dans ce qu'elle a exprimé, elle révèle « une foi chrétienne entièrement énervée *(emasculated),* privée des traits principaux de l'Évangile, embourbée dans les idées Confucianistes, Taoïstes et Bouddhistes, une chose hybride et méprisable cherchant à prolonger une misérable existence, en prodiguant le *K'eou-t'eou* aux empereurs et aux mandarins, et en se ménageant la faveur du peuple par l'adoption des formes du culte, foi et langage des Trois religions. » Suivant le même critique, ce monument ne contient que quelques traits clairement chrétiens ; « tous les autres passages relatifs à la foi et à la morale chrétiennes sont si vagues, si imprégnés du levain de la phraséologie Confucéenne, Taoïste et même jusqu'à un certain point Bouddhiste, qu'il est impossible d'en dégager quelque chose de franchement chrétien (2). » Pour ne rien dire ici des reproches de doctrine incomplète et de flatterie servile, il me semble que l'auteur s'est laissé entraîner trop loin par sa vertueuse indignation contre une terminologie, dans laquelle il croit à tort découvrir un culte et une foi hétérodoxes. La consécration par la religion chrétienne des termes propres à exprimer ses dogmes a toujours été une dé-

---

(1) *L'inscription syro-chinoise,* etc. Préf. pp. I, II.
(2) *The China Review.* T. XVI, 1887-1888. Article bibliographique sur l'ouvrage du Dr Legge.

licate question, dans les contrées nouvellement ouvertes à la foi; cependant tous doivent reconnaître que la primitive Église a surtout procédé par voie d'emprunts faits aux langages déjà existants : la création de mots nouveaux lui répugnait, et pourvu que le sens orthodoxe des termes nouvellement adoptés par eux fût franchement déterminé, les fondateurs des premières chrétientés subtilisèrent peu sur ces questions de mots : n'ont-ils pas emprunté le nom de Dieu lui-même à des théogonies absolument païennes? Ils prenaient ces termes sans scrupules, parce qu'ils en éclairaient, ils en épuraient le sens par leurs prédications, par leurs actes, par leur vie tout entière. Qui donc irait de ce chef, les accuser de s'être montrés des apôtres indignes? Et cet autre mot de «grâce» *(gratia)*, qui caractérise tout l'ordre surnaturel, ne l'avaient-ils pas rencontré dans un monde tout profane? Or ils l'ont ennobli par le chaste emploi qu'ils ont su en faire, et les chrétiens l'ont sanctifié, suivant ce mot de l'Apôtre : *Omnia munda mundis : coinquinatis autem et infidelibus nihil est mundum* (1).

Si l'on devait faire un crime aux premiers missionnaires du *Chen-si*, des termes qu'ils ont employés pour signifier les choses de la religion chrétienne, il y aurait aussi beaucoup à reprendre dans le vocabulaire actuel des Catholiques et des Protestants; car, ainsi que l'a remarqué justement le Dr Edkins, « nous enseignons aux Chinois la religion chrétienne au moyen de leur propre langage, et dans leur vocabulaire des termes religieux, nombre de mots et de phrases d'origine Bouddhiste ont passé dans l'usage commun (2).» Si cette méthode est excusable dans les temps modernes, elle l'était bien autant il y a douze siècles : le nombre plus grand peut-être de ces emprunts faits autrefois, ne saurait changer un principe, car sans être philosophe, chacun sait que «le plus et le moins ne changent pas une espèce.»

Je n'ignore pas que de bons esprits même catholiques, habitués aux subtilités de l'école, ont traité durement quelques expressions du *King-kiao-pei*. Mgr Masot, par exemple, caractérise de «théologiquement inexacte, de fausse, et d'indigne de la nature très simple de Dieu», la fameuse expression 分身, qu'il paraît n'avoir par suffisamment comprise (3). Nous montrerons bientôt que ces critiques sont outrées, qu'au moins il ne conviendrait pas de flétrir ces expressions avec une telle assurance.

A ce compte, nous le répétons, il faudrait même de nos jours, se livrer à une guerre de mots, et repasser sans cesse au crible les expressions déjà reçues, sous prétexte qu'on peut en trouver de plus exactes. Laissons les Protestants se livrer à ce travail de Pénélope, dont les fruits resteront médiocres; laissons même quelques-uns d'entre eux jeter leurs foudres et leurs in-

---

(1) Tit. I. 15.
(2) *Chinese Buddhism.* p. 353.
(3) *El Correo Sino-Annamita*, 1889. pp. 159, 169.

vectives sur «les déplorables méthodes du Romanisme» (1). Si nous en croyons leurs aveux, un peu plus d'unité entre ces Messieurs ne serait pas inutile à leur cause : les Catholiques du moins sauront conserver cette union qui fait une de leurs meilleures forces (2).

De fait, les missions catholiques ont conservé presque intégralement la terminologie que leur ont léguée les premiers apôtres de la Compagnie de Jésus : le patrimoine de ces expressions chrétiennes jouit donc d'une ancienneté suffisamment respectable, puisque trois siècles l'ont consacré. S'il faut en croire un écrivain anonyme d'une Revue protestante de *Chang-hai* déjà citée, «les Franciscains et les Dominicains sont deux ordres qui représentent un type beaucoup plus élevé de moralité et de science théologique que celui des Jésuites, dont le niveau n'était pas (au XVIIIe Siècle) essentiellement différent de ce qu'il était auparavant et de ce qu'il a été depuis (3). »

---

(1) Un de ceux qui dans ces derniers temps se sont signalés avec le plus de bravoure dans ces attaques où le bon sens et la charité chrétienne ne trouvent pas plus leur compte que l'urbanité des procédés, est le Rév. G. L. Mason, dont les élucubrations haineuses ont mérité, à notre étonnement, le haut patronage de la Revue *The Chinese Recorder*. A plusieurs reprises, mais surtout en 1889, dans un article intitulé *Notes on the Roman Catholic terminology*, le dit Révérend, visiblement obsédé par le spectre du Jésuitisme «dont l'influence est formidable (tremendous) en Chine », (*Ib. Op. cit.* p .285.) a vomi une partie de son fiel contre cette « Loyola's pestilent secret society » à laquelle Satan par un coup de maître a donné le nom de Compagnie de Jésus. Viennent ensuite, entassées dans une page, et *pour servir de prélude à la «terminologie catholique »*, les vieilles calomnies mille fois répétées, mille fois confondues, contre « le Pape Pie V qui chargea un assassin de tuer la reine Élisabeth », contre « les complots Jésuitiques et les superstitions italiennes », etc., etc. Bien entendu, l'eau bénite et les reliques des saints ont le don spécial d'exaspérer le Rév. Baptiste ; ce n'est plus un homme qui parle, c'est un énergumène... Ceux qui seraient désireux de connaître ce spécimen documentaire de la tolérance protestante au XIXe Siècle, le trouveront dans le *Chinese Recorder*. Vol. XX. 1889. pp. 352 à 354.

(2) Les *Records of the General Conference of the Protestant Missionaries of China*, held at Shanghai, May 7-20, 1890 (*Chang-hai*, 1890) renferment à ce sujet de précieux aveux. Citons entre autres ceux d'un vétéran des missions protestantes de Chine, le Rév. Wm Muirhead, qui termine un long et intéressant article sur la terminologie des versions de la Sainte Écriture, par un chaleureux appel à l'entente des diverses sectes : « Nous en sommes venus, dit-il, aux disputes, souvent à l'exaspération des sentiments chrétiens, à l'affaiblissement et à l'éparpillement de nos forces chrétiennes ; etc., etc. » *Op.cit.* p. 40.

(3) *The Chinese Recorder*. Vol. XX. 1889. « *What Lessons can we learn from the Experience and History of Roman Catholic Missions in China, as bearing on our work ?* » p. 502. — Inutile de relever l'inconvenance, l'injustice, d'un pareil jugement prononcé avec une morgue et une passion qui dénoteraient un esprit plus ignorant qu'évangélique. Qu'il nous suffise, pour rétablir l'égalité entre deux ordres religieux bien méritants de l'Église catholique, d'opposer à l'anonyme protestant du *Chin. Recorder*, un autre anonyme non moins protestant du *China Review*. Ce périodique publiait naguère (Vol. V. 1876-77. p. 135), à propos de l'ouvrage de J. Chalmers *The question of Terms simplified* (*Hong-kong*, 1876) un article critique, dans lequel nous relevons le passage suivant : « La question des termes

Ces aménités anonymes n'empêchent point que les Franciscains et les Dominicains n'aient adopté en Chine les termes religieux arrêtés par les premiers Jésuites. Une seule exception doit être signalée, pour le mot qui désignait Dieu... Il est vrai que sur cette question capitale, le protestantisme a jugé bon de recueillir la succession des Jésuites et d'abandonner la théologie des Dominicains! — Quoi qu'il en soit, les Catholiques n'ont qu'une nomenclature, comme ils n'ont qu'un *Credo*, et cette unité même est une muette justice rendue à la docte sagacité de Ricci et de ses premiers compagnons. On sait d'ailleurs avec quel soin avait été faite cette détermination; au siècle dernier, le Père M. Cibot nous rappelait ces travaux. « Comme Ricci ne pouvoit se dissimuler qu'il falloit plus d'exercice, d'étude, de réflexions et de science pour saisir le vrai sens et la signification propre des mots d'une langue si difficile et si nouvelle, il suivit d'abord la méthode de S. Xavier au Japon et se servit de mots latins écrits et prononcés à la chinoise, pour aller au-devant des méprises qui pouvoient tirer à conséquence. Ainsi il disait *Teou-se* (陡斯 *tou-se*) pour *Deus* (1); *gne-la-tsi-ia,* pour *gratia* (2)... etc.; et cette pratique dura jusqu'à ce que les Missionnaires fussent assez versés dans la langue et les caractères chinois pour bien juger de la valeur des mots, et du sens que présentait la manière de les écrire (3). » Le P. Cibot rappelle ensuite les conseils éclairés des Docteurs chrétiens, de *Siu Ko-lao* entre autres (4), et cet exemple d'un lettré qui « eut le zèle d'apprendre le latin pour se mettre mieux en état de seconder les Missionnaires. » Il nous dit les « précautions infinies » qui furent prises, pour soumettre chaque question au « creuset de la critique » (5).

Dans cette question si complexe, la Cour Romaine, à qui nos adversaires reprochent sans cesse son prétendu despotisme, ne

---

était, il y a deux siècles bonne matière à dispute entre les savants Pères Jésuites, et les ignorants Dominicains, prêtres mondains, jusqu'à ce qu'enfin ceux-ci tournèrent habilement la question sur le point des usages cérémoniels... »

(1) Nous parlerons ailleurs de cette représentation du mot « Dieu ».

(2) Aujourd'hui encore, la salutation angélique (聖母經) conserve l'expression purement phonétique 額辣濟亞 *Ngé-la tsi-ya,* pour le mot « grâce »; cependant elle a été remplacée presque partout ailleurs par 聖寵 *Cheng-tch'ong* « sainte faveur ».

(3) *Mémoires.* T. VIII, 1782. *Essai sur la langue et les caractères des Chinois.* Note 62, p. 253.

(4) Le Père de Sémédo nous a laissé d'intéressants détails sur la part que le Dr Léon Li, de *Hang-tcheou*, prit à cet important travail. « Je peux dire sans mentir, écrivait-il en 1638, que de cinquante livres, que nos Pères ont desia mis en langage Chinois, tant de la Religion que des sciences, à peine en est-il un seul, qui n'ayt passé par ses mains, pour le revoir, le corriger... » *Cf. Histoire de la Chine.* Lyon, 1667. pp. 363 à 366.

(5) « On conserve à la bibliothèque du Roi, ajoutait en terminant le même auteur, plusieurs anciens catéchismes; qu'on se donne la peine de les ouvrir, et on y verra la preuve de ce que j'ai avancé. »

s'était réservé qu'un seul point, sur lequel nous reviendrons, un point sur lequel personne ne pourra soupçonner l'orthodoxie de notre monument. Elle laissait sur tous les autres, à la science et à la cordiale entente des missionnaires, le soin de parfaire le vocabulaire des expressions chrétiennes. Cette liberté donnée aux missionnaires était le fait d'une profonde prudence qui ne s'est jamais démentie; et cependant nous savons que plusieurs firent leurs efforts pour que Rome se départît une fois ou l'autre de cette sage discrétion. C'est ainsi qu'en 1645, les Dominicains présentèrent une question spéciale sur l'emploi du caractère 聖, l'un de ceux précisément que le Rév. G. L. Mason s'indigne de voir appliquer à St Alphonse de Liguori et au Pape St Pie V (1). Rome laissa libre l'usage de ce mot (2).

Pour revenir aux griefs exposés plus haut, le Dr Eitel nous parait aussi trop exigeant quand il demande à la pierre élevée par ces moines du VIIIe Siècle, un précis complet de leurs croyances et de leur morale : un monument de ce genre n'avait certes rien de commun avec un catéchisme. Nous pensons du reste que si les diverses sectes protestantes étaient jamais capables de s'entendre pour rédiger un *Credo* positif de leurs communes croyances, elles ne nous en apprendraient guère plus long que la pierre de *Si-ngan-fou*.

Qu'on le remarque bien cependant : en nous constituant l'apologiste de l'inscription de la stèle chrétienne, nous ne pouvons être soupçonné de partialité en faveur de ses auteurs : leur caractère nestorien nous est aujourd'hui trop bien attesté par l'histoire, pour que nous songions à le méconnaître; ce qui, pour Bartoli et d'autres historiens de la Compagnie n'était qu'une conjecture, est devenu pour nous une certitude.

Nous reviendrons sur ce point au cours de la troisième Partie. Il nous suffira pour l'instant de citer les témoignages concordants de Bartoli et de Cordara. Le premier avait soulevé dès 1663, bien longtemps avant les découvertes de Renaudot, la question du nestorianisme des moines syriens; rien de plus loyal, de plus judicieux que les observations qu'il fait à ce propos.

« Nous ne pouvons dire avec certitude si la Foi qui fut alors prêchée et professée dans ce royaume était pure, ou bien infectée des hérésies de l'Orient; ni si l'Église des Nestoriens, que Marco Polo trouva dans sa si fameuse Cambalù, n'était pas un misérable reste de la destruction générale et de la ruine des autres. Et ce soupçon n'est pas détruit par l'observation que l'inscription sur la pierre n'est pas entachée d'hérésie; car on n'y dit pas comment les deux natures en Jésus-Christ ne constituent pas deux

---

(1) *Op. cit.* p. 353.

(2) Cette question était la 14e des 17 proposées par le Père J.-B. Moralès. — *Cf. Documenta controversiam missionariorum apostolicorum Imperii sinici spectantia.* Cologne, 1699. p. 17. « Resp. Non posse aliquid affirmari circa vocem hanc, ejusve usum... »

personnes, et la Mère de Dieu y est appelée seulement Vierge, ce qui peut très bien se concilier avec l'hérésie de Nestorius, qui niait qu'elle fût Mère de Dieu. Et si ce n'était que l'Éthiopie, la Syrie et l'Égypte, d'où étaient les évèques et les prêtres mentionnés sur le bord de la pierre, sont beaucoup plus près d'Alexandrie que de Constantinople où Nestorius fut patriarche, on pourrait concevoir des soupçons au sujet de ce titre de Patriarche Universel que l'on donne à ce Hanan Jesuà, quel qu'il fût; nous savons que ce titre fut usurpé par Jean, patriarche de Constantinople, blâmé à ce sujet par le Pape St. Grégoire le Grand, lequel vivait peu d'années avant que Olopuen allât porter la lumière de l'évangile aux Chinois. — Mais en voilà assez sur ce sujet, car l'obscurité dans laquelle nous nous trouvons ne nous permet pas de faire plus que de simples conjectures (1).»

On verra au chapitre suivant, comment Kircher, critique moins sûr et plus passionné que son confrère italien, protesta bientôt (1667) contre ces conclusions. Il le fit avec plus de zèle que de bonheur, et en 1750, le Père J. Cordara, historien officiel de la Compagnie, confirmait en ces termes les conjectures de Bartoli : «Bartoli a soupçonné avec assez de vraisemblance, que la loi divine dont parle cette pierre, parvint à la Chine, non de la source catholique, mais du canal impur des Nestoriens, qui pendant ce VIIe Siècle se répandirent au loin par tout l'Orient. Je n'ai cependant sur ce point rien que je puisse affirmer pour l'une ou l'autre opinion (2).»

On le voit, l'exposition loyale de ces doutes par les écrivains les plus autorisés de la Compagnie se mettait peu en peine de l'inepte objection que Voltaire devait plus tard formuler ainsi : «Les chrétiens de la Mésopotamie étaient des Nestoriens, on suppose que Dieu envoya exprès un hérétique pour pervertir ce beau royaume (3)...»

Un dernier reproche a été adressé au même monument. On a écrit que ce souvenir «d'un christianisme nominal, dégénéré, d'une très mince valeur au point de vue historique, peut avoir cependant quelque utilité pratique comme monument de la folie des missionnaires, donnant aux missions modernes un avertissement nécessaire, leur montrant les effets désastreux de K'eou-t'eou aux pouvoirs existants... (4).» Cette déclamation, qui se ressent un peu de l'inspiration privée, ne manque pas d'une certaine hauteur : elle rappelle de très loin, moins l'infaillibilité, les décisions dites *ex cathedra*. D'autres avant nous, ont fait justice de la première et dédaigneuse affirmation, qui restreint à de très

---

(1) *Cina*. p. 803.

(2) *Hist. Soc. Jesu*. P. VI. p. 613.

(3) *Lettres chinoises, indiennes et tartares. A M. Paw, par un Bénédictin*. Paris, 1776. p. 42.

(4) *The Ch. Rev*. T. XVI. p. 386.

minimes proportions, le fait historique de l'évangélisation de la capitale de la Chine dès le VIII° Siècle. Nous n'avons pas à revenir sur le caractère providentiel de cette prédication, non plus que sur celui de sa mémoire ressuscitée mille ans après : ce sont là, aux yeux d'un croyant et dans le plan divin, des faits d'une importance capitale. « On a beau faire, répèterons-nous avec le Père Cibot, on ne prouvera jamais que Dieu n'est pas infiniment bon. L'histoire de ses miséricordes sur les nations étrangeres ne nous est pas connue, mais il n'y a que notre ingratitude qui puisse nous faire douter qu'elles soient infinies (1).»

On a trouvé excessives les louanges prodiguées aux Empereurs chinois par l'auteur de l'inscription, mais dans cette critique, la moins mal fondée de toutes, les protestants de notre époque n'ont point eu l'honneur de l'invention. Le Père Le Comte l'avait depuis longtemps formulée en ces termes : « La Chronique de la Chine confirme par la suite de ces Empereurs ce que ce discours nous en dit; mais il me semble qu'on y exagere beaucoup les vertus des Princes, dont plusieurs paroissent dans l'histoire presque aussi portez à favoriser le Paganisme que la Religion Chrétienne (2).»

Pourquoi ne pas avouer que le monument de *Si-ngan* nous semble porter empreintes dans son dithyrambe les traces d'une admiration trop servile, et que, Chinois ou étranger, son auteur a prodigué à des princes païens, des éloges excessifs? En tout cas, ces flatteries, expliquées sinon justifiées par les habitudes séculaires de l'Orient (3), par la longue série des bienfaits reçus, par la nécessité dans l'avenir d'une protection sans cesse renouvelée, enfin par le lieu même où elles étaient exprimées, n'exposaient pas plus la pureté du dogme chrétien, que la morale évangélique. On pourra longtemps discuter sur les limites de la déférence extérieure due aux pouvoirs constitués. Ce devoir, que la raison suffit à démontrer, est consacré par les Apôtres Pierre et Paul, en des termes qui ne laissent subsister aucun doute pour des chrétiens; quant à en condamner telle ou telle manifestation, il faut, pour rester juste, tenir compte des circonstances multiples qui en déterminent le sens et la portée. Une seule chose est requise impérieusement par la conscience, c'est que le prédicateur de l'Évangile ne sacrifie pour les besoins de sa cause, ni un article de sa foi, ni un précepte de la morale. Telle est l'unique limite que reconnaissent sa propre dignité et son zèle pour les âmes.

Vraiment, il peut sembler très commode à un personnage confortablement installé dans une colonie anglaise, de proclamer que la religion chrétienne est «impérieuse et impériale» (4);

---

(1) *Mémoires*. T. VIII. *Essai sur la langue et les caractères des Chinois*. Note 40. p. 233.
(2) *Nouveaux Mémoires*. Paris, 1696. Tom. II. p. 205.
(3) Il n'est pas nécessaire de remonter loin dans l'histoire des peuples occidentaux, même dans celle de l'Angleterre, pour retrouver de semblables tendances.
(4) *The Ch. Rev. loc. cit.*

mais il serait injuste de mépriser ceux qui, « pour l'amour de Dieu, pour obéir à sa volonté sainte, se sont efforcés par leur soumission au prince et à ses officiers, de fermer la bouche aux hommes ignorants et insensés » (1), qui sur les plus légers soupçons, trop souvent par malice, affectent de ne voir dans les chrétiens que des perturbateurs. Ce soin de « se faire tout à tous » n'a point empêché, il est vrai, l'œuvre des premières missions chinoises de périr, mais ce n'est certes pas lui qui a précipité la ruine : à cette inconstance dans la foi, l'on peut assigner une cause plus vraie, la résistance obstinée de la classe lettrée à la lumière du Christianisme.

Un mot, en terminant un chapitre déjà long, sur ce signe deux fois nommé de servilité, qui s'appelle le K'o-t'eou 磕頭 (al. 叩頭). Autrefois, les ambassadeurs des nations occidentales rendirent à l'Empereur de Chine cet hommage, sans plus de façon que les missionnaires eux-mêmes (2). Depuis un siècle les choses ont changé, et cependant il ne me déplairait pas de voir, même aujourd'hui, nos représentants, dans leurs rapports avec le Fils du Ciel, assurer aux gouvernements qu'ils représentent, encore plus de prestige qu'ils n'ont fait jusqu'ici (3) : cette dignité d'attitude devient un droit et un devoir pour les pouvoirs civils justement soucieux d'être respectés.

---

(1) *Omnis anima potestatibus sublimioribus subdita sit* (Rom. XIII. 1.). — *Subjecti igitur estote omni humanæ creaturæ propter Deum, sive regi quasi præcellenti, sive ducibus... quia sic est voluntas Dei, ut benefacientes obmutescere faciatis imprudentium hominum ignorantiam.* (I Petr. II. 13, 14, 15.).

(2) L'histoire de Chine nous a conservé un ancien et curieux souvenir de cet hommage; je le citerai d'autant plus volontiers, qu'il est contemporain de notre monument. « La 14ᵉ année *Tchin-yuen*, (貞元, 798) le Khalife *Ga-lun* (訶論 *Ha-loun;* c'est le Calife Abasside *Raschid abou Mohammed HAROUN abou Dgiafar*, qui régna de 786 à 809.) envoya trois ambassadeurs à l'empereur; ils firent la cérémonie de se mettre à genoux et de frapper du front contre terre pour saluer l'empereur. Les premiers ambassadeurs des Khalifes, qui vinrent à la Chine, eurent d'abord de la peine à faire cette cérémonie. L'histoire chinoise rapporte que ces Mahométans disaient qu'ils ne se mettaient à genoux que pour faire la cérémonie au ciel. Dans la suite, étant instruits de cette cérémonie, ils n'eurent plus aucun scrupule pour la faire. C'est pour cela que l'histoire chinoise, en rapportant l'histoire du Khalife *Ga-lun*, remarque que la cérémonie chinoise fut faite par les ambassadeurs mahométans, pour saluer l'empereur de la Chine. » *Cf. Abrégé de l'histoire de la dyn. Tang*, dans les *Mémoires*. Tom. XVI. p. 144. — 唐書 221ᵉ K. 下 · fol. 14.

(3) On se souvient de l'audience accordée en 1891 par le jeune Empereur *Koang-siu* aux représentants des pouvoirs étrangers; on sait que les Occidentaux ne s'y montrèrent pas fiers, et que cette audience fut « loin de relever le prestige européen. » « Triste! triste! concluait un mandarin chinois, missionnaire bien connu à Pé-king. Si l'audience n'avait pas eu lieu, on y aurait gagné. » *Cf. Les Missions Catholiques*. 1891. p. 220. — En 1873, le même journal avait donné (p. 620) la traduction d'un compte-rendu chinois jetant l'odieux et le ridicule sur une représentation semblable, qui venait d'avoir lieu. Cette diatribe « imprimée et publiée dans la capitale du *Se-tch'oan*, sous les yeux du Vice-roi *Ou*, comme supplément officiel de la *Gazette de Pé-king*, fut adressée, avec cette Gazette, à tous les mandarins et fonctionnaires de la province. »

II. DESCRIPTION. 225

Dans un intervalle de quatre siècles, vingt-quatre ambassades envoyées en Chine par les souverains d'Europe se sont succédé à la Cour de *Pé-king* (1). En dehors des trois légats du Pape, les autres envoyés représentaient le Portugal [4], la Hollande [4], la Russie [11] et l'Angleterre [2].

Or, les Portugais firent le *K'eou-t'eou*, et on peut voir dans les ouvrages cités en note le récit de leurs réceptions.

---

(1) Plusieurs articles sur ces ambassades ont paru à différentes époques. En 1843, G. Pauthier a donné, traduits du chinois, ses *Documents officiels chinois sur les ambassades étrangères envoyées près de l'empereur de la Chine*. Cet ouvrage mentionne les ambassades portugaises de 1521, 1667, 1727 et 1753; les amb. hollandaises de 1656, 1667 et 1795; les amb. russes de 1656, 1688, 1693, 1720, 1728, 1805, 1808 et 1820; les amb. anglaises de 1793 et de 1816. — Un autre article intitulé *Audiences granted by the Emperors of China to Western Envoys*, inséré dans *The Ch. Rev.* Vol. III. Sept. 1874, pp. 67 à 83, parle des mêmes ambassades, passant sous silence la plupart de celles venant de Russie et ajoutant celle du Pape en 1720. — Enfin dans son N° de Sept. 1883, la même Revue a publié sous le titre de *The Tributary Nations of China*, un article de G. Jamieson sur le même sujet.

Je compléterai ici, d'après une note du regretté Père L. Pfister, la liste de ces ambassades, sans rien modifier de son texte.

1521 — 1re ambass. portugaise de Thomas Pirès, envoyée par le Roi don Emmanuel; elle ne réussit pas, et Pirès fut jeté en prison.

1655 — 1re ambass. hollandaise de Pierre de Goyer et Jacques de Keyser, envoyée par la Compagnie hollandaise à *Choen-tche*.

1656 — 1re ambass. russe, envoyée à *Choen-tche* par le Grand-duc de Moscovie Alexis I Michaelowitch.

1661 — 2e ambass. hollandaise de I. V. Campen et C. Nobel, à *Choen-tche* par la Cie hollandaise des Indes.

1664 — 3e ambass. hollandaise de Pierre van Hoorn, à *Choen-tche*, envoyée par la Cie des Indes.

1670 — 2e ambass. portugaise de don Manoel de Saldagna, envoyée à *K'ang-hi* par le roi Alphonse VI.

1676 — 2e ambass. russe envoyée à *K'ang-hi* par Alexis I ou son successeur Fédor III. Les Chinois avaient déjà par deux fois refusé de l'admettre.

1689 — 3e ambass. russe du Comte Féodor Alexiewitch Golowin, envoyée à *K'ang-hi* par la Régente Sophie, pour délimiter les frontières, qui sont fixées provisoirement.

1693 — 4e ambass. russe de Isbrants-Ides, envoyée à *K'ang-hi* par le Czar Pierre I.

1705 — 1re ambass. du St Père Clément XI, qui envoie le Patriarche Thomas Maillard de Tournon, pour régler la question des rites.

1715 — 5e ambass. russe de Thomas Garwin et Laurent Lange, envoyée à *K'ang-hi* par Pierre I.

1719 — 6e ambass. russe de Léon Wassiliowitch Ismaïlow, envoyée à *K'ang-hi* par Pierre I. Lange demeura à *Pé-king* comme agent de la mission russe.

1720 — 2e ambass. du Pape Clément XI, qui envoie à *K'ang-hi* le Patriarche Mezzabarba.

1725 — 3e ambass. du Pape Benoît XIII à *Yong-tcheng*. Deux Pères Carmes, Gothard et Ildephonse, représentent le Saint Père.

1726 — 3e ambass. portugaise de don Alexandre Metello de Souza y Menesès, envoyée par le roi Jean V à *Yong-tcheng*.

Les Hollandais imitèrent les Portugais. Voici quelques particularités intéressantes des ambassades de 1655 et de 1794. La première eut pour historien «Mr Jean Nieuhoff, M^re d'Hostel de l'ambassade». Ce digne homme, moraliste facétieux qui n'aimait pas les Jésuites plus que ne fait le Rév. G. L. Mason, a raconté d'une façon pittoresque les humiliations de ses maitres. Il croit avoir su, tout au moins il affirme que « le P. Adam (Schaal) avoit déjà receu dans ses griffes trois cens taels d'argent pour s'opposer à l'entreprise» de ces dignes commerçants ! « Avant que de recevoir la grace d'une audience», ils allèrent «s'agenoüiller par trois fois, et encliner leurs têtes et leurs épaules jusques à terre autant de fois, à la voix du Heraud... vis à vis du Seel impérial petit Thrône antique et vermoulu, tout enfermé de grilles.» Devant le souverain, l'ambassade hollandaise s'aplatit non moins consciencieusement, ainsi qu'en font foi le récit du «M^re d'Hostel» et une «Taille douce» représentant la posture humiliée de ses compatriotes (1).

Quarante ans après, les Hollandais multiplièrent à plaisir les démonstrations de respect. Il s'agenouillèrent au passage du prince, dans la cour du palais, devant une foule immense, et c'est dans ce lieu, dans cet appareil peu glorieux, qu'ils présentèrent leur adresse. Le chef de l'ambassade s'en consola du reste, lorsqu'il entendit dire qu'il était «placé dans l'opinion du Souverain fort au dessus des Anglais» ! Cela sans doute l'encouragea, lors de la réception impériale, à faire son «salut d'honneur», renouvelé

1726 — 7e ambass. russe du Comte illyrien Sawa Wladislawitch Ragousinski, envoyée à *Yong-tcheng* par l'Impératrice Catherine I. Les frontières furent fixées, et le traité ratifié le 16 Juin 1728, par Pierre II.

1753 — 4e ambass. portugaise de don François Xavier Assis Pacheco y Sampayo, envoyée à *K'ien-long* par le Roi Joseph I. En 1742, Joseph I avait envoyé des présents à l'Empereur de Chine.

1767 — 8e ambass. russe du commissaire Kropotow, envoyée par la Czarine Catherine II à *K'ien-long*, pour faire un nouveau traité, signé le 18 Oct. 1768.

1793 — 1re ambass. anglaise de Lord Macartney, envoyée à *K'ien-long* par le Roi Georges III.

1794 — 4e ambass. hollandaise de Tithsing, envoyée à *K'ien-long* par la République de Hollande.

1805 — 9e ambass. russe des Comtes Golowkin et Jean Potocki, envoyée à *Kia-k'ing* par le Czar Alexandre I.

1808 — 10e ambass. russe, envoyée à *Kia-k'ing* par Alexandre I.

1816 — 2e ambass. anglaise de Lord Amherst, envoyée à *Kia-k'ing* par le Roi Georges III.

1820 — 11e ambass. russe de Timkowski, envoyée par Alexandre I.

Comme on peut le remarquer, la France, l'Autriche et l'Espagne, n'envoyèrent jamais d'ambassades à *Pé-king*.

(1) Cf. *L'Ambassade de la Cie orientale vers l'Empereur de la Chine ou grand Cam de Tartarie*. Traduction de J. Le Carpentier. Leyde, 1665. pp. 206, 208, 214.

plus tard avec enthousiasme au *Yuen-ming-yuen,* pour l'audience de congé (1). On le voit, à cette époque, les farouches Huguenots eux-mêmes, dans l'espoir de placer avantageusement leurs produits, ne se montraient pas trop regardants pour le *K'eou-t'eou.*

Les Russes n'en rougirent pas davantage. En 1719, Léon Wassiliowitch Ismaïloff, envoyé comme ambassadeur à *Pé-king* par Pierre I, se soumit aux cérémonies du *K'eou-t'eou.* «Cette affaire, raconte Bell, médecin de l'ambassade, fut arrangée dans les termes suivans : savoir que l'ambassadeur se conformeroit aux coutumes établies en Chine, et que lorsque l'empereur enverroit un ambassadeur en Russie, il recevroit des instructions pour se conformer, à tous égards, aux cérémonies en usage à la cour du Czar.» L'ambassadeur s'agenouilla pour remettre à *K'ang-hi* ses lettres de créance : après quoi « le maître des cérémonies le ramena et ordonna à tout le monde de s'agenouiller et de rendre hommage neuf fois à l'empereur. A chaque troisième fois, raconte Bell, nous nous relevions et nous agenouillions de nouveau. On fit bien des efforts pour éviter cette cérémonie, mais inutilement. Le maître des cérémonies étoit auprès de nous, et donnoit ses ordres en langue tartare, en prononçant *morgu* et *boss*. Le premier de ces mots signifie s'incliner, et l'autre se relever, deux mots que je n'oublierai de long-temps (2).»

Quant aux deux ambassades anglaises qui firent tant de bruit en leur temps, elles furent sans gloire et sans profit pour ceux qui en étaient chargés, comme pour le gouvernement qu'elles représentaient. Lord Macartney, qui se flatte d'avoir obtenu une réception «particulièrement honorable et distinguée», eut en effet la rare faveur de ne fléchir qu'un seul genou devant le monarque chinois: c'est dans cette attitude qu'il présenta ses lettres. Ce succès relatif suffit à consoler le noble Anglais de l'humiliation infligée à son cortège durant son parcours de la Chine : sur les drapeaux ornant les bateaux et les voitures de l'ambassade, on avait pu lire en grands caractères les mots suivants : «Embassador bearing tribute from the country of England»! Lord Macartney avait cru prudent de dissimuler cet affront, dont la *Gazette impériale* avait été porter la nouvelle aux extrémités de l'empire. Ajoutons que malgré ses *six cents ballots et caisses,* cette glorieuse ambassade n'obtint aucune des faveurs qu'elle était venue solliciter (3).

---

(1) *Cf. Voyage de l'Ambassade de la Cie des Indes Orientales Hollandaises vers l'Empereur de la Chine, dans les années* 1794 *et* 1795 — d'après le Journal d'André Everard Van Braam Houckgeest. Traduction de M. L. T. Moreau de Saint-Mery. Philadelphie, 1797. T. I. pp. 143, 152, 179, 257.

(2) *Cf. Relation de l'Ambassade envoyée, en* 1719, *à Péking, par Pierre premier Emp. de Russie.* Trad. de l'anglais par Castéra ; publié à la suite du *Voyage en Chine* de J. Barrow. Paris, 1805. T. III. pp. 246 à 249.

(3) *Cf. An authentic account of an Embassy from the King of Great Britain to the Emperor of China,* par Sir G. Staunton. Londres, 1797. T. II. pp. 130, 232.

L'ambassade de Lord Amherst eut moins de succès encore que la précédente. Elle fut hautainement renvoyée sans avoir été admise à l'honneur si envié de contempler la face impériale...... Dieu sait pourtant si l'ambassadeur anglais s'était montré conciliant! «Il s'était, raconte Henry Ellis dans son Journal, déclaré prêt à accomplir la cérémonie Tartare (lisez le *K'eou-t'eou*) à l'une de ces deux conditions : qu'un sujet de sa Majesté Impériale fît de même devant la peinture du Prince Régent, ou que l'Empereur déclarât formellement que l'ambassadeur chinois qui dans la suite paraîtrait à la Cour anglaise, fît, s'il en était requis, le *Ko-teou* devant notre Souverain.» Ce n'était certes pas se montrer exigeant à l'excès, et nous doutons qu'aujourd'hui un seul représentant des puissances européennes consentît à passer par ces fourches caudines. Henry Ellis constate que les conditions proposées par Lord Amherst ne différaient guère de celles qui avaient été acceptées un siècle plus tôt par l'envoyé russe. «Il est probable, avoue-t-il, que dans la circonstance présente, on eût obtenu une simple déclaration verbale de l'Empereur, laquelle eût été de peu de valeur, et eût seulement fourni un prétexte pour se désister de son opposition.» — Bien plus, Lord Amherst avait manifesté à ses compagnons l'intention d'accepter purement et simplement les conditions de l'Empereur, à moins que ceux-ci n'y vissent des inconvénients pour les intérêts de la Compagnie des Indes orientales; et dans cette circonstance, le Rév. Robert Morrison avait opiné pour le *K'eou-t'eou* (1).

En résumé, les gouvernements civils d'Europe ont donné depuis trois siècles dans leurs rapports avec l'Extrême-Orient, de trop rares exemples de patience et d'humilité, pour qu'on puisse reprocher aux missionnaires de Chine d'avoir avili leur caractère par la modestie de leur maintien et un esprit de conciliation dont aucune loi du reste, ni divine ni humaine, ne leur faisait un crime. Que les peuples chrétiens se montrent plus noblement fiers et plus constants pour le maintien de leur dignité nationale, qu'ils soient moins avides d'un lucre qui parfois les a déshonorés aux yeux d'un gouvernement païen, qu'ils favorisent la religion au moins à l'égal des intérêts matériels de leur négoce, qu'une indigne rivalité ne ligue point l'un d'eux avec la Chine contre une autre nation chrétienne, et l'on verra la religion et ses prédicateurs respectés (2).

---

(1) *Cf. Journal of the Proceedings of the late Embassy to China.* Londres, 1817. pp. 139, 171, 172, 181.

(2) Le Dr James Legge a signalé et flétri comme ils le méritaient, à la dernière page de son livre *The Religions of China* (Londres, 1880. p. 310), ces vices qu'il ne craint pas d'imputer à sa patrie, lorsqu'il cite ces paroles indignées de l'ambassadeur *Kouo Song-tao* (郭嵩燾): «You say that, looked at from the moral standpoint, England is better than China. Then how is it that England insists on our taking her opium?»

§ VI. LE TITRE.

L'en-tête 額. — Caractères et traduction. — Les trois formes du caractère 景, d'après les monuments contemporains de l'inscription.—Variantes anciennes du caractère 京. — Principes s'appliquant à d'autres caractères. — Méprises du D J. Legge. — Significations du mot 景 dans l'inscription. — Conjectures arbitraires de plusieurs commentateurs chinois. — Sens des autres caractères. — Titre spécial de l'Éloge 頌. — Sens de ce mot, et du caractère 序.

Nous placerons ici quelques observations relatives au titre de l'inscription; ce sera comme le lien qui unira la partie descriptive de notre travail et la traduction proprement dite.

Ce titre est double, ainsi que cela se pratique sur tous les monuments de ce genre. Le premier sert d'en-tête (額 «front, frontispice») au monument tout entier et désigne la stèle elle-même (碑). Il se compose des neuf grands caractères incisés dans le cartouche que couronne la croix. Le second désigne l'inscription dans sa double partie «Éloge» (頌), et «Dissertation» (序). Placé en vedette sur le côté droit de l'inscription, il comprend huit caractères de grandeur moyenne et deux autres plus petits.

L'en-tête 額 peut affecter diverses formes que décrivent les ouvrages spéciaux et dans le détail desquels nous n'avons pas à entrer ici. Le plus souvent il ne comporte que quatre caractères, ordinairement en écriture ancienne. C'est le cas, par exemple, de l'inscription de *Si-hia-chan,* et de celles qui sont auprès du *Nan-men* de *Chang-hai* (*Cf.* p. 82). Les archéologues indigènes ont grand soin de consigner dans leurs traités le nom du calligraphe auquel sont dus ces caractères, et qui parfois est différent de celui de l'inscription elle-même.

Le titre de notre stèle est du même écrivain que l'«Éloge» et est conçu dans le même genre d'écriture (正書 écriture droite ou régulière); il n'en diffère que par la grandeur des caractères. Le voici, exprimé en types modernes, avec sa double traduction, latine et française.

大秦景教流行中國碑.

MAGNÆ TS'IN PRÆCLA-RÆ RELIGIONI DIFFUSE PERA-GRANTI MEDIUM REGNUM STELA. | *Monument (rappelant) la propagation à travers l'Empire du Milieu de l'Illustre Religion de TA-TS'IN.*

Réservant à plus tard ce qui concerne la dénomination de 大秦 *Ta-ts'in,* je donnerai quelques détails sur les caractères qui suivent.

230 LA STÈLE CHRÉTIENNE DE SI-NGAN-FOU.

景 *King.* — FORME; SIGNIFICATION.

A. FORME. — Le Dr J. Legge (1) fait à propos de ce caractère l'observation suivante : « Je ferai ici une remarque sur le caractère traduit « Illustre », qui partout dans le monument paraît sous la forme 景 (*lege* 京) et 景, au lieu de 景. Il n'y a pas de doute que ce ne soient deux formes du même caractère, mais je n'ai trouvé nulle part indiquée leur différence de forme, et elle a échappé à l'attention de tous les lexicographes, aussi bien chinois qu'étrangers. La seconde, qui est ordinaire, est la forme correcte : le 日, radical indiquant le sens, est ce qu'il doit être, aussi bien que 京 (*King*) symbole phonétique. Celui qui a tracé l'inscription use partout de 京 au lieu de 京 ce dont je ne suis pas surpris. Mais qu'il ait pu changer en 口 le 日 qui se trouve en tête du caractère, cela m'étonne et m'embarrasse. »

L'étonnement du Dr Legge cessera s'il se rappelle l'excellent principe formulé par le P. Cibot (*Cf.* p. 209), et les libertés que se sont plus d'une fois données les calligraphes de renom.

« Ce n'est pas dans les dictionnaires » qu'on peut trouver toutes les « variantes des anciens caractères », mais seulement dans les « anciens monuments ». Une application particulière et détaillée de ce principe au caractère qui nous occupe, ainsi qu'au caractère 京 qui se rencontre plusieurs fois dans l'inscription, nous paraît suffisamment justifiée au début de notre étude.

Le dictionnaire *Chouo-wen* 說文 donne pour 京 et 景 (5e et 7e *Kiuen*) les formes anciennes ci-contre : 帘 et 景. On le voit, ces caractères, qui emploient 口 dans la partie phonétique, n'offrent presque pas un trait de commun avec ceux du *King-kiao-pei*.

Le recueil *Li-pien* 隸辨 (2) nous donne d'après des monuments de la dynastie *Han*, les formes suivantes des mêmes caractères :

(2e *Kiuen*) (3), d'une part ; et de l'autre (3e *Kiuen*), les trois carac-

---

(1) *Op. cit.* pag. 3.

(2) Cet ouvrage, composé par 顧藹吉, comprend 8 volumes, et parut en 1718. Il analyse et reproduit les caractères de plus de 400 inscriptions d'écriture 隸, datant depuis l'an 56 avant J.-C., jusqu'à la fin des *Han* (fin du IIe Siècle).

(3) La première forme se trouve sur le monument 華山廟碑, lequel date de la 8e année 延熹 (165 ap. J.-C.); un autre type, emprunté au 韓勅碑 (2e an. 永壽. 156 ap. J.-C.), s'en rapproche beaucoup. — La forme 京 vient de la stèle 孔龗碑 (4e an. 建寧. 171 ap. J.-C.); une variante de cette forme est donnée au 6e *Kiuen* du même ouvrage. — Enfin le 2e volume cite la forme 㫘 d'après le 戚伯著碑, monument qui daterait de l'an 27 ou 87 ap. J.-C.

tères ci-dessous, qui ont tous 日 comme élément phonétique (1).

Le même ouvrage (6ᵉ *Kiuen*) signale et explique en même temps la différente composition de 京 *King* «Capitale», d'après le *Chouo-wen* et la pratique des *Han*: «Le *Chouo-wen* en écrivant 侖 s'inspire du caractère 高 «haut»: c'est qu'une «Capitale» est «haute» d'apparence. Le 古文 *Kou-wen* écrit 侖, et c'est cette forme qu'a suivie l'écriture 隸.»

Enfin le Dictionnaire de *K'ang-hi*, citant le 東觀漢紀, nous apprend que la forme 京 était jadis employée pour 原 *(yuen)*; plus loin, il donne d'après le 正字通, le caractère 京 comme la forme vulgaire de 原; ce qui semble confirmer la communauté d'usage de 京 et de 京.

Pour le caractère 景, nous ne trouvons dans le *K'ang-hi-tse-tien* aucune indication qui nous mette sur la voie d'une forme différente de celle qui est aujourd'hui définitivement consacrée. Il y a dans cet oubli une lacune importante et regrettable; les seuls monuments dont nous avons donné des fac-similés nous en fourniront la preuve.

Trois d'entre eux (752, 632, 676) nous offrent le caractère 京 avec la forme 京; trois (752, 841, 653) nous donnent les caractères composés 就, 涼 et 驚. Quant au caractère 景, nous le trouvons écrit 景 par *Ngeou-yang Siun* (632); et deux autres inscriptions (676, 653) présentent la même forme dans le caractère composé 影.

De ce qui précède, on peut conclure que sous les *T'ang*, la forme communément reçue pour le 京 actuel, comportait, comme sous les *Han*, un trait de plus qu'aujourd'hui et s'écrivait 京, comme dans notre inscription.

Pour le caractère 景, aucun auteur en effet ne nous fournit la variante qui embarrasse le Dʳ Legge, mais nous avons mieux encore chez l'un d'eux (752), une quatrième combinaison des éléments 囗 et 日, qui épuise toutes les formes possibles dans notre cas : (景, 景, 景, 景).

Nous offrons ci-contre en fac-similé un exemple curieux de cette nouvelle forme, gravé d'après un calque de la pierre 多寶塔.

---

(1) Le type 景 est du 校官碑 (4ᵒ an. 光和. 181 ap. J.-C.). L'épitaphe 謁者景君墓 (1ᵒ an. 元初. 114 ap. J.-C.) nous offre une forme identique. — Le type 景 est du 魯峻碑 (2ᵒ an. 熹平. 173 ap. J.-C.). — Le 景, du 韓勅碑 déjà cité.

Concluons de là : 1° que l'illogisme apparent de notre écrivain était justifié par l'autorité d'un calligraphe de renom dont le travail datait à peine de trente ans; 2° et que l'usage laissait à cette époque aux artistes ès-belles-lettres, une liberté beaucoup plus grande que les dictionnaires d'aujourd'hui.

L'oubli voulu de ces auteurs pour les règles de l'analyse logique des caractères n'a rien qui doive nous surprendre : un artiste aime à s'affranchir de la tutelle des lexicographes et des grammairiens, il se plaît à afficher son indépendance par ses œuvres. Je n'en veux pour preuves que les nombreuses mutations de ce genre faites depuis les anciens temps jusqu'à nos jours. Sans parler des autres, le monument de Si-ngan-fou nous offre plus d'un exemple de cette liberté d'allures. C'est ainsi qu'il écrit 㓛 avec un 刀 *tao* « couteau », au lieu d'un 力 *li* « force » (*Item in* 632). C'est ainsi qu'à quelques lignes d'intervalle, il emploie indifféremment les formes 明 et 眀. C'est ainsi encore qu'il substitue fréquemment, *brevitatis causa*, le radical 手 *cheou* « main », à 木 *mou* « arbre », écrivant par exemple 撿 et 挍 au lieu de 檢 et de 校 (*Item in* 752 et 632), 撓 au lieu de 橈, etc. Souvent du reste, l'élément phonétique n'est pas plus épargné que le radical; ainsi notre auteur ne se fait nul scrupule d'écrire 眛 avec 末 *mo* au lieu de 未 *wei*; 鍊 avec 東 *tong* au lieu de 柬; 述 avec 木 *mou*, au lieu de 朮 *chou*; 惚 avec 忽 *hou* au lieu de 怱 *tsong* (1).

C'est même pour avoir méconnu cette estimable liberté, nous le verrons bientôt, que dès la première ligne de son texte, le Dr Legge, rencontrant les caractères 惚 et 摳, les a lus tels qu'ils se présentaient, au lieu d'y voir une déformation des mots 惚 et 樞, méprise qui lui a fait dire de son texte: « a difficult clause. »

Indiquons en terminant un emploi assez inattendu du caractère 景 sous la dynastie 唐. L'inscription de 栖霞山 est, nous l'avons vu, datée de la 3e année 上元 de 高宗 (676); or nous trouvons sur la pierre à la suite de cette mention, l'indication cyclique suivante : 年在景子, dans laquelle 景 est pris pour 丙. Dans une autre inscription provenant du 天齊廟 de 馬青社 *in* 嶧陽縣 (au *Chan-tong*), et reproduite dans l'ouvrage 金石索, sous le titre 唐范洪恩造墖記, nous trouvons deux fois la même substitution : la seconde année 神龍 (706) est appelée 景午, et le jour est indiqué par les caractères 景寅. Les frères 馮 nous en ont donné la raison dans cette brève note : « 景 est pris ici pour 丙, ce dernier caractère étant évité (避諱) sous les 唐 (2) ».

---

(1) Le tableau des pages 234, 235 offre au lecteur les variantes principales de formes employées à la fois dans le *King-kiao-pei* et dans les cinq inscriptions dont nous avons donné des spécimens. Plusieurs caractères de ces stèles ont une partie seulement identique avec celle du *King-kiao-pei*.

(2) Sur cette prohibition très ancienne d'user de certains caractères appartenant au nom des Empereurs d'une dynastie régnante, on consultera avec fruit ce qu'en a écrit le

Cet emploi du caractère 景 à l'époque des T'ang a donné lieu à une singulière méprise, de la part de plusieurs critiques chinois. 王昶 par exemple, dans son ouvrage 金石萃編 dont nous reparlerons bientôt, échafaude sur cette donnée, un système d'identification absolument invraisemblable. Voici ses paroles : «Passons à la signification du mot 景 king «illustre», lequel se trouve dans ces deux passages de l'inscription du King-kiao-pei : «Une brillante constellation (景宿 King-sou) annonça l'heureux événement (告祥)», et cet autre : «Il suspendit le brillant soleil (懸景日) pour briser les portes de la demeure des ténèbres (以破暗府)». Les expressions équivalent quant au sens à celles-ci : 景星 King-sing «une brillante étoile», et 景光臨照 «la gloire éclatante répandit ses clartés». Jusqu'ici, rien que d'assez légitime dans la synonymie alléguée par Wang Tch'ang; mais nous ne pouvons en dire autant de l'hypothèse qu'il suggère immédiatement après : «Le caractère 丙 ping étant un nom de la famille impériale sous la dynastie T'ang, il est aussi possible que le mot King lui ait été substitué» (1). Ce qui revient à dire que la religion, nommée 景敎 sur notre stèle, ne serait autre que celle des Parsis ou des Adorateurs du feu, laquelle est signifiée par le caractère 炳 ping «éclat du feu». Ainsi 景敎 égalerait 炳敎 ou 昺敎 et signifierait «Religion du feu ou du soleil!»

Cet exemple d'une érudition plus subtile que solide a inspiré à Wylie cette réflexion judicieuse : «Voilà une de ces vaines spéculations auxquelles les auteurs chinois laissent fréquemment

---

P. Et. Siu, pp. 39 et 40 de la *Pratique des Examens littéraires*, N° 5 des *Variétés sinologiques*. Il s'agit sans doute ici de 代祖, père de 高祖, dont le nom était 昺. On remarquera à ce propos : 1° que la proscription visant régulièrement le caractère 昺, était ainsi étendue à sa partie phonétique 丙 ; et 2° que le son *ping* était lui-même altéré dans l'équivalent *King* qui lui était substitué. Le célèbre 韓愈 (768-824), dans la pièce bien connue sous le nom de 諱辯, persiffle agréablement l'excès de servilisme qui pousse les eunuques et les femmes du palais, à étendre encore des prohibitions de ce genre. Pour nous, disons plus : ces prescriptions formalistes qui sont en usage depuis des siècles sont l'hommage du culte le plus humiliant ; à la place de l'adoration d'un Dieu dont il rejette le joug, le lettré chinois a éprouvé le besoin de se constituer l'esclave du fétichisme impérial, et ce caractère sacré d'un nom qui ne peut plus être employé, en rappelant le respect superstitieux des Juifs pour le nom de Jéhovah, accentue encore ce rapprochement.

(1) Pauthier a ainsi traduit ce passage : « Mais alors les *Thang* n'auraient-ils pas dû faire remplacer ce nom qualificatif *King (sic)*, qui est un de leurs titres posthumes, par le qualificatif *tchao* qui aurait eu le même sens ? » (*Cf. L'inscription de Si-ngan-fou.* p. 85.) L'auteur français se serait épargné ce regrettable contre-sens, s'il eût su profiter de la traduction de A. Wylie, qui lui fut connue, avant l'impression de sa *Traduction des commentaires chinois*. « Sans vouloir taxer d'inexactitude la traduction de ce savant sinologue (lisez : de M. A. Wylie), écrivait alors candidement notre compatriote, nous mettons à même les lecteurs de porter eux-mêmes un jugement sur la question. » (*Cf. L'inscription*, etc. p. 69.) Malheureusement pour la mémoire de Pauthier, le jugement est en effet porté depuis longtemps et restera sans appel.

TABLEAU COMPARATIF RÉSUMÉ DES

employées dans le King-kiao-pei, et cinq autres inscriptions, dont

INSCRIPTION DE 781	INSCRIPTION DE 752	INSCRIPTION DE 632	INSCRIPTION DE 841	INSCRIPTION DE 676	INSCRIPTION DE 653	CARACTÈRES ACTUELLEMENT EN USAGE.
國或航能京景彌權撿校明翔舍契来額	或航能就影弥 撿校 契	國 抗能京景 撿校明翔舍	國或航能凉 弥權 明 契来額	國或 京影弥 明翔 契来額	國或 能鷲影弥 明翔舍契 額	國或航能京景彌權檢校明朔舍契來願

FORMES ARCHAÏQUES OU ABRÉGÉES
des fac-similés ont été donnés ci-dessus (pp. 201-204, 206-207).

INSCRIPTION DE 781	INSCRIPTION DE 752	INSCRIPTION DE 632	INSCRIPTION DE 841	INSCRIPTION DE 676	INSCRIPTION DE 653	CARACTÈRES ACTUELLEMENT EN USAGE.
冥乾功戒璧惣誕御若本指隱旨域土瞻		乾功戒	冥	冥乾 戒璧惣誕御	乾 璧惣 御若本指隱旨域土瞻	冥乾功戒璧總誕御若本指隱旨域土瞻

aller leur imagination, bien que l'hypothèse émise par eux paraisse dénuée de tout fondement (1). »

B. Signification. — Un auteur chinois plus récent a hasardé dans une longue dissertation des conjectures assez semblables à celles de *Wang Tch'ang*. Voici en effet comment s'exprime le 瀛環志略, ouvrage dont nous reparlerons aussi : « La stèle du 景教 est pleine d'extravagances (尤爲荒誕); cette religion *(King-kiao)* n'est autre que celle du Feu (火教); les expressions 景宿告祥, 懸景日以破暗府, 亭午昇眞, et autres, désignent toutes le feu du soleil (皆指太陽火也). » Il est vrai qu'il devient bientôt moins affirmatif; car il croit reconnaître dans l'inscription des traces de la religion chrétienne (洋教) aussi bien que du Bouddhisme; déconcerté par cette diversité d'éléments, il poursuit : « Ce n'est point la religion du Feu, ce n'est pas celle du Ciel, ce n'est point le Bouddhisme (非火非天非釋); bref, nous ne savons quel nom lui donner. » En somme, il estime que sous les *T'ang*, alors que florissait en Chine la religion occidentale de 大秦, « les religieux étrangers (胡僧) composèrent des trois religions Bouddhique (佛教), Chrétienne (天神教), et Zoroastrienne (火神教), une religion nouvelle pour laquelle ils inventèrent le titre de 景教 dans le but de se distinguer (牽合三教. 而創爲景教之名. 以自高異). » Il termine en avouant que ce mélange lui semble inexplicable (是不可解也).

A la vérité, il ne résulte pas très clairement de ces rapprochements forcés et de ces affirmations plus ou moins contradictoires, que leur auteur ait vu dans le caractère 景 un équivalent des mots 火 ou 炳, 曷; il s'est prononcé moins clairement que *Wang Tch'ang* sur ce point; mais venant après ce dernier, dont les conclusions lui furent certainement connues, il ne peut guère rester de doute sur cette identification, surtout si l'on se reporte à l'argument principal de ce long article, lequel roule presque tout entier sur le culte des Parsis (事火神者拜旭日).

L'auteur avait pris un faux point de départ : le rapprochement des temples persans (波斯寺), qui furent nommés temples de *Ta-ts'in* (大秦寺) à partir de l'année 745, et du caractère 景 fréquemment répété, lui parait une base suffisante à son affirmation; rien de surprenant qu'il arrive à des conclusions qui l'étonnent lui-même.

Le sens primitif du caractère 景, tiré de sa figuration, nous est donné dans le *Chouo-wen* par l'équivalent 光 « brillant, lumineux ». De ce sens à celui de 大 « grand », indiqué par le 爾雅釋詁, il n'y avait pas loin, et c'est ce qui explique comment les meilleurs commentateurs chinois eux-mêmes, ont interprété différemment, pour s'être fait une conception trop restreinte de ce mot, plusieurs passages des livres anciens où nous le trouvons. C'est ainsi, par exemple, que dans le *Che-king*, 景 recevait tour à tour des divers

---

(1) *The North-China Herald.* N° 227. 2 Déc. 1854. p. 72.

interprètes, dans l'expression 景行 (*in* 小雅, ode 車舝), comme dans l'expression 景福 (*ibid.* ode 小明), les sens de «brillant» et de «grand» (1).

Cette remarque trouve surtout son application quand le mot *King* est employé au figuré, qualifiant quelque objet pris dans un sens spirituel ou moral. Du reste les langues européennes nous donnent de semblables exemples, et c'est ainsi qu'on peut dire indifféremment «un homme illustre» et «un grand homme.» Le lecteur pourra appliquer ce principe presque chaque fois qu'il rencontrera le caractère 景 dans l'une des nombreuses expressions composées de notre inscription : il y trouvera l'idée de lumière et de grandeur morales, qui sont inséparables, et que le Père Em. Diaz a fait valoir dans son commentaire en réunissant les deux acceptions données plus haut : 景者, 光明廣大之義.

Mais c'est surtout quand il sert à désigner la religion chrétienne que ce mot paraît heureusement choisi, puisque seul entre tous les réformateurs, son divin Fondateur a pu s'appeler en réalité «la vraie lumière, illuminant tout homme venant en ce monde» (Joan. I. 9; XII. 46) (2). Ce n'est que postérieurement à la venue de cette divine lumière, que des hommes «qui l'avaient méconnue» (Joan. I. 10.) donnèrent le même titre à un des innombrables Bouddhas de leur création : *Amitâbha*, aujourd'hui le dieu préféré des dévots chinois, ne signifie en effet pas autre chose que 無量光明 «lumière sans borne».

Nous trouvons le caractère *King* employé sur la face principale de la stèle, dans quatorze combinaisons différentes. Six d'entre elles le prennent par antonomase dans le sens de «chrétien» : 景教 (*1er*) «religion chrétienne»; 景門 *(bis)* «église chrétienne»; 景法 «loi chrétienne»; 景寺 *(bis)* «monastère chrétien»; 景衆 *(bis)* «peuple chrétien»; 景力 «vertu chrétienne». Ailleurs, il désigne l'auteur du christianisme, «l'illustre et vénérable» 景尊 Messie, qui nous est aussi représenté comme un «radieux soleil» 景日, illuminant l'abîme des ténèbres. Deux autres fois, nous retrouvons le même mot qualifiant la fortune impériale 景命, et

---

(1) «Si l'on a égard à la composition de ce caractère, écrit Visdelou dans ses *Notes grammaticales, Ge* signifie le soleil, et *Kim* un monticule escarpé de toutes parts. Davantage, le soleil sur une montagne, outre les autres significations, désigne parfaitement une chose élevée et lumineuse.»

(2) M. Dabry de Thiersant (*Le Catholicisme en Chine*. pp. 31, 32) a bien fait ressortir la convenance de ce mot, au point de vue de l'autorité scripturaire et de la patristique. Il rappelle que «Dieu est lumière, et qu'en Lui il n'est point de ténèbres» (I Joan. I.); que Dieu le Fils «est la splendeur de la gloire et l'image de la substance divine» (Hebr. I. 3.), «lumière de lumière» (Symb. de Nicée), donnant à ceux qui le suivent «les clartés de la vie» (Jo. VIII. 12); que les Apôtres doivent être «la lumière du monde» (Matth. V. 14); les fidèles, «des enfants de lumière» (Jo. XII. 36); que les œuvres méritoires sont «des œuvres de lumière» (Rom. XIII. 12). et la vie éternelle «la claire vue de la divine lumière pour les siècles» (Apoc. XXII. 5; Ps. XXXV. 10.).

le bonheur de son peuple 景福. Enfin les expressions 景淨 et 景宿 sont les seules qui nous offrent l'exemple d'une acception matérielle. Encore la première n'est-elle autre chose que le nom de religion du compositeur de l'inscription, litt. « éclatante pureté », tandis que la seconde, « brillante étoile », attire plutôt l'attention sur le rôle de cette étoile que sur sa clarté matérielle : les livres historiques mentionnent fréquemment dans le ciel d'heureux présages, qu'ils qualifient du même mot, par ex. 景星, 景雲. La face latérale droite de la stèle renferme deux autres noms de religieux (僧) où paraît encore ce caractère : 景通 et 景福.

Contre toute vraisemblance, G. Pauthier avait traduit en 1853 l'expression *King-kiao*, par « la religion de *King* » (1). De plus dans une note, il accentuait assez témérairement l'erreur de son interprétation : « Ce caractère *(King)*, disait-il, ne doit pas être traduit, comme l'ont fait les missionnaires pour *qualifier* le substantif *Kiao*, religion, loi, doctrine (ils ont traduit LA TRÈS-ILLUSTRE LOI), parce que c'est la première syllabe du nom propre *Kin-thsing*, nom qui est donné en tête de l'inscription, au *prêtre* d'un monastère du *Tà-thsin (tà thsin ssè sang)*, qui apporta et propagea cette religion en Chine (2). » Quatre ans après, Pauthier atténuait dans les termes suivants, la double erreur qu'il avait commise : « Les missionnaires ont traduit ce caractère chinois par *clarissima, illustre*, le prenant pour un qualificatif de KIAO, *lex, religio*. Il est vrai que ce caractère a cette signification, mais c'est aussi l'un des *noms*, dans ladite inscription, du prêtre de *Ta-thsin* : *King-thsing*, qui l'exposa aux Chinois dans leur langue : *(Tchu, ex uno in aliud idioma transferre.)* (3). » Il eût été plus noble de désavouer catégoriquement des critiques qui tombaient à faux, et une interprétation que l'auteur devait bientôt complètement abandonner, lorsqu'à l'exemple des anciens missionnaires il traduisait *King-kiao* par les mots *Clarissima Lex* (4).

En terminant, rappelons que plusieurs Empereurs et de nombreuses années de règne (年號) ont été désignés par ce vocable (5); que l'une de ces périodes, 景德 (1004-1007) sous les *Song*, a donné son nom à plusieurs monastères bouddhiques, notamment aux 景德寺 de *Sou-tcheou* (Prov. du *Kiang-sou*) (6) et du 寧國府

---

(1) *Chine moderne.* p. 107.

(2) Ainsi Pauthier confondait le moine *King Tsing* qui écrivait en 781, avec *Olopen* arrivé en 635!

(3) *De l'authenticité*, etc. p. 14. not. 1.

(4) *L'inscription syro-chinoise*, etc. p. 2.

(5) La dyn. des 周 nous offre 景王 (544-520); celle des 前漢, 景帝 (156-141); celle de 吳, un second prince du même nom (258-263). Quant aux années de règne, nous en comptons treize jusqu'à la dynastie 元; notamment, sous les 唐, celles dites 景龍 (707-709), 景雲 (701-711) et 景福 (892-893).

(6) C'est à ce monastère qu'appartenait l'auteur du lexique bouddhique 翻譯名義集.

(Prov. du *Ngan-hoei*), de même que sous les *T'ang*, la période 景福 avait donné naissance à l'appellation 景福寺 monastère de 無爲州 (Prov. du *Ngan-hoei*). Enfin les Taoïstes ont fait un très grand usage de ce mot, qui constitue même une de leurs catégories numérales.

一 敎 *Kiao*.

Ce mot est depuis longtemps consacré pour désigner un corps d'enseignement, de doctrine morale. C'est dans ce sens qu'il est employé au début du livre 中庸 et défini «la pratique du devoir, la réforme selon la loi naturelle» 修道之謂敎. Le livre des Mutations l'emploie dans un sens analogue, dans cette phrase (*sub* 觀, 20ᵉ *Koa*) : 聖人以神道設敎而天下服矣 «Le sage donne son enseignement conformément à cette voie spirituelle (du Ciel), et le monde entier se soumet à lui.»

Ce nom réservé plus spécialement dans l'antiquité aux enseignements des anciens rois, reçut de bonne heure l'application caractéristique de 儒敎 «doctrine, religion des lettrés.» Le 史記 (游俠傳) semble être l'ouvrage le plus ancien qui nous ait conservé cette expression, réservée depuis lors à la doctrine confucéenne. Les différents systèmes religieux qui depuis prévalurent en Chine adoptèrent également ce caractère. Tandis que le Taoïsme se faisait appeler 道敎, le Bouddhisme recevait la dénomination parallèle de 釋敎, 佛敎. Ces trois sectes, connues depuis sous le nom des «trois religions» 三敎, se sont disputé le titre de 聖敎 «religion sainte», que chacune d'elles a revendiqué pour son propre compte. On sait les efforts tentés à différentes reprises pour amalgamer ces trois sectes et en faire une seule religion nationale (1); on sait aussi comment de nos jours les esprits des lettrés les plus superbes admettent dans la pratique de leur vie quotidienne, même officielle, ce monstrueux éclectisme, dont plus d'un temple païen nous offre les images idolâtriques (2).

---

(1) Par exemple, vers le milieu du XIᵉ siècle, sous 仁宗 des *Song*, un bonze nommé 契嵩 composa un ouvrage en cinq volumes (輔敎編) pour prouver l'unité de but des «trois religions» (三敎一致). Cf. 集說詮眞提要 du Père P. Hoang, fol. 80, 81.

(2) Parmi les auteurs qui ont récemment traité ce sujet et tâché d'analyser cette question troublante d'une grande nation si persévéramment ignorante du grand problème religieux, on peut consulter Arthur H. Smith (*Chinese Characteristics*. Chap. XXIII et XXXIX), qui met bien en lumière les inconséquences de ces esprits qu'aucune contradiction n'effraie (*Op. cit.* pp. 355 seq.), et nous montre à bon droit «cette indifférence absolue pour les vérités spirituelles les plus profondes concernant la nature de l'homme, comme le trait caractéristique le plus affligeant de l'esprit chinois; car il est prêt à admettre un corps sans âme, une âme sans esprit, un esprit sans vie, un monde sans cause, un univers sans Dieu.» (*Op. cit.* pag. 123.). Voir aussi la même question traitée par le Dʳ J. Edkins (*Religion in China*. Chap. V. How three national religions coexist in China), dont le jugement peut se résumer en cette seule phrase : «Ils sont superstitieux, mais manquent de conscience.» (*Op. cit.* 1878. pag. 58.) — Une gravure qui ouvre la série des illustrations de

Nous verrons dans la troisième Partie que dans les multiples appellations qu'ils donnèrent à leur religion, les Juifs qui habitèrent la Chine usèrent toujours du mot 教. Les missionnaires chrétiens du VII⁰ Siècle imitèrent leur exemple, que devaient suivre dix siècles plus tard les Catholiques et enfin les Protestants. « 景教 «Doctrine illustre», dit Bridgman, semble être le terme employé pour dénoter la religion de Jésus, c'est-à-dire le système d'instruction donné par lui. Ici le mot 教 a le sens de ΜΑΘΗΤΕΥΩ (1)».

一 流行 *Lieou-hing*.

Cette expression qui fait image et rappelle le cours d'eau qui s'avance en coulant, est empruntée au 2ᵈ chap. de 孟子 (上. 1.), où ce philosophe rapporte la sentence suivante, qu'il attribue à Confucius : 德之流行 速於置郵而傳命 «La vertu qui se répand va plus vite que le courrier qui communique des ordres.» L'inscription porte la forme 㳅 au lieu de 流.

一 中國 *Tchong-kouo*.

Cette expression est connue depuis une haute antiquité. Ainsi le 中庸 (n. 31) l'emploie dans cette phrase remarquable : 是以聲名洋溢乎中國. 施 及蠻貊. «Dès lors la renommée (du Saint 天下之聖) se répandra dans l'empire du milieu et se propagera jusque chez les barbares du midi et du nord.» On remarquera l'analogie de pensée (il s'agit du Saint), et d'image (流行 d'une part, et de l'autre 洋溢) entre cette sentence et le titre de notre stèle. — Cette locution paraît avoir désigné originairement le domaine impérial, placé au milieu des états feudataires ; puis elle resta appliquée à l'empire tout entier.

Le titre spécial de l'inscription demande peu d'explications, après ce que nous avons dit de l'«en-tête». A part l'expression 大秦 qu'il supprime au début, et les trois caractères 頌并序 qu'il ajoute à la fin, il est identique avec ce dernier. Voici ce texte :

景教流行中國碑頌并序.

Præclaræ Religionis diffusionis per Medium regnum lapidarium Elogium, junctaque Dissertatio.	*Éloge et Dissertation (gravés sur le) monument (rappelant) la propagation de l'Illustre Religion dans l'Empire du Milieu.*

l'ouvrage 神仙鑑, sorte de Panthéon chinois imprimé vers l'année 1700, donnera une juste idée de la religion moderne des Chinois : les figures grimaçantes de Bouddha, Lao-tse et Confucius font les frais de cette apothéose, personnifiant à nos yeux, malgré le nimbe qui les décore, le Pandémonium de l'Extrême-Orient.

(1) *Chinese Repository.* Vol. XIV. 1845. p. 224.

Les caractères *Song* et *Siu* qui désignent les deux parties formant l'inscription sont donc les seuls qui aient besoin de quelques éclaircissements. Ceux qui désireraient en savoir davantage sur les formes anciennes de ces compositions, pourront consulter les ouvrages spéciaux d'épigraphie que nous avons cités au commencement du second paragraphe de ce chapitre.

— 頌 *Song*.

La lexicographie chinoise a justifié de la façon suivante la présence du radical 頁 *hié* «tête» dans ce mot. Le *Chouo-wen* le définit 貌也 «apparence, retracer l'aspect». Suivant le 正韻, il égale 稱述 «louer en rapportant». D'après le 釋名, *Song* signifie «louer les mérites, retracer la contenance, la conduite, exposer les actions méritoires de quelqu'un». D'après le 詩大序, «louer les manifestations, les actions vertueuses, pour en avertir les esprits». Le 文心雕龍 le définit 容也, parce que c'est «louer les vertus et en retracer l'expression». Le même ouvrage attribue à 咸墨 (黑), sous le règne de 帝嚳 (2436 av. J.-C.) la composition du premier Éloge connu; mais, ajoute-t-il, la forme littéraire de ces pièces ne reçut sa perfection qu'à partir des 商.

De fait le *livre des Vers* (詩經) ne renferme dans sa 4ᵉ partie, portant le titre 頌, que des Éloges ou Dithyrambes datant de cette dernière époque.

Ces sortes de compositions sont rythmées. Celle qui termine l'inscription du monument chrétien comprend huit strophes de quatre vers chacune (1); chaque vers est lui-même composé de huit caractères répartis en deux hémistiches (2).

Cet Éloge, malgré son peu d'étendue, obtient la priorité de dénomination dans le titre, à cause de la noblesse de son caractère; il évoque le souvenir des antiques poésies qui ont loué tour à tour les Empereurs des dynasties *Tcheou* et *Chang*, ainsi que les princes du royaume de *Lou*, et la seule vue du caractère 頌 fait revivre dans l'esprit de tout lettré chinois, l'histoire d'un passé glorieux. A ce point de vue, il devait l'emporter sur un simple Exposé 序, dogmatique ou historique, si long qu'on le suppose.

— 序 *Siu*.

Ce caractère est donné par le 爾雅 comme synonyme de 緒 «Connexion, enchaînement»; il se confond avec 叙. Un récit est ainsi nommé, disent les commentateurs, «parce qu'on y expose les choses avec ordre, et que leur suite s'y enchaîne comme un fil.»

Cette explication fait complètement abstraction de la place matérielle qu'occupe la pièce littéraire nommée *Siu*. L'appellation

---

(1) Une seule, la seconde, contient cinq vers au lieu de quatre.

(2) Cette mesure est très commune dans le *livre des Vers*, surtout dans la partie des *Éloges*. Dans notre stèle, la dernière strophe fait seule exception : ses vers sont de sept (4 et 3) caractères, mesure qui se rencontre aussi dans plusieurs pièces du *Che-king*.

de « Préface » qu'on lui donne généralement est donc en rigueur inexacte : ces sortes de compositions peuvent en fait aussi bien suivre que précéder une composition différente; elles peuvent même exister isolées et d'une manière indépendante.

Les *Siu* les plus fameux, soit à raison de leur ancienneté, soit à raison des livres qu'ils analysent, soit enfin à raison de leurs auteurs présumés, sont ceux qui accompagnent le *Che-king* et le *Chou-king*.

Celui de la stèle chrétienne est environ six fois plus étendu que l'Éloge, lequel n'est du reste qu'un résumé du premier morceau. Il renferme deux parties bien distinctes : la première est un exposé de la doctrine chrétienne, la seconde un sommaire de l'histoire du Christianisme en Chine, de l'année 635 à 781.

CHAPITRE III.

BIBLIOGRAPHIE.

Nous avons rappelé fréquemment dans les chapitres précédents l'œuvre du regretté A. Wylie; personne n'ignore le parti qu'il a su tirer des témoignages indigènes en faveur de l'authenticité de la stèle chrétienne. Ces documents précieux étaient de deux sortes : les uns, auxquels nous donnons le nom de sources, antérieurs à la découverte de 1625, et présentés d'une main trop avare par notre illustre devancier, devaient être complétés. Nous en publierons même sous forme d'Appendice le texte intégral : leur valeur apologétique est telle en effet que nous n'en saurions rien omettre. Les autres pièces d'origine chinoise sont de date plus récente : leur unanimité sur la valeur du *King-kiao-pei* ne peut laisser aucun doute chez un esprit non prévenu. Ici, nous l'avouons, Wylie ne nous a guère laissé qu'à glaner; nous analyserons ces témoignages, dont nous tiendrons à reproduire également le texte *in extenso*, dans des Appendices spéciaux.

Cette partie bibliographique de notre étude devra être complétée par l'examen critique des auteurs européens qui ont écrit sur cette question : pour procéder avec plus d'ordre, nous distinguerons les traducteurs et les critiques, et nous suivrons chacune de ces classes d'après l'ordre chronologique.

Une dernière partie sera consacrée aux opposants. Les uns, vils calomniateurs, seront traités avec la rigueur qu'ils méritent : la plus grande peine infligée à leur mémoire sera du reste la simple mise au pilori de leurs écrits : l'infamie s'y accusera d'elle-même. A la suite de cette classe méprisable, nous grouperons les adversaires qui semblent avoir quelque droit aux circonstances atténuantes : l'exposé rapide mais complet de leurs moyens d'attaque, nous permettra de réduire à néant les vaines difficultés qu'a ressassées, surtout dans notre siècle, une école plus ignorante qu'habile.

§ I. SOURCES.

Elles furent inconnues aux premiers missionnaires Jésuites. — Explications que donnent de ce prétendu silence de l'Histoire les PP. Amiot, Cibot, Le Comte, Couplet. — L'édit persécuteur de 845, cité par le Père du Halde. — Authenticité de cet édit. — Traductions du Père Hervieu et de Visdelou. — L'édit protecteur de 638 cité par A. Wylie. — Son authenticité. — Traduction de Palladius. — Édit de 745, consacrant une nouvelle dénomination des temples chrétiens. — Position du premier temple chrétien de *Tch'ang ngan*. — Autres temples consacrés dans la même ville à divers cultes des Occidentaux, d'après les Chroniques locales.

Pendant de longues années, les missionnaires furent persuadés qu'on ne trouvait dans les documents officiels de la Chine aucune trace de la prédication ancienne. Tous constataient ce silence avec une parfaite sincérité, plusieurs en témoignaient quelque surprise, mais pendant près d'un siècle aucun ne fut assez heureux pour confirmer l'authenticité du monument par cet argument extrinsèque. Aussi Kircher usait-il d'un euphémisme, lorsque dans sa *China* il déclarait que «dans les *Annales de la Chine,* on ne trouvait *guère* autre chose, relativement à cette introduction de la religion, que les noms des Empereurs et des mandarins» cités dans l'inscription (1).

Cette ignorance si prolongée pourra sembler dès l'abord assez extraordinaire; les Jésuites n'étaient-ils pas très intéréssés à venger leur honneur attaqué, et peut-on croire que s'ils eussent cherché, leurs efforts n'eussent pas abouti aux découvertes qui se firent dans la suite? Comment surtout comprendre que les Docteurs Paul et Léon n'aient jamais recouru à la collection des Édits impériaux des *T'ang*, qui devait leur être d'un accès si facile, et dont les révélations leur auraient été si utiles?... La clef de ce petit mystère nous semble assez facile à trouver : les lettrés chinois avaient reçu la stèle comme un fait parfaitement authentique, contre lequel absolument aucun ne protesta pendant deux siècles. Qu'était-il donc besoin de longues recherches pour confirmer ce fait, admis comme évident par ceux auxquels il pouvait être utile? Du reste, je considère comme très probable que l'on chercha, mais que l'on s'égara dans ces recherches. On dut s'adresser aux Annales proprement dites de l'Empire (國史 *Kouo-che);* cela paraît résulter assez clairement du témoignage des missionnaires. Or il était fort difficile d'y découvrir quelque renseignement utile, ainsi que nous le verrons bientôt.

Remarquons en passant combien différente eût été la conduite des Jésuites, s'ils eussent, comme le leur reprocha un jour Stanislas Julien, fabriqué leur monument, en «se servant de documents anciens relatifs aux temples de *Ta-thsin,* documents que par un

---
(1) *China.* p. 34.

contre-sens habile, ils auraient fait servir à leurs vues.» Ils n'auraient certes pas manqué, dans ce cas, de faire valoir contre leurs contradicteurs, ces pièces dont ils se seraient inspirés pour leur œuvre de faussaires. Or jamais cette idée ne vint à ceux-là même qui étaient le plus intéressés à venger leur réputation.

Quand se multiplièrent en Europe les injustes défiances et les critiques acerbes, les missionnaires durent vivement sentir ce point faible de leur thèse, mais, par une sorte de prescription, le préjugé avait force de loi : il était entendu que les livres chinois ne renfermaient rien d'utile pour rendre évidente même en Europe la bonne foi de leurs prédécesseurs, et l'on se bornait à expliquer par des raisons plus ou moins plausibles ce silence des auteurs chinois.

Voici, par exemple, comment le Père Amiot entreprend cette démonstration. «C'est sous le règne de *Ly Ché-min* (李世民), appelé dans l'Histoire *Tang Tay-tsoung* (唐太宗), que la Religion Chrétienne pénétra en Chine, et y fut prêchée par *Olopen* et ses compagnons. On n'en trouve, il est vrai, aucune trace dans l'Histoire, quoiqu'il soit dit dans le monument, trouvé dans le *Chensi,* que *Tay-tsoung* envoya au-devant d'*Olopen* et de ses compagnons qui apportoient les vrais Livres saints. On peut apporter plusieurs raisons pour expliquer ce silence de l'Histoire. La première est que *Tay-tsoung* voulut qu'on ne conservât de ses Ordonnances, Edits, etc., que ce qui pouvoit être utile à ses sujets et à la postérité. Or, comme il est aisé de s'en convaincre en lisant l'Histoire de ce Prince, les Lettrés d'alors, extrêmement attachés à l'ancienne doctrine du pays, et ne voyant qu'avec regret les doctrines étrangères s'établir dans l'Empire, firent tous leurs efforts pour en arrêter les progrès. Ils confondoient la Religion Chrétienne, par cela seul qu'elle étoit étrangère, avec la Religion que les Bonzes publioient : et loin de s'imaginer qu'elle fût utile, ils la regardoient comme funeste, en ce qu'elle tendoit à renverser des usages reçus de père en fils depuis un tems immémorial. Dans cette persuasion ils n'eurent garde d'insérer dans le recueil qu'ils firent des principaux Edits du Prince, celui qui autorisoit la religion enseignée par *Olopen* et ses compagnons (1).»

Chose remarquable, Neumann, qui cependant possédait la *Collection des Édits des T'ang* (2), ne devait pas être plus heureux dans ses recherches ; lui du moins, triomphait de ce prétendu silence, contre les Jésuites (3) ! Et pourtant ce décret devait être dé-

---

(1) *Mém. conc. les Chinois.* Tom. V. *Portraits des célèbres Chinois.* p. 124.

(2) *De l'authenticité,* etc. p. 89.

(3) Pauthier, combattant cette conclusion, écrivait en 1857, avec une sagacité digne d'éloge : « Nous faisons des réserves très formelles » au sujet de ce prétendu silence des anciens ouvrages chinois. « Si l'on possédait le grand recueil intitulé : 唐大詔令 *T'ang-ta-tchao-ling…* on y trouverait certainement l'*édit* ou *décret* reproduit dans l'inscription.» Le même auteur faisait en outre remarquer que le silence, fût-il prouvé, « n'infirmerait pas l'authenticité de l'inscription.»

couvert un jour, par les yeux plus clairvoyants d'un païen chinois...

Également vers la fin du siècle dernier, obligé de défendre contre la critique qui s'acharne sur l'honneur des missionnaires, ce qu'ont écrit ces derniers sur l'existence en Chine de la colonie Juive, le P. Cibot se voit contraint d'avouer que non seulement les Annales de l'Empire, mais même les Chroniques locales de *K'ai-fong-fou* sont muettes sur ce point. Et pourtant, les quarante volumes de ces dernières ne datent que de 1695, c'est-à-dire qu'elles sont postérieures au cataclysme de 1642, qui vit la ville submergée sous les eaux du fleuve Jaune! Et pourtant les Juifs avaient alors dans cette ville «une grande Synagogue bâtie de l'aveu de l'autorité publique, et ornée de grands marbres munis du sceau des Mandarins!» Le P. Cibot, pressé par cet argument qu'il présente dans toute sa force, fit cet aveu qui sans doute trouva encore des incrédules : «L'on peut aisément soupçonner du mystere dans ce silence qui paroît affecté... L'Auteur a passé sous silence bien des choses plus intéressantes pour les Chinois, que ce qu'ils appellent un *Miao* d'etrangers. A quoi il faut ajouter que les Lettrés n'aiment pas à parler des etrangers, moins par mépris et par dédain, que pour ne pas être exposés à se rendre ridicules en parlant peu exactement. Quoi qu'il en soit du motif, c'est un fait (1).»

Et pourtant c'était un fait aussi, que les Chroniques locales de *Tch'ang-ngan* mentionnaient l'ancien temple de *Ta-ts'in;* et ce fait était jusque-là passé inaperçu pour les missionnaires...

Un siècle plus tôt, le P. Le Comte avait apporté cette raison qui ne valait guère mieux : «Les Chinois dans leur histoire ne parlent presque que de ce qui regarde le gouvernement politique (2).» Le Père Couplet avait pareillement essayé de justifier ce silence de l'histoire chinoise (3). «Il a reconnu luy-mesme, écrit Renaudot, qu'il n'estoit fait aucune mention dans les histoires Chinoises (touchant le progrez du Christianisme) parce que les Chinois n'y rapportent pas ce qui regarde les Estrangers. Cette raison peut souffrir quelques difficultez... La connoissance du Christianisme et son establissement dans tout l'Empire, les Edits de l'Empereur pour le permettre, n'estoient pas des faits plus estrangers, que la nouvelle Religion de *Foë.* Tous enfin conviennent que l'histoire n'en parle point, non plus que celle des Patriarches Nestoriens (4).» Voilà donc où en était réduite la critique européenne en 1718.

De fait, toutes les conjectures réunies par lesquelles les Jésuites s'évertuaient à justifier un silence auquel on continuait à croire dans les deux camps, ne valaient pas, pour triompher des pré

---

(1) *Mém. conc. les Chinois.* Tom. XV. *Les Juifs en Chine.* pp. 56 et 57.
(2) *Nouv. Mémoires.* Tom. II. p. 195.
(3) *Tabula chronologica Monarchiæ sinicæ.* Vienne, 1703. p. 55.
(4) *Anc. relat. des Indes et de la Chine.* pp. 255, 256.

jugés tenaces, une bonne citation trouvée dans les anciennes Annales de l'empire.

Ce n'est point à dire toutefois, qu'il ait fallu attendre jusqu'à nos jours pour avoir le commencement de cette démonstration positive; la première découverte de ce genre remonte au moins aux premières années du XVIII° Siècle.

Dès 1735, le Père du Halde avait donné la traduction d'un Édit important de l'Empereur 武宗 *Ou-tsong,* daté de 845, lequel faisait expressément mention des « Bonzes étrangers de *Ta-tsing* ». Cette coïncidence n'avait point échappé à la sagacité du traducteur ou de son éditeur, qui fit à ce propos la remarque suivante : « Plusieurs Européans prétendent que *Ta-tsing* est la Palestine; ce qui est certain, c'est qu'un monument qui subsiste encore, prouve que sous la Dynastie *Tang* il vint en Chine des Prêtres chrétiens qui eurent des Eglises en plus d'un endroit et vivoient en communauté (1). » Sans doute le rapprochement était des plus significatifs, et il est étonnant que les Pères Amiot et Cibot, qui pourtant ne l'ignoraient pas (2), omirent d'en tirer parti. Ce détail n'avait pas échappé à l'érudition du Père Gaubil, et le savant Jésuite lui a consacré dans son *Histoire des Tang,* une longue notice dont il suffira pour le moment d'extraire quelques lignes.

« La religion de *Ta-tsin* (désignée dans cet Édit) est la religion chrétienne... On le voit clairement par ce qu'on a dit du pays de *Ta-tsin* et du monument de la religion chrétienne... (3). » Il est donc certain que plusieurs missionnaires du XVIII° Siècle avaient connu et fait connaître au moins un document ancien, corroborant la valeur de l'inscription chrétienne, et si les réflexions de Gaubil, imprimées seulement en 1814, ne furent peut-être pas connues de tous les contradicteurs, enfouies qu'elles étaient dans les archives de l'Académie des Inscriptions, puis dans celles « de la Marine » (4), du moins chacun avait pu voir dans du Halde le passage que nous en avons rapporté. Bien plus, un autre auteur qui a souvent profité des découvertes de Gaubil, sans indiquer ses sources, l'Académicien de Guignes père, avait lu un Mémoire dont le morceau principal était l'Édit persécuteur de 845, intégralement emprunté au P. Hervieu et précédé de cette réflexion volontairement inexacte : « Il paraîtra sans doute surprenant que l'on n'ait pas encore fait jusqu'à présent usage de cette pièce, qui se trouve traduite et imprimée dans le recueil du Père du Halde : elle existe en original dans

---

(1) *Descript. de l'Emp. de la Chine.* Tom. II. p. 497. not. d.

(2) Nous en avons pour garant, ces paroles du P. Amiot *(loc. cit.) :* « Ce silence de l'Histoire n'est qu'apparent, comme l'a prouvé M. de Guignes dans le savant Mémoire qui est à la fin du trentieme texte de l'Académie des Belles-Lettres. » Ce Mémoire, nous le verrons bientôt, contenait comme pièce principale l'Édit de 845.

(3) *Mém. conc. les Chinois.* Tom. XVI. *Abrégé de l'Hist. des Tang.* pp. 227, 229.

(4) *Ibid.* Avertissement de Silvestre de Sacy. p. ij.

un magnifique recueil qui est à la Bibliothèque du Roi et dont je me suis servi pour faire quelques remarques et m'assurer de la traduction (1). » Le même Académicien qui, dès cette époque avait eu certainement communication du manuscrit de l'Histoire des T'ang, avait en outre dans le premier volume de son *Histoire générale des Huns*, imprimé à Paris en 1756, inséré cette note : « L'an 845 ce Prince *(Vou-tçong)* donne un Edit contre les Chrétiens du *Ta-tsin*, et fait détruire une partie des Eglises. Ce fait est rapporté dans les annales avec l'Edit, et prouve l'établissement du Christianisme en ce pays d'une manière incontestable. Les Prêtres Chrétiens sont nommés dans cet Edit et sur le Monument Chinois, Bonzes du Ta-tsin (2). » L'année suivante (Déc. 1757), essayant de se justifier du reproche de plagiat qu'il croyait avoir surpris dans une critique du *Journal de Trévoux*, de Guignes dans une Lettre aux auteurs du *Journal des Sçavans* (3) insistait de nouveau sur sa prétendue découverte. Au fond, il n'avait rien trouvé, il n'avait fait que copier les missionnaires; seules, les exagérations qu'il s'est permises pour donner plus de poids à sa thèse, lui sont imputables. On en aura une preuve dans les lignes qui suivent : « ... J'ai été curieux de vérifier ce fait dans les Annales, et j'ai vû que dans le tems qu'on éleva ce monument, il y avait suivant les livres des Chinois les plus authentiques, un si grand nombre de chrétiens, qu'un Empereur crut devoir arrêter le progrès de leur Religion. Il publia un Edit très sévère qui est traduit et imprimé dans le Recueil du P. du Halde, sans qu'on se soit apperçu qu'il concernoit les Chrétiens, parce que ceux-ci y sont appellés Bonzes du *Ta-tsin* (4). »

Une telle publicité donnée au fameux décret de 845, nous empêche de bien saisir la portée d'une réflexion faite naguère par le vétéran de la science sinologique. « C'est le mérite de Pauthier, écrit le Dr Legge (5), d'avoir appelé l'attention sur cet Édit en 1865 (6), et il eut la bonne fortune de pouvoir consulter le texte original, la grande Bibliothèque de Paris possédant deux

---

(1) *Mémoires de Littérature*, tirés des Registres de l'Académie Royale des Inscriptions et Belles-Lettres, depuis l'année MDCCLVIII, jusque et compris l'année MDCCLX. Tom. XXX. p. 810.

(2) *Op. cit.* p. 60. — Il paraît certain que de Guignes en écrivant cette note avait sous les yeux, non seulement l'ouvrage de du Halde, mais aussi le manuscrit de Gaubil. Nous savons même par l'éditeur des *Mémoires concernant les Chinois*, que de Guignes s'était attribué cette œuvre précieuse : du moins n'est-ce que longtemps après l'avoir mise à profit, et alors qu'elle ne pouvait plus nuire à son œuvre personnelle, qu'il se décida enfin à la communiquer pour l'impression. *Cf. Mémoires*. Tom. XV. Avertissement. p. iij.

(3) Reproduite en 1758 à la fin du dernier tome de l'*Histoire des Huns*.

(4) *Hist. des Huns*. Tom. IV. pp. 359, 360.

(5) *Op. cit.* p. 49.

(6) *Le livre de Marc Pol.* p. 232, not. 10. — Avouons du reste, à l'honneur de Pauthier que, tout en indiquant le passage du *Kou-wen-yuen-kien* où il a vu « le texte chinois de cet édit curieux », cet auteur cite également la traduction de du Halde.

III. BIBLIOGRAPHIE.   249

exemplaires du Recueil de K'ang-hi.» Le mérite était mince, chacun en conviendra. Mais G. Pauthier eût-il lui-même fait cette découverte cent ans plus tôt, qu'elle fût demeurée sans effet; car la passion bien plus que la raison inspirait dans cette discussion les détracteurs des Jésuites, et l'on ne voulait point absolument de leurs preuves (1).

Quoi qu'il en soit, nous devons consigner ici ce précieux document, dont le texte chinois nous sera fourni par la collection 御選古文淵鑒 Yu-siuen-kou-wen-yuen-kien (2), et dont nous emprunterons la traduction au P. Hervieu (3). La compilation chinoise que nous venons de nommer et dont s'est précisément servi le Père Hervieu, fut imprimée par l'ordre de K'ang-hi, vers la fin de l'année 1685. Ce monarque, alors dans tout l'éclat de sa gloire, a pris plaisir à annoter la plupart des pièces qui composent ce recueil (4). «A la fin de presque toutes, on y lit de courtes Réflexions... qu'il a écrites du pinceau rouge, c'est-à-dire, de sa propre main.»

Ce n'était du reste pas la première fois que cet Édit mémorable paraissait dans une collection livrée à la publicité. Vers la fin du XI⁰ Siècle 司馬光 Se-ma Koang (1009-1086), un des hommes d'État et des auteurs les plus remarquables de la dynastie Song, le citait dans son œuvre historique 資治通鑒 Tse-tche-t'ong-kien, et donnait une mention spéciale à la sécularisation des religieux de Ta-ts'in (5).

Se-ma Koang n'avait eu lui-même qu'à copier un document officiel remontant à une centaine d'années : le lettré 王溥 Wang P'ou (922-982) l'avait inséré dans le Recueil 唐會要 T'ang-hoei-yao, qu'il avait compilé en cent volumes, au commencement de la dynastie Song (6).

---

(1) Le Dr Legge nous semble avoir poussé trop loin l'indulgence pour les opposants, lorsqu'il a écrit : «Ce ne peut être que par suite de l'ignorance d'un tel document, que quelques-uns ont nié qu'il y eût jamais une mission Nestorienne en Chine; mais j'aurais peine à les en blâmer, car quel est celui qui peut, même dans le cours d'une longue vie, avec toutes les difficultés de l'étude, se rendre familières les ressources si vastes et si variées de la littérature chinoise?» Op. cit. p. 49.

(2) Op. cit. 29ᵉ Kiuen. fol. 48 et 49. — On trouvera ce texte dans l'Appendice.

(3) Le P. du Halde (Op. cit. p. 387) nous apprend que ce missionnaire fut le traducteur des pièces chinoises, qui occupent une notable partie du même volume (pp. 389 à 612).

(4) Il contient 64 Kiuen, et embrasse la période du Tch'oen-ts'ieou, jusqu'à la dynastie des Song inclusivement. Cette compilation a eu pour auteur principal 徐乾學 Siu K'ien-hio, aidé d'autres grands officiers, qui l'ont illustrée de leurs commentaires; elle est louée par le 四庫全書 Se-k'ou-ts'iuen-chou (19ᵉ Kiuen, fol. 26) comme donnant les meilleurs principes de gouvernement. Nous ferons précéder le texte du décret impérial du récit historique que les commentateurs impériaux ont eux-mêmes inséré en tête de ce morceau.

(5) 餘僧及尼并大秦穆護祆僧皆勒歸俗. — Op. cit. 24ᵉ Kiuen, fol. 9.

(6) Wang P'ou, lisons-nous dans le 四庫全書 (8ᵉ Kiuen, 5ᵉ fol.) et dans le

Enfin, nous verrons bientôt l'authenticité de cet Édit consacrée par des documents d'un caractère encore plus strictement officiel (1). Donnons d'abord la traduction du Père Hervieu.

«*La cinquième des années nommées* Hoei-tchang (會昌), Ou Tsong (武宗), *un des Empereurs de la Dynastie Tang, publia l'Ordonnance suivante.*

«Sous nos trois fameuses Dynasties, jamais on n'entendit parler de *Foë* (*Fou* 佛) (2). C'est depuis les Dynasties des *Han* et des *Hoei,* que cette secte qui a introduit les Statuës, a commencé à se répandre à la Chine. Depuis ce tems-là ces coûtumes étrangeres s'y sont insensiblement établies, sans qu'on y ait assez pris garde. Tous les jours elles gagnent encore. Les peuples en sont malheureusement imbus, et l'Etat en souffre. Dans les deux Cours, dans toutes les Villes, dans les Montagnes, ce n'est que Bonzes (3) des deux sexes. Le nombre et la magnificence des Bonzeries croît chaque jour. Bien des Ouvriers sont occupez à faire leurs statuës de toute matière. Il se consume quantité d'or à les orner. Nombre de gens oublient leur Prince et leurs parens, pour se ranger sous un Maître Bonze. Il y a même des scélérats, qui abandonnent femme et enfants et vont chercher parmi les Bonzes un azile contre les loix. Peut-on rien voir de plus pernicieux? Nos anciens tenoient pour maxime, que s'il y avoit un homme qui ne labourât point, et une femme qui ne s'occupât point aux soyeries, quelqu'un s'en ressentoit dans l'Etat, et souffroit la faim ou le froid. Que sera-ce donc aujourd'hui, qu'un nombre infini de Bonzes, hommes et femmes, vivent et s'habillent des sueurs d'autrui et occupent une infinité d'Ouvriers à bâtir de

---

晁氏郡齋讀書志, s'était lui-même servi pour faire son œuvre, de deux recueils 會要 partiels, faits l'un par 蘇晁, comprenant les faits accomplis de 高祖 à la fin de 德宗 (618-804), l'autre par 崔鉉, en 853, comprenant les règnes de 順宗 à la 6ᵉ année de 宣宗 (852). Le *T'ang-hoei-yao* a été édité la 2ᵉ année de *T'ai-tsou* 太祖 (960), fondateur des *Song* (*Cf.* 唐會要題辭). L'exemplaire que j'en ai sous les yeux est une réédition de 1884; l'Édit en question y occupe le 47ᵉ *Kiuen,* fol. 16 à 18.

(1) Nous pourrions ajouter encore ici l'ouvrage 弘簡錄 *Hong-kien-lou,* déjà cité par Wylie (*Cf. The N.-Ch. Her.* N° 283). Cette collection historique composée en 1557 par 邵經邦 *Chao King-pang,* alors qu'il était disgracié, contient au 9ᵉ *Kiuen* (fol. 7) un sommaire du décret de 845. Voici la partie qui concerne la religion de *Ta-ts'in* : 大秦 穆護等祠並勒還俗.... 內有外國人還本處. Le lecteur remarquera qu'ici, *Ta-ts'in* et *Mou-hou* sont pris dans le sens de la pluralité; l'explication de Visdelou, que nous rapporterons bientôt, n'a donc aucune probabilité en sa faveur.

(2) «C'est le nom d'un Sectaire des Indes, dont la secte passa au Chinois, peu après le tems de la naissance de Notre-Seigneur Jésus-Christ.» — Je ferai remarquer en passant cette affirmation si souvent répétée dans les livres officiels de l'histoire de Chine : 三代 已前未嘗言佛·漢魏之後像敎寖興. Cet argument ne manque pas de valeur pour fixer la date de l'introduction du Bouddhisme en Chine.

(3) «Je me sers de ce mot, parce qu'on s'en est servi dans d'autres Livres françois : il ne vient point du chinois.»

tous côtez, et à orner à grands frais de superbes Edifices? Faut-il chercher d'autre cause de l'épuisement où étoit l'Empire sous les quatre Dynasties *Tsin, Song, Tsi, Liang* (晉 宋 齊 梁. 265-556), et de la fourberie qui regnoit alors.

«Quant à notre Dynastie *Tang*, les Princes qui en ont été les Fondateurs, après avoir employé heureusement la force des armes, pour rendre à l'Etat son ancienne tranquillité, s'occuperent à le regler par de sages loix; et pour en venir là, bien loin de rien emprunter de cette vile secte étrangere, dès la première des années nommées *Tchin-koan* (貞觀), *Tai-tsong* (太宗) se déclara contre elle: mais il y a alla trop mollement, et le mal n'a fait qu'augmenter. Pour moi, après avoir lû et pesé tout ce qu'on m'a représenté sur ce point, après en avoir déliberé mûrement avec gens sages; ma résolution est prise. C'est un mal, il y faut remédier. Tout ce que j'ai d'Officiers éclairez et zélez dans les Provinces, me pressent de mettre la main à l'œuvre. Selon eux, c'est tarir la source des erreurs qui inondent tout l'Empire; c'est le moyen de rétablir le gouvernement de nos anciens, c'est l'intérêt commun, c'est la vie des peuples. Le moyen après cela de m'en dispenser?

«Voici donc ce que j'ordonne, 1° Que plus de quatre mille six cens grandes Bonzeries, qui sont répanduës de côté et d'autre dans tout l'Empire, soient absolument détruites: conséquemment que les Bonzes (1) hommes ou femmes, qui habitoient ces Bonzeries, et qui montent, de compte fait, à vint-six *Ouan* (萬) (2) retournent au siécle, et payent leur contingent des droits ordinaires. En second lieu, qu'on détruise aussi plus de quatre (3) *Ouan* de Bonzeries, moins considérables, qui sont repanduës dans les campagnes: conséquemment que les terres qui y étoient attachées, qui montent à quelques mille *Ouan de Tsing* (頃 *K'ing*) (4) soient réunies à notre Domaine, et que 15 *Ouan* d'Esclaves qu'avoient les Bonzes, soient mis sur le rôle des Magistrats, et soient censez être du Peuple. Quant aux Bonzes Etrangers (5) venus ici, pour faire connoître la loi qui a cours en leurs Royaumes, ils sont environ trois mille, tant du *Ta-tsing* (6) que du *Mou hou pa*. Mon ordre est aussi qu'ils retournent au siècle, afin que dans

---

(1) «C'est qu'il y a des Bonzeries d'hommes, et des Bonzeries de femmes.»

(2) Un *Wan* vaut dix mille; c'était donc 260.000 bonzes des deux sexes qu'il s'agissait de séculariser.

(3) «C'est quarante mille.»

(4) «Nom de mesure en arpentage.» Un *K'ing* vaut cent 畝 *Meou* ou arpents; si l'on prend à la lettre ces chiffres de l'édit impérial, les communautés religieuses auraient donc possédé à cette époque plusieurs milliards d'arpents de terre. Si l'on estime le *Meou* à 567m.c. suivant la mesure légale actuelle, mille *Wan* de *K'ing* donneraient le chiffre énorme de 567.000 kilom. carrés, environ la superficie de la France.

(5) 隸僧尼屬主客. 顯明外國之敎. 勒大秦穆護祆
三千餘人還俗. 不雜中華之風.

(6) Ici est placée la note que nous avons rapportée plus haut (pag. 247, not. 1).

les Coûtumes de notre Empire, il n'y ait point de mélange. Hélas! il n'y a que trop longtemps qu'on diffère à remettre les choses sur l'ancien pied : pourquoi différer encore? C'est chose conclue et arrêtée. Vûe la présente ordonnance, qu'on procede à l'exécution. Telle est notre volonté.»

«Une glose dit, qu'en effet tout cela s'exécuta, à peu de chose près; qu'on laissa deux grandes Bonzeries à chaque Cour du Nord et du Midi, et trente Bonzes pour chacune; que dans chaque Gouvernement on laissa une Bonzerie avec certain nombre de Bonzes; que ces Bonzeries furent distinguées en trois ordres; et que le nombre des Bonzes ne fut pas égal en toutes (1).»

D'autres explications trouveront place dans notre troisième Partie, sur cet Édit de *Ou-tsong;* actuellement, notre œuvre de bibliographe ne dépasse pas les limites d'une simple citation. A ce titre du reste, nous avons encore une source à signaler, après celles des du Halde, Gaubil et de Guignes : la traduction de Visdelou et les notes nombreuses dont il l'a enrichie. Or en voici une, qui sous le titre peu justifié de «note grammaticale», confirme par l'autorité des Annales de l'Empire ce que, jusqu'à présent, nous ne connaissions que sur la foi de Recueils ou Collections spéciales. Ici encore, notre rôle se bornera à celui de simple rapporteur, les divergences très notables qu'on remarquera entre les versions du P. Hervieu et de Visdelou important peu au point de vue qui nous occupe en ce moment et devant être ensuite expliquées.

«Je joins ici, écrivait donc Visdelou à propos du mot *Seng* (僧 *Bonze*), quelques particularités que j'ai trouvées par hasard dans l'Histoire des *Tham*, (*Tham-xe-ho-chi* 42., 11.) (2) par lesquelles on voit évidemment que la Religion Chrétienne avoit fait d'assez grands progrès à la Chine. Voici ce qu'elle dit: *Tham-vuçum* étant parvenu à l'Empire (il commença de régner l'an de grâce 841), défendit la Religion des Bonzes, détruisit 4600 de leurs Temples, et du nombre des Bonzes *Hocham* (和 尚 *Ho-chang*), et des Bonziennes *Hocham*, dont les noms étoient enregistrés dans les Catalogues, il réduisit 265 000 de libres et 150 000 d'esclaves au plus bas ordre du peuple. Des terres qu'ils possédoient, il en confisqua quelques centaines de milliers de *Khim* (le *Khim* contient 24 000 pas géométriques quarrés). Il réduisit au même sort plus de 2000 (3) *Mu-hu-yao* (c'est-à-dire, *Bonzes* ou *Prêtres*) de *Taçin*. (4).

---

(1) *Descript. de l'Emp. de la Chine.* Tom. II. pp. 496, 497.

(2) 唐 書 *T'ang-chou.* 食 火 志 *Che-ho-tche;* 42ᵉ *Kiuen.* fol. 8, dans la récente édition de 1873.

(3) Les ouvrages *T'ang-hoei-yao* et *Kou-wen-yuen-kien* portent 3.000 et plus, au lieu de 2000 et plus, chiffre donné par les Annales.

(4) Le P. Hervieu avait lu et traduit «Bonzes étrangers tant du *Ta-tsing* que du *Mou-hou-pa* ». Le P. Gaubil (*Op. cit.* p. 223) corrige : « Ministres des religions de *Ta-tsin* et de *Mou-hou-ou* ». Le *Kou-wen-yuen-kien* écrit ce dernier caractère 祓 *po* ou *fou*; et, comme l'a remarqué Gaubil, le même ouvrage, en encadrant les deux expressions 大 秦

Voilà ce que dit l'Histoire, où il paroit que le nom propre ou étranger des Prêtres de *Taçin* était *Mu-hu-yao*. J'ignore la force et la signification de ce nom : mais certainement ce n'est pas un nom Chinois, et il ne s'agit ici que des Bonzes. Il y avoit donc à la Chine plusieurs *Taçiniens* ou Chrétiens, qui avoient embrassé l'état religieux (1).»

En résumé, dès le XVIII° Siècle, rien n'était mieux établi, aux yeux des Européens de bonne foi, que la présence en Chine, vers l'an 845, d'adeptes d'une religion venue de *Ta-ts'in*. Mais c'est à ce seul document que se bornaient alors les découvertes concernant cette religion, dans les ouvrages anciens de la Chine : l'on possédait l'Édit de sécularisation de ces prêtres, mais on n'avait rien vu qui désignât l'Édit de 638, relaté par le *King-kiao-pei*, «en faveur de la Religion Chrétienne». Gaubil lui-même avouait cette ignorance dans son *Histoire des Tang* (2).

C'est à A. Wylie que revient l'honneur d'avoir enfin retrouvé la trace de ce décret. Voici en quels termes il rendait compte de sa trouvaille, dans les derniers jours de 1855 (3): «Ce décret im-

---

et 穆護祆 d'un cartouche, en a fait des noms géographiques. *Se-ma Koang* et *Chao King-pang*, ont supprimé le dernier caractère ; à la place, on trouve dans *Se-ma Koang* le caractère 祆 *hien* ou *t'ien* (souvent confondu avec 祆 *yao*); telle est aussi la version des *Annales*, ainsi que du *T'ang-hoei-yao*. Gaubil conclut ainsi ses notes sur cet Édit : « Il est au moins fort incertain si *Mou-hou-fou* est le nom d'un pays... Il y a apparence que ce nom de *Mou-hou* ou de *Mou-hou-fou* désignait alors la religion des Persans, et que c'était un nom tiré d'une langue étrangère.» (*Hist. des T'ang*. p. 230) On le voit, cette dernière explication est elle-même fort éloignée de celle de Visdelou. — J. Legge (*Op. cit.* p. 50), qui écrit *Mou-hou-pi*, n'ose affirmer ce qu'était cette religion. «Nous savons, dit-il, qu'il y avait alors en Chine des disciples de Manès, et d'autres prédicateurs venus de Perse. Les *Mouhou-pi* étaient peut-être des Mobheds ou Guèbres adorateurs du feu, dont les représentants subsistent dans les Parsis, descendants des anciens Perses.» — Enfin Pauthier (*Le livre de Marc Pol.* p. 233, not. 10) identifiait résolument *Mou-hou-pa* avec le Malabar ! — M. J. Edkins m'a signalé avec une grande complaisance une explication plus plausible de ce mot. L'ouvrage 佛祖統記, dû au bonze 志磐 (vers 1270), aurait donné (39° K. fol. 37) ce nom de *Mou-hou* à un Persan «qui apporta en Chine, entre 620 et 650, la religion du Feu et celle de l'Esprit du Ciel 祆, et demanda à établir un temple.» Mais il reste douteux pour nous que telle soit l'origine de cette dénomination, qui paraît assez clairement appliquée à une secte ou à une dignité. *Cf. inf.* p. 260, not. 5.

(1) *Supplém. à la Bibl. orientale*. p. 183. — Visdelou ajoute : « Il ne faut pas pour cela penser que l'une et l'autre Religion eût été entièrement exterminée ; car peu après, la même Histoire des *Tham* ajoute : Le même Empereur ordonna que dans chacune des grandes rues ou bourgs (*Vicus*) de la Cour suprême, (c'est-à-dire de la ville de *Thai-yum-fu*) et de la Cour orientale (c'est-à-dire d'*Ho-nan-fu*) on laissât subsister deux temples, et que dans chaque temple, il y eût 30 Bonzes ; mais dans tous les autres temples de l'Empire, il ne permit pas qu'il y eût plus de 20 Bonzes.» Il y a dans ce passage plusieurs erreurs, qu'il est inutile de relever pour le moment.

(2) *Op. cit.* p. 450. Tom. XV des *Mémoires*.

(3) *The North-China Herald*. N° 283. 29 Déc. 1855.

périal... se trouve en des termes presque identiques, dans le 49ᵉ volume du 唐會要 T'ang-hoei-yao... ouvrage compris au Catalogue impérial Se-k'ou-ts'iuen-chou, la plus haute garantie de son authenticité. Le 平津續碑記 P'ing-tsin-siu-pei-ki, publié en 1813, reproduit (1) la proclamation d'après la tablette et ajoute: «Elle est en substance la même que celle contenue dans le T'ang-hoei-yao, excepté que ce dernier ouvrage parle d'Alopun comme d'un «prêtre Persan *(Po-se)*»...»

Bien que Wylie semble n'avoir parlé que sur la foi d'un auteur chinois citant lui-même le T'ang-hoei-yao, il n'y avait plus dès lors aucun doute à émettre sur la valeur de ce fait. Aussi G. Pauthier s'empressa-t-il d'en profiter dans la réfutation qu'il fit en 1857, des prétentions de Neumann. «On ne pourra pas arguer cette fois, disait-il, que l'insertion du fameux Édit de *Thaï-tsoung*, rapporté dans l'inscription, n'a été inséré *(sic)* dans le *Recueil d'écrits des Thâng* qu'à la suggestion des missionnaires jésuites, puisqu'ils ne sont entrés à la Chine qu'en 1583, et que le *Recueil* en question fut publié en 961, plus de 600 ans auparavant. Ce fait, maintenant acquis à l'histoire, suffit à lui seul pour établir de la manière la plus irréfragable l'*authenticité* de l'inscription (2).» La conclusion était légitime; cependant Pauthier, pas plus que Wylie, n'avait encore vu le texte même du T'ang-hoei-yao (3). Bien plus, chose assez surprenante, T'sien Ta-hin, qui nous est déjà connu, avait, dans son Mémoire spécial 景敎考, allégué une fois l'autorité du T'ang-hoei-yao, sans faire la moindre allusion à l'Édit de 738; Wang Tch'ang en avait fait autant.

C'est l'Archimandrite Palladius qui fut assez heureux pour retrouver le premier le texte du Décret dans l'œuvre originale de Wang P'ou (4); nous en donnerons plus loin une reproduction (5). Le docte sinologue n'en avait donné qu'une traduction (6), qu'il

---

(1) Vol. 7. p. 6.

(2) *De l'authenticité*, etc. pp. 90, 91.

(3) *L'inscription Syro-Chinoise*, etc. p. 77. not. 1.

(4) Lettre du 13 Mars 1875, dans *The Chin. Rec.* Vol. VI. 1875. p. 148.

(5) *Cf.* Appendice. — Ce texte, dans notre édition du *T'ang-hoei-yao*, se trouve au verso du fol. 10, 49ᵉ *Kiuen*.

(6) «Monastery of *Ta-t'sin*. In the 12th year of *Ching-kuan* (A. D. 639, *corrige* 638), in the 7th month, the following imperial edict was promulgated. «Religion has not an invariable name; Saints are not of constant form : they establish doctrines in accordance with the countries, and mysteriously save living beings. The monk *A-lo-pen* from *Po-sze* has come from afar with the Scriptures and the doctrine, in order to present them at (our) capital. On examining the spirit of this doctrine, we find it excellent and separate from the world, and acknowledge that it is quickening for mankind and indispensable. This religion succours living beings, is beneficial to the human race, and (therefore) is worthy of being spread over the Celestial empire (天下). We decree a monastery to be built by the appropriate Board, in the quarter of *Y-ning fang*, and twenty-one priests to be appointed there.»

avait fait suivre de cette remarque : «En comparant le texte de cet Édit avec celui de l'inscription, nous trouvons que l'auteur de cette dernière a donné quelque licence à son style, fabriquant plusieurs phrases. Mais on ne peut signaler aucune différence essentielle de sens entre les deux versions (1).»

Cette précieuse découverte, outre qu'elle fixait d'une façon définitive l'authenticité de l'Édit de 638, tranchait en même temps un point assez controversé sur la clause finale, comme nous le verrons dans la 3ᵉ Partie.

La même lettre de Palladius fournissait la confirmation d'un autre fait, concernant les chrétientés chinoises du VIIIᵉ Siècle, et déjà signalé par Wylie, d'après divers critiques chinois, tels que *Ts'ien Ta-hin* et *Wang Tch'ang* (2). Il s'agissait d'un autre décret impérial, daté de l'année 745, substituant pour les temples de la religion chrétienne, la dénomination de *Ta-ts'in-se*, temples de *Ta-ts'in*, à celle de *Po-se-se* «temples de Perse». Signalé d'abord par les auteurs susnommés comme faisant partie d'une importante collection, 冊府元龜 *Tch'é-fou-yuen-koei* (3), publiée par ordre de l'Empereur en 1005, ce décret a été retrouvé dans le recueil plus ancien *T'ang-hoei-yao* par Palladius (4). Nous donnerons également le texte de cette pièce (5), dont voici le sens : «Le 4º des années 天寶 *T'ien-pao* (de 玄宗 *Hiuen-tsong* 745), à la 9ᵉ Lune, Édit portant ce qui suit : «Il y a longtemps que la religion des livres sacrés de la Perse, propagée de la Syrie, s'est répandue dans l'Empire du Milieu ; quand pour la première fois (ses prédicateurs) bâtirent des temples, ils leur donnèrent en conséquence le nom de la Perse. Afin qu'on reconnaisse leur (véritable et première) origine, que les temples *Po-se-se* des deux Capitales soient désormais nommés *Ta-ts'in-se*, et que l'on se conforme à la même mesure pour tous ceux établis dans les diverses Préfectures.»

Nous avons donc jusqu'ici trois décrets parfaitement authentiques, concernant à divers titres la religion chrétienne sous les T'ang : celui de *T'ai-tsong* (638), autorisant la construction d'un

---

(1) Voici à quoi se bornent ces modifications : 大秦國大德 au lieu de 波斯僧 ; 經像 pour 經教 ; additions : 觀其元宗... 詞無繁說. 理有忘筌. Il ne paraît pas certain du reste que *Wang P'ou* n'ait pas lui-même supprimé ces phrases, *brevitatis causâ*.

(2) The N.-Ch. Herald. Nº 232, 6 Janv. 1855.

(3) Cet ouvrage, qui a pour auteur principal 王欽若 *Wang K'in-jo*, contient mille *Kiuen*. Le décret en question y occupe le fol. 20 du 51ᵉ *K*.

(4) Dans notre édition, cet Édit suit immédiatement celui de 638 ; *loc. cit.* fol. 10 et 11. — Wylie a encore signalé l'ouvrage 西溪叢語 *Si-k'i-tsong-yu* par *Yao K'oan* 姚寬, lequel était en charge au commencement du XIIᵉ Siècle. Dans l'édition que nous possédons de cet ouvrage (Collection 稗海), ce décret occupe le fol. 22 du 2º *Kiuen*. L'auteur rapporte au même endroit la sécularisation faite par l'Édit de 845, des prêtres de 大秦, 穆護, 火祆. — *Cf.* Appendice.

(5) *Cf.* Appendice.

monastère à *Tch'ang-ngan*; celui de *Hiuen-tsong* (745), approuvant le changement de dénomination des monastères chrétiens élevés à *Tch'ang-ngan*, à *Lo-yang* et sur différents points de l'Empire ; enfin celui de *Ou-tsong* (845), sécularisant les prêtres de la religion de *Ta-ts'in*.

D'autres sources nous fournissent quelques détails, trop brefs sans doute, mais d'autant plus intéressants, sur le temple ou monastère chrétien élevé à *Tch'ang-ngan*. La désignation d'*Olopen*, son fondateur, en est le trait le plus saillant.

Les anciennes *Chroniques de Tch'ang-ngan*, 長安志 *Tch'ang-ngan-tche*, publiées au XIᵉ Siècle par l'historiographe 宋敏求 *Song Min-k'ieou* (1), déterminent l'emplacement exact de cet ancien édifice. Si l'on se dirigeait vers la partie Ouest de la ville, en partant de la grande avenue médiane 朱雀街 *Tchou-tsio-kiai*, on devait poursuivre sa marche jusqu'à la cinquième rue (l'avenue comprise), et l'on remontait cette rue vers le Nord, jusqu'au quartier appelé 義甯坊 *I-ning-fang* (Voir le plan, p. 116). C'est à main gauche, et vers le Nord de ce quartier que s'élevait le temple chrétien. Les *Chroniques de Tch'ang-ngan* lui consacrent cette simple mention : « Le monastère étranger de *Po-se* fut élevé la 12ᵉ année *Tcheng-koan* par *T'ai-tsong* (638), pour *O-lo-se* religieux étranger du royaume de *Ta-ts'in* (2). » Wylie avait déjà cité ce passage de *Song Min-k'ieou* (3), d'après le mémoire de *Ts'ien Ta-hin* ; nous donnerons plus loin le texte original des *Chroniques* (4). Cette désignation est confirmée par celle d'un autre ouvrage plus ancien encore, le 兩京新記 *Liang-king-sin-ki*, dont il ne nous reste malheureusement plus que des fragments (5) ; voici la traduction du passage relatif au temple chrétien : « Au quartier *I-ning-fang...* au Nord-est, donnant sur le carrefour, le monastère étranger de *Po-se*, plus au sud, le quartier 居德坊 *Kiu-té-fang* (6). »

L'identification faite par *Song Min-k'ieou* de *O-lo-se* avec l'*O-lopen* de l'inscription chrétienne ne souffre aucune difficulté ; ainsi que l'ont remarqué jadis les critiques chinois, il s'est glissé sans doute quelque erreur ou de mémoire ou de typographie dans l'œuvre du chroniqueur ; de là la terminaison fautive *se*, au lieu

---

(1) Cet ouvrage, outre 20 *Kiuen* de texte, comprend trois volumes de cartes et de plans. Il est précédé d'une préface datée de la 9ᵉ année 熙甯 *Hi-ning*)1076). L'exemplaire dont nous nous servons, fait partie de la collection 經訓堂叢書 *King-hiun-t'ang-tsong-chou* (Édit. de 1887).

(2) *Op. cit.* 10ᵉ *Kiuen.* fol. 5.

(3) *The N.-Ch. Herald.* Nᶜ 232. 6 Janvier 1855.

(4) *Cf.* Appendice.

(5) Son auteur 韋述 *Wei chou* vivait sous 玄宗 (713-756) des *T'ang*. Son œuvre comportait cinq volumes, dont le 3ᵉ contenait les détails qui nous sont parvenus.

(6) *Op, cit.* fol. 15 et 16. — *Cf.* Appendice. — Wylie doutait qu'il s'agît ici du temple chrétien ; mais il ne saurait y avoir sur ce point la moindre difficulté.

de *pen*, rappelant celle des mots *Po-se* ou *Pi-lou-se*, origine probable de cette confusion.

Une autre question provoquée par une seconde mention d'un « monastère étranger de *Po-se* » (波斯胡寺), dans les mêmes *Chroniques*, semble moins facile à résoudre. Voici notre difficulté.

Que le lecteur se reporte à notre carte ; il trouvera au Sud-est du quartier *I-ning-fang*, le quartier 醴泉坊 *Li-ts'iuen-fang* ; or, donnant sur la rue qui le borde au Sud et un peu vers l'Est, se dressait jadis cet autre temple auquel nous venons de faire allusion. Voici ce qu'en disent les *Chroniques* de *Min-h'ieou* (1) : « La 2ᵉ des années 儀鳳 *I-fong* (677), 卑路斯 *Pi-lou-se*, roi (2) de *Po-se*, demanda qu'on bâtit en cet endroit un temple persan (波斯寺). Dans les années 景龍 *King-long* (707-709), le Ministre favori 宗楚客 ayant construit au même endroit, ce terrain lui revint, et ledit temple fut transféré à l'angle Sud-ouest du quartier 布政坊 *Pou-tcheng-fang*, à l'Ouest du 祆祠 *Hien-se*. » Ce dernier quartier étant à l'Est du *Li-ts'iuen-fang* dont il n'était séparé que par une rue, ce transfert dut s'opérer dans les conditions les plus avantageuses (3).

L'ouvrage 兩京新記 *Liang-king-sin-ki* (4) mentionne la construction de 677 dans les mêmes termes que les *Chroniques de Tch'ang-ngan*.

La question qui se pose à cette occasion est la suivante : S'agit-il ici d'un nouveau temple de Chrétiens, ou d'un temple de Parsis? Wylie n'ose se prononcer pour la première hypothèse, par la raison « qu'à cette époque, on avait la coutume d'appliquer le nom de Persan, aux temples des différentes sectes qui venaient de cette région à la Chine. » A cette raison, purement négative, nous pouvons ajouter les suivantes, dont l'ensemble nous paraît suffisant pour déterminer prudemment l'opinion : 1° Il est peu vraisemblable que *Pi-lou-se* (5), arrivé depuis trois ans à la Cour,

---

(1) *Loc. cit.* fol. 4. — *Cf.* le texte chinois dans l'Appendice.

(2) Nous lisons le caractère 王 *wang* « roi », au lieu de 三 *san* « trois » que portent les *Chroniques* (*Cf.* aussi p. 258, not. 1, où nous avons proposé le même changement). Nous ne nions pas cependant la probabilité de la version jadis donnée par Pauthier (*L'inscription*, etc. p. 75) ; elle est même confirmée par une mention parallèle du *Tch'é-fou-yuen-koei* (995ᵉ *K.*, fol. 14 r.) concernant Isdegerde, nommé 波斯五伊嗣侯 (*al.* 侯).

(3) Ce transfert justifie l'appellation de 舊 « *kieou* », donnée par les Chroniques au temple originaire du *Li-ts'iuen fang*.

(4) *Op. cit.* fol. 10.

(5) Le P. Gaubil, dans son *Histoire des Tang*, nous donne d'intéressants détails sur ce prince. « L'an 662, l'Empereur *Kao-tsong* déclara *Pi-lou-sse* (Phirouz, selon de Guignes) Roi de *Po-sse* (Perse). *Pi-lou-sse* etoit fils du Roi *Y-sey* (伊嗣侯) (Isdegerde) dont on a parlé (p. 450). Après la mort funeste de son père, *Pi-lou-sse* se retira dans le *Tokharestan*; il pria l'Empereur de le secourir. L'Empereur repondit qu'il etoit trop loin pour envoyer une armée. Il fit parler au Roi des Mahométans en faveur de *Pi-lou-sse*. Mais les Mahométans ne voulurent rien donner à *Pi-lou-sse*, en faveur de qui *Tou-ho-lo* (吐火羅) avoit armé quelques troupes. Les Mahométans les dissiperent. » (*Op. cit.* p. 474) — « *Pi-lou-sse*, que la Cour nommoit Roi de *Po-sse* (Perse), vint à *Si-gan-fou* l'an 674. Il accepta le titre

ait fait une telle démarche en faveur des chrétiens : il est beaucoup plus probable qu'il sollicita cette permission pour l'exercice de son propre culte et celui de sa suite. 2° Aucune mention d'une telle demande n'est indiquée dans l'inscription de la Stèle. 3° Il semble du reste établi par la comparaison des dates que ce temple construit sur la demande de Phirouz, ne survécut pas longtemps à la mort de son fils.

Outre ces renseignement, qu'ont reproduits les éditions plus récentes des *Chroniques de Tch'ang-ngan* (1), les ouvrages dont nous avons parlé signalent plusieurs autres temples consacrés à divers cultes des Occidentaux. *Ts'ien Ta-hin*, dans son 潛研堂金石文跋尾 *Tsien-nien-t'ang-kin-che-wen-po-wei*, a cité l'extrait suivant de l'inscription 重岩寺碑, due à 舒元輿 *Chou Yuen-yu* (2) : « Parmi les divers barbares d'Occident (襟夷) venus en Chine, il y a ceux de 摩尼 *Mo-ni* (Mani), ceux de 大秦 *Ta-ts'in* (Syrie), et ceux de 祆神 (3) *Hien-chen* (Parsis). Si l'on réunit tous les monastères que ces trois sortes de barbares possèdent dans l'empire, ils n'égaleront pas en nombre ceux de nos Bouddhistes, qui se trouvent dans le moindre arrondissement (4). »

On nous permettra de consacrer les dernières lignes de cet article aux temples de ces dénominations étrangères. Bien que nous n'ignorions pas le peu de fond qu'il convient de faire sur ces classifications de religions étrangères rapportées par les auteurs chinois, une simple nomenclature de ce genre ne saurait manquer d'être utile pour caractériser une époque.

Sous la rubrique 摩尼寺 *Mo-ni-se*, le *T'ang-hoei-yao* (5), qui se tait sur les premières origines du Manichéisme en Chine, donne les simples détails qui suivent : La 15ᵉ des années 貞元 *Tcheng-yuen* (799), à la 4ᵉ Lune, à la suite d'une longue sécheresse, le

---

de commandant des Gardes. » (*Ib.* p. 479) — «*Pi-lou-sse* mourut à la Cour l'an 679. Son fils *Ni-ni-che* (泥涅師), qui y etoit aussi et auquel l'Empereur *Kao-tsong* donna les Patentes et le titre de Roi de Perse, resta à l'armée au pays de *Tur-phan*, pour tâcher de profiter de quelque occasion pour pouvoir rentrer dans ses Etats. » (*Ib.* p. 482) — « *Ni-ni-che*, revint à la cour à la première année *King-long* (707) et y demeura en qualité de général des gardes du corps : il mourut la même année à *Si-gan-fou*. » (*Ib.* Tom. XVI. p. 5)

(1) L'édition que nous possédons du 長安縣志 parle dans un même paragraphe des deux temples persans. Voici ce texte : 波斯胡寺在醴泉坊 儀鳳二年波斯王卑路奏請於此置波斯寺 景龍中移於布政坊 一在義寧坊 太宗為大秦國胡僧阿羅斯立 (*Op. cit.* 22ᵉ K. 寺觀, fol 17).

(2) Ce personnage était en charge sous 憲宗 (806-821) des *T'ang*.

(3) *Ts'ien Ta-hin* corrige justement l'auteur qu'il cite, en écrivant 祆 *Hien*, à la place de 秋. Voir plus loin les explications du P. Gaubil sur ce culte de l'Esprit du Ciel *Hien-chen*, ou *T'ien-chen* 天神.

(4) Il y avait sans doute quelque exagération dans ces paroles : le décret de 845 nous en est une preuve.

(5) 49ᵉ Vol. fol. 11.

Docteur des *Mo-ni* reçut l'ordre de faire des prières pour obtenir la pluie (1). — La 2ᵉ des années 元和 *Yuen-ho* (807), à la 1ᵉʳᵉ Lune, au jour 庚子, les 迴紇 *Hoei-he* demandèrent à élever des temples *Mo-ni* à *Ho-nan-fou* (Préfecture formant sous les *T'ang* la Capitale de l'Est 東都 *Tong-tou*), et à *T'ai-yuen-fou* (capitale du *Chan-si*). Cette permission leur fut donnée (2). — La 3ᵉ des années 會昌 *Hoei-tch'ang* (843), l'Empereur fait des dons aux temples des *Mo-ni*, et se fait représenter à leurs cérémonies (3).

Ces fragments corroborent ce que le P. Gaubil affirme d'après l'histoire, de l'origine des *Mo-ni* en Chine : c'étaient les « bonzes des Tartares *Hoey-hou* (4) ou Igours... Le prince des *Hoey-hou* avait demandé à l'Empereur de laisser à la Chine ces *Mo-ni*... qui habitaient dans plusieurs provinces et à la Cour (5). » La faveur relative accordée à la secte manichéenne n'avait pas survécu à la puissance des Igours : une grande défaite essuyée par eux le 13 Février 843, deux ans seulement avant le décret de *Ou-tsong*, avait été le signal du démembrement de cette nation, et avait préludé à l'effacement de leur religion en Chine (6).

Voici, pour terminer, quelques indications sur les temples parsis. Les *Chroniques de Min K'ieou* constatent la présence, à l'angle Sud-ouest du quartier *Pou-tcheng-fang*, qui nous est déjà connu, d'un « temple étranger de *Hien* » 胡祆祠 *Hou-hien-se*. La 4ᵉ des années *Ou-té* (621) (7), est-il dit dans cette notice, on y éleva un temple à l'esprit *Hien* des étrangers d'Occident; et un officier étranger fut préposé au culte de ce temple (8).

Nous devons mentionner d'après la même source, un second temple de même dénomination, situé sur le quartier *Li-ts'iuen-fang*,

---

(1) 貞元十五年四月以久旱令摩尼師祈雨.

(2) 元和二年正月庚子迴紇請于河南府太原府置摩尼寺許之.

(3) 會昌三年勅摩尼寺莊宅錢物並委功德使及御史臺京兆府差官檢點在京外宅修功德迴紇並勒冠帶摩尼寺委中書門下條疏奏聞.

(4) D'abord nommés *Hoei-he*, ils obtinrent en 788, à l'occasion d'une alliance de leur *Ko-han* avec une princesse chinoise, d'échanger ce nom contre celui de *Hoei-hou*. Trente ans plus tôt, *Che-hou*, *Ko-han* de cette nation, avait épousé une fille de *Kao-tsong*, à la suite de secours qu'il avait donnés à *Kouo Tse-i* pour la reprise de la Capitale sur le rebelle *Ngan Lo-chan*.

(5) *Op. cit.* p. 228.

(6) *Ibid.* pp. 215, 221 et 232.

(7) C'était la 4ᵉ année de *Kao-tsou*, fondateur des *T'ang*.

(8) *Op. cit.* 10ᵉ *Kiuen.* fol. 1.— 布政坊西南隅胡祆祠武德四年立西域胡祆神也祠內有薩寶府官主祠拔神亦以胡祝充其職沉按胡祆神始末見北魏書靈太后時立此寺.— De fait, nous lisons par exemple au 13ᵉ *Kiuen*, fol 12, du *Wei-chou*, que cette princesse, épouse de 宣武帝 (500-516), protégea le culte rendu par les Occidentaux à l'Esprit du Ciel 胡天神.

au Sud de la porte occidentale (1). Cet ouvrage place encore à l'angle Nord-ouest du quartier *P'ou-ning-fang* (lequel joint au Nord le *I-ning-fang*), un édifice de même désignation (2). Enfin, il en indique un dernier sur la partie Sud-ouest du quartier 靖恭坊 *Tsing-kong-fang,* lequel était situé à l'extrémité orientale de la ville (3).

Le *Liang-king-sin-ki* parle aussi de ces quatre temples, quoique avec quelques légères variantes : suivant lui, celui qui était sur le *Li-ts'iuen-fang,* occupait l'angle Nord-ouest de ce quartier (4). Quant au temple du *Pou-tcheng-fang,* il ajoute ce qui suit : «L'Esprit du Ciel des étrangers occidentaux (auquel est dédié ce temple 胡祆祠) est celui que les livres bouddhiques nomment *Mahed'vara* (5).»

En vérité, le Bouddhisme et le culte de Shiva (6) n'ont rien à voir à cette institution ; et à ce trait d'érudition fantaisiste, nous préférons les notes judicieuses de Gaubil. Ce dernier nous rappelle que «les Mémoires de Géographie de la Dynastie *Tang* sur le pays de *Posse,* disent que dans ce pays on honore les astres, le feu, le soleil, et l'esprit *Hien* ou *Yao*... (On veut parler des Guèbres)...; qu'avant de faire des cérémonies à *Hien*, ils fai-

---

(1) *Loc. cit.* fol. 4. — 醴泉坊西門之南祆祠.
(2) *Loc. cit.* fol. 5. — 普甯坊西北隅祓 (lire 祆) 祠.
(3) *Op. cit.* 9e *Kiuen.* fol. 3. — 靖恭坊街南之西祆祠. — Le commentaire ajoute : 沅按北魏書作天祠同古無祆字. «Les Annales des *Wei* septentrionaux (386-535) appelaient ces temples *T'ien-se* «temples du Ciel», ce qui revient au même ; jadis, le caractère *Hien* n'existait pas.» *Cf.* not. 8 de la page précédente.
(4) *Op. cit.* fol. 9, 10. — 醴泉坊西北隅祓 (lire 祆) 祠.
(5) *Op. cit.* fol. 4. — 西域胡天神佛經所謂摩醯首羅也. — Le 西溪叢語 *(l. l.)* fait la même confusion. Le peu d'exactitude de cet ouvrage nous met également en garde contre la vérité d'un autre document, reproduit par le 四庫全書, et conçu en ces termes : 唐貞觀五年有傳法穆護何祿將祆教詣闕聞奏勅令長安崇化坊立祆寺號大秦寺又名波斯寺. Cette synonymie, jointe à une certaine homophonie des noms 何祿 et 阿羅(本), autoriserait-elle à conjecturer, malgré la différence des dates (631 au lieu de 635), et celle des terrains occupés (崇化坊 au lieu de 義寧坊), qu'il s'agit ici de l'arrivée d'*Olopen*? Nous n'oserions l'affirmer ni le nier. — Dans l'ouvrage précité, la lettre 穆, qui rappelle la dénomination de Mahomet et de ses sectateurs (穆民), est aussi remplacée par le caractère 牧. C'est ce caractère qu'emploie le poëte 劉夢得 *Lieou Mong-té* dans sa pièce 牧護歌, citée par le *Si-k'i-ts'ong-yu ;* tandis qu'un autre morceau du même genre, reproduit par l'ouvrage 容齋四筆 d'après la compilation de 郭茂倩 *Kouo Meou-tchai,* porte 穆護歌. 黃魯直 *Hoang Lou-tche* (山谷 *Chan-kou*) qui était en charge sous 神宗 *Chen-tsong* des *Song* (1068-1086), qualifie les *Mou-hou* de 賽神者, et en parle comme d'une secte répandue dans le *Se-tch'oan* et le *Koei-tcheou.* Après avoir dit qu'il ignore l'origine de ce nom, il finit par l'identifier avec le mot «coing» 木瓜, parce que l'écorce de ce fruit, battue en cadence, aurait servi à accompagner les chants des *Mou-hou !*

(6) *Cf. Handbook* d'Eitel. 2e édit. p. 91.

saient des purifications... Depuis longtemps, la Chine avait communication avec la Perse par terre et par mer; le fils du dernier roi *Iesdegird* vint à la Chine suivi d'un grand nombre de ses sujets, il y fit un assez long séjour, c'était le prince *Pi-lou-se*, que l'empereur chinois traitait en roi de Perse; ce fut la même chose pour le prince fils de *Pi-lou-se*. On voit donc que la religion des Persans put aisément s'introduire à la Chine (1).»

Un dernier trait, emprunté à *Wei Chou* par *Min K'ieou* complètera ces renseignements, et nous montrera l'activité religieuse qui régnait alors dans la Capitale des *T'ang*. « Sur les cent huit quartiers qui composaient la ville, on vit 64 monastères de Bonzes et 27 couvents de Bonzesses; dix monastères et six couvents de Taoïstes; deux temples Persans; quatre temples étrangers dédiés au génie du Ciel (胡天祠) (2)... On ne comprend pas dans ce nombre les temples élevés après les années 天寶 T'ien-pao, (à partir de 756) (3).»

---

(1) *Hist. des Tang* p. 450 et 228.

(2) Ici l'auteur ajoute que sous les 隋, vers l'an 605, la ville comptait 120 寺 se, appelés 道場 *Tao-tch'ang* et dix 道觀 *Tao-kuan* appelés 元壇 *Yuen-t'an*.

(3) *Tch'ang-ngan-tche*. 7ᵉ *Kiuen*, fol. 3. — Vers cette époque (763-780), l'ouvrage 佛祖統記, cité plus haut sur les indications de M. J. Edkins, mentionne des temples Manichéens (摩尼寺) sur plusieurs points de l'empire, notamment à 荊州 *King-tcheou* au *Hou-pé*, 揚州 *Yang-tcheou* au *Kiang-sou*, 杭州 *Hang-tcheou* au *Tchékiang*. — Nous reviendrons, dans notre 3ᵉ Partie, sur ces intéressantes notions que nous espérons développer. Celles qui précèdent viennent de paraître dans un article de la Revue *The Messenger* (Avril, 1896), sous le titre : *The Nestorians and Manichæans*.

§ II. IMPOSTEURS.

Justes plaintes d'Athanase Kircher contre la calomnie de Georges Horn, reproduite par Théophile Spizelius. — Aveux prêtés par Voltaire au Dominicain Navarrete. — Marco Polo auteur de l'inscription. — Déclamations de Lacroze et de Beausobre. — Protestations de Mosheim. — *Lettres Chinoises* du Marquis d'Argens. — *Lettres Chinoises* de Voltaire. — L'*Essai sur les mœurs* dénonce la « fraude pieuse » des Jésuites. — Plaintes indignées des missionnaires de Pé-king. — Les imposteurs chinois du XIXᵉ Siècle. — L'auteur du 辟 邪 紀 實 et son œuvre infâme. — Cercle littéraire de *Chang-hai*.

« Il est clair, écrivait naguère le Dʳ Eitel, qu'il n'y a plus lieu aujourd'hui de douter de l'authenticité de ce monument : strictement parlant, elle n'a du reste jamais été contestée par aucun examinateur impartial et compétent, soit chinois, soit étranger (1). »

Nous adhérons pleinement à cette formule. Ses termes, si modérés qu'ils soient, ne laissent pas d'atteindre justement la loyauté ou la prudence des nombreux accusateurs, qu'a suscités la découverte de la stèle chrétienne. Bien que les travaux de nos devanciers « semblent avoir mis hors de doute l'authenticité » (2) qui avait été si âcrement contestée pendant plus de deux siècles, fidèle à la loi que nous nous sommes imposée, nous reproduirons ici tous les traits importants de cette controverse : groupés en un faisceau, ils jetteront une lumière plus vive sur un fait si passionnément combattu, en même temps qu'ils mettront à nu un des procédés littéraires si chers aux ennemis de la Compagnie de Jésus, celui de la calomnie.

Le Père Kircher avait à peine publié son *Prodromus* (1636), que des contradicteurs s'élevèrent, jetant à l'auteur et aux missionnaires de Chine l'épithète injurieuse de faussaires. Kircher releva le défi, et conçut dès lors le plan de sa *China* (1667), dont le but principal et avoué fut d'établir l'authenticité de l'inscription chrétienne (3). Ce n'est pas, il est vrai, sans une certaine émotion, sans vivacité même, que le savant vieillard signalait l'indignité du traitement dont il était victime; mais qui donc lui en ferait un crime? N'était-ce pas un droit personnel de légitime défense? Et puis, si jamais le conseil de l'Écriture (4) devient

---

(1) *The China Review*. Vol. XVI. p. 384.

(2) Tel est le jugement du Dʳ Legge (*Op. cit.* p. 38), qui fait le juste éloge des travaux d'Al. Wylie, et exagère quelque peu la valeur de ceux de G. Pauthier.

(3) L'auteur l'affirme notamment dans son *Proœmium* : « Prima quidem Pars exhibet marmoreum illud monumentum… cujus causâ hoc opus a nobis cœptum fuit. » Le titre du premier chapitre de la *China* : *Causa et occasio hujus operis*, et son développement, confirment encore cette indication de la Préface.

(4) *Eccli.* 41, 15. Curam habe de bono nomine : hoc enim magis permanebit tibi, quam mille thesauri pretiosi.

d'une application urgente, n'est-ce point en de telles questions, qui regardent l'honneur de Dieu, l'honneur de ceux qui se sont voués au service de l'Église? Ainsi du moins avait jugé Kircher (1).

« Il s'était donc trouvé bientôt des censeurs iniques, qui par des arguties pleines de railleries et de sottes remarques, s'efforçaient de faire croire que ce monument n'avait jamais existé, et qu'il n'était qu'une pure invention des Jésuites... Parmi eux, un écrivain récent s'était fait peu d'honneur en prétendant tour à tour, par une plaisanterie sarcastique, que ce monument était dû à une fraude jésuitique, ou même qu'il n'était qu'un mythe inventé par les Jésuites pour tromper les Chinois et s'emparer de leurs trésors... (2). Je ne dirai pas son nom, poursuit Kircher, et par charité chrétienne, et parce qu'au jugement d'hommes graves et lettrés, cet auteur est indigne d'une réponse.»

Cette punition méritée du silence indisposa le Professeur Ed. Salisbury, qui releva avec humeur « le traitement méprisant du Révérend Père, envers les arguments d'adversaires dont il ne cite aucun en particulier» (3). L'auteur américain semble supposer des arguments de la part des opposants, et il faut convenir que Kircher eût été digne de blâme, s'il les eût cachés à ses lecteurs; mais le caractère de Kircher nous est une garantie qu'il ne se fût pas ainsi dérobé. A cette époque surtout, après de longues conférences avec Sémédo, Boym et Martini, il pouvait sans crainte accepter la lutte sur ce terrain, absolument étranger aux écrivains d'Europe. Kircher n'a pas reproduit les arguments des adversaires, parce que ceux-ci n'avaient aucune preuve de ce qu'ils avançaient, et s'étaient contentés de manier l'arme perfide de la satire et de la calomnie (4).

Ceux qui seraient tentés de regretter, après Ed. Salisbury, le silence de Kircher, pourront se consoler en lisant les lignes qui suivent : nous avons en effet facilement retrouvé le nom de cet « écrivain récent », aux arguments duquel « le Révérend Père » opposait « un traitement si méprisant ». Il se nommait Georges Horn. Cet homme, d'origine allemande comme le Père Kircher, était né en 1620 à Greussen; après avoir étudié en Hollande, il habita quelque temps l'Angleterre, où il embrassa le presbytérianisme. Tour à tour professeur dans l'université de Harderwyk,

---

(1) *China.* pp. 1, 2.

(2) *Op. cit.* p. 1. — «Quos inter quidam ex Modernis Scriptoribus fuit, qui exiguo suo honore hujus Monumenti veritatem omni conatu, insolenti sanè scommate elidere non est verecundatus, dum id modo Jesuiticâ fraude introductum, modo purum putum figmentum a Jesuitis, tum ad Sinenses decipiendos, tum ad thesauros eruendos confictum asserit...»

(3) *Amer. Or. Society.* Vol. III. N° II. 1853. p. 401. — «... Reverend Father's contemptuous treatment of their arguments...»

(4) *China.* pp. 1 et 2. — «...nasutis argutiis, et nonnullis quidem asteriscis, et non nisi obtusis plumbeisque... calumniis et scommatis... cavillis et sarcasmis...»

puis dans celle de Leyde, il avait publié en 1652, à La Haye, un ouvrage en quatre livres ayant pour titre *De originibus Americanis;* c'est dans cette œuvre fort mélangée, mais qui toutefois aurait dû être familière au Professeur de *Yale College,* que s'étalent en toutes lettres les imputations calomnieuses relevées par Kircher. Nous ne ferons pas grâce aux amis de la vérité, des « arguments » de cet écrivain.

Il écrit donc ce qui suit au XV° Chap. de son dernier Livre : « C'est l'opinion commune que St Thomas lui-même prêcha l'Évangile à ces nations (Cataï, Chine et Japon)... Plus tard, en l'année 636, des Chrétiens venus de Syrie, d'Éthiopie, d'Égypte et de Judée, auraient prêché l'Évangile en Chine : Athanase Kircher, aux Chapitres III et IV de son *Prodromus Coptus* l'a montré longuement ; il se fondait sur une pierre découverte vers l'an 1625 aux environs de la ville de Sanxuen, et qui expose toute cette histoire en caractères chinois, tandis qu'elle donne les noms en lettres syriaques. Mais pour qui considère ce récit, la fraude jésuitique apparaît clairement : IL EST ÉVIDENT en effet que cette pierre est un mythe inventé par les Jésuites, pour tromper les Chinois et s'emparer de leurs trésors (1). » Tels sont les « arguments » du protestant G. Horn.

Aux hommes de bonne foi de qualifier ce procédé si souvent renouvelé, même par des contemporains (2). « Quoi qu'il en soit, poursuit aussitôt l'auteur protestant, avec une candeur digne de sa logique, il est prouvé que les Nestoriens furent puissants dans le Cataï et en Chine, il y a bien des siècles, et qu'ils convertirent à la foi chrétienne des empereurs de ces nations... »

Kircher, en se plaignant de la mauvaise foi de ses adversaires, avait sans doute aussi en vue un autre de ses compatriotes. Théophile Spizelius, venait, à l'âge de vingt ans (3), de

---

(1) « Verum inspicienti illam narrationem fraus jesuitica non obscura erit. Nam saxum esse supposititium, et a Jesuitis ad decipiendos Sinenses ac thesauris exuendos confictum, PATET. » Le P. Kircher avait lu « thesauros eruendos », au lieu de « thesauris exuendos », mais le sens de la calomnie n'est en rien modifié par ce changement de formule.

(2) Kircher avait rappelé que « par un juste jugement de Dieu, ceux qui s'efforcent de déconsidérer par leurs sarcasmes la gloire du Nom divin, finissent la plupart du temps par perdre leur propre renommée et le fruit de leurs travaux. » Un fait assez curieux vint lui donner raison, sans toutefois qu'il prétendît être prophète. G. Horn mourut à Leyde en 1670 ; au milieu des accès de folie qui signalèrent les derniers temps de sa vie, on le vit un jour parcourir tout nu cette ville, en criant : « An tu nunquam vidisti hominem paradisicum ? Ego sum Adam ! » Cet homme avait beaucoup écrit ; et le P. Heller (*Op. cit.* p. 89, not. 1) rappelle ce jugement d'un critique : « Conscribillavit quidquid in buccam venit. »

(3) Théophile Spizel ou Spizelius était né en 1639, en Styrie suivant les uns, suivant d'autres à Augsbourg ; écrivain au « style lourd et fatigant » écrit Israëli, « d'une érudition ni étendue, ni profonde » ajoute Weiss, il mourut à Augsbourg le 7 Janvier 1691, après avoir exercé pendant vingt-neuf ans dans cette ville les fonctions de vicaire puis de pasteur.

publier à Leyde, un ouvrage sur la Chine, dans lequel il avait trouvé le moyen de piller les Jésuites tout en les décriant (1). Voici en quels termes ce jeune Allemand traitait le vieux professeur du Collège romain, ainsi que ses confrères de Chine : «Les Chinois gardent maintenant un silence étonnant sur le premier auteur de l'univers. Il est vrai que l'on trouve à son sujet quelque chose dans ce monument Chinois-chrétien, qu'a édité et expliqué Athanase Kircher (*Prodr. copt.* C. 3). Il y est dit que celui qui fut toujours vrai et paisible, sans commencement, d'un esprit très profond, créa toutes choses par son infinie puissance,.. Viennent ensuite plusieurs propositions sur la création et l'intégrité du premier homme, sur sa chute, sur l'origine de l'idolâtrie et des autres erreurs païennes, sur l'Incarnation du Sauveur, sur la condition du Christ et des Apôtres, sur l'excellence de la religion chrétienne, sur le passage de cette dernière en Chine, et beaucoup d'autres choses montrant clairement que ce monument a été composé récemment par quelque Docteur demi-chrétien, demi-chinois (2).»

Rien d'étonnant sans doute qu'une telle outrecuidance, chez un jeune protestant à peine sorti des bancs de l'école, ait échauffé la bile de Kircher; et cela d'autant plus, que «cet essai eut du succès à cause de la nouveauté du sujet et de la jeunesse de l'auteur», à qui son œuvre valut presque aussitôt la place de vicaire à l'église St Jacques d'Augsbourg.

En résumé, Kircher avait reproché à des adversaires qu'il épargnait en ne les nommant pas, d'avoir «forfait à leur conscience et blessé le devoir de la charité». C'était toute la vengeance que méritaient ces sectaires, faux savants ; c'est la seule réponse que méritèrent longtemps encore tous ceux qui sans l'ombre de preuves, devaient s'inscrire en faux contre la stèle chrétienne.

---

(1) *De re literaria Sinensium Commentarius.* Leyde, 1660. — «A cette époque, écrit Weiss dans la *Bibliogr. univ.*, la Chine n'était connue que par les relations de quelques missionnaires, et Spizelius ne put que répéter ce qu'il avait lu dans leurs ouvrages...» — Voici le dur jugement que porte Th. Bayer sur l'œuvre de son compatriote : «Theophilus Spizelius de re litteraria Sinensium commentariolum confecit, sane exsanguem et mediocris doctrinæ. Nihil enim in eo reperies, quod non in Mendozæ, aut Semedi, aut Longobardi, Trigaltii, Martinii scriptis explicatum teneamus, vt possis Sinicum diuerbium hoc loco vsurpare, cum dicunt, *bis octo non excedere octodecim (sic).* Tum si demas copiose insertos locos profecto inanes ex omnium nationum atque ætatum libris, pauca remanent de summa rei eaque inquinata, quod, vt opinor, non tam Spizelii quam ætatis illius vitio factum.» (*Museum Sin.* T. I. Præfatio, p. 25). Ce n'est pas du reste la seule fois que Spizelius mérita le reproche de plagiaire : en 1663, il publia à Augsbourg, sous le nom de *Scrutinium atheismi*, une dissertation qui s'inspirait trop visiblement d'un travail semblable de Gisb. Voet, dont il eut soin de taire le nom.

(2) *Op. cit.* pp. 159, 160. — «...aliaque plurima quæ non obscurè subindicant, monumentum illud a recentiori quodam semi-Christiano pariter ac semi-Sinico Doctore fuisse adornatum.»

Avant de faire à ces derniers l'honneur de les citer, nous consignerons ici un curieux document dont s'étaiera Voltaire près d'un siècle plus tard. C'est un passage du Dominician Navarrete, si connu par la vivacité de ses attaques contre la Compagnie de Jésus, à propos des rites chinois. Après avoir rappelé que «la religion chrétienne entra en Chine l'année 636, qu'elle s'y soutint pendant l'espace de deux cents ans, louée et suivie de plusieurs, favorisée par *Taï zung (T'ai-tsong)* et par ses successeurs, comme il conste de la pierre trouvée dans la province du *Chen-si*», Navarrete ajoutait : «Ce qui est contre cette chose, si claire pour nous, c'est que les Chinois étant si soigneux dans leurs annales et histoires, on n'y trouve cependant aucun vestige de ce qui vient d'être relaté. D'où il résulte que non seulement les païens, mais les chrétiens eux-mêmes, doutent et pas peu du fait. Aussi, lorsque commença la persécution, les gouverneurs et notre ennemi jugeant que c'était une invention des missionnaires, envoyèrent des personnes de confiance à ladite province, pour vérifier ce qui s'y était passé. Le résultat de cette enquête n'est pas venu à notre connaissance; ce que nous savons certainement, c'est que, dans l'hypothèse de l'histoire relatée plus haut (1), les persécutions et les peines ne manquèrent pas aux serviteurs de Dieu de ce temps-là, nonobstant la faveur de huit empereurs. Le Père Kircher traite longuement de cette affaire, pag. 1 et 2; et à la page 34 il s'occupe de nouveau de ce sujet (2).»

Voltaire, abusant de ce texte, devait un jour le citer à l'appui de sa thèse : «Il est évident, par l'Inscription même, osera-t-il écrire dans son *Essai sur les mœurs*, que c'est une de ces fraudes pieuses qu'on s'est toujours trop aisément permises. Le sage Navarrette en convient (3).» Navarrete était sage, aux yeux du philosophe de Ferney, uniquement parce qu'il combattit les Jésuites; mais cette fois Voltaire s'est abusé, ou plus exactement, il a voulu

---

(1) «... Supuesta la historia referida... » — G. Pauthier, qui rapporte ce passage de Navarrete, dit qu'il s'agit ici « de l'enquête ». Dès lors « les serviteurs de Dieu » dont il est aussitôt question ne seraient autres que les missionnaires du XVIIᵉ Siècle : mais plusieurs raisons condamnent cette interprétation, celle-ci entre autres : de 萬曆 *Wan-li* à 康熙 *K'ang-hi*, on ne compte que six empereurs, tandis que sous les *T'ang*, il y eut huit règnes différents, de l'an 635 à 781.

(2) *Tratados históricos, políticos, éthicos, y religiosos de la Monarchia de China. Por el P. Maestro Fr. Dom. Fernandez Navarrete.* Madrid, 1676. pp. 104, 105. — «Lo que haze en contra de cosa tan clara paro nosotros es, que siendo los Chinas tan cuydadosos en sus anales, y historias, no se halla en ellos rastro, ni señal alguna de lo referido. De aqui prouiene, que no solos los Gentiles, sino tambien los Christianos dudan, y no poco del caso. Por esto, començada la persecuciõ, entendiẽdo los Gouernadores, y nuestro enemigo, que era inuencion de los Missionarios, imbiaron personas de satisfacion à dicha Prouincia, à aueriguar lo que en esto auia : e successo, y efecto de lo que se aueriguó, no llegó à nuestra noticia...»

(3) *Op. cit.* Chap. II.

tromper; «il fallait toute sa bonne volonté, pour voir dans ces paroles de Navarrette, l'aveu impossible qu'il lui attribue (1).»

L'auteur de l'*Essai sur les mœurs*, malgré ses prétentions de moraliste, avait menti une fois de plus. Quant au récit de Navarrete, son exacte portée semble avoir échappé à G. Pauthier qui l'a reproduit ainsi qu'Abel Rémusat (2). En voici le sens précis.

Dominique Navarrete, Dominicain espagnol entré en Chine vers la fin de 1659, résidait à 金華府 *Kin-hoa-fou*, dans la Province du *Tché-kiang*, lorsqu'il fut, en 1665, dirigé avec tous les autres missionnaires sur *Pé-king*, pour s'y entendre condamner avec vingt-quatre de ses compagnons à la relégation dans la ville de Canton. Ce ne fut qu'après quatre ans de séjour dans cette ville, et d'intimes relations avec les religieux de la Compagnie qu'il se déroba furtivement à sa captivité et regagna l'Europe (3). Il en résulte que Navarrete ne fut pas le premier à annoncer le prétendu silence des annales chinoises : depuis longtemps déjà, Kircher, Sémédo, Bartoli l'avaient signalé avec une candeur digne d'éloges, sans se soucier des conclusions qu'une critique malveillante pourrait en tirer contre leur témoignage. Il en résulte encore que si Navarrete, confiné durant son séjour en Chine, dans deux provinces du sud, n'avait jamais eu l'occasion d'étudier par lui-même ce monument, il avait pu, en revanche, recevoir à son sujet les explications les plus détaillées, des Pères François Ferrari et Claude Motel, anciens missionnaires du *Chen-si*, détenus avec lui à Canton (4). Dès lors, il faut faire peu de cas de ces «doutes, communs aux payens et aux chrétiens eux-mêmes», dont le susdit écrivain a parlé avec une exagération visible.

Un trait de quelque utilité ressort pourtant du récit de Navarrete : c'est l'enquête commandée par *Yang Koang-sien* et les quatre Régents, car c'est bien d'eux qu'il s'agit, lorsque l'auteur parle «des gouverneurs et de notre ennemi» (5). Cette

---

(1) *De l'authenticité*, etc. p. 7.

(2) *Mélanges asiatiques*. Tom. I. p. 35. not. 2.

(3) *Historia controversiarum de ritibus sinicis*, par le P. Pray. 1789. pp. 55/63.

(4) *Histoire de la Chine*, etc., d'Ad. Greslon. p. 245. — *Historica relatio de ortu*, etc. Catalogus 30 Sacerdotum, qui in hac Persecutione traditi sunt Judicibus in aula Pequini. pp. 368, 369.

(5) *Op. cit.* pp. 346 et 354, Navarrete applique formellement à *Yang Koang-sien* la qualification très méritée de «nuestro enemigo»; de même encore, p. 350, il précise les fonctions de ces «Gouernadores» dont il avait parlé plus haut, en les nommant les «quatro Gouernadores». C'étaient les quatre Régents du jeune Empereur *K'ang-hi*, si hostiles à la religion chrétienne. C'est faute d'avoir connu ces détails historiques, que Neumann et le Prof. Ed. Salisbury (*l. cit.* p. 406) qui le cite, ont dénaturé la pensée de Navarrete : ce dernier n'a pas dit, comme on le lui prête, que «les autorités provinciales firent une enquête, parce que dès la publication de la découverte, des payens et même des chrétiens émirent des doutes au sujet de ce fait.» Toutes les notions sont confondues dans cette

démarche est très vraisemblable, de la part d'hommes puissants, acharnés à la perte des « lettrés d'occident». Qu'on se souvienne du reste que la stèle avait fourni à 李祖白 Li Tsou-pé son principal argument historique en faveur de la religion chrétienne : il était donc tout naturel qu'on cherchât à montrer le caractère frauduleux de l'inscription ; une pareille découverte eût fourni aux pamphlets envenimés de Yang Koang-sien une réponse victorieuse, qu'il n'eût eu garde d'oublier ; le silence de cet homme haineux serait à nos yeux un argument d'authenticité suffisant pour entraîner par lui seul la conviction (1).

Avant de passer aux pamphlétaires du XVIIIe Siècle, disons un mot d'une hypothèse étrange qui dut être émise vers le début de ce même siècle, et qui ne justifie les Jésuites qu'en inventant un autre faussaire non moins innocent qu'eux. J'ignore le nom de « cet homme, d'ailleurs très savant », que Visdelou ne nous désigne pas autrement que par ce compliment ; il n'importe du reste : les trois colonnes compactes que lui consacre notre auteur suffisent à nous montrer de quelles bévues peut se rendre coupable un philologue de parti pris. « Cet habile homme » ignorant les caractères chinois, avait lu l'inscription dans l'Interprétation romanisée de Kircher (2) : les sons de ces colonnes, souvent mal numérotés, lui ont fourni les combinaisons fantaisistes auxquelles s'arrête patiemment Visdelou pour les réfuter. Par ce procédé divinatoire, on démontrait par exemple, que Taçin (大秦 Ta-ts'in) signifiait «monde, ou ce qui est le même, eu égard à la force et à l'origine du terme, monde parfait, palais parfait, grand parfait»! Mais arrivons au fait de la supposition ; voici comment Visdelou nous l'expose.

«Il transforme par anagramme le nom d'Olopen en Polven ou Pol vénitien, qu'il prétend être l'auteur faussaire du Monument.

seule ligne. L'enquête commandée par Yang Koang-sien et les Régents n'eut lieu qu'environ quarante ans après 1625. Plus heureux que ses prédécesseurs, le P. Heller (Op. cit. p. 90) avait du moins identifié le nom du persécuteur principal.

(1) L'abbé Huc a bien développé cet argument : « Quelle bonne fortune pour un lettré que de pouvoir lancer un bon pamphlet à la face des adorateurs du Seigneur du ciel, et de prouver à tout l'empire qu'ils n'étaient que des fourbes et des imposteurs. Rien de semblable n'est arrivé : on a inventé mille calomnies contre les missionnaires... Quant à l'inscription de Si-ngan-fou, jamais un doute n'a été soulevé ; on ne trouve pas même la plus légère insinuation à cet égard dans les manifestes les plus violents qui ont été publiés en Chine contre les chrétiens et les missionnaires.» (Cf. Le Christianisme en Chine. Tom. II, pp. 91, 92). — Disons ici en passant que le même principe établit aussi invinciblement la fausseté d'autres accusations d'une nature plus délicate encore : ceux par exemple qui ont essayé de flétrir la mémoire d'Adam Schall par des imputations infâmes, se trouvent condamnés par le silence forcément respectueux du pire ennemi de la religion, des Jésuites et de Schall lui-même.

(2) China. Interpretatio I. Quâ characterum Sinicorum... pronunciatio genuina per Latinos Characteres exprimitur.

Cela est subtil, il faut l'avouer, mais il n'est pas vrai. Rien n'est plus certain que l'on ne peut rien tirer des noms étrangers écrits en caracteres Chinois, tant les Chinois ont coutume de les défigurer et de les altérer, faute de certaines lettres et syllabes (1)... Je passe sous silence la note d'infamie que l'on jette sur *Marc Pol*, Vénitien, homme celebre, et sur plusieurs Chrétiens, qui ont dû nécessairement l'aider dans cette entreprise; et certes c'est bien injustement, comme l'on va voir (2).» Les raisons qu'expose ensuite Visdelou sont à peu près les mêmes dont usa plus tard Abel-Rémusat pour défendre les Jésuites contre les injustes soupçons de W. Milne (3); nous les retrouverons bientôt. Il invoque en outre en faveur du Vénitien un alibi qu'il prouve par l'histoire des conquêtes tartares. De 1268 à 1273, les Mongols, auxquels Marco Polo prêtait son concours, assiégeaient non pas la ville de *Si-nganfou*, mais celle de 襄陽府 *Siang-yang-fou* (*Hou-pé*), «distante de 115 lieues» de la précédente.

Longtemps après Visdelou (1719), le P. Gaubil (1753) appréciait ainsi cet étrange épisode de la critique européenne. «Un savant européen, sans connaissance suffisante de ce qui regarde la Chine, et sans la moindre teinture de la langue chinoise, a dit fort imprudemment et sans nulle raison que le monument de la religion chrétienne est seulement du temps de Marc Paul; voilà une proposition bien extraordinaire, et qui prouve le ridicule où on s'expose en parlant de ce qu'on n'entend pas (4).»

Les philosophes du XVIII° Siècle continuèrent l'œuvre de Horn et de Spizelius. Détail caractéristique, ce furent surtout des Français, pensionnés à Postdam, qui se livrèrent à cette répugnante besogne, et prirent la succession des imposteurs allemands : cette seule réflexion suffirait à jeter quelques doutes sur la moralité littéraire de ces singuliers patriotes, devenus les valets de Frédéric le Grand ou de son père, et Prussiens d'adoption.

L'un d'eux, Mathurin Veyssière de Lacroze (5), nature inconstante et inquiète, publiait en 1724 un ouvrage rempli de déclamations contre l'Eglise romaine : la stèle chrétienne s'y trouvait dédaigneusement traitée, comme «une pièce manifestement supposée» (6). Il est vrai que l'auteur de ce verdict sommaire nous

---

(1) La même observation a été renouvelée de nos jours, d'une façon moins absolue toutefois, par M. F. Hirth. *Cf. China and the Roman Orient*, p. 170.

(2) *Monument du Christianisme*, dans le *Supplément à la Bibl. orientale*, p. 188.

(3) *Mélanges Asiatiques*. Tom. I. pp. 35 à 38.

(4) *Mémoires*. Tom. 16. *Abrégé de l'hist. chinoise de la grande dyn. T'ang*. p. 371.

(5) Né à Nantes le 4 Décembre 1661; ayant pris en horreur la férule de son maître, il fit tout jeune un voyage en Guadeloupe. En 1682 il prenait en France l'habit des Bénédictins, puis rejetant le froc en 1696, il s'enfuyait à Bâle où il faisait profession publique de la Réforme. Le moine apostat gagna bientôt Berlin, où il fut employé comme bibliothécaire du Roi de Prusse. Il mourut le 21 Mai 1739.

(6) *Histoire du Christianisme des Indes*. La Haye, 1724. Liv. I. p. 42. — «Pour ce qui est de l'ancien Christianisme connu et prêché dans le royaume de la Chine, il me

renvoie aux preuves qu'il a données «ailleurs». Il pourrait se faire que ce renvoi fût une distraction, ou même une mystification, car l'Histoire du *Christianisme des Indes* ne renferme nulle part cette démonstration, et l'érudit Mosheim (1) ne cite d'autre passage de Lacroze, relatif à cette question, que celui relaté plus haut (2). Nous sommes assurés du reste que les successeurs du moine défroqué durent utiliser de leur mieux les arguties dont il pouvait être l'inventeur.

Dix ans plus tard, un autre Français, «chapelain du Roi de Prusse», faisait enfin paraître un semblant d'argument contre l'authenticité de la stèle. Malheureusement pour Isaac de Beausobre (3), la «preuve invincible» qu'il croyait avoir découverte, n'était qu'un argument boiteux, qui n'atteignait ni les Jésuites, ni leur monument... Qu'on en juge plutôt par cette citation : «Le Manichéisme étant donc né dans l'Orient, lorsque les Chrétiens n'avaient que cette ancienne version vulgate du N. Testament qu'on appelle *simple*, il n'y a aucune apparence que la secte reçût ni l'Apocalypse, ni aucune de ces dernières Epîtres. Et c'est, pour le dire en passant, une preuve invincible de la supposition du monument Chinois que les Jésuites disent avoir trouvé sous terre en 1625, proche de la ville de Siganfù, métropole de la province de Xensi. L'inscription qu'on lit sur ce monument, porte entre autres choses que J. Christ, «montant au Ciel vers l'heure de midi, laissa 27 livres» qui contenaient sa doctrine. Les livres du nouveau Testament, reçus à présent par les Grecs et par les Latins, sont effectivement au nombre de 27 : Evangiles, 4; Actes des Apôtres, 1; Epîtres de St Paul, 14; Epîtres Canoniques, 7; Apocalypse, 1. Tout cela fait 27 livres. Mais en l'année 782 qui est la date de

semble qu'il y aurait de la témérité à le nier. Marc Paul en fait mention et les premiers missionnaires Jésuites en ont trouvé quelques vestiges. D'ailleurs les livres ecclésiastiques des Malabares, et leurs anciennes Ecritures faisant mention de l'Evêque qu'on y envoyait autrefois, il semble qu'il n'y a pas lieu d'en douter. A ces preuves je n'oserois ajouter l'inscription déterrée l'an 1625 dans la ville de Si-ngan-fù, Capitale de la province de Xensi. C'est une pièce manifestement supposée, comme je l'ai fait voir ailleurs.»

(1) *Historia Tartarorum ecclesiastica*. Helmstadt, 1741. p. 10. not. f.

(2) Dans une note de son *Histoire critique de Manichée*, Is. de Beausobre que nous citerons bientôt, fait appel en ces termes à l'autorité de Lacroze : «J'avertis ici le lecteur que M. de la Croze a fait des observations sur ce monument, qui convaincront toute personne équitable et impartiale, qu'il a été supposé par les Jésuites.» Pourquoi n'avoir pas indiqué ces «observations», pourquoi n'avoir pas même nommé l'ouvrage où elles se trouvent? Ce silence autorise à croire qu'Is. de Beausobre écrivit ces lignes sur la seule foi de l'*Histoire du Christianisme des Indes*.

(3) Né à Niort le 8 Mars 1659, il exerçait en 1683 les fonctions de ministre du culte réformé. Menacé pour avoir brisé les scellés mis sur son temple, il dut s'enfuir à Rotterdam. En 1694 il passait à Berlin où il fut nommé chapelain du Roi. Le monarque prussien le retint dans sa capitale jusqu'à sa mort, qui arriva le 6 Juin 1738. Déjà septuagénaire, l'austère censeur de la morale catholique, se déshonora par une «aventure galante», que répara un tardif mariage.

l'inscription, les Syriens ne recevaient que 22 livres du N. Testament. Or ce sont des Syriens, envoyés de la province de Babylone, qui doivent avoir gravé, ou fait graver les deux inscriptions, l'une en Syriaque, et l'autre en Chinois, lesquelles se lisent sur le monument dont il s'agit (1).»

Nous montrerons ailleurs l'inanité de ces conjectures, témérairement offertes comme «la preuve invincible» de la fraude jésuitique. Mosheim, avec plus de science et de loyauté, jeta bientôt aux détracteurs de la Compagnie, cet avis salutaire : «Tous les Jésuites ne sont pas des imposteurs si corrompus, que rien de vrai, rien de solide, rien de pieux et de sincère, ne puisse venir d'eux, ainsi que leurs adversaires s'efforcent de nous le persuader. Cette façon de conclure n'est ni solide, ni logique : ce monument est offert par des Jésuites, donc il est supposé. Dans ce débat, des hommes, d'ailleurs fort doctes, se laissent aller à la partialité, défaut qui dans tout genre de science, mais principalement en histoire, mène aux plus graves conséquences et à d'incroyables erreurs (2).» C'est en vain que Mosheim avait élevé la voix; bientôt des imposteurs, plus impudents encore que les premiers, allaient se faire entendre, et ce fut l'un des multiples épisodes qui signalèrent les derniers assauts du philosophisme contre la Compagnie de Jésus.

Les plus audacieux pamphlets qui parurent contre le monument chrétien ne vinrent pas d'une plume protestante. Le Marquis d'Argens (3) et Voltaire, qui n'eurent d'ailleurs de catholique que le baptême, comme ils n'avaient de français que le nom, peuvent prétendre à cet honneur; dignes représentants d'un siècle corrompu et impie, ils méritent entre tous le titre d'imposteurs que nous avons placé en tête de cet article.

En 1755, d'Argens, dans ses *Lettres Chinoises*, échafaudait la plus grossière invention pour démontrer la fraude jésuitique. Il nous en coûte de nous appesantir sur de tels procédés dont la sottise surpasse encore l'effronterie; mais pour remplir notre promesse et pour éviter le reproche d'avoir infligé «aux arguments de nos adversaires un méprisant traitement», nous reproduirons des lettres (4) du marquis libertin tout ce qui sera nécessaire pour faire apprécier sa méthode et sa bonne foi.

---

(1) *Histoire critique de Manichée et du Manichéisme*. Amsterdam, 1734. liv. I. Ch. V. § IV. — Dans le § III, il est dit que les Manichéens n'avaient pas reçu l'Apocalypse, l'Ep. de St Jude, la IIe de St Pierre, la IIe et la IIIe de St Jean; étant donné que les Syriens n'avaient reçu que la I^e Ep. de St Jean, la I^e de St Pierre et celle de St Jacques.

(2) *Op. cit.* p. 11.

(3) Jean-Baptiste de Boyer, marquis d'Argens, né le 24 Juin 1704 à Aix en Provence, finit après une série d'intrigues scandaleuses avec des comédiennes, par se retirer en Hollande, où il écrivit ses *Lettres Chinoises*. Devenu pensionnaire et chambellan de Frédéric II, dont il avait précisément gagné l'estime par la lecture de ces mêmes *Lettres*, il mourut le 11 Janvier 1771. Agé de près de soixante ans, une passion sénile l'avait uni à une actrice.

(4) *Lettres Chinoises ou Correspondance philosophique, historique et critique, entre un Chinois Voyageur et ses correspondants à la Chine.* La Haye, 1755.

Dans sa lettre 145⁰, d'Argens dit que les missionnaires fondent leurs espérances de convertir la Chine «sur ce que la Religion Chrétienne a déjà été établie autrefois» dans cette contrée; «et qu'après y avoir eu une interruption de plusieurs siècles, elle y a été de nouveau plantée. Je ne sais, poursuit-il, quel fond on doit faire sur les preuves qu'ils en allèguent. Je vais te les rapporter : après quoi tu pourras juger de leurs forces et m'en dire ton sentiment. La principale, pour ne pas dire l'unique, est tirée d'un monument, déterré il y a environ cent ans près de la ville de Si-ngan-fou...» Après avoir emprunté au Père Le Comte sa description et sa traduction, d'Argens conclut ainsi : «Tel est ce fameux monument dont on a tant fait de bruit en Europe. Je t'avouerai, Cher Yn-che-chan, qu'il m'est suspect par bien des raisons; plusieurs Européens n'en jugent pas plus avantageusement que moi. Fais-moi donc l'amitié de te transporter à Si-ngan-fou, et de l'examiner avec toute l'attention dont tu es capable. Je ne doute pas que des yeux aussi clairvoyants que les tiens ne démêlent aisément la fourberie, s'il y en a. Il ne te faudra pas négliger de consulter les Européens qui pourraient te donner quelques éclaircissements. Parmi les Anglais et les Hollandais qui voyagent dans notre Empire, il y a souvent d'habiles gens, des lumières desquelles tu pourrais t'aider en cette occasion. Je te recommande de t'adresser à eux plutôt qu'aux Missionnaires qui peuvent être restés en Chine, parce qu'ils n'ont pas le même intérêt à soutenir l'authenticité de ce monument.»

Le lecteur peut prévoir dès maintenant, qu'en fait de fourberie, le vertueux marquis ne le cèdera à qui que ce soit. Quant à sa logique, elle sera telle qu'on peut l'attendre des philosophes de sa trempe. Voici du reste le récit édifiant que lui tient bientôt son correspondant (1).

«Jamais on ne fut plus surpris, cher I-Tuly, que je l'ai été à la lecture de ta lettre. J'avais bien ouï parler du monument de Si-ngan-fou; mais ç'avait été sur le pied d'un ouvrage dont la supposition était manifeste. Je ne me serais donc jamais attendu que les Missionnaires en eussent fait usage en Europe; mais comme on ne nous connaît dans cette partie du monde, que par les relations qu'il leur plaît de donner de nous, ils ont la liberté d'avancer ce qu'ils jugent à propos, sans que personne les démente. Je m'étonne seulement qu'il y ait eu parmi les chrétiens des personnes qui, comme tu me le mandes, aient osé révoquer en doute l'authenticité de ce monument; n'étant pas à portée de découvrir les marques de supposition qu'il porte avec lui, comment ont-ils pu révoquer en doute ce que débitaient les Missionnaires? Sans doute qu'on se défie en Europe de ces Messieurs, et que leur bonne foi est un peu suspecte; c'est, à mon avis, l'unique solution de ce problème.»

---

(1) Lettre 146.

«Tu sais, cher I-Tuly, qu'entre les études que j'ai cultivées avec le plus de soin, il faut mettre l'Histoire. La partie de cette science qui regarde notre patrie a surtout fait mes délices dès ma jeunesse. J'ai lu avec soin tous les Livres qui en traitent; je n'ai pas même négligé ceux où je croyais pouvoir trouver quelques lumières à cet égard, quoique leurs Auteurs n'eussent pas eu pour but de traiter des sujets historiques. Cependant, pourrais-tu le croire? dans tous ces livres je n'ai jamais rien lu qui puisse seulement faire soupçonner que les Chrétiens se soient établis dans notre Empire avant le milieu du seizième siècle, selon leur manière de compter. Cet argument négatif a certainement beaucoup de force, parce que nos Ancêtres ont toujours été extrêmement soigneux de tenir un registre exact de ce qui se passait dans l'Empire. L'on ne peut pas dire que l'établissement du Christianisme était une chose trop peu importante pour en faire mention dans nos Annales, car si l'on veut s'en rapporter au monument de Si-ngan-fou, les Missionnaires qui vinrent de Judée firent un très grand nombre de conversions. Ils engagèrent plusieurs de nos Empereurs à entrer dans leurs idées; ces Monarques les favovisèrent beaucoup, même aux dépens de la Religion dominante... Peut-on concevoir que ces choses et le reste de ce qui est gravé sur ce marbre, aient pu arriver dans notre Empire, sans que nos Histoires en fassent mention (1)? Le Christianisme n'a pas été si florissant sous le règne de notre dernier Empereur, qu'il l'était dans le temps dont le monument parle; cependant crois-tu que l'on n'en trouve rien dans nos Annales? Qu'on consulte les Archives Impériales, et l'on y trouvera tout ce qui s'est passé dans ces derniers temps au sujet de la Religion Chrétienne... Cette raison seule suffirait pour décrier ce monument.»

«Ceux de nos Empereurs dont il est parlé sur ce marbre, doivent avoir favorisé la Religion Chrétienne, et s'être faits chrétiens, ou peu s'en faut. Or, je te le demande, si dans de telles idées, il était naturel qu'ils soutinssent la Religion Chinoise, qu'ils favorisassent les Bonzes, et qu'ils adhérassent à nos cultes religieux; ils pouvaient bien les tolérer, mais ils ne devaient pas témoigner par leur conduite qu'ils approuvaient la Religion de nos Bonzes. C'était agir contre leurs lumières, contre leur conscience et contre tous les principes du Christianisme. Dans ce cas-là, auraient-ils mérité les éloges que leur donne le monument? Aurait-on pu dire d'eux qu'ils faisaient fleurir la Religion, qu'ils défendaient la Foi; qu'ils n'oubliaient rien de tout ce qui pouvait contribuer à l'étendre, et qu'ils l'affermissaient par leurs Edits et par *leurs exemples?* Leur conduite n'était-elle pas plutôt un lâche déguisement? Ne tendait-elle pas à faire envisager la Religion comme un jeu, ou du moins comme une chose indifférente? Ce-

---

(1) Le pamphlétaire se garde bien d'avouer qu'il ne fait que mettre en œuvre, en le dénaturant, un aveu loyalement formulé par tous les missionnaires *Cf.* pp. 244-246.

pendant, quand on lit l'histoire de ces Princes, il faut convenir qu'ils étaient idolâtres, comme les Missionnaires nous appellent, et qu'ils favorisaient l'idolâtrie. On ne voit pas un seul mot qui puisse faire soupçonner qu'ils aient eu du penchant pour un autre culte que pour celui qui était établi de leur temps. Reconnait-on là les Héros du monument? Sont-ce là ces saints pour lesquels *les chrétiens*, qui consacrèrent ce marbre, priaient sans crainte?.. (1)»

Vient ensuite une longue diatribe, foncièrement protestante, sur «le pouvoir de changer un petit morceau de pain en Dieu», sur «celui de transporter les bonnes actions d'un homme à un autre homme qui en a besoin pour mériter le salut»; sur l'adoration «de la Mère de Jésus et d'un grand nombre d'autres personnes qu'on appelle *Saints*»; sur la reconnaissance d'un «Souverain Pontife, aux décisions duquel il faut se soumettre, parce qu'il ne saurait jamais se tromper»; sur «tant de cérémonies puériles et superstitieuses, dont les nouveaux Missionnaires font tant de cas, et qui semblent former l'essentiel de la religion»; sur «le trafic fait par ceux-ci, d'un grand nombre de babioles, propres à servir de jouets aux enfants»; sur le soin qu'ils ont de cacher l'Ecriture... «Quelle différence, cher I-Tuly, s'écrie le faux Chinois, entre les anciens et les nouveaux Missionnaires, entre la doctrine de ceux-là et celle de ceux-ci! Comment est-il possible qu'on ait osé soutenir qu'elle était la même?»

Là-dessus *Yn Che-chan* s'adresse à un Européen, selon le conseil qui lui en a été donné. Il se trouve justement qu'il a «des habitudes depuis quelque temps avec un marchand, très honnête homme, qui avait étudié autrefois, et qui, quoique occupé des affaires de son commerce, ne laissait pas de cultiver encore les sciences et de voyager en savant... Ce qu'il me dit, me fit naître la pensée de lui proposer de m'accompagner à Si-nganfou pour examiner le monument. Il accepta ce parti, et nous fixâmes le jour de notre départ.»

«Le marbre est tel que tu me l'as décrit, mais le discours que tu m'as envoyé n'est pas fidèlement copié. Parmi les dogmes de ces anciens Missionnaires, il y est fait mention du *Purgatoire* et cela est supprimé dans ta copie (2). Mon Européen me fit

---

(1) Pour étayer cette longue déclamation, d'Argens fait appel à l'autorité du P. Le Comte. Nous avons rapporté plus haut (p. 223) les paroles de ce dernier censurant les louanges exagérées décernées par la stèle à des Empereurs, « qui n'ont pas été moins portés à accorder leur protection aux sectes idolâtres.» Il fallait au marquis une forte dose de témérité pour faire un aveu, si ruineux pour son argumentation!

(2) D'Argens se montre ici de la plus insigne mauvaise foi : dans sa première lettre, il avait emprunté textuellement cette phrase aux *Nouv. Mémoires* du P. Le Comte : « Ils prient chaque jour sept fois pour les morts et pour les vivants.» C'est la traduction très exacte du texte chinois, qui n'exprime pas autrement le dogme du Purgatoire. Le P. Le Comte, pas plus du reste que Kircher, lequel a traité longuement ce passage (*China*, pp. 38, 39), n'avait donc rien dissimulé, rien diminué.

remarquer là-dessus que cette suppression avait été faite à dessein, parce qu'il est démontré que ce nom n'était point connu dans le temps où le monument doit avoir été érigé ; ce ne fut qu'assez longtemps après, que les Ecrivains Ecclésiastiques commencèrent à s'en servir. Sans doute que ceux qui ont forgé toute cette inscription n'étaient pas fort versés dans la lecture de ces Auteurs, puisqu'ils n'ont pas su éviter cet écueil... Comment se peut-il après cela, qu'on ait encore quelque respect pour un monument qui porte avec lui des marques si claires de sa nouveauté?»

«Nous considérâmes ensuite ce marbre avec beaucoup d'attention. La beauté de la gravure nous frappa (1); toutes les lettres en étaient si bien conservées, qu'on aurait dit qu'il n'y avait que peu de temps qu'il était achevé ; cela augmenta les soupçons de sa nouveauté. Ces caractères, disions-nous, ont plus de neuf cents quarante ans d'ancienneté, si l'on doit ajouter foi à la date ; comment se fait-il que nous n'en trouvions aucun de gâté? Ce que l'on grave sur le marbre dure bien des années, pourvu qu'il ne soit exposé à aucun frottement ; mais on ne saurait dire cela du monument que nous voyons. Il est si pesant, qu'il n'est pas possible de concevoir qu'il ait pu être enseveli sous les ruines de quelque édifice, sans que sa chute ou celle des pierres du bâtiment y aient fait quelques brèches. Ce serait un espèce de miracle si la chose était arrivée autrement.»

Les caractères syriaques fournissent à d'Argens un autre argument non moins misérable que les précédents. Ils «frappèrent, dit-il, mon Européen... Ces lettres ne sont pas semblables, à tous égards, à celles dont se servent les véritables Syriens ; elles approchent beaucoup plus des caractères qui sont en usage parmi les Chrétiens de la côte du Malabar. Il m'en montra quelques fragments qu'il avait par hasard sur lui, et je trouvai qu'ils étaient tout à fait semblables à ceux de l'Inscription. Nous conclûmes donc que les Chrétiens, Auteurs de ce monument, étaient des Syriens de Malabar et non pas de la Palestine... Quelle apparence y a-t-il que des Missionnaires (venus de la Palestine, où les Chrétiens avaient adopté la Langue Grecque dans l'usage commun de la vie), aient fait usage dans leurs discours et dans leur inscription, de la langue Syriaque plutôt que de la Grecque? Arrivés à la Chine, qu'avaient-ils besoin de se gêner à parler une langue qui leur était moins familière? Comme rien ne les obligeait à cela, il y a de l'extravagance à supposer qu'ils parlaient Syriaque.»

Enfin la date même de l'arrivée en Chine d'Olopen inspire au philosophe prussophile ce dernier «argument» : «Dans le temps que les Missionnaires doivent être venus dans cet Empire, la Judée était désolée par les incursions des Mahométans ; les Eglises Chrétiennes avaient peine à se maintenir contre les coups que ces

---

(1) Ici encore d'Argens n'a fait que copier les missionnaires ; qu'on se rappelle notamment le récit de Semédo.

redoutables ennemis leur portaient; et malgré cet embarras, elles font une mission à la Chine. Y a-t-il de la vraisemblance à tout cela?»

Tant de subtilités, souvent contradictoires, avaient besoin d'être soutenues par un argument plus décisif. Le marquis le sentit, et il ne recula, pour mieux atteindre son but, devant aucune lâcheté. «Ces réflexions, écrit-il en concluant cette même lettre, seraient plus que suffisantes pour te convaincre de la fausseté de ce fameux monument; mais afin de ne te rien laisser à désirer là-dessus, je dois te faire part de ce que nous apprimes des habitants du lieu, sur la manière dont ce marbre avait été supposé et des raisons que les Missionnaires ont eues pour faire une semblable fourberie.»

Ces révélations font l'objet de la 147° *Lettre Chinoise*.

Le marquis rapporte tout d'abord que «les Bonzes, non moins attentifs aux intérêts de leur Religion, que les Missionnaires à ceux de la leur,... firent faire une semblable inscription, qu'ils élevèrent vis-à-vis de la première (1). Quelques-uns croient même qu'ils la firent déterrer par hasard, comme les Missionnaires avaient fait la leur... Dans le temps que nous étions occupés à examiner ces deux monuments, un vieillard s'approcha de nous et eut la politesse de s'offrir à nous donner les éclaircissements que nous pourrions désirer sur ce sujet. Nous n'eûmes garde de refuser des offres aussi obligeantes; après l'avoir remercié, nous lui fîmes diverses questions sur le temps qu'il y avait que ces deux monuments étaient dans l'état où nous les voyions. Les réponses étaient assez conformes à ce que les Missionnaires en avaient publié. Nous lui demandâmes ensuite quel jugement on avait porté de celui qui regarde la Religion Chrétienne, lorsqu'on l'eût déterré. Il nous apprit que le Mandarin du lieu n'avait point douté de son authenticité, et que presque tout le monde en avait d'abord jugé comme lui; mais que quelques années après, il n'y avait plus personne qui eût eu assez d'impudence pour soutenir qu'il était authentique.»

Or voici les faits qui auraient «causé un si grand changement dans les esprits». Les premiers missionnaires Jésuites arrivés à la Cour, jaloux de l'autorité des bonzes, auraient trouvé «le moyen de répandre dans le Palais un Libelle peu respectueux pour l'Empereur, et leurs amis» auraient eu «assez de crédit pour persuader à ce Monarque que cet écrit était l'ouvrage des Bonzes, qui avaient voulu se venger de la protection et de l'accueil qu'il faisait au chef de la Mission. Ils en furent sévèrement punis, et le crédit du principal Bonze ne le sauva pas de la cruelle bastonnade, sous laquelle il finit sa vie.» Une première fois faus-

---

(1) Encore un emprunt fait au Père Le Comte, et complètement dénaturé comme les précédents. Les paroles de ce missionnaire sont même bientôt citées, mais par un raffinement de duplicité, elles sont attribuées à «un Auteur, ami des Missionnaires».

saires et déjà homicides, il devait en coûter peu à la conscience des Jésuites de commettre un second faux, qui du moins ne devait nuire à personne. Voici l'histoire de cette entreprise, telle que d'Argens l'a mise dans la bouche du «vieillard».

«L'heureux succès qu'avait eu la supposition de ce Libelle, leur fit naître l'idée de supposer ce monument. Les Bonzes et leurs partisans ne cessaient de leur reprocher qu'ils étaient étrangers, et que leur Religion était une nouveauté inconnue jusques alors à la Chine. Ils représentaient à nos Monarques et aux Grands de l'Empire que les lois fondamentales de l'Etat obligeaient à chasser ces Européens, et à interdire l'exercice de la Religion qu'ils enseignaient. Il était à craindre que tôt ou tard ces représentations ne causassent quelques revers aux Missionnaires; ils en ressentaient même de temps en temps les effets. Le seul moyen de prévenir cela, était de prouver que le Christianisme avait autrefois été reçu à la Chine, et qu'on n'avait fait aucune difficulté d'y recevoir les étrangers qui le prêchaient. Comme nous faisons profession de ne jamais nous éloigner des coutumes de nos ancêtres, ils ne doutèrent pas que s'ils pouvaient prouver ce point, ils ne fermassent la bouche à leurs adversaires. Ils assuraient bien dans les conversations particulières que les Disciples du Fondateur de leur Religion l'avaient portée par toute la terre, selon l'ordre qu'ils en avaient reçu de leur Maître, et qu'il ne fallait pas douter qu'ils n'eussent été à la Chine; mais comme ils n'avançaient aucune preuve de cela, et que nos Annales attestent le contraire, personne ne les croyait. Il fallut donc avoir recours à la supposition du monument.»

«Tout cela se ménagea avec un grand secret. Comme ils supposaient que ces premiers Missionnaires étaient venus de la Judée, où l'on m'a dit qu'on parlait Syriaque, ils crurent qu'il était nécessaire de graver sur le monument quelque chose en cette langue. Malheureusement aucun des Missionnaires qu'il y avait pour lors dans notre Empire, ne l'entendait. Recourir à des étrangers, ç'aurait été trahir le secret; que faire dans cette extrémité? Il leur vint en pensée que leur Ordre avait un Collège à *Vaïpicota* (1) sur la côte de *Malabar*, où il y avait plusieurs Pères qui entendaient fort bien le Syriaque. Ils écrivirent au Supérieur pour avoir les inscriptions en cette langue, qui leur étaient nécessaires. Il s'écoula bien du temps avant que l'on eût la réponse; c'est ce qui a fait que ce monument ne put se découvrir aussitôt que les Missionnaires l'auraient souhaité...»

«Quand tout fut prêt, il fut question de trouver un lieu propre à l'enterrer. Le mettre dans un endroit où ils avaient beau-

---

(1) D'Argens n'a eu d'autre mérite ici que de copier un nom indien cité par du Jarric (*Hist. des choses plus mémorables*, etc. 1608. p. 522), de lui joindre un détail donné par Sémédo (*Cf. supra* p. 148. not. 3), et de faire de ces notions une application qui en dénature absolument la valeur.

coup de disciples, c'était le moyen de rendre ce marbre suspect : le mettre dans un lieu où ils n'en avaient aucun, la chose n'était guère possible; il fallut donc choisir un milieu. La Province du Chen-si leur parut le lieu le plus propre pour servir de théâtre à cette comédie; elle passe pour avoir été habitée la première de toute la Chine, et elle a toujours tenu un rang très considérable dans l'Empire. De sorte que, si jamais le Christianisme a été reçu parmi nous, il est naturel de croire que les plus nombreuses sociétés étaient dans cette Province. Les Missionnaires n'avaient alors aucune Eglise à Si-ngan-fou, mais ils y avaient cependant quelques disciples. Parmi ceux-ci l'on comptait un Mandarin, qui, après avoir embrassé le Christianisme, avait reçu dans le Baptême le nom de Philippe. Cet homme affectionnait beaucoup les Missionnaires, il se chargea du soin d'enterrer le marbre, et de faire naître l'heureux hasard qui procurerait la connaissance de ce précieux monument; il tint fort bien sa parole. Quelques années après qu'il l'eût caché en terre dans un lieu où autrefois il y avait des bâtiments, il engagea le propriétaire à faire usage de ce terrain, qui était en friche. Celui-ci, persuadé par les raisons de son ami, commença par faire ôter ces décombres, et en creusant, les ouvriers trouvèrent le marbre que vous voyez. Quand le Mandarin du lieu eût déclaré qu'il regardait cette pièce comme authentique, on accourut en foule pour la voir. Il y vint même plusieurs Européens, que la curiosité de voir ce marbre attirait de tout côté. Parmi ces derniers il se trouva un ouvrier que les Missionnaires avaient fait venir de Macao quelques années auparavant. Lorsqu'il arriva à la Chine, il ne connaissait point la langue; mais le séjour qu'il y avait fait l'avait mis en état de l'entendre et de la parler médiocrement. La surprise qu'il témoigna en voyant ce marbre, fut sans égale; les assistants ne purent s'empêcher de lui en demander la cause. Comme il n'était pas d'une fort grande pénétration, et qu'il ne voyait pas les conséquences que les Missionnaires se proposaient de tirer de ce monument, il ne fit aucune difficulté d'en dire la raison : *C'est moi*, dit-il, *qui ai taillé cette pierre et gravé l'inscription qu'on y lit; l'on m'a fait venir exprès de Macao pour cela : dans le temps que je travaillais à cette gravure, j'ignorais ce que je faisais, parce que je n'entendais rien à la langue Chinoise. Je n'en ai gardé aucune copie, de sorte que jusqu'à ce jour je n'ai point pu savoir ce que j'avais écrit sur ce monument.* En disant cela, il ne croyait pas faire tort aux Missionnaires qui l'avaient employé dans cet ouvrage; cependant il leur en fit beaucoup; car dès ce moment les Bonzes commencèrent à publier ce qu'ils avaient appris de cet artisan, et firent connaître la supposition à tout le monde. On a ensuite découvert plusieurs des particularités dont je vous ai fait mention jusques ici. Faut-il être surpris, après cela, du décri où ce monument est tombé ?..,»

G. Pauthier s'est contenté d'écrire, à propos de cette imposture : « Cela n'est pas sérieux et encore moins habile (1). » Ce jugement est trop modéré, et tout homme honnête flétrira comme il le mérite, le procédé plein de déloyauté dont a usé d'Argens contre des hommes qu'il détestait. Lui-même du reste a formulé l'estime qu'on doit en faire, et c'est par ses propres paroles que nous condamnerons cet inique avocat d'une cause détestable.

« Ce que nous venions d'apprendre, nous fit faire bien des réflexions. Mon Européen me dit que dès le commencement du Christianisme il y avait eu des sectes de Chrétiens qui ne s'étaient fait aucune peine de supposer de faux Ecrits. Ils étaient dans la pensée que ces sortes d'artifices étaient permises lorsqu'il s'agissait de défendre la vérité, et que, bien loin qu'il y eût quelque chose de criminel dans cette conduite, elle était au contraire louable. Cette liberté qu'ils se donnaient, a causé, et cause encore tous les jours de grands embarras aux savants : ils sont occupés à distinguer ces Ecrits supposés des véritables, et la peine qu'ils sont obligés de se donner pour cela est si grande, qu'elle demande un homme tout entier; on a même fait une science que nous appelons *la Critique*. »

« Quoique l'on sente, ajouta-t-il, tous les inconvénients qui naissent de ces suppositions, la mode n'en a pas encore passé. Il est vrai qu'il y a un grand nombre de Chrétiens qui combattent cette conduite et détestent le principe sur lequel elle est fondée : mais il est vrai aussi que plusieurs ne se font aucun scrupule de faire encore aujourd'hui de pareilles suppositions dès qu'ils y trouvent leur compte. Ce sont là les idées de la plupart des Missionnaires qui viennent ici, ils sont prêts à tout faire pour établir le Christianisme parmi nous... »

Parmi ceux qui au XVII° Siècle, étaient « prêts à tout faire » pour ruiner le Christianisme, Voltaire mérite une place spéciale à côté de d'Argens : celui-ci avait mérité les faveurs du roi de Prusse par ses *Lettres Chinoises*, Voltaire jaloux du succès de cet ouvrage voulut en faire un du même titre (2) : œuvre très faible d'un talent décrépit, à laquelle son auteur, plus orgueilleux encore qu'impie et polisson, n'eut pas le courage d'apposer publiquement son nom. Une de ces *Lettres*, la quatrième (3), est consacrée au monument de *Si-ngan-fou* : on y retrouve les procédés employés par d'Argens, avec plus d'impudeur et d'ignorance encore. J'en ai déjà parlé; il suffira de résumer ici tout ce qu'un critique pointilleux, tel que le Professeur Salisbury, serait peut-être tenté de prendre pour des « arguments ». En voici le résumé fidèle :

---

(1) *De l'authenticité*, etc. p. 8.

(2) *Lettres chinoises, indiennes et tartares. A M. Paw, par un Bénédictin*. Paris, 1776. — Voltaire parle de cet ouvrage, dans sa lettre à d'Argental, du 6 Mars 1776.

(3) Lettre IV. *Sur l'ancien Christianisme qui n'a pas manqué de fleurir à la Chine.* pp. 38/51.

«L'authenticité de cette pièce, était confirmée par plusieurs témoins qui gravèrent leurs noms sur la pierre... Pour plus grande sûreté, outre les noms gravés des premiers témoins oculaires de l'an de grâce 782, on a signé sur une grande feuille de papier soixante et dix autres noms de témoins de bonne volonté comme Aaron, Pierre, Job, Lucas, Matthieu, Jean, etc., qui tous sont réputés avoir vu tirer le marbre de terre à Si-ngan-fou en présence du frère Ricci, l'an 1625, *et qui ne peuvent avoir été ni trompeurs ni trompés* (1).» — L'Empereur «Tai-tsong-ven-hoang-ti... n'est connu de personne»! — «Les Chrétiens de la Mésopotamie étant des Nestoriens, on suppose que Dieu envoya exprès un hérétique pour pervertir ce beau royaume.» — «Kirker n'avait jamais été à la Chine qu'il illustrait.» — Lui et Sémédo parlèrent différemment du monument... — «Voila pourtant ce qu'on nous a conté sérieusement; voila ce qui a si longtemps occupé les savans de Rome et de Paris... Je dirais volontiers à ces Messieurs qui nous ont démontré tant de choses, ce que dit à peu près Théone à Phaëton dans l'opera du *phœnix de la poësie chantante* que j'aime toujours malgré ma robe (Voltaire fait parler un religieux de St Benoit!...) :

> Ah! du moins Bonze que vous êtes,
> Puisque vous me voulez tromper,
> Trompez-moi mieux que vous ne faites.»

Au moment où Voltaire écrivait cette lettre, vrai coup de pied de l'âne, les Jésuites, ses anciens maîtres de Louis-le-Grand, avaient cessé d'exister comme religieux (2). Mais Voltaire, qui avait contribué pour une si large part à la destruction de la Compagnie de Jésus, avait depuis longtemps déjà poursuivi de ses sarcasmes le monument chinois. C'est en 1757 qu'il avait fait paraître son *Essai sur les mœurs*.

Au lieu du ricanement sénile, nous trouvons dans cette œuvre, faite dans toute la maturité de l'âge et du talent, une affectation visible d'érudition, de modération et de gravité, qui ne saurait défendre son auteur du reproche d'imposture que nous lui adressons. Qu'on en juge par la citation intégrale qui suit.

«On prétend que, vers le huitième siècle, avant Charlemagne, la religion chrétienne était connue à la Chine. On assure que nos missionnaires ont trouvé dans la province de King-tching ou Quen-sin (*sic*), une inscription en caractères syriaques et chinois. Ce monument qu'on voit tout au long dans Kircher, atteste qu'un saint homme, nommé Olopuën, conduit par des nuées

---

(1) Les erreurs absolument voulues dont ces lignes sont remplies inspirent à la fois le dégoût et une profonde pitié, pour le cynique et impur vieillard qui les a tracées.

(2) Pag. 3 du même ouvrage, Voltaire parle de la destruction de la Compagnie : Clément XIV venait d'accomplir cet acte, par son Bref *Dominus ac Redemptor*, du 21 Juillet 1773. Quant à Voltaire, né le 21 Février 1694, il devait mourir le 30 Mai 1778.

bleues, et observant la règle des vents vint de Tacim à la Chine, l'an 1092 de l'ère des Séleucides, qui répond à l'an 637 de notre ère ; qu'aussitôt qu'il fût arrivé au faubourg de la ville impériale, l'empereur envoya un Colao au-devant de lui, et lui fit bâtir une église chrétienne. — IL EST ÉVIDENT, par l'inscription même, que c'est une de ces fraudes pieuses qu'on s'est toujours trop aisément permises. Le sage Navarrète en convient (1). Ce pays de Tacin, cette ère des Séleucides, ce nom d'Olopuën, qui est, dit-on, chinois, et qui ressemble à un ancien nom espagnol, ces nuées bleues qui servent de guides, cette église chrétienne bâtie tout d'un coup à Pékin (2) pour un prêtre de Palestine, qui ne pouvait mettre le pied à la Chine sans encourir la peine de mort, tout cela fait voir le ridicule de la supposition. Ceux qui s'efforcent de la soutenir ne font pas réflexion que les prêtres dont on trouve les noms dans ce prétendu monument étaient des nestoriens, et qu'ainsi ils ne combattent que pour des hérétiques. Il faut mettre cette inscription avec celle de Malabar... Il y a assez de vérités historiques, sans y mêler ces absurdes mensonges. — Il est très vrai qu'au temps de Charlemagne, la religion chrétienne, ainsi que les peuples qui la professent, avait été absolument inconnue à la Chine...»

Le Maître a prononcé : c'est «une fraude pieuse, une supposition ridicule, un absurde mensonge.» Et ce que le Maître a dit «est évident, très vrai; c'est la vérité historique». Pour le moment, il nous suffira d'opposer à ces déclarations, la parole de Voltaire lui-même, faisant l'apologie du mensonge (3).

Mais nous ne pouvons laisser inaperçue l'incohérence du soi-disant philosophe, lorsqu'il objecte le caractère nestorien du monument : un écolier lui-même eût échappé au ridicule qui atteint cette contradiction. Car comment les Jésuites, résolus à fabriquer un monument pour donner du crédit à leur enseignement, lui eussent-ils attribué le caractère nestorien alors que rien ne les y obligeait (4)? Voilà cependant ce que soutinrent d'Argens et Voltaire! Moins aveugles et mieux avisés dans leur passion furent les protestants, qui jamais n'unirent ces termes disparates et contradictoires, mais optèrent résolument pour l'un d'eux. C'est ainsi par exemple, que Mosheim admettait l'authenticité du monument, qu'il attribuait aux Nestoriens, et que Neumann voulant absolument voir des faussaires dans les Jésuites, affirmait le caractère

---

(1) Nous avons déjà défendu la mémoire de Navarrète contre cette injuste accusation.

(2) Ainsi Voltaire historien confond *Pé-king* capitale du *Tché-li*, avec *Si-ngan-fou* capitale du *Chen-si*...

(3) « Le mensonge n'est un vice que quand il fait du mal; c'est une très grande vertu quand il fait du bien. Soyez donc plus vertueux que jamais. Il faut mentir comme un diable; non pas timidement, non pas pour un temps, mais hardiment et toujours.» (Lettre à Thiriot du 21 Octobre 1736).

(4) Le lecteur aura remarqué que les *Lettres* de d'Argens sont sujettes à la même critique.

catholique de l'inscription, comme une condition nécessaire de sa thèse (1).

Nous avons passé en revue les imposteurs de quelque renom, qui durant le XVIIᵉ et le XVIIIᵉ Siècle, se sont élevés contre l'authenticité de la stèle chrétienne. Pendant que Cordara, l'historien officiel de la Compagnie de Jésus, protestait contre ces artisans de mensonges, avec la gravité sereine qui convient à une grande œuvre (2), des missionnaires, à qui ces reproches de mauvaise foi étaient particulièrement pénibles, relevaient avec tristesse ce parti pris de mensonge, contre lequel tout argument devait dès lors demeurer inutile.

Un Jésuite chinois dont nous avons déjà parlé (p. 87), le Père Louis *Kao* se fit, entre autres, l'interprète de ces justes plaintes. Un séjour de onze années en France l'avait initié aux sciences de l'Europe, en même temps qu'aux malheurs de notre patrie et aux épreuves de la Compagnie; lui-même avait été après Voltaire élève du Collège Louis-le-Grand. C'est à son retour à *Pé-king*, et pour confondre un de ces faux philosophes qui préparaient les ruines de l'Europe et de la religion catholique, qu'il écrivit cette page indignée.

« On a fait l'impossible pour se faire envoyer d'ici tout ce que nous avons de plus ancien en fait de monuments. L'or et l'argent ont été prodigués à Canton : on n'a rien épargné pour soutirer de quelques Lettrés quelque chose de plus que ce qu'ont envoyé les Missionnaires à Rome, à Paris, à Londres et à Vienne, et les Moscovites établis à *Pé-king*, à Petersbourg, pour trouver quelque marbre tel quel à opposer à la Bible; et on a échoué dans cette grande entreprise, parce que nous n'avons rien réellement, dans ce qui nous reste des premiers âges, qui ne lui rende témoignage, au lieu de la contredire. Après cela, il est aisé d'expliquer pourquoi ils ont traité de fable, de supposition, de ruse des Missionnaires, les fameux marbres qui attestent si invinciblement que la Religion chrétienne a été publiée dans notre Chine au commencement de la Dynastie des *Tang*. Traiter les Missionnaires de fourbes et de faussaires est le droit du jeu; et il est tout simple qu'après avoir prouvé qu'ils n'entendent pas assez le Chinois pour ouvrir les livres, on les accuse d'avoir contrefait une longue inscription en caractères et en style du

---

(1) Nous verrons bientôt par quel raffinement de défiance, l'esprit prévenu de Yule a prétendu échapper à ce dilemme.

(2) *Historia Societatis Jesu.* VI Pars. 1750. p. 613. — «Je sais bien que plusieurs se sont efforcés d'enlever tout crédit à ce monument; mais ils me semblent l'avoir fait avec plus de malignité que de probabilité. Ils n'ont pu opposer aucun argument à tant de livres écrits sur ce sujet, à tant d'éclatants témoignages non seulement des Pères de la Compagnie, qui affirment avoir vu et lu ce monument, mais aussi des lettrés chinois eux-mêmes, qui firent à ce propos et répandirent dans tout l'empire des commentaires précieux.»

septième siècle; mais en vérité, c'est pousser la *pénétration* (1) trop loin que de supposer notre Gouvernement et nos Lettrés assez stupides pour donner dans un piège de cette espèce (2).»

Un autre missionnaire exhalait vers la même époque sa douleur pour un procédé analogue, dont ses frères et lui avaient été victimes. Dans une lettre datée du 28 Octobre 1770 et sortie de l'obscurité par les soins éclairés du Père Sommervogel, le Père P. M. Cibot débutait par ces réflexions qu'il qualifiait lui-même «d'un peu bourrues»: «Il y a des juifs en Chine depuis vingt siècles. Leur imagination (des gens de lettres) ne se fait pas à l'idée qu'une nation, aussi curieuse et aussi occupée de la postérité que les Chinois, ne leur ait pas donné place dans les Annales qu'on dit d'ailleurs être immenses et embrasser les plus petits détails. Là-dessus on doute de ce qu'on raconte sur ces juifs, on trouve ces doutes raisonnables et fondés, et on finit par soupçonner la sincérité de ceux qui l'ont avancé. Leur nombre ne fait rien. Dans le cas d'opter, il est plus court de s'en imposer sur sa propre ignorance, que de croire sans comprendre. Tant pis pour qui réduit un savant à cette extrémité. Tant pis pour lui aussi s'il ne dit que des absurdités tandis qu'il croit alléguer des raisons (3).»

Plus tard, il revenait encore sur ces injustes attaques que «la critique défiante et soupçonneuse de l'Europe» avait suscitées contre la loyauté de ses frères en religion, et il s'efforçait de répondre à l'argument que les soi-disants philosophes prétendaient tirer du silence de l'histoire de Chine contre la bonne foi des Jésuites (4).

---

(1) Allusion qui revient fréquemment dans ces *Remarques*, à une louange naïve et vantarde que s'était décernée l'auteur des *Recherches* (Ib. p. 9).

(2) *Remarques sur un Ecrit de M. P.*, datées de *Pé-king*, 27 Juillet 1775, dans les *Mém. conc. les Chinois*. Tom. II. pp. 163, 164. — Corneille de Pauw était né à Amsterdam en 1739; devenu chanoine à Xanten dans le duché de Clèves, il écrivit plusieurs ouvrages dans le goût de l'époque. Ses *Recherches philosophiques sur les Egyptiens et les Chinois*, publiées à Berlin en 1773, longue diatribe contre les *Lettres édifiantes* et les missionnaires, n'ont cependant point attaqué l'authenticité du monument de *Si-ngan-fou*. Il suffit à l'auteur, pour nourrir sa haine contre les Jésuites, que ces «Religieux étrangers» aient pu être des Nestoriens. Leur «établissement dans la Province du *Chen-si* fit cesser, au dire du chanoine philosophe, pour quelque temps la haine et la jalousie qui avait régné jusqu'alors entre les ordres monastiques de la Chine, et ils se réunirent dans la vue d'exterminer à leur tour ces prétendus Nestoriens, qui eurent une violente persécution à essuyer: on rasa leurs Pagodes, et on sévit cruellement contre les adhérants jusqu'au règne de l'Empereur *Hiven-tsong*...» (*Cf. Recherches*. Tom. II. p. 241).

(3) *Études religieuses*. Nov. 1877. pp. 749, 750.

(4) *Mém. conc. les Chinois*. T. XV. Paris, 1791. *Parallèle des mœurs et usages des Chinois avec ceux décrits dans le livre d'Esther*. p. 52. — Ces mêmes recherches des missionnaires, tournées en ridicule par les philosophes du XVIIIe Siècle, leur ont valu dans ces derniers temps, en sens opposé, une odieuse censure mêlée aux plus perfides insinuations. James Finn trouva les missionnaires coupables de n'en avoir point dit assez sur les Juifs de Chine. «Il est vrai, ajoute-t-il, que les Jésuites ont trouvé une ample occupation dans leurs

Le XIXᵉ Siècle a vu se renouveler ces attaques intéressées. Nous n'entendons point parler ici de celles qui sont parties d'Europe ou d'Amérique et auxquelles nous souhaitons l'excuse de la bonne foi. Il s'agit uniquement des lettrés chinois, qui prennent à notre époque, le rôle odieux que jouèrent pendant deux siècles, contre les missionnaires catholiques, les partisans du libre examen. Plus heureux que le Dʳ Legge, qui n'en avait point connaissance (1), nous rapporterons quelques-unes de ces entreprises littéraires, qui mettent dans leur vrai jour les tendances actuelles de la classe dirigeante en Chine.

Celle de ces productions à qui paraît due la place d'honneur, est l'œuvre infâme du 辟邪紀實 *Pi-sié-ki-che*. Une traduction partielle de ce pamphlet a été imprimée à *Chang-hai* en 1870, sous ce titre : *Death blow to corrupt doctrines, a plain statement of fact published by the gentry and people;* mais on y chercherait vainement le chapitre relatif au monument de *Si-ngan-fou*.

Comme l'a fait justement remarquer le traducteur (2), ce livre, obscène au point qu'«aucune description n'en peut rendre l'infamie et l'implacable animosité, fait partie de la littérature de controverse actuelle entre la Chine et le monde extérieur» (3); il est «au point de vue politique, d'une signification importante.» Il a été «écrit par des lettrés du premier mérite littéraire qui ont eu à leur disposition de grandes facilités pour consulter les documents publiés, et pour piller tout ce qui a jamais été écrit en Chine contre les étrangers et contre le Christianisme» (4). Si l'on pouvait chercher des circonstances atténuantes pour excuser l'auteur d'un pareil livre, il n'y aurait qu'à rappeler qu'il fut écrit au lendemain de l'incendie et après l'humiliant traité de *Pé-king* : ce sont les *Alliés* bien plus encore que les missionnaires qu'il poursuit de sa haine implacable, trait que le traducteur de 1870 a négligé de faire ressortir.

La distribution de ce livre, encouragée souvent par les man-

---

devoirs directs, les intrigues politiques, et les disputes avec leurs rivaux des ordres monastiques; mais pour cette dernière besogne, les sages et les savants d'Europe ont peu de raison de les remercier.» (*Cf. The Jews in China*. Londres, 1843. p. 11.)

(1) *The Nestorian Monument*. p. 37. — «So far as I am aware, a Chinese scholar has yet to appear who will charge it with being a forgery.»

(2) *Op. cit.* Préface, pp. I-IX, *passim*.

(3) *The Chinese Recorder*, Vol. III. Février 1871, a déclaré justement ce livre, «faux, hypocrite, méchant, diabolique, infâme, obscène, trivial, etc., et cela infiniment et *usque ad nauseam*.»

(4) Le traducteur anglais reproduit (pp. 5/8) la liste de 113 auteurs, cités par le pamphlétaire. Cette table, considérablement augmentée, occupe dans notre édition les feuilles 93 à 96, et ne comprend pas moins, sous le titre de 考證書目, de 202 ouvrages, dont plusieurs composés par les anciens missionnaires. Ceux de ces livres dont le titre rappelle directement notre stèle sont les suivants : 錢氏景敎考。景敎源流考。景敎續考。 Nous n'avons pu malheureusement nous procurer ces deux derniers ouvrages, dont Wylie

III. BIBLIOGRAPHIE.

darins, a été le prélude obligé, le signe avant-coureur des audacieux attentats perpétrés dans ces dernières années, contre les propriétés et les personnes des étrangers vivant en Chine. En semble avoir ignoré l'existence. Nous reproduisons ici cette table, qui appartient à la bibliographie du Christianisme en Chine :

記曝車編見外錄異浮枝紀稿見金草稿後心園集集稿防海教路圖外西聖理利編亞明指救英福眞
廊管舟新聞海海交略程竹門堂間齋游文集海果與堂軒邊議景客與方學鐸克薔新義指說人經永福
洋筆聞外門錄記齋志東澳山新未聞齋心平識畸水月聞雜氏禀坤職西口七全物實路師畸爾編羅
西隨見海澳頂筆足夷游廣筆遠海集聞咏究筆小垣雲醉廣都錢公編考曾書槪學博主天求意籙外明
要齋國略編山齋知島粵集隨尾浮外奇知事隨皇玉甕土京考縣福備要全傳歷編天宗學曲爾翰發
提雲海紀萃復醒龜話文樣跋浮海論紀軒烈集城遊西世集遊源香旨地四新天新救續學謬西提密約世
書密紀國石略略志元餘眞乘石論薺與中思皇理典約學編全編正天瑟密約書
全圖雜海金紀略記志餘石略志雜石輿中思集遊源備暇西編編正天瑟密約書
庫貢齋紀要洋府窊懷闐金情筆西疆盛途倦敎奧國源書證翰小正旨哈勘源聖
四夷辨志廣門芸傳新堂夷求遺海四防景民音外全自約天全編正天勘源聖
條志集門外統筆雲教心遠兀記閒祕邊防報勸外約書眞求全小哈勘源聖
略見集紀集紀外紀紀海冊芸傳新堂夷求遺海防景民音外全自約天全編鐸罪
四見紅澳定紀西通記集西國聞古稿雲兀心遠勝邊防報勸致指路明洗經
敎日見洋紀集集集西澳每圖文見夷國潯暎闐覺記集傍勸致指路明洗經
匪紀定集集西澳每圖文見夷紀洋集四夷域遊備果編新際翰霊擧罪戍經
紀廣吾集集異商城圖海每國涯紀路勞際論景辨新際翰霊擧罪戍經
匪紀紅集集西域遊集西澳路西夷國涯洋勞際論景明洗紙紙紙紙
談見東南香港拓報遇集集城遊夷雜域集西夷遊邊防集糊際翰景旛霊擧罪戍經
敎日東南香港報遇毛復新道圖異主崇游事袤西妙辨空有世全約天錄譁鬚罪
叢公遊養迪雖筆山閱竝顯毛復地集海敦正敵懷綏西記鄉考天妙圖編都聖耶乙扱新眞字會
蕭廣港竝雜紀西紀西懷綏西記鄉考天妙圖編都聖耶乙扱新眞字會
談公廣遊澳愛顯毛復新道圖海敎正紀西紀雜主崇游事袤西妙辨空有世全約天錄譁鬚罪
荔雜聞西絛紀哦洋誌見紀開雜西鎮信錄啊文天鐸西記輯要安志敦供鮮國人益上大新靈二交編院字會
紀聞西絛紀域詞俗徵異果漢簇詩省醫防國考鈔說紀方言符羅全孟甲迷世華編誃

1870, les massacres de *T'ien-tsin* avaient été précédés par une circulation plus active de ce pamphlet, dont les prétoires officiels avaient couvert le nord de la Chine (1). En 1876, les troubles du *Ngan-hoei* (2) se produisirent dans des conditions identiques, et les archives de la Mission catholique possèdent plusieurs exemplaires d'une édition datant de cette époque et partie du *Ho-nan*.

Les incendies et les meurtres, qui en 1891 ont désolé les rives du fleuve Bleu, ont suivi de près l'appel aux mauvais instincts de la foule, provoqués par une distribution insolite de pamphlets anti-étrangers, au nombre desquels le *Pi-sié-ki-che* tenait le premier rang (3). J'avais réussi à me procurer un des exemplaires de ce livre, alors en vente à *Ngan-k'ing* (4); mais peu de mois après il devenait la proie des flammes à *Ou-hou*. Autant qu'il m'en souvient, il était identique avec ceux imprimés jadis au *Ho-nan*.

C'est donc de cette dernière édition que nous tirerons le document annoncé plus haut (5). Bien qu'une partie seulement

---

(1) L'exemplaire sur lequel le traducteur anglais de 1870 a fait sa traduction, sortait du *Ya-men* 衙門 (prétoire) de 棲霞 (au *Chan-tong*). C'est aussi d'une source officielle que venaient aux mains du peuple tous les autres exemplaires dont le même traducteur put alors avoir connaissance.

(2) M. J. Edkins a signalé ce trait et d'autres analogues, dans son essai : « Current Chinese Litterature : how far is it antagonistic to Christianity? » (*Records of the Gen. Confer. of the Mission. of China*. Chang-hai, 1890. pp. 559, 580).

(3) Dès Oct. 1889, la Revue *The Ch. Rec.* avait annoncé la réimpression de ce livre à *Sou-tcheou*.

(4) Chargé vers cette époque du poste de *Ngan-k'ing* (capit. du *Ngan-hoei*), je déférai ce livre immonde à la connaissance du Gouverneur provincial ; ce magistrat, après en avoir pris connaissance, se contenta de rire, ajoutant que cet écrit était fort bien fait et que les étrangers méritaient un pareil traitement. A peu de temps de là, il fut disgracié pour avoir critiqué dans un banquet officiel, les mœurs dissolues du jeune Empereur.

(5) Voici les pièces contenues dans ce recueil, divisé en 4 volumes (上，中，下 et 附 卷) et notablement plus complet que celui qui a été traduit en 1870 : 1. Texte de la 7ᵉ Instruction impériale (聖諭廣訓) sur la répression des fausses religions : 黜異端以崇正學; *in extenso*, sous le titre 恭錄. — 2. Préface, du 8 Juin 1861 (fol. 3 et 4), faite par l'auteur lui-même (自叙) qui s'intitule 天下第一傷心人 « le premier cœur blessé de l'empire », et prétend avoir composé son œuvre en cinq jours et cinq nuits, contre l'envahissement de « la religion de Jésus » (耶穌教 Protestantisme), la plus vaine, la plus menteuse des religions. — 3. Seconde préface du même, datée de la 8ᵉ Lune de l'année suivante (fol. 5, 6), dirigée spécialement contre « la religion du Seigneur du ciel » (天主教 Catholicisme), et annonçant l'introduction, dans la 2ᵉ édition, d'un nouveau chapitre (*V. infra* N° 7). — 4. Traité sur la fausse religion du Seigneur du Ciel 天主邪教集說 (fol. 8 à 14). Il a été traduit en anglais sur une édition qui attribue 饒州府 (*Jao-tcheou-fou*, Prov. du *Kiang-si*) pour patrie à l'auteur du pamphlet. Celui-ci entasse dans un indescriptible pêle-mêle les dénominations catholiques et protestantes, de 天主 et de 上帝, de 神父 et de 牧師, de 彌撒 et de 禮拜. A en juger par la traduction anglaise, l'exemplaire dont elle usa différait assez notablement du nôtre. J'ai trouvé notamment formulée, dans ce dernier, contre les étrangers, cette accusation où le lettré payen dévoile cyniquement toute l'infamie

concerne l'invention de la stèle chrétienne, ce morceau est trop curieux, il montre trop bien la valeur du lettré chinois, quand il parle en historien des étrangers, pour que nous ne reproduisions pas son texte en entier (1), et que nous ne donnions pas une analyse importante de son contenu. Il porte pour titre : 天主邪教入中國考略 «Recherches sur l'introduction en Chine de ses propres désirs ; « Dicunt (Europæi) menstruum fluxum esse Supremi Dominatoris (上帝) legem maxime pretiosam, sine quâ nequeunt generari homines ; mulierum virginumque menstruis venientibus, tunc certatim desumunt sorbentque illa ; ideo extraneorum prædonum (夷匪) plerumque fœtida impuritas difficilis odoratu supra modum.» Cet immonde récit vient immédiatement après ce qui est dit sur le gouvernement par les femmes, dans les pays d'Occident! Le *moraliste* chinois rend responsables tous les Européens de ces horreurs, mais plus spécialement les Anglais, les Français et les Russes : 雖西洋習俗類然而嘆唎哦諸國爲最其類. — 5. Vient ensuite (fol. 15 et 16) l'exposé historique des origines du Christianisme en Chine 天主邪教入中國考略. — 6. Puis la reproduction d'un libelle de 楊光先 contre le Catholicisme (1ère partie : fol. 17/20 ; 2e partie : fol. 21/25) intitulé à tort 辟邪論 ; en réalité, il s'agit ici du 不得已 *Pou-té-i*. — 6. Sous le nom de Citations diverses 雜引 (fol. 26/39), viennent ensuite 27 extraits de divers ouvrages, suivis des réflexions de l'auteur, et la plupart relatifs aux mœurs des Occidentaux. Plusieurs de ces citations manquent dans la version anglaise. Elles proviennent des sources suivantes : 夷教紀源; allusion à l'horreur des Juifs (由斯教) et des Mahométans (馬哈墨教); «Sectes du 天主教» (sic), pour la viande de porc. 明聖要旨; ridicule jeté sur le ciel et l'enfer du *Meou-ni-kiao* (牟尼教) et du Protestantisme (耶穌教). 遠見集; identification de Jésus 耶穌 avec 爾息 et 爾撒, descendant de 阿丹. 西域圖志; Mahométisme. 每月統紀傳; *item* (穆罕默德). 坤輿圖說; Judée. 澳門紀略; dissertation prolixe sur les temples (廟) et monastères (寺) de Macao ; les processions, les bonzes d'Occident (番僧). 醫方楫驗; poisons, maléfices des Anglais (嘆咭唎). 廣見錄; maléfices des Français (佛蘭西). 倦遊錄; charmes des Européens (西洋人). 粵中紀事; long passage sur le même sujet. 辨志齋雜紀; philtres, teintures vénéneuses des Européens. 退思軒隨筆; maléfices, charmes, enlèvements des Occidentaux. 回心寶鑑; orphelinats, œuvres de bienfaisance exploitées par les Européens pour faire des pilules (三仙丹) avec la cervelle, etc., des enfants. Il est à peine besoin de remarquer que tous les textes allégués, très ordinaires, renferment presque autant de mensonges que de phrases. — 7. Cet article, 批駁邪說, daté du 29 Août 1862 (fol. 40/56) contient la réfutation présumée des ouvrages 天路指明 «du barbare anglais» (嘆夷) 楊格非 (Rév. Griffith John) ; 甲乙二友論 (du Rév. W. Milne) ; 耶穌教略 (de W. H. Medhurst), et 訓子問答 «du brigand chrétien» (教匪) 沈子星 (du Rév. Griffith John, suivant le *Mem. of prot. miss. to the Chin.*). — 8. Sous le titre de 案證 «Témoignages», suivent, dans mon édition, 51 récits, vrai «charme de la canaille» la plus lubrique (fol. 57/76). — 9. Puis un chant 辟邪歌 en 294 vers de sept caractères. — 10. Les statuts d'une association protectrice, 團防法, en 22 articles (fol. 82/88). — 11. Une dissertation sur l'association *Ko-lao-hoei* 哥老會 (fol. 89/92). — 12. Enfin la liste des ouvrages cités ou consultés 辟邪紀實考證書目 (fol. 93 à 96).

(1) Voir le texte chinois dans l'Appendice.

de la religion immorale du Seigneur du Ciel», et est signé de l'inévitable « Cœur blessé ».

Il articule tout d'abord que « les livres de la dite religion prétendent que son introduction en Chine remonte à l'époque des *Han* (1), mais qu'on ne trouve aucune mention de ce fait dans les Annales de l'empire. D'après divers Mémoires, la 1ère année de 隆興 *Long-hing* (1163), 烏合利 *Ou-ho-li* et sa troupe vinrent de Judée (猶太平國) (2) offrir en présent à la Cour des étoffes d'Occident : les relations amicales qu'ils contractèrent à cette occasion avec les bandits (匪徒) leur permirent de s'établir en Chine, sous prétexte d'y exhorter les hommes à la vertu (3). S'emparant du fait de la naissance de 后稷 *Heou-tsi* (4), ils prétendaient que Jésus, le fondateur de leur religion, était né de la Vierge Marie 馬利亞, qu'il avait enseigné aux hommes le culte du Seigneur du Ciel (天主), avait satisfait pour leurs péchés, et assuré leur bonheur; toute prière qu'on lui adressait était infailliblement exaucée (5). Trompant les hommes par ces paroles, ils établirent clandestinement à *K'ai-fong-fou* 開封府 dans le Honan, des temples appelés 清眞寺 *Ts'ing-tchen-se* et 妖神寺 *Yao-chen-se* (6). Leur religion prit d'abord le nom de 天竺 *T'ien-tchou*, parce que c'est du nord de cette région qu'était venu 烏合利; on lui donna plus tard le nom de 挑筋 *T'iao-kin*...» Vient ensuite l'énumération des différentes phases de la colonie juive de *K'ai-fong-fou*, telles que nous les rapporterons ailleurs; toutefois l'auteur a soin d'enrichir son récit de détails mensongers, ou étrangers à la question, calculés pour les besoins de sa cause. Ainsi, il nous ap-

---

(1) Telle est l'assertion de la stèle juive élevée à *K'ai-fong-fou* en 1512. Il est du reste vraisemblable, par ce qui suit, que dès cette première ligne l'auteur confond le Judaïsme avec le Christianisme (天主敎).

(2) Vraisemblablement, le caractère 平 est ici de trop. Quelques lignes plus loin, l'auteur du *Pi-sié-ki-che* désigne les Juifs sous le nom de 猶太人. D'autre part, nous trouvons au 6ᵉ *Kiuen* de l'ouvrage 瀛環志略 un assez long article sur la Judée 猶太 *Yeou-t'ai*, appelée jadis 迦南 *Kia-nan* «Chanaan». A partir des *T'ang*, dit le même auteur, ce peuple fut connu en Chine sous le nom de 拂菻 (*al.* 拂懍); ce serait «une translittération de 撒冷 (ou 耶路撒冷) Jérusalem!» — Au 3ᵉ *Kiuen*, le même ouvrage maintient son identification de *Yeou-t'ai* et de *Fou-lin*. D'autre part, ainsi que nous le verrons, il place *Ta-tsin* en Italie, et blâme les Annales des *T'ang* de l'avoir identifié avec *Fou-lin*!

(3) 佯以勸善爲名. L'inscription de 1489 parlant des principaux membres de la colonie juive, nous les représente comme 勸人爲善.

(4) Nous rappellerons cette légende et plusieurs autres analogues dans notre troisième Partie.

(5) Ainsi le «Cœur blessé» attribue sans hésiter aux Juifs, toute la doctrine du Christianisme! Cela peut nous donner une juste idée de la valeur critique de l'auteur, même dans des points de pur fait.

(6) Peut-être le caractère 妖 est-il employé ici par mépris à la place de 祆, terme souvent confondu avec 祅, lequel désigne le Ciel 天. (*Cf.* p. 252. not. 4; p. 260.)

prend que le brigand d'Occident (夷匪) 五思達 Ou Se-ta s'introduisit en Chine en 1279 avec des coreligionnaires, et qu'il offrit des présents à la Cour; qu'en 1421, le brigand d'Occident 俺誠 Yen Tch'eng put pénétrer en Chine, grâce à son talent de médecin. La suite des événements est traitée avec le même parti-pris de faussaire; j'en omettrai ici les détails, pour arriver immédiatement au fait de la découverte. Nous n'avons plus désormais qu'à traduire.

«La 2ᵉ des années 弘治 Hong-tche (1489), les bandits (匪徒) 趙瑛 Tchao Yng, 金鐘 Kin Tchong, 趙俊 Tchao Tsuen, 俺都剌 Yen Tou-t'se, 曹左 Tsao Tsouo et 傅儒 Fou Jou, fabriquèrent encore un supplément de livres magiques (妖書), et achetèrent de nouveaux terrains, sur lesquels ils construisirent leurs temples (妖寺); de nouvelles colonies de leur secte prêchèrent leur détestable religion (邪教) à Si-ngan au Chen-si, et à Ning-po (1) dans le Tché-kiang. C'est alors qu'ils fabriquèrent la stèle intitulée 大秦景教流行中國碑. L'exposé de cette inscription dit qu'Olopen du royaume de Ta-t'sin apporta à Tch'ang-ngan les saintes écritures (眞經); et que la 12ᵉ des années 貞觀 (638), l'Empereur T'ai-tsong ordonna par un décret aux autorités locales de bâtir un monastère de Ta-t'sin au quartier 義寧坊. On ajoute que 高宗 Kao-tsong, 元(玄)宗 Hiuen-tsong, 肅宗 Sou-tsong, 代宗 Tai-tsong et 德宗 Té-tsong, honorèrent tous cette religion, à laquelle ils élevèrent des temples.

«En tête, il est écrit: «Composé par 景淨 King-tsin religieux du monastère»; à la fin, on lit: «Élevé la 2ᵉ année 建中 (781); écrit par le secrétaire du Conseil impérial 呂秀岩 Liu Sieou-yen; etc., etc.» On avait enseveli cette pierre en dehors de la ville de Si-ngan, et l'on fit semblant de la découvrir, pour la donner en preuve de l'antique venue de cette religion. Dans les années 天啟 T'ien-k'i (1621-1627), et 崇禎 Tch'ong-tcheng (1628-1644), les côtes étant mal défendues, on avait laissé à ces hommes une libre communication. Des bandits (匪徒) tels que Ricci, Siu Koang-k'i, Longobardi et Schall avaient trouvé moyen de se succéder, grâce à leur habileté pleine de prestiges, qui trompa cette génération. Bref, les princes eux-mêmes se laissèrent aveugler, ils employèrent ces hommes, et la faveur dont ceux-ci se servirent pour étendre leur religion, causa la ruine de la dynastie des Ming. La faiblesse, la connivence des hauts fonctionnaires, à une époque plus récente, n'ont-elles point causé les difficultés actuelles? «Hélas, s'écrie en terminant le «Cœur blessé», ces brigands d'Occident (夷匪) dont nous ne comprenons pas le langage, viennent des plus lointaines contrées et pénètrent à leur gré dans l'empire du Milieu! Avait-on ouï jamais pareille chose?»

Une note stupéfiante sert d'épilogue à ce long morceau. La voici dans toute sa crudité: «Les Annales des Han postérieurs,

---

(1) Nous mentionnerons plus tard l'envoi des livres saints, fait de Ning-po à K'ai-ong-fou dans les années 天順 T'ien-chuen (1457-1464).

et les Nouvelles Annales des *T'ang* ont parlé de cette religion, mais on ne peut s'y fier : ce sont des cartons qui y ont été introduits postérieurement, et auxquels il faut appliquer cette parole de Mencius : «Si l'on devait avoir une confiance absolue dans les livres, mieux vaudrait n'avoir aucun livre (1).»

Il est temps d'en finir avec ce sujet qui nous a déjà trop longtemps retenu; avant de clore cet article, je me contenterai d'ajouter un autre exemple accessible à tous comme le premier, et de date encore plus récente.

Vers l'année 1876, l'Intendant (道台 *Tao-t'ai*) de *Chang-hai* institua une Académie littéraire, qui devait publier trois fois par an les travaux jugés dignes des premières places. Le classement et la révision des compositions, dans ces concours sans caractère officiel, étaient confiés à des lettrés de renom, préposés à chacune des six sections (史, 經, 掌故, 算, 輿地 et 詞章) formant la dite Académie. Bien que cette publication n'ait eu lieu qu'une seule année, l'institution a survécu. Or, dans le volume de cette série trop tôt interrompue, paru à la 12ᵉ lune 丙子 (commencement de 1877), sous le titre 上海求志書院課藝 *Chang-hai K'ieou-tche-chou-yuen-k'o-i*, un des sujets historiques proposés par les examinateurs fut celui-ci : 書景教流行中國碑後 «Annotations sur l'inscription du *King-kiao-pei*.»

Le lettré 錢潤道 *Ts'ien Joen-tao*, originaire de l'arrondissement de 金山 *Kin-chan* (Préf. de 松江府 *Song-kiang-fou*), fut classé premier pour la composition suivante (2).

«Ce monument sortit de terre au temps des *Ming*; aucun des auteurs de la dynastie *Song* écrivant sur les inscriptions lapidaires n'en avait fait mention; aussi j'ignore si ce serait vraiment un monument des *T'ang*. L'inscription parle de 景教 *King-kiao*; c'est précisément le 天主教 de l'époque des *Ming*, et le 耶穌教 des temps actuels. Ce qu'expose ce monument s'accorde avec ces deux religions, aussi dit-on jadis qu'il s'agissait ici de la première introduction du 天主教 en Chine. La stèle dit : 三一妙身; c'est ce que les deux religions appellent 上帝, 聖神 et 耶穌, trois unis en une même substance. Elle dit : 眞主阿羅訶; c'est ce que les deux religions appellent 天主耶穌 : le son est rapproché (3), mais les caractères de la traduction diffèrent. Elle dit : 判十字以定四方; c'est ce que les deux religions appellent 十字架 la croix. Elle dit : 室女誕生; c'est ce que les deux religions appellent 室女摩利耶生耶穌. Elle dit : 七日一薦; c'est ce que les deux religions appellent 七日一禮拜. — Mais bien que le contenu de

---

(1) *Cf. Cursus* P. Zottoli. Mencius. Cap. sept. Pars post. 3. p. 619.
(2) On en trouvera le texte dans l'Appendice.
(3) L'auteur se montre peu exigeant, lorsqu'il trouve un rapprochement de sons entre 阿羅訶 et 耶穌!

cette inscription soit d'accord avec les deux religions, *j'ai quelque soupçon que c'est au temps des* Ming, *que Ricci étant entré en Chine fit fabriquer faussement par des Chinois convertis à sa religion, ce monument des* T'ang, *pour en imposer.* La pierre dit, il est vrai, que la 9ᵉ année 貞觀 de *T'ai-tsong* (635), (Olopen) arriva à *Tch'ang-ngan*, que *T'ai-tsong* des *T'ang* ordonna à *Fang Hiuen-ling* d'aller au-devant de lui, et de l'introduire à la Cour; qu'on traduisit ses livres dans le palais intérieur, qu'on examina sa doctrine dans l'enceinte réservée, et qu'un édit en permit la prédication et la pratique. Mais si j'examine la pratique de la Cour, certainement ces choses n'ont pas eu lieu. De plus l'inscription dit que dans les années *Tchen-koan*, un édit accorda à leur temple le nom de 大秦寺. Or 錢竹汀 *Ts'ien Tchou-t'ing* dans son 景敎考 *King-kiao-k'ao*, appuyé sur le 册府元龜 *Tche-fou-yuen-koei*, explique que la 4ᵉ année 天寶 (745) on changea le nom de 波斯寺 en celui de 大秦寺. Donc l'inscription est erronée et ne concorde pas avec le 册府元龜 (1). — Par ces motifs, je soupçonne que ce monument a été composé par des faussaires, convertis chinois de l'époque des *Ming*, afin d'exalter et de vanter leur religion; et comme c'étaient des contemporains des *Ming* qui l'avaient fabriqué, ainsi dit-on à tort qu'il sortit de terre à la même époque.»

Ce qui rend cette composition plus digne d'attention, c'est la note approbative et même louangeuse dont elle s'est vue l'objet de la part du lettré qui la révisa. 俞樾 *Yu Yué* (2), après avoir souligné le passage qui calomnie le Père Ricci, écrivit à la suite de la composition ces trois mots : 頗有見 «Plein de sagacité». Et nous pouvons assurer qu'aujourd'hui, en haine du nom étranger, la plupart des lettrés chinois souscriraient à ce jugement (3).

---

(1) Nous verrons dans la dernière partie de notre travail la facile réponse à ce semblant d'argument. Somme toute, rien de plus pauvre que cette prétendue démonstration, qui jette gratuitement l'injure à un homme mort depuis quinze ans quand se serait produit ce faux.

(2) Ce lettré (號：曲園; 字：蔭甫), ancien Examinateur provincial du *Ho-nan*, aurait été privé d'emploi pour l'indépendance de son caractère. Retiré au *Tchékiang*, sa patrie, il est l'auteur du 春在堂叢書.

(3) L'élucubration de *Ts'ien Joen-tao* nous a valu depuis longtemps, dans les colonnes du Journal 益聞錄 *I-wen-lou*, une solide réfutation de ces attaques. Les deux articles consacrés par le Père Laurent *Li* 李杕 *Ti* (問漁 *Wen-yu*, né en 1840) rédacteur de cette feuille, à la «Religion illustre», portent pour titres: 讀景敎流行中國碑頌書後 et 續錄讀景敎流行中國碑頌書後; ils ont paru dans les Nᵒˢ 446 et 448 (1ᵉʳ et 8 Avril 1885). Le premier établit la prédication chrétienne sous les *T'ang*; le second répond directement aux arguments de *Joen-tao*.

§ III. CONTRADICTEURS.

Le Rév. William Milne réfuté par Abel-Rémusat et par J. Klaproth. — Les Juifs allemands Isaac Jacob Schmidt et Charles Frédéric Neumann. — Les arguments de Neumann réfutés par G. Pauthier. — Ernest Renan et Stanislas Julien se rétractent. — Opinion de divers missionnaires protestants. — Le *Chinese Repository* et l'*American Oriental Society*. — Unité faite chez les missionnaires anglais et américains. — Groupe de réfractaires en Allemagne.

Notre siècle a vu se renouveler plusieurs fois les accusations passionnées du protestantisme et du philosophisme contre la stèle chrétienne; Anglais et Allemands, Français et Américains se sont tour à tour évertués à la discréditer. Ces nouveaux adversaires, s'inspirant visiblement des mêmes préjugés que leurs ancêtres, procédèrent cependant avec plus de formes: chacun d'eux imagina un nombre plus ou moins grand d'«arguments» et partit en campagne, muni de ce léger bagage tout juste suffisant pour faire croire à la bonne foi. Cette tactique nouvelle, qui avait ébranlé le professeur Ed. Salisbury (1), était-elle celle de vrais savants? Nous ne le pensons pas. Il y avait dans ces affirmations présomptueuses beaucoup plus d'ignorance que de science. C'est à décrire cette petite guerre que nous consacrerons cet article: nous n'omettrons aucune des preuves apportées par nos adversaires, et nous y répondrons brièvement, renvoyant parfois le lecteur pour une démonstration plus complète à la dernière partie de notre étude.

De Malacca, où il s'était retiré, «parce qu'il trouvait difficile de prêcher publiquement l'Évangile en Chine et d'avoir de libres rapports avec les indigènes» (2), le Rév. William Milne (3) signala

---

(1) *Am. Or. Society*. p. 401. — «In a recent conversation with the Rev. Dr Bridgman, I expressed my belief that the so-called Nestorian monument of Singan-fu was now generally regarded, by the learned, as a forgery.»

(2) W. H. Medhurst. *China*. Londres, 1838. p. 264.

(3) Will. Milne 米憐 *Mi Lien*, né en Écosse en 1785. Reçu en 1809 dans la *London Miss. Society*, il arriva quatre ans après à Canton où il s'appliqua à l'étude de la langue. En 1815, il passa à Malacca, fit de nouveau une courte apparition sur la côte de Chine vers la fin de 1817, et mourut en 1822. Il laissait trois fils, dont l'un W. Charles 美魏茶 *Mei Wei-tch'a*, né en 1815, fut missionnaire en Chine de 1839 à 1854. Retourné alors en Europe, il revenait en Chine, quatre ans plus tard, comme interprète de Consulat. Il mourut d'apoplexie en 1863 au milieu de ses fonctions de Professeur des étudiants-interprètes. Dans un de ses ouvrages, le missionnaire laïcisé s'est permis les insinuations les plus odieuses contre la moralité des missionnaires catholiques, coupables seulement d'avoir accueilli un tel hôte dans leurs maisons (*Life in China*. Londres, 1859. p. 401). Cette répugnante besogne, dont un missionnaire protestant avait été initiateur, a trouvé des imitateurs. Le Russe P. Piassesky a reproduit ces calomnies (*Voyage à travers la Mongolie et la Chine*. Paris, 1883. p. 114). C'est sur la foi de pareils *témoins*, que le mensonge s'accrédite, et que Venioukof par exemple, livre ces infamies à une immense publicité

en 1820, la reprise des hostilités contre notre monument. Il le fit avec une pauvreté de logique, dont triompha sans peine Abel-Rémusat. Reproduisons d'abord les « arguments » de cet auteur avant de faire entendre la défense.

« Deux remarques, écrivait W. Milne, s'offrent à moi relativement aux Nestoriens de la Chine; la première, c'est qu'aucun rapport chinois authentique que j'aie encore vu, ne fait la moindre mention de cette secte..., et qu'à l'exception de la pierre de Si-'an, dont quelques missionnaires de Rome ont parlé, je n'ai jamais vu ni entendu dire que les écrivains chinois aient eu connaissance d'aucun monument, d'aucune inscription, d'aucun reste d'anciennes églises; la seconde remarque, c'est qu'aucune partie des doctrines des Nestoriens ou des cérémonies de leur culte, ne s'est mêlée avec les systèmes païens de la Chine, autant du moins que j'ai pu le découvrir (1). »

Le lecteur qui aura parcouru les deux premiers paragraphes de ce chapitre a déjà fait justice de ces prétendus arguments; citons cependant la réponse du critique français.

« Il n'y a pas besoin d'une longue discussion pour faire voir que ces deux remarques, et la conclusion qu'il serait naturel d'en tirer, sont également dépourvues de fondement. Pour commencer par la dernière, il n'y a rien d'étonnant à ce que deux sectes religieuses, étrangères l'une à l'autre par leur origine, la nature de leurs dogmes, la langue de ceux qui les professent, n'aient rien pris l'une de l'autre, pendant l'espace de quelques siècles, où elles ont pu se trouver en contact sur quelques points du vaste empire de la Chine. Les polythéistes chinois n'ont rien emprunté non plus des musulmans qui vivent au milieu d'eux depuis une époque très rapprochée de celle de l'hégire. En second lieu, ceux qui pensent que le système hiérarchique des Lamas, un grand nombre de leurs usages liturgiques et plusieurs de leurs dogmes ont été introduits dans le bouddhisme par un effet de la décadence et de la dégénération du nestorianisme au treizième siècle (2) voient, dans cette imitation des formes extérieures du christianisme, une trace assez évidente du séjour des Nestoriens dans l'Asie orientale. Quant au silence des écrivains au sujet des Nestoriens, il ne prouve pas plus que celui qu'ils ont gardé au sujet des Juifs qui se sont établis depuis des siècles au milieu des Chinois, sans que ceux-ci s'en soient aperçus, ou qu'ils aient daigné en faire la remarque. Sans doute ils les ont confondus avec d'autres sectes occidentales dont ils parlent assez sou-

---

dans le *Messager russe* (T. 128. p. 549). — *Cf.* Dans les *Études* (Déc. 1878. pp. 813 à 824) un article du P. Gagarin.

(1) *Retrospect of the first ten years of the protestant Mission to China*. Malacca, 1820. in-8° de 376 pages.

(2) L'auteur renvoie ici à son *Discours sur l'origine de la Hiérarchie Lamaïque*. pp. 129/145 du même Tome.

vent, et qui, suivant eux, adorent l'Esprit du ciel (1). La relation mise sous le nom d'Abouseïd el Hassan, qui témoigne qu'un grand nombre de chrétiens périrent à la prise de la ville de Cumdan, en 877 (2); nos voyageurs du moyen-âge qui ont trouvé les Nestoriens établis à la cour des princes mongols (3); les historiens musulmans, qui font mention de plusieurs impératrices tartares et chinoises attachées à la religion de Jésus, tout s'accorde à prouver que les Nestoriens s'étaient en effet répandus dans l'Asie Orientale, entre le septième et le treizième siècle de notre ère.»

«Quant au monument de Si-'an-fou, il ne sera pas inutile, puisque l'occasion s'en présente, de faire quelques observations propres à lever des doutes qui n'auraient pas été si accrédités, si l'on n'avait trop longtemps négligé d'y répondre (4). M. Milne s'en serait sans doute garanti s'il eût connu ce monument autrement que par la mention qu'en ont faite quelques missionnaires catholiques (5), et notamment le P. Lecomte (6), qui parait être le seul qu'il ait lu sur cette matière. Je sais que l'authenticité de l'ins-

---

(1) *Rech. tart.* Tom. I, p. 286. — *Cf. Mém. chin.*, tom. XVI, p. 379.

(2) *Anciennes relations des Indes et de la Chine*, p. 51. — Comme nous le verrons dans la III⁰ Partie, cette citation est rapportée par Abel-Rémusat d'une façon erronée : C'est à *Canfu*, non à *Cumdan*, qu'auraient eu lieu ces massacres, d'après le voyageur arabe.

(3) Rubruq. C. XLV; Marc-Pol, l. II, c. 6, etc.; Hyatho, *Hist. orient.* c. II, p. 3, éd. Mull.

(4) Cette remarque, on a pu déjà s'en convaincre, manque d'exactitude. Voici notamment en quels termes Visdelou justifiait dès 1719, la mémoire de Marco-Polo. « Dira-t-on qu'il eut pour complice de l'imposture, dont il était auteur, un Chinois qui lui donna la forme? Mais ce Chinois, quel qu'il pût être, n'étoit certainement pas un homme d'une science vulgaire. Auroit-il osé prêter sa main à un homme étranger, et d'une Religion étrangère pour une pareille fourberie, et cela aux dépens de sa réputation et au péril de sa vie? Il étoit Chrétien, mais mauvais Chrétien, puisqu'il étoit fourbe. D'ailleurs, comment auroit-il pu cacher sa fraude? Cette inscription est gravée sur un marbre de 6 à 7 pieds de haut; sa largeur et son épaisseur répondent à sa hauteur. Vingt ou trente hommes robustes auraient à peine pu le remuer. Il fallait pourtant le retirer d'une montagne, le voiturer et l'enterrer au-dedans des murs d'une ville Impériale (Nous abandonnons volontiers la nouvelle complication qu'exige cette circonstance, trouvée fausse). Avant cela, il fallait qu'un habile homme y traçât les caractères de l'Inscription, et qu'aussi-tôt un Sculpteur les y gravât. Ceux-là etoient aussi Chrétiens; quels Chrétiens, bon Dieu! Ajoutez qu'outre les caractères Chinois, il y a aussi au bord de la pierre plusieurs mots Syriaques. Sans doute que *Marc-Pol.*, Vénitien, aura eu aussi sous sa main un Ecrivain Syrien pour les tracer...» (*Op. cit.* p. 188) Ces quelques lignes, écrites pour justifier le voyageur vénitien, forment précisément tout le fond de l'argumentation d'Abel Rémusat ; celui-ci n'a eu d'autre mérite que de les appliquer aux Jésuites du XVII⁰ Siècle.

(5) Il est assez curieux que l'auteur ait fait cette remarque, quand il ne cite lui-même aucun autre témoin, que les missionnaires, et qu'il s'appuie uniquement sur leur autorité.

(6) *Nouveaux Mémoires*, Tom. II. p. 197.

cription de Si-'an-fou a été contestée par certains écrivains (1), lesquels ont été jusqu'à en nier l'existence, et à accuser les missionnaires qui en ont parlé, d'avoir supposé ce monument par une fraude pieuse. Quand cette supposition eût été praticable au milieu d'une nation défiante et soupçonneuse, dans un pays où les particuliers et les magistrats sont également mal disposés pour des étrangers, et surtout pour des missionnaires; où tout le monde a l'œil ouvert sur leurs moindres démarches; où l'autorité veille avec un soin extrême à tout ce qui tient aux traditions historiques et aux monumens de l'antiquité; il serait encore bien difficile d'expliquer comment les missionnaires auraient été assez hardis pour faire imprimer et publier à la Chine, et en Chinois, une inscription de dix-huit cents mots qui n'aurait jamais existé; comment ils auraient pu imiter le style chinois, contrefaire la manière des écrivains de la dynastie des Thang, rappeler des usages peu connus, des circonstances locales, des dates conçues dans les figures mystérieuses de l'astrologie chinoise, et le tout sans se démentir un seul instant, et de manière à en imposer aux plus habiles lettrés, intéressés, par la singularité même de la découverte, à en discuter l'authenticité (2). On devait donc supposer qu'un lettré chinois, et un lettré des plus érudits, se serait joint aux missionnaires, pour en imposer à ses compatriotes. Mais ce n'est pas tout : les bords de l'inscription sont couverts de noms syriens en beaux caractères stranghelos. Le faussaire savait donc le syriaque, et il était en état de faire graver sous ses yeux, avec exactitude, quatre-vingt-dix lignes de l'écriture syrienne qui était en usage autrefois, et dont la connaissance est aujourd'hui peu répandue. Dans la liste des prêtres syriens qu'on lit sur ce monument, plusieurs portent des noms peu connus encore à l'époque où on en place la découverte, avant la publication des extraits d'Assemani, tels que *Ahad-Gusnaph, Atdaspha, Yeschouadad, Izdbouzid*, etc. (3). Le faussaire était donc un homme qui avait fait une étude approfondie des monumens syriaques dans les originaux. D'ailleurs, il ne suffirait pas d'expliquer la supposition de l'inscription dans l'édition chinoise, et dans les copies rapportées par les PP. Semedo (4), Martini (5) et Boym (6); il faut en-

---

(1) Abel-Rémusat cite ici l'*Essai sur les mœurs* de Voltaire et les *Lettres chinoises* de d'Argens. Il reproche au premier d'avoir faussement attiré *le sage Navarette* à son sens.

(2) Cette patiente et érudite démonstration de détail, accessible surtout aux sinologues, a été faite par Wylie avec la compétence que nous avons indiquée ; mais elle eût été bien superflue aux XVIIe et XVIIIe Siècles.

(3) *Chin. illustr.*, p. 41. — *Prodrom. Copt.*, p. 83. — Müller, *Monum. sinic. Comment. onomast.*, p. 29.

(4) Cf. *Relatione della grande monarchia della China*, part. I, c. XXXI, p. 194.

(5) *Atlas chinois*, p. 55.

(6) *Gloria regni sinensis crux, ad calcem Floræ sinensis;* et dans la Collection de Thévenot, p. 29 de la *Bresve Relation de la Chine*.

core rendre raison de la fabrication du monument; car la pierre existe : elle a dix pieds (i. e. palmes) de haut sur cinq de large; on en a pris des empreintes en y posant du papier transparent après l'avoir enduit d'encre, et la gravure réduite (1) d'une de ces empreintes est à la Bibliothèque du roi. De plus, ce ne sont pas les missionnaires qui l'ont trouvée dans la terre, mais des ouvriers chinois qui creusaient les fondemens d'une maison particulière; c'est le gouverneur chinois qui l'a fait relever et placer sur un piédestal, dans un temple d'idoles du voisinage, et cela sans se douter qu'il était la dupe d'une fraude pieuse. Ainsi il avait fallu faire composer cette inscription en chinois par un lettré gagné à prix d'argent, y faire ajouter des lignes syriaques par un écrivain habile à tracer le stranghelo, faire bien soigneusement graver le tout sur la pierre, enfouir cette pierre sans qu'on s'en aperçût, diriger les fouilles des maçons de la ville, de manière qu'ils la retrouvassent. Que de fourberies, que de soins, que de difficultés, que de risques même, chez un peuple comme les Chinois! Et dans quel but? Pour établir d'une manière plausible ce qu'on savait d'ailleurs, qu'aux septième et huitième siècles de notre ère, des Syriens avaient construit quelques églises à Si-'an-fou, et qu'un certain nombre de Chinois avaient embrassé l'hérésie nestorienne ou jacobite. Voilà sans doute un objet peu digne des moyens qu'on était forcé d'employer; on ne devine pas ce que le catholicisme avait à gagner dans tout cela, ni comment les Jésuites pouvaient se trouver récompensés de leurs peines, en voyant leur inscription placée dans un temple d'idoles au fond de la province du Chen-si (2).»

Comment, avant 1625, savait-on «*d'ailleurs,* qu'aux septième et huitième siècles de notre ère, des Syriens avaient construit quelques églises à Si-'an-fou», nous l'ignorons, et Abel-Rémusat eût eu quelque peine à nous le dire. «Le premier fait de ce genre, écrira-t-il en 1829 (3), attesté par les monumens, c'est l'arrivée d'O-lo-pen à Tchang-'an (Si-'an-fou), la neuvième année Tching-kouan (635)...» Cette seconde assertion, la seule vraie, détruit celle de 1825 imputable à une distraction. Quoi qu'il en soit de cette faiblesse passagère, l'argumentation d'Abel Rémusat prise dans son ensemble, était plus que suffisante pour réduire à néant les scrupules d'un Milne ou de tout autre docteur de son espèce. J. Klaproth fut le premier qui adhéra à cette démonstration; il en reproduisit même *in extenso* la seconde partie dans ses *Tableaux historiques,* parus un an après l'article de Rémusat,

---

(1) Il ne s'agit sans doute ici que du décalque dont nous avons parlé plus haut. Les dix pieds que l'auteur, après le P. le Comte, attribuait à l'original, lui auront fait regarder cette copie comme une réduction.

(2) *Mélanges asiatiques.* Paris, 1825. Tom. I. pp. 33 à 38.

(3) *Nouveaux mélanges asiatiques.* Paris, 1829. Tom. II. pp. 189, 190.

et se borne à ajouter ces lignes, qui accentuent plus fortement le blâme dû à des contradicteurs téméraires : « Ce monument porte toutes les preuves d'authenticité désirables ; il aurait été également impossible à un Chinois et à un Européen de l'inventer et de l'exécuter tel qu'il est, comme tous les juges compétents peuvent l'affirmer. Des écrivains ignares ont osé contester cette authenticité... (1). »

Ce témoignage d'un écrivain allemand faisait honneur à l'indépendance de son auteur ; c'était aussi une réparation qui faisait oublier les précédents peu loyaux de la critique d'Outre-Rhin. Il n'arrêta point cependant chez celle-ci le retour des anciens excès. Dès 1829, le juif Isaac Jacob Schmidt (2) parlait de notre monument comme « n'étant assurément rien autre chose qu'une œuvre de mystification religieuse et de pieuse fraude, comme on peut le voir clairement par son contenu » (3) ; il n'apportait du reste aucune peuve de son assertion. Bien que Schmidt se vit bientôt reprocher à lui-même par W. Schott son incompétence comme sinologue, pour prononcer si hardiment sur une pareille question (4), son exemple trouva des imitateurs. Le plus fameux de tous est l'Allemand Neumann (5), lui-même descendu d'une famille juive. Tandis que d'autres écrivains de sa nation, tels que Ritter (6) et Neander (7), montraient une certaine réserve et suspendaient leur jugement, on vit Neumann s'élancer intrépidement dans l'arène, et dans une série d'articles de la dernière violence, accumuler contre les Jésuites et leur monument, un amas de récriminations et d'allégations calomnieuses qu'il prenait pour des preuves victorieuses. Sans doute, la mémoire de cet écrivain

---

(1) *Tableaux historiques de l'Asie*. Paris, 1826. p. 209.

(2) Cet homme, fils d'un marchand juif, était né en 1779 à Amsterdam ; fixé en Russie en 1798, il devint conseiller d'État à St. Pétersbourg, et mourut en 1847, après s'être fait connaître par ses travaux sur les Mongols et les Thibétains, au cours desquels il adressa de vives critiques à Klaproth et à Abel-Rémusat.

(3) *Geschichte der Ostmongolen*. St. Pétersbourg, 1829. pp. 383, 384.

(4) *Das Nestor. Denkmal*. p. 91.

(5) Charles Frédéric Neumann, né en 1798 de parents juifs, aux environs de Bamberg, étudia successivement aux universités d'Heidelberg, de Munich (où il se fit protestant) et de Gœttingue. Professeur d'histoire à Spire en 1822 et bientôt privé de cet emploi pour son excessive indépendance, il va étudier l'arménien au couvent St Lazare de Venise ; en 1828, il passe à Paris où il apprend les éléments du chinois ; puis à Londres, d'où après un court séjour, il gagne les Indes et la Chine. De retour en Bavière en 1831, porteur d'une vaste bibliothèque chinoise achetée pour l'Allemagne, il est nommé professeur de chinois et d'arménien à Munich. Privé de nouveau de cet office en 1852, il se retira plus tard à Berlin où il mourut en 1870.

(6) *Erkunde von Asien*. Th. II. Buch 2, Bd. I. Berlin, 1832. pp. 286, 287.

(7) *Allgemeine Geschichte d. Christlichen Religion und Kirche*. Bd. III. Hambourg, 1834, pp. 178, 179. C'est d'après le Prof. Salisbury que nous citons cet ouvrage, ainsi que le précédent.

passionné a peu gagné à cette campagne, qui n'a réussi finalement qu'à mettre à nu l'injustice du sectaire et la pauvre science du sinologue; ses arguments ne laissèrent point cependant d'impressionner plusieurs bons esprits.

Edouard E. Salisbury, l'un de ceux qu'ébranla l'accent de conviction de Neumann, reproduisit en 1852 la thèse déjà ancienne du professeur de Munich (1). Il nous faut citer la conclusion du professeur américain; elle fait honneur à son droit jugement, non moins qu'à sa loyauté. Il demandait qu'on fît la lumière, « afin que les faits historiques si intéressants mentionnés dans l'inscription pussent être établis, ou sinon, qu'on exposât entièrement la fraude qui avait été si longtemps objectée. »

Rien de plus juste, de plus modéré que cette mise en demeure. Désormais du reste, une telle démonstration devenait possible : la connaissance des caractères chinois n'était plus restée l'apanage exclusif des missionnaires catholiques; à Paris, comme en Chine, il se trouvait des hommes capables d'étudier une telle question dans ses sources, et un plus grand nombre encore de lecteurs pouvaient être accessibles à une démonstration pleinement scientifique, que, cinquante ans plus tôt, on eût tentée sans résultat. Nous avons caractérisé plus haut les travaux de Wylie et de G. Pauthier : nous mettrons à profit dans notre troisième Partie les patientes et précieuses remarques du premier, tandis que le second nous fournira dès maintenant un précis substantiel du réquisitoire de Neumann.

Deux articles, écrits par ce dernier à vingt ans d'intervalle (2), forment le fond de son plaidoyer. Pour ne point fatiguer nos lecteurs par des répétitions ou des longueurs inutiles, nous nous contenterons de donner le second de ces factums, dont nous emprunterons le fidèle résumé à Fréd. de Rougemont. A la suite de Neumann, cet auteur regardait le monument de *Si-ngan-fou* comme apocryphe, et il avait « exprimé cette opinion dans le 3ᵉ volume de son *Peuple primitif*, celui qui contient la partie historique ». L'envoi de cet *extrait* à M. Bonnetty, daté du 23 Juin 1857, était accompagné de ces paroles : « Je souhaite vivement que Monsieur Pauthier soumette ces objections (de Neumann) à un sérieux examen; car je vous avoue qu'elles m'ont paru trancher la question dans le sens de l'inauthenticité (3). »

Nous ne nous attarderons pas à réfuter des arguments sans valeur : les lecteurs trouveront ces réponses abondamment expo-

---

(1) *Amer. Oriental Society*. Vol. III. N° II. 1853. pp. 401 à 419. *On the genuineness of the so-called Nestorian Monument of Singan-fu*. Cet article avait été lu devant la Société, le 14 Octobre 1852.

(2) *Jahrbücher für wissenschaftliche Kritik*. 1830. Bd. I. pp. 591 à 593. — *Zeitschrift der Deutschen Morgenl. Gesellschaft*. Leipzig, 1850. Bd. IV. pp. 33 à 43.

(3) *De l'authenticité de l'inscription nestorienne*. Note supplémentaire, p. 83. — Les objections de Neumann et les réponses de Pauthier occupent les pages 84 à 96.

sées dans les différentes parties de cet ouvrage, et quelques lignes suffiront ici à faire justice des prétentions étranges de Neumann. Nous tiendrons cependant à les exposer dans toute leur force, car notre but est de faire un recueil, un dossier complet, impartial et définitif de cette trop longue controverse.

1. «Au 16ᵉ siècle, dit Neumann, les Espagnols et les Portugais établirent, par la violence, leur empire sur les peuples barbares du Nouveau-Monde et de l'Asie, et eurent recours à toute espèce de ruses et de mensonges pour s'assurer une influence prépondérante chez les nations civilisées qu'ils ne pouvaient asservir. Les Jésuites furent leurs instruments les plus actifs et leurs auxiliaires les plus dévoués (pag. 33).»

Rép. Ce reproche de tendance n'a rien à voir avec le monument chrétien. Qu'on se souvienne du reste que le premier missionnaire de la Compagnie de Jésus fut François Xavier, embarqué pour les Indes en 1541. Chacun sait avec quelle force cet apôtre s'éleva contre les abus des Portugais dans les Indes orientales; il suffit, de lire ses lettres pour s'en rendre compte. Or, pas plus que lui, ses frères et successeurs n'ont jamais pactisé avec de tels excès. — En 1830, Neumann avait écrit avec un peu plus de cynisme «qu'il est suffisamment établi par l'histoire, que les Jésuites ont menti et trompé, et qu'ils mentent encore et trompent aujourd'hui, *ad majorem Dei gloriam*...» Souhaitons à Neumann d'avoir été plus sincère que d'Argens et Voltaire, quand il rééditait ces vieilles calomnies.

2. «En Chine, ne pouvant, par des cérémonies extérieures, renouveler l'esprit et les mœurs de la nation, les Jésuites accommodèrent la religion chrétienne aux croyances indigènes et s'entourèrent de tout le prestige que donnent la faveur des rois et de grandes richesses (pag. 34).»

Rép. Autre reproche de tendance! La partialité du sectaire perce trop dans l'abus de ce mode d'argumentation.

3. «Ils prétendirent, de plus, que si les Chinois étaient maintenant athées, leurs ancêtres avaient adoré le vrai Dieu sous le nom de *Chang-ti* (pag. 35), et ils imaginèrent une antique sagesse des Chinois primitifs, dont en Chine même on n'avait jamais eu la moindre connaissance (pp. 36, 37). Ils altérèrent aussi les livres sacrés dans des traductions qui violaient toutes les règles de la grammaire. Enfin ils crurent que, pour gagner les classes supérieures, il fallait leur prouver que les plus illustres Empereurs des siècles passés avaient embrassé ou favorisé le Christianisme (p. 38) (1).»

Rép. Ces prétentions des anciens Jésuites restent encore très plausibles de nos jours, même pour des Catholiques. Quant au

---

(1) Vient ensuite l'insinuation, rapportée plus haut (pag. 82) à propos d'un texte dénaturé du P. Sémedo.

reproche d'avoir « altéré des livres Chinois dans des traductions qui violaient toutes les règles de la grammaire», G. Pauthier l'a traité comme il le méritait. «Il n'est pas absolument nécessaire, répond-il à Neumaun, d'être Jésuite pour faire de mauvaises traductions», mais il ne suffit pas d'affirmer, il faut prouver qu'un traducteur a sciemment *altéré* la vérité. De même, il ne suffisait pas d'affirmer, il fallait prouver que les Jésuites avaient consenti à se faire faussaires «pour gagner les classes supérieures».

4. «Cette invention grossière, que démentait l'histoire entière, ne produisit aucune impression sur les hommes éclairés de l'Empire du Milieu. Ils savaient que les caractères du 8ᵉ siècle différaient complètement des caractères modernes de l'inscription. Ils savaient que les *Tang* avaient été de zélés sectateurs de Confucius. Ils savaient que la *Collection des édits des Tang* (Neumann en possède une copie) ne contient pas la moindre allusion à toutes ces constructions d'églises, etc. Aussi n'ont-ils admis d'inscription dans aucun de leurs recueils, si nombreux et si complets. Le catalogue de *Kien-long* n'indique pas un seul écrit qui s'y rapporte. Si *Rémusat* et *St. Martin* (1) s'y sont laissé prendre, c'est qu'ils appartenaient au parti réactionnaire de la Restauration. Rémusat, d'ailleurs, s'est rendu coupable dans d'autres questions scientifiques, et sciemment, de plusieurs falsifications (pag. 39).»

Rép. Le paragraphe qui précède suffirait à couvrir Neumann d'une éternelle honte, si son nom devait survivre. Nous avons déjà fait justice de ces «caractères modernes» (*Cf.* p. 192); justice de ce prétendu silence de la «Collection des édits officiels (p. 244), des Recueils indigènes et du Catalogue de *K'ien-long.* (*Inf.* § IV). Pour un homme qui avait rapporté de Chine dix mille volumes, et qui occupait depuis près de vingt ans une chaire de chinois, Neumann était vraiment d'une ignorance déconcertante.

Inutile d'insister ici sur les inconséquences du caractère chinois au point de vue religieux : depuis près de vingt siècles que princes et sujets ont par un éclectisme monstrueux amalgamé dans leur pratique quotidienne les cultes de trois religions différentes, rien de bien étonnant si certains empereurs au génie plus libéral, ont accordé quelques faveurs à une doctrine étrangère : l'histoire des missions de Chine du XVIIᵉ Siècle ne nous a-t-elle pas donné des exemples d'un semblable illogisme (2)?

---

(1) Saint Martin, dans son *Histoi e du Bas Empire* (Tom. VI. p. 69) avait écrit : « Ce monument fameux, dont on a longtemps cherché à révoquer en doute l'authenticité, en haine des missionnaires jésuites qui l'ont fait connaître, plutôt que par suite d'un examen équitable de ce qu'il contient, est unanimement regardé à présent comme à l'abri de tout soupçon.»

(2) Dans sa rédaction de 1830, Neumann avait fait valoir cet argument, avec une assurance bien capable d'en imposer à des lecteurs ignorant l'histoire chinoise. «Jamais, s'écriait-il, jamais un Empereur chinois, dans un décret public, n'a osé dire d'une doctrine étrangère : «Il faut la publier partout», sans provoquer une révolte chez les Lettrés;

Inutile également de relever les injures que le démocrate Neumann prodiguait libéralement à la mémoire de son ancien maitre, Abel-Rémusat. G. Pauthier a fort bien accompli cette besogne en administrant par deux fois (1) au pamphlétaire allemand la correction que méritait l'indélicatesse de son procédé.

5. « Le contenu même de l'inscription suffit pour en démontrer la fausseté :

« Mar *Jazedbuzid* se nomme *Chorepiscopus* de *Chumdam*; Gabriel, archidiacre de *Chumdam* et de *Saraga*. Mais *sar, chum, dam,* sont des syllabes impossibles en chinois. *Saragæ* est une ville que Ptolémée place dans la Chine sud (p. 40). *Chubdan* se lit dans les *Annales byzantines*. Il est corrompu de *Kong-tien* et signifie *cour, palais* (comme *Takfour* est la traduction persane de *Tientse*). L'inventeur de l'inscription, qui est sans doute le P. Alvares Semedo (1658) aura écrit, au lieu de *Chub* ou *Kong, Chum,* parce qu'en portugais, la lettre *m* à la fin des mots se prononce *ng*. Autrement, cet évêque et ce diacre auraient laissé à leur diocèse son nom indigène. »

Rép. Nous parlerons ailleurs de ces deux sièges épiscopaux; pour le moment, qu'il suffise de dire que les syllabes incriminées sont exprimées en lettres syriaques et non en caractères chinois. Ceci posé, il est permis de douter que Neumann ait jamais vu l'inscription chinoise. Quant au rôle de Sémédo, le lecteur sait à quoi s'en tenir : un tel anachronisme prouve que Neumann avait lu bien superficiellement l'histoire de cette découverte.

6. « Cet Eleh (Eloah) a aussi formé la croix, comme symbole des quatre parties du monde. » Allusion à la découverte du Nouveau-Monde, ou accommodement à la superstition des Chinois, qui croient la terre une surface plate et carrée. — « Une femme mit au monde *le saint* dans le *Tatsin*. » On veut faire croire aux Chinois que la Judée est leur mythique *Tatsin* (p. 40). »

Rép. Ces objections sont aussi vaines que les précédentes; on le verra au cours de notre traduction.

7. « Les écrits des 24 saints de l'Ancien-Testament et les 27 du Nouveau. » Il est douteux que les Syriens, et en particulier les Nestoriens, aient alors déjà divisé ainsi les écrits bibliques. Le passage de Jérôme, cité par Eichorn, fait supposer le contraire pour l'Ancien-Testament : le nombre des lettres étant de 22 (et non de 24) pour les Syriens et les Hébreux (p. 41). »

---

jamais un Empereur Chinois n'a fait traduire les Ecritures sacrées... Jamais un Empereur n'a fait bâtir une église dans sa Capitale... Nous nions toutes ces choses d'une façon si absolue, parce que dans l'histoire chinoise, où toujours on note et on blâme la plus légère inclination des Empereurs pour les Taoïstes et les Bouddhistes, on ne peut trouver la trace la plus lointaine de tout cela. » Inutile d'accumuler les preuves contre cet argument *a priori*, d'un ignorant infatué de sa science ; il suffit de rappeler le décret du *T'ang-hoei-yao*, pour voir s'écrouler ce fragile échafaudage.

(1) *De l'authenticité*, etc. pp. 15, 89 et 90.

Rép. Cette objection vaut celle de Beausobre; même réponse que plus haut.

8. « Pour prouver que le Christianisme est l'antique foi des Chinois, le faussaire le relie à *Lao-tse* qui revient en la personne d'*Olopen* : «La vertu de la vénérable dynastie des Tcheou s'éteignit, et le chariot bleu (sur lequel voyageait *Lao-tse*) se rendit vers l'Occident (où *Lao-tse* avait dirigé ses pas); la sagesse des grands *Tang* brilla, et la loi merveilleuse (la religion d'*Olopen*) s'éleva de nouveau à l'Orient.»

Rép. Il n'est pas vraisemblable que cette allusion à *Lao-tse* fasse partie de l'édit de *T'ai-tsong,* ainsi que l'insinue Pauthier (1); elle se trouve simplement à la suite de cet édit. Mais dans toute hypothèse, on ne voit pas comment cet appel aux souvenirs taoïstes décèle la main d'un Jésuite, plutôt que celle d'un syrien du VIII° Siècle.

9. « *Olopen* décrit l'Occident d'où il arrive, non tel qu'il est réellement, mais tel que le dépeignent les *Annales des Han* et des *Wei,* et cette description est vraiment extraordinaire... Le pieux Visdelou (1656-1737) n'a pu se défendre ici de quelques doutes : «Ce sont des contes chinois que les Syriens ont adoptés et confirmés par leur témoignage *pour flatter les Chinois.»* Ces rois électifs sont, dit-on, les Consuls romains, que les Chinois ont cru subsister encore près de mille ans plus tard; mais les Chrétiens de Syrie les auraient fortifiés dans leur erreur (p. 42)! »

Rép. Alors même que tout cela serait vrai, il resterait à démontrer que les Syriens étaient incapables d'adopter quelques détails fabuleux de la géographie indigène « pour flatter les Chinois»; et il faudrait de plus prouver que ce furent les Jésuites qui réalisèrent cette flatterie.

Notons en passant que l'Évêque Visdelou est «pieux» pour Neumann, au même titre que l'Évêque Navarrete est « sage » pour Voltaire, au même titre que l'Évêque Fouquet devint le théologien du même Voltaire (2) : tous trois étaient « ennemis des Jésuites ».

Dans son premier écrit, Neumann avait procédé d'une façon moins adroite encore. «Comment, demandait-il, les auteurs de l'inscription qui étaient Syriens, ou au moins d'origine syrienne,

---

(1) Dans sa traduction (p. 17), Pauthier maintient cette distribution du texte. Le Père Laurent *Li*, dans l'article de l'*I-wen-lou* que nous avons signalé plus haut (p. 291), a protesté de la façon suivante contre une interprétation analogue de *Ts'ien Joen-tao* :

夫人稍通文字·誰不知天下所司句下·乃撰碑景淨之言·非復玄宗詔語·不然將帝寫眞·旋令有司等句·不合玄宗口吻·竊謂讀書貴能貫徹·錢君不顧文義…

(2 « Le P. Fouquet, jésuite, écrit Voltaire dans son *Essai sur les mœurs* (chap. II), qui avait passé vingt-cinq ans à la Chine, et qui en revint ennemi des jésuites, m'a dit plusieurs fois qu'il y avait à la Chine très peu de philosophes athées. Il en est de même parmi nous.»

et étaient en communications continuelles avec l'Est, décrivaient-ils Tatsin (l'Est) précisément comme les géographes chinois le faisaient sous les Tang? Les Espagnols et les Portugais, les Hollandais et les Anglais, dans les monuments qu'ils ont laissés sur le sol étranger, ont-ils décrit l'Europe et leur patrie selon la vérité ou les vues fabuleuses des nations étrangères?»

10. «Comment les Nestoriens de Syrie n'ont-ils conservé aucun souvenir d'*Olopen* et de cette église-sœur qui a fleuri au moins 150 ans?»

Rép. Faible argument pour qui connaît les oublis de l'histoire! Et cependant Neumann avait enseigné cette science pendant plusieurs années, avant de s'improviser sinologue...

11. «Comment *Olopen* et ses 70 compagnons ont-ils écrit leurs noms, non en *estranghelo*, qui était en usage au 8ᵉ siècle, mais en caractères *syriaques modernes*?»

Rép. Ce pauvre Neumann semble prendre à tâche d'aggraver sa confusion. C'est maintenant le professeur d'arménien qui prend l'*estranghelo* de la stèle pour du *syriaque moderne*. Et s'il n'avait pas vu l'inscription, pourquoi en parlait-il avec cette passion aveugle? Tout le condamne ici, jusqu'aux «noms d'Olopen et de ses 70 compagnons»: Olopen, arrivé en Chine en 635, était sans doute mort en 781, et son nom ne parait pas dans l'inscription syriaque.

12. «Comment aucun de ces prélats nestoriens qui parcouraient tout l'Empire chinois pour y construire des églises, selon les édits du souverain, n'a-t-il fait part à ses contemporains de l'existence d'un puissant royaume civilisé, situé à l'Orient de l'Ancien-Monde (p. 43)?»

Rép. Cette objection purement négative, comme la 10ᵉ, est plus faible encore que cette dernière. Nous avons déjà dit, nous montrerons encore que bien avant le VIIIᵉ Siècle, l'Extrême-Orient et l'Occident avaient de fréquentes relations.

Dans sa seconde manière, Neumann a abandonné deux arguments négatifs, auxquels il s'était jadis attaché. Pour être complet, je les rappellerai ici. «Les Jésuites connaissaient assez le syriaque, pour composer l'inscription: la connaissance la plus superficielle de l'histoire de l'Eglise Indo-Syrienne nous le montre. Leur fameux séminaire de Cranganor était spécialement destiné à la conversion des Syriens, et florissait précisément à l'époque de ce fait fameux.» Le P. Sémédo, nous semble-t-il, n'avait caché à personne qu'il se trouvait aux Indes des missionnaires capables de lire le syriaque: Neumann croit-il avoir fait une découverte? Et qu'eût-il dit s'il eût su que le Père Terrenz pouvait également le déchiffrer! Les premiers apologistes de la stèle chrétienne n'ont du reste jamais fait grand cas des caractères syriaques de l'inscription, pour prouver son authenticité: cette authenticité, ils l'affirmaient pour toutes les parties de l'inscription; ils étaient forts de leur bonne foi, et bénéficiaient de la possession du fait. C'était à leurs adversaires de prouver la supposition.

Neumann, nous l'avons dit, croyait logique, conséquemment à la supposition du monument, d'en dénier le caractère nestorien : « Mais quelles hérésies nestoriennes contient ce monument, demandait-il avec raison ? La preuve tirée d'un passage concernant la Trinité, a déjà été réduite à néant depuis un siècle par le grand sinologue Prémare. » Cette remarque, qui atteint justement l'abbé Renaudot, est peut-être la seule observation judicieuse de Neumann dans cette matière. En revanche, son zèle à retrouver dans la stèle un monument catholique, lui a suggéré une autre critique moins heureuse ; elle concerne une erreur chronologique de trois années, relative à la mort du patriarche Hanan Jésus. Ce nom figure dans l'inscription syriaque, comme étant celui du Patriarche Catholique dont dépendaient les missionnaires chrétiens de Chine. Or « l'Eglise Nestorienne, écrivait Renaudot, reconnoist parmy ses Patriarches ou Catholiques, un Hananiechüah, qui vivoit à peu près dans le temps, auquel le Monument avoit esté érigé (1). Ordonné vers l'an DCCLXXIV, il ne tint le siège que quatre ans et un peu plus... L'inscription fut faite par conséquent, du vivant de ce dernier, ou peu de temps après... » Assemani avait confirmé ces indications et déterminé la date précise de la mort de ce patriarche : elle était de trois ans antérieure à l'érection de la stèle. Neumann triomphe de ces données ; oubliant un instant ce qu'il suppose ailleurs, sur l'ignorance complète de la Chine où vivait l'Occident, il prétend qu'un pareil écart dans les dates est inexplicable dans l'hypothèse d'un monument authentique : les moines syriens n'eussent pas manqué en 781 d'être informés de la mort de leur patriarche survenue en 778, « vu que surtout sous les T'ang, il y avait beaucoup de communications entre l'Asie Occidentale et Orientale. » Neumann eût fait preuve de loyauté en citant la réponse que lui offraient à l'avance les mêmes auteurs. Cet écart, qui pouvait en fait se trouver réduit à deux ans et quelques semaines, n'avait rien de si surprenant, « vu la grande distance qui séparait la Chine de l'Assyrie (2). »

Après le missionnaire de Malacca et les juifs-protestants, nous pouvons encore présenter au lecteur un dernier type d'opposant, celui d'un catholique-renégat. Dans un des premiers

---

(1) *Anciennes relations*, etc. pp. 254, 250, 238.

(2) Dans le même document, Neumann ne pardonne pas aux défenseurs du monument Chrétien, d'avoir expliqué le silence des historiens chinois par la confusion qu'auraient faite ces derniers entre le Christianisme et le Bouddhisme. « Comment cela eût-il pu arriver aux Chinois, si exacts dans les matières de fait ? Comment ceux qui distinguaient même entre elles les différentes sectes bouddhiques, eussent-ils regardé les Chrétiens et leurs ennemis comme ne faisant qu'un ? L'inscription elle-même ne fait-elle pas mention des hostilités et des persécutions subies de la part des Bouddhistes ?... » Nous dirons ailleurs que nous goûtons peu nous-même cette hypothèse de Gaubil, de de Guignes et de Klaproth.

ouvrages qui le firent connaître, Ernest Renan (1), qui préludait de loin à sa future défection, trouva une occasion favorable de courir sus aux Jésuites abhorrés et à leur fameux monument. Il eut la bonne fortune, comme nous l'avons vu (p. 66), de s'assurer dans cette tâche la collaboration de St. Julien, dont une passion trop personnelle compromit un instant l'esprit d'impartialité et la réputation de sinologue. C'était muni « d'une série de textes très importants recueillis par ce dernier », que Renan osa renouveler les attaques de Neumann. Avec un telle autorité, la bataille commençait enfin à devenir sérieuse : c'était la première fois qu'un homme vraiment compétent se prononçait pour la supposition. Bien plus Renan promettait au nom de son maître et conseil, une étude plus approfondie de cette question. « Je serais, disait-il en concluant son propre article, entraîné beaucoup trop loin par une discussion approfondie de cette question, secondaire dans le sujet qui m'occupe. J'espère d'ailleurs que le savant sinologue à qui je dois tous les renseignements nouveaux qu'on vient de lire, se chargera lui-même de publier et de discuter les nombreux textes dont il m'a remis la traduction, et dont quelques uns sont fort importants pour l'histoire des diverses religions de l'Orient (2). »

Ces belles promesses ne devaient point être tenues : elles devaient aboutir à un aveu honorable sans doute, mais non moins humiliant.

Inutile de rappeler ici les accusations embarrassées et même contradictoires formulées contre les formes calligraphiques de l'inscription; nous les avons rapportées plus haut. Mais nous n'omettrons aucun des cinq autres griefs, dont voici la teneur (3): « La célèbre inscription syro-chinoise de *Si-'gan-fou*, serait, sans contredit, le plus curieux témoignage des lointaines pérégrinations exécutées par les Syriens, si des objections graves ne rendaient assez douteuse l'authenticité de ce document... Il résulte d'une série de textes très importants, recueillis par M. Stanislas Julien, et qu'il a bien voulu mettre à ma disposition :

« 1° Que ni les Annales de la dynastie des *Thang*, ni aucun ouvrage chinois connu en Europe et antérieur à l'arrivée des missionnaires, ne parle de l'inscription, ni du décret qu'elle consacre: or, on sait quelle exactitude les Chinois portent dans leurs recueils historiques. La première édition de la *Géographie universelle de la Chine*, publiée en 1744, par ordre de l'Empereur *Khienlong*, mentionne (livre CXXXVIII. fol. 36-37) plus de quarante inscriptions gravées sur pierre à *Si-'gan-fou*, sans citer la nôtre. »

Rép. Nous avons vu la réponse victorieuse faite par Wylie, le 29 Décembre 1855, c'est-à-dire peu de jours après qu'avait

---

(1) Né en 1823, mort en 1892.
(2) *Histoire générale et système comparé des langues sémitiques*. Paris, 1855. p. 271.
3) *Ibid.* pp. 268 à 271.

paru à Paris l'ouvrage de Renan, au premier argument renouvelé de Neumann (p. 253); nous n'avons pas à y revenir. La partie de la difficulté qui concerne l'inscription elle-même est des plus futiles : il existe en Chine, comme ailleurs, des milliers d'inscriptions que ne mentionne aucun recueil. Et puis, sait-on à quelle époque cette pierre commença à être enfouie sous terre? Or à dater de ce moment, elle devenait inaccessible aux lettrés, amateurs de ces sortes de recueils (1). Nous reviendrons à la 3ᵉ objection sur le prétendu silence de la Géographie impériale.

« 2° Que les temples *Ta-thsin* qu'on dit avoir existé à *Si-'anfou*. et dans d'autres parties du Céleste empire, ne sont pas des temples chrétiens, mais des temples de religions *persanes,* soit le manichéisme, soit le culte du feu. Des textes nombreux et formels l'établissent (2). Le pays de *Ta-thsin* est certainement la Perse, et c'est tout à fait à tort que quelques missionnaires ont voulu y voir l'empire romain où la Judée (3). »

Rép. Après quarante ans, nous attendons encore les « textes nombreux et formels » contemporains des *T'ang,* ou antérieurs à cette dynastie, établissant que l'expression « religion de *Ta-ts'in* » exclut le sens de « religion chrétienne », et que *Ta-ts'in* désigne la Perse. L'évidence du contraire, établie par G. Pauthier, par Wylie et par les écrivains qui les ont suivis, ont contraint St. Julien à se rétracter sur ce point, comme sur les autres.

« 3° Aucune des descriptions anciennes du couvent bouddhique où l'on dit que se trouva le monument, ne le mentionne ; la première description qui en parle est celle de la Géographie impériale (livre CXXXIX, fol. 23, édit. de 1744) (4). Par une ren-

---

(1) G. Pauthier a bien développé cette réponse. *De l'authenticité,* etc. p. 28.

(2) Une note due à St. Julien donne l'exemple suivant de cette assertion : « C'est ce qui résulte en particulier du texte de l'Encyclopédie bouddhique *Fo-tsou-tong-ki* (livre XXXIX, fol. 18), publiée sous la dynastie des *Song* (entre 1265 et 1278) par *Song-tchi-pan.* Cet auteur, après avoir raconté qu'on établit les temples du feu, appelés *Ta-thsin-sse,* ou temples de *Ta-thsin,* en faveur des sectateurs de *Sou-lou-ti* (Zoroastre), dit en note que le royaume de *Ta-thsin* était la Perse (en chinois *Po-sse*). »

(3) « Voir surtout, note ici St. Julien, la description de *Ta-thsin* dans le *Tchou-fantchi* (Histoire des peuples barbares), publiée par *Tchao-jou-koua,* qui vivait sous les *Song* entre les années 960 et 1278. (Nouv. fonds chinois de la Bibl. imp., N° 696. tom. VI.) Une chose curieuse et digne de remarque, qui a échappé à la sagacité des missionnaires, c'est que les renseignements qu'ils donnent sur le royaume de *Ta-thsin,* dans l'édition chinoise de l'inscription de *Si-'an-fou,* se rapportent précisément à la Perse, et qu'il serait impossible d'en faire l'application à la Judée. » Cette dernière allégation est absolument fausse ; le P. Diaz (*Op. cit.* fol. 2) définit ainsi le pays de 大秦 *Ta-t'sin* : 大秦者,中西一邦也,乃天主降生救世之地,距中土三萬餘里.

(4) Ici vient une note dont la sincérité ne paraît pas être le principal mérite : « Voir G. Pauthier, *Chine moderne,* p. 107-108. M. Pauthier accorde trop d'importance à ce passage, qui peut n'être qu'un écho des livres des missionnaires, et qui, d'ailleurs, prouverait tout au plus la réalité, mais non l'authenticité du monument. » Ainsi, dans une première objec-

contre bizarre, ce couvent est le même où le célèbre *Hiouen-thsang* fit ses traductions d'ouvrages bouddhiques, de 645 à 664 ; or, s'il fallait en croire l'inscription, ce serait précisément à la même époque que les chrétiens se seraient établis à *Si-'gan-fou* en nombre prodigieux. Comment donc *Hiouen-thsang* qui voyagea pendant dix-sept ans pour étudier les religions de l'Occident, et dont les opinions nous sont connues dans le plus grand détail, grâce à la traduction de sa biographie, donnée par M. Julien, a-t-il ignoré jusqu'à l'existence du christianisme ? »

Rép. Tout est faux ou contradictoire dans ces allégations ; il est faux qu'on ait dit avoir trouvé le monument dans le couvent bouddhique où il fut placé en 1625 ; il est faux que Hiuen Tchoang ait fait ses traductions d'ouvrages bouddhiques dans ce couvent (V. *sup.* p. 64, not. 4) : M. Julien, qui avait donné la biographie du célèbre voyageur, devait le savoir mieux que tout autre ; il est faux que d'après l'inscription, des Chrétiens se soient établis à *Si-ngan-fou* en nombre prodigieux, vers le milieu du VII° Siècle. Quant à la contradiction, elle est flagrante et honteuse: la Géographie impériale, qui tout à l'heure « mentionnait plus de quarante inscriptions gravées sur pierre à *Si-'gan-fou,* sans citer la nôtre », contient maintenant « la première description qui en parle »! Enfin, qu'avaient de commun les voyages et les études de *Hiuen Tchoang,* avec le Christianisme? En fait, ces « religions de l'Occident » auxquelles il consacra ses travaux, se bornent strictement au bouddhisme. Nous verrons du reste par des indices positifs, que ce zélé bouddhiste n'ignora pas l'existence du Christianisme.

« 4° C'est sur la foi des Jésuites que plusieurs auteurs chinois du XVIII° et du XIX° Siècle ont admis l'authenticité de l'inscription et expliqué le nom de *Ta-thsin* par *Jou-te-ya (Judæa).* Ainsi, on la voit figurer avec de longs commentaires dans un recueil moderne, intitulé : *Kin-chi-souï-pien* (livre CII, fol. 1 et suiv.). Cette donnée, comme tant d'autres, aura passé des livres publiés par les missionnaires, dans les compilations chinoises. Un passage du dernier volume de la Géographie impériale nous apprend expressément que cette identification du pays de *Jou-te-ya* avec *Ta-thsin* provient du Jésuite Mathieu Ricci. »

Rép. C'est sur leurs propres observations et aux risques de leur critique personnelle, que les empereurs et les mandarins, les lettrés et les géographes de la Chine, peu faciles à abuser en une pareille matière, se sont tous prononcés pendant deux siècles en

---

tion, Renan et Pauthier en appellent au silence de la Géographie impériale (大清一統志), et quelques lignes après, reconnaissant que cet ouvrage n'était pas muet, ils tâchent d'enlever à Pauthier l'honneur de sa découverte, en le traitant de naïf, et de dupe de la fraude jésuitique. Mieux eût valu pour l'honneur de St. Julien, relever les erreurs de traduction commises par Pauthier.

faveur de l'authenticité. Quant à l'identification de *Ta-t'sin*, encore une fois, nous n'avons que faire, pour l'établir, de recourir à un recueil compilé en 1744; les notes que nous donnerons sur ce point au cours de notre traduction, l'établiront surabondamment.

« 5° La seule autorité considérable alléguée dans le recueil *Kin-chi-soui-pien* en faveur de l'inscription, est celle de *Min-khieou*, écrivain du XI° siècle, qui parle du temple de *Po-sse* (Perse) fondé à *Si-'gan-fou* en faveur du religieux barbare *O-lo-sse,* dont le nom ressemble à celui du syrien *O-lo-pen,* désigné dans l'inscription. Nous n'avons pas à Paris l'ouvrage de *Min-khieou* : il n'est pas impossible que le passage cité par le compilateur chinois ait été détourné de son véritable sens ou altéré par les Jésuites, jaloux d'établir l'ancienneté du culte chrétien en Chine, ce qui devait leur fournir une recommandation décisive aux yeux des Chinois. En effet, si l'inscription a été fabriquée, il faut supposer que les faussaires se sont servis de documents anciens relatifs aux temples de *Ta-thsin,* documents que par un contre-sens habile, ils auront fait servir à leurs vues (1). »

Rép. Il ne serait pas davantage impossible que M. Renan fût peu sincère en laissant planer ces doutes non fondés sur la loyauté des Jésuites... Mais, nous avons mieux qu'un tel argument ; nous avons l'aveu de l'accusateur lui même. Dans une édition postérieure de son œuvre (2), force fut à Renan de chanter la palinodie. Il est vrai qu'il s'efforça de couvrir l'honneur de son conseiller malheureux ; c'est même à lui, bien plus qu'à Pauthier et à Wylie, qu'il attribue peu justement la gloire d'avoir résolu « le nœud de la question. » Mais qu'importe, après tout? Nous avons... *confitentem reum.*

«La célèbre inscription Syro-Chinoise de Si-ngan-fou, lisons-nous dans cette nouvelle rédaction, est sans contredit, le plus curieux témoignage des lointaines pérégrinations exécutées par les Syriens. Les objections graves qui ont rendu longtemps douteuse l'authenticité de ce document ont enfin disparu. M. Stanislas Julien avait fait remarquer que le nœud de la question (3) était dans un passage de l'écrivain chinois Min-khieou (XIe siècle de notre ère), qui d'après des témoignages plus modernes, était censé avoir parlé de l'inscription. Il restait quelque incertitude sur cette allégation. Il n'en reste plus depuis que M. Julien a reçu de Chine l'ouvrage de Min-khieou, où il est bien réellement parlé de l'ins-

---

(1) « Ajoutons cependant, observe ici Renan, que beaucoup de considérations, et en particulier le rapprochement tiré de l'inscription hébréo-chinoise de *Khaï-fong-fou,* militent pour le sentiment favorable au monument de *Si-'gan-fou.* Voy. Journal of the American Oriental Society, vol. III. numb. 2 (1853), et vol. IV, numb. 2 (1854). »

(2) 4e édit. Paris, 1863. pp. 288-290.

(3) «Le nœud de la question», voilà qui est modeste, après «la série de textes très importants, recueillis par M. St. Julien», après «des textes nombreux et formels» que l'on déclarait posséder, et que l'on se proposait «de publier et de discuter».

cription (1).» Ajoutons que St. Julien n'avait pas attendu si longtemps, pour revenir sur sa première et malencontreuse opinion : dès 1858, il avait, dans une note insérée furtivement au milieu d'un index (2), indiqué son retour au sentiment des missionnaires. L'année précédente, ne se sentant pas encore le courage d'une franche rétractation, il avait déjà fourni à l'abbé Huc «plusieurs textes importants» prouvant «que les lettrés du Céleste Empire n'ont pas dédaigné de s'occuper de ce monument (3).»

En terminant ce paragraphe, jetons un rapide coup d'œil sur les auteurs qui ont traité incidemment la question depuis un siècle.

John Barrow, dont on connait cependant le peu de sympathie pour les missionnaires catholiques, parait avoir admis l'authenticité du monument (4). Le Prussien Ch. Gutzlaff, 郭實獵 *Kouo Che-lié* impressionné peut-être par les attaques de Milne, la combattit dans ses premiers ouvrages. Ainsi, dans le Journal de ses voyages, après avoir gémi sur l'intolérance des implacables orthodoxes, qui forcèrent les Nestoriens persécutés à s'enfuir vers l'Est, après avoir rappelé que telle dut être, ou put être, l'origine des premières chrétientés de la Tartarie et de la Chine, et ajouté que des missionaires des Églises syriennes de l'Inde avaient pu aussi entrer en Chine, l'auteur poursuit : « Les Jésuites se sont efforcés de le prouver par une inscription syriaque, trouvée à Se-ngan-foo, dans la province du Shense. Bien que nous doutions quelque peu de l'authenticité de cette inscription, nous ne regardons pas comme improbable que quelques missionnaires chrétiens entrèrent dans une contrée vers laquelle étaient invités de l'Hindoustan les prédicateurs du paganisme (5). » Il est à croire que Gutzlaff regretta bientôt ce jugement, car il écrivait peu d'années après que « l'introduction du Nestorianisme au septième siècle était presque prouvée» (6). Telle ne fut point cependant la dernière évolution de son esprit. Dans une Histoire de Chine, dont le trop fameux Neumann se fit l'éditeur, le mission-

---

(1) Une note cite: Pauthier dans la *Revue de l'Orient*, 1862. p. 315, et ajoute : «M. Pauthier avait déjà donné sur le même sujet deux mémoires (*De l'authenticité*, etc. — *L'inscription Syro-chinoise*, etc.) qui n'étaient pas encore absolument décisifs.»

(2) *Voyages des pélerins bouddhistes*. III. pp. 535, 536. — A propos du nom de *Fang-Hiuen-ling* 房玄齡 «ministre qui fut chargé de recevoir Hiouen-thsang (玄奘) au moment où il arrivait de l'Inde », St. Julien ajoute : « Suivant l'inscription de Si-'an-fou, ce fut le même personnage qui alla au-devant de O-lo-pen, chef des moines nestoriens qui entrèrent et s'établirent vers la même époque dans la capitale de l'ouest.»

(3) *Le Christianisme en Chine*. Paris, 1857. Tom. I. p. 86.

(4) *Voyage en Chine*, trad. par J. Castera. Paris, 1805. Tom. II. p. 258.

(5) *Journal of three voyages*. Londres, 1834. p. 390.

(6) *China opened*. Londres, 1838. Vol. II. p. 229. — L'auteur ajoutait : « Mais l'influence qu'il a eue sur les Chinois, et la pureté avec laquelle il a été promulgué doivent avoir été très faibles, et il ne doit pas s'être étendu au delà des frontières de l'ouest. »

naire allemand, par un phénomène assez curieux d'atavisme littéraire, revint en 1847 à son point de départ (1).

A la même époque, l'Anglais W. H. Medhurst 麥都思 Mai Tou-se faisait preuve de plus d'indépendance et se prononçait résolûment pour l'authenticité. «Quelques-uns, écrivait-il, ont affecté le doute à l'égard de l'authenticité de cette inscription, s'imaginant y voir une duperie des Jésuites pour accréditer leur religion aux yeux des Chinois. Mais ce n'était pas le cas (2).» Le missionnaire anglais donne ensuite ses raisons: les Jésuites ne furent pas les premiers à découvrir la stèle; aucun d'entre eux ne put déchiffrer l'inscription syriaque, jusqu'à ce qu'on eût recours au Malabar. Du reste, les missionnaires eussent plutôt attribué cette introduction du christianisme à l'église latine; enfin les autres ordres du clergé romain n'eussent pas manqué d'exposer l'hypocrisie des Jésuites. «Aussi conclurons-nous que cette inscription est un monument authentique des travaux des chrétiens syriens, au septième et au huitième siècle en Chine.»

Non content d'affirmer son opinion devant ses compatriotes, Medhurst, à l'exemple des anciens missionnaires, utilisa la Stèle chrétienne dans un but apologétique, auprès des Chinois. Sous le nom de 耶穌教略 Yé-sou-kiao-lio, il fit paraître en 1846 un opuscule contenant, entre autres documents sur le christianisme, une copie de l'inscription et une discussion de son contenu. Cet ouvrage a eu plusieurs éditions, celle entre autres de 1853, qu'on enrichit des deux inscriptions juives récemment copiées à K'ai-fong-fou; celles aussi de 1858 et de 1862, retouchées par M. J. Edkins qui a ajouté plusieurs explications concernant l'inscription chrétienne (3).

Pendant quelques années encore, il y eut dans le camp protestant, des opinions diverses. En 1840, J. Francis Davis répugne visiblement à admettre la bonne foi des Jésuites: «Nous ne sommes pas obligés, écrit-il, de recourir à ces explications pour avoir un récit ancien de cette contrée. L'existence des Nestoriens dans ladite contrée du Shensy à l'époque du voyage de Marco Polo est clairement marquée par ce dernier (4).»

Une revue protestante de Chine, qui a fourni une longue et sérieuse carrière, The Chinese Repository, avait dès son premier volume, signalé l'état de cette question, en des termes qui dénotent un solide bon sens. Voici quelques lignes de cet article: «Le célèbre monument découvert en 1625, s'il est authentique,

---

(1) Outre le *Geschichte des Chinesischen Reiches*. Stutgard, 1847, II. p. 65, le P. Heller cite encore *Zeitschr. d. D. Morp.- Ges*. VI. p. 575.

(2) *China*. Londres 1838. p. 223.

(3) *Memorial of protestant missionaries to the Chinese, giving a list of their publications*. Chang-hai, 1867. pp. 33, 34.

(4) *The Chinese*. Londres, 1840. Vol. I. p. 11.

fournit l'histoire des progrès de l'évangile, de 636 à 780, date de son érection. Nous ne prétendons pas donner une défense complète de son authenticité, et cela n'est pas nécessaire maintenant, car c'est fait depuis longtemps. Mais à un point de vue général et qui frappe tout d'abord, nous ne pouvons être assez crédule pour croire que ce soit là entièrement ou principalement une invention des Jésuites. Qu'ils aient pu souvent concevoir le désir de prouver à leurs auditeurs l'ancienneté de l'évangile et son antique influence sur la Chine, nous pouvons bien le croire. Mais qu'ils aient pu songer à faire dans ce but une pareille invention, est réellement incroyable (1). » L'auteur anonyme de cet article donne ensuite les raisons de son affirmation; ce sont à peu près celles de Visdelou et d'Abel-Rémusat, auxquelles il ajoute cette considération très grave et que l'on n'avait pas fait assez valoir, des grandes différences de versions proposées par les différents missionnaires. Il termine par cette remarque, à laquelle nous nous associons pleinement: « C'est le seul monument qui nous rappelle les progrès de la religion pendant un siècle et demi, à partir de son introduction; mais si le pays était ouvert aux investigations, nous pouvons supposer que d'autres monuments d'un caractère semblable, dédommageraient de leurs recherches les missionnaires ou les historiens (2). »

Fidèle à ce programme, la même revue eut l'honneur de poursuivre la tâche de réhabiliter l'authenticité de notre stèle, auprès des savants étrangers. En 1845, elle publiait la traduction de Bridgmann, qui se terminait par ces paroles: « Maintenant, nous laissons le lecteur juger par lui-même de l'inscription. Le langage est souvent bouddhique; il y a là cependant de fortes preuves intrinsèques que cette œuvre est celle d'un prédicateur du christianisme et telle est ma conviction (3). » Quelques années plus tard, le missionnaire américain rencontrait Salisbury que cette question préoccupait; et il assurait à ce dernier que la question d'authenticité ne faisait pour lui aucun doute (4). C'est dans le but de provoquer des explications sur ce point, que le professeur de Yale College rédigea la note dont nous avons parlé; dès Octobre 1852, la Société Orientale Américaine, après l'audition de cette note, faisait transmettre par le Dr Bridgman, aux diverses missions américaines travaillant en Chine, son désir d'être éclairée sur la même question.

Le travail de A. Wylie, publié à *Chang-hai*, du 28 Octobre 1854 au 29 Décembre 1855, fut la plus belle et la plus complète réponse à cette juste demande.

---

(1) *Op. cit.* Vol. I. 1832-1833. Early introduction of Christianity into China. p. 449.
(2) *Ibid.* pag. 450.
(3) *Op. cit.* Vol. XIV. 1845. The Syrian Monument, etc. p. 229.
(4) *Amer. Or. Soc.* Vol. III. N° II. 1853. p. 401.

En 1854, la Société Or. Amér. publiait un court article, arguant des inscriptions juives de K'ai-fong-fou, en faveur de la Stèle chrétienne (1). Nous aurions bien à y reprendre cet «esprit Nestorien qui respire» dans notre inscription, mais au fond l'argument général tiré du parallélisme des deux monuments ne manque pas de poids, et Renan reconnaissait peu après sa valeur.

En 1855, la même revue publiait une lettre de D. B. Mc Cartee, déjà citée par nous, et concluant formellement à l'authenticité (2). Enfin l'année suivante, elle insérait in extenso le travail de Wylie qu'elle déclarait, avec un légitime orgueil, dû à l'initiative de ses démarches (3).

A dater de cette époque les missionnaires anglais et américains semblent s'être tous rangés du côté de l'authenticité. Ainsi, outre ceux dont nous avons déjà parlé ailleurs, nous pouvons citer les noms de Will. Gillespie, de Will. Dean 憐 Lien (4), de Justus Doolittle 盧公明 Lou Kong-ming (5), de John L. Nevius 倪維思 Ni Wei-se (6). Au dire du premier, «on a affecté de discréditer l'évidence de cet ancien monument... J'ai, continue-t-il, examiné l'inscription, et c'est l'opinion générale des missionnaires protestants, qu'elle contient les plus fortes preuves intrinsèques de son authenticité (7).» Inutile, pensons-nous, de multiplier les citations.

Un dernier mot au sujet des érudits allemands, car nous n'avons rien à dire sur les savants français, dont aucun, que je sache, ne fait opposition de nos jours (8). Je me contenterai de quelques noms empruntés à l'étude du Père J. Heller. Bickell (9), Nöldeke (10), Richthofen (11), Gutschmid (12), s'étaient ralliés com-

---

(1) *Op. cit.* Vol. IV. N° II. 1854. Miscellaniés. pp. 444,445. L'article, signé des initiales J. W. G., se termine ainsi : «The analogies are altogether in favor of the genuineness of the monument.»

(2) *Op. cit.* Vol. V. N° I. 1855. pp. 260, 261. La lettre est datée de *Ning-po*, 6 Févr. 1854.

(3) *Op. cit.* Vol. V. N° II. 1856. p. 278.

(4) *The China Mission.* New-York, 1859. p. 71.

(5) *Social Life of the Chinese.* New-York, 1867. Vol. II. p. 367. — Dans la courte mention qu'il a consacrée à « la tablette Nestorienne », l'auteur a trouvé moyen de glisser deux grosses erreurs : il la place à... «K'ai Fung Fu, dans la province du Shensi»!

(6) *China and the Chinese.* New-York, 1869. p. 297.

(7) *The Land of Sinim.* Edimbourg, 1854. p. 127.

(8) Les sujets des autres nations catholiques ne font non plus aucune difficulté d'admettre cette authenticité. Ainsi D. Sinibaldo de Mas la reconnaît sans hésiter, bien qu'il admette une erreur de détail : « Il paraît, dit-il, d'après une inscription trouvée en 1625 à Sing-nan-fu *(sic)*, que les prêtres chrétiens nestoriens étaient établis dans ce pays vers l'an 500 de Jésus-Christ.» (*La Chine et les puissances chrétiennes.* Paris, 1861. Tom. I. p. 86)

(9) *Lit. handw.* 1869. Sp. 199; *Consp. Syr. litt.* 61.

(10) *Tabari-Uebers.* pp. 118 et 502.

(11) *China* I. p. 553.

(12) *Zeitschr. d. D. Morgenl. Ges.* XXXIV. p. 210.

plètement au parti de l'authenticité; Fleischer l'avait admise dans le *Journal de la société orientale allemande* (1); mais ses successeurs dans la rédaction du même recueil, Rödiger (2) et Gosche (3) adhérèrent aux vues de Neumann, même après les travaux de Wylie et de Pauthier. Rödiger déclare : «Neumann nous a démontré une fois de plus la supposition de l'inscription Syro-chinoise de *Si-ngan-fou.*» Et Gosche dit à son tour, avec plus d'audace que de bonheur : «Pour tout savant sans préjugé, l'inauthenticité est indubitablement établie.» Käuffer (4) estime qu'une supercherie du genre du monument de *Si-ngan-fou* serait une falsification «colossale»; cette circonstance ne saurait cependant l'empêcher de croire à une fourberie. De même hésitaient dans leurs jugements, des hommes tels que G. Oppert (5), German (6) et d'autres (7).

A ces noms, dont plusieurs ne sont pas sans gloire, mais dont aucun ne présente des garanties suffisantes de compétence, nous sommes heureux de pouvoir opposer l'autorité et la leçon d'un sinologue allemand; un suffrage comme le sien vaut mieux et parle plus haut que toutes les clameurs de la passion tudesque.

«Je suis, écrivait naguère M. F. Hirth, personnellement très convaincu de l'authenticité de cette inscription et pense superflu d'ajouter de nouveaux arguments à ceux mis en avant par Wylie et Pauthier (8).» Comme morale de cet article, copions aussi cette leçon modérée, mais très méritée, qu'administre le même auteur : les opposants «se seraient formé une meilleure opinion sur cette matière, sans leurs préjugés contre ceux qui tenaient le parti contraire.»

---

(1) *Ibid.* II. p. 455.
(2) *Ibid.* V. p. 465; X. p. 696 et seq.
(3) *Ibid.* XIV. p. 173.
(4) *Gesch. v. Ost.-Asien.* II. p. 793.
(5) *Der Presbyter Joh.* p. 142.
(6) *Die Kirche der Thomaschristen.* p. 146.
(7) Nous regrettons de compter dans cette catégorie le Cardinal Hergenrœther. Dans son *Histoire de l'Église* (Paris, 1880. Tom. I. p. 641), il se contente de dire assez dédaigneusement : «Des communautés chrétiennes se formèrent en Chine à dater du septième siècle. En 636, un prêtre nommé Jaballath ou Olopuen, y apporta, dit-on, le christianisme et le répandit sous la protection de l'empereur, ainsi qu'on le voit par un monument érigé en 781 et découvert près de Si-an-fou en 1625. *Son authenticité, souvent soutenue, n'a pas encore été démontrée.*» Nous doutons que le docte Cardinal eût porté un tel verdict, s'il avait lu sérieusement les sources auxquelles il renvoie ses lecteurs.
(8) *China and the Roman Orient.* Leipsic, 1885. p. 6.

§ IV. LETTRÉS.

Peu de critique de leurs jugements. — Catalogue des bibliothèques de *K'ien-long*. — Collection épigraphique de *Wang Tch'ang*. — Ouvrage géographique de *Wei Yuen*.

Nous réservons ce paragraphe à l'analyse et à l'appréciation des commentateurs chinois qui ont traité de notre inscription depuis sa découverte.

Nous n'avons pas la prétention de donner une traduction complète de ce fatras de notions incohérentes, dans lesquelles, pour me servir de l'expression de Gaubil adressant ce reproche à l'œuvre du célèbre *K'ong Yng-ta,* « on souhaiterait qu'il y eût plus de critique européenne (1). » Un autre a jadis essayé ce travail, mais sans grand succès, semble-t-il (2). Du reste G. Pauthier en hasardant cette traduction dont il était si peu sûr à plus d'un point de vue, remarquait lui-même que « ce commentaire donnerait une pauvre idée de la critique historique chinoise, si on la jugeait par cet échantillon (3). » Mieux vaudra suivre la méthode d'analyse adoptée par A. Wylie.

Trois recueils fameux, bibliographique, épigraphique et géographique, résument à peu près tout ce qui a été écrit en Chine sur cette question (4).

I. De ces documents, celui qui porte le caractère le plus strictement officiel est contenu dans le Catalogue général des bibliothèques de *K'ien-long* (5). Une copie de notre Inscription avait été introduite dans la bibliothèque impériale, à la suite

---

(1) *Traité de la chronol. chinoise,* p. 147. « C'est un défaut assez général dans les livres chinois, surtout dans les collections », continuait le savant missionnaire. Peu de temps après, il se plaignait, dans une lettre à de l'Isle avec une certaine amertume de « ceux qu'on appelle *habiles lettrés chinois.* Ce sont, dit-il, ordinairement des hommes qui n'ont nulle critique, peu d'érudition ; ils sont sans principes de nos sciences, et pleins intérieurement d'un mépris ridicule pour tout ce qui n'est pas chinois. Du reste, ils comptent pour rien de nous tromper, disant, selon leurs intérêts, le blanc et le noir. » (*Lettres édifiantes.* Ed. Aimé-Martin. T. 4. p. 59.)

(2) *Cf. L'inscription de Si-ngan-fou,* etc. pp. 69/85. Sous le titre de *Traduction des commentaires chinois,* G. Pauthier a donné la traduction intégrale des commentaires insérés par *Wang Tch'ang* dans son ouvrage *Kin-che-ts'oci-pien,* à la suite du texte chinois de l'Inscription. Pauthier avait pu dès lors consulter le travail de Wylie, dont il s'aida trop peu ; « on remarquera, écrivait-il, que notre traduction diffère beaucoup de la sienne. » Malheureusement pour notre compatriote, ces dissemblances sont rarement à son avantage.

(3) *L'inscription Syro-chinoise,* etc. p. 69.

(4) On trouvera dans l'Appendice tous les textes chinois analysés dans ce paragraphe.

(5) 欽定四庫全書總目 *K'in-ting-se-k'ou-ts'iuen-chou-tsong-mou,* 125ᵉ *Kiuen,* fol. 31 à 34. Cet ouvrage publié à la 7ᵉ Lune de 1782 comprend 200 volumes. C'est le 7 Février 1772 qu'avait paru le premier décret impérial ordonnant sa composition.

d'un ouvrage scientifique du Père Aléni, présenté par le Vice-roi des Deux *Kiang*. Ledit ouvrage et la pièce annexée portent au Catalogue le titre suivant: 西學凡一卷附錄唐大秦寺碑一篇 (1). Voici comment débute l'académicien chargé de la notice spéciale concernant notre Stèle : « Ce monument établit l'antiquité de cette religion dans l'Empire du milieu, et porte que la 12ème des années *Tcheng-koan*, *O-lo-pen* de *Ta-t'sin* vint de ces contrées éloignées apportant des livres sacrés et des images qu'il offrit à la Cour, et qu'en conséquence sur un ordre impérial fut bâti au quartier *I-ning-fang* un temple de *Ta-t'sin* où l'on reçut 21 religieux, etc., etc. » Après cet exposé le critique officiel, loin de contester l'authenticité de la Stèle, s'efforce uniquement d'atténuer l'importance de sa découverte, en prouvant par d'autres textes anciens que les lettrés connaissaient depuis longtemps l'introduction en Chine des religions occidentales. Notons ici ces extraits à titre de documents utiles pour l'histoire des religions dans l'Extrême-Orient.

Un passage du *Si-k'i-tsong-yu* (2) nous apprend que la 5ème des années *Tcheng-koan* (631), un prédicateur de la Loi (3) le *Mou-hou* (4) 何祿 *Ho-lou* vint présenter à la Cour la doctrine de l'Esprit du ciel (祆教), et que sur un ordre impérial fut élevé au quartier 崇化坊 *Tch'ong-hoa-fang* (5) un temple de cette religion (祆寺), appelé temple de *Ta-ts'in* (大秦寺), ou temple persan (波斯寺) (6). Vient ensuite le décret de 745, dont nous avons donné plus haut (p. 255) la traduction. Suit un passage du *Tch'é-fou-yuen-koei* (7) portant que la 7ème des années 開元 *K'ai-yuen* (719), « le roi de 吐火羅 *T'ou-ho-lo* (Tokharestan) présenta à l'empereur un savant, nommé 大慕闍 *Ta-mou-tou*, très versé dans les mathématiques. Le roi disait, dans la lettre qu'il écrivait à cette occasion, que *Ta-mou-tou* pouvait très bien répondre sur tout ce qu'on lui proposerait sur les sciences; le roi priait l'empereur de donner à ce savant des revenus fixes et un temple pour les exercices de sa religion (8). »

---

(1) *Cf.* p. 88, not. 1 et l'Appendice.

(2) *Cf.* pp. 255, not. 6, et 260, not. 5.

(3) 傳法 Expression réservée d'ordinaire aux prédicateurs bouddhistes.

(4) *Cf.* p. 252, not. 4. Magu, Mage, suivant M. Chavannes.

(5) Nous avons déjà indiqué nos raisons de douter de l'exactitude de cette citation (*Cf.* p. 260, not. 5). Ajoutons que cette construction élevée sur le 崇化坊 (4e quartier au sud du *I-ning-fang*; *Cf.* le plan, p. 116) n'est désignée par aucun des anciens historiens (*Cf.* pp. 258/261).

(6) Cette synonymie que l'on peut attribuer à plusieurs causes, comme nous l'exposerons dans la 3ème Partie, et qu'explique en partie le décret de 745, se rencontre ailleurs que dans le *Si-k'i-tsong-yu*. C'est ainsi que notre carte de *Tch'ang-ngan* (*Cf.* p. 116) donne au temple d'*Olopen* le nom de temple persan 波斯胡寺.

(7) *Cf.* p. 255, not. 5.

(8) J'ai emprunté la traduction de ce passage au Père Gaubil, qui indique comme

Deux autres extraits tirés du 酉陽雜俎 *Yeou-yang-tsa-tsou* (1) sont également cités. L'un rapporte qu'au royaume 孝億 *Hiao-i*, de 300 *li* d'étendue, c'est à l'Esprit du ciel 祆 *hien* et non à Bouddha qu'on rend un culte, et que cette contrée renferme 3000 temples 祆祠 *Hien-se*. Le second dit qu'au royaume 德建 *Té-kien*, sur le fleuve 烏滸 *Ou-hou*, se trouve un temple dédié à l'Esprit du Feu céleste (火祆祠); la tradition rapporte que cet esprit serait originaire de Perse; dans son temple il n'y a pas d'image, mais un édicule orienté à l'ouest; de sorte que c'est en se tournant vers l'est que l'on rend hommage à l'esprit.

« Concluons de tous ces documents, ajoute l'auteur de la notice, que les Occidentaux (西洋人 *Si-yang-jen*; il s'agit ici de Ricci et de ses successeurs !) sont bien les mêmes que ces Perses, et que leur Dieu (天主 *T'ien-tchou* « Seigneur du Ciel ») n'est autre que cet Esprit du ciel (祆神 *Hien-chen*). La Chine en possédait d'autre témoignages écrits que cette stèle.»

Après cette réflexion bizarre, nous trouvons encore dans le Catalogue quatre notions de quelque utilité : 1° 杜預 *Tou yu* (2), expliquant dans son commentaire du 左傳 le texte 次雎之社, rapporte que dans le pays arrosé par la rivière *Tsiu* 雎 (3) on rendait un culte à l'Esprit du ciel (祆神). 2° 顧野王 *Kou Ye-wang* (4) dans son 玉篇 *Yu-pien* donne la prononciation *Hien* (呵憐切) du caractère 祆, qu'il définit 祆神 «Esprit du ciel». 徐鉉 *Siu Hiuen* sur son autorité, l'a fait entrer dans le *Chouo-wen* (5). 3° 宋敏求 *Song Min-k'ieou* des *Song*, dans son 東京記 *Tong-king-ki* (6), rapporte l'existence sur le quartier 甯遠坊 *Ning-yuen-fang* d'une pagode dédiée à l'Esprit du ciel (祆神廟), puis il note, d'après l'ouvrage *Se-i-tchao-kong-t'ou* 四夷朝貢圖, que le royaume de *K'ang* 康 a un esprit du nom de *Hien* 祆, et que le royaume de *Pi* 畢 possède des temples dédiés à l'Esprit du Feu céleste (火祆祠) : l'origine de cette religion (祆教) remonterait à l'époque de *Che-lé* 石勒 (328-334). 4° Enfin l'ouvrage 岳珂程史 *Yo-k'o-tch'eng-che* (7) donne d'intéressants détails sur une

---

source le même ouvrage (*Mém.* T. XVI, p. 12). Il ajoute, d'après « la notice des pays connus des chinois », que cette même année « le roi de *Ta-ts'in* ou *Fou-lin* paya le tribut à l'empereur, et lui envoya (par la route de *Tou-ho-lo* alors fort fréquentée) un religieux ou prêtre d'une grande vertu », qui devait être ce *Ta-mou-tou*.

(1) 段成式 *Toan Tch'eng-che*, l'auteur de cet ouvrage, est mort en 863.

(2) Cet auteur et homme d'état célèbre vécut de 222 à 284.

(3) Cette rivière coule dans le *Ho-nan* et le *Chan-tong*.

(4) Lettré célèbre par sa vaste érudition; il vécut de 519 à 581.

(5) *Siu Hiuen (Ting-tch'en)* 鼎臣) vécut de 916 à 921. — Il définit 祆 : 胡神. Le Dict. de *K'ang-hi* ajoute: 關中謂天爲祆.

(6) *Song Min-k'icou*, auteur déjà cité par nous (p. 256) vécut de 1019 à 1079. — Le *Tong-king-ki*, Histoire de la Capitale de l'Est, c'est-à-dire de 洛陽 *Lo-yang* (*Ho-nan-fou*), ne comprend que 2 *Kiuen*.

(7) *Yo K'o* vivait sous *Ning-tsong*, au commencement du XIIIe siècle.

tribu ou colonie étrangère du littoral (番 禺 海 獠), dont la meilleure partie, du nom de 浦 *Pou,* surnommée *Pé-fan* 白番 «les *Fan blancs»,* originaire de 占城 *Tchan-tch'eng* (Tsiampa), s'était établie en Chine pour y faire le commerce. Ces étrangers se faisaient remarquer par le luxe de leurs habitations, leur propension à honorer les Esprits (鬼); ils s'assemblaient pour prier, dans des temples où l'on ne voyait aucune image; à ce Dieu inconnu, appelé *Ngao-ya* 鰲牙, ils rendaient leurs hommages en saluant une stèle en pierre sur laquelle étaient gravés des caractères étrangers.

Enfin ce long article se termine par une déclamation contre les Docteurs catholiques du XVIIᵉ Siècle, dont nous avons donné plus haut la traduction (1).

II. Au commencement de ce siècle, 王昶 *Wang Tch'ang* (2) faisait paraître son Recueil des inscriptions sur métal et sur pierre 金石萃編 *Kin-che-ts'oei-pien* et consacrait à notre stèle les premières pages du 102ᵐᵉ *Kiuen*. Fidèle à sa méthode, le célèbre antiquaire commence par indiquer les dimensions du monument (3), le nombre de lignes et de caractères qu'il contient, son genre d'écriture, le lieu où il se trouve, puis il donne une copie intégrale de l'inscription. Suivent des notes critiques empruntées à plusieurs auteurs, et enfin les observations personnelles du compilateur. Nous reproduisons intégralement dans l'Appendice ces documents chinois, dont aucun ne révoque en doute l'authenticité du monument.

La première citation de *Wang Tch'ang* est tirée du 金石錄補 *Kin-che-lou-pou* (4). L'auteur de cette notice, après avoir nommé le rédacteur et le calligraphe de l'inscription, ainsi que le jour de l'érection de la stèle, signale sur les deux faces latérales et au bas de l'inscription une écriture étrangère «tournée vers la gauche et indéchiffrable». Ces caractères, au pied de la stèle, sont suivis de la mention du Réviseur et de l'Assistant-réviseur (5) chargés de l'érection. Mentionnant ensuite l'arrivée

---

(1) *Cf.* p. 88, not. 1.

(2) *Wang Tch'ang* (德甫 *Té-fou,* al. 琴德 *K'in-té*) était originaire de 青浦 au *Kiang-sou;* né en 1724, reçu Docteur en 1753, il devint Vice-président du ministère de la justice. Son œuvre littéraire et historique est considérable. Sa collection de mille inscriptions, qui vont de la dynastie *Hia* à la fin des *Kin* (金石萃編), en 160 *Kiuen,* parut un an avant sa mort qui arriva en 1806.

(3) *Cf.* p. 161, not. 1.

(4) Cet ouvrage a été publié en 1790, par 葉奕包 *Yé I-pao;* il comprend 27 *Kiuen* et un Supplément 續跋 en 7 *Kiuen.*

(5) L'auteur du *Kin-che-lou-pou,* lisant ces charges de droite à gauche, les indique dans l'ordre inverse, qui n'est point hiérarchique. Wylie, malgré l'absence du texte syriaque, a rétabli l'ordre vrai de ces deux noms (*The N.-Ch. Herald,* N° 226, p. 67); l'observation de textes chinois insérés dans des compositions mandchoues ou mongoles confirmait du reste a priori le bien-fondé de ses conjectures. — Le nom du Réviseur est 行通 *Hing-*

d'*Olopen* à *Tch'ang-ngan* et la construction du premier temple en 638, il ajoute : «Telle fut en Chine l'introduction du christianisme (天主教) qui, depuis les *T'ang* jusqu'à ce jour s'est répandu dans tout l'empire.» — Il rappelle ensuite que, d'après le Récit des contrées occidentales (西域傳), *Fou-lin* (拂菻), l'ancien royaume de *Ta-ts'in*, était situé au bord de la Mer orientale, à 40000 *li* de la Capitale, et était en relations de commerce avec Siam (扶南), la Cochinchine (交阯) et les Indes (五天竺). «Durant la période 開元 *K'ai-yuen* (713 à 742) des étrangers de plus de cent royaumes d'occident, bravant les distances, vinrent à l'envi offrir à la Cour leurs livres sacrés, qui furent reçus au Palais de la traduction des classiques (翻經殿); dès lors les religions des pays étrangers prirent en Chine leur essor... A cette époque il y avait 5358 temples (寺), 75024 religieux (僧) et 50576 religieuses (尼). Un Censeur était préposé aux religieux et religieuses appartenant aux deux Capitales...»

La seconde autorité citée par *Wang Tch'ang*, celle de 林侗 *Lin Tong* (來齋 *Lai-tchai*) dans son 金石刻考略, nous est déjà connue (1). Erroné pour la date et la localité de la découverte, son récit nous donnerait à penser qu'il n'a vu dans notre inscription qu'une formule des croyances et de l'histoire du Bouddhisme en Chine. S'il ne fait aucune allusion à la doctrine chrétienne, en revanche il confond l'écriture syriaque avec celle des livres venus des Indes (佛經番字). Il est juge plus compétent et plus heureux lorsqu'il déclare les caractères chinois de la stèle «d'une parfaite conservation» (2).

Un troisième auteur, contemporain du précédent, nous apporte une confirmation de notre thèse. Parmi ses Inscriptions du *Chen-si* 關中金石記 *Koan-tchong-kin-che-ki* (3), 畢沅 *Pi Yuen* (4) s'est occupé du *King-kiao-pei*. Il rapporte l'année et le mois de son érection, les noms du compositeur et du calligraphe, le lieu qu'il occupe aujourd'hui, la pagode 崇聖寺 *Tch'ong-cheng-se*, puis il fait une assez longue digression pour établir l'identité de 大秦 *Ta-ts'in* et de 梨軒 *Li-kan* (al. 麗軒 et 黎軒), nommé encore 海西 *Hai-si*, de sa position sur la Mer occidentale 西海 *Si-hai*. La partie la plus importante de cette notice est la reproduction du texte de *Song Min-k'ieou* déjà

---

t'ong; celui de l'Assistant-réviseur 業利 *Yé-li*, et non *Yé-tch'a* (剎), comme l'a écrit notre auteur. J. Legge (*Op. cit.* p. 30) a reproduit cette donnée inexacte dans son texte chinois, bien qu'il l'ait corrigée (*Ib.* p. 31) en transcrivant *Yé-li*.

(1) *Cf.* pp. 48, not. 2; 64 et 78.

(2) 字完好無一損者. — Il renvoie son lecteur à la collection (集) de 劉雨化 *Lieou Yu-hoa*, originaire de 頻陽 *P'in-yang*.

(3) Cet ouvrage, en 8 volumes, parut en 1781. La notice relative à la Stèle chrétienne se trouve aux premières pages du 4ème *Kiuen*.

(4) *Pi Siang-heng* 纕蘅, originaire de 鎮洋 *Tchen-yang*, vécut de 1730 à 1797.

cité par nous (1), la correction de *O-lo-se* en *O-lo-pen*, et la remarque suivante : « De ce fait date l'introduction en Chine des religieux (僧 人) de *Ta-ts'in*. La mention faite par les Chroniques de *Tch'ang-ngan* d'un temple persan (波 斯) élevé alors sur le quartier *I-ning-fang*, concorde bien avec l'indication de la Stèle, laquelle parle de *Ta-ts'in* : la religion de ces deux pays était assez semblable, pour qu'on pût employer indifféremment l'un ou l'autre nom pour leurs temples. »

Wang Tch'ang apporte encore le témoignage d'un lettré nommé plus haut, 錢 大 昕 *Ts'ien Ta-hin*, qui mourut au commencement de ce siècle. Dans son Recueil d'inscriptions 潛 研 堂 金 石 文 跋 尾 *T'sien-yen-t'ang-Kin-che-wen-po-wei* (2), cet auteur, après avoir reproduit le texte de la Stèle, rappelle d'après *Chou Yuen-yu* (3) le nombre restreint des temples de dénominations étrangères par rapport à ceux du Bouddhisme. Il ignore pourquoi la religion Manichéenne et celle des Parsis ont disparu depuis longtemps en Chine ; mais il avoue que notre Stèle retrace avec assez de détail les progrès de la religion chrétienne *(King-kiao)*. Après avoir brièvement analysé la mission et les succès d'*Olopen* sous *T'ai-tsong* et *Kao-tsong*, il cite quelques traits de l'inscription relatifs à la discipline et au dogme des prédicateurs, puis déclare ne point voir clairement si la religion du Seigneur du Ciel (天 主) professée de son temps par les Européens est identique avec celle de *Ta-ts'in*, comme le prétendent quelques-uns. Je le crois bien ! Notre érudit fait remonter la naissance de Jésus à la période 開 皇 *K'ai-hoang* des 隋 *Soei* (584-600) ! « Il est étrange, remarque justement Wylie à propos de cette affirmation, qu'un tel homme, qui s'était montré perspicace dans ses autres œuvres, et spécialement en matière de chronologie, ait pu tomber dans une si monstrueuse erreur... Cela ne peut être attribué qu'à la hautaine indifférence avec laquelle trop souvent les Chinois de talent traitent les religions étrangères, s'entretenant delibérément dans l'ignorance de faits dont le moindre effort leur donnerait la connaissance (4). »

Ts'ien Ta-hin est revenu plus tard, dans une étude spéciale qu'il a intitulée 錢 氏 景 敎 考 *Ts'ien-che-King-kiao-k'ao*, sur le même sujet ; mais sans plus de succès pour les conclusions. Après avoir assigné une date fausse à la découverte de la Stèle (5), et avoir tourné en dérision les Docteurs chrétiens qui y voyaient

---

(1) *Cf.* pp. 256, 257.

(2) *Cf.* p. 48 not. 4. — Le 目 錄 *Mou-lou*, que nous avons indiqué dans cette note, est moins une réédition du 跋 尾 *Po-wei* qu'une publication nouvelle, sous forme de catalogue.

(3) *Cf.* p. 258.

(4) *The N.-Ch. Herald*, n. 227, p. 72.

(5) *Cf.* pp. 48, 49.

un monument de leur religion (1), il cite pêle-mêle d'anciens ouvrages dont la plupart nous sont déjà connus (2). Son principal souci semble avoir été de dénigrer *Olopen* et ses coreligionnaires ; par exemple, à propos du décret de *Hiuen-tsong* (745), qui substitua la dénomination de *Ta-ts'in-se* à celle de *Po-se-se* pour les temples chrétiens, il blâme l'arrogance (誇詞) des moines barbares (夷僧), qui sur le monument érigé en 781, attribuaient au décret de 638 l'expression *Ta-ts'in* au lieu de *Po-se* (3). Puis, prenant occasion du texte de *Chou Yuen-yu,* il identifie la religion de la Perse avec le culte des Esprits du ciel (祆神), avec celui du Feu céleste (火祆), avec celui du Ciel, de la terre, du soleil et de la lune, de l'eau et du feu (天地日月水火諸神), et observe qu'*Olopen* et ses compagnons durent pénétrer à *Tch'ang-ngan* à la faveur du nom persan qu'ils avaient emprunté et qu'ils changèrent ensuite pour s'établir. Enfin, après avoir donné sur le culte 摩尼 (末尼) *Mo-ni* quelques détails intéressants (4), il conclut qu'en somme les trois religions barbares dont a parlé *Yuen-yu* sont étrangères et mauvaises (5) ; quant à la propagation, attestée par la Stèle, de cette Religion dite 景教 *King-kiao,* ce sont purs artifices et mensonges des plus habiles parmi les moines barbares, ayant quelque connaissance de la littérature chinoise.

Ces dernières paroles, flétrissant la colonie chrétienne du VIIIe Siècle, atteignaient du même coup les missionnaires catholiques et leurs adeptes, qui s'étaient glorifiés de la découverte du *King-kiao-pei;* mais les préjugés hostiles de *Ts'ien Ta-hin* donnent un poids d'autant plus grand à l'aveu fait par lui de l'authenticité

---

(1) Cf. pp. 88, 89.

(2) Notamment les deux passages de *Min-k'ieou* relatifs aux temples d'*Olopen* et de Phirouz (*Cf.* pp. 256, 257) ; le décret de 745, d'après le *Tch'é-fou-yuen-koei* (*Cf.* p. 255) ; l'observation de *Chou Yuen-yu* (*Cf.* p. 258) ; divers extraits du 長安誌 (*Cf.* p. 259, not. 8), du 東京記 (*Cf.* p. 146), et du 西溪叢語 (*Cf.* p. 260 not. 5). — Le lecteur trouvera dans le texte de l'Appendice l'indication des autres ouvrages chinois cités par *Wang Tch'ang.*

(3) *Cf.* p. 254.

(4) Entre autres, les décrets suivants, d'après le 志磐統記 *Tche-pan-t'ong-ki*: La 20e année 開元 *K'ai-yuen* (732), blâme infligé à la secte fausse de *Mo-ni,* qui s'est mensongèrement donnée comme conforme au Bouddhisme ; cependant tolérance accordée à ce culte des étrangers d'Occident (西胡). — La 6e année 大歷 *Ta-li* (771) demande faite par les 回紇 *Hoei-ho* de construire des temples *Mo-ni* à 荊州 *King-tcheou* (Hou-pé) et 揚州 *Yang-tcheou* (*Kiang-sou*). — Le 3e année 會昌 *Hoei-tch'ang* (843), à l'automne, mort de 72 femmes *Mo-ni.* — La 6e année 貞明 *Tcheng-ming* (920), révolte et châtiment des sectateurs de *Mo-ni* à 陳州 *Tch'en-tcheou* (Ho-nan). — L'auteur peint ensuite les mœurs dissolues de ces sectaires, qu'il assimile à ceux des Sociétés 白雲 et 白蓮 «Nuage blanc» et «Nénuphar blanc».

(5) 三夷寺皆外道也. 皆邪教也. Ces derniers mots (*Sié-kiao* «religion hétérodoxe» sont traduits par Pauthier (*Op. cit.* p. 79) «la religion de YÉ (— *sou*)», c.-à-d. de Jésus ! Et des contre-sens de ce genre abondent à chaque page.

de ce monument. Originaire des environs de *Chang-hai* (1), dans un pays qui avait fourni plusieurs Docteurs illustres au Catholicisme, écrivant à une époque où les missionnaires avaient perdu les anciennes faveurs impériales, au moment où la Compagnie de Jésus venait d'être supprimée, cet auteur aurait eu beau jeu pour crier aux faussaires, s'il eût entrevu quelque probabilité à ce reproche.

Un dernier critique cité par *Wang Tch'ang,* 杭世駿 *Hang Che-tsiun*(2), auteur du 道古堂文集 *Tao-kou-t'ang-Wen-tsi* (3), se contente de renvoyer le lecteur à la dissertation de *Ts'ien Ta-hin*, et pour ce qui concerne *Ta-ts'in*, au récit de 范蔚宗 *Fan Wei-tsong* (4). Puis il donne quelques renseignements fort confus sur les origines du Mahométisme, dont il fait remonter l'introduction en Chine aux années *K'ai-hoang,* c'est-à-dire vingt ans au moins avant l'hégire ! Ce serait à la faveur de ces musulmans, que des Manichéens auraient pénétré en Chine (5).

A cette maigre contribution, *Wang Tch'ang* lui-même n'a pas ajouté grand renseignement utile. Rien de plus indécis que son jugement. Il penche tout d'abord pour identifier cette religion de *Ta-ts'in* avec celle qui adore le Dieu Jésus (天主耶穌), d'autant plus, dit-il, que la phrase de la Stèle 判十字以定四方 (6) a beaucoup d'analogie avec les signes de croix que font les chrétiens de nos jours en élevant la main. Il rapporte d'après le 日下舊聞考 *Je-hia-kieou-wen-k'ao,* l'arrivée en Chine de Ricci, et critique l'identification faite par *Hang Che-tsiun,* des Mahométans (回回) modernes avec les 回紇 *Hoei-ho* ou 回鶻 *Hoei-hou* de l'époque des *T'ang.* Il signale ensuite le silence des Annales des *T'ang* sur *Olopen,* cite le décret de 745, d'après le 唐會要 *T'ang-hoei-yao,* s'étend longuement sur le sens du mot 祆 *Hien,* qu'il décompose en ses éléments pour le rapprocher de l'expression catholique 天主 *T'ien-tchou* «Seigneur du Ciel», Dieu, insinue des analogies entre les moines d'Occident et les Mahométans, ana-

---

(1) Cf. p. 48, not. 4.

(2 *Hang Ta-tsong* 大宗 vivait de 1696 à 1773.

(3) Cet ouvrage a 48 *Kiuen.* *Che-tsiun* a donné à sa dissertation sur notre Stèle, le titre de 景教續考; par mégarde, nous avions cru jadis ne point la posséder (*Cf.* p. 284, not. 4).

(4) 范曄 *Fan Yé.* l'auteur du 後漢書 *Heou-Han-chou* (*Cf.* Hirth, *China,* etc. pp. 98, 99). — 大秦則范蔚宗已爲立傳. Pauthier traduit ainsi ce texte si simple : « Quant aux Syriens, se produisant partout comme des plantes luxuriantes, leurs doctrines n'ont pas encore été enseignées et établies d'une manière suffisante !»

(5) L'auteur cite ici un décret de 807, dont nous avons donné plus haut (p.259, not. 2) le texte.

(6) L'auteur eût mieux choisi son exemple dans ce texte : 印持十字..., car il est contestable que le signe 十 appliqué à la création présage le mystère de la croix, dans la pensée du moine 景淨 *King-tsing.*

logies fondées sur les mœurs de la Perse et sur l'emploi répété dans la Stèle, d'un caractère (眞 *tchen*) également consacré par le vocabulaire chinois de l'Islam (par ex. dans l'expression 眞敎寺, al. 禮拜寺). Cependant, conclut candidement notre auteur, il y a quelques différences entre les deux religions ; mais comme elles sont difficiles à comprendre, ne pouvant les analyser clairement, je me suis contenté de transcrire les sentiments des autres, qui pourront servir aux chercheurs érudits (1).

III. Le troisième recueil s'occupant avec quelque étendue de la Stèle est le 海國圖志 *Hai-houo-t'ou-tche* « Géographie universelle », de 魏源 *Wei Yuen* (2). Le témoignage de cet « ennemi acharné des étrangers », comme l'appelle Wylie (3), en faveur de l'authenticité de notre monument, n'est pas moins explicite que celui des auteurs précités. Sous le titre 西印度天主原國 *Si-yn-tou-T'ien-tchou-yuen-kouo*, il consacre deux livres (26ᵉ et 27ᵉ K.) aux « Contrées qui sont le berceau du Christianisme » (天主原國), et malgré ses sentiments d'hostilité envers la religion chrétienne, il suppose clairement ce que ses prédécesseurs ont admis. Je me contenterai de signaler, parmi les nombreux extraits cités par ce compilateur, ceux qui viennent plus directement à notre sujet (4).

Voici par exemple le 坤輿圖說 *K'oen-yu-t'ou-chouo* du Père F. Verbiest, qui après avoir mentionné la construction du temple (天主堂) de Jérusalem vers l'époque 春秋 *Tch'oen-ts'ieou*, identifie la Judée avec *Ta-ts'in*, et rappelle la venue de ses missionnaires dans les années *Tcheng-koan*, « ainsi que l'atteste l'inscription gravée sur notre Stèle » (5). Du reste, ce n'est pas sans humeur que *Wei Yuen* produit ce témoignage du missionnaire Jésuite; il lui inspire cette boutade, qui suppose une erreur peut-être calculée : « Comment Ricci à peine arrivé en Chine pouvait-il connaitre l'existence de 列子 *Lei-tse* et de la Stèle 景敎碑 *King-kiao-pei* ! L'adaptation de ces documents au christianisme

---

(1) *Wang Tch'ang* se demande en terminant, si le caractère 景 *King* employé dans la Stèle, n'aurait pas été choisi pour remplacer le caractère 丙, 昺 *ping*, signifiant « éclat du feu », dont l'emploi était prohibé sous les *T'ang* (Cf. p. 232). Cet essai d'identification de la religion d'*Olopen* et du culte des adorateurs du feu est, remarque justement Wylie, un exemple des vaines spéculations auxquelles les auteurs chinois laissent fréquemment aller leurs imaginations (*The N.-Ch. Herald*, n. 227, p. 72).

(2) Originaire de 邵陽, *Wei Mei-cheng* 默深, l'auteur de cette compilation, vivait de 1794 à 1856. Son ouvrage, paru vers 1842, a eu plusieurs éditions.

(3) *Notes on Chinese literature*, p 53.

(4) Les premières citations, concernant le royaume de 拂菻 *Fou-lin* ou 大秦 *Ta-t'sin*, sont empruntées aux Annales 新唐書 *Sin-T'ang-chou*, 宋史 *Song-che* et 明史 *Ming-che*. Nous reviendrons sur ces notions géographiques dans notre 3ᵐᵉ Partie.

(5) 如德亞⋯古名大秦. 唐貞觀中曾以經像來賓. 有景敎流行碑刻可考.

est l'explication forcée de *Siu Koang-h'i* conspirant pour la cause chrétienne, et les modernes s'en sont emparés comme d'un argument en faveur de leur thèse sur *Ta-ts'in,* ce qui est assez risible (1). » C'est la seule réflexion personnelle que se permette *Wei-yuen* au sujet du *King-kiao-pei.* Cependant notre auteur reproduit (2) bravement le texte chinois du monument chrétien dont il n'omet que l'Éloge (頌) (3), puis il réimprime les articles de *Lin Lai-tchai, Ts'ien Ta-hin* et *Wang Tch'ang,* suivis de la notice bibliographique du 四庫全書提要 *Se-k'ou-ts'iuen-chou-t'i-yao.* Les seules citations originales qu'il ajoute aux recueils précédents sont celles de 俞正燮 *Yu Tcheng-sié* (4) et de 徐繼畬 *Siu Ki-yu* (5). Encore n'ont-elles pour la science d'autre valeur que celle de nouveaux témoignages favorables à l'authenticité de la Stèle. Voici par exemple l'œuvre de *Tcheng-sié* (6), entremêlant dans un complet pêle-mêle Sabéisme et Manichéisme, Bouddhisme et Christianisme. Il connaît l'introduction en Chine de cette dernière religion par la Stèle de *King-tsing,* dont il cite quelques fragments. La fameuse expression 分身, prise par le commentateur dans le sens matériel et assez populaire de nos jours de *partus,* accouchement, lui fait faire de la Trinité, la « mère » du Dieu des chrétiens.

Quant à *Siu Ki-yu* (7), bien que très incohérent dans ses conclusions, il reste fermement partisan de l'authenticité. Il nous suffira d'emprunter à son œuvre les extraits suivants. Dans sa description de la Perse, au 3ème volume, l'auteur trouve l'occasion d'introduire le sujet de la Stèle Nestorienne. Après avoir discouru sur diverses religions anciennes, qu'il suppose avoir eu leur origine en Perse, il ajoute : «Il y a encore la Stèle rappelant la propagation en Chine de l'Illustre religion, écrite par *King-tsing,* prêtre de l'église Syrienne, en 781.» Et plus loin : «La Stèle de l'Illustre religion est encore plus extravagante : cette religion n'est autre chose que la secte des adorateurs du Feu. Quand il est dit: «Une *brillante* étoile annonça l'heureux évènement»; «il suspendit le *brillant* soleil, pour triompher du domaine des ténèbres»; «par une *brillante* journée, il s'éleva à la vraie demeure», etc.; les allusions sont toutes relatives au *feu* du soleil. D'autre part, lorsqu'on dit : «Il se servit du signe de la croix pour déterminer les

---

(1) 按利瑪竇初至中國. 安知有列子及景教碑. 皆徐光啟代爲傅會. 而近人方執以證大秦之說. 亦可哂也.

(2) 20ᵉ *K.,* fol 13 à 16 de l'édition de 1868, en 100 *Kiuen.*

(3) *Cf.* p. 229. Nous avons vu que cette partie de l'inscription n'était qu'un résumé rythmé de la Dissertation (序).

(4) Mandarin d'un degré inférieur.

(5) Ce lettré était gouverneur du *Fou-kien.*

(6) 癸巳類稿 *Koei-se-lei-kao,* paru en 1833.

(7) Dans son 瀛環志略 *Yng-hoan-tche-lio,* autre traité géographique, plus impartial que le précédent.

quatre points cardinaux»; «ils sacrifient une fois la semaine»; on entre dans la religion catholique (天主教). Quant à ces paroles : «L'unité trine, mystérieuse en substance, l'éternel vrai Seigneur *Aloho* (Dieu)», nous ignorons ce qu'elles signifient. Toute cette phraséologie de la Stèle est du reste encadrée et ornée des rebuts du Bouddhisme; ce n'est pas la secte du Feu; ce n'est pas la secte du Ciel (天); ce n'est pas la secte de Bouddha; finalement il n'y a point d'expression pour classer cette religion. Les Perses en adorant l'Esprit du feu, suivent leur ancien usage; le Bouddhisme étant pratiqué dans l'Inde, se trouvait être leur voisin à l'est; et la religion de l'Esprit du ciel prévalant en Syrie était leur voisine à l'ouest; et ainsi à l'époque des *T'ang*, la religion catholique étant florissante en Syrie, l'habileté des prêtres étrangers réussit à combiner les trois religions, et à inventer le nom de l'Illustre religion pour s'élever au-dessus des autres et attester leur séparation.... Si *Olopen* est vraiment venu de Syrie, alors cette religion était sans aucun doute la religion catholique; ses livres saints auraient été la Bible et les Évangiles qu'on se transmettait en Europe, et ses images celles de Jésus en croix; mais nous ne sachions pas que ces choses aient alors existé; que la religion dénommée Illustre se soit basée sur la secte de l'Esprit du feu en honneur chez les Perses et se soit parée des apparences du culte Bouddhique, tout cela est inexplicable...»

Il est temps de conclure ce paragraphe (1), et c'est à Wylie que nous emprunterons ce jugement, qui résume bien notre propre pensée : «Nous avons produit en détail nos autorités et quiconque le désirera pourra en vérifier les affirmations, car elles sont empruntées à des ouvrages que presque tous peuvent se procurer en Chine. Ceux qui auraient accès à des bibliothèques mieux fournies, pourraient sans doute augmenter le nombre de ces témoignages. Les extraits ci-dessus suffiront cependant pour montrer qu'il n'y a qu'une voix parmi les Chinois sur l'authenticité de ce remarquable monument...»

---

(1) Wylie cite encore les deux ouvrages suivants : 1° 金石文字記 *Kin-che-wen-tse-ki*, publié par 顧炎武 *Kou Yen-ou* (1613-1682) de 崑山 *Kouen-chan* au commencement de la présente dynastie, et réédité à *Chang-hai* en 1824. Le 4ᵉ *Kiuen* (fol. 25) indique le titre, l'auteur, l'écriture, la date d'érection de la Stèle, et l'endroit où elle se trouve actuellement. Puis au 6ᵉ *K.*, parmi de nombreux caractères aux formes archaïques, provenant d'inscriptions, il signale 翠 au lieu de 粲 (*Op. cit.* N° 226, p. 67). — 2° 國朝詩人徵略 *Kouo-tchao-che-jen-tcheng-lio* de 張維屏 *Tchang Wei-p'ing*. Le 47ᵉ *Kiuen* (fol. 24) de la 2ᵉ section, contenant un résumé succinct de la géographie des nations étrangères, rapporte, d'après *Yu Tcheng-sié*, le fameux texte 判十字以定四方 et rappelle que les Pères Aléni et Verbiest virent dans la Stèle un argument favorable à leur prédication. — Ces auteurs supposent donc, eux aussi, l'authenticité de la Stèle hors de conteste.

§ V. TRADUCTEURS.

Variantes des premières traductions, signe d'authenticité.—Traduction latine de 1625. — Traduction française de 1628. — Liste des noms syriaques du Père Terrenz. — Traduction italienne de 1631. — Le *Prodromus* et l'inscription syriaque. — Version de Sémédo. — Commentaire du Père Em. Diaz (*Junior*). — Version latine du Père de Gouvea. — Compilation de Bartoli. — La *China* et Boym. — Traductions latines et françaises de Visdelou. — Traduction latine du Père Castorano. — Essai de Bridgman. — Listes syriaques d'Assémani. — Traduction Léontiewski-Marchal, de l'abbé Huc, de G. Pauthier, de Dabry de Thiersant. — Listes syriaques de I. H. Hall. — Traductions de J. Legge et de Mgr Masót.

Dès l'année 1662, le lecteur s'en souvient, Bartoli possédait huit traductions du *King-kiao-pei*, écrites en trois langues différentes. Ces versions, qui nous sont connues pour la plupart et dont le docte écrivain se servit pour en composer lui-même une neuvième, portent en une foule d'endroits des signes visibles de leur indépendance. Il suffit de les comparer un instant entre elles pour demeurer convaincu qu'elles ne peuvent être l'œuvre de faussaires; à moins qu'on ne prétende que cette diversité, que les contre-sens eux-mêmes, étaient intentionnels et destinés à mieux tromper. Car, si l'on en croit le C^l Yule, que je soupçonne cependant d'avoir peu fréquenté les Jésuites, «telle serait dans l'esprit humain la grandeur des mystères qui le poussent à la mystification (1).»

Nous possédons la plus ancienne de ces traductions, datée de l'année même de la découverte (2). Elle fut envoyée du *Chan-si* au Père Mascarenhas, assistant de Portugal, par le Père J. Rho (3), et se conserve précieusement au dépôt des archives de la Compagnie. Nous en devons une copie à l'obligeance du Rév. Père J.-B. van Meurs, conservateur des dites archives. «Par malheur, nous mandait naguère notre dévoué correspondant, l'original est écrit avec des abréviations portugaises; aussi, malgré le temps qu'il m'a fallu pour lire et pour copier ce manuscrit, ne suis-je pas assuré d'en avoir toujours très fidèlement reproduit le texte.»

Malgré ces imperfections de copie, nos lecteurs nous sauront gré de leur offrir cette version. «Entreprise par ordre des supérieurs, et revue par des hommes savants et lettrés», ainsi que nous l'apprend la lettre d'envoi du Père J. Rho, elle possède le

---

(1) *Cathay and the Way thither*. Londres, 1866. Vol. I. p. XCIII.

(2) Nous pouvons le déduire d'une façon certaine du titre donné à ce document par les missionnaires de Chine : «Transumptum lapidis antiquissimi ante annos 994 erecti, hoc anno 1625 inventi, latine factum a quodam Soc. Jesu, fere de verbo ad verbum.» — Notons en passant que l'indication erronée de 994 années, révèle une communauté d'origine de ce document et de l'*Advis certain*, etc. dont nous reparlerons bientôt.

(3) Voir p. 29 la courte notice que nous avons donnée sur ce Père.

mérite d'être sans précédent; en outre elle nous fournira un point de départ intéressant pour l'histoire comparée des variations auxquelles a donné lieu l'interprétation du monument fameux. Le nom du traducteur ne nous est connu que d'une façon conjecturale : il nous semble peu probable qu'il s'agisse du P. J. Rho lui-même : ce missionnaire était arrivé depuis trop peu de temps en Chine, pour entreprendre une tâche si ardue, surtout lorsqu'il avait à ses côtés un homme de l'expérience du P. Vagnoni. Peut-être était-ce ce dernier qui lui avait fourni la matière de son envoi; mais nous croirions volontiers que Trigault, qui habitait alors la province voisine eut aussi quelque part à cette traduction : on se rappelle en effet que c'est au Père Nic. Trigault qu'avait été confiée par les supérieurs, l'étude du monument, dont on devait envoyer les résultats au Général de la Compagnie (1); et nous savons d'autre part, d'une façon certaine, qu'on attribue à ce même missionnaire une traduction latine, qui parvint de bonne heure en Europe (2).

Quoi qu'il en soit, la première impression qui se dégage de la lecture de cette pièce, est celle d'une profonde obscurité et de la plus parfaite loyauté. Certes, si le traducteur avait collaboré à la confection de l'inscription chinoise, il en eût fait plus clairement ressortir la pensée dans la phrase latine; il n'eût point laissé celle-ci hérissée de titres chinois au sujet desquels il avouait son ignorance; il eût au préalable mieux étudié la concordance des dates, dont il n'ose identifier aucune avec celles de l'ère chrétienne; il ne se fût point enfin et surtout exposé à trahir si fréquemment la pensée de son texte, par des contre-sens qui demeuraient pour lui et pour sa cause, sans honneur comme sans profit. Tels sont les titres nombreux qui nous ont engagé à reproduire cette version, malgré ses nombreuses difficultés de lecture.

C'est en 1628 que parut en France le premier essai imprimé de traduction (3); encore était-il incomplet, ne comprenant guère

---

(1) Voir p. 58. — Un indice de la nationalité française d'un collaborateur se trouve dans les trois mots « nord, ouest, l'est », dont on s'est servi, *brevitatis causa*, au milieu du texte latin pour désigner les limites de la région *Ta-ts'in*. Il n'y a guère de vraisemblance qu'un italien eût employé ces formules.

(2) *L'Advis certain*, etc. se termine par ces paroles faisant immédiatement suite à celles que nous avons citées (p. 84, not. 3.) : « Je vous envoye la dite inscription tout au long selon la fidèle traduction qu'en a fait le P. Trigault de chinois en Latin. Je m'assure que vous serez bien édifié et des paroles et des choses qu'elle contient. » — Quant à la figuration des sons chinois, elle n'a rien qui puisse nous guider pour déterminer le nom du traducteur, à une époque où Trigault lui-même admettait celle de ses confrères portugais.

(3) Il a pour titre : « Inscription d'un marbre gravé l'an de N.-S. 382 (lire 782) en la province de Xansi au royaume de la Chine et découvert le 23ᵉ d'Août 1625 », et commence à la page 20 de *Advis certain d'une plus ample descouverte du Royaume de Cataï. Avec quelques autres particularitez notables de la Coste de Cocincina et de l'Antiquité de la Foy chre-*

plus du quart de l'inscription totale, et s'arrêtant brusquement après l'exposé doctrinal, qui précède la mention d'*Olopen* arrivant à la Cour de *T'ai-tsong*. Une note finale de cet opuscule nous apprend que l'on fut redevable de cet envoi à un missionnaire de Cochinchine. «Il y avait encore, écrit ce dernier, 10 ou 12 lignes en langue Syriaque, mais on n'a pu les interpréter. Au bas se voyait un abregé des faveurs et privileges que les Rois de la Chine auraient octroyés aux prêtres de cette Loi. Cette traduction a été faite de mot en mot de Chinois en Latin. Il s'en est fait d'autres que celle-ci, mais elles sont toutes d'accord pour les choses essentielles (1).»

Cet abrégé se distingue du précédent essai par une grande clarté; il se soucie peu du reste de serrer son texte de près; rejetant les entraves de la phrase et de l'image chinoises, son style s'avance allègrement, à travers les 66 phrases dont l'auteur a coupé son œuvre; et ses erreurs mêmes ne nous déplaisent pas, car elles font preuve d'une liberté d'allures qui ne sent guère le servilisme d'un faussaire. Témoin, par exemple ce curieux contresens que l'on trouve au § 9 : «Quand l'univers fut accomplit il dressa le premier homme, et d'iceluy même il luy forma une fidele compagne.» A lui seul, ce trait original, qu'aucun autre traducteur n'osa plus reproduire, prouverait la bonne foi de son auteur. Mais en même temps, il nous met en défiance contre le correspondant qui attribue au P. Trigault la paternité de cette traduction... à moins qu'on ne veuille laisser au missionnaire de Cochinchine, traduisant lui-même du latin en français les erreurs de ce dernier texte.

---

tienne dans la Chine Tirées des lettres des PP. de la compagnie de Jésus. de l'Année 1626. Paris, 1628 (Bibl. nat. O² m. 3.).

(1) Le même auteur continue : «Le P. François Hurtado (Furtado) qui est en la province de Nancheu, au même Royaume de la Chine, nous assure par ses lettres de cette même inscription et ajoute que cette année la porte a été ouverte à l'Evangile en trois grandes Provinces de la Chine, qui se nomment *Xansi*, *Xinsi* et *Folium* (*Fou-kien*). Cette dernière touche à la côte de Concincina, d'où je vous écris...» — La date fausse de 382 au lieu de 782 a sans doute sa première origine dans une erreur de la lettre du P. Ém. Diaz (*Cf.* p. 84). Ce dernier, si l'on en croit la traduction latine du P. Kircher, écrivant en portugais de Macao dès le 23 Août 1625, attribuait tour à tour 1243 ans d'ancienneté à la présence des prédicateurs chrétiens en Chine, puis 994 ans à leur première introduction (In libris Regum Sinarum habetur ante 994 annos peruenisse ad Sinas fidem nostram, et 140 annis post ingressum, hanc inscriptionem factam esse, *Prodr. Copt.* p. 72). Il est assez clair qu'il fallait lire 843 au lieu de 1243, ce qui reporte à 782 (i. e. 781) l'érection de la Stèle; tandis que le second chiffre donnait (1625—994=631) la date approximative de l'arrivée d'*Olopen*. C'est sans doute la difficulté de concilier ces deux dates, acceptées comme exactes par l'auteur de l'«Advis», qui lui a fait introduire un nouvel élément de calcul reportant à l'an 140 ap. J.-C. la première évangélisation de la Chine (*Cf.* p. 84, not. 3).

L'année suivante, 1629, le Père Jean Terrenz (1) datait de *Pé-king*, le 17 Août, une lettre dont nous avons parlé plus haut (p. 155), contenant la traduction des noms syriaques gravés sur les deux faces latérales. Il nous est impossible de conjecturer comment cette lettre, jusqu'ici inédite, passa des mains du Père G. Ferreira, son premier destinataire, aux Jésuites français, et de ceux-ci à la Bibliothèque nationale. Ce qu'il y a de sûr, c'est que Kircher n'en eut jamais connaissance (2).

Nous nous ferons un plaisir de reproduire cette traduction, qui malgré quelques imperfections, fait le plus grand honneur à l'érudition du P. Terrenz : qu'on veuille bien se rappeler en effet que l'auteur la fit à *Pé-king*, privé par conséquent des ressources qu'offrent aux savants d'Europe les bibliothèques spéciales, et l'on se convaincra que même dans ces conditions désavantageuses, le Jésuite de Chine eût fait encore bonne figure à côté du Maronite Assémani.

C'est seulement en 1631 que fut publiée la première traduction complète du texte chinois; elle parut à Rome, en la forme que nous avons déjà décrite (p. 43). Si nous en croyons Kircher, qui dans son *Prodromus* en donna une version latine, elle aurait été faite elle-même d'après une traduction portugaise composée avec le plus grand soin (3). Cette dernière avait été envoyée de *Pé-king*, mais les quelques lignes que la *Dichiaratione* consacre à son origine sont insuffisantes pour nous faire connaître son auteur (4) : « La présente explication, lisons-nous, est conforme à celle qui est venue de Pequim, laquelle a paru plus à propos, comme ayant un mot-à-mot plus littéral. Et bien que pour cette cause elle paraisse moins élégante dans notre langue, pour cette raison aussi, elle est très élégante au point de vue de la phrase et du style chinois, et louée grandement par quiconque s'y entend (5). »

En réalité, quoiqu'imparfaite encore sur plusieurs points de détail, cette traduction rendait bien la physionomie générale, et

---

(1) *Cf.* p. 154. Le vrai nom de ce missionnaire était Schreck («terreur»), latinisé en Terrentius par les catalogues de la Compagnie, puis transformé en Terencio par le Père lui-même.

(2) Nous avons dit (p. 155) que le P. Terrenz traduisit également le syriaque de la face principale.

(3) «Adhibitis quibusvis linguæ sinicæ peritioribus magistris, eam (inscriptionem) primo quidem e sinico sermone in Lusitanicum translatam... Exemplum vero prototypi... in Bibcā Domus Professæ Soc. Jesu, una cum interpretatione italica, quæ Romæ ex Lusitanicâ, ad instantiam multorum translata impressa fuit an. 1631, quam et nos modo latini juris fecimus, omnibus spectandum proponitur.» *Op. cit.* p. 51; *ibid. Cf.* pp. 53, 70.

(4) Nous croyons cependant pouvoir l'attribuer avec une grande probabilité au Père portugais J. Rho (*Cf.* p. 29, not. 3), que les catalogues placent dès 1630 à *Pé-king*, en compagnie des Pères Longobardi et Adam Schall. Nous savons du reste par ce qui précède que le dit Père s'était de bonne heure intéressé au monument de *Si-ngan*.

(5) *Op. cit.* p. 1. — La traduction italienne commence au bas de la p. 2 et finit avant le milieu de la p. 16.

même la plupart des traits de l'inscription chinoise ; de plus, elle fixait les dates (1) des faits historiques relatés au cours du récit ; enfin, des notes précieuses, insérées dans le texte entre parenthèses, venaient jeter la lumière sur les passages les plus obscurs. Somme toute, c'était un progrès considérable sur les premiers essais, et plus d'un traducteur du 19° Siècle se fût estimé heureux de pouvoir consulter un tel document. C'est plus qu'il n'en fallait pour nous déterminer à l'insérer dans la 3° Partie de ce livre.

La version latine de Kircher paraissait à son tour en 1636 dans le *Prodromus*. A la première partie, qui occupait seize pages de son livre (2) et n'offrait rien d'original, l'auteur avait joint la traduction d'un fragment de l'inscription syriaque. C'était son œuvre à lui, comme il se plait à l'affirmer avec une emphase d'une bonhomie toute germaine, œuvre bien imparfaite sans doute et qu'il devra plus tard corriger, œuvre même notablement inférieure à celle de Terrenz ; mais l'écrivain du Collège Romain ne possédait alors, du moins pour les faces latérales, que d'informes lambeaux d'un calque fait à *Si-ngan*. S'il eut un tort, ce fut de vouloir en deviner trop long. Pendant qu'il reproduisait avec une correction suffisante (3) la triple mention qui se trouve sur la face principale de la stèle, il s'aventurait à déchiffrer deux douzaines des 72 noms gravés sur les côtés (4). Mal lui en prit : il avait été imprudent ; il fut jugé plus sévèrement encore, car plus d'un demi-siècle après qu'il avait loyalement corrigé cette faute (1667-1719), Assémani devait suspecter sa bonne foi (5).

Deux années plus tard, en 1638, le Père de Sémédo (6) en route pour l'Europe datait de Goa sa Relation sur la Chine et y insérait une nouvelle traduction de la Stèle ; les éditions portugaise (1641), espagnole (1642), italienne (1643), françaises (1643, 1645, 1667) et anglaise (1655) (7) de cet ouvrage, contribuèrent puissamment à faire connaître la découverte de 1625. A défaut du texte portugais qui nous fait défaut, nous donnerons plus loin la version espagnole de Manuel de Faria y Sousa, qui dut être imprimée sous les yeux du missionnaire (8). Le lecteur qui voudra apprécier

---

(1) Communément avec une année en trop.

(2) *Op. cit.* pp. 54/69. Le titre était : *Declaratio Inscriptionis Synicæ Primum e Sinico in Lusitanicam, ex hac in Italicam, et demum ex italica in Latinam linguam de verbo ad verbum translata ut sequitur.*

(3) *Ibid.* pp. 74/77. — Voir plus haut (pp. 149, 150) le fac-similé de ce texte d'après Kircher.

(4) *Ibid.* pp. 83/85. — Voir plus haut (pp. 151, 152) la reproduction de ces noms d'après le *Prodromus*.

(5) *Cf.* pp. 148, 153 à 155.

(6) *Cf.* p. 31, not. 1.

(7) *Cf. ibid.* not. 2.

(8) *Op. cit.* pp. 202 à 213.

la valeur relative, contestable peut-être, de cette traduction, le fera mieux et plus sûrement en une simple lecture, que si nous lui fournissions les éléments de son jugement dans une critique nécessairement écourtée. Notons seulement une amélioration importante de ce nouveau travail sur ses devanciers : outre quelques notes trop brèves, insérées dans le corps de la traduction, le Père de Sémédo en rejeta une vingtaine d'autres plus étendues à la fin de son texte.

Mentionnons ici, au moins pour mémoire, le commentaire chinois du Père Em. Diaz *(Junior)* (1), paru en 1644 (2) à *Hang-tcheou* (武林 *Ou-lin),* sous le titre de 唐景教碑頌正詮 *T'ang-king-kiao-pei-song-tcheng-tsiuen* (3), réédité à *Tou-sè-vè* en 1878. Outre le texte intégral de l'inscription chinoise qui occupe 7 feuilles, 49 autres feuilles de cet ouvrage sont consacrées à son explication. Toute la partie dogmatique de la stèle est splendidement illustrée par ce commentaire perpétuel qui vaut une traduction, malheureusement la partie historique a été un peu sacrifiée : cinq ou six feuilles à peine en exposent les grandes lignes. Cela suffisait au but, apologétique avant tout, que se proposait l'écrivain.

Une nouvelle traduction latine restée jusqu'ici inédite dans les archives de la Compagnie, et due au Père Antoine de Gouvea (4) qui profita des travaux de tous ses devanciers, dut être achevée peu après 1652. Nous ne pouvons en assigner la date d'une façon

---

(1) Le Père Emmanuel Diaz 陽瑪諾 *Yang Ma-no* (演西 *Yen-si)* naquit en 1574 à Castelblanco en Portugal. Novice en 1592, il s'embarqua neuf ans après pour Goa où il finit ses études. Après avoir enseigné six ans la théologie à Macao, il part en 1611 pour *Chao-tcheou,* d'où après des succès apostoliques, il est expulsé par la haine des lettrés. En 1614 et 1615, le Père Valentin Carvalho, provincial du Japon et de la Chine, lui donne mission de visiter toutes les missions alors existantes, et d'y publier la défense, bientôt révoquée, d'enseigner aux Chinois les mathématiques ou toute autre science, excepté celle de l'évangile. Après la persécution de 1616 et l'exil de Macao qui la suivit, le P. Diaz est envoyé à *Pé-king* en 1621. Peu à peu il gagne les faveurs des mandarins et fait accepter sa prédication. En 1623, il est nommé premier vice-provincial de la mission de Chine ; il occupa ce poste et celui de visiteur pendant 18 ans, pendant dix ans celui de supérieur de résidence. *Nan-king* (1626), *Song-kiang* (1627), *Chang-hai, Hang-tcheou, Nan-tch'ang-fou* (1634), *Fou-tcheou* (1638), *Ning-po* (1639), *Yen-ping* (1648), marquent quelques-unes des étapes où il signala son zèle des âmes, et sa science de la langue chinoise. Nommé de nouveau visiteur, il mourut à *Hang-tcheou* le 1er Mars 1659, laissant à la piété et à la science un bon nombre d'ouvrages écrits en chinois.

(2) *Cf.* pp. 37, not. 54, 87 et 88, not. 2.

(3) Au verso du titre on lit cette mention 遵教規凡譯經典諸書必三次看詳方允付梓並鐫訂閱姓名于後. Puis viennent les noms de l'auteur, des trois réviseurs Gaspar Ferreira (費奇規), Jean Monteiro 孟儒望, et Jules Aléni (艾儒略), et de l'approbateur J. Aléni, alors supérieur (值會).

(4) *Cf.* p. 68, not. 2.

plus précise, mais certainement son envoi à Rome n'est point d'une époque antérieure, car il suppose la publication du pamphlet de G. Horn (1) auquel il fait allusion (2). Il s'excuse ainsi d'ajouter une nouvelle version à celles qui existaient déjà: «Bien que d'autres avant moi aient traduit les caractères chinois, il m'a plu de donner mon explication, pour montrer comment tous conviennent pour le sens principal: je n'ajouterai rien du mien pour rendre le sens plus clair, mais autant que possible je conserverai la tournure chinoise, alors même que l'expression en deviendrait parfois barbare ou moins claire.» La simple lecture de cette version prouvera la loyauté et l'originalité d'esprit du Père de Gouvea.

Non moins intéressante fut la version de Bartoli, imprimée en 1663 (3). Le travail du compilateur, en nous révélant quelques traits nouveaux, heureux ou hasardés, de traductions désormais disparues, confirme un argument sur lequel nous avons déjà suffisamment insisté.

La traduction latine littérale de Boym (4), éditée par Kircher (5)

---

(1) Cf. p. 264.

(2) La communication par le Père J.-B. van Meurs de ce texte inédit et des observations du P. de Gouvea, extraits d'un manuscrit cité plus haut (p. 69, not. 1) nous oblige à modifier ainsi la date que nous avions d'abord insinuée (p. 68, not. 2). Le missionnaire nous renvoie pour la traduction du texte syriaque au *Prodromus* de Kircher. «Je sais, ajoute-t-il, que parmi les Novateurs, il s'en trouve un qui nie le fait, et refuse toute créance à tant de Pères qui ont vu la pierre : de tels hommes n'admettent de l'antiquité rien qui s'oppose à leurs hérésies et en démontre la fausseté. Si vous ne pouvez aller en Chine pour y voir cette pierre que vous niez, il vous est loisible du moins de consulter à Rome le décalque qu'on en a envoyé.»

(3) Cf. p. 32 et 152. — Elle occupe dans *La Cina* (Édit. de 1663) les pages 796 à 802.

(4) Le Père Michel Boym 卜彌格 Pou Mi-ko (致遠 Tche-yuen), né en 1612, fils du premier médecin de Sigismond, roi de Pologne, entra en 1629 dans la Compagnie. Parti de Lisbonne en 1643, il arriva en 1645 au Tonkin où il demeura quelque temps, puis passa à *Hai-nan*, et enfin au *Koang-si* (1650) où il fit plusieurs conversions à la Cour de *Yong-li*. Les princesses récemment baptisées et le jeune Constantin, fils de l'Empereur, le chargèrent bientôt d'une mission auprès du Souverain Pontife. Il s'embarqua à Macao le 1er Janvier 1651 pour Goa, d'où il se rendit par terre jusqu'à Smyrne; vers la fin de 1652, il parvenait à Venise. Sa mission fut traversée par plus d'une épreuve qu'il supporta héroïquement. Enfin il recevait d'Alexandre VIII, en Décembre 1655, les réponses officielles qu'il devait reporter en Chine. Quelques mois après, il s'embarquait à Lisbonne avec huit compagnons dont cinq périrent durant la traversée, arrivait à Siam en 1658, et en repartait pour le Tonkin. A ce moment la fortune des *Ming* était déjà désespérée : l'eunuque Pan Achillée, généralissime des troupes chinoises était mort en 1653, et *Yong-li* s'était enfui chez le roi de Pégu qui devait bientôt le livrer à ses ennemis. Fidèle jusqu'au bout à la cause des vaincus, Boym s'enfonça dans le Tonkin pour gagner par terre le *Koang-si*; mais tant de fatigues l'avaient épuisé, et la mort vint le frapper sur les frontières de cette province le 22 Août 1659.

(5) Cf. p. 39, not. 3.

seulement en 1667, dans sa *China illustrata* (1), datait d'une époque antérieure à celle de Bartoli : elle remontait au moins à l'année 1653 (2), mais elle n'offrait sur cette dernière qu'un avantage, celui d'un mot-à-mot rigoureux. L'ensemble de ce travail comprend trois pièces pour la seule partie chinoise : 1° Un tableau gravé (*Ectypon Monumenti Sinico-Syriaci*) de l'inscription, dont nous avons déjà détaché une partie pour l'offrir au lecteur (3). Dans sa lettre du 4 Nov. 1653, Boym nous apprend qu'il a été tracé par l'un de ses compagnons de voyage «le jeune Chinois André Don Chin (*Sin*)» (4). 2° La prononciation de la dite inscription (*Interpretatio I*). La division en colonnes de ces monosyllabes, dont chacun représente un caractère et est affecté d'un chiffre répondant à un chiffre du premier tableau, permet d'identifier facilement cette double expression graphique (5). 3° La traduction littérale de Boym (*Interpretatio II*) (6), portant les mêmes chiffres de repère, mais parfois confondus (7). Tout cet appareil assez encombrant, inventé par l'ingénieux Kircher comme un motif de crédibilité en faveur de l'authenticité, ne paraît pas du moins avoir fait avancer d'un pas la fidélité des traductions qui avaient précédé. Le peu de temps que Boym avait pu donner à l'étude de la littérature chinoise, au milieu de ses incessants voyages et de ses préoccupations de diplomate improvisé, sont sans doute sa meilleure excuse; mais dès les premières lignes, le sinologue est désappointé quand il voit, par exemple, les quatre caractères 粵 若 常 然, traduits rigoureusement par ces quatre mots: *Principium fuit semper idem*.
— Enfin, nous avons donné plus haut (8) la réduction photolithographique de deux planches gravées de la *China*, contenant une version de la partie syriaque par Kircher, notablement supérieure à la première donnée par le même auteur dans le *Prodromus*.

Tels sont les travaux qui nous sont connus pendant le XVIIème Siècle. La période suivante fut celle des pamphlétaires. Elle nous offre encore cependant quelques essais indépendants de traductions, en première ligne celui de Claude de Visdelou (9).

---

(1) *Cf*. pp. 41, not. 5, 262 et 263.

(2) *Cf*. p. 173, not. 1.

(3) *Cf*. p. 159.

(4) *China illustrata*, pp. 10, 13.

(5) *Ibid*. pp. 13 à 21.

(6) *Ibid*. pp. 22 à 28.

(7) Une seconde traduction, d'un style plus large (*Interpretatio* III. *Ibid*. pp. 29 à 35), qui vient ensuite, n'est que la reproduction de celle du *Prodromus*.

(8) *Cf*. p. 156. — On trouvera dans la 3e Partie les traductions comparées de Kircher et d'Assémani.

(9) Claude de Visdelou 劉 應 *Lieou Yng* (聲 聞 *Cheng-wen*), né le 12 Août 1656 d'une vieille famille de Bretagne, et entré chez les Jésuites le 5 Sept. 1673 après avoir été leur élève, partit avec le Père de Fontaney pour la Chine où il arriva le 23 Juillet 1687.

V. TRADUCTEURS.

Neumann (1) a signalé une double version latine de cet auteur, restée jusqu'ici inédite. Ce premier travail, auquel l'ancien Jésuite consacra peut-être ses premiers loisirs dans les Indes, fut suivi de plusieurs autres en langue française. Longtemps après la mort de Visdelou, l'une de ces traductions était éditée dans le *Journal des Sçavans* (2) par l'abbé Mignot : cet académicien s'était « chargé, nous apprend une note du Journal, de rédiger ce morceau et de le mettre en état de paraître en public. » Il parait en effet que la manière de traduire mot-à-mot de l'auteur, « répandant nécessairement de l'obscurité sur plusieurs endroits, on avait été obligé, pour les rendre intelligibles, de suppléer quelques termes. » Mais avouons à la louange de l'abbé, qu'il s'acquitta avec bonheur de cette mission périlleuse, où il fut aidé du reste par les « notes et les paraphrases du Prélat » (3). Une double traduction française parut en 1779 à La Haye, puis l'année suivante à Maestricht, dans le *Supplément à la Bibliothèque Orientale de M. d'Herbelot* (4), pré-

---

Envoyé de *Pé-king* au *Chan-si*, la pénurie le força après deux ans de venir à *Nan-king*; en 1692 il accompagna à Canton le chef de la mission française, puis l'année suivante revint à *Pé-king*, où on lui confia le soin des néophytes. L'étude assidue qu'il fit du chinois et qui lui valut les louanges du prince fils aîné de *K'ang-hi*, l'amena à la conviction que ses frères s'égaraient dans la question des rites. A l'arrivée du Légat de Tournon, du *Fou-kien* où il était alors, « il se hâta de communiquer au Prélat tout ce qu'il avait ramassé contre eux »... Nommé par Clément XI, le 12 Janv. 1708, vicaire apostolique du *Koei-tcheou*, il fut consacré en cachette le 2 Fév. 1709, dans la maison qui servait de prison au Cardinal à Macao. Forcé de quitter la Chine, il s'embarqua le 24 Juin suivant pour Pondichéry, où il mourut le 11 Nov. 1737.

(1) *Zeitschrift der D. morg. Ges.* 1850, p. 253, citée par la Bibliothèque des Pères de Backer, col. 1430. — Le manuscrit est ainsi indiqué : *Christianæ religionis monumentum, intra Si Ngan Fu provinciæ Xensi Metropolis muros casu repertum anno Aeræ Christianæ 1625, in latinum idioma versum paraphrasice ac notis illustratum, adjecta Romani imperii Synica descriptione.*

(2) Juin 1760, pp. 340 à 352, sous le titre : *Traduction du monument chinois, concernant la Religion chrétienne, par Mr Visdelou, évêque de Claudiopolis.*

(3) La rédaction du *Journal* dit avoir « tiré cet ouvrage d'un manuscrit de Mr Visdelou, que M. Petit, Conseiller de la Cour des Monnaies, a acquis depuis peu & qui contient de plus des observations sur la Bibliothèque Orientale de M. d'Herbelot. » D'autre part de Guignes (dans le *Chou-king*, trad. par le P. Gaubil. Paris, 1770, p. 401) dit que cette version faisait partie « d'un volume *in-folio* manuscrit, renfermant encore plusieurs ouvrages du même auteur & offert par feu M. de Desmalpeines, peu de tems avant sa mort à la Bibliotheque du Roi. »

(4) Dans la 1ère édition, la traduction comprend les pp. 375 à 401 ; dans la 2e, les pp. 169 à 190. — Rémusat (*Nouv. Mél. As.* T. II, p. 248) nous donne ainsi l'histoire de cette nouvelle traduction : « Le manuscrit (de *L'Histoire de la Tartarie* de Visdelou) avait été acheté à La Haye, par le marquis de Fénélon. On trouva joint à l'un des volumes qui le composaient un autre écrit du même auteur, qu'on fut obligé de déchiffrer à la loupe, et qui contenait une double interprétation française, avec des notes, du texte de la fameuse inscription de Si'an-fou. »

cédée de cette déclaration de l'auteur : « Il y a long-temps que j'ai fait la traduction de ce Monument, et que je l'ai fait passer en Europe ; j'envoyai pour lors l'original même, sans en garder copie. Il n'est pas besoin d'avertir ici que l'on doit s'en tenir à cette présente version, si en quelque endroit elle ne s'accorde pas avec l'autre. » Visdelou datait cet avis du commencement de 1719, et donnait pour titre à son œuvre : « Monument de la Religion chrétienne trouvé par hasard dans la ville de *Si-ngan-fu,* métropole de la province de *Xensi* en Chine. Traduit du Latin (1), et accompagné d'une Paraphrase et de Notes, ainsi que de la description de l'Empire Romain, selon les Chinois. Par M^r. Claude Visdelou, Evêque de Claudiopolis. » L'identité de ce titre et de celui de la version latine, la similitude des traductions du *Journal* et du *Supplément,* indiquent assez qu'à défaut de sa première copie française, Visdelou en faisant ce nouveau travail avait au moins sous les yeux son texte latin.

Dans une lettre de 1728, dictée par lui à la Propagande, Visdelou, septuagénaire, « aveugle, ne pouvant ni lire ni écrire, » se plaisait à rappeler au milieu de ses infirmités, l'éloge que lui avait valu de la bouche d'un prince chinois son explication d'un passage du *Chou-king* (2). Cependant ses anciens confrères ne partagèrent pas tous son admiration pour sa propre science : le Père de Mailla (3) ne voyait pas en lui « un concurrent fort à craindre » et des auteurs plus modernes (4) ont aussi rabattu des éloges excessifs donnés par d'autres à son talent de sinologue (5). Peut-être, pour juger des progrès que la nouvelle version faisait faire à la science, conviendrait-il de rester entre ces deux opinions extrêmes, car à côté de plusieurs faiblesses, on y trouve plus d'une nouveauté heureuse surtout au point de vue historique ou géographique.

Nous n'en pouvons dire autant de la version latine due à un Père Franciscain, qui avait vécu longtemps en Chine et datait son manuscrit à Rome, de l'Aracœli, le 14 Juillet 1741, non sans une certaine solennité (6). Le Rév. Père Marcellino da Civezza, qui

---

(1) L'édition de Maestricht porte par erreur « en Latin ».

(2) Cette lettre, datée à Pondichéry du 20 Janvier 1728, sert d'introduction à la *Notice sur l'Y-king* du même auteur imprimée à la suite du *Chou-king* du Père Gaubil (p. 405).

(3) Lettre du 9 Oct. 1731, dans *l'Hist. gén. de la Chine.* T. I, p. CLXXIX. — A propos d'une histoire de Chine de Visdelou, dont on annonçait la prochaine impression, le P. de Mailla écrivait : « En arrivant à la Chine, je demeurai avec lui près de deux ans, j ai vu ses écrits et ses traductions, il ne m'a jamais paru un concurrent fort à craindre. »

(4) *Cf.* Hirth *in China and the Roman Orient,* pp. 18,30.

(5) Par exemple, par Abel-Rémusat et par le Dr Bretschneider *(Mediæval Researches.* Londres, 1888. Vol. I, p. 201).

(6) *Cf.* p. 48 not. 1. — Voici l'en-tête de ce manuscrit : *Versio Monumenti seu Lapidis Sinici, cum Notitia de prædicata Religione christiana in Imperio Sinico, litteris seu characteribus sinicis insculpti, circa Annum Domini Nostri Jesu Christi 782, et inventi prope*

s'en est fait récemment l'éditeur (1), la présente comme fort connue bien que jusqu'ici inédite (2); cependant il eût mieux valu pour son auteur qu'elle ne reçût pas une telle publicité; il avait entre les mains les traductions de Kircher, ainsi que de nombreux emprunts en font foi, mais il ne s'en est point impunément écarté, et presque tous les traits qui lui sont propres constituent un contre-sens ou accusent une ignorance. Pour n'en citer qu'un exemple mais suffisamment convaincant, dans une énumération de prédicateurs chrétiens de la période 先天 Sien-t'ien (713) il prend pour des noms propres de personnes, les caractères 若 (有若僧首) qu'il traduit Gio (Jean), 金方貴 (緒), et 高 (僧); en revanche, il omet complètement la mention de Lo-han, et de Ki-lié il fait un adjectif (3). Nous ne doutons point que le vénérable missionnaire ne fût de fort bonne foi en écrivant ces choses, mais il est aussi vrai que cela ne peut s'appeler une « traduction fidèle ». Certes,

Moenia Civitatis Singanfù Provinciæ Scènsi in Imperio Sinarum, circa Annum Domini 1570. — *Ego Frater Carolus Horatij a Castorano, Regularis Observantiæ Sancti Patris Francisci, in Sinis per triginta tres continuos annos et amplius Missionarius, in Diœcesi Pekinensi Vicarius generalis ; demum in eadem Diœcesi, in Tartaria, et in Regno Coreæ Delegatus Apostolicus et, ex lingua, et characteribus Sinicis (e papiri folio supra ipsumet Lapidem Originalem impresso) in latinum sermonem fideliter transtuli. Datum Romæ in Araceli die* 14 *Mensis Julij, Anno Domini* 1741, *manu propria.*

(1) *Le Missioni Francescane in Palestina et in altre regioni della terra.* Florence. N° du 28 Février 1893, pp. 90 à 100.

(2) « Inedita e affatto sconosciuta. »

(3) Pour mieux juger du procédé il suffira de rapprocher les traductions suivantes :

a. 有若
b.   yeou   jo
c. Trad. de Boym : .... Erat *Gio* (Joannis est Sinico more vocabulum)
d. Trad. du P. Castorano : .... Aderat *Gio* (cognomine; forsitan hic erat episcopus)
e. Notre traduction : .... Erant porro

a. 僧 首 羅 含, 大 德 及 烈, 並
b. *seng*   *cheou*   *Lo han,*   *ta*   *té*   *Ki lié,*   *ping*
c. Sacerdos.   Caput *Lo han* magnæ   virtutis *Kië lië,*   et
d. Religiosorum caput,   magnæ   virtutis et meriti, qui simul cum (alio cognomine)
e. sacerdotum   caput *Lo-han,* Magnæque virtutis *Ki-lié,*   ambo

a. 金 方 貴 緒, 物
b. *Kin*   *fang*   *koei*   *siu,*   ou
c. *Kim*   terrarum nobiles   discipuli,   rebus
d. *Kin* (et nomine) *Fang-Kuei* (aliis) succedendo, continuarunt Rem (christianam);
e. occidentalis regionis nobilis   progenies,   sæculo

a. 外 高 僧.
b. *wai*   *kao*   *seng* ...
c. exterioribus   superior (ille) Sacerdos ...
d. Et-ultra-hos fuit alius, cognomine) *Kao*   Religiosus.
e. egressi   eminentes   sacerdotes ...

les Jésuites faussaires n'avaient pas livré au bon Père Franciscain la clef de leur composition! Et celui-ci pourtant croyait fermement à son authenticité.

Joseph-Simon Assémani (1) avait déjà fait paraître à cette époque sa nouvelle traduction de l'inscription Syriaque. Dans l'un des volumes de sa *Bibliotheca Orientalis* (2), après un résumé de la version latine du *Prodromus*, il donnait «les noms des soixante-dix hérauts de l'Évangile, qui avaient annoncé la foi chrétienne en Chine depuis l'année 636, puis le temps et les noms des auteurs du monument. » Nous avons dit plus haut (3), comment, malgré sa science, le célèbre orientaliste, après avoir censuré Kircher, s'est attiré lui-même les critiques du Professeur I. H. Hall. On trouvera du reste dans la III° Partie les traductions comparées de ces trois auteurs.

Plus de cent années se passèrent entre l'informe essai du Père Castorano et la traduction suivante de la Stèle d'après *l'Ectypon* de Kircher comme unique texte chinois. Cette dernière ne devait guère être plus heureuse que celle du missionnaire Franciscain (4). Du reste Bridgman (5) nous présente fort modestement son essai et par là désarme à l'avance la critique (6) : il s'est aidé des meilleures traductions, et renvoie le lecteur aux savantes et copieuses notes de Kircher et des autres qui ont écrit sur cette inscription, se contentant d'en proposer quelques-unes de son propre, pour expliquer la traduction qu'il s'est aventuré à donner. Parfois, ajoute-t-il, cette traduction diffère beaucoup de celles qui ont précédé. «La plupart du temps, nous avons donné le sens des

---

(1) *Cf.* pp. 148 et 210. — Né en 1687 d'une famille Syrienne Maronite, Archevêque de Tyr, il voyagea en Égypte et en Syrie et y réunit des manuscrits orientaux pour la bibliothèque du Vatican, dont il était conservateur ; il est mort à Rome en 1768 après avoir publié plusieurs ouvrages importants.

(2) *Bibliotheca Orientalis Clementino-Vaticana, recensens manuscriptos codices, Syriacos ... de jussu et munificentia Clementis XI.* Rome, 1719 - 1728. — Tom. III, P. II, C. IX, § 7, p. DXLII.

(3) *Cf.* p. 155.

(4) Par exemple, dans le texte cité plus haut (p. 335, not. 3), les caractères 大德及烈 sont traduits comme étant deux noms propres sous la forme suivante : « T'aitah (and) Lieh », contre-sens qui épuisent les combinaisons possibles.

(5) Elijah Coleman Bridgman 裨治文 *Pei Tche-wen*. né aux États-unis en 1801, arriva en Chine comme missionnaire en 1830. Deux ans après, il fondait la revue *The Chinese Repository*, dont il dirigea les travaux jusqu'en 1847. Il présida à ses débuts (1857 - 59) la *N.-Ch. Br.* de la Société Royale Asiatique. Mort à *Chang-hai* en 1861, laissant plusieurs œuvres écrites en chinois, notamment sa version de l'ancien et du nouveau testament faite de concert avec le Rév. M. S. Culberston.

(6) Cf. p. 311. — *The Syrian Monument, commemorating the progress of Christianity in China, erected in the year of the Christian era seven hundred and eighteen, at Si-ngân fú, in The Chin. Reposit.* Vol. XIV, Mai 1845, pp. 201 à 229.

mots et des phrases tel que nous l'expliquaient les lettrés chinois qui avaient étudié avec nous ce document; en plusieurs endroits cependant nous nous sommes écartés de leurs vues et en un grand nombre de cas, nous ne sommes satisfait ni de leur interprétation, ni de la nôtre. Probablement si l'on appliquait à ce document une centaine de lettrés chinois, ils attribueraient chacun un sens différent à quelques parties de l'inscription.»

Cinq ans plus tard (1), l'auteur corrigeait «d'après une copie tirée sur le monument lui-même» et qu'il devait à l'obligeance de W. Lockhart, quelques unes des nombreuses erreurs dans lesquelles l'avait induit le texte chinois de Kircher, mais il ne revenait pas sur le jugement trop pessimiste que nous avons relevé tout à l'heure. Il ne semble pas du reste que ce trait ait découragé les travailleurs; bien au contraire, et jamais période n'à été plus féconde que cette seconde partie de notre siècle.

En 1853, M. Bonnetty publiait dans ses *Annales* (2) une nouvelle traduction française, travail de seconde main, due à Marchal de Lunéville, qui supprimait l'Éloge (頌) et empruntait à la *China* de Kircher le sens de la partie Syriaque. Il rendait hommage dans les termes suivants au savant russe qui l'avait guidé (3): «M. *Léontiewski* a entouré son travail de tous les renseignements les plus utiles pour concevoir et pour exprimer le véritable sens des phrases. Il a consulté sur les lieux les documens les plus anciens, les traductions les plus respectables sur les circonstances qui ont environné la découverte de cette pierre, et tous les monumens littéraires contemporains, pour donner à l'objet de son travail la fraicheur native et sa véritable expression. La traduction que nous offrons, peut donc paraître la plus complète et la plus satisfaisante.» Après cette annonce pompeuse, on éprouve une profonde déception en constatant que jamais version de notre

---

(1) *Corrections in the Inscription on the Syrian Monument*, in *The Chin. Reposit.* Vol. XIX, Oct. 1850, pp. 552 à 554.

(2) *Annales de Phil. Chrét.* IVe Sér., VII, N° 38, 1853, pp. 139 à 177. — Cet article porte le titre suivant: «La croix instructive et historique trouvée en Chine en 1636 avec une inscription en langue chinoise et syriaque, traduite du chinois en langue russe, par M. Léontiewski, Membre de la Mission russe à Péking, et du russe en français, par M. C. Marchal de Lunéville.» Après quelques *Observations préliminaires* de l'éditeur, vient le Mémoire de Marchal, renfermant 3 parties : 1ère P. Détails historiques sur les diverses prédications du christianisme en Chine et dans l'Inde (pp. 140 à 153). 2ème P. Traduction nouvelle de l'inscription chrétienne, chinoise et syriaque, du monument de *Si-ngan-fou* (pp. 154 à 163). 3e P. Quelques détails sur l'état actuel des Catholiques de Péking.

(3) Nous relevons dans la *Bibl. Sin.* de M. H. Cordier (Col. 327) la mention suivante: «Dsing dsyao lu sing djoung go bói soung. *Monument chrétien en Chine*, érigé en 781 et trouvé en 1636, traduit en langue russe par M. Léontievsky. Sur une feuille de la grandeur du monument. 1 f. gr. in-fol. (Cat. des Ms. et Xylog. de St-Pétersb., 1852, No. 704.) — Même monument avec des éclaircissements 1 vol. in 4. Ms. (Ibid., No. 705).»

monument ne se montra plus infidèle : elle est littéralement criblée d'erreurs, mais faute de posséder le texte russe, nous ignorons si c'est à Léontiewski ou à notre compatriote qu'il convient d'en faire remonter la responsabilité. D'ailleurs d'autres chercheurs plus habiles devaient faire bientôt oublier cette tentative malheureuse (1). Dès 1854, Al. Wylie (2) inaugurait par une version anglaise (3), une série d'articles du plus haut intérêt pour démontrer l'authenticité de la stèle, et cette nouvelle version, «différente sur plusieurs points de celles qui l'avaient devancée,» marquait un grand progrès (4).

Celle de l'abbé Huc venait bientôt après (5). Voici en quels termes « l'ancien missionnaire apostolique en Chine » l'annonçait au public: « Nous donnerons une traduction complète de ce curieux document... Nous espérons que notre traduction sera aussi fidèle que peut le permettre l'extrême concision de la langue chinoise. Nous y avons travaillé en ayant sous les yeux le texte chinois conservé à la Bibliothèque impériale, et de plus nous nous sommes aidé de diverses traductions qui ont été déjà faites (6). » G. Pauthier, laissant trop apercevoir son désir d'humilier Stan. Julien, qu'il croyait caché derrière l'abbé Huc, porte à ce dernier de rudes coups à propos de la déclaration qui précède. Dans un *Appendice* à son travail de 1858, il s'écriait : «Eh bien ! cette prétendue traduction nouvelle de l'Inscription de *Si-ngan-fou*, faite par M. *Huc, en ayant sous les yeux le texte chinois de la Biblio-*

---

(1) Le chevalier de Paravey (*Dissertation sur le nom hiérogl. de la Judée*, p. 4) annonçait en 1836, dans les *Annales*, un essai avorté de traduction par «un estimable sinologue, M. Molinier, parent de M. le vicomte de Bonald ; il avait fait graver de nouveau cette curieuse inscription et se proposait d'en publier une nouvelle traduction, accompagnée de remarques étendues, quand la mort est venue interrompre le cours de ses utiles travaux.»

(2) Alexandre Wylie 偉烈 *Wei Lié* (亞力 *Ya-li*) vint à Chang-haï en 1847 et y exerça longtemps l'office de directeur de l'imprimerie de la Société des missionnaires de Londres.

(3) *The Nestorian Tablet in Se-gan-foo, in The North-China Herald.* Le N° 222 (28 Oct. 1854) est consacré à la traduction ; les autres, à savoir : 226 (25 Nov.), 227 (2 Déc.), 232 (6 Janv. 1855), 278 (24 Nov.), 281 (15 Déc.), 282 (22 Déc.) et 283 (29 Déc.) à la discussion. — Réimprimé dans *The Shanghae Miscellany* en 1855 et 1856, et dans le *Journal of the Am. Or. Soc.*, Vol. V, N° II, Art. II, pp. 275 à 336.

(4) Tandis que Bonnetty rééditait dans ses *Annales* (Tom. XII, pp. 147 et 185, 1ère Série) les traductions de Visdelou, W. Williams (*The Middle Kingdom*. New-York, 1848, Vol. II), et R. Montgomery Martin (*China.* Londres, 1857, Vol. II, p. 455) reproduisaient la traduction de Bridgman; John Kesson (*The Cross and the Dragon.* Londres 1854, p. 17) traduisait celle de Marchal; le P. J. Heller celle de Wylie; etc. Jadis, ç'avait été longtemps Kircher qui fournissait aux auteurs d'Europe sa double copie. Ainsi Mosheim (*Hist. Tart.* 1741. Appendix pp. 4 à 25) l'avait reproduite, en y ajoutant (pp. 26 à 28) l'inscription Syriaque d'après Assémani.

(5) *Le Christianisme en Chine, en Tartarie et au Thibet.* Paris, 1857, Tom. I, pp. 52 à 68. *Inscription de Si-ngan-fou.*

(6) *Ibid.*, p. 51.

thèque impériale, est tout simplement la traduction du Père Visdelou ... avec les notes qui s'y trouvent jointes et que M. Huc a données comme siennes; il s'est borné tout simplement a en *modifier* le style et les expressions. Il n'y a pas un *seul sens nouveau* dans la prétendue traduction de M. Huc; et *toutes les erreurs* du Père Visdelou ... ont été *conservées* scrupuleusement dans la *traduction nouvelle* de M. Huc. — Nous savons de bonne source qu'il serait incapable de traduire seul une seule phrase directement du chinois (1).»

Mais Pauthier lui même eut un jour besoin de consolateur pour l'aider à supporter l'injustice des hommes : Bonnetty déplora le silence qui s'était fait autour de la traduction de son ami, «chef-d'œuvre de science et de critique que tous les missionnaires, tous les séminaires devraient posséder et qui n'a pas été vendu au nombre de vingt exemplaires. M. Pauthier voulait détruire cette preuve importante de l'*Histoire de la prédication évangélique,* qui restait inutile dans son magasin. Nous l'en empêchâmes (2).» Sans partager de tout point l'enthousiasme de Bonnetty, nous reconnaitrons sans peine que cette traduction (3) fut l'œuvre la moins défectueuse de Pauthier (4) comme sinologue, et qu'elle eût mérité un meilleur accueil de la part de nos compatriotes.

Ces vingt dernières années nous ont apporté trois nouvelles traductions du texte chinois, en trois langues différentes, et une du texte Syriaque.

En 1877, M. Dabry de Thiersant, dans un ouvrage dont le

---

(1) Quelques observations sur un Chapître du Christianisme en Chine (t. 1, ch. 2). par M. Huc, pp. 86 à 91 de *l'Inscription Syro-chinoise, etc.* — Après Pauthier, A. Wylie a reproché à l'abbé Huc nombre d'erreurs commises en peu de pages, dans ses prétendues traductions (Cf. *The Chin. Rec.*, Vol. VIII, pp. 190, 191. *Nestorians in China*). Ces griefs sont fondés : l'abbé Huc aurait dû se contenter de la gloire de voyageur et des mérites de compilateur, sans envier la renommée de sinologue.

(2) *Vestiges des principaux dogmes chrétiens tirés des anciens livres chinois,* par le P. de Prémare. Paris, 1878, p. 401, not. 2. Dès 1859, Bonnetty avait publié dans ses *Annales* (Tom. XIX, IVᵉ série) l'article le plus élogieux sur l'œuvre de Pauthier, «vrai chef-d'œuvre de typographie chinoise, et modèle parfait de traduction et de critique.» Ajoutons qu'il ne plaignait point trop le malheureux abbé Huc, qui «aurait pu, comme cela était juste, rapporter à leurs auteurs les traductions qu'il s'attribuait.»

(3) *L'inscription Syro-chinoise de Si-ngan-fou, monument nestorien élevé en Chine l'an 781 de notre ère, et découvert en 1625. Texte chinois accompagné de la prononciation figurée, d'une version latine verbale, d'une traduction française de l'Inscription et des commentaires chinois auxquels elle a donné lieu, ainsi que de notes philologiques et historiques.* Paris, 1858, pp. XVI ; 96. La traduction occupe les pp. 2 à 52 ; les notes, les pp. 53 à 68.

(4) Guillaume Pauthier (1801-1873) avait, selon M. Hirth (*China*, pp. 29 ; 93, not. 1 et 307, not.), « un zèle admirable pour toutes les matières concernant les recherches orientales, mais joint à une étrange incompréhension des questions de linguistique... Je conseille de ne pas accepter une seule phrase de ses traductions, sans l'avoir fait vérifier sur le texte chinois par un lettré compétent.»

titre seul indique le but (1), nous présente sa «nouvelle traduction» comme «différant essentiellement de toutes celles qui ont paru jusqu'à ce jour». Malgré cette affirmation, nous ne voyons pas que cette version l'emporte notablement sur les précédentes. «L'aide que l'auteur reçut du lettré du consulat de France à Canton, le nommé Yu-Yun-Tchong, un des chrétiens les plus intelligents, les plus instruits qu'il ait connus en Chine» (2), ne l'a point empêché de commettre plusieurs graves méprises, que lui eût évitées par exemple la connaissance du texte de Wylie. C'est ainsi, pour nous borner, que de «l'année dite Sien-Tien» (先 天), il fait «une année du règne de Kao-Tsong de 656 à 660» (3), et qu'il identifie «la ville très éloignée nommée Ouang-che-tche» (王 舍 之 城), avec «Antioche, ville de la Syrie» (4).

Nous avons déjà plusieurs fois (5) mentionné la communication du Professeur I. H. Hall au sujet de l'inscription syriaque. Nous donnerons ses corrections au commencement de la 3ᵉ Partie, et elles tireront un intérêt spécial de la comparaison qu'on pourra établir avec les versions de Terrenz, de Kircher, et d'Assémani. Nous n'oublions point du reste les belles promesses que nous fit, il y a dix ans déjà, le docte Professeur, d'élargir le cadre des observations qui doivent illustrer cette période du Nestorianisme en Chine (6).

Il ne reste plus à signaler que deux traductions parues en 1888. L'une, en langue espagnole, est due à Monseigneur D. Fr. Salvador Masót, de l'ordre de Sᵗ Dominique, vicaire apostolique du *Fou-kien* septentrional (7). L'auteur nous avertit (8) qu'il a traduit le texte chinois d'après l'ouvrage du P. Em. Diaz, et qu'il a emprunté à W. Williams sa version de la partie Syriaque. Il se prononce nettement en faveur de l'authenticité du monument, sur laquelle il n'y a pas de doute. Mais, ajoute-t-il, il n'en est pas de même de ses auteurs; «les uns disent que c'étaient des missionnaires Catholiques, d'autres des Nestoriens. Sur ce point, la critique n'a point encore prononcé son verdict.»

---

(1) *Le Catholicisme en Chine au VIIIᵉ Siècle de notre ère, avec une nouvelle traduction de l'inscription de Sy-ngan-fou, accompagnée d'une grande planche.* Paris 1877. La traduction occupe les pages 37 à 59 de cet ouvrage.

(2) *Ibid.* p. 37, not. 1.

(3) *Ibid.* p. 49, not. 2.

(4) *Ibid.* p. 54, not. 1. — L'auteur a pris 之, signe du génitif, pour une partie du nom de cette ville.

(5) *Cf.* pp. 155 et not. 3; 157 et 158.

(6) *Cf.* p. 210.

(7) *El Correo Sino-Annamita, ó Correspondencia de las Misiones del sagrado órden de Predicadores en Formosa, China, Tong-king y Filipinas.* Vol. XXII. Manille, 1888, pp. 157 à 178. — Cette traduction fut communiquée par le R. P. Bassó au Provincial de son Ordre, dans une lettre en date à *Fou-tchéou* du 8 Mai 1888.

(8) *Ibid.* p. 176.

Le grand travail *(mucho trabajo)* que cette traduction a causé à son auteur n'a pas été peine perdue, et nous aurons plus d'une fois l'occasion de citer ses heureuses interprétations. Nous le trouvons seulement un peu sévère lorsqu'il condamne comme hétérodoxes certaines expressions relatives au dogme.

Cette même année 1888 voyait paraitre à Londres une version anglaise du vétéran de la sinologie (1), et voici en quels termes modestes son auteur la présentait au public. «Muni de deux décalques, dont l'un était le plus complet que j'eusse encore vu, je fis une nouvelle étude de l'inscription, et voyant qu'il y avait encore plusieurs choses à dire, non sans importance pour le public général, mais plus spécialement pour les parties intéressées, comme moi, dans la conduite des Missions en Chine, je résolus en conséquence de donner ici à Oxford une conférence sur le monument, et ensuite de l'imprimer.»

Tout en constatant «que toutes les reproductions précédentes du texte chinois contenaient de nombreuses erreurs», le Dr Legge est loin, nous l'avons dit (2), d'avoir donné de ce texte une copie fidèle, et c'est à tort que le Dr Eitel a loué à ce point de vue le mérite de cette publication (3). Il a été mieux inspiré lorsqu'il a félicité le Professeur d'Oxford de l'œuvre magistrale *(standard work)* de sa traduction prise dans son ensemble, «quelles que soient les corrections que l'on puisse dans la suite proposer pour des passages particuliers.» On trouvera peut-être la louange du même critique un peu exagérée, lorsqu'il dit que «le Dr Legge a réuni tout ce que les Annales chinoises ont à dire concernant les allusions contenues dans le texte.»

Pour la partie Syriaque de l'inscription se trouvant sur la face principale de la Stèle, la seule que le Dr J. Legge ait reproduite et traduite, l'auteur se reconnait très obligé à M. D. S. Margoliouth de New College, et au Rév. F. H. Woods, de St John's College.

Nous croyons pouvoir faire part ici à nos lecteurs d'une confidence qui leur fera plaisir. Un des sinologues européens qui s'est, dans ces dernières années, le plus distingué par ses recherches historiques et géographiques, savant que nous ne pouvons plus clairement désigner de peur d'être indiscret, nous a fait savoir récemment qu'il «étudie depuis longtemps l'inscription de *Si-*

---

(1) *Christianity in China : Nestorianism, Roman Catholicism, Protestantism.* — Le titre complet est : *The Nestorian Monument of Hsî an Fû in Shen-hsî, China, relating to the diffusion of Christianity in China in the seventh and eighth Centuries, with the Chinese text of the Inscription, a Translation, and Notes, and a Lecture on the Monument, with a Sketch of subsequent Christian Missions in China and their present state.* Londres Trübner, 1888. — Le texte et la traduction occupent dans cet ouvrage les pages 2 à 31.

(2) *Cf.* p. 208, not. 4.

(3) *The China Review.* Vol. XVI, p. 384.

ngan-fou, sur laquelle le dernier mot n'est pas encore dit. Toutes les traductions que j'ai lues, ajoute-t-il, pèchent sous plusieurs rapports. Je suis depuis longtemps en correspondance avec M. Legge, qui m'a déjà donné raison sur plusieurs points.» Nous serons les premiers à applaudir à cette œuvre nouvelle d'un auteur qui a déjà éclairé un point obscur de notre Stèle.

§ VI. ANNOTATEURS.

Les Jésuites du XVIIe Siècle. — Les auteurs allemands : André Müller, Christian Menzel, Théophile Bayer. — Thévenot et Renaudot. — Prémare, Visdelou, Gaubil. — Les Académiciens de Guignes et Le Roux des Hauterayes. — Les Pères Amiot et Cibot. — *Le Journal des Sçavans.* — Abel-Rémusat et Klaproth. — Reinaud et F. Nève. — Pauthier et l'abbé Huc. — Dabry de Thiersaut. — Bridgman et Wylie. — F. Hirth et le Cl Yule. — Les Revues sinologiques. — MM. Ed. Chavannes et Schlegel.

Nous ne reviendrons pas sur les notions bibliographiques que nous avons données précédemment; nous nous bornerons strictement à les compléter là où nous trouverons quelque nouveau document utile. Encore ne ferons-nous guère ici que caractériser à grands traits l'œuvre des divers écrivains que nous avons à citer, réservant pour la dernière partie de cet ouvrage, la reproduction de certains détails qui y trouveront avantageusement leur place.

Nous avons rapporté les récits de témoins oculaires, tels que Trigault, Sémédo et Le Comte; signalé les lettres et notices des Pères Diaz *(Sen.)*, Boym et Martini; attiré l'attention du lecteur sur une note quelque peu insidieuse de Navarrete (1); reproduit en grande partie la narration de Bartoli : il nous reste à rendre compte brièvement des travaux critiques les plus considérables publiés au cours du XVIIe Siècle sur notre monument.

L'ouvrage chinois du P. Emmanuel Diaz (2) se proposait un but purement apologétique et doctrinal; il s'adressait du reste à des lecteurs dont aucun ne révoquait en doute l'authenticité de l'inscription. Sa préface, que nous reproduisons en appendice, accuse nettement cette tendance, dont nous ne pouvons faire un reproche à son auteur; mais on comprend qu'étant donné ce caractère spécial, un tel livre a dû accorder une place très secondaire à l'exposition des détails historiques. En se plaçant au point de vue spécial du commentateur, on ne peut du reste qu'admirer

---

(1) Voici le jugement sévère que Th. Bayer porte sur Navarrete et sa violente polémique contre les Jésuites : «In quo negotio (contentiosæ scriptionis) quasi regnavit Dominicus Navarretta, quondam Superior Dominicanorum in Sinis, quanto vir ingenio, quo iudicio et doctrina, at quam acris et vehemens, quam idem et perfacetus in exagitandis adversariis et acerbus in criminandis. Satis constat ex eo fonte manasse libellos in Gallia Belgioque sparsos adversus Jesuitas, quorum auctorem fuisse illum celebrem ex Sorbona Antonium Arnaldum, a maioribus natu accepimus. Ea caussa est, ob quam tomus operis Navarrettiani ægre in Hispania reperitur, alter enim plane suppressus est.» *Cf. Mrs. sin. Præf.* pp. 14, 15. Bien entendu, nous entendons laisser à l'auteur allemand toute la responsabilité de ses jugements sur le célèbre Dominicain.

(2) *Cf.* Ce que nous en avons déjà dit plus haut (pag. 330). Ce livre a été signalé tardivement par M. H. Cordier dans l'un des suppléments de sa *Bibl. sin.* Col. 2163, qui renvoie au Catalogue de Fourmont, CCLXXVIII. Malheureusement, le nom chinois (姓) du Père Diaz (陽 *Yang*) a été défiguré et écrit (陽 *Yu*) dans cette notice du savant bibliographe.

son talent, sa science et son zèle. Sa manière rappelle les riches développements scripturaires et patristiques, dont il avait déjà donné l'exemple dans son bel ouvrage sur les Évangiles (1). Il est du reste dans les premières pages de ce livre, plus d'une observation positive précieuse, que nous aurons soin d'utiliser au cours de notre troisième Partie.

Nous avons déjà indiqué les incohérences du double récit de Boym. Le Jésuite diplomate était pourtant plus excusable que Kircher, lorsqu'il affirmait à un court intervalle des détails contradictoires dans deux de ses œuvres. Rien de très étonnant, si au milieu des soucis d'une mission officielle, l'auteur de la *Flora sinensis* oublia en 1656 certaines explications qu'il avait datées trois ans plus tôt de Rome, et qui ne devaient paraître qu'assez longtemps après (1667) dans la *China* de Kircher.

Mais ce dernier peut être difficilement justifié de la précipitation avec laquelle il a entassé parfois les documents les plus hétérogènes. Bon nombre de critiques, sans épuiser toutefois les reproches légitimes qu'on aurait pu lui adresser, ont assez malmené notre pauvre auteur. Tandis que Assémani et Renaudot s'en prenaient à sa double version Syriaque, d'autres traitaient l'ensemble de son œuvre d'une façon quelque peu méprisante. «Kircher, observait par exemple Th. Bayer, a traité à plusieurs reprises des choses de la Chine, mais sans grand avantage pour l'intérêt général, excepté quand il a publié le monument chinois... Cette œuvre se trouve dans la *China illustrata*. Plusieurs lettres y sont mal écrites, d'autres sont omises; toutes celles qui se trouvent sur le bord de la pierre ont été laissées sans traduction (2). On ne trouve du reste dans ce livre de Kircher aucune autre chose bien utile pour l'érudition chinoise, à moins qu'on ne veuille compter comme tel ce qu'on y voit sur l'enseignement de la religion chrétienne (3).»

Ce jugement pourra paraître d'une sévérité excessive; nous avouerons cependant qu'il est en grande partie fondé. Des 237 pages que contient la *China*, 45 seulement sont consacrées à notre monument (4); 50 autres, formant la seconde partie, décrivent

---

(1) Cet ouvrage, contenant 14 *Kiuen* et portant le titre de 聖經直解 *Cheng-king-tche-kiai* avait paru en 1642, c'est-à-dire deux ans avant le *T'ang-king-kiao-pei-song-tcheng-ts'iuen*.

(2) Il s'agit des caractères chinois insérés dans l'inscription Syriaque au bas de la face principale et sur les tranches de la Stèle. De cette partie, donnant les noms et les qualités des missionnaires chrétiens, Kircher n'a en effet traduit que le texte Syriaque.

(3) *Mvseum-sinicvm, in quo Sinicæ Linguæ et Litteraturæ ratio explicatur.* St Pétersbourg, 1730. *Præfatio*, pp. 26, 27.

(4) Elles forment la 1e Partie de l'ouvrage, intitulée : *Monumenti Syro-Sinici Interpretatio*. Voici les titres des chapitres : C. I. Causa et occasio hujus Operis (pp. 1/4). — C. II. Monumenti Sinico-Chaldæi ante mille circiter annos ab Evangelicis Christianæ Legis

les routes suivies par les prédicateurs de l'évangile se rendant en Extrême-orient (1); le reste (2), agrémenté de gravures fantaisistes, rempli d'une érudition souvent puérile et indigeste, et consacré à des descriptions où il est difficile de reconnaître la verité, nous montre au naturel un savant avide d'apprendre, mais trop crédule et trop prompt à écrire. Inutile d'insister sur ce manque d'esprit critique : il a déjà suffisamment paru, quand nous avons signalé les démentis que Kircher s'infligeait à lui-même, par exemple au sujet de la date et du lieu de la découverte. Malgré ses nombreuses imperfections, l'œuvre du Jésuite allemand (3), plus répandue sans doute que celle de Bartoli, devait être longtemps encore le texte le plus accrédité : elle resta même, surtout pour les

---

propagatoribus in quodam Chinæ Regno, quod Xemsi dicitur, erecti, et anno tandem 1625, primum insigni Christianæ Legis emolumento detecti, fida, sincera, et verbalis Interpretatio (pp. 4/10). — C. III. De triplici Interpretationum Modo et Ratione. Nota ad Lectorem (pp. 10/12) : Interpretatio I, quâ Characterum Sinicorum, qui in Monumento Sinico continentur, pronunciatio genuina per Latinos Characteres exprimitur (pp. 13/21). — Interpretatio II. Verbalis Latina Monumenti Sino-Chaldaici (pp. 22/28). — Interpretatio III. Seu Declaratio paraphrastica Inscriptionis Sinicæ, primùm è Sinico in Lusitanicam, ex hac in Italicam, et demùm ex Italica in Latinam linguam de verbo ad verbum translata (pp. 29/35). — C. IV. De Cruce in supremo Lapidis apice incisa (pp. 35/37). — C. V. De Articulis fidei cæterisque cerimoniis et ritibus in Monumento contentis (pp. 37/41). — C. VI. Syriacorum nominum, quæ in Monumento occurrunt, Interpretatio (pp. 41/45). — Quatre planches gravées répondant à cette 1ᵉ Partie portent les titres suivants : A. Tabula Geographica totius Regni *Chinae*. — B. Ectypon Monumenti Sinico-Syriaci. — C. Syriaca Inscriptio Anni. — E. Nomina Apostolicorum Virorum.

(1) Le 2ᵉ Chapitre a pour titre : De Propagatione Euangelii per S. Thomam Apostolum ejusque sucessores in universas ASIÆ Orientalis regiones factas (pp. 53/60). C'est à tort que Renaudot reproche à Kircher d'avoir « donné la route que saint Thomas avoit tenue pour aller à la Chine et pour revenir aux Indes » (*Cf. Anc. Relations.* p. 229) : ni dans la carte d'Itinéraires (F. Tabula Geographica Itinerum), ni dans son texte, le docte Jésuite n'avait affirmé une telle proposition ; il affirme au contraire plusieurs fois (pp. 56, 2ᵉ col.; 58, 1ᵉ col.) que l'évangélisation de la Chine est due aux successeurs de l'Apôtre. En revanche, nous reconnaîtrons volontiers que Kircher, cédant à l'esprit de son temps et aux entraînements de son esprit original, se permit trop souvent, là comme ailleurs, de regrettables digressions. Témoin ce long passage où il traite De miris virtutibus Lapidis Serpentum, quem Lusitani, *la Piedra della Cobra* vocant ; etc..

(2) La 3ᵉ Partie traite : De Idololatria ex Occidente primùm in *Persidem*, *Indiam*, ac deinde in ultimas Orientis, *Tartariæ*, *Chinæ*, *Japoniæ* Regiones successivâ propagatione introducta. — La 4ᵒ a pour titre : *China* curiosis Naturæ et Artis miraculis illustrata. — La 5ᵉ : De Architectonica cæterisque Mechanicis artibus *Sinensium*. — La 6ᵉ : De *Sinensium* Litteratura. C'est du P. Roym que Kircher reconnaît avoir reçu la matière de cette dernière partie, de nulle utilité pour la science.

(3) Au Chapitre III de son *Prodromus Coptus*, intitulé *De Coloniis Ecclesiæ Copto-Aethiopicæ in alias mundi partes traductis*, Kircher avait consacré 33 pages (pp. 50/82) à l'histoire et à la traduction du monument chrétien. Il a reproduit presque entièrement ce travail dans sa *China*, sans se mettre en peine des contradictions qu'elles entraînaient.

compatriotes de Kircher, une mine qu'ils exploitèrent avec ardeur. Pendant près d'un siècle, alors que plusieurs savants d'Outre-Rhin criaient sus aux faussaires (1), d'autres se paraient des dépouilles du Jésuite, sur lequel ils affectaient de remporter de superbes avantages. Rien de plus instructif que ces petites scènes de charlatanisme littéraire, comme les a bien appelées Abel-Rémusat. Nous en citerons bientôt quelques traits.

La fin du XVIIᵉ Siècle n'est signalée par aucune œuvre de quelque valeur sur le sujet qui nous occupe. Martini avait promis (2) une étude qui n'eût point manqué d'intérêt, étant donné le talent d'observation et la science sinologique de son auteur; mais la *Seconde décade* de son histoire de Chine où devaient paraître ces notes ne vit jamais le jour.

Le Père Philippe Couplet, dans ses *Tableaux chronologiques* (3), s'est borné à quelques brèves annotations que nous rapporterons dans la suite. «La famille impériale des *Tang*, a-t-il justement observé (4), fut glorieuse et heureuse entre toutes, et elle aurait de bien loin surpassé toutes les autres en vraie gloire et en bonheur, si elle eût voulu conserver le sort bienheureux que lui avait offert la Providence lorsqu'elle ne faisait que de naître : c'est à elle en effet que soixante-douze prédicateurs de l'Evangile apportèrent, des confins de la Judée, les lumières de la vraie sagesse; après en avoir joui pendant près de deux siècles, elle finit par préférer aux splendeurs de la vérité chrétienne, les épaisses ténèbres de son athéisme et de son idolâtrie.»

Peu d'années après, le Père Louis Le Comte, dans des Mémoires qui ont eu dans leur temps une grande vogue (5), parlait à son tour de la Stèle de *Si-ngan-fou*, qu'il avait pu contempler dans cette «*pagode* (Temple des faux-Dieux), à un quart de lieuë de la ville». L'ancien missionnaire a ajouté fort peu de détails aux extraits imparfaits de sa traduction; tous du reste sont d'inégale valeur, et plusieurs se ressentent de l'exagération habituelle à l'auteur, qui écrivit sans doute sur des souvenirs trop confus et trop éloignés de leur objet. Les «*dix* pieds de long..., la *grande* croix gravée» qu'il attribue à notre pierre feraient croire que l'on a plutôt affaire à un rhéteur qu'à un «Mathématicien du Roy»! Le Père Le Comte n'est pas plus véridique, lorsqu'il rapporte que «l'Empereur averti (de la découverte du monument), s'en fit don-

---

(1) Voir le § II de ce chapitre.

(2) *Novus Atlas Sinensis*, pp. 44, 45. « De his favente Deo dabit *secunda decas epitomes historiarum Sinensium*.»

(3) *Tabula chronologica Monarchiæ Sinicæ juxta cyclos annorum LX. Ab anno ante Christum 2952, ad annum post Christum 1683*. Paris, 1686, pp. 56, 57, 59, 61, 62.

(4) *Op. cit.*, p. 30.

(5) *Nouveaux Mémoires sur l'Etat présent de la Chine*. Tom. II. Paris, 1696, pp. 197/206. Dans une lettre à M. Roullié.

ner une copie, et a ordonné depuis qu'on conservast avec soin ce monument dans une *pagode* (1)».

Mais ces critiques sont bénignes auprès de celles que méritent les auteurs allemands de cette époque.

André Müller de Greiffenhagen (2) publia en 1672 à Berlin un in-quarto de 122 pages ayant pour titre *Monumenti sinici historia, textus illustratio per commentarios et examinis initium* (3). Nous n'avons pas vu cet ouvrage, mais les critiques que nous en avons lues, nous le font peu regretter. «Il a eu la malheureuse idée, nous apprend Ch. Weiss, de mettre (l'inscription) en musique, pour en noter la prononciation... (4).» Et le P. Heller ajoute que «cet écrit, dans lequel il ne fit que copier Kircher, ne vaut pas même la peine qu'on en parle (5).» Avouons, à la décharge de l'auteur, que vu l'état rudimentaire et très conjectural de la science sinologique en Europe à cette époque, il lui eût été difficile de faire autre chose que de copier les missionnaires. S'il a eu quelque tort, ce fut celui de vouloir corriger ses maîtres.

L'abbé Renaudot qui n'était pourtant pas un chaud partisan

---

(1) *Op. cit.* p. 198.

(2) Né vers 1630, cet homme laborieux, mais capricieux et peu communicatif, exerça à diverses reprises les fonctions de pasteur, notamment à Kœnigsberg. Il passa dix ans à Londres ; puis de retour dans sa patrie, l'apparition de la *China illustrata* lui inspira pour l'étude du chinois une ardeur incroyable. Nous tenons ces détails de Th. Bayer. «Cum ad Mullerum Athanasii Kircheri China illustrata (1667) perferretur, tum ille primum omnes litteras monumenti Sinici in forulos digessit.» Il se retira en 1685 à Stettin pour se consacrer uniquement à ses études favorites. Mort le 26 Oct. 1694. — Dans un programme qui compta plusieurs éditions, *Propositio Clavis sinicæ*, il annonça une méthode par laquelle une femme ou un enfant pourrait apprendre le chinois en peu de jours (intra paucos dies)! «Les lecteurs, dit Abel-Rémusat, curieux de voir jusqu'où peut aller le charlatanisme des savants feront bien de consulter ce morceau.» Il a été publié par Bayer, à la fin du Tome I de son *Museum sinicum*. Bien entendu, jamais la «Clef chinoise» ne parut, et Müller en donna pour unique raison l'avarice de ceux qui n'avaient pas voulu le seconder de leurs finances.

(3) Cette donnée nous est fournie par Ch. Weiss. Voici, d'après la *Bibliotheca sinica* de M. H. Cordier (Col. 325, 326), le titre complet de cet ouvrage : Monumenti Sinici, quod Anno Domini clɔ lɔ cxxc terris in ipsâ Chinâ erutum ; Seculo verò Octavo *Sinicè*, ac partim *Syriacè*, in Saxo perscriptum esse, adeoque dogmatum et rituum Romanæ Ecclesiæ (ante annos quippe mille in extremo Oriente receptorum) antiquitatem magnoperè confirmare perhibetur, Lectio seu Phrasis, Versio seu Metaphrasis, Translatio seu Paraphrasis. *Planè uti* Celeberrimus Polyhistor, P. Athanasius Kircherus, Soc. Jesu Presbyter Romanus, in China sua illustrata Anno clɔ lɔ lxvij. Singula singulariter edidit. Ceterùm *Tonos* vocibus addidit, inq; nonnullis novæ hujus Editionis Exemplis Kircherianæ *Defectus* supplevit, *Errata* sustulit, omnia verò *Minio* indicavit Andreas Müllerus, Greffenhagius. Berolini, Ex Officina Rungiana, Anno clɔ lɔ lxxij. — On trouve à la suite : De Monumento sinico Commentarius novensilis (63 pages) et Historia lapidis (18 pages).

(4) *Biographie universelle.* Tom. 29, p. 535.

(5) *Op. sup. cit.*, p. 87.

des Jésuites, administra à ce propos à l'auteur allemand une assez verte correction. Venant à l'examen de l'inscription «suivant la traduction qu'en ont donnée d'habiles Jesuites», il remarque que ces derniers «sont plus croyables que Muller, qui en quelques endroits entreprend de corriger le texte Chinois, et la version... Il est bien difficile de se persuader, que des Sçavants qui n'estoient jamais sortis d'Europe, pussent critiquer une Inscription Chinoise, avec le secours de quelques Dictionaires (1).» Ensuite de quoi, Renaudot malmène assez rudement ce pauvre homme, durant l'espace de huit pages. Le lecteur pourra juger du bien-fondé de ces reproches, par le trait suivant : Kircher avait reproduit dans la 6ᵉ colonne (56ᵉ et 57ᵉ caractères) de son *Ectypon,* les caractères 擊木, qu'il figure (p. 15) *kiĕ-mŏ,* et traduit par «*pulsant ligna*». Rien de plus correct que cette interprétation; elle signifiait que les moines de *Ta-ts'in* frappaient un instrument en bois... Or «Monsieur Muller, nous apprend Renaudot, y trouve un sens bien plus relevé : c'est qu'il prétend que *Mo* (木 *mou*), que les Jésuites ont traduit *ligna,* signifie le *Diable* (魔 *mo*), qu'ainsi il faut traduire... *pulsant Diabolum,* et que ces paroles signifient l'Exorcisme.» Notre abbé se révolte justement contre cette prétention ridicule, et conclut: «Nous avons desja dit que lorsqu'il s'agit de la langue Chinoise, ceux qui croyent l'avoir apprise dans leur cabinet, ne meritent pas d'estre escoutez, au prejudice de sçavants hommes qui avoient passé leur vie à l'estudier dans le païs (2).»

Th. Bayer ne s'est pas montré plus indulgent que Renaudot à l'égard de son compatriote : il lui reproche non sans raison l'ineptie de ses théories musicales, et la jactance de ses promesses, lorsqu'il prétendit corriger l'œuvre de Kircher (3). Un exemple qu'il cite (4), de ces prétentions ridicules, suffira pour en faire justice. «En deux endroits de l'inscription, la mention des personnes divines est accompagnée dans l'interprétation de Kircher du mot *rigo* : à ce nom Müller, comme poursuivi d'horreur, est

---

(1) *Anc. relat. des Indes et de la Chine,* p. 241.
(2) *Ibid.,* pp. 245, 246.
(3) *Mvsevm sinicum.* T. I. *Præfatio,* pp. 37, 38. «De lingua Sinica eximie ieiuna adfert, vbi tamen occasio erat data, in qua se iactaret. Erat tum euocatus Berolinum ad præfecturam ecclesiæ, vt summam commoditatem ex bibliotheca Augusta ad fabricandam clauem Sinicam perciperet (1672). Nec tamen in monumento Sinico edendo virum se præstitit. Accommodauit ille isthic Sinicas voces ad sonos musicos, vt populum aliquem in symposio canere putes... Imperite sane fecit, quod sibi a Kirchero imponi est passus, qui adeo ingeniosus fuit, vt etiam pisces doceret canere, ne dicam homines. Huius se errores Mullerus in monumento sustulisse et defectus suppleuisse prædicat : tantum tamen abest, vt id fortiter perpetráuerit, vt etiam nouos induxerit errores. Nam in extremis monumenti, quæ confusionem passa sunt, nequaquam vlcera attrectauit : in commentario autem nodos nexuit e scirpo, quos vel puer dissoluat...»
(4) *Mvsevm sin.* T. I. *Præfatio,* p. 41.

pris de frémissements. Il savait que les Chinois n'admettent pas plus la lettre r que les mots dissyllabes. Que fit-il donc alors? «Peut-être, dit-il en se tranquillisant, est-ce le mot portugais *Rigo*, fleuve.» Et pourtant c'était une simple erreur du copiste ou du typographe, qui avait pris *ngo* (我 moi, notre) pour *rigo*!» — Un nouveau commentaire que Müller prépara sur notre monument eût-il été exempt des mêmes défauts? Nous l'ignorons, car Bayer nous apprend qu'il fut livré aux flammes par son auteur avec ses autres écrits (1).

Quelques années plus tard (1685), un autre Allemand, nommé Christian Menzel, médecin de la Cour, fort vanté par Müller pour son érudition de sinologue, livra au public un lexique (2) qu'il prétendait avoir composé avec l'aide de dictionnaires chinois, mais que Bayer déclare indiscrètement n'être que la copie littérale d'une œuvre écrite par les Jésuites de Chine, et se trouvant à la Bibliothèque impériale de Berlin. «Je ne sais, remarque l'impitoyable critique ce qui est arrivé à cet homme illustre... J'ai donc cru qu'il avait éprouvé quelque faiblesse humaine (3).» Il parait du reste, et c'est là le point qui nous intéresse uniquement ici, que ce lexique ne contenait, à côté des mots latins, que les caractères existant sur le monument chinois. Bien plus, «toutes les fautes, toutes les omissions, qu'avait commises Boym dans l'explication de certains caractères, se retrouvaient dans ce lexique.» On le voit, ce n'était qu'un honteux plagiat, dont Kircher et Boym continuaient à faire seuls les frais.

Il parait que Bayer (4), après avoir librement critiqué les travaux de ses devanciers, avait conçu le projet de donner une édition de notre monument beaucoup plus correcte, lorsque «la mort l'enleva prématurément au monde savant (5).» Nous doutons fort que le judicieux critique eût jamais tenu ces brillantes promesses; toujours est-il que Mosheim, son panégyriste, se trouva réduit,

---

(1) *Ibid.*, p. 58. «Interim ille monumentum Sinicum maiori commentario illustrabat, qui vt opinor, cum ceteris scriptis in ignem coniectus est... Cum sentiret se morbo graviori affligi, quod erat minatus, perfecit, librosque suos flammis tradidit...» L'un des rares manuscrits qui avaient échappé à cette exécution et que possédait Bayer traitait de la Croix, et avait été déjà inséré presque en entier dans l'ouvrage sur les *Symboles Syriaques*. Il n'était sans doute lui-même autre chose qu'une prétentieuse imitation des chapitres de la *China* dans lesquels Kircher avait traité les mêmes sujets.

(2) Il lui donna le titre de *Sylloge minutiarum lexici Sinici*.

(3) *Mvsevm sin.*, p. 61.

(4) Théophile Sigefroi Bayer, né à Kœnigsberg en 1694, s'occupa avec passion des études orientales; après avoir voyagé en Allemagne, il se fixa à St-Pétersbourg en 1726 et y occupa une chaire d'antiquités grecques et romaines. Il mourut dans cette ville en 1738.

(5) «Multo quidem accuratius illud (monumentum) in lucem edere in animo habuit vir rerum Sinicarum peritissimus Theophilvs Sigefredvs Bayervs (nam multis adhuc, quod omnes fatentur, scatet mendis) verum præmatura eum mors orbi erudito proh dolor! eripuit.» Cf. *Historia Tartarorum ecclesiastica*. Helmstadt, 1741, p. 11, not. b.

dans son *Histoire de l'église tartare* (1), à emprunter à Kircher sa double traduction (2), en même temps qu'il demandait à Assémani le secours de sa version pour la partie syriaque (3); quelques notes d'une valeur secondaire étaient en outre citées par le même auteur d'après André Müller (4). Nous n'avons point à revenir sur les éloges accordés plus haut à la critique judicieuse non moins qu'impartiale de Mosheim : les quelques pages consacrées par lui dans le corps de son ouvrage à la Stèle de *Si-ngan-fou* (5) font le plus grand honneur à son jugement et à son caractère moral.

Les seuls travaux originaux sur notre monument, qui marquèrent les premières années du XVIII° Siècle sont dus à des auteurs français. Bayer l'a reconnu de bonne grâce. «Lorsqu'on eût commencé à mettre en doute l'autorité du monument de Sigan, on vit s'élever à l'encontre des hommes érudits, qui empruntèrent aux Perses, aux Arabes, aux Syriens, la confirmation dudit monument; ce fut d'abord Michel Melchisédec Thévenot, qui découvrit plusieurs choses dans les auteurs Mahométans, sur la foi chrétienne apportée par les Nestoriens jusqu'en Chine (6). Ensuite Barthélemy Herbelot, dans les explications qu'il donna sur un chemin vers Catay ou la Chine par Usbek, découvrit des preuves que le christianisme florissait dans ces contrées… Que sont devenus ces travaux, je ne saurais le dire; mais ceux de Renaudot et d'Assémani ont compensé cette perte… Le premier, dès 1713, faisant paraître l'Histoire des Patriarches d'Alexandrie, avait montré non seulement par le monument de Sigan, mais encore par d'autres témoignages, que les Nestoriens avaient pénétré en Chine… Le commentaire qu'il fit en 1718 sur le récit de voyageurs arabes aux Indes et à la Chine est copieux et rempli de doctrine et d'érudition… (7).»

---

(1) *Io. Lavrentii Moshemii Historia Tartarorum ecclesiastica.* Helmstadt, 1741.

(2) Elle occupe dans cet ouvrage, le N° III de l'*Appendix monvmenta et epistolas continens* (pp. 4/25).

(3) *Ibid.*, pp. 26/28.

(4) *Hist. Tart. eccles.*, p. 11, not. h.

(5) Elles forment le § IV, pp. 9/13.

(6) Le P. Couplet, dans son *Tableau chronologique* avait parlé d'un ancien manuscrit arabe, conservé dans la Bibliothèque royale de Paris, «ubi diserte scribitur circa idem tempus missos esse Evangelii præcones in Sinam a Catholico Patriarcha Indiæ et Sinæ, qui in urbe *Mossul* degebat.» (*Monarchiæ Tabula chronologica*, p. 56). Renaudot nia plus tard cette assertion du missionnaire. «Il l'a dit sur le tesmoignage de feu M. Thevenot, qui crut l'avoir deviné et qui se trompa. Dans ce Manuscrit il n'est pas dit que le Catholique de Mosul, ou plustost de Bagdad, avoit envoyé des Missionnaires à la Chine, mais on y trouve le nom de *Hananiechuah*, dans la suite des Patriarches Nestoriens, et on apprend qu'il vivoit à peu près dans le temps marqué par la pierre Chinoise.» (*Anc. relat. des Indes et de la Chine*. p. 250)

(7) *Mvs. sin. Præfatio*, pp. 81/83.

De fait, l'abbé Renaudot (1) est un des auteurs français qui, au début du XVIIIe Siècle, se sont le plus utilement étendus sur la Stèle chrétienne. Son aversion bien connue contre la Compagnie de Jésus, ses préjugés contre la nation chinoise (2), ne l'ont point aveuglé au point de méconnaître l'authenticité de ce monument. Pour lui, notre inscription, que «quelques Escrivains ont voulu rendre suspecte de fausseté», est «un monument très précieux et d'une autorité incontestable» (3). Tout en revendiquant son caractère Nestorien, il en a défendu avec force la valeur, dans ces *Relations* qu'il avait été le premier à traduire de l'arabe (4). Sous le titre d'*Eclaircissement touchant la Prédication de la Religion Chrestienne à la Chine* (5), il a donné un exemple assez frappant des brillantes qualités et des graves défauts qui marquent d'ordinaire ses recherches et sa polémique (6).

Il est vrai qu'il fut sévèrement repris des erreurs que ses injustes préventions l'amenèrent à commettre dans cet écrit contre les missionnaires et les choses de Chine. Il avait par exemple attribué au Père Le Comte la confusion de St Thomas et d'Olopen (7). Le Père Prémare, dans une lettre que nous aurons plus

---

(1) Renaudot (1646-1720) a consacré ses labeurs à des recherches relatives aux origines de l'Eglise.

(2) «Parmi les savants dont l'aversion pour les Jésuites a fait les plus violents adversaires de l'antiquité chinoise, nous devons distinguer le célèbre orientaliste Renaudot. On connaît les rapports intimes de Renaudot avec les Jansénistes ces ennemis jurés des Jésuites.» (*Correspondance scientifique d'un missionnaire français à Pékin au dix-huitième Siècle.* Jos. Brucker, S. J. Paris, 1884, p. 46).

(3) *Op. cit.*, p. XXXVIJ.

(4) *Anciennes Relations des Indes et de la Chine, de deux Voyageurs Mahometans, qui y allerent dans le neuvième Siecle; traduites d'arabe, avec des Remarques sur les principaux endroits de ces Relations.* Paris, 1718.

(5) *Op. cit.*, pp. 228/271. — Ces notes sont suivies de deux études analogues sur l'introduction du Mahométisme (pp. 271/324) et du Judaïsme (pp. 324/339) en Chine. Nous citerons dans notre troisième Partie le résultat de ces recherches.

(6) Nous souscrivons volontiers au portrait que Bayer nous a tracé de ce talent, trop souvent déparé par une injuste passion : «Par les monuments remarquables de son génie, Renaudot s'est concilié l'admiration des hommes les plus érudits, et-il aurait retenu constamment cette estime, si parfois il n'eût déchiré par les paroles les plus mordantes, des hommes d'ailleurs bien méritants des belles lettres. Il s'est créé par ce défaut de très nombreux adversaires... N'ayant point quant à nous le désir de diminuer son mérite, nous ne nous étonnons point qu'il n'ait pas toujours jugé sainement des choses, ni qu'il ait presque entièrement ignoré le chinois... Au sujet de l'écriture, Fourmont l'a vivement repris comme ignorant et inconsidéré... Et si en louant les langues européennes, il a déprécié comme ineptes les lettres chinoises, il a montré en effet qu'il ignorait ces dernières.» (*Mvs. sin. Præfatio*, pp. 80, 81, 83)

(7) *Op. cit.*, pp. XXXVIJ et 232, 251.

d'une fois l'occasion de citer (1), n'a pas eu de peine à démontrer l'injustice et le ridicule d'une telle imputation. Ailleurs (2), confondant lui-même la ville de *Cumbdan* avec celle de *Canfu,* il place dans la première le massacre des chrétiens qui aurait eu lieu en 877; ou bien encore, il identifie cette cité de *Cumbdan* « autrefois la capitale de l'Empire », avec *Nankin,* « ce qui a esté inconnu à ceux qui ont le mieux escrit sur la Chine » (3); « deux faits importants, ajoute modestement l'abbé, qui donnent de grands esclaircissements sur l'histoire de la Chine. » Et cette fois encore, le P. Prémare raille sans pitié l'ignorance de son adversaire (4). Renaudot voit dans « le roi Fohi (伏 羲 *Fou-hi*), l'idole Foe que les Indiens adorent » (5); pour lui, les cinq dynasties *Utaï* (五 代 *Ou-taï*) qui occupèrent la période de 907 à 960, sont « cinq Rois qui se firent en mesme temps la guerre » (6). Mais toujours l'impitoyable Jésuite poursuit le malencontreux Janséniste de sa mordante et victorieuse réplique (7).

Une autre faute de Renaudot, qui ne fut point relevée par Prémare, c'est d'avoir reproché à Kircher, en des termes absolus, l'inutilité de son œuvre. « Les explications qu'il avoit données à cette inscription, au dire du critique français, estoient insoustenables (8). » Puis il promet « qu'on la trouvera expliquée dans un esclaircissement à part »; il est vrai qu'avant lui, « le P. Semedo, le P. Boïm, le P. Martini et d'autres Jesuites en avoient rapporté quelques endroits », mais il ajoute aussitôt « qu'elle avoit esté très mal expliquée (9) ». Il était bien quelque peu téméraire à un homme qui ignorait absolument le chinois et qui de fait s'inspira uniquement de la version Kircher-Boym (10), de formuler un juge-

---

(1) *Lettres édif. et cur.* Édit. Aimé-Martin. T. III, pp. 579/592. Cette lettre non datée du P. Prémare est encadrée par deux autres des Pères Contancin et Le Couteux, datées de 1727 et de 1730.

(2) *Op. cit.,* pp. 228 et 51.

(3) *Ibid.,* pp. XXXIJ et 237.

(4) *Op. cit.,* p. 579.

(5) *Ibid.,* p. 590.

(6) *Anc. Relat.,* p. 187.

(7) *Op. cit.,* pp. 582, 583. — La meilleure partie de la lettre de Prémare a pour but de réfuter les accusations générales formulées par Renaudot dans la dernière partie de son livre contre les institutions de la Chine, sous ce titre: *Eclaircissements sur les Sciences de la Chine.* Ces réponses, reconnaissons-le, sont, aussi bien que les attaques, d'une valeur fort inégale; et la solution juste nous semble souvent à égale distance des deux opinions extrêmes.

(8) *Op. cit.,* p. XXXJ.

(9) *Ibid.,* p. 234. Ailleurs il dit « qu'il n'y a point de sens en beaucoup d'endroits de la traduction » Boym-Kircher.

(10) Prémare a jugé fort durement cette version: « M. l'abbé R., écrit-il, devoit consulter un plus habile homme dans la langue chinoise, pour la traduction latine de cette inscription, dont il cite quelques lambeaux ». *Op. cit.,* p. 584.

ment si sévère. Mais là où apparait surtout la vanité et la légèreté (1) de l'auteur, c'est lorsqu'il fait espérer à ses lecteurs qu'il expliquera lui-même l'inscription «ailleurs plus amplement». Quant à la partie syriaque, Assémani nous dit le peu de cas qu'il convient de faire de ses observations (2).

Reconnaissons cependant les réelles qualités que retient cette étude, malgré tant de défauts. Nous reviendrons dans la troisième Partie, sur les preuves historiques fournies par cet auteur en faveur du Nestorianisme des prédicateurs syriens : c'est là, nous l'avouerons, le meilleur mérite de son œuvre. A signaler aussi les humiliations méritées qu'il inflige à « M. Muller».

Au milieu des soucis de la légitime défense, le P. Prémare (3) ne s'est point assez garanti lui-même des excès d'une trop grande passion : entrainé par les représailles à exercer contre Renaudot, il déclare que les héros de ce dernier sont de vulgaires «aventuriers» qui n'ont «jamais mis le pied en Chine»; leur récit n'est qu'un «conte burlesque, tissu d'absurdités et de fables» (4). Une traduction consciencieuse de l'inscription faite par un sinologue de la force de Prémare nous eût mieux valu que ces aménités à l'égard des voyageurs arabes et de leur patron; malheureusement, c'est à peine si le missionnaire rectifia dans sa longue lettre, deux ou trois points de la traduction de Boym. Ajoutons que Prémare n'a pas été heureux comme linguiste, lorsqu'il a urgé contre la véracité des récits arabes l'impossibilité de rencontrer dans la langue chinoise certaines lettres qui se lisent dans les noms propres de leur récit (5). Il est curieux de voir presque à la même

---

(1) Nous avons plus d'une preuve de ce grave défaut. Ainsi, à la page 236, Renaudot écrit : «Il paroist que l'inscription fut faite l'an de Jésus Christ DCCLXXX... et le P. Kircher qui le fait respondre à l'an DCCLXXXII, s'est trompé de dix (deux?) ans.» Puis, deux pages plus loin, il affirme que «l'inscription fut faite en DCCLXXXII». Ne s'agirait-il que de simples fautes d'impression, l'auteur serait peu excusable de tant de confusions de chiffres, surtout en matière de dates.

(2) Quum neque fontes ipsos consuluerit, neque perfectam Syriacæ linguæ notitiam habuerit, exiguam admodum lucem rebus Chaldaicis attulit : in paucis enim locis versionem Kirkerianam corrigens, suis ipse mendis non caret ut mox videbimus (Cf. Bibl. Orient. De Monumento Syro-Sinico). Que l'on juge, après cette critique, si Renaudot s'était montré équitable, lorsqu'il écrivait de Kircher : «On trouve avec une legere connaissance du Syriaque, que l'interprete ne l'a pas entendu...»

(3) Le Père de Prémare 馬若瑟 Ma Jo-ché (1666-1735) est l'un des plus célèbres représentants de l'école des figuristes.

(4) Op. cit., pp. 579, 582.

(5) Op. cit., p. 579. « C'est dommage que dans la langue chinoise il n'y ait aucun son qui réponde à nos lettres B, D.. car il s'en suit qu'ils n'ont jamais pu dire... Cumbdan, Baichu, Hamdou, et que ces prétendus voyageurs n'ont jamais pu entendre prononcer ces sortes de mots à la Chine, où M. l'Abbé R. veut qu'ils aient demeuré.»

époque le Père Parennin user contre Renaudot du même argument, qui suppose une double erreur (1).

Du Halde (2) lui-même a traité assez pauvrement cette matière; et nous trouvons dans son récit fort peu d'indications originales. Outre sa note sur l'Édit de 845, rapportée plus haut (pag. 247) et quelques observations traduites du *Tableau chronologique du P. Couplet* (3), ce compilateur, d'ordinaire judicieux (4), résume en plusieurs colonnes (5) ce que lui ont transmis sur ce sujet les écrivains français de la Compagnie. Il émet notamment l'opinion, après le P. Couplet, que les missionnaires venus « vers le septième siècle à la Chine » y ont été envoyés par « un Patriarche des Indes (6). » Mais il ignore que l'abbé Renaudot, dont il apporte le témoignage ainsi que celui de Thévenot, a depuis longtemps protesté contre le fondement de cette assertion (7). Le reste

---

(1) *Lettre du P. Parennin, à M. Dortous de Mairan*, datée de *Pé-king*, 11 Août 1730. *Op. cit.*, p. 660. « Il n'y eut jamais à la Chine de ville nommée Combdan et il n'y en peut avoir, puisque les Chinois n'ont point la lettre D. » Le même missionnaire était plus heureux lorsqu'il niait contre Renaudot l'identification de cette ville avec *Nan-king (Ibid.)*.

(2) J.-B. du Halde (1674-1743) succéda au P. Le Gobien pour recueillir et publier les lettres des missionnaires de la Compagnie.

(3) On trouvera ces renseignements au Tome Ier de la *Description de l'Empire de la Chine*, Paris, 1735, pp. 440, 441, 444, 446, 449. Dans ce dernier endroit, le P. Du Halde ajoute ce qui suit: « On voit l'éloge du fameux Général *Ko tsou y* (郭子儀 *Kouo Tse-i*) sur le monument de pierre dont j'ai parlé plus d'une fois, et l'on ne doute point qu'il n'ait contribué de son crédit et de ses biens, à faire élever des Temples au vrai Dieu: quelques-uns même conjecturent qu'il avoit embrassé le christianisme ». Ce dernier trait est copié du Portrait de « Kouo Tsee-y, Guerrier » par le P. Amiot *(Cf. Mémoires. Tom. V. p. 413)* : « Il est presque certain que cet illustre chinois a connu et honoré le vrai Dieu, puisqu'il à contribué de son crédit et de ses richesses à élever des Temples en son honneur, etc. » — Plus loin (p. 527), le P. Du Halde, sous l'année 1625, rappelle que la découverte de la stèle « fut un grand sujet de joye pour les Néophytes, et un témoignage irréfragable des véritez de la Foy, que prêchoient les Missionnaires de la Compagnie de Jésus. »

(4) L'œuvre du P. Du Halde a été jugée, par les missionnaires même de la Compagnie de Jésus, de la façon la plus diverse. Tandis que le P. de Mailla dans une lettre de 1739 adressée au P. d'Anthon, la caractérise « d'ouvrage plein de faussetés et d'erreurs grossières » *(Histoire générale de la Chine.* Tom. I, p. CXCV), le P. Kao fait du célèbre compilateur le plus magnifique éloge. Suivant lui, « de tous les Ecrivains qui ont écrit sur la Chine, Duhalde est, sans contredit, celui qui a eu des Mémoires plus travaillés, plus sûrs et plus abondans; et quoiqu'il n'ait jamais vu la Chine que de son cabinet, il a si bien su se mettre à son vrai point de vue, que, s'il n'a pas toujours trouvé dans ces Mémoires tout ce qui y étoit, il n'a jamais mis ses idées à la place de ce qu'il a trouvé, et l'a présenté au lecteur avec une précision et une clarté qui lui sauvent tous les faux-jours des préjugés. Aussi plus son ouvrage comptera de siècles, plus il croîtra en réputation... » *(Remarque sur un écrit de M. Paw* dans les *Mémoires.* Tom. II, p. 165).

(5) *Op. cit.*, Tom. III, pp. 66/69.

(6) *Ibid.*, p. 66.

(7) Il était faux qu'on eût « trouvé dans des Manuscrits Orientaux et dans quelques Livres Arabes des preuves de cette entrée de Prêtres dans la Chine ».

de ses informations et sa traduction abrégée lui sont fournis par les *Mémoires* du P. Le Comte.

C'est d'après les mêmes sources que, cinquante ans plus tard, l'abbé Grosier (1) faisait une mention très succincte de la Stèle (2).

Cependant ce demi-siècle avait apporté à la science plus d'une information utile. Visdelou et Gaubil, dont les recherches devaient voir le jour si tardivement, avaient depuis longtemps emprunté aux *Annales* de la Chine nombre de détails curieux, qui jetaient de nouvelles lumières sur les faits historiques relatés dans l'inscription chrétienne. Sous le titre d'*Observations* (3), Visdelou avait traduit de l'Histoire (書) des 後漢, des 魏 et des 唐 (4) les notices relatives au Royaume de *Ta-ts'in* 大秦國 (5). C'était la première fois qu'on utilisait les Mémoires historiques de la Chine pour identifier la patrie d'Olopen et de ses compagnons, et bien que les conclusions de notre auteur nous paraissent inadmissibles, lorsqu'il reconnaît l'Empire Romain dans cette dénomination de *Ta-ts'in* (6), il faut pourtant lui savoir gré de ses recherches. De tous ceux qui s'essayèrent ensuite sur les mêmes textes, il restait encore, de l'aveu d'un critique autorisé, malgré de nombreuses méprises, de beaucoup le meilleur interprète (7).

A la suite de ces *Observations*, Visdelou donne sous forme de *Notes* (8) des éclaircissements sur ces « Traditions » historiques ainsi que sur le Monument (9). Nous aurons plus d'une fois l'occasion d'en parler dans la troisième Partie; pour le moment, il nous suffira, pour les apprécier d'une façon générale, de dire que ces

---

(1) Le Père Grosier (1743-1823) avait auparavant publié l'Histoire de Chine du Père de Mailla.

(2) *Description générale de la Chine, ou Tableau de l'état actuel de cet Empire*. Paris, 1785, pp. 67, 68.

(3) *Op. cit.*, pp. 172/175.

(4) *Extrait du Chap.* 78... *des Traditions des derniers* Han *du Royaume de* Ta-çin. — *Extrait du Chap. neuvième* (90)... *des Traditions des derniers* Veï. — *Extrait du Chap.* 146... *des Traditions réglées de l'Histoire de la Dynastie* Tham. — Le texte original de ces extraits se trouve dans l'ouvrage *China and the Roman Orient* de F. Hirth, pp. 99/107 [E, I, L]; la traduction du même auteur se voit pp. 40, 48, 56 du même ouvrage.

(5) Suivent quelques détails de moindre importance, tirés de la *Relation des Royaumes étrangers* et de la *Géographie* universelle, sur les produits de « la grande çin », et sur « le Royaume des Pigmées situé au sud de la grande çin ».

(6) F. Hirth qui avoue avoir partagé d'abord ce préjugé, rappelle que cette théorie fut encore soutenue par de Guignes, et plus récemment par Bretschneider, Edkins et Richthofen (*Cf. China and the Roman Orient*, p. 4).

(7) *Ibid.*, pp. 18, 30.

(8) *Op. cit.*, pp. 175/190.

(9) Les premières répondent aux lettre a, b, c, d, e, f. Celles de la seconde catégorie sont au nombre de 34; toutes à l'exception de deux se réfèrent à l'inscription, et sont divisées par l'auteur en Notes Historiques, Grammaticales et Géographiques.

notes contiennent bon nombre de renseignements utiles, mêlés à plusieurs conjectures erronées (1).

Le Père Gaubil (2) a, suivant nous, exercé une critique plus sûre, dans les nombreuses remarques qu'il nous a transmises. Son *Abrégé de l'Histoire chinoise de la Dynastie des Tang* présente sous forme de notes une série de documents des plus intéressants. Cet ouvrage, terminé avant 1753, avait été envoyé par l'auteur au P. Berthier, comme en fait foi une attestation du P. J. L. Desrobert, alors « supérieur de la Mission de la Chine à Péking », en date du 24 Mai de cette même année (3). Ce précieux manuscrit tomba dans la suite aux mains de l'académicien de Guignes, qui le communiqua à l'éditeur des *Mémoires* (4). Une partie (jusqu'à l'année 710) fut imprimée à la fin du 15ᵉ Volume (1791) de cette collection ; ce n'est qu'en 1814 que parut le reste de cet ouvrage, grâce au zèle éclairé de Sylvestre de Sacy aidé d'Abel-Rémusat.

Cette excellente étude, fruit d'une érudition sûre et étendue, à laquelle cependant une certaine rudesse de style attira jadis les reproches conventionnels et exagérés d'obscurité, nous a fourni d'utiles matériaux pour nos recherches. Outre les nombreuses notes critiques parsemées dans le corps de l'ouvrage, relatives au monument de *Si-ngan-fou*, le P. Gaubil a donné en appendice (5) plusieurs observations importantes, dont nous profiterons en en faisant honneur à leur auteur. Ce dernier nous prévient qu'il a puisé aux meilleures sources cette histoire pleine « de choses curieuses et de grands évènemens » ; il l'a tirée « des Histoires des Dynasties *(Nyen-y-sse)*, de l'Histoire chinoise de *Sse-ma-koang*,

---

(1) De ce nombre est l'affirmation suivante, relative à *Kouo Tse-i:* « L'Auteur du Monument ne touche que ses vertus chrétiennes ; car il paroît qu'il fut chrétien. » (Not. 27) Et encore cette autre, tendant à identifier 不空 *Pou-k'ong* et 伊斯 *I-se* : « Que sait-on si ce *Pukhum* (Bonze Barbare, mort l'an 774) n'est pas celui-là même que l'Auteur du Monument nomme *Y-sû ?* » D'autre part, Visdelou fait de *I-se* un « Prêtre chrétien », ou il admet tout au moins qu'il « embrassa l'état religieux » (pp. 183, 190).

(2) Le Père Antoine Gaubil 宋君榮 *Song Kiun-yong* (奇英 *K'i-yng*), né à Gaillac en 1688, entra dans la Compagnie en 1704. Arrivé en Chine en 1722, il mourut à Péking le 24 Juillet 1759, après une carrière non moins remplie pour la science que pour l'apostolat. De Guignes, qui s'est beaucoup servi des travaux du P. Gaubil (il lui a notamment emprunté, comme il le reconnaît, son Histoire des Mongous) l'appelle « l'un des plus habiles Missionnaires Jésuites que nous ayons à la Chine » (*Hist. gén. des Huns*. Tom. III, p. 2, not. *a*). Dans une Lettre adressée en Décembre 1757 au *Journal des Sçavans*, le même auteur proteste de nouveau qu'il regarde « le P. Gaubil comme le plus sçavant Missionnaire que nous ayons » et dont l'autorité lui sera toujours d'un grand poids (*Op. cit.* T. IV, p. 359).

(3) *Mémoires*. Tom. XVI, p. VJ.

(4) *Ibid.*, T. XV, pp. III et 399, not 1.

(5) *Additions à l'Histoire de la grande Dynastie Tang*. III. *Sur le monument de la religion chrétienne*, dans les *Mémoires*. Tom. XVI, pp. 378/383.

VI. ANNOTATEURS.

de l'Histoire appelée *Tong-kien-kang-mou,* et de celle qui est intitulée *Li-tay-ki-che-nien-piao* (1).» Déjà, dans son *Histoire abrégée de l'Astronomie Chinoise* (2) parue en 1732, Gaubil avait fait d'heureux rapprochements entre l'arrivée d'*Olopen* et les services probables qu'il rendit aux mathématiciens de la Cour impériale(3); il avait indiqué les relations de la Chine avec l'Occident (4), et redressé la date du monument chrétien, faussement interprétée par ses devanciers (5).

Joseph de Guignes (6), qui usa largement des manuscrits du P. Gaubil et s'attribua plus d'une fois le mérite des découvertes faites par le savant missionnaire dans le domaine de l'histoire chinoise (7), est revenu à plusieurs reprises sur le monument de

---

(1) Il y avait longtemps que Gaubil nourrissait le projet d'écrire cette histoire. « Ce qu'elle rapporte sur la Religion Chrétienne, sur le Mahométisme et les Khalifes, sur la destruction de l'Empire de Perse, les guerres des Turcs et autres Tartares, sur la puissance des Chinois à *Hami, Turphan,* la rivière *I-li,* le Royaume de *Casgar,* sur plusieurs expéditions des Chinois vers le N. E. de Cachemire, dans la Transoxane,... etc., lui paroissoit digne d'être traduit en notre langue. » — C'est également à Gaubil que nous devons la réduction des jours « marqués en chinois ».

(2) Cette Histoire et les Dissertations qui la suivent composent le Tom. II des *Observations mathématiques, astronomiques, géographiques, chronologiques et physiques, Tirées des Anciens Livres Chinois, ou faites nouvellement aux Indes, à la Chine et ailleurs, par les Pères de la Compagnie de* JÉSUS, Rédigées et publiées par le P. Etienne Souciet.

(3) *Op. cit.,* pp. 72, 73, 123, 124.

(4) *Ibid.,* pp. 96, 118, 119.

(5) *Ibid.,* p. 136. — L'*Histoire de Gentchiscan* et le *Traité de la Chronologie Chinoise* renferment peu de détails utiles pour notre étude. Le dernier de ces deux ouvrages identifie « le pays de *Ta-tsin* », où « *Lao-kun,* chef de la secte de *Tao* », aurait fait un voyage, avec « ces vastes pays situés entres la mer Caspienne et la Méditerranée, comme une bonne partie de la Perse, la Mésopotamie, l'Arménie, la Syrie, la Judée, etc. *(Op. cit.,* Paris, 1814, p. 132). Le premier revient sur cette notion géographique *(Op. cit.,* Paris, 1739, p. 131); ailleurs *(ib.,* p. 136), il mentionne le royaume de *Fou-lin,* puis rappelle en plusieurs occasions, que les chrétiens ont été vraisemblablement confondus en Chine, soit avec « les Bonzes Occidentaux » (p. 107), soit avec les Mahométans (p. 157); enfin il note que « dès le temps des *Han,* les peuples des Indes, de Perse, d'Arabie et d'ailleurs venaient par mer à la Chine » (p. 197).

(6) 1721-1800. Son fils (1759-1845) s'appropria, comme on sait, le Dictionnaire du P. Basile de Glémona.

(7) Pour cette question « de priorité, et peut-être d'honnêteté littéraire », nous renvoyons le lecteur à l'excellent article que le P. J. Brucker a fait paraître dans la *Revue des questions historiques* (1er Avril 1885), sous le titre *La Chine et l'Extrême-Orient d'après les travaux historiques du P. Antoine Gaubil.* Au paragraphe quatrième de cette étude (*L. cit.,* pp. 525/530), intitulé «Gaubil et de Guignes», l'auteur fait remarquer que «si aux écrits imprimés de notre missionnaire *(Hist. de Gentchiscan,* 1739) on ajoute le *Traité de la chronologie chinoise* et l'*Histoire des Tang,* que de Guignes, devenu membre de l'Académie en 1753, a eus certainement entre les mains assez longtemps avant de publier son *Histoire des Huns,* on s'aperçoit que Gaubil lui a ouvert la voie sur presque tous les points. » En effet l'*Histoire* de de Guignes parut de 1756 à 1758, or « l'Académie des Inscriptions avait reçu le

Si-ngan-fou et sur l'évangélisation de la Chine dans les premiers siècles de l'ère chrétienne. Mais malgré la solennité de ses communications sur ce sujet, je ne trouve aucun renseignement original, qu'il ait vraiment tiré de son propre fond : là surtout où il affecte d'avoir jeté plus de lumière sur les origines du christianisme en Chine, il tient soigneusement dans l'ombre le nom de ses inspirateurs. On pourra s'en convaincre en lisant sa fameuse lettre de Décembre 1757 au *Journal des Sçavans*. Dans ce mémoire justificatif où de Guignes essayait de se laver du reproche de plagiat, insinué par un rédacteur des *Mémoires de Trévoux* (1), le vaniteux Académicien s'étonnait avec une rare candeur de l'ignorance des missionnaires sur deux points qu'il déclarait avoir enfin éclaircis. L'un concernait l'identification faite par les livres chinois de *Fo* (*Fou* 佛) avec Jésus-Christ, l'autre était relatif aux religieux de *Ta-ts'in* sécularisés par le décret de 845 (2).

Traité de la chronologie dès 1750 et l'*Histoire des Tang* en 1754. » — De plus, comme l'avait déjà fait remarquer Rémusat, l'*Histoire de la grande Tartarie* de Visdelou, de beaucoup antérieure au premier essai de de Guignes, a dû servir à ce dernier « de premier guide pour déchiffrer les Annales de la Chine... » Et pourtant l'Académicien ne nomme jamais son guide !

(1) *Mémoires pour l'histoire des sciences et beaux-arts*. Oct. 1750, 2ᵉ Vol., p. 2655.

(2) «J'avoue que je suis surpris que la remarque sur Fo n'ait pas été faite plutôt. Cette connoissance, en apparence peu importante, étoit nécessaire pour la défense des Missionnaires. Personne n'ignore que dans ces derniers tems on a découvert à la Chine un monument de pierre qui contient, en langue Chinoise, tous les principes du Christianisme, et qui prouve d'une manière incontestable que la Religion Chrétienne y a été très-florissante dans le septième siècle. Ce monument a été autrefois élevé par des Nestoriens. Lorsqu'on en eut connaissance en Europe, les Protestans sur tout, et quelques-uns de nos Ecrivains modernes déclarèrent qu'il était supposé par les Missionnaires ; ils se servoient même de leur témoignage pour le prouver, parce que ceux-ci avouoient qu'on ne trouvoit dans les Annales aucune trace qu'il y eût eu des Chrétiens à la Chine. Le silence des Annales, où l'on écrit avec soin tout ce qui regarde l'Empire, paroissoit d'une autorité d'autant plus grande, qu'il est rapporté dans le monument, que plusieurs Empereurs avoient tellement protégé les Chrétiens, qu'on seroit tenté de croire qu'ils avoient embrassé le Christianisme. J'ai été curieux de vérifier ce fait dans les Annales, et j'ai vû que dans le tems qu'on éleva ce monument, il y avoit suivant les Livres des Chinois les plus authentiques, un si grand nombre de Chrétiens, qu'un Empereur crut devoir arrêter le progrès de leur Religion. Il publia un Edit très-sévère qui est traduit et imprimé dans le Recueil du P. du Halde, sans qu'on se soit apperçu qu'il concernoit les Chrétiens, parce que ceux-ci y sont appellés Bonzes de Ta-tsin. Il n'y avoit que cette réflexion à faire, que le Ta-tsin étant l'Empire Romain, où il n'y avoit jamais eu de Bonzes Indiens, cet Edit devoit regarder les Chrétiens. En effet, les Nestoriens, auteurs du monument, ne prennent que le titre de Bonzes du Ta-tsin. De-là il résulte que les Chinois ont désigné les Chrétiens sous le nom de Bonzes, et J. C. sous celui de Fo. J'en ai donné des preuves dans un Mémoire particulier: il ne m'a pas fallu faire de grandes recherches dans les Annales pour en trouver; et j'en ai rapporté dans mon Ouvrage qui constatent que long-tems auparavant le Christianisme avoit pénétré dans la Chine. » (*Hist. génér. des Huns*. Tom. IV, pp. 359, 360)

Ces soi-disant découvertes avaient été pompeusement annoncées au monde savant dans un Mémoire lu à l'Académie (1). De Guignes y développait avec emphase sa prétention à la priorité de découverte, pour le parti à tirer du décret de 845 : «Il paraitra sans doute surprenant, écrit-il, que l'on n'ait pas encore fait jusqu'à présent usage de cette pièce, qui se trouve traduite et imprimée dans le recueil du Père du Halde : elle existe en original dans un magnifique recueil qui est à la Bibliotheque du Roi, et dont je me suis servi pour faire quelques remarques et m'assurer de la traduction (2).... Il résulte de cette ordonnance qu'il y avoit alors à la Chine des bonzes du *Ta-tsin;* cette preuve est sans réplique. Il résulte encore que mal à propos on a avancé qu'il n'étoit fait aucune mention des Chrétiens dans les Annales... C'est donc en vain que l'on s'est appuyé du silence des Annales, au sujet des Chrétiens, pour attaquer l'authenticité du monument Chinois... (3).» Il fallait à notre auteur un esprit bien distrait ou une audace peu commune pour oser écrire ces choses, après cette note du P. Hervieu, insérée sous le nom de *Ta-tsing* au bas de la traduction servilement copiée par lui : «Plusieurs Européans prétendent que *Ta-tsing* est la Palestine ; ce qui est certain, c'est qu'un monument qui subsiste encore, prouve, que sous la dynastie *Tang,* il vint en Chine des Prêtres Chrétiens qui eurent des Églises en plus d'un endroit et vivoient en communauté; on ne peut gueres juger par ce monument, s'ils étoient Catholiques ou Nestroiens (4).» Mais c'était surtout dans les manuscrits de Gaubil (5) qu'il avait dû puiser sur cette intéressante question, des connaissances qu'il affecta longtemps d'avoir tirées de son propre fond. N'est-ce point dans les mêmes ouvrages (6) qu'il avait pris l'idée

---

(1) Il porte pour titre *Recherches sur les Chrétiens établis à la Chine dans le VII⁰ Siècle,* et se trouve dans les *Mémoires de Littérature tirés des Registres de l'Académie Royale des Inscriptions et Belles-Lettres, depuis l'année* M.DCCLVIII, *jusque et compris l'année* M.DCCLX. Tom. XXX, 1764, pp. 802/815.

(2) *Op. cit.,* p. 810. — De Guignes a, paraît-il, trouvé la traduction du P. Hervieu si réussie, qu'il n'y a absolument rien changé ! Il s'est borné simplement à y remplacer *Ouan* (萬 *Wan*) par dix mille, dans le corps même de l'Edit, tandis que du Halde avait donné en note cet équivalent.

(3) *Ibid.,* pp. 812, 813.

(4) *Description* etc. Tom. II, p. 497, not. *d.*

(5) *Abrégé de l'Hist. Chin. de la grande dyn. des* Tang. *Mémoires.* Tom. XVI, pp. 225/230.

(6) Dans son *Hist. de Tang,* p. 229, 10°, voici ce qu'écrivait Gaubil : «On confond aisément à la Chine le nom de Dieu avec celui de *Fo*. En parlant de l'empire des Grecs, les Chinois disaient autrefois que *Fo* y était honoré. On dit souvent encore aujourd'hui la même chose de Manille et des Russiens. Beaucoup de Chinois habiles, soit anciens, soit modernes, n'ont nullement voulu désigner par le caractère *Fo*, cette idole indienne appelée *Fo*, mais en général ce qui est objet d'un culte religieux, sans trop examiner quel est l'objet de ce culte religieux.» — Dans la notice spéciale qu'il a consacrée au monument (*Ibid.,*

de l'identification admise par les auteurs chinois de *Fo* avec Jésus-Christ? Cette confusion, dont il fait sa thèse favorite, revient à chaque instant sous sa plume (1), mais il n'y a de lui dans cette thèse que l'abus manifeste qu'il en a fait, en considérant comme Chrétiens, les Indiens qui importèrent en Chine sous *Ming-ti* (明帝) la religion de *Fo* (2). Cette fiction hardie et brillante, restée sans preuves jusqu'à nos jours, est en définitive le seul élément original introduit par de Guignes dans la question des origines du christianisme en Chine.

---

pp. 379/381, 3°), Gaubil prouve cette confusion par les détails les plus circonstanciés : « Il y a apparence que l'histoire confond les bonzes avec les religieux ou prêtres de *Ta-tsin*, le nom de *Fo* avec celui de J.-C., les temples d'idoles avec les églises ; et cela peut regarder non seulement ces empereurs dont parle le monument, mais encore leurs successeurs. L'histoire Chinoise dit qu'à Manile on honore *Fo* ; que les Portugais honorent *Fo* ; qu'ils ont des temples de *Fo* ; qu'un *Seng* ou *Cheng* (c'est le même caractère qui désigne un bonze) est présent au temple de *Fo*...; que dans le royaume des Grecs on voit des monnaies d'or et d'argent, où d'un côté est la figure de *Fo* et de l'autre le portrait du roi, et que le roi va au temple de *Fo*. La notice chinoise du royaume des Russiens dit que les Russiens honorent *Fo*. Par là, on voit que les Chinois, par le caractère *Fo*, entendent une divinité représentée par une image ou statue...» Tous ces détails rapprochés du Mémoire de de Guignes ne laissent aucun doute sur la source qui a inspiré ce dernier. — Depuis longtemps du reste, Gaubil avait émis cette opinion (*Cf. Hist. de Gentchiscan*, p. 136, not. 1), à propos d'un médecin de *Houpilay*, originaire de *Fou-lin* ; et de Guignes ne pouvant cacher cette fois son emprunt, l'avait avoué au cours de son Mémoire.

(1) On lit, par exemple, dans le *Mémoire*, les paroles suivantes : «Les historiens Chinois, toujours peu instruits de ce qui regarde les étrangers, ont dû confondre ces Chrétiens (Nestoriens) avec les bonzes... Le fondateur de ce monument ainsi que tous ceux qui ont signé, y prennent le titre de *Sem*, nom sous lequel on désigne ordinairement les bonzes de *Fo* ou Pagodes... Un historien chinois nous apprend que le prince de *Fou-lin* se rend tous les ans... dans le temple de *Fo* ; que les monnaies de ces pays sont d'or et d'argent, qu'elles portent la figure de *Fo* avec le nom du prince régnant...» *Cf. op. cit*., pp. 804, 809, 810. — L'*Histoire des Huns* fait plusieurs fois allusion à ces passages du Mémoire. *Cf*. Tom. I. P. Iᵉ, p. 30, not. *a ;* P. IIᵉ, p. 234, not. *a*.

(2) «L'an 65 la Religion de *Fo* est introduite à la Chine. Cette religion etoit établie dans la partie de l'Inde où est aujourd'hui le Mogol. Je pense que c'est le Christianisme. — On n'eut alors qu'une idée confuse de la religion de *Fo*, et ce n'est que dans la suite qu'elle a été plus en vogue, et que l'on peut distinguer la religion de l'Inde d'avec le Christianisme : mais c'est probablement de cette dernière dont l'Empereur avoit entendu parler, et dont il eut connaissance par les Chrétiens qu'on lui amena de l'Inde, et non par des Bonzes, comme on le prétend communément.» (*Hist. des Huns*. Tom. I. P. 1ᵉ, p. 30 et not. *a*) — Ailleurs (P. 2ᵉ, p. 233), après avoir analysé «un ouvrage de Fo que les Samanéens apporterent avec eux, qu'ils traduisirent en Chinois, et qui s'est conservé jusqu'à présent», de Guignes voit dans la doctrine qu'il enseigne, «un Christianisme tel que les Hérésiarques chrétiens du premier siécle l'enseignoient... Ce livre même pourroit être du nombre de ces faux évangiles qui couroient alors.» — Gaubil a signalé, en les désapprouvant, ces excès de critique (*Cf*. Lettre à M. de L'Isle, 28 Août 1752, dans les *Lettres édif*., Edit. Aimé-Martin. Tom. IV, pp. 65, 66.

VI. ANNOTATEURS.

Vers la même époque, un autre Académicien, Le Roux des Hautesrayes (1), éditeur avec l'abbé Grosier de l'*Histoire générale de la Chine* du Père de Mailla (2), dans une note qu'il inséra sous l'année 781 (3), faisait une discrète allusion au parti qu'on pourrait tirer de cette confusion dont nous avons parlé plus haut (4). Cet auteur n'a pas, que nous sachions, réalisé la promesse qu'il avait faite alors de «revenir sur cette matière» (5).

Les Pères Amiot et Cibot n'ont parlé qu'incidemment dans leurs *Mémoires*, de notre monument. Le premier est plusieurs fois revenu sur ce sujet dans ses *Portraits des célebres Chinois;* mais bien qu'il se soit proposé «d'examiner en critique les differens points de l'Histoire ayant quelque rapport avec ledit Monument» (6), on doit lui reprocher une trop grande crédulité dans les conjectures qu'il énonce. «On peut, d'après lui, conjecturer que l'Impératrice épouse de *Tay-tsoung* pratiquoit secrétement la Religion chrétienne dans l'enceinte de son Palais... Ce fut de son tems que le Christianisme fut prêché, pour la premiere fois, à la Cour Chinoise... près d'une année avant la mort de cette vertueuse Princesse... Ses vertus, ce qu'elle dit à son fils lorsqu'elle était sur le point de mourir... fournissent quelques lumières sur ce point, qui n'est pas d'une petite importance (7).» — Ailleurs, parlant des «Prêtres de la Religion chrétienne, auxquels *Hiuen-tsoung* ordonna d'aller faire leurs prières dans le *Hing-king-koung»*, le P. Amiot, dit «qu'on peut supposer (ce palais) avoir été une Eglise à l'usage des Chrétiens», ou tout au moins «qu'il y avoit là une Eglise destinée aux exercices particuliers des Prêtres etrangers» (8). Dans ce Palais, poursuit-il «il y avoit des Prêtres de la Religion chrétienne, avec lesquels l'ancien Empereur *(Hiuen-tsoung)* vivoit très-familièrement; il paroit même que ce Prince se montrait souvent à la multitude des Chrétiens... (9).» Plus loin (10), le même écrivain considère comme «presque certain que *Kouo-tsee-y*

---

(1) 1724-1795.
(2) Publiée à Paris de 1777 à 1783.
(3) *Op. cit.* Tom. VI (1778), pp. 319, 320.
(4) «Les Bonzes Chinois sont venus des Indes et d'autres pays situés à l'occident de la Chine, et les Chrétiens qui sont venus ensuite ont été confondus avec eux. On voit par ce monument que ces derniers ne se distinguent eux-mêmes que par le pays de leur origine, *les Bonzes de Ta-tsin*. Je fais cette remarque pour faire pressentir qu'il peut être question des Chrétiens aussi-bien que des Bonzes idolâtres dans plusieurs endroits de l'histoire de la Chine, où il semble qu'on parle uniquement de ces derniers.»
(5) Il n'en dit plus qu'un seul mot, à propos de l'Édit de 845 (*Ibid.*, p. 489, not.). Des Hautesrayes tenait pour le Nestorianisme d'O'epen et de ses compagnons.
(6) *Mémoires.* Tom. V (1780), p. 350.
(7) *Ibid.*, pp. 124, 153.
(8) *Ibid.*, pp. 354/356.
(9) *Ibid.*, p. 401.
(10) *Ibid.*, p. 415.

a connu et honoré le vrai Dieu, puisqu'il a contribué de son crédit et de ses richesses à élever des temples en son honneur...» Enfin il va jusqu'à émettre l'opinion que «plus de mille sept cens *Miao*», réduits en cendres par le Gouverneur du *Ho-nan* dans sa seule province, «étoient probablement consacrés à un culte plus récent, tel que celui qui avait été apporté trente-trois ans auparavant par *Olopen* et ses compagnons... (1).» Toutes ces hypothèses ont le grave défaut de n'être pas prouvées. Le P. Amiot en les formulant s'est visiblement laissé entraîner par l'exemple de de Guignes, dont il cite avec une admiration peu justifiée le trop fameux Mémoire (2).

Quant au P. Cibot, c'est plus légèrement encore qu'il a abordé notre sujet (3). Georges Pray (4) et d'autres auteurs de cette époque qu'il est inutile de nommer, n'ont également fait que mentionner en passant, le fait de la prédication chrétienne. De son côté, le Fr. Castorano n'avait accompagné sa traduction que de quelques notes insignifiantes, dont plusieurs erronées (5).

Il est assez curieux de constater le silence de plusieurs historiens ecclésiastiques de cette époque, sur le fait qui nous occupe. Dom Calmet, dans son *Histoire universelle*, Baronius dans ses *Annales ecclésiastiques*, Fleury dans son *Histoire ecclésiastique*, ne font pas même mention de l'évangélisation de la Chine au VIIe Siècle. S'étaient-ils laissé influencer par les préventions qui régnaient alors contre la bonne foi des missionnaires de la Compagnie? Cela nous parait d'autant plus probable, qu'ils ne pouvaient ignorer les travaux contemporains d'Assémani (6). Le témoi-

---

(1) *Ibid.*, pp. 313, 314.

(2) Il le traite de «savant, d'excellent Mémoire » (*Ibid.*, pp. 124, 153). Il y renvoie même le lecteur, pour «avoir la clef de bien des expressions chinoises, auxquelles, faute de cette clef, on donne un tout autre sens qu'elles n'ont » (p. 330). Cet engouement suppose que le missionnaire ignorait les travaux de Gaubil. — Ajoutons qu'à l'exemple du même maître, le P. Amiot voyait des Nestoriens dans les Chrétiens de cette époque (p. 195).

(3) Notamment dans une *Note* (46) déjà citée par nous de son *Essai sur la langue des Chinois* (*Mémoires*. Tom. VIII (1782), pp. 233, 234), puis dans son *Parallele des Mœurs et Usages des Chinois, avec les Mœurs et Usages décrits dans le livre d'Esther* (*Mémoires*. Tom. XV (1791), pp. 198/202) Dans cette dernière étude, le P. Cibot tâche d'identifier le *Ta-tsin* de l'époque des *Han* avec la Perse. Il regarde du reste comme «assez vraisemblable que les mots *Ta-tsin* seront devenus (à la suite de différentes relations) un mot général, sous lequel on aura confondu différens pays, comme la Judée, Constantinople, la Perse, etc.»

(4) *Historia Controversiarum de Ritibus Sinicis*. Pesth, 1789, pp. 2, 3.

(5) Telle est par exemple la double mention du 1er de la 1e Lune 782, et de l'année 1570, pour les dates de l'érection et de la découverte du monument. Cf. *Le Missioni Francescane*. N° du 28 Février 1893, p. 91.

(6) Les *Annales* de Baronius parurent de 1738 à 1758. Au Tome VI de son *Histoire* (1740, pp. 316, 317), Dom Calmet se borne à citer, d'après Assémani, les progrès du Nestorianisme «dans l'Arabie, l'Egypte, la Médie et jusques dans les Indes».

gnage du célèbre Maronite valait du reste mieux pour la défense de la stèle chrétienne que celui d'auteurs sans compétence (1).

Sous le titre *De Monimento Syro-Sinico*, il a publié (2) en trois parties (3) une assez longue étude du «très célèbre monument». Les deux premières, dépourvues d'originalité, et simple résumé des «observations érudites» faites par ses prédécesseurs, affirment du moins avec autorité la croyance de l'auteur à l'authenticité de la Stèle. Le *Prodromus* de Kircher et les *Relations* de Renaudot sont les seules sources auxquelles il renvoie le lecteur pour appuyer ses affirmations. La 3e partie de son œuvre, réservée à l'inscription Syriaque, et dont nous avons déjà parlé, suppose en outre la connaissance de la *China illustrata*, qu'elle prend souvent à partie. De plus, Assémani en nous donnant un Tableau des sièges métropolitains soumis au patriarche des Nestoriens, et dressé par Amri, écrivain Nestorien du XIVe Siècle (4), révèle sous les numéros 12 et 13 dudit Tableau l'existence d'un double siège de ce genre pour la Chine et pour les Indes. Ailleurs enfin (5), il nous donne d'intéressants détails sur les rapports des métropolitains de l'Extrême-Orient avec leur Patriarche Nestorien.

Nous pourrions nommer encore de nombreux écrivains qui, au cours du XVIIIe Siècle, reconnurent l'authenticité du monument (6), mais pour ne point rendre trop long cet exposé, termi-

---

(1) Lequien, dans son *Oriens Christianus, in quatuor patriarchatus digestus, quo exhibentur ecclesiæ, patriarchæ, cœterique præsules totius Orientis*. Paris, 1740. Tom. II, col. 1265 et seqq., nous donne d'assez maigres détails sur l'inscription, dont il admet du reste sans hésitation l'authenticité. — Michel Lequien, né à Boulogne-sur-Mer en 1661, entra à vingt ans chez les Dominicains. Hébraïsant fameux, il cultiva avec succès le grec et l'arabe, et se lia avec plusieurs savants de cette époque. Il mourut en 1733, avant l'achèvement de l'impression de son *Oriens*.

(2) *Op. cit.*, Tom. III, P. II, C. IX, § VII, pp. 538 seqq.

(3) I. *Monimenti Syri-Sinici reperti tempus, locus, versiones.* — II. *Inscriptio Sinica monimenti lapidei.* — III. *Inscriptio Syriaca ejusdem monimenti.* — Assémani avait annoncé cette évangélisation de la Chine, par des prédicateurs «non de la Palestine, mais de l'Assyrie ou de la Chaldée», dès le Tom. II, C. XLII, pp. 245 et seqq., où il traite de *Gregorius Bar-hæbræus qui et Abulpharagius, primas Orientis*.

(4) *Op. cit.*, Tom. II, p. 458.

(5) *Op. cit.*, Tom. II, P. II De Syris Nestorianis, § III Christiani S. Thomæ in Indiâ, IV Metropolitanus et Episcopi Indorum.

(6) Par exemple, en Allemagne, Albert Fabricius, qui dans son ouvrage : *Salutaris lex Evangelii toti orbi per divinam gratiam exoriens*. Hambourg, 1731, C.XXXIX *De Christianismi originibus et successibus in regno Chinensi*, p. 658, admet avec Renaudot l'authenticité de la Stèle et expose les différentes opinions sur le lieu d'origine des prédicateurs chrétiens de la Chine. En Italie, Gemelli Careri, dans son *Voyage autour du monde*, Trad. de L. M. N. Paris, 1719. L. IV. C. V. *La dernière persécution de la religion catholique dans la Chine, et son heureux rétablissement*, p. 172, soutint la même thèse. En France, l'abbé Grosier, dans sa *Description générale de la Chine*. Paris, 1785, pp. 67, 68.

nons-le en citant un dernier document emprunté au *Journal des Sçavans*. Il fait suite à la traduction de Visdelou dont nous avons parlé plus haut (1) et a pour titre : *Authenticité du monument Chinois concernant la religion Chrétienne* (2). «Cette pièce, lisons-nous dans une note préliminaire, a été rédigée d'après les notes de M. de Visdelou, par M. l'abbé M.... qui y a joint les connaissances particulières qu'il avait acquises sur ce sujet.» Ces «notes», et ces «connaissances» puisées surtout dans Gaubil, du Halde, et de Guignes leur plagiaire, ont fourni à l'abbé Mignot la matière d'un article solide, qu'on lirait encore avec intérêt et profit de nos jours. Après avoir réfuté quelques objections sans valeur, il s'attache surtout à démontrer «la conformité du monument chinois avec l'histoire de l'Église Nestorienne et avec celle de la Chine»; ce dernier point de vue lui donne l'occasion de venger la simplicité trop naïve des premiers missionnaires (3).

Pendant près d'un demi-siècle, les derniers travaux du XVIII° Siècle restèrent ensevelis dans le silence. «Les circonstances étaient peu favorables aux grandes entreprises littéraires.» Ce fut Abel-Rémusat (4) qui renoua les traditions interrompues. En 1814, il avait prêté son concours à Silvestre de Sacy, pour l'impression du *Traité de la Chronologie Chinoise* de Gaubil et de *l'Histoire de la Dynastie T'ang* du même auteur, et les connaissances qu'il avait puisées dans ce travail de collaboration l'avaient attaché à la question des origines du Christianisme en Chine. Aussi le voyons-nous, dès cette époque publier sur ce sujet divers articles que les *Mélanges Asiatiques* (5) réunissaient en 1825 et en 1829. L'un des premiers (6) revendique contre William Milne, l'authenticité de la Stèle; un autre (7) est consacré à *Olopen;* un troisième, auquel renvoie ce dernier, avait paru en Octobre 1821 dans le *Journal des Savans* (8). Vers le même temps J. Klaproth,

---

(1) *Cf.* p. 334.

(2) *Op. et loc. cit.*, pp. 397 à 410.

(3) *Le Journal des Sçavans*, publia encore en Août 1760 (pp. 509 à 526), un article sous ce titre : *Examen de la question : s'il y a eu des Chrétiens à la Chine avant le septième siècle ?*

(4) Abel-Rémusat (1788-1832), médecin et orientaliste, contribua par son influence à relever en France le goût des études chinoises.

(5) *Mélanges Asiatiques, ou Choix de morceaux critiques et de mémoires relatifs aux religions, aux sciences, aux coutumes, à l'histoire et à la géographie des nations orientales.* Tom. I. Paris, 1825. — *Nouveaux Mélanges.* Tom. II. Paris, 1829.

(6) *Coup d'œil sur les premières années de la mission protestante à Malaca*, dans les *Mélanges*. Tom. I, pp. 31 seqq.

(7) *Olopen, prédicateur du christianisme à la Chine*, dans les *Nouveaux Mélanges*. Tom. II. pp. 189, seqq. Cet article se trouve aussi dans la *Biographie universelle*, et dans les *Annales de Philos. Chrét.* Tom. IV p. 126, 1e Série.

(8) *Op. cit.*, pp. 598, seqq.

rapportait, en les faisant siennes (1), les observations de Rémusat. Et. Quatremère ne dédaignait pas davantage d'emprunter à ce dernier les arguments qu'il avait tirés de la liste syriaque, et de Saint-Martin donnait à ces remarques le poids de son autorité (2).

Mentionnons pour mémoire le témoignage d'un Académicien français, le Marquis de Fortia d'Urban (3), très favorable à l'authenticité, malheureusement non moins distrait lorsqu'il cite ses sources. C'est ainsi par exemple, qu'il assigne l'année 732 comme date de l'érection et qu'il fait l'honneur de la découverte au Père Ricci. D'une bien autre valeur sont pour nous les «éclaircissements», malheureusement trop rares, insérés par Reinaud dans sa *Relation* parue en 1845 (4). Outre l'adhésion qu'il donne à l'authenticité de l'inscription (5), il redresse les identifications de Renaudot, sur plusieurs points qui intéressent l'existence de la colonie chrétienne en Chine. Ainsi l'abbé avait à tort identifié *Cumdan* avec *Nan-king*, *Canfu* avec *Koang-tcheou*. Reinaud corrige ces erreurs, en plaçant *Khanfou* aux environs de *Hang-tcheou* (6), et en voyant dans *Khomdan* la ville de *Tchang-ngan* (7). De plus, il confirme, d'après une note de Stanislas Julien (8), le fait de la prise de *Hang-tcheou-fou*, relaté par Abou-Zeyd, ainsi que les massacres de chrétiens, sous l'année 879.

L'année suivante, F. Nève, professeur à l'université catholique de Louvain, publiait dans la *Revue catholique* (9) une étude sur la prédication chrétienne en Chine aux VII° et VIII° Siècles. Assez exacte dans son ensemble, elle n'offre d'original que le résumé d'une communication faite peu de temps auparavant par M. Reinaud à M. Ch. Lenormant (10) sur un texte du *Kitab-al-Fihrist*. Un moine de Nadjran, envoyé en Chine l'an 980, en était revenu bientôt après avoir constaté l'extinction du christianisme.

---

(1) *Tableaux historiques de l'Asie.* Paris, 1826, pp. 208, seqq.

(2) Lebeau, *Histoire du Bas-Empire.* T. VI, p. 69. Édit. de Saint-Martin, 1827.

(3) *Description de la Chine et des Etats tributaires de l'Empereur.* Tom. I. Paris, 1839, pp. 332, seqq.

(4) *Relation des voyages faits par les Arabes et les Persans dans l'Inde et à la Chine dans le IX° Siècle de l'ère chrétienne*, texte arabe imprimé en 1811 par Langlès; avec traduction française et éclaircissements par M. Reinaud. Paris, 1845.

(5) *Op. cit.* Tom. I. *Discours préliminaire*, pp. CXVII, CXXXI.

(6) *Ibid.* pp. CX, seqq.; CXXXIV, CXXXVII. *Chaîne des Chroniques*, pp. 63, 64. Tom. II. p. 40, not. 132.

(7) *Ibid.* pp. CXL. *Chaîne des Chroniques*, p. 65. Tom. II, p. 40, not. 133.

(8) *Ibid.* Tom. I, p. CXXXVII, not. 1. — Ce fait est rapporté d'après le 新唐書, 225° K., 3° partie, fol. 5.

(9) Nov. et Déc. 1846. L'article a pour titre : *Etablissement et destruction de la première chrétienté dans la Chine.*

(10) *Lettre concernant les antiquités de la Chine*, dans le *Correspondant*. Tom. XV, pp. 759/764. Sept. 1846.

F. Nève voyait dans ce récit l'indice de la «destruction de la première chrétienté dans la Chine».

C'est à bon droit que dans le même travail, le professeur de Louvain se montrait «surpris de voir par quelle espèce de raisons M. Pauthier cherchait à amoindrir la valeur du document (de la Stèle) dans sa *Description historique de la Chine*» (1). A cette époque Pauthier, dont l'évolution devait être si complète, trouvait «difficile, sans la meilleure volonté du monde, de découvrir dans l'inscription les doctrines du christianisme qui n'y est pas même nommé. D'ailleurs, ajoutait-il, nous avouons sincèrement que nous ne voyons pas l'importance que l'on a voulu attacher à ce monument, lequel, en admettant son authenticité, que nous n'avons aucun intérêt à contester, ne prouverait rien autre chose, selon nous, si ce n'est que des notions d'un christianisme bien vague auraient été portées en Chine sous le règne de *Taï-tsoung,* comme une foule d'autres notions religieuses avec lesquelles elles auraient été confondues.» — Nous avons dit plus haut (2) avec quel éclat G. Pauthier revint sur ce jugement trop dédaigneux. Une mention de la Stèle, découverte par lui dans la *Géographie impériale,* le convertit définitivement à la cause qu'il avait méconnue et en fit un des plus zélés défenseurs (3). Pour préluder à la nouvelle version qu'il préparait dès lors (4), il fit paraître en 1857 une série d'articles (5) sur «la réalité et l'authenticité de l'inscription chrétienne de *Si-ngan-fou*» (6). Nous ne pouvons leur accorder sans réserve les éloges trop absolus que leur a décernés le Dr J. Legge; toutefois tels qu'ils sont, ils constituent une œuvre vraiment originale, capable au moins à titre d'indications de mettre

---

(1) *L'Univers. Chine,* Paris, 1837, pp. 297 à 300. *Inscription de Si-ngan-fou.*

(2) *Cf.* pp. 50 à 54.

(3) *L'Univers. Chine moderne.* 1e Partie. Paris, 1848, pp. 107 et 108. *Monument syrien.* — *Cf. Ann. de Phil. chrétienne.* Tom. XII, p. 148 (I^e Série, 2de édit.), et Tom. VII, p. 150 (IVe Série).

(4) *Cf.* p. 339.

(5) Voici les titres de ces articles : Historique de la découverte. — Traductions européennes de l'inscription. — Critiques de l'inscription. — Témoignage officiel chinois de l'inscription. — Nouvelles critiques de sinologues européens. — Objections de Ern. Renan et St. Julien. — Examen et discussion raisonnée de ces objections. — Pourquoi les Annales chinoises ne parlent pas de l'inscription. — *Ta-ts'in* est l'Empire romain d'Orient, la Syrie. — Descriptions chinoises de *Ta-ts'in* et de *Fou-lin.* — Notice sur la Perse. — Résultat historique des recherches précédentes. — Des églises chrétiennes qui existèrent en Chine en même temps que des temples manichéens et guèbres. — Les chrétiens de Syrie se rendirent directement de Perse en Chine. — Édit de *Ou-tsong* (845). — Silence des *Chroniques générales du Chen-si.* — Silence de *Hiuen-ts'ang.* — Édit de *Hiuen-tsong* (745). — Note supplémentaire : Réponse nouvelle aux objections de Neumann, résumées par Fréd. de Rougemont (pp. 83 à 96).

(6) Dans les *Ann. de Phil. chrétienne.* IVe Série. Tom. XV, N°s 85, 88, 90 et Tom. XVI, N°s 92, 94. — Le titre complet de cet ouvrage est : *De la réalité et de l'authenticité de*

les chercheurs sur la voie, car je ne crois pas qu'on puisse accorder à cet auteur une plus grande confiance dès qu'il recourt aux sources chinoises, ses moindres traductions étant criblées des plus étranges contre-sens (1).

Avant que Pauthier eût publié ces articles, en 1854, l'abbé Huc qui devait lui aussi chanter un jour la palinodie, commençait à écrire sur le monument de *Si-ngan*. Il en citait quelques lambeaux de traduction, parlait de la conversion de *Kouo Tse-i* comme d'un fait avéré, et montrait «les fidèles en luttes fréquentes contre les bonzes et contre les nestoriens», insinuant ainsi qu'il s'agissait d'une colonie catholique (2). Trois ans après, revenant sur cette mention trop sommaire et sur le jugement précipité qu'il avait porté sur ces chrétiens, il accompagnait sa traduction de copieuses notes historiques et critiques faisant plus d'honneur à l'érudition facile qu'à l'esprit de critique du compilateur (3). Si même alors, «tout le porte à croire que *Kouo Tse-i* était chrétien», du moins il revient franchement à la thèse du nestorianisme, qu'il prétend même appuyer sur le texte de l'inscription.

Somme toute, cet exposé de l'abbé Huc reflète les qualités et les défauts ordinaires de l'écrivain: c'est une œuvre de vulgarisation, rien de plus (4). La seule chose qui pourrait nous y intéresser sont les «textes importants que St. Julien avait bien voulu mettre à sa disposition et qui prouvent que les lettrés du Céleste Empire n'ont pas dédaigné de s'occuper de ce monument.» Mais

---

l'inscription nestorienne de Si-ngan-fou, relative à l'introduction de la religion chrétienne en Chine dès le VIIe Siècle de notre ère. — Déjà les *Annales de Philosophie* avaient donné l'hospitalité au Mémoire de Marchal (*Op. cit.*, Tom. VII, pp. 142, seqq. IVe Série); mais nous avons suffisamment parlé de cette œuvre sans valeur (*Cf.* pp. 49, 337).

(1) Dans la *Revue de l'Orient*, Mai 1862, pp. 305 seqq., Pauthier revint sur la question des Nestoriens en Chine.

(2) *L'Empire chinois*. Tom. I. Paris, 1857 (3e édit). pp. 148 à 152.

(3) *Le Christianisme en Chine, en Tartarie et au Thibet*. Tom. I. Paris, 1857. Chap. II, pp. 48 à 93. — Voici le sommaire de ce Chapitre : I Découverte de l'inscription. — II Traduction. — III Etat de l'empire chinois à l'époque de l'érection du monument. — Affluence des étrangers en Chine sous la dynastie *Tang*. — IV Etude critique de l'inscription. — Patrie d'Olopen et des autres missionnaires au VIIe Siècle. — Caractères syriaques. — Doctrine nestorienne. — V Objections de Voltaire et de Milne contre l'authenticité de l'inscription. — Réfutation. — VI Authenticité du monument prouvée par les écrivains chinois. — Livres anciens et modernes. — Bonne foi des missionnaires. — Conclusion. — Au Tome II du même ouvrage (pp. 319 à 322), l'abbé Huc revient plus longuement sur la découverte de l'inscription qu'il rapporte d'après le récit de Sémédo.

(4) Nous devons ranger dans la même catégorie l'étude de M. C. de Harlez, sur *le Christianisme en Chine au VIIe Siècle* (*La Controverse et le Contemporain*. N^e du 15 Janvier 1889, pp. 21 à 36), trop hâtive et trop superficielle. Peut-être devons-nous attribuer à la non correction des épreuves plusieurs des fautes nombreuses qui déparent cette notice. Qui, par exemple, reconnaît dans ce «Chang-An (*sic*), chef-lieu du Linganfu (*sic*), au sud de la province de *Sze-Tchouen* (*sic!*)», la ville où fut découverte la Stèle? Qui reconnaît dans

ils nous sont déjà connus (1); en les fournissant au missionnaire historien, St. Julien, du même coup, rétractait une opinion qu'il avait longtemps soutenue (2), et devançait de quelques mois son antagoniste C. Pauthier, qui devait faire retomber sur l'abbé Huc les traits de sa mauvaise humeur.

Plus récemment, Dabry de Thiersant a repris la thèse abandonnée par l'abbé Huc et s'est efforcé, mais sans succès, d'affirmer le caractère catholique de l'inscription et de ses auteurs (3). C'était, nous assure l'auteur, «un rôle on ne peut plus délicat et difficile». Il l'était d'autant plus que c'était une opinion à *priori*, uniquement fondée sur ce fait qu'aucune locution de la Stèle n'est clairement nestorienne. Cet argument, purement négatif, ne pouvait prévaloir contre les preuves cent fois répétées de la prédication nestorienne à cette époque, dans l'Extrême-orient, preuves confirmées par la mention faite sur la Stèle du *Catholicos* Nestorien, de qui dépendaient les prédicateurs chrétiens de *Tch'ang-ngan* (4).

Ces dernières années ont apporté à cette thèse depuis longtemps commune et certaine de nouvelles confirmations, qui du même coup, corroborent l'authenticité de notre monument. M. Gustave Schlegel, qui avait déjà rendu service à la science en signalant le sens de l'expression 達娑 (5), croit avoir retrouvé, dans une stèle Ouïgoure du VIIIᵉ Siècle, la preuve de l'introduction du Nestorianisme chez les Ouïgours, en 732 (6).

Avant de passer aux auteurs de langue étrangère qui ont écrit sur la Stèle, mentionnons en passant les ouvrages d'histoire

---

«*Kai-tsong*» (sic) «le souverain régnant» à l'époque de l'arrivée d'Olopen?... Retenons une proposition utile : «L'exposé des dogmes ne laisse soupçonner aucune tendance nestorienne.» — Nous ne pouvons admettre avec M. de Harlez, adoptant trop facilement les critiques des *Trübner Records*, que J. Legge dans sa traduction ait «fait dire aux moines syriaques des platitudes ridicules».

(1) Ce sont en partie ceux du 金石萃編, du 大清一統志, du 長安志 de 宋敏求, du 冊府元龜.

(2) *Cf.* pp. 305 à 309.

(3) *Le Catholicisme en Chine au VIIIᵉ Siècle*. Paris, 1877, pp. 7 à 36.

(4) Monsieur l'abbé A. Favier, dans son bel ouvrage *Pé-king* (pp. 60, 61), nous semble trop affirmatif lorsqu'il écrit : «Les PP. Sémédo, De Boym, Kircher, Diaz, Lecomte et *bien d'autres* plus récemment, tiennent cette pierre pour catholique. *Beaucoup d'auteurs laïques*, et parmi eux M. Dabry de Thiersant partagent cette opinion.» En réalité, nous avons vu le nestorianisme de la Stèle pressenti ou affirmé par un bon nombre d'auteurs de la Compagnie de Jésus ; et nous ne sachions pas que parmi les «auteurs laïques», il y en ait eu «beaucoup» à se ranger à l'opinion opposée.

(5) Dans le *T'oung-pao*. N° de Déc. 1895, pp. 533, 534. — L'auteur l'identifie avec 迭屑, que nous avait fait jadis connaître Palladius (*The Chin. Rec.* Vol. VI, 1875, p. 104). C'est le *Tersa* persan, employé pour désigner les Chrétiens.

(6) *Die Chinesische Inschrift auf dem Uigurischen Denkmal in Kara Balgassun*. Helsingfors, 1896 ; surtout pp. X à XIII, 43 à 69.

ecclésiastique qui ont traité la même question dans notre siècle : Rohrbacher (1) et Darras (2), Henrion (3) et Bergier (4), et cent autres, qui tous admettent l'authenticité du monument, mais n'ajoutent aucun élément nouveau aux faits déjà connus (5).

Bridgman, nous l'avons vu, avait, parmi les auteurs de langue anglaise, pris l'initiative des recherches sur notre monument. Dès les débuts de sa Revue (6), et longtemps avant sa traduction, il en avait affirmé l'authenticité, donnant ainsi un exemple que plusieurs devaient imiter. A. Wylie fut le plus heureux de ces initiateurs : outre sa traduction et les notes bibliographiques (7) dont il a enrichi son étude critique, il faut citer ses remarques sur les signes intrinsèques d'authenticité : «fréquence et précision avec lesquelles les noms de lieux et de personnes sont employés avec les dates correspondantes» (*The N.-Ch. Herald*. Nos 278 et 281); «l'emploi de certaines désignations officielles», tant civiles que religieuses, ainsi que l'énonciation des dates» (*Ibid*. No 282); enfin, l'emploi de certaines expressions spéciales appliquées au dogme religieux (*Ibid*. No 283). Cette étude prise dans son ensemble, reste à notre avis, malgré quelques lacunes que le temps seul pouvait combler, la plus belle, la plus complète qu'ait jamais inspirée la Stèle Chrétienne.

A la même époque, J. Kesson publiait à Londres un ouvrage où la question des prédicateurs Nestoriens de la Chine tenait une

---

(1) *Histoire universelle de l'église catholique*. Tom. IV. Lyon, 1872, pp. 421 à 423.

(2) *Histoire générale de l'église*. Tom. XVI. Paris, 1872, pp. 13 à 25. — L'abbé Darras tient pour le caractère nestorien d'Olopen et de ses compagnons. Il semblerait que Rohrbacher a été d'un avis contraire, lorsqu'il écrivait que l'inscription «rend témoignage à l'antique foi du catholique».

(3) *Histoire générale des missions catholiques*. Tom. I. Paris, 1847, pp. 79, 80.

(4) *Dictionnaire de théologie*. Tom. II. Paris, 1834, pp. 54, 55. — Citons encore parmi les ouvrages analogues le *Dict. encycl. de la Théologie catholique* de Wetzer et Welte, trad. par J. Goschler. Tom. IV. Paris, 1864, p. 285, et Tom. XVI, pp. 74, 75. — *Historiæ ecclesiasticæ compendium* de Wouters. Tom. I. Louvain, 1863 (4e édit.), pp. 358, 359 ; Tom. II, pp. 93, 94. — *Dizionario di erudizione storico-ecclesiastica* de Moroni. Vol. XIII. Venise, 1842, pp. 159, 160.

(5) Les ressources de notre bibliothèque, non plus que le but de cet ouvrage, ne nous permettent pas de faire l'énumération absolument complète des brochures ou *tracts* parus sur la stèle. Ainsi il nous importe assez peu de n'avoir pu découvrir les *Etudes sur les missions nestoriennes de Chine au VIIe et au VIIIe siècles d'après l'inscription Syro-chinoise de Si-ngan-fou*, 1880, citées dans la *Bibliotheca* de M. Cordier. Ce fut une thèse soutenue par Augustin Cleist protestant candidat au grade de Bachelier en Théologie. — Quant à *L'Empire chinois, ou le Bouddhisme en Chine et au Thibet*, par Lamairesse. Paris, 1893, pp. 230 à 233, il ne nous offre que des notions déjà connues et plus ou moins défigurées.

(6) *The Chin. Repos*. Vol. I (1832-1833), pp. 447 à 452. *Early introduction of Christianity into China*.

(7) *Cf*. p. 338.

large place (1). Déjà Montgomery Martin, peu favorable à la Compagnie de Jésus, s'était lui aussi étendu sur le même sujet (2); de son côté Wells Williams dotait l'Amérique d'une œuvre semblable (3). Parallèlement à ces publications d'un intérêt général, ne supposant chez leurs auteurs qu'une connaissance superficielle de la question, plusieurs Revues spéciales en discutaient fréquemment divers points de détail. Une des questions les plus vivement agitées fut celle de Ta-ts'in 大秦, et l'on créerait, disait J. Legge, une bibliothèque, des articles qui ont été écrits sur ce royaume.

Dès le commencement de ce siècle, Joseph Hager (4) avait identifié la *Sérique* et le *pays des Sines* : à son avis, le premier vocable avait été donné à la Chine septentrionale, par les Grecs qui en tiraient la soie; le second dut son origine à la Dynastie *Ts'in* qui la première subjugua tout le continent. Utilisant ces notions, le Chevalier de Paravey (5) fit de la famille de *Chehoang-ti* une colonnie *syrienne;* de là, le nom de *Sères*, prononcé *Sin, Tsin*, par «les sauvages grossiers, de race mongole et autres, qui ne pouvaient prononcer la lettre R», puis *Dzin et Tchin* «par les divers peuples antiques et modernes de l'Asie.» Il justifiait ainsi l'appellation 大 *Ta* «grande» appliquée à la mère-patrie par rapport à sa colonie. Longtemps après, tout en admettant que *Ta-ts'in* désigne la Syrie, M. H. Cordier (6) a vu dans le son *Ta* l'expression phonétique de *Tarse*, dont «le nom aurait été le premier écho venu à la Chine de l'empire romain.» Cependant MM. Parker (7) et Kingsmill (8) admettaient l'analogie phonétique proposée par Paravey, tandis que J. Edkins (9) voyant dans *Ta-ts'in*

---

(1) *The Cross and the Dragon, or the Fortunes of Christianity in China.* Londres, 1854, pp. 11 à 46.

(2) *China; political, commercial and social.* Londres, 1847. Vol. I, pp. 247, 248. Vol. II, pp. 454 à 461.

(3) *The Middle Kingdom.* Vol. II. Ch. XIX.

(4) *Panthéon chinois, ou Parallèle entre le culte religieux des Grecs et celui des Chinois, avec de nouvelles preuves que les Sères des auteurs classiques ont été des Chinois.* Paris, 1806, pp. 5 et seqq. — Déjà le même auteur avait exposé la même opinion dans sa *Numismatique chinoise*, pp. 95, 109, 134, etc.

(5) *Dissertation abrégée sur le Ta-tsin ou sur le nom antique et hiéroglyphique de la Judée*, dans les *Annales de Phil. chrét.* Tom. XII, p. 245. 1e Série.

(6) *Journal Asiatique.* 1884. Rapport annuel, p. 124, citant les *Mélanges Graux*, pp. 719 à 721.

(7) *Cf. Asia reconstructed from Chinese sources*, in *The Chin. Rec.* Vol. XVI, 1885, p. 47.

(8) *Cf. The pretended advance of the Chinese to the Caspian sea*, ibid. Vol. VII, 1876, p. 49. — Voir aussi, du même auteur, *The Serica of Ptolemy and its inhabitants*, dans le *Journal of R. As. Soc.* Vol. XIX. P. II, 1886, pp. 45 seqq.

(9) *Cf. What did the ancient Chinese know of the Greeks and Romans*, dans le *Journal of R. As. Soc.* Vol. XVIII, 1884, p. 2, seqq. — Voir aussi, du même auteur jugeant l'œuvre de F. Hirth, *The Chin. Rec.* Vol. XVI, 1885, p. 361, seqq. — Le Dr Bretschnei-

l'Empire romain, pensait que ce terme était «fondé sur quelque désignation nationale pour Rome, dans un langage courant de cette époque dans l'Afghanistan et dans l'Inde».

Mais le fait capital de cette intéressante discussion fut l'œuvre de F. Hirth (1), tour à tour jugée avec un dédain qui confine au mépris (2), et avec des louanges méritées (3). L'auteur y établissait l'identité de Ta-ts'in avec Li-kan (Rekem) et Fou-lin, et voyait dans cette région la Palestine ou le Levant. Les objections que lui suscita cette thèse (4) ne restèrent pas longtemps sans réponse (5), et si l'on peut contester quelques conclusions particulières de l'écrivain, notamment à propos de la description de Ta-ts'in trouvée sur la Stèle, nous croyons du moins bien prouvée sa proposition générale.

D'autres recherches utiles, insérées dans les mêmes Revues (6) portèrent sur le Nestorianisme en Chine, sur l'appellation 大德 Ta-té, et sur d'autres points de détail, et ont alimenté jusqu'à

---

der voit également l'Empire romain dans Fou-lin. Cf. Mediœval Researches. Londres, 1888. Vol. I, p. 142, not. 391; Vol. II, p. 323.

(1) China and the Roman Orient, 1885.

(2) Article bibliographique de E. J. Eitel, dans The China Review. Vol. XIII, pp. 425 à 427.

(3) The mystery of Ta-ts'in, par G. M. H. Playfair, dans le Journal C. B. R. As. Soc. Vol. XX, pp. 69 à 80. — Christianity in China de J. Legge, p. 39, not. 1.

(4) Par exemple de la part de M. H. J. Allen. J. C. B. R. As. Soc. Vol. XXI, pp. 89 à 97 Where was Ta-ts'in; pp. 204 à 208 Ta-ts'in and dependent States; etc.

(5) J. C. B. R. As. Soc. Vol. XXI, pp. 98 à 104; 209 à 213; etc.

(6) On nous saura gré de signaler ici les articles parus dans les Revues sinologiques, ayant trait à ces différentes questions. Outre ceux que nous avons déjà indiqués, le Chinese Repository contient les suivants : An accurate relation of the first Christian Missions in China (par Yeates, Londres, 1818). Tom. XVI, 1847, pp. 153 à 168. — The Land of Sinim, par le Rév. Walter M. Lowrie. Tom. XIII, 1844, pp. 113, 466, 537, 578, 641.

Dans le Journal of the China Branch of the Royal Asiatic Society : What did the ancient Chinese know of the Greeks and Romans, par J. Edkins. Vol. XVIII, pp. 1 à 23. — The Serica of Ptolemy and its inhabitants, par W. Kingsmill. Vol. XIX. IIe P., pp. 43 à 60. — Notes sur Po-to-li et sur Fou-lin, par J. Edkins. Vol. XX, pp. 282, 283. — Note sur Fu-lin, par F. Hirth. Ibid., p. 284. — Fu-lin, a Persian Word, par J. Edkins. Vol. XXI, pp. 109, 110. — Philological importance of geographical terms in the Shi-ki, par J. Edkins. Ibid., pp. 199 à 203. — Chinese equivalents of the Letter R in foreign Names, par F. Hirth. Ibid., pp. 214 à 223. — Notes on the Nestorians in China, par E. H. Parker. Vol. XXIV, pp. 289 à 302.

Dans The Chinese Recorder : The Bible in China, par A. Wylie. Vol. I, pp. 121 à 128. — The Tarsa, par Geo. Phillips. Vol. II, pp. 292, 293. — Ta-ts'in-kuo, par E. Bretschneider. Vol. III, pp. 29 à 31. — A protest against Dr Bretschneider's acrimonious criticism, par G. Phillips. Ibid., pp. 92, 93. — On the knowledge of a weekly Sabbath in China, par A Wylie. Vol. IV, pp. 40 à 45. — Sunday in China, par J. Doolittle, p. 195. — Lettre de Palladius sur la Stèle Nestorienne. Vol. VI, pp. 147, 148. — Traces of Christianity in Mongolia and China in the XIIIth Century, du même. Ibid., pp. 104 à 113. — Syrian Mission in China, par J. Edkins. Vol. XIII, pp. 355 à 361. — China and Roman Orient.

ces derniers temps l'activité des meilleurs sinologues (1). D'autres périodiques d'une moindre compétence, sont également revenus sur la découverte de 1625. Citons, dans *The Monthly Reporter of the British and Foreign Bible Society*, N° de Nov. 1887 (pp. 184 à 188), un article du Rév. Evan Bryant : *Descriptive notes on the Nestorian Tablet*, accompagné d'une reproduction phototypique fort médiocre de l'inscription. Dans *The Calcutta Review*, N° de Juillet 1889 (pp. 43 à 52), un article de Henry Hayman : *The Singan-fu Christian Monument*.

Le Colonel Henry Yule est revenu dans plusieurs endroits de ses œuvres sur les questions connexes avec la Stèle (2); mais nous dépasserions le but de notre étude si nous citions ici les passages pourtant fort intéressants où il parle des églises Nestoriennes en Chine. C'est avec regret pareillement que nous devons nous borner à mentionner les *Voyages* du Fr. Odoric splendidement édités et annotés par M. H. Cordier (3).

Nous n'avons plus à revenir sur Neumann et son école (4);

Vol. XVI, p. 276. — *Who were the Fu-lin people*, par J. Edkins. *Ibid.*, p. 304. — *China and Roman Orient* par J. Edkins. *Ibid.*, pp. 361 à 367. — *The Route to Ta-ts'in*, par H. A. Giles. *Ibid.*, pp. 368, 369. — *The Ta-ts'in question*, par F. Hirth. *Ibid.*, pp. 413 à 421. — *The Nestorian Tablet*, par J. Thorne. Vol. XVII, p. 361. — Note sur les Nestoriens en Chine, par J. Edkins. *Ibid.*, p. 409. — *Nestorian Missions in China*. Vol. XVIII, pp. 118, 119. — *Nestorianism in China*, par W. J. Lewis. Vol. XXVI, pp. 251 à 260.

Dans *The China Review* : *The Tsins or Seres*, par Thos. W. Kingsmill. Vol. V, pp. 349 à 361. — *Supposed Mention in Chinese History of the Nestorian Missions to China in the 7th and 8th Centuries*, par Geo. Phillips. Vol. VII, pp. 412 à 415. — *Nestorians at Canton*, par Geo. Phillips. Vol. VIII, pp. 31 à 34. — *Nestorians in China*, par A. Wylie. *Ibid.*, pp. 190, 191. — Note sur *Ta-ts'in*. Vol. XIII, p. 120. — *Names of Western Countries in the Shiki*, par J. Edkins. *Ibid.*, pp. 251 à 255. — *The Chinese term for Syria*. *Ibid.*, pp. 357, 361. — Note sur *Fou-lin*. *Ibid.*, p. 360. — Sur *Ta té-seng*. *Ibid.*, p. 377. — Note sur des temples *Mo-ni* du IXe Siècle. Vol. XVII, p. 115. — *The Nestorian Teaching in China*, par E. H. Parker. Vol. XVIII, pp. 153, 154. — *The Name Ta-ts'in*, par J. Edkins. Vol. XIX, p. 57. — *Ta-ts'in et Likien*, par Thos. W. Kingsmill. *Ibid.*, pp. 194, 195. — Note de E. H. Parker sur un monastère chrétien de 631. Vol. XX, p. 50.

(1) *Cf.* encore dans *The Messenger*, N° de Mai 1895, p. 71, l'article de J. Edkins sur *The Syrian Inscription*. *Ibid.*, N° d'Avril 1896, p. 52, un autre article du même auteur : *The Nestorians and Manichæans*. — Dans *Mesny's Chinese Miscellany*. Vol. II, p. 501, une mention de la «fameuse tablette Nestorienne».

(2) Sur *Ta-ts'in* et *Fou-lin*, dans son *Cathay and the Way thither*. Vol. I, pp. lvi et lvii. Sur le Nestorianisme en Chine. *Ibid.*, pp. lxxxviii à ci ; 123, 197, 198, 204, 248 ; et en Tartarie. *Ibid.*, pp. cxxvii, cxxxix. Sur les sièges métropolitains des Nestoriens. *Ibid.*, pp. ccxlix, 179. — Dans *The Book of Ser Marco Polo*. Vol. II (2e édit), pp. 21, 22, sur la Stèle de *Si-ngan-fou*. Il reproduit en outre dans la Note X de *Cathay*, pp. clxxxi à clxxxiii, d'après Semédo, le récit de la découverte.

(3) *Les voyages en Asie au XIVe Siècle du B. Frère Odoric de Pordenone*. Paris, 1891. — *Cf. ib.* p. XXV.

(4) *Cf.* pp. 297 à 304. — M. H. Cordier (*Supplém.* Col. 1633) cite de Neumann : *Die erdichtete Inschrift von Singan Fu* (*Zeit. d. D. Morg. Ges.* IV, 1850, pp. 33 à 43.)

non plus que sur les justes éloges que nous avons adressés au Père J. Heller pour sa notice de 1885, la meilleure que nous ayons vue en son genre (1). Longtemps après son apparition, elle se vit cependant assez vivement attaquée par M. Kühnert (2), mais le Père Heller fit à son adversaire peu courtois une réponse qui lui enlèvera peut être l'envie d'insister davantage (3).

Donnons en passant un souvenir aux essais tentés dans ce siècle par plusieurs écrivains Russes, dont le plus illustre fut l'Archimandrite Palladius. Nous avons cité plusieurs de ses études (4). La plupart de celles entreprises par ses compatriotes nous restent inconnues (5), mais s'il nous en faut juger par l'une d'elles, recueillie dans une publication allemande (6), nous n'avons pas à regretter beaucoup cette lacune dans nos connaissances. En revanche, nous devons une mention spéciale à l'œuvre récente de Wallis Budge, qui nous initie à la vie monastique de cette époque (7). Cet auteur, qui ajoute encore quelques renseignements bibliographiques à ceux que nous avons donnés, est partisan, avec M. R. K. Douglas, de l'authenticité de la Stèle. Il assigne l'année 780 à la mort du Patriarche «Henan Isho II», et donne sur les Métropolitains de la Chine plusieurs détails du plus haut intérêt (8).

Des trouvailles plus récentes encore sont venues confirmer jusqu'à l'évidence l'authenticité du monument chrétien. Le T'oung-

---

(1) *Cf.* p. 146 et *al. passim*. — *Das Nestorianische Denkmal in Singan fu*, dans *Zeitschrift für Katholische Theologie* N° de Janv. 1885, pp. 74 à 123. — M. H. Cordier dans sa *Bibl. sin. Supplément*. Col. 1634 cite en outre du même auteur: *Prolegomena zu einer neuen Ausgabe der Nestorianischen Inschrift von Singan fu* (*Verhand. d. VII. Int. Orient-Cong.* Vienne, 1886). *Ibid.*, Col. 1633: *Si-ngan-fou. Prüfung dieser Aufschrift* (Scherer. *Nordische Nebenstunden*. 1776, pp. 163 à 171).

(2) *Wiener Zeitschr. f. k. d. Morgenlandes*, 1895, pp. 26, seqq. *Einige Bemerkungen zu Heller's: «das Nestorianische Denkmal zu Singanfu.»*

(3) *Ibid.*, pp. 301 à 320. *Beleuchtung der Bemerkungen Kühnert's*, etc..

(4) *Cf. sup. passim*. — Ajouter: *Anciennes traces du Christianisme en Chine*, dans le *Recueil Oriental*. Vol. I, Liv. 1. St-Pétersbourg, 1872.

(5) M. H. Cordier, dans sa *Bibl. Sin.* (Col. 327, 328 et 1633), cite: Article du *Messager asiatique*. III. St-Pétersbourg, 1826, pp. 3 à 14, 67 à 94, 133 à 144, avec une pl. — *Monument chrétien en Chine*, trad. en russe par Leontievsky (Cat. des Ms et Xylog. de St-Pétersbourg. 1852. N° 704). — Deux brochures in 8° publiées à St-Pétersbourg, en 1826 et 1834, pp. 52 et 23. — Ajoutons, en hollandais, d'après le même ouvrage (Col. 1634): *Blik op de lotgevallen van het Christendom in China*, etc., p. 110; par N. C. Kist.

(6) *Ein Nestorian Denkmal aus dem siebenten Jahrhundert*, par P. Zwehtkoff, dans *Arbeiten der Kaiserlich Russischen Gesandtschaft zu Peking über China*. Trad. du russe. Berlin, 1858. pp. 71 à 73. — *Item* dans *Trav. de la mission russe de Péking*. Vol. III. N° 8, 1857.

(7) *The Book of Governors: The Historia monastica of Thomas Bishop of Marga A. D.* 840. Londres, 1893.

(8) *Op. cit.*, Vol. I, pp. X, CXV, et not. 2; Vol. II, pp. 379, not. 3; 448, et not. 3; etc.

pao vient de publier (1) un article de M. J. Takakusu, lequel a retrouvé dans un livre bouddhique, le nom du moine 景 淨, auteur de l'Inscription de *Si-ngan*... Puis, au moment où ces pages s'impriment, M. Ed. Chavannes fait connaître à Paris une découverte analogue. Dans cette étude, réservée au *Journal asiatique,* et dont il nous a bienveillamment communiqué les premières épreuves, notre heureux et infatigable compatriote rapporte, d'après un double passage du *Tch'é-fou-yuen-koei,* l'envoi fait en Chine par le roi de Perse, d'un religieux du nom de 及 烈 *Ki-lié,* dont la Stèle fait une mention élogieuse (2). L'avenir, nous n'en doutons pas, nous réserve d'autres surprises de ce genre, et nous espérons avec A Layard «qu'un jour, on retrouvera de nouveaux vestiges des travaux des anciens missionnaires de Chine» (3).

---

(1) *Op. cit.*, N° de Déc. 1896, pp. 589 à 591. *The Name of «Messiah» fund in a Buddhist Book ; the Nestorian Missionary Adam, Presbyter, Papas of China, translating a Buddhist Sûtra.*

(2) Nous donnerons plus loin les textes chinois établissant ce double fait.

(3) Conférence de J. Edkins : *Reminiscences of eminent men,* dans *N.-C. Daily News,* 10 Janv. 1896. — Nous ne saurions déposer la plume sans offrir à M. G. Devéria nos félicitations pour ses excellentes *Notes d'épigraphie* (*Journal Asiatique.* Sept.—Déc. 1896). Elles nous retracent d'après les sources les plus sûres l'histoire du Christianisme en Chine pendant un siècle et demi, de 1221 à 1371.

CHAPITRE IV.

DOCUMENTS CHINOIS.

Nous avions tout d'abord l'intention (*Cf.* pag. 1) de consacrer deux chapitres annexes à l'histoire de la Stèle : l'un reproduisant les principales traductions de l'inscription entreprises jusqu'ici et dont plusieurs sont encore inédites; l'autre rapportant les documents de source indigène.

Puis, les proportions du présent volume s'augmentant au delà de nos prévisions, nous avons cru mieux de rejeter au commencement de la III⁰ Partie les traductions annoncées.

Nous n'avons plus dès lors qu'à insérer à la fin de ce livre les pièces justificatives d'origine chinoise; et nous leur avons assigné à peu près le même ordre qu'au troisième Chapitre : les Sources, les Imposteurs, les Lettrés, les Annotateurs chrétiens.

De brèves notes renverront le lecteur aux endroits du présent ouvrage où nous avons signalé chaque texte.

A la fin de la III⁰ Partie seulement, nous donnerons un Index détaillé des noms et des ouvrages cités au cours de notre travail.

Au moment d'imprimer ces lignes, nous apprenons par la Revue *Wan-kouo-kong-pao* 萬國公報 (N° de Mai 1897) qu'un lettré de Canton, nommé *Yang Siang-fou* 楊襄甫, vient de faire paraître sous le titre de 景教碑文紀事考正 (3 *Kiuen*) un Commentaire de la Stèle. Si nous en croyons l'article bibliographique très louangeur que la Revue leur consacre, ces recherches littéraires et scientifiques donneraient le dernier mot sur notre inscription, notamment en ce qui concerne les allusions.

Nous espérons utiliser ce travail dans notre III⁰ Partie, et nous lui rapporterons loyalement les honneurs de ses découvertes, s'il se trouve des remarques qui méritent ce nom.

§ I. SOURCES.

Décret d'approbation, de l'an 638. — Décret de 745, changeant la dénomination des temples. — Décret de destruction, de l'an 845. — Textes de *Song Min-k'ieou*. — Texte du *Liang-king-sin-ki*. — Récits du *Si-k'i-tsong-yu*. *King-tsing* et *Ki-lié* mentionnés par des documents contemporains. — Mission de *Ta-mou-tou*. — Le Nestorianisme à *Tchen-kiang* au XIIIe Siècle.

I

貞觀十二年七月詔曰道無常名聖無常體隨方設教密濟羣生波斯僧阿羅本遠將經教來獻上京詳其教旨玄妙無為生成立要濟物利人宜行天下所司即於義寧坊建寺一所度僧廿一人 見唐會要四十九卷十頁

II

天寶四載九月詔曰波斯經教出自大秦傳習而來久行中國爰初建寺因以為名將欲示人必修其本其兩京波斯寺宜改為大秦寺天下諸府郡置者亦準此 見唐會要四十九卷十頁

III

武宗即位廢浮圖法天下毀寺四千六百招提蘭若

(I) Décret d'approbation, de l'an 638, d'après le *T'ang-hoei-yao*, 49e *Kiuen*, fol. 10 v. *Cf.* pag. 254, not. 5.

(II) Décret de 745, changeant la dénomination de *Po-se* en celle de *Ta-ts'in*, d'après le *T'ang-hoei-yao*, 49e *Kiuen*, fol. 10 v. *Cf.* pag. 255, not. 7.

(III) Décret de 845, sécularisant les religieux de *Ta-ts'in*, d'après le *T'ang-chou*, 52e *Kiuen*, fol. 8. *Cf.* pag. 252, not. 2.

IV

毀佛寺制

會昌五年，帝惡僧尼耗蠹天下，欲去之，道士趙歸眞等復勸之，乃先毀山野招提蘭若，至是敕下，並令西毀。凡寺留僧以三等：不過二十人。腴田鬻錢送戶部，中下田給寺家奴婢，丁壯者爲兩稅戶，人十畝以僧尼旣盡，兩京悲田養病坊，給寺田十頃，諸州七頃主

以耆壽（唐書食貨志第四十二第八頁）

四萬，籍僧尼爲民二十六萬五千人，奴婢十五萬人，田數千萬頃，大秦穆護祆二千餘人，上都東都每街留寺二，每寺僧三十人，諸道留僧以

歸俗天下節鎭各立公廨驛舍仍以銅像鐘磬鑄錢

寺材以葺公廨驛舍

六百餘區，蒼招提蘭若奴婢十五萬人，五臺爲染於人

收良田數千萬頃

爲卒必進奏官謂曰，汝速白本便五萬僧尼將多亡奔幽州，李德

劉從諫招聚無算，閒人竟有虚取容納之名必不如幽州獨不見

關曰，有遊僧入境則斬之，有何盆張仲武乃封二刀付居庸

(IV) Décret de 845, d'après le *Kou-wen-yuen-kien*, 29e Kiuen, fol. 48, 49. Cf. pag. 249, not. 2.

朕聞三代已前未嘗言佛漢魏之後像教寖興是由季時傳此異俗因緣染
習蔓衍滋多以至蠹耗國風而漸不覺誘惑人意而衆益迷洎於九州山原
兩京城闕僧徒日廣佛寺日崇勞人力於土木之功奪人利於金寶之飾遺
君親於師資之際違配偶於戒律之間壞法害人無逾此道且一夫不田有
受其饑者一婦不蠶有受其寒者今天下僧尼不可勝數皆待農而食待蠶
而衣寺宇招提莫知紀極皆雲構藻飾僭擬宮居晉宋齊梁物力凋瘵風俗
澆詐莫不由是而致況我高祖太宗以武定禍亂以文理華夏執此二柄是
以經邦豈可以區區西方之教與我抗衡哉貞觀開元亦嘗釐革剗除不盡
流衍轉滋朕博覽前言旁求輿議弊之可革斷在不疑而中外諸臣協謀至
意條疏至當宜在必行懲千古之蠹源成百王之典法濟人利衆子何讓焉
其天下所拆寺四千六百餘所還俗僧尼二十六萬五百人收充兩稅戶拆
招提蘭若四萬餘所收膏腴上田數千萬頃收奴婢爲兩稅戶十五萬人隸
僧尼屬主客顯明外國之教勒大秦穆護祆三千餘人還俗不雜中華之風

V

於戲前古未行似將有待及今盡去豈謂無時驅遊惰不業之徒已踰
十萬廢丹艧無用之室何啻億千自此清淨訓人慕無爲之理簡易齊
政成一俗之功將使六合黔黎同歸皇化尚以革弊之始日用不知下
制明廷宜體予意 見古文淵鑑正集二十九卷第四十八頁

會昌五年秋七月上惡僧尼耗蠹天下欲去之去惡烏路翻
等復勸之乃先毀山野招提蘭若 釋書云招提菩薩皆佛名故號寺或翻道士趙歸眞
稱招提奢唐言四方僧物後人傳寫之誤以拓爲招又省去闥爲一弓去村
圖提奢即今十方寺院是也薩波論云西天度地以四肘爲一弓
店五百弓不近以閒靜爲蘭若至是敕上都東都兩街各留二寺
史炤日今若以唐尺計之度二里許
唐謂長安日上都時左街留西明莊嚴右街留慈恩薦福每寺留僧三十人天下節度觀察使治所
及同華商汝州各留一寺 華戶化翻分爲三等上等留僧二十人中等留十

(V) Décret de 845, d'après le *Tse-tche-t'ong-kien*, 248e *Kiuen*, fol. 9, 10. *Cf.* pag. 249, not. 5.

人下等五人考異日實錄中書門下奏請上都東都兩街各留寺十所僧各留十人大藩鎮各留一所僧亦依前詔敕上都兩街諸街留寺每街留十所每寺

留寺兩所每寺留僧三十人大藩鎮各十人中書門下又據所奉敕今諸道留僧尼共數宜令街各留十所每

四十六道合配三等上至留二十人下至奉人今據所留僧尼共五宜令諸道留寺每道留二處每處留五人宜令街更每

商量分所每寺留僧至二十人下奏敕留僧福南嶺荊南宋華共五十道今每

留寺兩爲三配二留奏亦諸奉天下留諸尼共敕宜令

川鄂十浙六西道三浙管東魏湖黔泗西洛鳳翔海景易許留定宣嶺南汴華南幽西道道東道道留都東諸每更

河東鄭湖西桂鄧曹郢管徐中泗安南淄汀易留福定五十道同華宋南幽州道東道道東道

河中鄭滑陳留下夏人按管鎮黔西即留位六始去汴州四十一野邑每道留四十留五十道處幾六道今西道

道巴許救十留下人桂記曰中五南翔南金望青容鄉景留僧二十華州道東道留

至十誤觀後同汝昌五年西京五南十六州即鎮青容景東都東都得石所石萬人杜下至華州夏十亭四冶廢得一佛去州山野二天下石不得刻得所幾

餘僧及尼并大秦穆護祆僧皆勒歸俗其人並勒還俗迤邐歸本貫充稅戶如穆護祆等祠部收管勒還俗

僧及尼并大秦穆護祆僧皆勒歸俗大秦穆護祆類是三夷之類叉釋氏不同從實錄如回鶻摩尼釋

云有謂至道寺節十誤凡萬觀人後同四會汝三十四國六百始命二僧千各十八郡

教既令已釐收革管邪法不可獨存其人並勒還俗歸本貫充稅戶如穆護祆等祠部禁民祀祭

蓋官品正寺非應留者立期令所在毀撤仍遣御史分道督之財貨田產並沒官寺材以葺公廨驛舍鐘磬以鑄錢

見資治通鑑第二百四十八卷唐紀六十四第九頁

IV. DOCUMENTS CHINOIS.

VI

義寧坊本名熙光坊義寧元年改羅斯見經訓堂叢書長安志十第五頁

街東之北、波斯胡寺、貞觀十二年太宗爲大秦國胡僧阿羅斯立

VII

義寧坊十字街之東北波斯胡寺、次南日居德坊、見粵雅堂叢書兩京新記第十五六頁

VIII

醴泉坊街南之東、舊波斯胡寺、儀鳳二年波斯王卑路斯奏請於此置波斯寺景龍中宰臣宗楚客築此寺地入其宅遂移寺于布政坊之西南隅祆祠之西見經訓堂叢書長安志十第四頁

IX

山谷題牧護歌後、云向常聞南方衲子、牧護是何種語、皆不能說後見劉夢得作夔州刺史樂府有牧護歌似是賽神語、

(VI) Temple chrétien du *I-ning-fang*, d'après le *Tch'ang-ngan-tche*, 10ᵉ *Kiuen*, fol. 5 v. *Cf.* pag. 256, not. 2.

(VII) Temple chrétien du *I-ning-fang*, d'après le *Liang-king-sin-ki*, Collect. 粵雅堂叢書, fol. 15, 16. *Cf.* pag. 256, not. 6.

(VIII) Temple de Phirouz, d'après le *Tch'ang-ngan-tche*, 10ᵉ *Kiuen*, fol. 4 r. *Cf.* pag. 257, not. 1.

(IX) Récits du *Si-k'i-tsong-yu*, Collect. 稗海上 *Kiuen*, fol. 21 à 23. *Cf.* pag. 255, not. 6; pag. 260, not. 5.

亦不可解、及來黔中聞賽神者夜歌、聽說儂家牧護、末云奠酒燒錢歸去、雖
長短不同、要皆自敘五七十語、乃知蘇溪夔州故作此歌、學巴人曲猶石頭
學魏伯陽作參同契也、予長兄伯聲嘗攷火祆字、其畫從天胡神也、音醯堅
切、教法佛經所謂摩醯首羅也、本起大波斯國號蘇魯支、有弟子名㳒眞習
師之法居波斯國大總長如火山後行化於中國宋次道東京記寧遠坊有
祆神廟注云、四夷朝貢圖云、康國有神名祆、畢國有火祆祠疑因是建廟、或
傳晉戎亂華時立此又據杜預左傳注云、䧳受泲東經陳留梁譙彭城入泗
此水次有祆神皆社祠之、蓋殺人而用祭也、此即火祆之神、其來蓋久、至唐
貞觀五年有傳法穆護何祿將祆教詣闕聞奏勅令長安崇化坊立祆寺號
大秦寺、又名波斯寺、至天寶四年七月勅波斯經教出自大秦、傳習而來久
行中國爰初建寺因以爲名、將以示人必循其本其兩京波斯寺宜改爲大
秦寺、天下諸州郡有者準此武宗毀浮圖籍僧爲民會昌五年勅大秦穆護
火祆等六十餘人並放還俗、然而根株未盡宋公言祆立廟出於胡俗而未

必究其即波斯教法也又嘗見官品令有祆正祆法初來以鴻臚寺為禮遠
令邸後世因用以僧尼隸焉設官來歷如此祆之有正想在唐室始段成式
酉陽雜俎孝億國界三千餘里舉俗事祆不識佛法有祆祠三千餘所又銅
馬俱在德建國烏滸河中灘流中有火祆祠相傳祆神本自波斯國乘神通
來因立祆祠祠內無像於大屋下置小廬舍向西人向東禮神有一銅馬國
人言自天而下屈前足在室中後足入土自古數有穿視竟不及其蹄西夷
以五月為歲每歲自烏滸河中將壞之忽有火燒其兵遂不敢毀則祆教流行
入水近入大食不信入祆祠中有馬出其色如金與此銅馬嘶鳴相應俄復
外域延入中國蔓衍如此康國蓋在西朝貢圖之言與此合也教坊記曲各
有牧護字已播在唐樂府崇文書有牧護詞乃李燕撰六言文字記五行災
福之說則後人因有作語為牧護者不止巴人曲也祆之教法蓋遠而穆護
所傳則自唐也蘇溪作歌之意正謂旁門小道似是而非者因以為戲非效
參同契之比山谷蓋未深攷耳且祆有祠廟因作此歌以賽神固未知劉作
歌詩止效巴人之語亦自知其源委也 見西溪叢語卷上第二十一頁

XII

開元七年六月。大食國吐火羅國康國南天竺國遣使朝貢。其

五府
卷元
第龜
十九
三百
頁七
十

來朝授首領爲果毅賜僧紫袈裟一副及帛五十疋放還蕃

冊見

XI

開元二十年八月庚戌。波斯王遣首領潘那密與大德僧及烈

七見
十冊
一府
卷元
第龜
九百
頁

開元二十年九月。波斯王遣首領潘那密與大德僧及烈朝貢。

X

乃與大秦寺波斯僧景淨依胡本六波羅密經譯成七卷。時爲

般若不閑胡語復未識梵文。景淨不識梵文復未明釋敎雖稱

傳譯未獲半珠圖竊虛名匪爲福利錄表聞奏意望流行聖上

濬哲文明允恭釋典理昧詞疎。且夫釋氏伽藍大秦

僧寺居止既別行法全乖景淨應傳彌尸訶敎沙門釋子弘闡

佛經欲使敎法區分人無濫涉。正邪異類涇渭殊流

見貞元新定釋敎目錄

(X) *King-tsing* traducteur d'un Sûtra bouddhique, d'après le *Tripitaka* japonais, XXXVIII, 7e *Kiuen*, fol. 5 v. *Cf.* pag. 374, not. 2.

(XI) *Ki-lié* ambassadeur du roi de Perse en 732, d'après le *Tch'é-fou-yuen-koei*, 971e *Kiuen*, fol. 9 v.; 975e *Kiuen*, fol. 13 v. *Cf.* pag. 374, not. 2.

(XII) *Ta-mou-tou*, envoyé du Tokharestan en 719, d'après le *Tch'é-fou-yuen-koei*, 971e *Kiuen*, fol. 3 v. *Cf. Le Nestorianisme et l'inscription de Kara-balgassoun* par M. Chavannes, dans le *Journal asiatique*, et sup. pag. 315, not. 8.

XIII

吐火羅國支汗那王帝賒上表獻解天文人大慕闍。其人智慧幽深。問無不知。伏乞天恩喚取慕闍。親問臣等事意及諸教法。知其人有如此之藝能。望請令其供奉。并置一法堂。依本教供養。見冊府元龜九百七十一卷第三頁

大興國寺在夾道巷。至元十八年本路副達魯花赤薛里吉思建儒學教授梁相記。其略曰。薛迷思賢在中原西北十萬餘里。乃也里可溫一十二隻溫儒行寂滅之千靈迹混沌之初佩父於胸之千生故生寂滅之流

佛殿四柱。高四十尺皆巨木薛思吉所徒懸虚敎者云。天地有主爲麻兒也。寂天竺靈迹混之之

敕不同。且謂乾坤之大。明出天。不息日月之始於東方為主與天主一生佩父於胸之

道方上下謂之所以長生薛迷思取像之名人身揭里可溫得其地名也冠於首大父可延

里公外吉思父滅里外祖撒必為賢大醫衆祈禱始充御位舍里子可本那處

佗也病里可溫苔里八刺罕至元五年世祖皇帝召公馳驛進入舍里八赤職名也公世精其法且甚

佗舍里八煎諸香果泉調蜜和而成舍里八赤

(XIII) Temples et cimetière Nestoriens de *Tchen-kiang* au XIIIᵉ Siècle, d'après le *Tche-choen-Tchen-kiang-tche*, 9ᵉ *Kiuen*, fol. 8, 9. *Cf.* pag. 135, not. 5.

有驗特降金牌以專職九年同賽典赤平章往雲南十二年往閩浙皆
為造舍里八十四年欽受宣命虎符懷遠大將軍鎮江府路總管府副
達魯花赤雖登榮顯持教尤謹常有志於推廣教法一夕夢中天門開
七重二神人告云汝當與教寺七所贈以白物為記覺而有感遂休官務
建苔首于鐵甕門捨宅建八世忽木剌大興國寺次得西津豎土山並
建寺于丹徒縣開沙建打雷忽木剌聚明山寺二寺之下瀬為也里
可溫義阡又于木剌都打吾兒忽術木剌四瀆安寺登雲門外黃山
建的廉海牙忽木剌高安寺大興國寺側建馬里結瓦里吉思忽木
剌甘泉君愛薦橋門建欒宜忽木剌大普興寺此七寺實起建七寺
心公忠愛國無以自見而見之耳完澤丞相謂公以好心建七寺
奏聞靈書護持仍撥賜江南官田三十頃又盆置浙西民田三十四頃
為七寺常住公任鎮江五年連興土木之役秋毫無擾于民家之八
受戒者悉為也里可溫迎禮佛國馬里哈昔牙麻兒失理河必思忽
闡揚妙義安奉經文而七寺道場始為大備且敕子孫流水住持舍利
八世業也謹不可廢條示訓誡為似續無窮
計盆至可見公之用心矣因輯其所聞為記
見順鎮江志
卷九第八頁

§ II. IMPOSTEURS.

Extrait du *Pi-sié-ki-che*. — Académie littéraire de *Chang-hai*.

I

天主邪教入中國考畧

天下第一傷心人

歷考天主邪教諸書謂其教自漢以來已入中國證之史鑑皆無明文惟考雜記載猶太平國烏合利之黨於宋隆興元年貢五色棉五色布借此勾結匪徒插足中國佯以勸善爲名襲后稷誕生事謂伊教祖耶穌爲其國童女馬利亞所生教人崇奉天主爲事且能代人贖罪致福有求必應以此惑人遂得私建清眞妖神等寺於河南開封府名其教曰天竺因烏合利初從北天竺來後改名挑筋因以名教旋跡敗露擊傷各牌後猶太人食肉必挑去筋因以名教旋跡敗露元至元十六年夷匪五思達等復貢西洋布西洋鏡等物混入中國重建清眞寺於開封府明永樂十九年夷匪佈誠以醫術入中國寄居當道寺得以妖言惑定王傳令賜香其寺重修二十一年復賄當道奏聞有功賜姓爲趙授錦衣都部指揮升浙江指揮正統十年匪徒李榮等重建前殿天順三年匪徒高鑑趙應承趙瑛石斌

(I) Introduction du Catholicisme en Chine, d'après le *Pi-sié-ki-che*, *Kiuen* 上, fol. 15, 16. *Cf.* pag. 287, not. I.

張暄等夥造妖書三部置清眞寺五年河水淹沒匪徒艾敬李榮等復出資重修成化元年匪徒高鑑等增修後殿仍安置妖書弘治二年匪徒趙瑛金鐘趙俊俺都剌曹左傳儒等又增造妖書廣買地基建造妖寺分黨于陝之西安浙之寧波徧傳邪敎且僞造大秦景敎流行中國碑序載大秦國阿羅本載眞經至長安貞觀十二年太宗詔所司於義甯坊造大秦寺並及高宗肅宗代宗德宗皆崇尊其敎廣見祠宇首載寺僧景淨述末載建中二年立朝議郎呂秀巖書云埋西安府城外佯掘之以證其敎由來之久至天啟崇禎時則海防盡弛要地任其出入匪徒利瑪竇徐光啟龍華民湯若望等得相繼以奇技淫巧炫惑當時繼致自宮中扶乩列祖列宗降壇指用人材妄極不經之舉所指用則皆從敎之流借此廣傳其敎此明綱所以不振也而我朝復寛大爲懷加當事諸人辦理不善惟貪一時苟全不計後來實禍雖康熙時碣石鎭總兵陳昻具奏極言夷患當防而儒臣羣議不以爲然卒釀今日之事嗚呼以數萬里語言不通之夷匪入中國而任其縱自如是者亘古未有之前聞也按後漢書新唐書有及其敎者殊不足據皆後人如是者亘古未有之前聞也

見辟邪紀實卷上第十五頁 附會詞孟子所謂盡信書則不如無書者是也

II

書景教流行中國碑後史學超等第三名　錢潤道 松江金山縣附生

此碑明時始出土。宋人金石書皆未著錄。不知果真唐碑否。碑言景教。殆即明之天主教。今之耶穌教耳。碑中所言多與此二教合。故前人已謂此天主教入中國之始。碑中言三一妙身。即二教謂上帝。聖神耶穌三者合爲一體也。碑言真主阿羅訶。即二教言天主耶穌。音近而譯者異也。碑言判十字以定四方。即二教所言十字架也。碑言室女誕生。即二教所言女摩利耶生耶穌也。碑云七日一薦。即二教所言室女誕生。即二教所言七日一禮拜也。然此碑所言雖與二教合。竊疑是明時利瑪寶入中國後。一時習其教所人。僞作此碑。以自誇詡。故碑言唐太宗命房元齡賓迎入內。中國習其教之人。僞作此碑。以自誇詡。故碑言太宗貞觀九年至長安。唐太宗命房元齡賓迎入內。翻經內殿。間道禁闥。詔令傳習。而考之內實無其事。又碑言貞觀中詔賜名大秦寺。錢竹汀景教考。已據冊府元龜。辨天寶四載始改波斯寺爲大秦寺。則碑之所言。實與冊府元龜不合。故疑此碑乃明時中國習彼教之人僞撰。以誇張其教。惟碑爲明人僞撰。故詐爲明時始出土云。

　　　　　俞蔭甫先生評閱〇見上海求志書院課藝光緒二年丙子冬季

明人僞撰。故詐爲明時始出土云。頗有見

(II) Critique de l'inscription du *King-kiao-pei*, par un lettré de *Kin-chan* (Kiang-sou). Cf. pag. 290, not. 2.

§ III. LETTRÉS.

Catalogue raisonné des bibliothèques de *K'ien-long*. — Collection épigraphique de *Wang Tch'ang* : *Kin-che-lou-pou, Kin-che-k'o-k'ao-lio, Koan-tchong-kin-che-ki, Ts'ien-yen-t'ang-kin-che-wen-po-wei, Ts'ien-che-king-kiao-k'ao, Tao-kou-t'ang-wen-tsi.* — Géographie de *Wei Yuen* : *K'oen-yu-t'ou-chouo, Kvei-se-lei-kao, Yng-hoan-tche-lio.*

I

西學凡一卷附錄唐大秦寺碑一篇 兩江總督採進本

求附唐碑一篇明其教之久入中國云云考西溪叢語載唐貞觀十二年大
秦國阿羅本遠將經像來獻上京即于義寗坊敕造大秦
寺一所度僧二十一人云云長安崇化坊立
有傳法穆護何祿將祆教詣闕聞奏敕令長安崇化坊立
祆寺號大秦寺又名波斯寺至天寶四年七月敕波斯經
教出自大秦傳習而來久行中國爰初建寺因以為名將
以示人必循其本其兩京波斯寺並宜改為大秦寺天下
諸州郡有者準此冊府元龜載開元七年吐火羅國王上
表獻解天文人大慕闍智慧幽深問無不知伏乞天恩喚
取問諸教法知其人有如此之藝能請置一法堂依本教
供養段成式酉陽雜俎載孝億國界三千餘里舉俗事祆
不識佛法有祆祠三千餘所又載德建國烏滸河中有火
祆祠相傳其神本自波斯國乘神通來因立祆祠祠內無

(I) Critique du Catalogue des bibliothèques de *K'ien-long, K'in-ting-se-k'ou-ts'iuen-ch'ou-tsong-mou*, 125e *Kiuen*, fol. 31 à 34. *Cf.* pag. 314, not. 5.

像，于大屋下置小廬舍向西，人向東禮神有一銅馬、國人曺自天而下、據此
說則西洋人即所謂波斯天主即所謂祆神中國具有紀載不但有此碑
數說又杜預注左傳次雎之社曰雎受汴東經陳留謢彭城入泗此水次
可證又杜預注左傳次雎之社曰雎受汴東經陳留謢彭城入泗此水次
有祆神皆社祠之顧野王玉篇亦有祆神字音阿憐切註爲祆神徐鉉據以增
入說文朱敏求東京記載寗遠坊有祆神廟註曰四夷朝貢圖云康國有神
名祆畢國有火祆祠或曰石勒時立此是祆教其來已久亦不始于唐岳珂
桯史記番禺海獠其最豪者蒲姓號白番人本占城之貴人留中國以通往
來之貨屋室侈靡踰制性尚鬼而好潔平居終日相與膜拜祈福有堂焉以
祀如中國之佛而實無像設稱謂譬牙亦莫能曉竟不知爲何神有碑焉
數丈皆刻異書如篆籀是爲像主拜者皆嚮之是祆教至宋之末年尙由賈
舶達廣州而利瑪竇之初來乃詫爲亘古未睹艾儒略作此書既梭唐碑以
自證則其爲祆教更無疑義乃無一人援古事以抉其源流遂使蔓延于海
內、蓋萬曆以來、士大夫大抵講心學刻語錄即盡一生之能事故不能徵實
考古以遏邪說之流行也，

見欽定四庫全書總
目一百二十五卷

A II

景教流行中國碑 碑高四尺七寸五分廣三尺五寸三十二行行六十二字正書在西安府

右碑下及東西三面、皆列彼國字式下有助檢校試太常卿賜紫袈
沙寺主僧業利檢校建立碑石僧行通雜于字中字皆左轉弗能譯
也、按碑三一妙身无元真主阿羅訶者教之主也、大秦國上德阿羅
本者于貞觀九年至長安也、京兆府義寧坊建大秦寺僧廿一人、
貞觀十有二年也、此即天主教始入中國自唐至今其教徧天下矣、
予讀西域傳拂菻古大秦國居西海上去京師四萬里與扶南交阯
入內翻經殿遂使異方之教行于中國然惟建寺可以度僧計當時
五天竺相貿易開元盛時西戎冒萬里而至者百餘國輒貢經典迎
寺五千三百五十八僧七萬五千二十四尼五萬五百七十六凡兩
京度僧尼御史一人濫之僧尼出踰宿者立案止民家不過三宿九
年不還者編諸籍甚嚴也今天下寺不常建而僧尼遂至無筭何耶
錄見金石補

(II) Collection épigraphique de *Wang Tch'ang, Kin-che-ts'oei-pien*, 102ᵉ *Kiuen*. Cf. pag. 317 et seqq.

(A) *Kin-che-lou-pou*. Cf. pag. 317, not. 4.

IV. DOCUMENTS CHINOIS. 393

B

今在西安城西、金勝寺內、明崇禎間、西安守晉陵鄒靜先生有幼子、曰化生、生而雋慧、甫能行、便解作合掌禮佛、二六時中、略無疲懈、居無何而病、微瞑笑、覗儵然長逝、卜葬于長安崇仁寺之南、掘數尺、得一石、乃景教流行碑也、此碑沉埋千年、而今始出、賣之三世因緣、此兒淨頭陀再來耶、則佳城之待沉彬、開門之俟陽明、此語爲不誣矣、見頻陽劉雨化集中、字完好無一損者、下截及末、多作佛經番字、石刻考略

C

大秦卽梨軒、說文作麗軒、漢書云、以在海西、故亦云海西國、水經注恒水又逕波麗國、是佛外國也、法顯曰恒水東到多摩梨軒國、卽是海口、釋氏西域記曰、大秦一名黎軒、道元據此、蓋以黎軒爲卽波麗矣、攷條支卽波斯國、魏書云、波斯國、唐貞觀地在忸密之西、去黎軒猶一萬里、長安志義寧坊有波斯寺、十二年太宗爲大秦國胡僧阿羅斯立、應是大秦僧人入中國之始、之碑則云于義寧坊造大秦寺、兩國所奉之教略同、故寺名通用、耶阿羅斯碑作阿羅本、當是敏求之誤、見關中金石記

(B) *Kin-che-k'o-k'ao-lio*. Cf. pag. 318, not. 1 et 2.
(C) *Koan-tchong-kin-che-ki*. Cf. pag. 318, not. 3 et 4.

右景教流行中國碑景教者西域大秦國人所立教也舒元興重巖寺碑禊夷而來者有摩尼焉大秦焉秋字疑祆神焉合天下三夷亦不足當吾釋氏一小邑之數今摩尼祆神祠久廢不知所自獨此碑叙景教傳授頗詳蓋始于唐初大秦僧阿羅本攜經像至長安太宗詔所司于義寧坊造寺一所僧廿一人高宗時崇禮讚七日一薦所奉之像則三一妙身无元真主阿羅訶也今歐羅巴奉天主耶穌溯其生年當隋開皇之世或云即大秦遺教未審然否後題太蔟月七日大耀森文日建立所云大耀森文亦彼教中語火祆即火浣布也 見潛研堂金石文跋尾

萬曆間長安民鋤地得唐建中二年景教碑士大夫習西學者相矜謂有唐之世其教已流行中國間何以為景教而不知也按宋敏求長安志義寧坊街東之北波斯胡寺貞觀十二年太宗為大秦國胡僧阿羅斯立叉云醴泉坊之東舊波斯寺儀鳳二年波斯三卑路斯請建波斯寺神龍中宗楚客占為宅移寺于布政坊西南隅祆祠之西冊府元龜

(D) *Ts'ien-yen-t'ang-kin-che-wen-po-wei*. *Cf.* pag. 319.
(E) *Ts'ien-che-king-kiao-k'ao*. *Cf.* pag. 319, not. 5.

天寶四載九月、詔曰、波斯經教出自大秦、傳習而來、久行中國、爰初建寺、因以爲名、將以示人必循其本、其兩京波斯寺宜改爲大秦寺、天下諸州郡宜准此、此大秦寺建立之緣起也、碑云大秦國有上德曰阿羅本、貞觀九祀至于長安、十二年秋七月、于京師義寧坊建大秦寺、阿羅本卽阿羅斯也、初名波斯儀鳳中尙仍舊名天寶四載方改名大秦碑言貞觀中詔賜名大秦寺、夷僧之誇詞也、舒元輿重巖寺碑云、天下三夷寺、不足當吾釋氏一小邑之數、釋寺唯一、夷寺有三、摩尼卽末尼也、大秦卽景教也、祆神卽波斯也、今据元興記而詳考之、長安志曰、布政司西南隅胡祆祠、祠有薩寶府官主祠祠神、亦以胡祝、稱其職、東京記引四夷朝貢圖云、康國有神名祆、祠疑因是建廟、王溥唐會要云、波斯國西與吐蕃康居接、西北拒佛菻、卽大秦也、其俗事天地日月水火諸神、西域諸胡事火祆者皆詣波斯受法故日波斯教、卽火祆也、宋人姚寬曰、火祆字從天、胡神也、經所謂摩醯首羅本起大波斯國號蘇魯支、有弟子名元眞居波斯國大總長如火山、後化行于中國、然祆神專主事火、而寬以爲摩醯首羅者、以波斯之教事天地水火之總、故諸胡皆詣受教、不專一法也、大秦之教本不出于波斯及阿羅訶者出、則自別于諸胡碑言三百六十五種之中、或空有以淪二、或禱祀以邀福彼不欲過而問焉、初假波斯之名以入長安、後乃改名以立異地志稱默德那爲回祖國其教以事天爲本經有三十藏凡三千六百餘卷西洋諸國皆宗之今碑云三百六十五種肩隨結轍、豈非回回祖國之三十藏與若末尼則志磐統紀序之獨詳開元二十年敕云末尼本是邪見妄稱佛法、旣爲西胡師法、其徒自行、不須科罰大歷六年、回紇請荆揚等州置摩尼寺其徒白衣白冠會昌三年秋敕京城女末尼、凡七十二人皆死梁貞明六年、陳州末尼反立母乙爲天子發兵擒斬之其徒不茹葷酒夜聚婬穢畫魔王踞坐佛爲洗足云佛上大乘、我乃上上乘、蓋末尼爲白雲白蓮之流于三種中爲最劣矣、以元興三夷寺之例觀而斷之、三夷寺皆外道也、皆邪教也所謂景教流行者、則夷僧之黠者稍通文字膏脣拭舌妄爲之詞、而非果有異於摩尼祆神也、

見錢氏景教考

右錢氏景教考曰大秦曰回回、曰末尼、大秦則范蔚宗已爲立傳、末尼因回回以入中國、獨回回之教種族蔓衍、士大夫且有慕而從之者、其在唐時史固稱其創邸第佛祠、或伏甲其間、數出中渭橋與軍人格鬭、奪舍光門、魚契走城外、而摩尼至京師、歲往來西市商賈、頗與囊橐爲姦、李文饒亦稱其挾邪作蠱浸淫宇內、則其可絕者、匪特非我族類而已、作景教續考、回回之先、卽默德那國國王穆罕默德 謨罕驀徳 四譯館考 作生而靈異臣服西域諸國、尊爲別諳援爾、華言天使也、而天方古史稱阿丹奉眞宰明諭、定分定制、傳及後世、千餘載後、洪水汎濫、有大聖努海受命治世、使其徒衆四方治水、因有人焉、此去阿丹降世之初、蓋二千餘歲後世之習清眞之教者、乃更衍其說、曰阿丹傳施師、師傳努海、傳易卜剌欣、欣傳易司馬儀、儀傳母撒、撒傳達五德、德傳爾撒、撒傳母罕默德、不得其傳六百年而後穆罕默德生、命曰哈聽、猶言封印云、按唐之回紇、卽今之回回、回紇之先爲匈奴、元魏時號高車、或曰勑勒、曰鐵勒、其見於魏收李延壽宋祁之史、班班

可玫異端之徒創爲荒忽幽怪之談以欺世而眩俗、如天方古史云者、其
尤可軒渠者也、又言國中有佛經三十藏、自阿丹至爾撒凡得百十四部、如
討剌特之經與母撒則通爾德之經與達爾撒皆經之最大者、自穆
罕默德按經六千六百六十六章、名曰甫爾加尼此外爲今淸眞所誦習者、
又有古爾阿尼之寳命眞經特福爾噶最之噶最眞經特福爾咱堤
之咱希德眞經、微爾白索義爾之大觀經、休儞眛任不可窮詰、而其隷在四
勒瓦一合之昭微經兼篆楷草西洋若土魯番天方撒
驛館者、回回特爲八館之首間之則云書篆楷草爲吾中國書法
爾兒罕占城日本眞臘瓜哇滿剌加諸國皆用之、夫篆楷草以爲得天之明論
之次第、其徒借以神其誕幻而顧倒道而說、以爲得天之明論
憶是何其無忌憚之甚也、今以其教之在中國者而考之、隋開皇中國人撒
哈八撒阿的幹思葛始以其教來、故明初用回回曆其法亦起自開皇至唐
元和初回紇再朝獻始以摩尼至其法日晏食飮水、茹葷屏渾酪、見新唐書紀傳
二年正月庚子請於河南府太原府置摩尼寺、許之、見舊唐書憲宗紀明洪武時大

將入燕都、得秘藏之書數十百册、稱乾方先聖之書、中國無解其文者太祖勅翰林編修馬沙亦黑馬哈麻譯之、而回回之教遂盤互於中土而不可復遣矣、至於天方、則古筠冲地舊名天堂又名西域其國本與回回為鄰明宣德間、乃始入貢、而今之清眞禮拜寺遂合而一之念禮齋課朝五之類、月無虛夕、異言奇服招搖過市、而恬然不以為怪其亦可謂不齒之民也已、見道古堂文集

按此碑原委、景教考言之已詳、潛研跋謂今歐邏巴奉天主耶穌、或云即大秦遺教据碑有判十字以定四方之語、今天主教常舉手作十字與碑言似合然日下舊聞考、載天主堂構於西洋利瑪竇自歐邏巴航海九萬里入中國崇奉天主云、歐邏巴在極西北、須從海中大西洋迤西而南經小西洋大南洋抵占城瓊島泊交廣以達中土有九萬里之遠也、若大秦國以本朝職方會覽四彝圖說諸書考之、大秦一名如德亞今稱西多爾在歐邏巴南雖陸路可通而甚遼遠似不能合為一也、杭氏續考專

(G) Critique de *Wang Tch'ang*. Cf. pag. 321.

論回回之教、其說亦詳然謂唐之囘紇卽今之囘囘、說亦未然、唐之囘紇卽
囘鶻、其地與薛延陁爲鄰距長安祇七千里、若囘囘有祖國、以今職方諸書
考之、在古大秦國之東、一名伯爾阿西亞、今稱包社大白頭番、與囘紇隔遠、亦
不能合爲一也、碑稱大秦國上德阿羅本、兩唐書西域傳、所載諸國、惟拂菻
一名大秦、然無一語及景教入中國之事、唐會要稱波斯國、西北距拂菻、拂
菻則波斯在拂菻之東南、故長安志所載大秦寺、其初謂之波斯寺、天寶四
載詔書波斯經教、出自大秦、則所謂景教者、實自波斯而溯其源於大秦也、
唐西域傳、波斯距京師萬五千里、其法祠祆神與唐會要同、然亦無所謂
景教者、祆神字當从示、从天、讀呼煙切、與从夭者別、說文云、關中謂天爲祆、
廣韻云胡神、所謂關中者、統西域諸國事天最敬、故君長謂之天
可汗、山謂之天山、而神謂之祆神、延及歐邏巴、奉教謂之天主、皆以天該之、
唐傳載波斯國俗、似與今囘囘相同、此碑稱常然眞寂、戰隱眞威、亭午昇眞、
眞常之道、占青雲而載眞經、舉眞字不一而足、今所建囘堂、謂之禮拜寺、
又謂之眞教寺、似乎今囘囘之教、未始不源於景教、然其中自有同異、特以

A III

彼教難通未能剖析姑備錄諸說以資博攷至碑稱景教景字之義文中只二語云景宿告祥懸景日以破暗府是與景星景光臨照之義相符然則唐避諱而以景代丙亦此義與

坤輿圖說亞細亞州最西有名那曰如德亞其國史書載上古事蹟極詳自初生人類至今六千餘年世代相傳及分散時侯萬事萬物造作原始悉記無訛因造物主降生是那故人稱為聖土春秋時有二聖王炎達味德子撒喇滿造一天主堂皆金玉砌成飾以珍寶窮極美麗費以三十萬萬王德盛智高聲聞最遠中國謂西方有聖人疑即指此

案天主生於漢元壽中春秋時安得便有國王造天主堂或即古之天祠亦止祀上帝而非祀耶穌安得謂西方聖人即在西方耶

帝不偏可

行碑刻可考如德亞之西有國名達馬斯谷產絲綿羢羼顏料極佳城不用磚石是一活樹糾結甚厚無隙高峻不可攀登天下所未有

案利馬竇初至中國安知有列子及景教碑皆徐光啟代為傅會而近人方執以證大秦之說亦可哂已

(III) Géographie de *Wei Yuen*, *Hai-kouo-t'ou-tche*, 26ᵉ et 27ᵉ *Kiuen*. *Cf.* pag. 322 et seqq.

(A) *K'oen-yu-t'ou-chouo* 下卷, fol. 4. *Cf.* pag. 322.

天主教論

西域有叢神謂之天祠有主祠者如巫覡至其教成其徒惟奉本師不復

奉天神勢則然也魏譯賢愚因緣經摩訶令奴緣品云過去提婆令奴諸餘王

將至天祠泥木天像起身爲禮前王五百子中設至天祠自禮天像弓貝恒摩

泥木天像悉不作禮降六師緣品云摩訶賧仇利王有先祖天祠一臣摩

迦達緣品云恒河邊有摩尼跋羅天祠毗沙門王白帝釋言我有

尼跋羅有輔相從其祠求子大唐西域記云尸棄尼國王子死爲間天祠

神主猶言當廟王怒殺之投其神像於河是所謂天神者事火事日又雜

兼衆神所謂主者廟祝如馬韓各立一人主祭天神名之曰天君也其人

非一惟耶蘇能成大宗耶蘇亦作爾息亦作爾撒對音字不能審也其先

立教者則爲阿羅訶亦作阿羅邏隋譯佛本行集經問阿羅

家後向毗舍離城路遇仙人姓迦藍名阿羅邏仙人言五大者地大水大

火大風大空大我及無相名本性體又總論義例空有宗體一切皆向菩

薩而說菩薩欲供養尊者阿羅邏言師有多種彼等實勝菩薩又聞劫盡

(B) *Yu-tcheng-sié-koei-se-lei-kao* 15ᵉ *Kiuen*, fol. 28 à 30. *Cf.* pag. 323, not. 6.

阿羅邏默爾微笑菩薩背去阿羅邏尋惟願仁者所行之處常得吉祥於是
菩薩遂行苔羅摩子品云菩薩往問羅摩子優陀羅又舍去義諦各舍遂留
異派梵天勸請品云優陀羅作飛狸阿羅邏在邊地作主佛以不奉佛之地
為邊地晉書鳩摩羅什傳云羅刹者外國誑誕道人也則佛成教時阿羅邏
已為王領羅刹立天主教矣隋天台智者妙法蓮華經文句云提婆羅跋恕
此云天主唐道世法苑珠林云智度論提婆那因秦言天主鳩摩羅什譯妙
法蓮華經藥王本事品云帝釋於三十三天主施護譯佛說大堅固婆羅門
緣起經云帝釋天主支謙譯佛說八師經云三者不得犯人婦女或為天主
邊人所知臨時得殃其言天主非今天主教之天主謂富貴人主其言天主
邊人則兼舍衛城習羅刹教之刹利婆羅門及真羅刹言之吳譯經已有其
目時其教未至中國故他譯經不深知耳佛時乾闥婆阿修羅皆其教佛初
欲供養阿羅邏而阿羅邏辭之蓋以種姓不同各有福力故傳之耶蘇其教
始盛耶蘇生當漢哀帝元壽二年景宿告祥在如德亞地後六十年佛滅度
見神於漢明帝則耶蘇較幼於佛唐建中二年大秦寺僧景淨立景教流行

中國碑言大秦寺始貞觀十二年七月按通典職官二十二視流內有薩寶薩寶府祆正視流外有薩寶府祆視薩寶府率薩寶府史注云武德四年置羣胡奉事取火咒詛貞觀二年改波斯寺開元二十年禁民習末摩尼法天寶四年改波斯寺為大秦寺其言不相應碑稱三一妙身无元真主阿羅訶又稱其母為三一分身景尊彌施訶云室女誕聖於大秦又言阿羅訶存鬍削頂七時禮讚七日一薦則兼摩尼法而冥報記云貞觀時馬嘉運入冥知王五戒死為天主即今所謂天主則其時中國人知其教矣明萬曆九年其人復至廣東二十九年至京師明史云禮部郎中徐如珂召天主教二人授以筆劄所記觕繆不相合回回幹爾塞經則云爾撒聖人者亦阿丹聖人之後立教敬天為主傳徒繁盛戰勝攻克或通其妻託求異術爾撒告妻畏人縛髪妻於是夜暗繫其髪仇至遭擒便被殺害其徒憤恨天不垂佑乃奉天主不復事天天主教則言耶蘇行教國王磔之十字架上其徒所傳艾儒略萬物真源馮秉正聖言廣益全編及真詮自證等經冗鄙無可探語十字架者景教碑所言判十字以定四方者也賢愚因緣經優婆鞠提緣品云梵志

或事日月翹脚向之、或復事火朝夕然之、卽通典注、言大秦胡事火咒詛也、西域記云鉢羅那迦天祠人露形旦上高柱一手執柱端一足蹠旁杙一手一足虛懸向外視日影求出生死所謂裸形求仙法然則十字架者高柱及杙後不事日、猶留其式耶蘇母抱耶蘇手執十字架意也耶蘇裸體張十字架上者、耶蘇以他事被殺而遺像具生時露形上高柱翹手脚視日也其徒文言之則曰定四方妄言之則曰卽蘇磔於十字架不悟立十字止上下及兩方耶蘇誠死架上何忍寶其頂禮之且耶蘇母何爲以弄其兒哉根本說一切有部尼陀那云苾芻不敬事天神亦勿欺凌是專指天主敎言之時天祠猶有部尼陀那大唐西域求法高僧傳云諸外道先有九十六部今但十餘齋會聚集各爲一處是猶同赴齋請其截然分土不知始於何時今天主敎皆羅刹力距佛佛以羅刹名被之夜叉戾厲洋人巧器亦呼爲鬼工而羅刹安之其自言知識在腦不在心蓋爲人窮工極巧而心竅不開在彼國爲常在中國則爲怪也、乃好誘人爲之、而自述本師之事亦不求所本然則卽蘇在羅刹爲持世之人而他部之人入其敎則亦無心肝之人矣、_{見癸巳類稿卷十五第二十八頁}

瀛環志畧曰、按上古時、波斯天竺皆事火神、事火神
者拜旭日、或燃柴薪向之、以禮拜、民非火化不生、非白日則宇宙無睹、故
兩地之夷、上古卽有此俗、義起報本、非邪神也、事天神始於摩西、時在有
商之初、年間丁託言天神降於西奈山伯在境阿垂十誡以教世人、七日安息
禮拜、卽起於此、距耶祖之生、尚隔一千數百年、乃洋教之所自出、非卽洋
教也、天竺自佛教興、而祀火之俗改、今西域之乾竺特南印度之孟買、仍
有拜火之俗、是其明證、波斯則自唐以前、尚未改、後其國爲回部所奪、始
改從回教、然至今禮拜、仍兼拜火神、故末惡嶼、有太陽火神古殿也、中國
自前五代時、有祆神祠、又有胡祆祠火神祠、唐時有波斯經教天寶四年、
詔改兩京波斯寺爲大秦寺、又有景教流行中國碑、建中二年大秦寺僧
景淨述今考祆字從示從天、卽天神其教起於拂菻國、卽猶太摩西、初建此
本大秦國之東境、正有類中國故稱爲大秦、漢人因其人長太平、謂胡祆
之卽祆神、祆神之卽天神、不祆字文、本安得有此等字、西土而屬之大秦似也、

(C) *Yng-hoan-tche-lio*, 3ᵉ *Kiuen*, fol. 32. *Cf.* pag. 323, not. 7.

拂菻自漢初隸羅馬、至唐時乃爲阿剌伯所奪、是即西教之嚆矢也、若火神教、則出自波斯與大秦、無涉、謂爲火祅、則已混火神於天神、謂波斯教出於大秦、則又遡本支於異姓、景教一碑、尤爲荒誕、景教卽火敎中間景宿告祥、懸景日以破暗府、亭午昇眞云云、皆指太陽火也、方又云、判十字以定四身无元眞主、阿羅訶者、不知何人、而一切詞語、又皆緣飾釋氏糟粕、非火非天非釋、竟莫名爲何等教矣、蓋波斯之祠火神、本其舊俗、而佛教行於天竺、乃其東鄰、天神教行於大秦、乃其西鄰、至唐代則大秦之洋教又已甚行胡僧之黠者、牽合三教、而創爲景教之名、以自高異中國不知其原委、遽從而崇信之、正昌黎所謂惟怪之欲聞者耳、又碑中云貞觀十二年、大秦國大德阿羅本、遠將經像來獻上京、阿羅德果自大秦來、其爲洋敎無疑、其經當卽其像當卽耶穌被釘十字架之像、乃當時不聞有此、而其所謂景教者、自唐以後佛教甚行、歐羅巴所傳之敎書、依傍於波斯之火神、潤色以浮屠之門面、是不可解也、胡祅火祅之祠、波斯大秦之教、俱不復見、據泰西人所紀載、惟阿非利加北土之阿北西尼亞、尙有大秦教名、亦仍是波斯火神耳、見卷三第三十二頁

Nota. Depuis l'impression de la page 375, nous avons reçu l'œuvre de *Yang Siang-fou,* qui s'intitule, à l'exemple des lettrés chrétiens du XVIIᵉ Siècle : « disciple de l'Illustre religion » 景門後學.

Les deux derniers volumes du *King-kiao-pei-wen-ki-che-k'ao-tcheng,* consacrés au commentaire de l'inscription, nous ont causé un véritable désappointement. On nous avait annoncé un livre qui ne laisserait plus rien à désirer au sinologue européen, un livre qui lui livrerait notamment la clef des allusions dont l'inscription est hérissée, et au lieu de cela, nous n'avons trouvé qu'une contrefaçon protestante de l'apologie du Père Emmanuel Diaz, insistant sur la partie dogmatique à grand renfort de textes de l'Écriture sainte, et laissant absolument dans l'ombre toute la partie historique du récit.

Le premier volume contient des documents bibliographiques et plusieurs articles critiques.

Les documents sont en partie ceux que nous avons cités plus haut. On y a joint : 中西紀事論景教碑；李學士文田論景教碑；金石家論景教碑事書後.

Les articles traitent de différents sujets : du royaume de *Ta-ts'in,* des origines du *King-kiao,* et de différentes religions ou sectes : Judaïsme, Mahométisme, Bouddhisme, sectes 火祆, 婆羅門, et 摩尼.

§ IV. DOCTEURS CHRÉTIENS.

Appendice du Dʳ *Léon Li* : *Tou-king-kiao-pei-chou-heou*. — Le Dʳ Paul *Siu* : *Tié-che-tse-tchou*. — Préface du P. Diaz.

I

讀景教碑書後

廬居靈竺閒。岐陽同志張廣虞。惠寄唐碑一幅曰。邇者長安中掘地所得名曰。景教流行中國碑頌。此教未之前聞。其即利氏西泰所傳聖教乎。余讀之良然。所云先先無元。後後妙有。開闢天地匠成萬物立初人衆聖元尊眞主。非皇皇天主疇能誕此。其云三一妙身。即三位一體元也。其云三一分身。即費略降誕於大秦。如其德云。同人出代云。亞一神女誕聖於大秦。景宿告祥。異星見也。覩耀來貢。三日君亞國室女瑪利亞而生也。朝也神天宣慶。天神降也。亭午升眞。則救世傳教功行完一薦。悉與大中上昇也。至於法浴之水十字之持。七時禮讚。七日一薦。大傲利氏西來傳述規程胎合。而今云陟斯碑云阿羅訶。今云大秦。魔魅碑云娑殫。則皆如德亞國古經語。不曰如德亞。而曰大秦。考唐書拂菻國。一名大秦。道西去中國四萬里。又考西洋圖誌。如德亞幾東一道。其名曰大秦。道里約略相同。阿羅本輩殆從此邦來者。故以大秦稱云。其至長安也。以貞觀九年上遡耶穌降生近六百禩。是時宗徒傳教。殆徧西土。大唐德威遠暨。應有經像重譯而來。爾乃宰相郊迎經內殿為造大秦寺於義寧坊。命名景教景者大也。炤也。光明也。大帝時又勅諸州各置景寺崇奉之至顯與儒釋玄三教共峙寰宇。非特柔懷異域。昭王會一統之盛而已也。聖曆則武氏宣淫先天則太平亂政。非貞衰既相挺迕水火應必煎熹用壯相傾理同盜憎禍來無鄉。蓋千古有同慨焉。羅含及烈。重振斯文。佶和再來。渙頒睿劄。立肅代德四朝寵賚彌渥汾陽重廣法堂。依仁施利修舉哀矜七端。遂勒此碑以紀歲月。其頌中多述唐德亦具景教大指。所稱賜良和懸景日明著我人類以及補贖救世之恩。而貞觀所譯。並所留二十七部經文。即今貝葉藏中。或尚有可檢者。所疑傳教士。曷以僧名。則緣彼國無分道俗男子皆髠華人強指為僧渠輩無能自異云爾。卽利氏之初入五羊也。亦復數年混跡。後遇瞿太素氏。乃辨非僧然後蓄髮稱儒。觀光上國。我神祖禮隆柔遠。賜館多年。於時文武大臣。有能繼房郭之芳踪。演正眞之絕緒者乎。七千部奧義宏辭梯航嗣集開局演譯。良足以增輝冊府軼古昭來。其如道不虛行。故迄今尚有所待。三十餘載以來。

我中土紳士。習見習聞。於西賢之道行。誰不歎異而敬禮之。然而疑信相叅。
詫爲新說者。亦繁有焉。詎知九百九十年前。此教流行已久。雖世代之廢興
不一。乃上主之景命無渝。是佑諸賢。開關無阻。更留效其靈所錫仁
覆閱下不忍令魔錮重封天路終關。故多年秘奇厚土。似俟明時今茲煥啟
人文用章古教。而後乃知克已昭事。俾無忝生而怛死此學自昔有聞唐天
可味尙知莊事而況我聖朝重熙累洽河清靈出儀鳳呈祥之日哉碑文贍雅
子尙字體亦邁媚不俗世之不乏欣賞者要於證之六經諸所曾帝嚳
天是何學術質諸往聖曩所聞官問禮何隔華夷卽如西賢九萬里外繼踵
遠來何以捐軀衞道。九死不悔者。古今一轍。而我輩不出戶庭坐聞正眞學
脈得了生死大事。不可謂全無福緣者何以尙生疑阻悖吾孔孟知天事天
之訓而不懋且驚乎且借碑作砭明叅細駁卽欲不祛僞歸眞祈嚮於一尊
而不可得不然者無論詭正殉魔。自斷生理政恐蜉蝣生死相尋共作僇民。
廻望房梁公郭汾陽王已爲絶德而況其進焉者乎。
天啟五年。歲在旃蒙赤奮若日纏叅初度凉菴居士。我存李之藻盥手謹識。
見陽瑪諾唐景教碑頌正詮

II

近天啟乙丑長安掘地得碑題曰大唐景教流行中國碑碑首冠以十字
亦一證也碑中言景教自唐貞觀九年大德阿羅本始奉以入中國國主
大臣如太宗高玄肅代憲宗及房玄齡郭子儀之屬悉皆尊奉貞觀十二
年建寺於京師之義寧坊高宗令於諸州各置景寺肅宗又於靈武等五
郡建立則終唐之世聖化大行上德高賢比肩林立法壇道石周徧寰宇
何況江右世載文明廬陵素稱赤望有茲事迹豈足疑乎
天啟丁卯六月朔書　見徐光啟之鐵十字著

III

旅人偕同志觀中朝也幾周甲子于茲矣一切賢者樂與遊所著諸篇
詳哉其述之也乃問者遑遑以諸輩弗遠九萬梯航備歷至是即如歸不能
無惑因嘗具述天主宏慈惠茲士民默牖至是導正闢邪宜頌宜感客
謂默牖遠來訓正吾士若民洵足頌感然曷弗于數代以前俾吾先人咸
蒙接引延迨今茲誠所未解請容進其說西聖奧斯定云富者濟貧凡幾何遲
如是乎雖然疑而思問 諸輩時為太息曰淺哉智慧者乃妄議天主意
速提衡在彼貧者不得預之受濟頌恩乃其分也今茲天主祐中土俾聖
教遠來弗頌受乃怨而責其後至也借如有鰥升聞登庸三錫顧責君寵

(II) Extrait du T'ié-che-tsc-tchou 鐵十字著 du Dr Paul Siu. *Cf.* pag. 89, not. 3.
(III) Préface du Père Emmanuel Diaz. *Cf.* pag. 330.

奚遲誠哉狂悖莫甚焉且中賢既言之矣孰先傳孰後倦賢師教其弟子與
天主率厥下民亦若是焉爾天主教人先性繼寵教性教者吾人因性光
也寵教者天主超性光也未能盡厥因性頓冀超性是未步先望趨也前此
中士若性教弗邊尚超性云乎哉抑聖經喻聖教如日其初出未曜普地鑠
逮遠漸被厥光被早固忻被遲勿憎旋至旋被弗惟西方距中土幾九萬聖
近來滋遲固也理論至此必不復惑短遡厥端時唐太宗九年始邎歲幸獲古聖
教額題景教粵天主開闢迄降臨蓋千有餘歲矣是為天主降生後大明天
碑額題景教粵天主開闢迄降臨蓋千有餘歲矣是為天主降生後大明天
六百三十五年至西鎬廣行十道畢教之來近代置廓外金城
敬三年闕中官命啟土于敗牆下獲之奇文古篆度越
寺中岐陽張公賡虞掦得一紙讀竟踴躍即遣同志我存李公之藻云長安
掘地所得名景教流行中國碑頌殆與西學弗異乎李公披勘畟然色喜曰
今而後中士弗得咎聖教來何暮矣古先英弗顯輔朝野共欽昭燭特甚尚
奚有今之人也繼而立尾徐公光啟愛其載道之文并愛其紀文字畫復鑴
金石楷摹千古夫鴻碑較著朗鑒有三似勿更贅惟碑旨淵義古不敏慮覽
者未辨或猶託其詞以固前惑也因弗避膚拙詮厥槩為來者孚勞云
大明崇禎辛巳孟春之望陽瑪諾謹題　見唐景教碑頌正詮

ERRATA.

Sur la réduction à quatre des cinq chapitres annoncés page 1, voir page 375.

Les chiffres (romains) qui accompagnent le titre courant indiquent en principe les chapitres. Exceptionnellement, et par une méprise reconnue trop tard, de la page 315 à la page 373, ils répondent à une subdivision en §§.

Pag.	37, not. l. 6	*loco*	21 Mai	*lege*	12 Juin
,,	37, not. l. 9	,,	la période *siao-man*	,,	le signe *chen*
,,	54, not. l. 7	,,	1595	,,	1395
,,	97, not. l. 21	,,	La traduction etc...	,,	Le texte latin, d'après lequel a été reonstituée cette inscription, se trouve etc...
,,	252, not. l. 2	,,	火	,,	貨
,,	254, l. 26	,,	738	,,	638
,,	284, not. 15ᵉ l.	*dele*	Nous n'avons pu etc...		

TABLE DES MATIÈRES.

SECONDE PARTIE.

HISTOIRE DU MONUMENT.

Préface p. 1.

CHAPITRE PREMIER.
LA DÉCOUVERTE.
p. 3 à 105.

§ I. PRÉPARATION p. 4 à 30.

Caractère providentiel de la découverte. — Michel Ruggieri à Canton. — Matthieu Ricci à *Tchao-k'ing*. — Travaux, succès et épreuves. — Transfert à *Chao-tcheou*. — Premier voyage à *Nan-king*. — Retour et fondation à *Nan-tch'ang*. — Passage à *Nan-king*. — Premier voyage à *Pé-king*. — Retour et fondation à *Nan-king*. — Second voyage à *Pé-king*. — L'eunuque *Ma T'ang*. — Réception à la Cour. — Travaux et succès de Ricci. — Conversions. — Mort de Ricci. — Calomnies contre sa mémoire. — Etat de la chrétienté de Chine en 1610. — Nicolas Longobardi successeur de Ricci. — Persécution de *Nan-king*. — Exil des missionnaires à Macao. — Rétablissement de la paix. — Etat de la mission en 1625.

§ II. DÉCOUVERTE p. 31 à 45.

Relation classique du Père Alvare de Sémédo. — Récit plus complet de Daniel Bartoli : détails nouveaux sur le lieu de la découverte. — Circonstance inédite rapportée par le P. Etienne Faber. — *Appendice* du Dr Léon *Li*. — Conclusions. — Curieuse question de l'identité du monument. — Affirmation singulière de Kircher et de Martini : il existe un second monument, reproduction exacte du premier. — Conjectures sectaires d'écrivains protestants : le second monument est une reproduction infidèle du premier. — Explications vraies de Boym et de Bartoli : ce second monument, aujourd'hui disparu, n'était point une reproduction du premier. — Origine de cette confusion.

§ III. ÉPOQUE p. 46 à 59.

Affirmation des DD. Léon *Li* et Paul *S'u*, confirmée par les premiers missionnaires. — Contradictions de Kircher dans le *Proaromus* et dans la *China*. — Erreurs de Marchal de Lunéville. — Singulière méprise de G. Pauthier. — Version du P. Em. Diaz *Junior*. — Silence du P. Em. Diaz *Senior*. — Conclusion.

§ IV. LOCALITÉ p. 60 à 80.

Triple version contradictoire de Kircher. — Récit de Boym. — Lettres de Nic. Trigault ; son arrivée au *Chen-si*. — Bartoli indique *Tchtou-tche*. — Erreurs de *Lin Laitchai* et de *Ts'ien Ta-hin*. — Carte de Kircher conforme aux indications de Boym et de Bartoli. — Confirmée par les notes de Nic. Trigault. — Conclusion : nouvel établissement chrétien du VIII° Siècle connu au *Chen-si*. — Monument commémoratif de la découverte. — Circonstances de cette découverte.

§ V. CONSÉQUENCES p. 81 à 105.

Importance de cette découverte pour la prédication évangélique. — Espérances conçues par les missionnaires. — Calomnie de Voltaire et de Neumann. — Objections des lettrés contre la nouveauté de la religion chrétienne. — Panégyrique du Dr Léon. — Commentaire du P. Em. Diaz. — Récit du Dr Paul. — Souvenirs de la stèle chrétienne à *Chang-hai* et dans les villes voisines. — Explications du P. Couplet. — Dénominations, ouvrages manuscrits, rappelant la Religion illustre. — Croix découvertes au *Foukien*. — Mouvement rapide des conversions. — Chiffres des convertis et des missionnaires. — La chrétienté du *Chen-si*. — Adam Schall et *Yang Koung-sien*. — L'Empereur *K'ang-hi*.

CHAPITRE II.

DESCRIPTION.

p. 107 à 242.

§ I. LA CITÉ p. 108 à 131.

Descriptions de Martini, de Du Halde, de Richthofen. — Description du Père Gabriel Maurice. — Murailles. — Population. — Histoire. — Monuments publics. — Aspect, animation, commerce. — Faubourgs, environs. — Pagode *Tch'ong-jen-se*.

§ II. LA STÈLE p. 132 à 163.

Historique des stèles du genre 碑 *pei*. — Stèles funèbres 豐碑. — Application de ces notions. — Représentations graphiques d'après M° Hogg, le Rév. Jon. Lees. — Récit du Rév. A. Williamson. — Abris successifs du monument. — Voyages de Richthofen, du Comte Széchényi. — Histoire des estampages pris aux XVII° et XVIII° Siècles.

— Recherches provoquées par l'*American Oriental Society*. — Diverses reproductions de l'inscription. — Etat actuel de la stèle.

§ III. LA CROIX p. 164 à 191.

Représentations inexactes. — Accusations injustes de Wells Williams contre Ricci. — Calomnie de Villermaules. — Description de Sémédo. — La croix d'après le *Prodromus* et la *China* de Kircher. — D'après la *Flora* de M. Boym. — Les croix du *Fou-kien*. — La croix d'après le Baron Henrion. — D'après Maréhal de Lunéville, Kesson. — D'après Pauthier et Dabry. — D'après Williamson, J. Legge et le C¹ Yule. — Les lettrés modernes en présence de la croix.

§ IV. L'ÉCRITURE p. 192 à 210.

Mérite littéraire de l'inscription. — Sa valeur calligraphique, appréciée par les lettrés. — Ses traits dénotent son origine. — Préjugés de Renan et de Neumann. — Réponses victorieuses de Pauthier. — Fac-similés contemporains d'écriture chinoise. — Formes archaïques, nouvelle preuve d'authenticité. — Fac-similés contemporains d'écriture syriaque.

§ V. LE STYLE p. 211 à 228.

Jugement de Wylie et facéties de Voltaire. — Culte des locutions parallèles dans le style chinois. — Application curieuse au *King-kiao-pei*. — Rareté des particules dans l'inscription. — Abondance des allusions. — Phraséologie tirée des trois sectes religieuses nationales. — Ressources qu'offrent au christianisme les termes admis par ces religions. — Origine Nestorienne du *King-kiao-pei*. — Reproche de servilisme adressé à ses auteurs. — Le *K'eou-t'eou* et les ambassades étrangères à la Chine. — Conclusion.

§ VI. LE TITRE p. 229 à 242.

L'en-tête 額. — Caractères et traduction. — Les trois formes du caractère 景, d'après les monuments contemporains de l'inscription. — Variantes anciennes du caractère 京. — Principes s'appliquant à d'autres caractères. — Méprises du Dr J. Legge. — Significations du mot 景 dans l'inscription. — Conjectures arbitraires de plusieurs commentateurs chinois. — Sens des autres caractères. — Titre spécial de l'Éloge 頌. — Sens de ce mot, et du caractère 序.

CHAPITRE III.

BIBLIOGRAPHIE.

p. 243 à 374.

§ I. SOURCES p. 244 à 261.

Elles furent inconnues aux premiers missionnaires Jésuites. — Explications que donnent de ce prétendu silence de l'Histoire les PP. Amiot, Cibot, Le Comte, Couplet.

— L'édit persécuteur de 845, cité par le Père du Halde. — Authenticité de cet édit. — Traductions du Père Hervieu et de Visdelou. — L'édit protecteur de 638 cité par A. Wylie. — Son authenticité. — Traduction de Palladius. — Édit de 745, consacrant une nouvelle dénomination des temples chrétiens. — Position du premier temple chrétien de *Tch'ang-ngan*. — Autres temples consacrés dans la même ville à divers cultes des Occidentaux, d'après les Chroniques locales.

§ II. IMPOSTEURS p. 262 à 291.

Justes plaintes d'Athanase Kircher contre la calomnie de Georges Horn, reproduite par Théophile Spizelius. — Aveux prêtés par Voltaire au Dominicain Navarrete. — Marco Polo auteur de l'inscription. — Déclamations de Lacroze et de Beausobre. — Protestations de Mosheim. — *Lettres Chinoises* du Marquis d'Argens. — *Lettres Chinoises* de Voltaire. — L'*Essai sur les mœurs* dénonce la « fraude pieuse » des Jésuites. — Plaintes indignées des missionnaires de *Pé-king*. — Les imposteurs chinois du XIXᵉ Siècle. — L'auteur du 辟邪紀實 et son œuvre infâme. — Cercle littéraire de *Chang-hai*.

§ III. CONTRADICTEURS p. 292 à 313.

Le Rév. William Milne réfuté par Abel-Rémusat et par J. Klaproth. — Les Juifs allemands Isaac Jacob Schmidt et Charles Frédéric Neumann. — Les arguments de Neumann réfutés par G. Pauthier. — Ernest Renan et Stanislas Julien se rétractent. — Opinion de divers missionnaires protestants. — Le *Chinese Repository* et l'*American Oriental Society*. — Unité faite chez les missionnaires anglais et américains. — Groupe de réfractaires en Allemagne.

§ IV. LETTRÉS p. 314 à 324.

Peu de critique de leurs jugements. — Catalogue des bibliothèques de *K'ien-long*. — Collection épigraphique de *Wang Tch'ang*. — Ouvrage géographique de *Wei Yuen*.

§ V. TRADUCTEURS p. 325 à 342.

Variantes des premières traductions, signe d'authenticité. — Traduction latine de 1625. — Traduction française de 1628. — Liste des noms syriaques du Père Terrenz. — Traduction italienne de 1631 — Le *Prodromus* et l'inscription syriaque. — Version de Sémédo. — Commentaire du P. Em. Diaz (*Junior*). — Version latine du P. de Gouvea. — Compilation de Bartoli. — *La China* et Boym. — Traductions latines et françaises de Visdelou. — Traduction latine du P. Castorano. — Essai de Bridgman. — Listes syriaques d'Assémani. — Traduction Léontiewski-Marchal, de l'abbé Huc, de G. Pauthier, de Dabry de Thiersant. — Listes syriaques de I. H. Hall. — Traductions de J. Legge et de Mᵍʳ Masót.

§ VI. ANNOTATEURS p. 343 à 374.

Les Jésuites du XVIIᵉ Siècle. — Les auteurs allemands : André Müller, Christian Menzel. Théophile Bayer. — Thévenot et Renaudot. — Prémare, Visdelou. Gaubil. — Les Académiciens de Guignes et Le Roux des Hautesrayes. — Les PP. Amiot et Cibot.

— *Le Journal des Sçavans.* — Abel-Rémusat et Klaproth. — Reinaud et F. Nève. — Pauthier et l'abbé Huc. — Dabry de Thiersant. — Bridgman et Wylie. — F. Hirth et le C¹ Yule. — Les Revues sinologiques. — MM. Ed. Chavannes et Schlegel.

CHAPITRE IV.

DOCUMENTS CHINOIS.

p. 375 à 413.

§ I. SOURCES p. 376 à 386.

Décret d'approbation, de l'an 638. — Décret de 745, changeant la dénomination des temples. — Décret de destruction, de l'an 845. — Textes de *Song Min-k'ieou*. — Texte du *Liang-king-sin-ki*. — Récits du *Si-k i-tsong-yu*. — *King-tsing* et *Ki-ie* mentionnés par des documents contemporains. — Mission de *Ta-mou-tou*. — Le Nestorianisme à *Tchen-kiang* au XIII° Siècle.

§ II. IMPOSTEURS p. 387 à 389.

Extrait du *Pi-sié-ki-c'e*. — Académie littéraire de *Chang-hai*.

§ III. LETTRÉS p. 390 à 408.

Catalogue raisonné des bibliothèques de *K'ien-long*. — Collection épigraphique de *Wang Tch'ang*. *Kin-che-lou-pou*, *K u-che-k'o-k'ao-lio*, *Koan-tchong-kin-che-ki*, *Tsien-yen-t'ang-kin-che-wen-po-wei*, *Tsien-chi-king-kiao-k'ao*, *Tao-kou-vang-wen-tsi*. — Géographie de *Wei Yuen* : *K'oen-yu-t'ou-chouo*, *Koei-se-lei-kuo*, *Yng-huan-tche-lio*.

§ IV. DOCTEURS CHRÉTIENS p. 409 à 413.

Appendice du D' Léon *Li* : *Tou-king-kiao-pei-chou-heou*. — Le D' Paul *Siu* : *T'ié-che-tse-tchou*. — Préface du P. Diaz.

TABLE DES ILLUSTRATIONS.

	Pag.
Le *Chen-si* d'après l'*Atlas de d'Anville* (hors texte).	62
Le *Chen-si* d'après les cartes des missionnaires (hors texte).	63
Si-ngan-fou et ses environs d'après les *Chroniques du Chen-si*.	65
Le *Chen-si* d'après Richthofen (hors texte).	68
Lieu de la découverte d'après la *China* de Kircher (hors texte).	69

	Pag.
Sous-préfecture de *Tcheou-tche* d'après les *Chroniques générales du Chen-si*.	72-73
Croquis de l'emplacement de la stèle.	75
Emplacement de la Stèle chrétienne *(d'après une photographie — hors texte)*.	75
Si-ngan-fou. — Vue à vol d'oiseau d'après les *Chroniques générales du Chen-si* (1735).	112-113
Tch'ang-ngan sous les *T'ang* d'après les *Chroniques de Tch'ang-ngan et de Hien-ning*.	116-117
Si-ngan-fou moderne et l'antique *Tch'ang-ngan* d'après les *Chroniques de Tch'ang-ngan-hien*.	120-121
La ville de *Tch'ang-ngan* sous la dynastie *Han* d'après les *Chroniques de Tch'ang-ngan-hien*.	128-129
Édicule de 1866 d'après Williamson.	139
La Croix d'après Lees et Williamson (hors texte).	139
Couronnement de stèles à *Chang-hai*.	140
P'ai-leou de la Pagode *Tch'ong-jen-se* *(d'après une photographie — hors texte)*.	142
Cuve en pierre du *Tch'ong-jen-se* *(d'après une photographie — hors texte)*.	143
Partie syriaque de l'inscription (face principale) d'après le *Prodromus*.	149-150
Listes marginales d'après le *Prodromus*.	151-152
Partie syriaque de l'inscription face principale d'après la *China* (hors texte).	156ᵃ
Listes marginales d'après la *China* (hors texte).	156ᵇ
Facsimilé (partiel) de l'Ectypon de la *China* (hors texte).	159
Figure schématique de la Stèle.	161
Édicule de 1891 *(d'après une photographie du* Rév. P. Hugh).	163
Croix du *Prodromus Coptus*.	171
Croix de la *China illustrata*.	172
Croix du P. M. Boym.	175
Croix trouvée dans la pagode 水陸寺.	176
Croix trouvée dans la pagode 東禪寺.	177
Croix de *Si-ngan-fou* d'après le baron Henrion (hors texte).	177
Croix des *Annales* de Bonnetty (1853).	178
Croix de Kesson, Croix de M. Dabry.	179
Croix vraie de la Stèle.	180
Croix vaticane du VIᵉ Siècle.	181
Planche troisième *(atténuée)* de l'*Album de Tcheou Han*.	189
Graffite du temps des Césars.	190
Quatre facsimilés d'Inscriptions de 632, 676, 752 et 841 ap. J.-C. (photolithographie).	201-204
Commencement et fin d'une Inscription de 653 ap. J.-C. (photo'ith.).	206-207
Manuscrit syriaque de l'an 500 ap. J.-C. (photolith. hors texte).	210
Manuscrit syriaque de l'an 735 ap. J.-C. (photolith. hors texte).	210-211
Tableau comparatif résumé des formes archaïques ou abrégées etc.	234-235

VARIÉTÉS SINOLOGIQUES.

N° 1. L'ÎLE DE TSONG-MING, à l'embouchure du Yang-tse-kiang, par le P. Henri Havret, S. J. — 62 pages, 11 cartes, 7 gravures hors texte. 1892..épuisé.

N° 2. LA PROVINCE DU NGAN-HOEI, par le même; — 130 pages avec 2 pl. et 2 cartes hors texte. 1893.......................$ 2

N° 3. CROIX ET SWASTIKA EN CHINE, par le P. Louis Gaillard, S. J. — IV-282 pages, avec une phototypie et plus de 200 figures. 1893..$ 4

N° 4. LE CANAL IMPÉRIAL, par le P. Dominique Gandar, S. J. — II-75 pages, avec 19 cartes ou plans. 1894......$ 1,50

N° 5. PRATIQUE DES EXAMENS LITTÉRAIRES EN CHINE, par le P. Étienne Zi, S. J. — III-278 pages, avec plusieurs planches, gravures, et deux plans hors texte. 1894............$ 4

N° 6. 朱熹 LE PHILOSOPHE TCHOU HI, sa doctrine, son influence, par le P. Stanislas Le Gall, S. J. — III-134 pages. 1894..$ 2

N° 7. LA STÈLE CHRÉTIENNE DE SI-NGAN-FOU, 1ère Partie Fac-similé de l'inscription, par le P. Henri Havret, S. J. — VI-5 pages de texte, CVII pages en photolithographie et une phototypie. 1895..$ 2

N° 8. ALLUSIONS LITTÉRAIRES, 1re Série, (1er fascicule, Classif. 1 à 100), par le P. Corentin Pétillon, S. J. — V-255 pages. 1895..$ 4

N° 9. PRATIQUE DES EXAMENS MILITAIRES EN CHINE, par le P. Étienne Zi, S. J. — III-132 pages et nombreuses gravures. 1896..$ 2

N° 10. HISTOIRE DU ROYAUME DE OU (1112-473 av. J.-C.) par le P. Albert Tschepe, S. J. — II-175 pages avec une carte et 17 gravures. 1896..$ 3

N° 11. NOTIONS TECHNIQUES SUR LA PROPRIÉTÉ EN CHINE, avec un choix d'actes et de documents officiels, par le P. Pierre Hoang. — II-200 pages avec cinq planches photolithographiques et nombreuses figures. 1897............$ 2,50

DÉPÔT.

A *CHANG-HAI*, chez Kelly et Walsh.
A *PARIS*, chez Arthur Savaète.

EN PRÉPARATION.

LA STÈLE CHRÉTIENNE DE *SI-NGAN-FOU*, 3ᵉ Partie Traduction et commentaire de l'inscription, par le P. Henri Havret, S. J.

ALLUSIONS LITTÉRAIRES, 1ère Série (2ᵉ fascicule, Classif. 101 à 214), par le P. Corentin Pétillon, S. J. —*(Sous presse)*.

LE MARIAGE CHINOIS AU POINT DE VUE LÉGAL, par le P. Pierre Hoang. —*(Sous presse)*.

NOTES SUR LA GABELLE EN CHINE, par le P. Dominique Gandar, S. J. et le P. Pierre Hoang.

L'OBSERVATOIRE DE *ZI-KA-WEI*, par le P. Stanislas Chevalier, S. J.

DE LA COMPOSITION CHINOISE, par le P. Jean-Baptiste Pré, S. J.

TROIS INSCRIPTIONS JUIVES DE *K'AI-FONG-FOU*, par le P. Jérôme Tobar, S. J.

DROITS DES MISSIONNAIRES EN CHINE, par le P. Jérôme Tobar, S. J.

HISTOIRE DU ROYAUME DE *TS'IN*, par le P. Albert Tschepe, S. J.

MANUEL DU SINOLOGUE. I. CHRONOLOGIE, par les Pères Henri Havret et Gabriel Chambeau, S. J.

ÉTUDES SINO-ORIENTALES.

Fascicule A. LES *LOLOS*, étude ethnographique par M. Paul Vial, missionnaire au Yun-nan. —*(Sous presse)*.

www.ingramcontent.com/pod-product-compliance
Lightning Source LLC
Chambersburg PA
CBHW070543230426
43665CB00014B/1794